Bibliotheca Rerum Germanicarum

Philipp Jaffé

IG 104/2

BIBLIOTHECA

RERUM GERMANICARUM

EDIDIT

PHILIPPUS JAFFÉ

TOMUS SECUNDUS

MONUMENTA GREGORIANA

BEROLINI

APUD WEIDMANNOS

MDCCCLXV

MONUMENTA

GREGORIANA

EDIDIT

PHILIPPUS JAFFÉ

BEROLINI

APUD WEIDMANNOS

MDCCCLXV

LEOPOLDO RANKE

PROOEMIUM.

In veteri Germaniae memoria non reperitur tempus ul-
lum, quo regia potestas et constantius vehementiusque
oppugnaretur et concuteretur efficacius, quam cum Gregorius VII pontifex Romanus, summam omnium gentium
dominationem appetens, in primis Heinricum IV regem
validissimis ecclesiae armis persequebatur. Quare qui
gravem illam historiae nostrae partem perspicere volunt,
eos totum hunc pontificem praeclarum cognoscere et ingenio et consiliis et factis oportere manifestum est.
Neque vero huiusmodi scientia ex aliis litterarum monu-
mentis colligi potest aut sincerior aut perfectior, quam
ex ipsius papae epistolis, quarum ampla pars in registro
inest ab eodem pontifice vulgari iusso. Tantumque abfuit, cum secundum hunc bibliothecae tomum Gregorio VII
destinassem, ut ex registro eas tantum seligerem epistolas, quae proprie ad historiam Germanicam spectant, ut
universo opere proposito, omnes etiam quaecumque extra
registrum inveniuntur papae litteras afferre satius videretur. Quibus adiunxi insigne Bonithonis episcopi Sutrini opus ad amicum, idque lectione critica dignissimum.

Plurimum autem gaudeo, permagna auxilia mihi ad haec studia incumbenti benevolentia virorum doctorum allata esse. Etenim Willelmus Giesebrecht registri Gregoriani exemplum, ab eo ex codice Vaticano emendatum, ut mihi pateret concessit. Caroli Halmii beneficio Bonithonianum bibliothecae Monacensis codicem commodissime adhibere licuit. Misit Gustavus Haenel iuramenti Ottoniani exemplum ex Anselmi Lucensis collectione canonum ms.; misit Leopoldus Delisle epistolam Gregorii antea non vulgatam. Veri iuramenti Ottoniani ex codice cognoscendi potestatem mihi fecit Stengleinius, bibliothecae Bambergensis praefectus.

Berolini 13 Kal. Martias 1865.

INDEX.

MONUMENTA GREGORIANA

GREGORII VII REGISTRUM.

*F*uisse iam superioribus saeculis hunc ecclesiae Romanae morem, ad constantiam et perpetuitatem consiliorum negotiorumque servandam perquam idoneum, ut exempla omnium epistolarum, a summis pontificibus iussarum scribi, in eos libros, qui sunt Regesta sive Registra dicti, accurate referrentur, notissima res est alioque loco [1] multis comprobata argumentis. Nec quidquam profecto videretur minus, quam praetermissa esse necessaria haec communisque antecessorum consuetudo a septimo Gregorio, homine ingeniosissimo, etiamsi ipse mentionem eius rei minime obscuram non protulisset infra in libri VIII epistola 54 ad Hugonem episcopum Diensem missa. Ibi enim: „Quod a nobis" inquit „factum nequaquam recolimus, nec in registro nostro huius causae litteras repperire potuimus; noverit itaque prudentia tua, quia multa tamquam a nobis deferuntur et scripta et dicta, nobis nescientibus". Quibus ex verbis perspectu facillimum est, copiosa illa epistolarum universarum volumina sub isto etiam pontifice confecta esse, quo et omnino res papalis administraretur severius et illud quoque luxurians adulterinarum litterarum genus facilius dignosceretur. At quod exitium toti fere accidit regestorum papalium seriei ad annum 1198 usque deductae, in idem Gregorii VII quoque monumenta illa pretiosissima quin sint delapsa, non potest esse dubium.

Nihilo secius proditum nobis est opus, quod item registrum Gregorii VII dicitur cuiusque sunt codices calamo scripti. Quorum quidem non veterrimus modo verum etiam praestantissimus,

---

1. V. Regesta pont. Rom., Praef. p. III—IV.

immo ceteros ex eo ipso deductos[1] *penitus obscurans, in tabulario Vaticano servatur.   Is est foliorum 258, membranaceus, forma quadrata, conscriptus a variis saeculi XI librariis; de quo in ea, quae in Regestis pontificum Romanorum p. 402—405 a me edita est, commentatione exposuit Willelmus Giesebrecht.*

Atqui apertissimum est, alium fuisse permagnum illud omnium litterarum pontificiarum corpus, alium hunc quem habemus librum.   Quod iam illis ab omni suspicione remotis declaratur epistolis, passim repertis a meque collectis et pone registrum proponendis, quae, quia in eo quod superest opere desiderantur, magno argumento esse debent, hoc idem nequaquam esse principale registrum.   Eandem rem deinde ostendit omnino ipsa pau-

1. Hanc sub rationem cadere octo, quos in bibliothecis Italicis vidit, codices ms., testis est Willelmus Giesebrecht in commentatione, cuius mentionem faciam saepius, atque in libello De Gregorii VII registro emendando p. 43; et alterum quidem tabularii Vaticani codicem, bibliothecae Vaticanae codices quinque: 3797, 4579, 4906, 4907, 5638, Vallicellianum C. 17, Venetum bibliothecae S. Marci App. Cl. III 19, omnes partim saeculo XVI partim saec. XVII factos. — Eadem sententia erit de codice Pommersfeldensi 2691 chartaceo saec. XVII, de quo cf. Archiv für ältere deutsche Geschichtskunde IX 527; hic enim bullam monachis Bantinis a Gregorio VII tributam continet, quam veteri Vaticano praefixam esse docet Giesebrecht l. l. — Sed saeculi XII est codex quondam Claravallensis, cuius in chronico circiter anno 1250 formato Albericus monachus (ap. Leibnitium, Access. hist. II 129) meminit sic: „Registratum huius septimi Gregorii, id est Hildebrandi, apud Claramvallem invenitur", quique ibidem anno 1695 a Stephano Baluzio perlustratus est, et hodie in bibliotheca Trecensi reperitur (v. Catalogue général des manuscrits des bibliothèques publiques des départements, Paris 1855, II 392: „N. 952 Registrum epistolarum Gregorii papae VII, XII siècle, Clairvaux G. 60; on lit au bas de la dernière page la note suivante: „„Contuli anno 1695 mense Octobri, Stephanus Baluzius""). Hoc ex codice, ex „veteri" enim „codice ms. monasterii Claravallensis", Bertranni comitis Arelatensis ad Gregorium epistolam edidit Baluzius Miscell. (Lutetiae 1715) VII 128; quam quidem epistolam alius quoque bibliothecae Valliscellariae (Vaucelles dioec. Cameracensis) codex ms. B. 26 post registri Lib. IX ep. 26 (i. e. post VIII 49) praebuit editoribus Galliae Christianae I 606. Similis horum est codex Mutinensis saec. XVI cuius lectiones, in quibus quidem parum momenti inest, attulit Mansi, registrum edens in Conciliorum collectionis tomo XX; ibi enim post Lib. IX ep. 30 (i. e. post VIII 53) eadem illa Bertranni comitis epistola legitur, v. Mansi l. l. p. 363.

citas epistolarum in hoc opere collocatarum. Quis enim crederet, potuisse contingere Gregorio VII pontifici imperium ecclesiamque acerrime concutienti, ut vel toto tertio pontificatus anno non dimitteret plus quam eas, quae in tertio registri huius libro insunt, epistolas viginti unam, vel quarto anno non plus quam libri quarti epistolas viginti octo[1].

Sunt autem in promptu indicia nequaquam dubitanda, minus quod remansit opus provenisse ex ipso perdito registro maiore. Talis enim in hoc inest varietas epistolarum eaeque plurimum sunt tam aequaliter et continue per tempora dispositae, ut opus ipso saeculo XI — quo quidem expeditum esse, iam ex codicis, cuius supra mentio facta est, aetate intelligimus — aliunde prorsus non potuerit effici. Eidemque operis ortui fidem affert tum Registri titulus, e maiore corpore translatus, tum librorum annuis spatiis circumscriptorum distinctio.

Et in libros quidem, eosque ad indictiones digestos, iam Gregorii I regesta, quae una ante Gregorium VII plene salva habentur, distributa esse scimus, ut in quoque libro temporis annui litterae inde a die 1 m. Septembris ad diem 31 m. Augusti usque inessent. Gregorii VII autem quod periit, registrum maius, quemadmodum e minore censeamus oportet, per annos pontificatus a die consecrationis (a die 30 m. Iunii) initium capientes divisum erat, excepto et primo libro ampliore ab electionis die (a die 22 m. Aprilis) exordiente et novissimo libro breviore in die mortis (in die 25 Maii a. 1085) terminato. Sequitur, ut amissi registri maioris fuerint libri duodecim, haec tempora complexi:

1. Nec vero iuste usus est in commentatione p. 403 Willelmus Giesebrecht epistola 16 libri VII, ubi referre Gregorium rebatur, ea in registro scripta esse, quae in opere servato non reperiantur. „In registro nostro" enim inquit Gregorius in epistola illa ad Hubertum episcopum Tarvannensem missa: „legitur, te ab H(uberto) huius sanctae sedis legato apud Monasteriolum hereticum publice convictum". Quod quidem in L. IV ep. 10 ad Adilam comitissam reapse invenitur sic: „neque Huberti archidiaconi" (post episcopi) „verba suscipiatis —, quia, ut audivimus, in heresim lapsus est — et ab Huberto legato huius sanctae Romanae sedis apud Monasteriolum publice est convictus".

1*

Liber I a d. 22 Apr. 1073 ad d. 29 Iunii 1074
-   II - d. 30 Iunii 1074 - d. 29 Iunii 1075
- III - d. 30 Iunii 1075 - d. 29 Iunii 1076
- IV - d. 30 Iunii 1076 - d. 29 Iunii 1077
-   V - d. 30 Iunii 1077 - d. 29 Iunii 1078
- VI - d. 30 Iunii 1078 - d. 29 Iunii 1079
- VII - d. 30 Iunii 1079 - d. 29 Iunii 1080
- VIII - d. 30 Iunii 1080 - d. 29 Iunii 1081
- IX - d. 30 Iunii 1081 - d. 29 Iunii 1082
-   X - d. 30 Iunii 1082 - d. 29 Iunii 1083
- XI - d. 30 Iunii 1083 - d. 29 Iunii 1084
- XII - d. 30 Iunii 1084 - d. 25 Maii 1085

Permagni refert intelligere, his perditi registri maioris libris quatenus libri minoris registri respondeant. Nec vero habet istud omnino nisi libros o c t o, quorum quidem primi septem terminis superiore tabula descriptis plane continentur. Sunt enim litterae positae

in libro I a d. 22 Apr. 1073 ad d. 15 Iunii 1074
- - II - d. 28 Aug. 1074 - d. 17 Iunii 1075
- - III - d. 20 Iulii 1075 - .... Iunium 1076
- - IV - d. 25 Iulii 1076 - d. 28 Iunii 1077
- - V - d. 11 Aug. 1077 - d. 22 Maii 1078
- - VI - d. 1 Iulii 1078 - d. 28 Iunii 1079
- - VII - d. 23 Sept. 1079 - d. 8 Maii 1080

Alia de o c t a v o libro sententia est. Iam septem prima capita (1, 1a, 1b, 1c, 2, 3, 4), quae quidem ad dies 6, 27, 29 mensis Iunii a. 1080 pertinent, ab hoc libro abhorrent; licet ista nemo neget sive errore scribentis sive incuria de extremo libro VII in limen libri VIII traiecta esse. Nam quae iisdem capitibus succedunt epistolae 5—32, etsi subscripta indictione vacant plerumque — cum inde a die 21 Iulii (1080) usque ad diem 28 Aprilis (1081) omnino anni ordinem observent, capitaque 20a (Febr.) et 29 (18 Apr.) definite anno 1081 attributa sint — similem cum superiorum librorum epistolis rationem continentes, ad octavum pontificatus annum referendae sunt, ideoque ex octavo registri maioris libro pendent. At contra, quae his octavi pontificatus anni litteris subiectae sunt, epistolae 33—60, quibus finis et libri octavi et totius operis affertur, eas admodum confusas variisque annis scriptas esse videmus; velut caput 35, ad diem 25 Augusti 1081 pertinens, ex nono pontificatus anno, et caput 58, quod ad diem 20 Novembris a. 1083 spectat, e pontificatus anno undecimo esse, facile apparet.

Quibus rebus in hanc necessario sententiam ducimur, ut censeamus, registrum minus paullo ante auspicatum maioris registri librum nonum, id est brevi ante diem 30 Iunii 1081 prodiisse; seriusque epistolas 33—60 iam non ex ipso registro maiore sed ex indigestis subsidiis adiectas esse.

Nec vero recte iudicaret, qui illam extremi registri minoris perturbationem arbitraretur inde ortam esse, quia ipsius maioris registri libri posteriores quibuscunque de causis omnino non fuissent. Testis est enim veterrimus ille minoris registri codex, accessisse ad idem inferiores aetate correctores duos, ultimis maioris registri libris evidenter usos. Eorum alter saeculo XIII cum — undenam, nisi ex ipso maiore registro — novissimarum registri minoris rerum perturbationem intellexisset, epistolae VIII 36 sobrie adiecit notam hanc: „Hec epistola, hic errore scriptoris posita, debuit inferius scribi“, et epistolae VIII 45 istam: „Haec similiter epistola debuit in superioribus scribi“. Alter, eodem utique maioris registri praesidio vitium illud minoris doctus, cupidus castigandi nec tamen ea qua opus erat cautione usus, epistolae VIII 24 praeposuit lemma hoc: „Ex libro VIIII registri eiusdem Gregorii papae VII“, et epistolae VIII 59 hoc: „Incipit liber X“, posteaque mutavit X in XI, ut legeretur: „Incipit liber XI“. Sic igitur non refecto epistolarum illarum ordine sed amplius conturbato effecit is, ut in editionibus registri adhuc paratis liber octavus non haberet nisi epistolas 23, eiusdemque epistolis 24—57 nonus liber, et epistolis 58—60 liber undecimus prave constituerentur.

Itaque cum id, quod mansit, registrum minus constet ex maiore illo in ipsius ecclesiae Romanae usum instituto opere haustum esse, idemque iam ante initum pontificatus Gregoriani annum octavum, ante diem 30 Iunii a. 1081, exstitisse, quis pri-

vato consilio potuisse quempiam arbitretur eiusmodi opus vivo ipso Gregorio et fidenter sibi proponere et adducere ad effectum? Quin immo nihil magis patere puto, quam non vivente solum sed etiam iubente Gregorio hunc librum conscriptum esse.

Cuius vero utilitatis causa eundem laborem perfici iusserit pontifex, facile cognitu videtur. Nam sacerdotio imperioque gravissime inter se discordantibus, cum esset eo ventum, ut doctrinae quoque litterarumque armis utrimque dimicaretur, Herimannum episcopum Mettensem scimus e papa exegisse, ut contra adversarios, Heinricum IV iure excommunicatum esse negantes, sibi per litteras subveniret, ipsumque Gregorium uberrimam illam celebratissimamque epistolam, vel libellum potius sui defendendi causa scriptum, quod infra legitur L. VIII 21, in publicum dispersisse. Nec multo secus est intentio papae interpretanda, cunctum registrum minus conficiendum curantis. Habemus igitur, ut meum quidem iudicium est, librum ab ipso pontifice hac mente et conscribi et vulgari iussum anno 1081, ut suis et ad totam auctoritatem pontificiam vindicandam et ad ipsius inimicorum impetus frangendos abundantibus litterarum adiumentis succurreret.

Atque his subsidiis quam festinanter uti pars Gregoriana didicerit, satis est signi, quod Bernoldus Constantiensis, monachus S. Blasii posteaque Schafhusensis, iam anno 1085, referens de Gregorio proxime mortuo, nihil praestantius ipso registro nihilque uberius cognitum habuit, unde virtus magni hominis perspici posset. Est enim sic apud illum[1]*: „Erat enim (Gregorius) catholicae religionis ferventissimus institutor et aecclesiasticae libertatis strennuissimus defensor; noluit sane, ut aecclesiasticus ordo manibus laicorum subiaceret, sed eisdem et morum sanctitate et ordinis dignitate praemineret; quod illum latere non poterit, quicumque eiusdem apostolici regestum diligenter perlegerit“*[2]*.*

1. Mon. Germ. SS. V. 444.　　　2. Saeculo XII fuit Ratisponae exemplum registri, ut ex Annalium Ratisponensium circiter anno 1130 conscriptorum verbis intelligi potest, ad annum 1089 (Mon. Germ. SS. XVII 584) relatis his: „Urbanus II — auctor est Hierosolimitani itineris; cuius etiam dux esse voluerat Gregorius VII, ut in eius regesto legimus“. Cf. Petrum diaconum, qui in Chronico Casinensi (Mon. Germ. SS. VII 755) se

Eodem propemodum tempore Deusdedit, presbyter cardinalis tituli apostolorum in Eudoxia[1], in conficiendo canonum libro, quem Victori III papae (1086 Mai. 24 — 1087 Sept. 16) dicatum esse testatur praefatio, registrum Gregorii saepius adiit. Cui quidem nihil nisi ipsum nostrum minus, nec non modo maius registrum sed ne copiosius quidem minoris exemplum, praesto fuisse, perspicuum est ex libri eius fragmentis a Borgia publicatis in Breve istoria del dominio temporale della sede apostolica nelle due Sicilie, in Roma 1789, appendice p. 3 — 22. Ex quibus enim registri Gregoriani tum libris tum librorum capitibus se allata verba sumpsisse declarat Deusdedit, ea aut ibidem prorsus reperiuntur, aut, si non videntur esse eisdem locis, librarii typographive peccatum in causa est. Verissime enim commemorari videmus: Libri I caput VII, II xv, II LXIII, II LXX, IV xxvIII, VIII xxIII, VIII xxvIII, VIII xxx; parvulo tantum errore scriptum est I LXVI pro I LXVII, I LXVII pro I LXVIII, II xIIII pro II xIII; II xvIII pro II xvIIII, II LXXXIIII pro II LXXIIII; neque eo dubitatio afferatur necesse est, quod legitur

VII LXX pro VII xIX

et VII LXXV pro VII xxIV;

etenim in utroque numero liquet pari modo erratum esse, ut L et scriberetur pro I et propter id ipsum fieret prima littera, cum I paenultima deberet esse. —

Typis compluries descriptum registrum est. Quarum editionum princeps ab Antonio Carafa cardinali[2], bibliothecario apostolico, ex illo ipso tunc bibliothecae Vaticanae[3] hodie Vaticani tabularii codice veterrimo praeparata, post eius mortem curante Antonio de Aquino[4] prodiit in Epistolarum decretalium sum-

„registris Romanorum pontificum Gregorii VII et successorum eius" usum esse scripsit. Olomuci quoque habuerunt anno 1435 „registrum Gregorii septimi", teste Inventario librorum ecclesiae Olomucensis in Notizenblatt 1852 p. 168.

1. De quo v. quae afferunt Ballerinii in Leonis Magni opp. III p. CCXCIX sq.   2. tit. SS. Iohannis et Pauli presb.; de quo v. L. D. d'Attichy Flores historiae cardinalium III 503.   3. Est enim in margine principis editionis sic: „Extat Gregorii VII registrum in Vaticana bibliotheca".   4. V. Antonii de Aquino et Sixti V papae litteras in fronte tomi I Epistolarum decretalium cet. collocatas.

morum pontificum tomo III 549—885, Romae in aedibus populi Romani 1591. Quae quidem editio, licet non sit vitiorum expers, at ceteris saltem longe praestat. Quicunque enim postea proponebant opus, ii omnes, illam unam editionem aut ipsam aut iam repetitam in usum suum convertentes, mutando transferendo omittendo atque etiam corrigendo quasi attritum diuturna tractatione librum tradiderunt: Binius anno 1606 Parisiis et Coloniae Agrippinae, Concilia generalia T. III P. II 1154—1278; regii editores anno 1644 Parisiis, Concilia T. XXVI 8—520; Labbeus et Cossartius anno 1671 Lutetiae, Sacrosancta concilia T. X 6—306; Harduinus anno 1714 Parisiis, Acta conciliorum T. VI P. I 1195—1510; Coletius[1] anno 1728 Venetiis; Mansi anno 1775 Venetiis, Sacrorum conciliorum collectio T. XX 60—373; Migne anno 1853 Parisiis, Patrologia T. CXLVIII 283—644.

Equidem in recolendo Gregorii registro haec duo potissimum secutus sum, ut et universum corpus a numero et ordine et dispositione capitum secundum codicem illum restituerem et singula rursus capita, quorum unumquodque primitus peculiare fuisse liquet, et a vitiis removerem, quantum ferret facultas, et manca supplerem.

Atque ad cognoscendum codicem Vaticanum cum iam oppido multum contulisset Willelmus Giesebrecht edito libello, qui inscribitur: De Gregorii VII registro emendando, Brunsvigae 1858, ut multo etiam commodius meliusque ex eodem fonte haurirem, idem vir mecum pergrata necessitudine coniunctus registri exemplum, quod Romae viginti abhinc annos e Vaticano castigaverat, mihi praebuit benignissime. Quo factum est ut, adhibita quoque principe editione, in hoc subsidiorum genere nihil relinqueretur.

Nec vero alius generis auxilia, extra ipsum registrum versantia, quibus vel emacularentur vel explerentur singula operis capita, defecerunt omnino; licet minor eorum numerus fuerit, quam desiderabam. Nonnulla enim aliunde quam ex registro tracta iam ipsius saeculi XI et sequentis scriptores tradiderunt,

---

1. huius editionem non vidi.

velut Bruno de bello Saxonico, Hugo Flaviniacensis, Petrus Pisanus cardinalis, Udalricus Babenbergensis, Paulus Bernridensis. Alia quaedam debemus recentioribus viris doctis, qui ex tabulis codicibusque manu scriptis, non locatis in registro, largiti sunt; quorum in numero sunt: Severtius (v. I 76, VI 33), Martene et Durand et Morice (v. IV 4, 5 cet.), Hartzheim (v. IV 12a), Brial (v. IV 13, VIII 46), Baluzius (v. VI 34), Fickler (v. VII 24), Guérard, Marion, Delisle, editores chartularii S. Victoris Massiliensis (v. VIII 29).

Ceterum cum ad coniectandi quoque artem recurrere necesse haberem, religiose ducebam semper rationem emendationum a Willelmo Giesebrecht in libello de emendando registro p. 31 — 46 propositarum. Quas quidem, quemadmodum non omnes temere reiecerim, sic neque avide acceptas a me omnes esse, qui illas fecit, is minime offendetur.

Berolini 16 Kal. Novembres a. 1864.

IN DEI NOMINE

INCIPIT LIBER PRIMUS
REGISTRI SEPTIMI GREGORII PAPAE
anno dominicae incarnationis millesimo septuagesimo
tertio, indictione undecima.

I 1. *Commentarius electionis Gregorii VII papae*[a].

Regnante domino nostro Iesu Christo, anno clementissimae incarnationis eius millesimo septuagesimo tertio, indictione et luna undecima, 10 Kalendas Maii, feria secunda, die sepulturae domni Alexandri bonae memoriae secundi papae, ne sedes apostolica diu lugeat proprio destituta pastore, congregati in basilica beati Petri ad Vincula nos sanctae Romanae catholicae et apostolicae ecclesiae cardinales clerici acoliti subdiaconi diaconi[b] presbyteri, praesentibus venerabilibus episcopis et abbatibus, clericis et monachis consentientibus, plurimis turbis utriusque sexus

1073
Apr. 22

---

a. *Legitur etiam 2) in Petri Pisani vita Greg. VII ap. Watterich Pont. Rom. vit. I.* 298.
b. diaconi om. 2.

¹⁰⁷³
^{Apr. 22}
diversique ordinis acclamantibus, eligimus nobis in pastorem et
summum pontificem virum religiosum, geminae scientiae prudentia pollentem, aequitatis et iustitiae praestantissimum amatorem, in adversis fortem, in prosperis temperatum et iuxta
apostoli dictum[1] bonis moribus ornatum, pudicum, modestum,
sobrium, castum, hospitalem, domum suam bene regentem, in
gremio huius matris ecclesiae a pueritia satis notabiliter[a] educa-
tum et doctum atque pro vitae merito in archidiaconatus honorem
usque hodie sublimatum, Heldibrandum[b] videlicet archidiaconum,
quem ammodo[c] et usque in sempiternum et esse et dici Gregorium papam et apostolicum volumus et approbamus.   *Placet
vobis? „Placet“.   Vultis eum?. „Volumus“.   Laudatis eum?
„Laudamus“.*   Acta Rome 10 Kalendas Maii, indictione 11.

I 1*. *Gregorius VII Desiderio abbati Casinensi se papam electum
nunciat. Iubet eum ad se venire[d].*

¹⁰⁷³
^{Apr. 24}
Gregorius in Romanum pontificem electus Desiderio abbati
monasterii sancti Benedicti Montis Cassini salutem in Christo Iesu.

^{Apr. 21}
Dominus noster[e] papa Alexander mortuus est. Cuius mors
super me cecidit et omnia viscera mea concutiens penitus conturbavit. Nam[f] in morte quidem eius Romanus populus contra
morem ita quievit et in manu nostra consilii[g] frena dimisit, ut
evidenter appareret, ex Dei misericordia hoc provenisse. Unde
accepto consilio hoc statuimus: ut post triduanum ieiunium, post
letanias et multorum orationem elemosinis conditam, divino fulti
auxilio statueremus[h], quod[i] melius de electione Romani pontificis videretur[k]. Sed subito, cum praedictus dominus noster
^{Apr. 22} papa in ecclesia Salvatoris sepulturae traderetur, ortus[l] est
magnus tumultus populi et fremitus, et in me quasi vesani insurrexerunt, [nil[m] dicendi, nil consulendi facultatis aut spatii

---

a. nobiliter 1, notabiliter 2.   b. Ildebrandum 2.   c. āmoda 1.   d. *Legitur
etiam* 2) *ap. Paulum Bernrid.*, *Pont. Rom. vit. ed. Watterich I* 484, 3) *ap. Hugonem
Flaviniac.*, *Mon. Germ. SS. VIII* 422.   e. om. 3.   f. et 3.   g. sui 3.   h. insti-
tueremus 3.   i. quid 3.   k. statueretur 3.   l. exortus 3.   m. nil — rapuerunt
addidi ex ep. 3 *infra p.* 12.

1. 1 Timoth. 3, 2.

relinquentes. Violentis manibus me in locum apostolici regiminis, cui longe impar sum rapuerunt,] ita ut cum propheta possim dicere: *Veni in altitudine maris, et tempestas demersit me; laboravi clamans, raucae factae sunt fauces meae*[1]; et: *Timor et tremor venerunt super me, et contexerunt me tenebrae*[2]. Sed[a] quoniam[b], lecto iacens valde fatigatus, satis dictare nequeo, angustias meas enarrare supersedeo.　　Te itaque[c] per omnipotentem Dominum rogo, ut (suffraganeos[d]) fratres et filios, quos in Christo nutris, ad exorandum Deum pro me[e] provoces et ex vera caritate invites, quatenus oratio, quae me liberare debuit ne incurrerem[f] periculum, saltim tueatur in periculo positum. Tu autem ipse quantotius ad nos venire non praetermittas, qui, quantum Romana ecclesia te indigeat et in prudentia tua fiduciam habeat, non ignoras.　　Dominam Agnetem imperatricem et Rainaldum venerabilem Cumanum episcopum ex nostra parte saluta et, quantum erga nos dilectionis habuerint, nunc ut ostendant, nostra vice fideliter obsecra.　Data[g] Romae 8 Kalendas Maii, indictione 11.

I 2. *Gisulfum principem Salernitanum de pontificatu suscepto certiorem facit. Rogat, cito Romam veniat.*

Gregorius in Romanum pontificem electus Gisulfo Salernitano principi salutem in Christo Iesu.

Dominus noster Alexander papa mortuus est. Cuius mors super me cecidit... *omnia, ut supra, usque ad id quod ait:* Te itaque per omnipotentem Dominum rogo, ut venerabilem patrem Leonem[3] et caeteros religiosos viros in partibus illis commorantes ad exorandum Deum pro me ex vera caritate invites, ut oratio, quae me liberare debuit ne incurrerem periculum, saltim tueatur in periculo positum.　　Tu autem ipse quantotius ad nos venire non praetermittas, qui, quantum Ro-

---

a. Et 3.　　b. quia in 2. 3.　　c. igitur 2, quoque 3.　　d. suffraganeos *post additum in cod.; om.* 3.　　e. pro me *om.* 8.　　f. incurram 1.　　g. Data — 11 *om.* 3.

1. Ps. 68, 3. 4.　　2. Ps. 54, 6.　　3. abbatem S. Trinitatis Cavensem, prope Salernum.

1073
Apr. 24

mana ecclesia te indigeat et in prudentia tua fiduciam habeat, non ignoras. Data Rome 8 Kalendas Maii, indictione 11.

I 3. *Guiberto archiepiscopo Ravennati scribit de sui electione et de legatis mutuo mittendis.*

1073
Apr. 26

Gregorius in Romanum pontificem electus Guiberto Ravennati archiepiscopo salutem in Christo Iesu.

Apr. 21

Non dubitamus, famam litteras nostras antevolasse et tam vobis quam multis aliis domini nostri Alexandri papae obitum nunciasse. Quod autem mihi valde gemendum est, mors eius super me cecidit et omnia viscera mea concutiens penitus conturbavit. Nam in morte eius primo quidem Romanus populus contra morem ita quievit et in manu nostra consilii frena dimisit, ut evidenter appareret, ex Dei misericordia hoc provenisse. Unde accepto consilio hoc statuimus: ut post triduanum ieiunium, post letanias et multorum orationem elemosinis conditam, divino fulti auxilio statueremus, quod de electione Romani pontificis videretur melius. Sed subito, cum praedictus

Apr. 22

dominus noster papa in ecclesia Salvatoris sepulturae traderetur, ortus est magnus tumultus populi et fremitus, et in me quasi vesani insurrexerunt, nil dicendi, nil consulendi facultatis aut spatii relinquentes. Violentis manibus me in locum apostolici regiminis, cui longe impar sum, rapuerunt. Ita recte ego cum propheta possum dicere: *Veni in altitudinem maris, et tempestas demersit me; laboravi clamans, raucae factae sunt fauces meae*[1]; denique: *Timor et tremor venerunt super me, et contexerunt me tenebrae*[2]. Sed quia, multis et magnis curis fatigatus, satis dictare nequeo, miserias meas enumerare supersedeo. Rogo itaque vos per omnipotentem Deum, ut caritatem, quam erga Romanam ecclesiam, maxime hoc tempore et, ut meminisse debetis, erga me specialiter vos gerere promisistis, quantum quidem tempus et rerum qualitas eius* probari postulat, nunc quidem in me, etsi non meis meritis, saltim amore apostolorum,

---

a. vim *sive* sinceritatem *excidisse videtur.*

1. Ps. 68, 3. 4.   2. Ps. 54, 6.

ostendere curetis; et suffraganeos ac filios ecclesiae vestrae ad 1073
exorandum Deum pro me invitetis ac commoneatis, quatenus Apr. 26
ad ferendum onus, quod mihi invito et valde reluctanti impositum est, vires tribuat, manum porrigat, ut, si me tutum in
portu stare noluit, saltim in tam alta pericula proiectum non
relinquat. Ego enim sicut in (ea*) caritate non ficta vos diligo,
ita eandem et, quaecumque eius officia sunt, a vobis indubitanter exigo. Neque vero dilectioni vestrae dubitandum est, quin
Romanam ecclesiam et eam, cui Deo auctore praesidetis, ea
concordia et, quantum cum communi utriusque honore poterimus, omnimoda caritate copulare desideremus, ut in nostris
etiam animis semper coniuncta pax et plena dilectio connecta-
tur. Sicut igitur prudentiam vestram hortati sumus, ita etiam
per elementa[1] nostra nos velle ac desiderare cognoscite, videlicet ut, frequenter inter nos legatis discurrentibus, collaetari et
mutua consolatione gaudere possimus. Data Romae 6 Kalendas
Maii, indictione 11.

I 4. *Beatricem ducissam, Ugonem abbatem Cluniacensem, alios*
   de pontificatu ad se delato docet.

Gregorius in Romanum pontificem electus Beatrici duci, 1073
Ugoni abbati Cluniacensi, Manassae[2] archiepiscopo Remensi, Apr. 28
Suein regi Danorum, abbati Massiliensi[3].

In ceteris quidem a paribus, sed circa finem sin-
gulis epistolis iuxta locorum et personarum compe-
tentiam discrepantibus. Date Rome 4 Kalendas Maii, indictione 11.

I 5. *Rainerio episcopo Florentino scribit de vidua consanguineo*
   nupta.

Gregorius in Romanum pontificem electus Rainerio Floren- 1073
tino episcopo salutem in Christo Iesu. Apr. 29

a. ea *post additum est.*

1. per litteras. Cf. L. III ep. 10 infra.   2. I.   3. Bernardo
abbati S. Victoris Massiliensi.

1073
Apr. 29

Presentium portitor apicum nostris insinuavit auribus, fratrem suum contra divinum ius, contra sanctorum patrum institutum consanguineae suae thalamis adhaesisse, canonicis Florentinae ecclesiae, ne hoc facinus perpetraret, prohibentibus eum canonice. Quo viam universae carnis ingresso, relicta illius, consanguinea scilicet, cum dono atque dote, quam incuria* divinarum nec non et humanarum legum non est verita suscipere, ad alterius viri torum disponit transmigrare; cum potius scelus, quod commisit, perpetuo oportet eam flere. Tua itaque fraternitas consanguinitatis lineam a maioribus natu eiusdem loci diligenter inquirat; quam si inter defunctum virum eandemque vivam mulierem invenerit, ad aliarum exemplum ita studeat canonica auctoritate omnia dotalia instrumenta cassare et ad nihilum redigere, ne de illicito quod contraxit coniugio aliquam mercedem recipiat, qua laetari possit in posterum. Sicut nos diligis, ita nostrae iussionis primitias ad effectum perducere tua ne insistat[b] caritas. Data Romae 3 Kalendas Maii, indictione 11.

I 6. *Giraldo episcopo Ostiensi et Raimbaldo subdiacono scribit de pontificatu a sese inito; de Cluniacensibus Ugoni Candido legato apostolico reconciliandis; de Evuli comitis pactione. Hortatur, ut reditum maturent.*

1073
Apr. 30

Gregorius in Romanum pontificem electus Giraldo Ostiensi episcopo et Raimbaldo subdiacono, in legatione Gallie constitutis, salutem in domino Iesu Christo.

Apr. 21

Apr. 22

Rumorem obitus domini nostri Alexandri papae, qui 11 Kalendas Maii spiritum Deo reddidit, et nostrae promotionis famam iam ad vos pervenisse credimus. Sed eadem plene vos cognoscere cupientes, ad certissima eorum indicia aptiorem hoc dilecto filio et cardinali sanctae Romanae ecclesiae presbytero, qui ambobus interfuit, in partes illas mittendum nostrorum neminem iudicavimus. Itaque, quid et qualiter de utroque factum sit, per hunc mera veritate percognita, ut orationes ad Deum fieri sollicite procuretis, caritatem vestram valde rogamus: qua-

a. iniuria *cod.* *Cf. ep.* 60 *infra:* officii tui incuria.   b. *an* desistat?

1073
Apr. 30

tenus et illius animam ad gaudia aeternae beatitudinis transferat et nobis ad ferendum onus impositum auxilium suae miserationis impendat.

Quia vero hunc confratrem nostrum, videlicet Ugonem Candidum, in partes illas dirigi tempus et rerum competentia postulasse videbatur, prudentiam vestram omnino exoratam esse volumus, quatenus Hugonem Cluniacensem abbatem et totam congregationem fratrum ita ad pacem et integram huius dilectionem flectere et coniungere studeatis, ut auxiliante Deo nihil in illorum mentibus, quod invisum aut dissensionis nube sit obtectum, relinquatis. Nam et hic, abiecto omni arbitrio suo, ad cor nostrum nostraque consilia rediens, in eodem sensu eademque voluntate ac studio nobis est connexus. Et ea, quae antehac sibi imposita sunt vivente adhuc domino nostro[a] papa, ex aliorum magis quam eius culpa prodisse cognovimus.

Praeter haec meminisse debetis, quod in litteris domini nostri beatae memoriae Alexandri et nostra quoque legatione orati et commoniti fuistis, quatenus causae Evuli[1] comitis de Roceio[2] per vos et per antedictum abbatem favorem addere insisteretis; et cognita pactione, quam nobiscum de terra Hyspaniae pepigit[3] in scripto, quod sibi dedimus, una cum consilio abbatis tales illuc personas dirigi procuraretis: qui et errorem christianorum qui ibi repperiuntur in spiritualibus corrigere saperent, et in exquirendis causis sancti Petri iuxta tenorem pactionis, si res bene procederet, sat idonei forent. Quod si ita factum est, nobis multum placet; sin vero adhuc aliqua occasione praetermissum est, aut etiam si eadem conventio ab aliis quibusdam principibus, quos in eadem parte seorsum ab Evolo suis copiis ituros intelleximus, nondum exquisita est, volumus: ut cum vestro consilio et abbatis Hugo cardinalis illuc tendat et aequam ab omnibus ex parte sancti Petri pactionem et de-

a. Alexandro *excidisse videtur.*

1. II, qui fuit gener Roberti Guiscardi. V. Guillermum Apuliensem L. IV 13, Mon. Germ. SS. IX 279. 2. Roucy, a Remis inter occidentem et septemtriones. 3. Cf. ep. 7 infra.

1073
Apr. 30 bitum exigat. Vos autem ex nostra parte rogate abbatem, ut tales sibi adiungat qui eum comitentur, quorum consilio et adiutorio iter et laborem illum fiducialiter aggredi possit, legatione tamen in eo principaliter posita. Extra Hyspaniam vero nullius unquam publici rerum ecclesiasticarum negotii sine vestro consensu, quandiu vos in Gallia fueritis, licentiam sibi dedimus faciundi.

Caeterum de mora vestrae reversionis valde miramur; praesertim cum, iam redire commoniti, in tanta vestri reditus expectatione nec morarum quidem nobis causas indicastis. Unde dilectionem vestram admonemus, ut quantotius possitis ad nos revertamini, quatenus et quid egeritis cognoscamus et de cetero consultius adiuvante Deo statuere valeamus. Praeter haec iam saepe memoratum abbatem specialiter commoneri et plurimum a vobis vice nostra exorari cupimus, quatenus caritatem, quam hactenus in nos habuit, nunc, cum maxime opus est, indefessa exhibitione conferat, et infirmitatem nostram suis et sanctissimae congregationis suae orationibus tanto subnixius adiuvare studeat, quanto imbecillitatem nostram sub accumulato pondere gravius premi non ignorat. Data Rome 2 Kalendas Maii, indictione 11.

I 7. *Principibus in Hispaniam profecturis de pactione cum Evulo comite confecta significat; quam quidem pactionem ab aliis quoque iniri iubet.*

1073
Apr. 30 Gregorius in Romanum pontificem electus omnibus principibus in terram Hispaniae proficisci volentibus perpetuam salutem in domino Iesu Christo.

Non latere vos credimus, regnum Hyspaniae ab antiquo proprii iuris sancti Petri fuisse, et adhuc — licet diu a paganis sit occupatum, lege tamen iustitiae non evacuata — nulli mortalium sed soli apostolicae sedi ex aequo pertinere. Quod enim auctore Deo semel in proprietates ecclesiarum iuste pervenerit, manente eo[1], ab usu quidem, sed ab earum iure, oc-

1. i. e. quamdiu exstat res.

casione transeuntis temporis, sine legitima concessione divelli 1073
non poterit. Itaque comes Evulus de Roceio, cuius famam apud ^{Apr. 30}
vos haud obscuram esse putamus, terram illam ad honorem
sancti Petri ingredi et a paganorum manibus eripere cupiens,
hanc concessionem ab apostolica sede obtinuit: ut partem illam,
unde paganos suo studio et adiuncto sibi aliorum auxilio expellere posset, sub conditione inter nos factae pactionis ex parte
sancti Petri possideret. Qua in re et labore quicumque vestrum
sibi adhaerere voluerit, omni caritatis affatu commonitus, erga
honorem sancti Petri talem animum gerat, ut ab eo et muni-
tionis auxilia in periculis et merita fidelitatis praemia securus
accipiat. Si autem aliqui ex vobis seorsum ab illo propriis
copiis eandem terram aliqua in parte intrare paraverint, decet,
ut militiae causam ex animi devotione quam iustissimam sibi
proponant; iam nunc omni voto concipientes et ex corde statuentes: ne, capta terra, easdem, quas illi qui nunc Deum ignorantes eam occupant, iniurias sancto Petro faciant. Hoc enim
neminem vestrum ignorare volumus, quoniam, nisi aequa pactione persolvendi iuris sancti Petri in regnum illud animadvertere statueritis, potius vobis, apostolica auctoritate ne illuc
tendatis interdicendo, contraferemur, quam sancta et universalis
mater ecclesia, idem a filiis suis quod ab hostibus patiendo, non
iam proprietatis suae sed filiorum detrimento saucietur. Quam
ob rem hunc dilectum filium Hugonem[1] et cardinalem sanctae
Romanae ecclesiae presbyterum in partes illas misimus, in cuius
ore nostra ad vos consilia et decreta plenius apertiusque dis-
serenda ac vice nostra disponenda posuimus. Data Romae 2 Kalendas Maii, indictione 11.

I 8. *Uberto clerico et Alberto diacono scribit, Alexandri II man-*
data exsequantur.

Gregorius in Romanum pontificem electus Uberto clerico et 1073
Alberto diacono salutem in Christo Iesu. ^{Apr. 30}

Obitum domini Alexandri papae iam vos accepisse fama

1. Candidum.

1073
Apr. 30
nunciante credimus, et quam repente quantaque populi violentia
nos indigni et reluctantes ad regimen apostolicae sedis lati sumus. Sed ne eventus harum rerum animos vestros in exequenda
vobis commissa legatione aut timore seu aliqua ambiguitate pertemptet, ad confortandam caritatem vestram haec succincte vobis scripsimus: ut, omnem in Deo et sancto Petro cuius filii et
legati estis fiduciam habentes, ad quae missi estis, viriliter et
incunctanter apostolica vice fulciamini et in facienda iustitia
fideli constantia accingamini. Nam et ea, quae a beatae memoriae domino nostro Alexandro papa iniuncta vobis et commissa sunt, nos quoque praesenti auctoritate iniungimus firmiterque committimus; in quibus peragendis, ut monita damus,
ita auxiliante Deo apostolicae consolationis et auctoritatis subsidia vigilanti studio conferre procurabimus. De cetero vos
monemus, ut in locis venerabilibus, ad quos veneritis, orationes
pro me fieri obsecretis, quatenus omnipotens Deus, qui desiderium meum nunquam ad honorem istum anhelasse cognoscit,
ad ferendum tam grave onus, quod impositum eius timore re-
cusare non audebam, omnes facultates infirmitati meae pius
impendat. Data Romae 2 Kalendas Maii, indictione 11.

I 9. *Gotefredi ducis Lotharingiae inferioris gratulationem ac-*
　　　cipit. De nuntiis ad Heinricum IV regem mittendis[a].

1073
Mai 6.
　　　Gregorius in Romanum pontificem electus Gotefredo[1] duci
salutem in domino Iesu Christo.

　　　Grata nobis est laetitia tua, quam in litteris tuis de promotione nostra te habere cognovimus, non ut hoc[2] aliqua causae nostrae delectatio faciat, sed quod eam[3] ex fonte sincere
dilectionis et fideli mente derivatam esse non dubitamus. Nostra
enim promotio, quae tibi ceterisque fidelibus piam de nobis
existimationem et gaudium amministrat, nobis interni doloris
amaritudinem et nimiae anxietatis angustias generat. Videmus

---

a. *Habetur etiam 2) in Pauli Bernrid. vita Greg. VII c. 29 ap. Watterich Pont.*
Rom. vit. I 485.
　　　1. Gibboso, duci Lotharingiae inferioris.　　　2. i. e. alacritatem ex
epistola eius captam.　　　3. laetitiam ducis.

enim, quanta nos sollicitudo circumstat; sentimus, quantum nos 1073 Mai. 6 suscepti oneris sarcina gravat; sub quibus dum nostrae infirmitatis conscientia tremit, anima nostra in Christo potius dissolutionis requiem quam in tantis periculis vitam cupit. In tantum quippe commissi nobis officii consideratio nos sollicitat, ut, nisi in orationibus spiritualium hominum post Deum aliqua fiducia nos sustentaret, curarum immensitate mens nostra succumberet. Peccatis enim facientibus ita pene totus mundus in maligno est positus[1], ut omnes, et praecipue qui in ecclesia praelati sunt, eam potius conturbare quam fideli devotione defendere vel celebrare contendant, et dum suis aut lucris aut praesentis gloriae desideriis inhiant, omnibus, quae ad religionem et iustitiam Dei pertinent, se velut hostes opponant. Quo magis nobis dolendum est, qui susceptum universalis ecclesiae regimen in tanta difficultate nec rite administrare nec tuto deserere possumus. Ceterum, quia fidei et constantiae. virtutem donante Deo in te sitam esse cognovimus, omnem, quam oportet in karissimo sancti Petri filio, in te fiduciam habentes, animum tuum de nostra itidem constantissima dilectione et erga honores tuos promptissima voluntate nequaquam dubitare volumus.

De rege[2] vero mentem nostram et desiderium plene cognoscere potes; quod, quantum in Domino sapimus, neminem de eius praesenti ac futura gloria aut sollicitiorem aut copiosiori desiderio nobis praeferri credimus. Est etiam haec voluntas nostra: ut, primum oblata nobis opportunitate, per nuncios nostros super his, quae ad profectum ecclesiae et honorem regiae dignitatis suae pertinere arbitramur, paterna eum dilectione et admonitione conveniamus. Quodsi nos audierit, non aliter de eius quam de nostra salute gaudemus[a]; quam tunc certissime sibi lucrari poterit, si in tenenda iustitia nostris monitis et consiliis acquieverit. Sin vero, quod non optamus, nobis odium pro dilectione, omnipotenti autem Deo pro tanto honore sibi collato, dissimulando iustitiam eius, contemptum[b] non ex aequo reddi-

a. gaudebimus 2.   b. contentum c.

1. 1 Ioh. 5, 19.   2. Heinrico IV.

2*

1073
Mai. 6

derit, interminatio qua dicitur: *Maledictus homo, qui prohibet gladium suum a sanguine*[1], super nos Deo providente non veniet[a]. Neque enim liberum nobis est, alicuius personali gratia legem Dei postponere aut a tramite rectitudinis pro humano favore recedere, dicente apostolo: *Si hominibus placere vellem, servus Dei non essem*[2]. Data Romae 2 Nonas Maii, indictione 11.

I 10. *Guidoni comiti Imolensi mandat, ut Imolenses a Guiberto archiepiscopo Ravennate usque ad legatorum suorum adventum defendat.*

1073
Iun. 1

Gregorius in Romanum pontificem electus Guidoni Imolensi comiti salutem in domino Iesu Christo.

Quidam Imolenses, nostram adeuntes praesentiam, conquerendo nobis indicavere, quod confrater noster Guibertus archiepiscopus Ravennas eos contra honorem sancti Petri, cui fidelitatem iuravere, suae omnino dicioni subigere et ad iuranda sibi fidelitatis attemptet sacramenta compellere. Verum haec relatio tanto plus ammirationis nobis attulit, quanto perspecta dudum in eo et fraterna caritas et sacerdotalis honestas suspicionis in illum indubitantius causas excludit. Neque enim credere possumus, tam prudentem virum ita aut naturae aut dignitatis suae loci oblitum esse, ut, qui apostolorum principi fidelitatem ipse iureiurando promisit, neglecto periculo suo, alios, qui idem[3] fecerunt, ad periurium nitatur per exquisita ab eis sacramenta pertrahere. Attamen, quecumque inter eos discordia aut molestiarum sit occasio, quatenus eam sedare et, si possis salvo honore sancti Petri, firma studeas pace decidere, prudentiam tuam valde rogamus. Quod si aliquibus malis impedientibus non possis efficere et praedictus confrater noster archiepiscopus aut alia quaelibet persona praefatos cives a fidelitate sedis apostolicae non desinat obstinata coercitatione divellere, sicut apostolorum tibi praesidia apud omnipotentem Deum prodesse et in hac vita non sine meritorum compendio praesidere cupias, ita eis, praesenti auctoritate rogatus et commonitus, defensionis auxilia, do-

a. invenit c.

1. Ierem. 48, 10.   2. Galat. 1, 10.   3. iusiurandum.

nec legati nostri in partes illas veniant, conferre non desinas. 1073
Nos equidem cum omnibus, si fieri potest, pacem habere[1] ar- Iun. 1
denter cupimus, sed eorum conatibus, qui ad iniuriam sancti
Petri cuius servi sumus extendere se moliuntur, divina adiuti
tam virtute quam iustitia, obviare non refugimus. Data Romae
Kalendis Iunii, indictione 11.

I 11. *Beatricem et Mathildam de vitandis episcopis Longobar-*
dicis hortatur. Addit de Anselmo electo Lucensi et de
legatis ad Heinricum IV regem mittendis.

Gregorius in Romanum pontificem electus Beatrici et eius 1073
filiae Mathildi salutem in domino Iesu Christo. Iun. 24

Sicut beatus Gregorius in quodam super moralia Iob expla-
nationum libro[2] ait, statutum est apud supernum iudicem, quanta
unumquemque aut ferire adversitas aut debeat mulcere prosperitas.
Quicunque ergo, sive spe huius vel timore illius, in tempore
temptationis ab his quae recta sunt deviat, nec sperare in Deum
nec divinarum eloquiis scripturarum se se[a] adhibere manifestat.
Hoc autem ideo dicimus, quia nobis et vobis immo omnibus,
qui consortes adoptionis filiorum Dei esse cupimus, non tam
occasiones nostrae existimationis, videlicet quid hinc prosit inde
noceat, intuendae sunt, quam illud, ut iustitiam Dei, quae nunquam beatitudinis fine carebit, fortiter teneamus, sollicite pensandum et enitendum est. Scriptum est enim: *Sed et si quid*
patimini propter iustitiam, beati[3].

Nostis, dilectissime sancti Petri filie, quam aperte Longobardorum episcopi symoniacam heresim defendere ac fovere praesumpserint, cum Gotefredum[4] symoniacum, et ob hoc excommunicatum atque damnatum, sub specie benedictionis maledixerint
et sub umbra ordinationis execratum hereticum constituerint.
Nempe qui hactenus lapides et sagittas latenter contra Dominum

a. se se *scripsi pro* se *cod.*

1. Rom. 12, 18: „Si fieri potest — cum omnibus hominibus pacem
habentes". 2. lib. 12 cap. 2, 2: „Statutum quippe iam homini est, vel
quantum hunc mundi prosperitas sequatur vel quantum adversitas feriat".
3. 1 Petr. 3, 14. 4. archiepiscopum Mediolanensem.

1073
Iun. 24 iactaverunt, iam nunc ad subvertendam religionem et immobilem sanctae Romanae ecclesiae petram concutiendam, non dubie praecursores antichristi et antiqui hostis satellites, in apertum furoris sui campum prosiluerunt. Quibus favere vel consentire quam periculosum sit, prudentia vestra inde perpendat, quod beatus Gregorius dicit: *Talibus non sumopere obviare, quid aliud est, nisi fidem negare.* Unde nobilitatem vestram hortamur et valde rogamus, ut communionem illorum evitare et declinare studeat nec factionibus eorum consilia vel adiumenta praebeat. Neque vero in hac re aliqua huius mundi ratio, quae quidem vana transitoria et deceptiva est, vos commoveat; quoniam per misericordiam Dei et sancti Petri nulla vos inimicorum versutia laedere poterit, si mentem vestram libera conscientia defendit.

De electo vero Lucensi[1] non aliud vobis respondendum esse pervidimus, nisi quod in eo tantam divinarum litterarum scientiam et rationem discretionis esse percepimus, ut, quae sinistra quae sit dextera, ipse non ignoret. Quodsi ad dexteram inclinaverit, valde gaudemus; sin vero quod absit ad sinistram, utique dolemus; sed nullius personae gratia vel favore impietati assensum dabimus.

De rege[2] autem, ut antea in litteris nostris accepistis, haec est voluntas nostra, ut ad eum religiosos viros mittamus, quorum ammonitionibus inspirante Deo ad amorem sanctae Romanae nostrae[a] et suae matris ecclesiae eum revocare et ad condignam formam suscipiendi imperii instruere et expolire valeamus. Quodsi nos, quod non optamus, audire contempserit, nos tamen a matre nostra Romana ecclesia, quae nos nutrivit et saepe filiorum suorum sanguine alios generavit filios, custodiente Deo exorbitare nec possumus nec debemus. Et certe tutius nobis est, defendendo veritatem pro sui ipsius salute ad usque sanguinem nostrum sibi resistere, quam, ad explendam eius voluntatem iniquitati consentiendo, secum quod absit ad interitum ruere. Valete in Christo, clarissimae; et in nostra di-

a. nostrae *addidi.*

1. Anselmo.   2. Heinrico IV.

lectione corde tenus vos annexas esse scitote. Data Romae 1073
8 Kalendas Iulii, indictione 11.

I 12. *Guilielmum episcopum Papiensem monet, ut Gotefredo excommunicato archiepiscopo Mediolanensi et iis, qui eum consecraverint, obsistat.*

Gregorius in Romanum pontificem electus Guilielmo Pa- 1073
piensi episcopo salutem in domino Iesu Christo.

Nonnulla nobis frater de te antehac relata sunt, e quibus animus noster non immerito turbari debuit. Sed in epistola tua longe alia cognoscentes, ad meliorem opinionem et spem gaudii adducti sumus; cupientes, et illa vana fuisse, et fidem eorum, quae tua dilectio spondet, operum attestatione percipere. Cuius rei praesens et copiosa tibi materia suppetit, ut et his, quae de te credendum suades, exclusa dubitatione credamus et, fraternitatem tuam integra caritate nobis immo sanctae Romanae ecclesiae astrictam fore, comprobemus. Fiat itaque nobis indicium, quam unanimi studio eadem nobiscum velle et pro libertate sanctae ecclesiae, quibus nos repugnamus, toto nisu resistere paratus existas: videlicet ut his, qui catholicam fidem et ecclesiasticae religionis regulas conantur evertere, non solum non consentire, sed — ea parte, quae pro reverentia huius sanctae sedis et debito perceptae fidei cultu illis contraire decrevit, tuis consiliis adiutorioque suffulta — pro tuis viribus te quoque repugnare ostendas. Hoc autem indubitanter scias, quoniam — si Mediolanenses catholici huius rei testimonium de te nobis dederint, ut Gotefredo[1] excommunicato et episcopis, qui eius causa excommunicationis periculum incurrerunt, prudenter obsistas, et eis, qui in certamine Christi sunt, fideliter solacium praebeas — non aurum vel argentum nec aliqua fraternitatis tuae studia vel obsequia nostrae et totius Romanae ecclesiae caritati aeque te et causas tuas commendare et indissolubili cura annectere poterunt[a]. In hoc etenim karissimum filium et fidum

[a. poterint *c*.
1. archiepiscopo Mediolanensi.

1073
Iun. 29
cooperatorem sanctae Romanae ecclesiae potissimum te demonstrare poteris, si eius statuta, quae a tramite sanctorum patrum
non recedit, amplexando fortiter et defendendo tenueris. Quod
quidem prae ceteris Longobardorum episcopis te oportet agere;
ut, sicut apostolica et universalis ecclesia eam, cui Deo volente
praeesse dinosceris, speciali gratia et honore sublimavit, ita, cum
necessitas et causarum labor exegerit, in sollicitudine matris de-
sudet acrius, quae caritatis eius et vicariae dispensationis munus
sortitur opimius. Data Romae 3 Kalendas Iulii, indictione 11.

I 13. *Manassem I archiepiscopum Remensem hortatur, ut in-
iuriarum in monasterium S. Remigii finem faciat.*

1073
Iun. 30
Gregorius episcopus servus servorum Dei Manasse[1] Remensi
archiepiscopo salutem et apostolicam benedictionem.

Si loci tui, frater dilectissime, dignitatem, si officii debitum,
si statuta divinarum legum, denique si eam, quam sanctae Romanae ecclesiae reverentiam et caritatem debes, diligenter adten-
deres, profecto rogatus et monita sedis apostolicae non totiens
apud te frustrari permitteres; praesertim cum gravis culpa sit,
in huiusmodi causa te monitoris vocem provocasse vel expectasse.
Nam, quaecunque nobis e commissa dispensatione imminent, ne-
glegere quidem ea absque periculo nostro non possumus, nedum
voluntate et studio confundere securum nobis esse putemus. Siquidem meminisse debet prudentia tua, quotiens dominus et praedecessor noster Alexander venerandae memoriae papa et nos
tum[a] per epistolas tum per legatos de causa monasterii sancti
Remigii rogando et hortando te admonuimus: ne totiens apostolicam audientiam fratrum clamoribus fatigari urgente necessitate
sineres, ne quempiam ibi, cui sacri canones contradicerent, in
loco abbatis apponeres, neu, bona monasterii ab usu congregationis auferendo, locum inopiae dissipares; sed talem ibi ad regimen abbatiae constitui regulariter procurares, cui nec in exte-
rioribus providendi diligentia nec in spirituali moderamine religio
deesset aut scientia. Quod cum saepe te facturum nobis per

1. I.   a. dum *c.*

legatos tuos promiseris, necdum tamen adimplere curasti; sed, ut multorum relatione comperimus, de die in diem venerabilem locum illum asperius ac miserabilius tractas et, ut detrimenta bonorum temporalium taceamus, religiosas quoque fratrum personas crudeli ac contumeliosa captione coartas. Unde tui ipsius sollertia perpendere potest, quam gravis super hac re et te culpa et nos molestia mordeat, quod apostolicae sedis auctoritas loco et fratribus, quibus te iam dudum paternis affectibus consuluisse decuerat, necdum erga te ad pacem et quietem prodesse potuit. Temptare tamen adhuc, frater dilectissime ª, et miti oratione animum ᵇ flectere destinavimus, rogantes et ex parte beatorum apostolorum Petri et Pauli et nostra per eos apostolica auctoritate commonentes: ut, si deinceps spem in nostra fraternitate et dilectione habere volueris, sine omni dilatione talem personam regulariter ibi ordinari in abbatem procures, quae huic ordini et officio decenter congruat, et cetera, quae necessitas et iustitia monasterii exigit, ita corrigas et emendes, ne fratrum ulterius ad nos referri querela debeat. Quodsi denuo in hac re reverentiam sancti Petri et nostram qualemcumque caritatem amicitiamque contempseris, procul dubio, quod nos inviti dicimus, apostolicam in te severitatem et iracundiam provocabis. Data Romae 2 Kalendas Iulii, indictione 11.

1073
Iun. 30

I 14. *Hugoni abbati Cluniacensi mandat, ut superiorem epistolam ad Manassem archiepiscopum Remensem perferendam curet.*

Gregorius episcopus servus servorum Dei Hugoni abbati Cluniacensi salutem et apostolicam benedictionem.

1073
Iun. 30

Noverit sanctitas vestra, hos fratres monachos monasterii sancti Remigii esse; quibus apud sedem apostolicam pro consolatione loci sui, quem Manasses Remensis archiepiscopus quotidie dissipat ac confundit, diu commorantibus non aliud ad praesens solacium opportunius exhibere potuimus, quam quod eidem archiepiscopo litteras ¹, pariter cum istis vobis redditas, destinavimus.

---

a. fratres dilectissimi. *c.*   b. tuum *excidisse videtur.*
1. supra ep. 13.

1073
Iun. 30 In quibus eum, si cum beato Petro et Romana ecclesia pacem sperare velit, praefatum monasterium regulariter ordinare et in quiete dimittere, multum rogamus et ammonemus. Quas ut vestra caritas illi per idoneum nuncium mittat, et nobis, quicquid pro his fecerit, oblata primum opportunitate rescribat, nostra sollicitudo desiderat. Interim vero fratres istos, desolationem loci sui videre fugientes, benignitati vestrae commendamus, quatenus de his tam diu curam habere non pigeat, donec miserante Deo optatam quietem in monasterio suo eos habere posse contingat. Data Romae 2 Kalendas Iulii, indictione 11.

I 15. *Longobardos hortatur, ne Gotefredum, ecclesiae Mediola-*
nensis invasorem excommunicatum et anathematizatum,
sequantur.

1073
Iul. 1 Gregorius episcopus servus servorum Dei omnibus fidelibus sancti Petri apostolorum principis, maxime in Longobardia commorantibus, salutem et apostolicam benedictionem.

Scire vos volo, fratres karissimi, quod et multi vestrum sciunt, quia in eo loco positi sumus, ut velimus nolimus omnibus gentibus, maxime christianis, veritatem et iustitiam annunciare compellamur, dicente Domino: *Clama, ne cesses; quasi tuba exalta vocem tuam et annuncia populo meo scelera eorum*[1]; et alibi: *Si non annunciaveris iniquo iniquitatem suam, animam eius de manu tua requiram*[2]; item propheta: *Maledictus* inquit *homo, qui prohibet gladium suum a sanguine*[3], id est verbum praedicationis a carnalium increpatione[4].   Haec ideo praelibavimus, quia inter multa mala, quae ubique terrarum fiunt, quidam ministri sathanae et praecones antichristi in Longobardia etiam fidem christianam conantur confundere et iram Dei super se provocare. Nam sicut scitis, Gotefredus[5] vivente Guidone dicto archiepiscopo Mediolanensi eandem ecclesiam — quae quondam

1. Isai. 58, 1.   2. Cf. Ezech. 3, 18.   3. Ierem. 48, 10.   4. Cf. S. Gregorii regulae pastoralis L. III c. 25 (Opp. ed. Benedictini T. II 75): „Unde et bene per prophetam dicitur: Maledictus qui prohibet gladium suum a sanguine; gladium quippe a sanguine prohibere est praedicationis verbum a carnalis vitae interfectione retinere“.   5. II.

meritis gloriosissimae virginis et genitricis Dei Mariae nec non 1073
auctoritate clarissimi doctoris beati Ambrosii inter ceteras Lon- Inl. 1
gobardorum ecclesias religione libertate ac speciali gloria enituit
— nunc quasi vilem ancillam praesumpsit emere, sponsam videlicet Christi diabolo prostituere et, a catholica fide temptans eam
separare, nisus est symoniacae haeresis scelere maculare. Quod
audiens sancta Romana ecclesia, mater vestra, et totius christianitatis sicut scitis magistra, congregato e diversis partibus con- 1072
cilio, multorum sacerdotum et diversorum ordinum consensu fulta, c. Febr.
beati Petri apostolorum principis auctoritate Gotefredum fidei
catholicae et legis christianae inimicum excommunicavit et anathematis iaculo una cum omnibus sibi consentientibus transfixit.
Quam excommunicationem, quod etiam inimici sanctae ecclesiae
negare non possunt, sancti patres antiquitus censuere et per
omnes sanctas ecclesias totius orbis catholici viri confirmant et
confirmaverunt. Quapropter ex parte Dei omnipotentis Patris
et Filii et Spiritus sancti et beatorum Petri et Pauli apostolorum
principum monemus vos, fratres karissimi, hortamur atque praecipimus, ut nullo modo praedicto heretico Gotefredo consentiatis;
quia illi in hoc scelere consentire fidem Christi est negare. Sed
quibus modis potestis, ut filii Dei, ei resistite et fidem christianam, qua salvandi estis, omnino defendite. Neque vos deterreat
humana superbia; quia, qui nobiscum est, maior est omnibus et
semper invictus; qui vult nos pro se laborare, et coronam legitime certantibus, ut apostolus[1] promittit, tribuere. Solet enim
dux noster paucis et humilibus multos et superbos conterere et
per ea, quae sunt infirma, mundi fortia quaeque confundere. Sic
enim placuit et sic decet caelestem et invictum principem. Omnipotens Deus, qui beato Petro oves suas specialiter commisit et
totius ecclesiae regimen dedit, vos in eius dilectione corroboret,
ut, eius auctoritate a peccatis vestris absoluti, mereamini inimicos Domini comprimere et corda illorum ad poenitentiam provocare. Data Romae Kalendis Iulii, indictione 11.

1. 1 Cor. 9, 25.

I 16. Giraldum episcopum Ostiensem reprehendit, quod peracta in Hispaniis synodo ad sese nec redierit nec socium miserit. Scribit de Guilielmo archiepiscopo Ausciensi non deiciendo et de Pontio episcopo Bigorritano restituendo.

1073
Inl. 1

Gregorius episcopus servus servorum Dei Giraldo Ostiensi episcopo salutem et apostolicam benedictionem.

Miramur et multum anxii sumus, quod — cum semper consuetum et valde necessarium fuerit, ut, si quando legatus apostolicae sedis concilium in remotis partibus celebraverit, sine mora ad annunciandum omnia quae egisset reverteretur — tua fraternitas post peractam synodum, in qua tot negocia emerserunt, nec ad nos rediit nec eum, qui secum est, considerata vel necessitate vel nostra expectatione, remisit. Nobis equidem gratum est, quod pro negociis sanctae Romanae ecclesiae in Hyspanias profectus es; sed debuerat prudentia tua aut illum, quem tibi adiunximus, aut aliquem, qui synodo interfuisset quique omnia vice tua nobis rationabiliter expedire sciret, ad nos direxisse: quatinus, perspectis omnibus, confirmanda confirmaremus et, si qua mutanda viderentur, discreta ratione mutaremus. Licet enim in litteris tuis aliqua nobis gestorum tuorum notitia apparuerit, vobis tamen absentibus nec aliquo, qui pro vobis certa eorum quae viderit et audierit assertione respondeat, in praesentiarum posito, plerisque, quorum alii iniuste se excommunicatos alii inordinate depositos alii immerito interdictos conqueruntur, respondere causarum ambiguitate et respectu conservandae auctoritatis tuae prohibemur. Non respondere vero aut in longum tempus responsa differre, despectioni et, propter prolongata pericula eorum, qui sub censura sunt, crudelitati imputatur.

De causa etiam Guilielmi[1] dicti Ausciensis[a] archiepiscopi, pro cuius restitutione nos postulasti, tu ipse anxietatem quandam nobis intulisti; cum, ob id solum, quia excommunicato scienter communicaverat, eum esse depositum, et tamen in examinatione eius de obiectis criminibus — praeter quod dominum et praedecessorem nostrum Alexandrum papam sibi ignovisse fate-

1. I.   a. Ausciensi *c.*

batur — non eum canonice se expurgasse sed expurgare voluisse, 1073
dixisti. Non parvam itaque super his omnibus sollicitudinem Iul. 1
habentes, tam tibi ipsi quam ceteris magna respondendi difficultate tenemur. Hoc tamen, consulentibus fratribus et coepiscopis
nostris et cardinalibus, inter cetera nos decrevisse cognoscas: ut
praefatus Ausciensis archiepiscopus propter hoc solum, quia communicavit excommunicato, deiectioni subiacere non debeat; ita
tamen, si de obiectis aliis criminibus ita se expurgare poterit, ut
neque in te suspicio prodeat nec infamia ad nos usque pertingat.
Alioquin huius rei diffinitionem ad nostram audientiam serva.

Pontium[1] vero Bigorritanum dictum episcopum, quem simili
de causa depositum esse nunciasti, ad nos venisse cognoscas; sed
honori tuo providentes, nulla querelis eius responsa dedimus.
Attamen, quia in paribus causis paria iura tenenda sunt, fraternitati tuae scribimus: ut, habita super his quae sibi intenduntur
diligenti investigatione, si aliud, quod canonica severitate puniendum sit, in eo crimen legali approbatione inveniri non possit,
officii sui restitutione non careat. De cetero, quid nobis de
cursu fatigationis tuae credendum sit, fraternitatem tuam, reperta
primum opportunitate, per scripta nobis indicare non pigeat.
Data Romae Kalendis Iulii, indictione 11.

I 17. *Wratizlaum ducem Bohemiae et eius fratres de legatis suis*
bene receptis collaudat. Addit de Iarmiro episcopo Pra-
gensi ad obsequium redigendo.

Gregorius episcopus servus servorum Dei Wratizlao[2] Boe- 1073
miae duci et fratribus suis[3] salutem et apostolicam benedictionem. Iul. 8

Quia ob devotionem et reverentiam beatorum apostolorum
Petri et Pauli principum apostolorum legatos nostros, Bernardum
videlicet et Gregorium, qui ab hac sancta et apostolica sede ad
vestras partes directi sunt, debitae caritatis benevolentia suscepistis et eos, ut vestram condecet magnificentiam, honorifice
tractatis, omnipotenti Deo gratias agimus. Proinde nostrae benevolentiae vobis vicem rependimus. Quoniam enim antecessorum

1. I.   2. II.   3. Conrado et Ottoni.

1073
Inl. 8

nostrorum negligentia et patrum vestrorum, qui hoc fieri postulasse debuissent, agente incuria, apostolicae sedis nuncii ad partes
vestras raro missi sunt, quidam vestrorum — hoc quasi novum
aliquid existimantes et non considerantes sententiam Domini dicentis: *Qui vos recipit, me recipit*[1]*, et qui vos spernit, me spernit*[2]
— legatos nostros contemptui habent; ac proinde, dum nullam
eis[a] debitam reverentiam exhibent, non eos sed ipsam Veritatis
sententiam spernunt. Unde, ut clarius luce patet, eius Veritatis
sententie ad cumulum suae damnationis adeo se exagerant, ut
merito, dum pusillos Domini scandalizant, molas asinarias collo
suspensas, in profundum perditionis, nisi resipuerint, prola-
bantur[3]. Quorum frater vester Iarmir Bragensis episcopus,
olim noster amicus, his nostris legatis, Bernardo[b] scilicet et Gregorio, ut auditu percepimus, in tantum rebellis extitit, ut, si ita
est sicut dicitur, Symonis magi vestigia contra apostolorum principem imitatus fuisse videatur. Quapropter rogamus nobilitatis
vestrae prudentiam, ut et nostros legatos et fratrem vestrum
praedictum episcopum conveniatis et per vos et ex parte nostra
fratrem vestrum attentius hortemini: quatenus legatorum nostrorum monitis debitae obedientiae aurem inclinet et, quicquid iustitiae sibi suggesserint .... vel ex eis praeiudicio praegravari[c], nulla sibi ab hac ecclesia audientia denegabitur. Si vero
neutrum horum facere acquieverit, et sententiam legatorum nostrorum de suspensione sui officii in eum promulgatam firmabimus et durius contra eum, scilicet usque ad interniciem[d], gladium apostolicae indignationis evaginabimus; sicque fiet, ut ipse
et per eum plures alii experiantur, quantum huius sedis auctoritas valeat. Inviti enim ad hoc compellimur, neque audemus
huiusmodi praesumptionem dissimulare. Per Ezechielem namque
prophetam sub interminatione nostri interitus impellimur dicentem: *Si non annunciaveris iniquo iniquitatem suam, ipse iniquus
in iniquitate sua morietur, sanguinem autem eius de manu tua*

a. eis *addidi*.   b. Bernardum — Gregorium *c*.   c. pergravari *c*.   d. *sic*
cod. pro internecionem.

1. Matth. 10, 40.   2. Luc. 10, 16.   3. Cf. Matth. 18, 6.

requiram[1]; et alibi: *Vae illi, qui prohibet ab eo qui peccat, et incorrigibilis perseverat*[2]. Vos autem et de his et de aliis sic agite, ut[a] et temporalis vobis gloria a Domino augeatur et perpetuae beatitudinis habundantiam per interventum apostolorum perenniter possidere possitis. Data Laurenti[3] 8 Idus Iulii, indictione 11.

1073
Iul. 8

I 18. *Michaelis imperatoris plenas erga se studio litteras laudat. Dominicum patriarcham Venetum, legatum suum, commendat. Concordiam Romanae et Constantinopolitanae ecclesiarum refici cupit.*

Gregorius episcopus servus servorum Dei Michaheli[4] Constantinopolitano imperatori salutem et apostolicam benedictionem.

1073
Iul. 9

Quidam a vestris partibus monachi venientes, quorum unus Thomas alter Nicolaus vocabatur, excellentiae vestrae ad nos litteras detulere, plenas vestrae dilectionis dulcedine et ea, quam sanctae Romanae ecclesiae exhibetis, non parva devotione. Quae nimirum inter cetera nobilitatis vestrae verba, eisdem monachis de his, quae ipsi viva voce in aure nobis ex parte vestra relaturi essent, posse nos credere, asserebant. Verum quia personae non videbantur tales, quibus secure fidem possemus accommodare vel per eos[b] de tantis rebus magnitudini vestrae respondere, confratrem nostrum Dominicum patriarcham Venetiae, Romanae ecclesiae et imperio vestro fidelissimum, ad vos studuimus mittere, quatenus ipse diligenter a vobis intelligat, si in ea, quam litteris vestris et viva eorundem monachorum secretius voce significastis, adhuc voluntate perseveratis et legationis vestrae verba ad effectum perducere velitis. Nos autem non solum inter Romanam, cui licet indigni deservimus, ecclesiam et filiam eius Constantinopolitanam antiquam Deo ordinante concordiam cupimus innovare, sed[c], si fieri potest, quod ex nobis est, cum omnibus hominibus pacem habere[5]. Scitis enim, quia, quantum antecessorum nostrorum et vestrorum sanctae apostolicae sedi et

---

a. ut *om. c.*   b. *sic cod. pro* quos.   c. etiam *excidisse videtur.*

1. Cf. Ezech. 33, 8.   2. Haec unde sint, nescio.   3. a Roma ad meridiem.   4. VII, filii Constantini Ducae.   5. V. supra p. 21 n. 1.

1073
Iul. 9 imperio primum concordia profuit, tantum deinceps nocuit, quod utrimque eorundem caritas friguit. Cetera igitur, quae praesentium latori secretius referenda commisimus, indubitanter potestis credere et per eum, quicquid magestati vestrae placuerit, secure nobis significare. Data Albani 7 Idus Iulii, indictione 11.

I 18 a. Constitutio, quae facta est inter domnum Gregorium papam septimum et Landulfum Beneventanum principem.

1073
Aug. 12   Haec est constitutio, quam domnus papa Gregorius constituit cum Landulfo Beneventano principe et quam princeps Beneventanus ipse sibi firmiter promisit in sacro Beneventano palatio, anno primo pontificatus eius, duodecimo die intrante mense Augusto, indictione undecima.   Si ab hora ipsa in antea princeps ipse fuisset infidelis sanctae Romanae ecclesiae et papae ipsi suisque successoribus; vel si in aliquo quaesisset minuere publicam rem Beneventanam, aut aliquam inde absque nutu papae vel absque ordinatis eius alicui fecisset investitionem; vel si aliquo invenerit[a] studio cum aliquo homine intus aut foris civitatem Beneventanam faciendi aut recipiendi sacramentum aut inveniendi divisiones; vel si per se aut per suppositam personam intus aut foris civitatem Beneventanam studuerit qualicumque modo aut ingenio reddendi malum meritum aut faciendi damnitatem cuilibet de fidelibus sanctae Romanae ecclesiae de[b] ea, quae ad fidelitatem eiusdem sanctae Romanae ecclesiae egere usque modo — si se iuxta domni apostolici iudicium non potuerit inde defendere, cum fuerit appellatus — a praesenti amittat suum honorem.

Ego Iohannes Portuensis episcopus recognoscens subscripsi.

Ego Iohannes Tusculanensis episcopus interfui et subscripsi.

Ego Hubertus Praenestinus episcopus conscripsi.

Ego Desiderius presbyter Romanae ecclesiae interfui et subscripsi.

Ego Petrus cardinalis presbyter et bibliothecarius sanctae Romanae ecclesiae interfui et subscripsi.

a. *sic cod.*   b. *an* ob?

I 19. *Rodulfo duci Sueviae de Heinrico IV rege respondet.*
Hortatur, ut ad sese accedat.

Gregorius episcopus servus servorum Dei Rodulfo Sueviae 1073
duci salutem et apostolicam benedictionem.   Sept. 1

Licet ex praeteritis nobilitatis tuae studiis clareat, te sanctae
Romanae ecclesiae honorem diligere, nunc tamen, quanto ipsius
amore ferveas quantumque ceteros illarum partium principes
eiusdem amoris magnitudine transcendas, litterae tuae nobis trans-
missae evidenter exponunt. Quae nimirum inter cetera dulcedinis
suae verba illud nobis videbantur consulere, per quod et status
imperii gloriosius regitur et sanctae ecclesiae vigor solidatur:
videlicet ut sacerdotium et imperium in unitate concordiae con-
iungantur. Nam[a] sicut duobus oculis humanum corpus temporali
lumine regitur, ita his duabus dignitatibus in pura religione con-
cordantibus corpus ecclesiae spirituali lumine regi et illuminari
probatur.   Unde nobilitatem tuam scire volumus, quia non
solum circa regem Heinricum — cui debitores existimus ex eo,
quod ipsum in regem elegimus, et pater eius laudandae memo- 1053?
riae Henricus imperator inter omnes Italicos in curia sua speciali honore me tractavit, quodque etiam ipse moriens Romanae 1056
ecclesiae per venerandae memoriae papam Victorem praedictum   Oct. 5
filium suum commendavit — aliquam malivolentiam non obser-
vamus, sed neque aliquem christianum hominem Deo auxiliante
hodio habere volumus; cum apostolus dicat: *Si tradidero corpus
meum ita ut ardeam, et si dedero omnes facultates meas in cibos
pauperum, caritatem non habens, nihil sum*[1]. Sed quia concordiam istam, scilicet sacerdotii et imperii, nihil fictum nihil nisi
purum decet habere, videtur nobis omnino utile, ut prius tecum
atque Agnete imperatrice et cum comitissa Beatrice et Rainaldo
episcopo Cumano et cum aliis Deum timentibus de his diligentius tractemus: quatenus, voluntate nostra bene a vobis cognita,
si rationes nostras iustas esse probaveritis, nobiscum consentiatis;
si vero rationi nostrae aliquid addendum vel subtrahendum esse

a. Nam — probatur, *in margine inferiore cod. posita, signo hoc ·.· addito huc referuntur.*

1. Cf. 1 Cor. 13, 3.

vobis visum fuerit, consiliis vestris Deo consentiente parati erimus assensum praebere. Quapropter prudentiam tuam rogamus,
ut in fidelitate beati Petri semper studeas crescere, et ad limina
eius tum causa orationis tum consideratione tantae utilitatis non
pigeat te venire: quatenus sic te in utroque beato Petro debitorem facias, ut et in praesenti et in futura vita eius semper
intercessione gaudeas. Data Capue Kalendis Septembris, indictione incipiente 12.

I 20. *Rainaldo episcopo Cumano rescribit de contumelia ei illata.*
Monet, ut una cum Rodulfo duce Sueviae Romam se con-
ferat ad ecclesiae Romanae regisque Heinrici IV concor-
diam tractandam. De Longobardiae episcopis addit.

Gregorius episcopus servus servorum Dei Rainaldo Cumano
episcopo salutem et apostolicam benedictionem.

Lectis fraternitatis tuae litteris de adversitate, de contumelia,
quae tibi accidit immo nobis et universae etiam sanctae ecclesiae, ex corde tibi compassi, ex corde merore gravi sumus contristati. Quo quippe etiam audito de nobis incognito, audito de
sacerdote et[a] Aegyptio, graviter compateremur, officii etiam nostri
debito condolere cogeremur. Quid igitur de te, quem sanctae Romanae ecclesiae primum membrorum numero collocavimus, quem
ut fratrem dilectissimum dilectionis sinu fovemus? Viscera compassionis, viscera doloris eximii, ut pro fratre karissimo, aperimus.
Cuius inauditi delicti vindictam, cuius novi sceleris poenam pro
tui et multorum commodo consilio tuo facere disposuimus; quia,
quanto melius tui sanguinis effusoris, totiusque sui generis et
patriae mores et vitam novisti, tanto melius, quibus modis et
quibus .....[b] facilius cogatur, consulere nobis poteris; ut tui et
aliorum episcoporum infideles huius exemplo deprimantur, et
boni spe non dilatandi tanti et inauditi sceleris laetentur. Quod
facere et nobis scribere, et an publice vel privatim nos haec velis
exercere, usque ad festivitatem sancti Martini[1] ex obedientia volumus nullius causa dimittas.

Ad ea, quae de rege[1] scripsisti, haec accipias. Tu et di- 1073
lectissima nostra filia Agnes imperatrix, quos[a] eum et sanctam Sept. 1
Romanam ecclesiam diligere et nos pro ea ex longo experti sumus, sic novistis, quid de rege sentiam, quid etiam de eo velim,
ut nemo .....[b] eo mundanis ditiorem, vobis melius. Novistis
quidem, si bene fortasse meministis, quam saepe utrique dixerim,
quod eo religione sanctiorem nullum vellem vivere — hoc scilicet
mente mecum versans: si[c] cuiuspiam privati et alicuius principis
boni mores vita et religio honori sanctae ecclesiae existant et
augmento, quid illius, qui laicorum est caput, qui rex est, et
Rome Deo annuente futurus imperator! — quod religionem scilicet diligere, bonos ex dilectione vera sibi adhibere, res ecclesiarum augmentare et defendere, testis mihi Deus sit, eum vellem
et ex toto corde optarem; quod eum velle, aliter non speramus,
nisi malorum consilia ut venenum vitet, bonorum vero, ut a[d]
nobis iam relatum est[2], acquiescat[e]. De concordia vero inter
Romanam ecclesiam et eum si cum utilitate utriusque vis aliquid
disponere, sic sumas. Ducem Rodulfum Longobardiam intraturum
in hoc proximo Septembre audivimus. Efficias ergo, principaliter
pro apostolorum servitio, secundario vero hac etiam pro re, ut
sibi et tibi Romam non sit pigrum venire; ubi de concordia
Romanae ecclesiae et regis vobiscum et cum imperatrice filia
nostra dilectissima, cum Beatrice etiam quae multum et saepe
in hoc eodem laboravit, sic loqui sic inde tractare poterimus, ut
ex parte nostra omnia secura et quieta regi nuncietis, ut, si
Italiam eum intrare contigerit[f], universa in pace invenerit. Te
vero cum episcopis Longobardiae loqui, mihi non displicet; ne
aliter vero cum illis communices, penitus provideat prudentia
tua. Quid vero de illis disponendum sit, cum ad nos veneris,
determinabimus. Data Capuae Kalendis Septembris, indictione 12.

a. quo c.   b. quaedam hic excidisse patet.   c. se c.   d. a addidi.   e. aut
acquirat legendum est, aut consiliis supplendum.   f. contingerit c.

1. Heinrico IV.   2. paullo ante verbis his: „bonos ex dilectione
vera sibi adhibere“.

I 21. *Anselmum II electum Lucensem hortatur, ne investituram ab Heinrico IV rege ante accipiat, quam is secum pacem fecerit.*

1073
Sept. 1

Gregorius episcopus servus servorum Dei Anselmo Dei gratia Lucensium electo episcopo salutem et apostolicam benedictionem.

Quoniam fraternitatem tuam sincerae caritatis affectu et dileximus et diligimus, quae tibi seu verbis seu litteris super utilitate vitae tuae scribere curamus, ut indubitanter accipias oportet. Ut enim viam qua ambules postulasti tibi notificaremus, nullam novam, nullam expeditiorem scimus ea, quam* nuper dilectioni tuae significavimus, videlicet: te ab investitura episcopatus de manu regis abstinere, donec, de communione cum excommunicatis Deo satisfaciens, rebus bene compositis, nobiscum pacem possit habere. Personae namque tales hoc opus conantur perficere: karissima utique filia nostra Agnes imperatrix, nec non et gloriosa Beatrix cum filia Mathildi[b], Rodulfus quoque dux Sueviae; quorum religiosa consilia spernere nec possumus nec debemus. Quodsi praefati operis perfectio dilationem quacumque occasione contigerit habere, interea nostrae familiaritati poteris adhaerere Romae et nobiscum seu adversitatem seu prosperitatem communicare. Data Capuae Kalendis Septembris, indictione incipiente 12.

I 21a. Iusiurandum fidelitatis, quod fecit Richardus princeps domino suo Gregorio papae.

1073
Sept. 14

Ego Richardus, Dei gratia et sancti Petri Capuae princeps, ab hac hora et deinceps ero fidelis sanctae Romanae ecclesiae et apostolicae sedi et tibi domino meo Gregorio universali papae. In consilio vel in facto, unde vitam aut membrum perdas vel captus sis mala captione, non ero. Consilium, quod mihi credideris, et contradixeris ne illud manifestem, non manifestabo ad tuum damnum me sciente. Sanctae Romanae ecclesiae tibique adiutor ero ad tenendum et acquirendum et defendendum regalia sancti Petri eiusque possessiones recta fide contra omnes homines; et adiuvabo te, ut secure et honorifice teneas papatum Romanum.

a. quae *c.*   b. Mathildis *c.*

Terram sancti Petri et principatus nec invadere nec acquirere
quaeram nec etiam depraedari praesumam absque tua tuorumque
successorum, qui ad honorem sancti Petri intraverint, certa licentia, praeter illam, quam tu mihi concedes vel tui concessuri
sunt successores. Pensionem de terra sancti Petri, quam ego
teneo et tenebo, sicut statutum est, recta fide studebo ut illam
sancta Romana annualiter habeat ecclesia. Omnes quoque ecclesias, quae in mea persistunt dominatione, cum earum possessionibus dimittam in tuam potestatem; et defensor illarum ero ad
fidelitatem sanctae Romanae ecclesiae. Regi vero Henrico, cum
a te admonitus fuero vel a tuis successoribus, iurabo fidelitatem,
salva tamen fidelitate sanctae Romanae ecclesiae. Et si tu vel
tui successores ante me ex hac vita migraverint, secundum quod
monitus fuero a melioribus cardinalibus et clericis Romanis et
laicis, adiuvabo, ut papa eligatur et ordinetur ad honorem sancti
Petri. Haec omnia supra scripta observabo sanctae Romanae
ecclesiae et tibi recta fide; et hanc fidelitatem observabo tuis
successoribus ad honorem sancti Petri ordinatis, si mihi firmare
voluerint investituram a te mihi concessam. Actum Capuae
18 Kalendas Octobris, indictione 12.

1073
Sept. 14

I 22. *Carthaginienses hortatur, ne Saracenos metuant; reprehen-
ditque, quod Cyriacum archiepiscopum apud Saracenos
accusaverint.*

Gregorius episcopus servus servorum Dei clero et plebi christianae Cartaginensi salutem et apostolicam benedictionem.

1073
Sept. 15

Gratia vobis et pax a Deo patre et Iesu Christo filio eius
unico, qui gratuita misericordia vos conformare in novum hominem in sui sanguinis effusione dignatus est; cui semel mori et
resurgere placuit, ut vos carne mortificaret, spiritu vero vivifi-
caret et Deo offerret; cuius rei testimonium petra, super quam
ipse aedificavit, dedit dicens: *Christus semel pro peccatis nostris
mortuus est, iustus pro iniustis, ut nos offerret Deo, mortificatos
quidem carne, vivificatos autem spiritu*[1]. De quo etiam hoc modo

1. 1 Petr. 3, 18.

1073
Sept. 15

apostolus: *Tradidit semet ipsum pro nobis oblationem et hostiam Deo in odorem suavitatis*[1]; et idem alibi: *Christus factus est pro nobis obediens usque ad mortem*[2]. Estote ergo imitatores eius, qui sputis pro vobis sordidari se ipsum in cruce positum, et cum latronibus computatum pro peccatis vestris voluit vulnerari, et sic finem sibi secundum carnem ponere, ut vos a peccatis ablueret. Debitores non carnis[3], spiritu facta carnis mortificate[4]. Spiritualis quippe vitae si fueritis, hereditate quidem regni eius in aeternum ut filii fruemini, coheredes Christi, heredes vero Dei[5]. Unde omnem malitiam simulationes et invidias omnesque detractiones vos deponere, fraterna caritate commoti, admonemus. Si quid autem[a] contingit inter arma Sarracenorum positis, nolite pavescere; sed quotiescunque pro Christo patimini, gaudete, ut in adventu[b] gloriae eius gaudeatis exultantes[6]. Fidelis quidem est sermo: *Qui suscitavit Iesum, suscitabit et vos*[7]; si mortui carne fueritis, vivetis[c] vero Dei spiritu in adventu suo ad gloriae suae communicationem. Ineffabilis igitur gloriae spe tam fideli promissore confidentes, membra vestra mortificate; mortem Christi cordibus vestris infigite, adversa[d] omnia pro eo pati gaudete, credentes cum apostolo, non esse condignas passiones huius temporis ad futuram gloriam, quae revelabitur in nobis[8]. Rixas ergo, contentiones ut venenum vitate. Humilitatis discipuli, humilitatem induite[9]. Christi vicem super vos habenti ex debito obędite, consilia, admonitiones eius vero amore amplecti insudate; scientes: cum sibi, Christo qui pro vobis passus est obedieritis; eius vero praedicationes, iudicia etiam cum susceperitis, Christi per omnia suscipietis; ait enim: *Qui vos suscipit, me suscipit; qui vos spernit, me spernit*[10]. Aliter vero si feceritis, in Christum peccatis, Christum spernitis, Christi discipuli esse desinitis, apostolo resistitis, qui ait: *Omnis anima sublimioribus potestatibus subdita sit*[11]. Cum ergo mundanis potestatibus obedire praedicavit apostolus, quanto magis spiritualibus et vicem Christi inter chri-

a. vobis *deest.*   b. adventum *c.*   c. vita *c.*   d. aversa *c.*

1. Ephes. 5, 2.   2. Philipp. 2, 8.   3. Cf. Rom. 8, 12.   4. Rom. 8, 13.
5. Rom. 8, 17.   6. Cf. 1 Petr. 4, 13.   7. 2 Cor. 4, 14.   8. Rom. 8, 18.
9. Cf. Coloss. 3, 12.   10. Cf. Luc. 10, 16.   11. Rom. 13, 1.

stianos habentibus. Haec, filii karissimi, gemens cogito, flens 1073
scribo, dolore cordis intimo vobis mitto. Sept. 15

Pervenit quippe ad aures nostras, quosdam vestrum inreligiose in legem Christi contra Christum Cyriacum venerabilem fratrem nostrum, vestrum vero archiepiscopum et magistrum, immo vero vestri christum, aput Saracenos sic accusasse, iurgiis detractionis sic lacerasse, ut inter latrones numeraretur, verberibus dignus cederetur. O exemplum iniquum, vestri et universae sanctae ecclesiae dedecoris exemplum. Christus iterum capitur, falsis accusatoribus et testibus condemnatur, inter latrones numeratus verberibus ceditur. A quibus? Qui eius dicuntur credere incarnationem, eius etiam venerari passionem caeteraque eius sancta mysteria fide amplecti. Estne super his tacendum, an clamandum et fletu corrigendum? Scriptum est: *Clama, ne cesses*[1]. Alibi etiam praeceptum: *Nisi annunciaveris iniquo iniquitatem suam, sanguinem eius de manu tua requiram*[2]. Necessitate igitur clamabo, necessitate oportet corrigere, ne sanguis vester de manu mea quaeratur, ne pro peccatis vestris ante iudicem tremendum, ante iudicem iustum et immutabilem affligar. Viscera igitur pietatis paternae, viscera misericordiae super vos hoc modo aperio; partim quia ad nos vobis facilis non est transitus propter maris longa et periculosa spatia, partim quia causam ire, causam doloris et malitiae ignoro sic discutere, ut super his sententiam determinem. Admoneo, auctoritate apostolica praecipio, ut, sicut temeritatis vestrae foetores et inauditae nequitiae mentem nostram tristitia nimia turbaverint, sic correctionis et poenitentiae odores redolentes mentem nostram in laetitiam mutent. Quod si non feceritis, gladio anathematis vos iuste percutiam et sancti Petri et nostram super vos maledictionem emittam. Data Capue 17 Kalendas Octobris, indictione 12.

I 23. *Cyriacum episcopum Carthaginiensem, et christianorum et
   Saracenorum iniuriis affectum, consolatur.*

Gregorius episcopus servus servorum Dei Cyriaco Cartha- 1073
ginensi episcopo salutem et apostolicam benedictionem. Sept. 15

1. Isai. 58, 1.   2. Cf. Ezech. 33, 8.

1073
Sept. 15

Visis fraternitatis tuae litteris, fraternam [a] de molestiis, quae a paganis et a pseudofiliis ecclesiae tuae tibi inferuntur, compassionem exhibuimus. Perpendimus enim, te duplici certamine fatigari: ut et occultas christianorum insidias patiaris et a Sarracenorum persecutione non solum sustentationem humanae fragilitatis sed ipsam fidem perdere miserabiliter exigaris. Quid enim aliud est, sacerdotem ad imperium mundanae potestatis legem Dei infringere, nisi fidem eius negare? Sed Deo gratias, quia in medio nationis pravae et perversae [1] fidei tuae constantia velut luminare quoddam omnibus adeo innotuit, ut, praesentatus regiae audientiae, potius definires diversis cruciatibus affici quam praecipiente rege contra sanctos canones ordinationes celebrari [b]. Sed quanto preciosior esset religionis tuae confessio, si post verbera, quae tunc sustinuisti, errorem eorum ostendendo et christianam religionem praedicando usque ad effusionem ipsius animae pervenisses. Quod licet huiusmodi studiis fraternitatem tuam non ambigimus incumbere et pro testimonio veritatis, quantum ad te, usque ad detruncationem membrorum devenisse; tamen devotionem tuam semper ad meliora provocantes exhortamur, ut paratum te semper exhibeas sicut de Domini consolatione laetificari ita et de tribulatione non frangi. Multae enim sunt tribulationes iustorum, sed de his omnibus liberabit eos Dominus [2]. His artibus, quibus crevit, sancta reparatur ecclesia; hanc nobis hereditatem sancti patres reliquere, scilicet ut per multas tribulationes intremus in regnum Dei [3]. Gravis quidem pugna, sed infinita sunt praemia. Non enim sunt condignae passiones huius temporis ad superventuram gloriam, quae revelabitur in nobis [4]. Nos igitur, licet corpore absentes spiritu tamen praesentes, mutuis litterarum consolationibus, quotiens permittit opportunitas, insistamus. Et omnipotentem Deum assidue deprecemur, ut ipse ecclesiam Affricanam, ex longo iam tempore laborantem et diversarum perturbationum fluctibus conquassatam, tandem dignetur respicere, dicentes cum psalmista: *Exurge, quare obdormis, Do-*

a. tibi *excidisse videtur.*   b. *an* celebrare?

1. Philipp. 2, 15.   2. Ps. 33, 20.   3. Act. 14, 21.   4. Rom. 8, 18.

mine? Exurge, et ne repellas nos usque in finem. Quare faciem 1073
tuam avertis? oblivisceris inopiae nostrae et tribulationis nostrae?[1] Sept. 15
Nos autem, sicut debemus, fraternam tibi per omnia compassio-
nem exhibentes, litteras nostras[2] clero et populo tuo dirigimus,
ut ipsi, omni simultate deposita, te ut spiritualem patrem vene-
rentur. Data Capue 17 Kalendas Octobris, indictione 12.

I 24. *Brunoni episcopo Veronensi respondet, pallium absenti*
tribui non posse. Quare ad sese accedat. Addit de suo
erga Heinricum IV regem amore.

Gregorius episcopus servus servorum Dei Brunoni episcopo 1073
Veronensi salutem et apostolicam benedictionem. Sept. 24

Litteris fraternitatis tuae susceptis evidenter intelleximus,
quod dispensationem nobis creditam desideres nos inreprehensibiliter gerere, et religionis tuae preces, nobis et sanctae ecclesiae
necessarias, devotissimas Deo fundere. Qua in re aperte mon-
stratur, quanto amore quantaque devotione beatum Petrum vene-
reris, cum nos, licet indignos obsequiis ecclesiae suae deputatos,
tanta dilectione amplecti videaris. Qui enim dominos diligit, in
servos quamvis minimos dominorum dilectionem transfundit.
Quam utique dilectionem tuam in his, quae a nobis expostulasti,
id est in pallii concessione, ad praesens non recompensamus;
quia antecessorum nostrorum decrevit auctoritas: nisi praesenti
personae pallium non esse concedendum. Unde si fraternitas tua
apostolicae sedis privilegiis munita ad nos venerit, honorem, quem
Romani pontifices antecessoribus tuis contulerunt, nos tibi Deo
concedente conferemus. Sicut enim Romanae ecclesiae debitum
honorem impendi a ceteris ecclesiis, ita unicuique ecclesiae proprium ius servare desideramus.   Volumus etiam tunc praesentiae tuae ostendere, quam sincero amore regiam salutem diligamus,
quantumve circa eius[3] honorem et secundum Deum et seculum
invigilare desideremus, si ipse Deo debitum honorem studuerit
exequi et formam sanctorum regum, omissis puerilibus studiis,
sapienter imitari. Data Capue 8 Kalendas Octobris, indictione 12.

1. Ps. 43, 23. 24.   2. ep. 22 supra p. 37.   3. Heinrici IV.

I 25. *Herlembaldo militi Mediolanensi scribit, se Capuae com-*
morari; de Normannorum dissidio; de Heinrici IV regis
litteris devotione plenis; de Beatricis Mathildisque erga
se fide.

1073
Sept. 27

Gregorius episcopus servus servorum Dei Herlembaldo Mediolanensi militi salutem et apostolicam benedictionem.

Sciat prudentia tua, nos Deo miserante sanos et laetos non
sine magna sanctae ecclesiae utilitate apud Capuam demorari.
Nam Normanni, qui ad confusionem et periculum rei publicae
et sanctae ecclesiae unum fieri meditabantur, in perturbatione,
in qua eos invenimus, nimis obstinate perseverant, nullo modo
nisi nobis volentibus pacem habituri. Si enim discretio nostra
sanctae ecclesiae utile approbaret, ipsi iam se nobis humiliter
subdidissent et, quam solent, reverentiam exhibuissent.

Henricum regem praeterea scias dulcedinis et obedientiae
plena nobis verba misisse, et talia, qualia neque ipsum neque
antecessores suos recordamur Romanis pontificibus misisse[1]. Quidam etiam ex maioribus fidelibus suis promittunt nobis ex parte
sui, eum de causa Mediolanensis ecclesiae sine dubio consilio
nostro obedire. Quantum enim sibi possimus prodesse vel quantum, si adiutorii manum subtrahimus, obesse, cito te speramus
apertissime cogniturum et, Deum nobiscum esse et nobiscum
operari, evidenter probaturum.   De comitissa Beatrice nullo
modo dubitandum putamus, quin ipsa et filia eius Mathildis in
his, quae ad Deum pertinent et religionem sanctae ecclesiae,
fideliter se erga nos habeant.   Tu igitur, omnino confidens in
Domino et in matre tua Romana ecclesia, viriliter age, confor-
tatus in Domino et in potentia virtutis eius, sciens, quia quanto
vobis gravis[a] nunc insurgit perturbationis tempestas, tanto postmodum Deo favente iocundius arridebit serenitas. Data Capue
5 Kalendas Octobris, indictione 12.

a. gravis *c.*

1. V. Heinrici regis epistolam infra p. 46.

I 26. *Herlembaldo militi Mediolanensi suadet, ut resipiscentes*
Gotefredi archiepiscopi socios indulgenter habeat. De spe
pacis cum Heinrico IV rege ineundae. Monet, cum Gre-
gorio episcopo Vercellensi in gratiam redeat.

Gregorius episcopus servus servorum Dei Herlembaldo Me- 1073
diolanensi militi salutem et apostolicam benedictionem. Oct. 9

Piae sollicitudinis studio in defensione fidei sanctaeque religionis restauratione donec occupatus fueris, legationes tuas libenter audire teque abunde adiuvare voluntas non deerit. Multiplici
quidem vestrae interrogationi, aliis quia intenti sumus, paucis
respondere disponimus.　　De sociis itaque illius excommunicati,
qui accepta pecunia ad vos redire volunt; et de filiis quorum
patres, aut de patribus quorum filii ipsi Gotefredo[1] anathematizato adhaerent; atque de iis, quorum correctionem sine pecuniae
attributione fieri non vultis — erga quos tamen clementes vos existere monemus, si qui vestrae parti se applicare cupiunt — vestrae
prudentiae, ut melius scitis et valetis, disponendum committimus.
Quicunque autem horum, erroris sui poenitentes, ad nos venire
remedii gratia desideraverint, benigne se suscipi atque misericorditer tractari noverint.　　Episcopos praeterea, inimicum
vestrum fulcire conantes, non multum metuatis, cum Beatrix ac
filia eius Mathildis, Romanae ecclesiae penitus faventes, cum quibusdam maximis regni proceribus laborent nostrum atque regis
animum firmiter unire; contra quem quidem nullum odium neque
debemus neque volumus exercere, nisi quod absit divinae religioni contrarius voluerit existere. Quem nimirum regem omnino
confidunt voluntati nostrae de ceteris ecclesiasticis negociis satisfacere, praesertim de vestro nostrae dispositioni assensum praebere.　　Gregorium Vercellensem denique episcopum, quoquo
honesto pacto vales, stude tibi conciliare; quia nostrae ex toto
iussioni se profitetur parere.　　De cetero itaque confortamini
in Domino et in potentia virtutis eius, precibus et helemosinis
ac puritate cordis indulgentiam illius postulantes, quatenus votum

1. archiepiscopo Mediolanensi.

1073
Oct. 9
nostrum ac vestrum ad perfectum perducere dignetur. Data Capue 7 Idus Octobris, indictione 12.

I 27. *Albertum electum Aquensem laudat, quod Gotefredo Mediolanensi non faveat. Monet, Herlembaldum iuvet in simonia destruenda.*

1073
Oct. 13
Gregorius episcopus servus servorum Dei Alberto Aquensis ecclesiae electo salutem et apostolicam benedictionem.

Pervenit ad aures nostras, unde aliquantulum de religione tua dubitavimus, te videlicet illius excommunicati Gotefredi interfuisse ordinationi. Sed postquam testimonia eorum, qui nobis verum solent dicere, fideli relatione te excusare studuerunt, non solum de te non dubitavimus, sed ad reparandum Mediolanensis ecclesiae matris tuae honorem zelum te* habere intelleximus. Qua in re quantum nobis religio tua placeat, evidentibus indiciis probabitur, in quibuscumque Romanae ecclesiae necessitas tua auxilium requisierit. In nullo siquidem magis debitorem sanctum Petrum et nos religio tua potest sibi facere, quam si contra Symonem magum, qui ecclesiam beati Ambrosii venalitatis suae miserabiliter veneno infecit, scuto fidei et galea salutis armatus nobiscum praeliaveris[b]; et si Herlembaldo, strenuissimo Christi militi, in his, quae ad Dei cultum et ad religionem sanctae ecclesiae pertinent, manum auxilii praestiteris. Est etiam, quod prudentiam tuam sanctae apostolicae sedi nihilominus commendabit: si ipsam symoniacam heresim, sicut laudabiliter iam coepit, usque quo de ecclesia sua omnino evacuetur, studuerit oppugnare et clericos a turpis vitae conversatione ad castitatis munditiam revocare. Haec itaque sanctitatis studia mens tua cotidie meditetur, quatenus, quod fama de te nobis innotuit, ex operum tuorum consideratione probetur. Age igitur, ut universalis mater sancta Romana ecclesia in te quasi fidelissimo filio consoletur et vinctis catenis mortis liberationis manus porrigatur. Data Capue 3 Idus Octobris, indictione 12.

a. te *addidi.*   b. praelieris *c.*

I 28. *Guilielmum episcopum Papiensem hortatur, ut Herlembaldo Mediolanensi opem ferat.*

Gregorius episcopus servus servorum Dei Guilielmo Papiensi episcopo salutem et apostolicam benedictionem.   1073
Oct. 13

Litterae fraternitatis tuae nobis directae simulque Herlembaldi Mediolanensis verba evidenter ostendunt, quod tu sanctae apostolicae sedi eam, quam debes, velis obedientiam fideliter exhibere et exhortationibus nostris sicut decet parere. Sed nihil est, quod fraternitati tuae promptius iniungamus, nihil est, quod te libentius facere velimus, quam si ecclesiam tuam gregemque tibi commissum ab heresibus, quae in sancta ecclesia pestifere videntur pululare, pastorali vigilantia studeas defendere, et contra eas omni adnisu totisque viribus, sanctorum patrum munitus auctoritate, ardentius insurgere, et*a* clericos a turpis vitae conversatione ad castitatem revocare. Hoc etiam scias te admodum matri tuae Romanae ecclesiae commendabilem facere: si praefato Herlembaldo in his, quae nostro consilio immo omnipotentis Dei timore operatur, manum adiutorii praestiteris et inimicis sanctae ecclesiae, bellum Dei secum praeliaturus, viriliter restiteris. Studeat igitur prudentia tua sic se in huius sollicitudinis partem*b* fortem vigilantemque impendere, ut, quod ex promissionibus tuis accepimus, certis rerum executionibus implendum fore probemus. Data Capue 3 Idus Octobris, indictione 12.

I 29. *Iudices Sardiniae ad pietatem in ecclesiam Romanam hortatur. Constantino archiepiscopo Turrensi multa, quae iis referrentur, mandata esse, legatumque brevi missum iri.*

Gregorius episcopus servus servorum Dei Mariano Turrensi, Orzocco Arborensi, item Orzocco Caralitano, Constantino Callurensi, iudicibus Sardiniae, salutem et apostolicam benedictionem.   1073
Oct. 14

Vobis et omnibus, qui Christum venerantur, cognitum est, quod Romana ecclesia universalis mater sit omnium christianorum. Quae licet ex consideratione officii sui omnium gentium

a. et — revocare *addidit manus alia.*   b. *an* parte?

1073
Oct. 14 saluti debeat invigilare, specialem tamen et quodammodo privatam vobis sollicitudinem oportet eam impendere. Verum quia negligentia antecessorum nostrorum caritas illa friguit, quae antiquis temporibus inter Romanam ecclesiam et gentem vestram fuit, in tantum a nobis plus quam gentes, quae sunt in fine mundi, vos extraneos fecistis, quod christiana religio inter vos ad maximum detrimentum devenit. Unde multum vobis necessarium est, ut de salute animarum vestrarum studiosius admodum cogitetis et matrem vestram Romanam ecclesiam sicut legitimi filii recognoscatis et eam devotionem, quam antiqui parentes vestri sibi impenderunt, vos quoque impendatis. Nostri autem desiderii est, non solum de liberatione animarum vestrarum curam velle habere sed etiam de salvatione patriae vestrae sollicitius invigilare. Unde si verba nostra sicut decet devoti receperitis, gloriam et honorem in praesenti et in futura vita obtinebitis. Quodsi aliter, quod non speramus, feceritis et ad sonum exhortationis nostrae aurem debitae obedientiae non inclinaveritis, non nostrae incuriae sed vestrae poteritis culpae imputare, si quid periculi patriae vestrae contigerit. Cetera, quae de salute et de honore vestro tractamus, magna ex parte confratri nostro Constantino Turrensi archiepiscopo vobis referenda commisimus. At cum legatus noster, quem Deo annuente de proximo mittere disponimus, ad vos venerit, voluntatem nostram pleniter vobis significabit et, quod gloriae et honori vestro condecet, apertius enarrabit. Data Capue 2 Idus Octobris, indictione 12.

I 29 a. *Heinricus IV rex a Gregorio VII papa indulgentiam peccatorum petit. Obsequium promittit. Rogat, ut ecclesiam Mediolanensem in melius mutet*[a].

1073   Vigilantissimo et desiderantissimo domno papae Gregorio apostolica dignitate coelitus insignito Henricus Romanorum Dei gratia rex debiti famulatus fidelissimam exhibitionem.

Cum enim[b] regnum et sacerdotium, ut in Christo rite administrata subsistant, vicaria sui ope semper indigeant, oportet

a. *Legitur etiam* 2) *ap. Hugonem Flavin., Mon. Germ. SS. VIII* 425.   b. enim *om.* 2.

nimirum, domine mi et pater amantissime, quatinus ab invicem 1073
minime dissentiant, verum potius Christi glutino coniunctissima
indissolubiliter sibi cohaereant. Namque sic et non aliter conser-
vatur in vinculo perfectae caritatis et pacis et christianae concordia unitatis et ecclesiasticae simul status religionis. Sed nos,
qui Deo annuente regni aliquamdiu[a] iam sortimur ministerium,
sacerdotio, ut oportuit, per omnia ius et honorem non exhibuimus legitimum; quippe nobis a Deo date potestatis vindicem
non sine causa gladium portavimus, nec tamen in reos, ut iustum
fuit, iudiciaria illum semper[b] censura evaginavimus. Nunc autem
divina miseratione aliquantulum compuncti et in nos reversi,
peccata nostra priora[c] vestrae indulgentissimae paternitati nos
accusando confitemur; sperantes de vobis in Domino, ut, apostolica vestra auctoritate absoluti, iustificari mereamur.

Eheu criminosi nos et infelices, partim pueritiae blandientis
instinctione, partim potestativae[d] nostrae et imperiosae potentiae
libertate, partim etiam eorum, quorum seductiles nimium secuti
sumus consilia, seductoria deceptione peccavimus in coelum et
coram vobis; et iam digni non sumus vocatione vestrae filiationis.
Non solum enim nos res ecclesiasticas invasimus, verum quoque
indignis quibuslibet et symoniaco felle amaricatis et non per
ostium sed aliunde ingredientibus ecclesias ipsas vendidimus, et
non eas ut oportuit defendimus.

At nunc, quia soli absque vestra auctoritate ecclesias corrigere non possumus, super his, ut etiam de nostris omnibus,
vestrum una et[e] consilium et auxilium obnixe quaerimus; vestrum
studiosissime praeceptum servaturi[f] in omnibus. Et nunc in primis pro[g] ecclesia Mediolanensi, quae nostra culpa est in errore,
rogamus: ut vestra apostolica districtione canonice corrigatur; et
exinde ad caeteras corrigendas auctoritatis vestrae sententia pro-
grediatur. Nos ergo vobis in omnibus Deo volente non de-
fuerimus[h]; rogantes id ipsum suppliciter paternitatem vestram,
ut nobis alacris adsit clementer in omnibus. Litteras nostras[i]

---

a. *om.* 2.   b. *om.* 2.   c. priores *c. et* 2.   d. potestatis nostrae imperiosa
libertate 2.   e. et *om.* 2.   f. servabitur 2.   g. de 2.   h. deerimus 2.   i. vestras 2.

1073 non post longum tempus cum fidelissimis nostris habebitis; ex quibus nostra, quae adhuc dicenda restant, Deo dante plenius audietis.

I 30. *Geboardum archiepiscopum Salzburgensem reprehendit, quod nec litteras ad se miserit nec clericos ad castitatem impellat. Huius epistolae latorem commendat.*

1073
Nov. 15

Gregorius episcopus servus servorum Dei Geboardo Salzburgensi episcopo salutem et apostolicam benedictionem.

Si ea in vobis, quam sperabamus, erga nos dilectio flagraret, prius ad nos vestrae quam nostrae ad vos litterae pervenissent; cum id faciendi facilius vobis per plures ad limina apostolorum venientes quam nobis per unum hinc ad vos proficiscentem occasio conferatur. Nos tamen insalutati officium salutationis impendimus et, quam solemus, dilectionis tibi sinceritatem exhibemus. Sed est, unde fraternitatem tuam negligentiae merito argui putamus: quod de castitate clericorum, sicut nobis relatum est, praeceptis Romanae synodi, cui interfuisti, inobediens usque hodie videaris. Qua in re tantum de te admirantes gravius dolemus, quantum te illud sollicitius operari sperabamus. Unde apostolica te auctoritate admonemus, ut clericos tuos, qui turpiter conversantur, pastorali rigore coherceas et, quod Romana ecclesia te[a] testante[1] de immunditia clericorum statuit, neque gratiam neque odium alicuius considerans, constanti auctoritate in ecclesia tua praedicando exerceas. Ceterum pro amore sancti Petri, cuius limina praesentium portitor requisivit, studeat religio tua viscera pietatis sibi aperire, in quantum cum salute animae suae videtur tibi posse fragilitati suae condescendere; quatenus non poeniteat eum tanti itineris laborem subisse, sed gaudeat, quod diu quaesivit, scilicet sancti Petri misericordiam, per nos iuxta votum suum impetrasse. Data Capue 17 Kalendas Decembris, indictione 12.

a. te *addidi.*

1. subscribendo; cfr. supra, ubi sic est: „Romanae synodi, cui interfuisti".

I 31. *Lanfrancum archiepiscopum Cantuariensem hortatur, ne Balduinum S. Eadmundi abbatem ab Arfasto episcopo Elmhamensi affici iniuriis patiatur; cui ne morem gerat, Guilielmum I regem admoneri vult.* ·

Gregorius episcopus servus servorum Dei Lanfranco Can-   1073
tuariorum in Anglia archiepiscopo salutem et apostolicam bene-   Nov. 20
dictionem.

Non minima admiratione dignum ducimus, qua fronte, qua mente Arfastum dictum episcopum[1] sanctae Romanae ecclesiae illudere et beatae memoriae Alexandrum praedecessorem nostrum eiusque decreta contempnere patiamini. Prudentiam quippe vestram ad plenum cognoscere nos non latet: sanctam Romanam ecclesiam iure a Deo dato sibi defendere ecclesiarum, sacerdotum, episcoporum consecrationes et, a nullo sumpta licentia, debere et posse celebrare; suis et praebuisse et Deo annuente praebituram firmissimam etiam in hoc defensionem, quia Romam venerint et sedis apostolicae consilium et auxilium petierint. Quibus Arfastus dictus episcopus qua nova audacia resistat, nisi fortasse ista: *Ponam sedem meam ad aquilonem, et ero similis Altissimo*[2], ignoramus. Ad quid etiam dilectio vestra super his sileat, non nimium miramur. Verum, quia de vobis non aliter quam de nobis dubitamus, fraternitatem vestram confidenter deprecamur, ut vice nostra Arfasti nugas penitus compescatis et sancti Eadmundi abbatem[a][3] contra decretum decessoris nostri inquietari nullo modo sinatis. Qui etiam, cum eumdem abbatem in presbyterum ordinari Rome fecisset, ipsum et monasterium, cui praeest, in tutelam apostolicae sedis accepit[4]. Unde iniurias illius in nos redundare, dissimulare non possumus; praesertim cum, ad despectum auctoritatis nostrae eas sibi irrogari, perpendimus. Unde etiam Guilielmum[5], regem carissimum et unicum filium sanctae Romanae ecclesiae, precibus nostris et vice nostra super

---

a. abbatem *scripsi pro* abbatiam *cod. Cf. quae sequuntur verba haec:* eumdem abbatem.

1. Elmhamensem s. Helmamensem. (Cuius episcopatus sedes a. 1075 Theodfordiam, deinde Norvicum translata est.)   2. Cf. Isai. 14, 13. 14. 3. Balduinum.   4. 1071 Oct. 27. Regesta pont. Rom. n. 3462.   5. I.

1073
Nov. 20

his admonere dilectionem vestram precamur, et ne Arfasti vanis persuasionibus acquiescat; in quo sua singularis prudentia supra modum diminuta et contracta ab omnibus cognoscitur. Si vero Arfastus* contra haec recalcitrare abhinc temptaverit, apostolica auctoritate sibi et Balduino abbati praecipite, ut sedem apostolicam ad haec determinanda petant. Data ad Sanctum Germanum 12 Kalendas Decembris, indictione 12.

I 32. *Araldo episcopo Carnotensi mandat, ut Isimbardum S. Launomari abbatem, Hierosolyma reducem, restituat, remoto Guidone.*

1073
Nov. 27

Gregorius episcopus servus servorum Dei Araldo Carnotensium episcopo salutem et apostolicam benedictionem.

Praesentium portitor Isimbardus, abbas monasterii sancti Laodomarii[1], ad apostolicam veniens sedem, nostris questus. est auribus, se praefatae abbatiae carere obedientia, nulla interveniente culpa, nisi quia, divino succensus amore, perrexit Hierosolimam. A qua dum rediret, invenit quendam abbatem nomine Guidonem suae praelatum abbatiae, ut audivimus non simili praeditum religione neque ab alio monasterio regulariter sumptum. Fraternitas ergo tua studeat pia inquirere sollicitudine et istius remotionem et illius ordinationem. Atque si in hoc alia non invenitur culpa, nisi profectio ad Hierosolimam quam[b] quidem ducimus tolerandam, ac sollicitius et religiosius eo valet in regimine fratrum: iste utique restituatur, ille vero deiciatur. Quodsi et iste aliam commisit culpam, quae eum a regimine iuste removeat, et ille religiosius isto in administratione pervigilat ordinatioque eius reperiatur legitima: hunc quidem Isimbardum nobis tua fraternitas cum litteris remittat, et ille in suo loco permaneat. Si vero illius promotio symoniaca sorde invenitur foedata, tunc siquidem ille sine mora deponatur a regimine fratrum, et alter ei regulariter substituatur. Quicquid autem tua religio super utriusque causa expleverit, litteris tuis innexum nobis studeat facere notum. Data Argenteae 5 Kalendas Decembris, indictione 12.

1. immo Launomari (St. Laumer) d. Carnotensis.   a. Arfasto *c*.   b. quod *c*.

I 33. *Monachis S. Mariae scribit de falsa Alexandri II bulla
sibi allata. Ecclesia Dordonensi canonice ordinata, se iis
privilegia concessurum. Benedictum abbatem, ut abdicaret,
admonitum esse.*

Gregorius episcopus servus servorum Dei fratribus mona-   1073
sterii beatae Mariae, siti in episcopatu Dordonensi[1], salutem et   Nov. 28
apostolicam benedictionem.

Veniens ad nostram praesentiam frater Benedictus, quem
post obitum patris Uberti religio vestra sibi praeesse elegit in
abbatem, detulit nobis quoddam privilegium, quod beatae recordationis praedecessoris nostri Alexandri nomine titulatum invenimus. Quod nimirum ratum non esse, manifestissimis deprehendimus indiciis, corruptione videlicet Latinitatis nec non et diversitate canonicae auctoritatis. Congruenti igitur ratione neque
vetus roborare neque nostro nomine novum dignum duximus in
praesentiarum componere; quia, quae sunt iusta et pia, postulat
ecclesiastica regula. Cum enim Dordonensis ecclesia, cuius pa-
rochiae adiacetis, operante superna clementia, canonice fuerit
ordinata, tunc quidem comite vita ex consensu eiusdem sedis
episcopi proficuae utilitatis privilegium vestrae necessitati providebimus, canonica auctoritate suffultum. Quodsi peccatis exigentibus eadem ecclesia canonice non fuerit ordinata, tunc etiam
munimine, quo iuste valebimus, vobis omnino solatiabimur. Quia
vero persona vestri electi, licet honestis praedita videatur moribus, ad abbatis tamen officium cum aetate tum etiam corporis
infirmitate nobis visa est debilis, utpote quem oportet pro omnibus sollicitudinem gerere, eumdem electum monuimus a praela-
tione desistere, si se invalidum fratrum oportunitatibus perspexerit
non posse sufficere; cui tamen, quoad[a] praefuerit, in eiusdem religionis tenore perseverantes, in qua vester vos defunctus instituit pater, debitam reverentiam exhibete. Ceteri quoque monachi
vestri consocii per cellas, ab eodem vestro patre constructas, ut

a. quod *c.*

1. Nec monasterium hoc S. Mariae nec totum episcopatum Dordonen-
sem novit Mabilio, qui de Dertonensi episcopatu cogitari vetat in Annal.
ord. S. Bened. T. V 60.

1073
Nov. 28 vobiscum sint unanimes eidemque vestro abbati reverenter obediant, auctoritate praecipimus apostolica. Quia epistolare compendium multa, quae fratribus vestris intimavimus, vestrae fraternitati notificare non patitur, quae huic epistolae desunt, praedicti fratres auribus vestris viva voce narrabunt. Data Argenteae 4 Kalendas Decembris, indictione 12.

I 34. *Remedio episcopo Lincolnensi scribit, homicidam quendam non debere sacerdotio fungi; sed aequum esse, suscepta poenitentia eum stipendiis ecclesiasticis non carere. Episcopo peccata condonat.*

1073
Dec. 2 Gregorius episcopus servus servorum Dei Remedio Linconensi in Anglia episcopo salutem et apostolicam benedictionem.

Latorem praesentium, quem fraternitatis tuae litterae homicidio maculatum nobis denunciaverunt, nulla sanctorum patrum auctoritas concedit ulterius sacris altaribus ministrare; nec nos decet, constitutioni illius quod absit assensum praebendo, canonum statutis contraire*. Tua tamen religio, si eum pro commisso crimine perspexerit dignum Deo exhibere fructum poenitentiae, hoc sibi misericorditer provideat, ne stipendiis ecclesiasticis careat atque, paupertate pusillanimis factus, divina postponat praecepta. Licet nanque sacerdotium nullo pacto umquam mereatur recipere, dignum tamen est, consequi eum aliquod beneficium ab apostolica sede. Absolutionem praeterea peccatorum tuorum, sicut rogasti, auctoritate principum apostolorum Petri et Pauli fulti quorum vice quamvis indigni fungimur, tibi mittere dignum duximus, si tamen, bonis operibus inhaerendo et commissos excessus plangendo, quantum valueris, corporis tui habitaculum Deo mundum templum exhibueris. Quod autem precatus es, nos tibi iubere, quatinus possis scire, unde nobis serviendo merearis placere, hoc potissimum praecipimus: tuis videlicet iuvari orationibus, ut compotes simul mereamur gaudiis perfrui perennibus. Data Terracine 4 Nonas Decembris, indictione 12.

a. contrahire *c*.

I 35. *Roclino episcopo Cabilonensi scribit, Philippum I regem*
promisisse, ab opprimendis ecclesiis se destiturum esse.
Quem moneri iubet, ut Landricum electum Matisconensem
gratis ordinari concedat. Regi, nisi simoniam abiciat,
Francos affectos anathemate non obedituros.

Gregorius episcopus servus servorum Dei Roclino Cabillo- 1073
nensi episcopo salutem et apostolicam benedictionem.   Dec. 4

Inter ceteros nostri huius temporis principes, qui ecclesiam
Dei perversa cupiditate venundando dissiparunt et matrem suam,
cui ex dominico praecepto honorem et reverentiam debuerant,
ancillari subiectione penitus conculcarunt, Philippum [1] regem Francorum Gallicanas ecclesias in tantum oppressisse certa relatione
didicimus, ut ad summum tam detestandi huius facinoris cumulum pervenisse videatur. Quam rem de regno illo tanto profecto
tulimus molestius, quanto et prudentia et religione et viribus
noscitur fuisse potentius et erga Romanam ecclesiam multo devotius. Et nos quidem tam generalis nostrae cura sollicitudinis
quam ipsarum destructio ecclesiarum vehementer accenderat, ut
in tam audaces sanctae religionis excessus severius animadvertere
deberemus. Sed quoniam anteactis diebus per familiarem suum,
cubicularium videlicet Albericum, ad nostri censuram iudicii et
vitam corrigere et ecclesias ordinare firmiter nobis respondit,
rigorem canonicum interim exerere distulimus. Huius ergo promissionis fidem in Matisconensi ecclesia, pastoris regimine diu
desolata et ad nihilum pene redacta, in primis volumus experiri: ut scilicet Augustudunensem archidiaconum [2], unanimi cleri
et populi consensu, ipsius etiam ut audivimus regis assensu
electum, episcopatus dono gratis ut decet concesso, ecclesiae praefici patiatur. Quod si facere noluerit, indubitanter noverit, nos
hanc ecclesiae ruinam nequaquam diutius toleraturos et ex
auctoritate beatorum apostolorum Petri et Pauli duram inobedientiae contumaciam canonica austeritate cohercituros. Nam aut
rex ipse, repudiato turpi symoniacae heresis mercimonio, idoneas
ad sacrum regimen personas promoveri permittet, aut Franci pro

1. I.   2. Landricum.

1073
Dec. 4 certo, nisi fidem christianam abicere maluerint, generalis anathematis mucrone percussi, illi ulterius obtemperare recusabunt. Haec ideo, frater karissime, vigilantiae tuae intimare curavimus, quatinus ea praedicto regi insinuare et exhortando et rogando modisque omnibus inculcare studeat, ut et praefatam Matisconensem aliasque ecclesias canonicę concedat ordinari. Tibi ergo maxime haec idcirco iniungimus, quia prudentiam tuam magnam esse et regia familiaritate uti cognovimus. Si qua autem, quae dicenda erant, a nobis praetermissa sunt, haec ingenii tui acumen iniungat. Itaque in hac persecutione labora, ut et Dei gratiam et nostram benevolentiam promerearis. Data Piperni[1] 2 Nonas Decembris, indictione 12.

I 36. *Humberto archiepiscopo Lugdunensi de superiore epistola significat. Mandat, ut Landricum electum Matisconensem, licet vel ipse vel rex obloquatur, consecrari cogat.*

1073
Dec. 4 Gregorius episcopus servus servorum Dei Humberto Lugdunensi archiepiscopo salutem et apostolicam benedictionem.

Clamor Matisconensium clericorum pervenit ad nos, ecclesiam suam, iam multo tempore pastore viduatam, detrimentum non modicum sustinere. Dicunt enim, regem Francorum electionem, suo consensu factam, velle impedire. Unde, quia ipse in praesenti anno per quemdam militem suum nomine Albericum Romam venientem se consilio nostro omnino acquiescere promisit, studuimus confratri nostro Roclino Cabilonensi episcopo nostras dirigere litteras: ut ipse, nostra functus legatione, praefatum regem conveniat, quatenus ipse, oblatae nobis memor promissionis suae, electionem Matisconensium non solum non impediat sed eum[a] quem debet assensum praebeat. Qui si, in duritia sua permanens, neque necessitati huius ecclesiae compati neque exhortationi nostrae parere voluerit, praecipimus apostolica auctoritate, ut fraternitas tua neque pro odio neque gratia alicuius dimittat, quin electum ab eis Augustodunensem Landricum archi-

a. *an* etiam ei?

1. Piperno, a Terracina ad septemtriones (**Privernum vetus**).

diaconum episcopum seu per te seu per suffraganeos tuos ordi- 1073
nare studeat; si tamen auctoritas sanctorum patrum probatur ^{Dec. 4}
sibi non obviare. Si vero ipse hunc ordinem suscipere renuerit
et inflexibilem se exhibuerit, volumus, ut cum episcopo suo [1] vim
sibi inferas eumque ad recipiendum episcopalem ordinem vigilanti studio atque pastorali rigore constringas. Quodsi fraternitas tua in hac causa negligens fuerit, procul dubio tu motum
apostolicae sedis incurres; et ipse, si ad nos venerit, Deo consentiente a nobis ordinabitur. Data Piperni 2 Nonas Decembris,
indictione 12.

I 37. *Adilasiam comitissam Taurinensem monet, ut Fructuariensis et Clusini monasteriorum protectionem suscipiat.*

Gregorius episcopus servus servorum Dei Adilasiae comi- 1073
tissae [2] salutem et apostolicam benedictionem. ^{Dec. 7}

Quamquam noverim, te sacris locis et eorum religiosis habi-
tatoribus spontanea voluntate ferre subsidium, exhortari te tamen
et admonere curavi, ut in maius meliusque excrescas et, quod
ultro facere consuesti, nostro praecepto et beati Petri auctoritate
iam studiosius exequaris. Ad hoc enim tibi a Domino et honoris
dignitas et potentiae amplitudo concessa est, ut in suo suorumque
servitio expendatur, et tu, eis carnalia tua libenter impertiens,
de spiritualibus eorum participium merearis. Quam ob rem curae
tuae et defensioni Fructuariense coenobium [3] et eiusdem congregationis fratres attentius commendamus, ut eis et opem consilii
et praesidii firmamentum contra omnia infestantium gravamina
impendere studeas [a], ut et pro salute animae tuae orationes eorum apud Deum fructificent. Pari quoque modo Clusini [4] monasterii abbatem [5] et ipsius cenobii res vigilantiae tuae tuendas ac
protegendas committimus, quem sub gravi tribulationum fasce
laborare audivimus. Neque te a bone intentionis incepto alicuius gratia aut praemium deflectat, quia qui perseveraverit in

a. studeatis *c*.

1. Aganone episcopo Augustodunensi. 2. Taurinensi. 3. d. Ipo-
rediensis. 4. S. Michaelis Clusini, a Taurino ad occidentem. 5. Benedictum II, cuius vita legitur in Mon. hist. patr. III 274—299.

1073
Dec. 7 finem salvus erit[1]. Haec tibi, filia karissima, paucis inculcare et iniungere statuimus, ut ad boni operis executionem te promptiorem redderemus et ut dicitur currentem incitaremus: quatinus, Deo devota et bonis actibus et Dei servorum protectioni invigilans, illam promittentis Domini mercedem valeas adipisci: *Qui recipit prophetam in nomine prophetae, mercedem prophetae accipiet; et qui recipit iustum in nomine iusti, mercedem iusti accipiet*[2]. Data Setiae[3] 7 Idus Decembris, indictione 12.

I 38. *Wratizlao II duci Bohemiae asserit usum mitrae, ab Alexandro II concessum. Negotia a legatis suis non confecta curae sibi fore.*

1073
Dec. 17 Gregorius episcopus servus servorum Dei Wratizlao[4] duci Boemiae salutem et apostolicam benedictionem.

Longa iam temporis intervalla transacta sunt, ex quo et nobilitas tua beato Petro apostolorum principi non modicae devotionis animum spopondit et studium, et tibi in apostolica sede inter ceteros principes larga benignitas, prae multis etiam singularis et egregia fuit astricta caritas. Cuius rei fidem et indicium ex benevolentia domini et antecessoris nostri Alexandri papae satis percepisse potes, qui petitionibus tuis non unquam sine sua et filiorum sanctae Romanae ecclesiae sollicitudine et labore condescendit, et ad signum intimae dilectionis, quod laicae personae tribui non consuevit, mitram quam postulasti direxit. Neque vero nos in nostris temporibus tantae dilectionis gratiam providente Deo labefactari volumus; immo si quid est, in quo comitante iustitia firmius conglutinari valeat, hoc nostra apud Deum sollicitudo impetrare valde desiderat. At te quidem, erga apostolicam reverentiam quam sis in votis constans, quam in promissis perseverans, non modo pro dignitate verum etiam pro salute tua fideliter oportet attendere; scriptum est enim: *Vovete, et reddite*[5]. Quae autem illa[6] vel qualia sint, a tui ipsius conscientia satis te commonitum esse putamus. Causas vero et

1. Matth. 10, 22.   2. Matth. 10, 41.   3. Sezze, a Signia ad meridiem.   4. II.   5. Ps. 75, 12.   6. promissa.

negocia, quae, in partibus illis ad audientiam discussionemque legatorum nostrorum[1] perlata, peccatis impedientibus congrua determinatione diffiniri non poterant, sicut officii nostri cura nemine nos rogante compellit, ad eum quem iustitia postulaverit finem adiuvante Domino perducere procurabimus. Porro quae ipsi inde statuerunt, interim, donec ad nos negocia perferantur, immota manere volumus atque apostolica auctoritate praecipimus. Deus autem omnipotens, qui bonorum omnium dator et auctor est, talem vos in votis vestris et actibus esse faciat, ut, cum ante caelestes iudices, videlicet Petrum et Paulum, in futuro examine veneritis, nulla vos in illorum oculis, nisi quae remuneratione digna sit, conscientia denotare et ostentare valeat. Data Rome 16 Kalendas Ianuarii, indictione 12.

I 39. *Wozelino archiepiscopo Magdeburgensi ceterisque Saxoniae principibus adversus Heinricum IV regem bellantibus significat, admonitum regem esse, ut, donec legati sui advenirent, armis discederet. Indutias ut conservent, hortatur.*

Gregorius episcopus servus servorum Dei Wozelino Magdeburgensi archiepiscopo, Burchardo[2] Halbestetensi episcopo et Tezoni marchioni[3] ceterisque Saxoniae principibus salutem et apostolicam benedictionem.

Quanta violentia quantaque fratrum impulsione universalis ecclesiae, multis perturbationum fluctibus concussae et pene quasi quodam naufragio periclitatae, onus et regimen suscipere sim coactus, occultum vobis et inauditum esse non credimus. Testis enim mihi est conscientia mea, quam imparem me tanto ponderi iudicaverim et quanta sollicitudine nomen apostolicae dignitatis evitare concupiverim. Sed quoniam via hominis non in manu eius sed illius est dispositione, a quo gressus hominum diriguntur[4], impossibile mihi fuit, contra divinam voluntatem concepta vota defendere. Unde mihi sollicite vigilandum atque pensandum est, qualiter ea, quae ad profectum ecclesiasticae religionis et

1073
Dec. 17

1073
Dec. 20

1. Bernardi et Gregorii. V. ep. 17 supra p. 29.   2. II.   3. Lusatiae.   4. Ps. 36, 23.

1073
Dec. 20

salutem dominici gregis attinent, adiuvante Deo annunciare et fideliter administrare valeam; urgente me prae omnibus tum eo timore, ne susceptae me apud supernum iudicem negligentia dispensationis accuset, tum debito amore apostolorum principis, qui me ab infantia mea sub alis suis singulari quadam pietate nutrivit et in gremio suae clementiae fovit. Verum inter ceteras curarum anxietates ea nos maxime sollicitudo coartat, quod inter vos et Henricum regem, vestrum videlicet dominum, tantam discordiam et tam inimica studia exhorta esse cognovimus, ut exinde multa homicidia incendia depraedationes ecclesiarum et pauperum ac miserabilem patriae vastitatem fieri audiamus. Qua de re regi misimus, exhortantes et ex parte apostolorum Petri et Pauli eum admonentes, ut interim sese ab armis et omni bellorum infestatione contineat, donec tales ad eum ab apostolica sede nuncios dirigamus, qui tantae dissensionis causas et diligenter inquirere et annuente Deo ad pacem et concordiam aequa valeant determinatione perducere. Atque itidem vos exoratos et apostolica auctoritate commonitos esse volumus, ut, ex vestra parte omni motione sopita, easdem pacis inducias observetis nec aliqua occasione nobis cum Dei adiutorio adstruendae pacis impedimentum opponatis. Cum etenim, ut scitis, nobis mentiri, sacrilegium, deserere iustitiam, animae sit naufragium: neminem vestrum dubitare volumus, quin super hac re, veritate discussa, quicquid aequum videbitur, providente Deo decernere et stabili pactione studeamus efficere; et quamcunque partem iniurias et conculcatae iustitiae violentiam pati cognoverimus, illi procul dubio, omni timore et respectu personalis gratiae posthabito, favorem et apostolicae auctoritatis praesidia conferremus. Data Romae 13 Kalendas Ianuarii, indictione 12.

I 40. *Mathildim, ut una cum matre Beatrice Romam veniat, hortatur.*

1074
Ian. 3

Gregorius episcopus servus servorum Dei Mathildi egregiae indolis puellae salutem et apostolicam benedictionem.

Quia serenitatis vestrae litterae, apostolicae sedi directae,

eamdem testatae sunt dilectionem principi apostolorum beatissimo 1074
Petro bonitatem tuam promptam esse exhibere, quam Iesu Christo _{Ian. 3}
domino nostro vas electionis sanctus Paulus coapostolus eius
usque ad mortem ferventissimo amore studuit conservare, gaudii
repleti immensitate, omnipotenti Deo quas possumus reddimus
grates. Sed noverit prudentia vestra, honestis inceptis religiosisque inchoationibus opus esse honestiori perseverantia atque Deo
opitulante religiosissima consummatione. Quapropter, si contigerit gloriosam matrem vestram¹ hoc tempore Romam redire,
toto corde admonemus immo rogamus claritatem vestram, ad
visitationem apostolorum cum eadem venire, nisi forte aliquid
instet, quod vos non praetermittenda necessitate detineat. Praeterea litteris, quas 4 Kalendas Ianuarias nomine vestro suscepimus, 1073
quod nobis visum est congruum, iam per nostrorum apicum lega- _{Dec. 29}
tionem respondisse confidimus.   Omnipotentis Dei misericordia,
qui fideles suos iugiter circundat et protegit, assidua vos benignitate dignetur custodire atque post huius vitae cursum animam
tuam ethereo regno componere. Data Romae 3 Nonas Ianuarias, 1074
indictione 12. _{Ian. 3}

―――――――――

I 41. *Orzocoris iudicis Caralitani Romam veniendi consilium*
        laudat. Monet, ut de causa, per Constantinum archiepi-
        scopum Turrensem ei mandata, cum ceteris Sardiniae
        iudicibus colloquatur sibique celeriter significet. Se ius
        S. Petri exsecuturum esse.

Gregorius episcopus servus servorum Dei Orzocor iudici 1074
Caralitano Sardiniae provinciae salutem et apostolicam bene- _{Ian. 16}
dictionem.

Litteras tuas accepimus, in quibus, te ad nos velle venire,
continebatur. Nobis itaque placet, ut venias; et cum omni securitate, postquam ad litus nostrum veneris, eundo et redeundo
per fines terrae nostrae te migrare posse, nullatenus tibi dubitandum esse scias.   Preterea admonemus prudentiam tuam,
ut de causa, quam per archiepiscopum Constantinum Turrensem,

    1. Beatricem.

1074
Ian. 16 hoc in anno a nobis Capuae consecratum, tibi mandavimus [1], cum caeteris Sardiniae iudicibus loquaris. Et firmiter inter vos communicato consilio, quicquid vobis inde cordi et animo sit, celeri nobis responsione notificate; scientes, quoniam, nisi in hoc anno certa nobis super hac re ratione respondeatis, nec amplius vestra responsa queremus nec tamen ulterius ius et honorem sancti Petri irrequisitum relinquemus. Data Rome 17 Kalendas Februarii, indictione 12.

I 42. *Sicardum patriarcham Aquileiensem eiusque suffraganeos ad concilium invitat.*

1074
Ian. 24 Gregorius episcopus servus servorum Dei Sicardo Aquilegiensi fratri et coepiscopo salutem et apostolicam benedictionem.

Non ignorare credimus prudentiam tuam, quantis perturbationum fluctibus ecclesia sit usquequaque concussa et pene desolationis suae calamitatibus naufraga et submersa sit facta. Rectores enim et principes huius mundi, singuli quaerentes quae sua sunt non quae Iesu Christi [2], omni reverentia conculcata, quasi vilem ancillam [a] opprimunt eamque confundere, dum cupiditates suas explere valeant, nullatenus pertimescunt. Sacerdotes autem et qui regimen ecclesiae accepisse videntur, legem Dei fere penitus postponentes et officii sui debitum Deo et commissis sibi ovibus subtrahentes, per ecclesiasticas dignitates ad mundanam tantum nituntur gloriam et, quae speciali dispensatione multorum utilitatibus et saluti proficere debuissent, ea aut negligunt aut infeliciter in pompa superbiae et superfluis sumptibus consumunt. Inter haec populus, nullo praelatorum moderamine nullisque mandatorum frenis in viam iustitiae directus, immo eorum qui praesunt exemplo quaecunque noxia et quae christianiae religioni sunt contraria edoctus, ad omnia pene quae nefaria sunt proni et studio corruentes, christianum nomen non dico absque operum observantia sed pene absque fidei religione gerunt. Quapropter, confidentes in misericordia Dei, concilium in prima

a. ecclesiam *excidisse videtur.*

1. v. ep. 29 supra p. 45.   2. Philipp. 2, 21.

ebdomada quadragesimae[1] adunare disposuimus: quatenus huic
tanto periculo, suffragante divina clementia, cum communi consilio[a] fratrum aliquod solatium et remedium invenire valeamus,
ne nostris temporibus irreparabilem ecclesiae ruinam destructio-
nemque videamus.   Ideoque et vestram fraternitatem rogamus
et ex parte beati Petri apostolorum principis admonemus, ut in
praelibato termino vestram nobis praesentiam exhibeatis, convocatis una vobiscum tum per haec nostra tum per vestra scripta
vestris suffraganeis episcopis; ut tanto tutius tantoque firmius
ad subsidium ecclesiasticae libertatis et religionis accingamur,
quanto uberius atque vicinius consiliis vestrae prudentiae aliorumque confratrum frequentia et provida consultatione circumdamur.
Data Romae 9 Kalendas Februarias, indictione 12.

1074
Ian. 24

I 43. *Ecclesiae Mediolanensis suffraganeos et Longobardiae abbates ad concilium venire iubet.*

Gregorius episcopus servus servorum Dei omnibus episcopis
Mediolanensis ecclesiae suffraganeis, videlicet Brixiensi[2], Cremo-
nensi, Bergamensi[3], Laudensi, Novariensi[4], Yporegiensi, Taurinensi[5], Albensi, Astensi, Aquensi[6], Terdonensi[7] et ceteris, quibusdam salutem et apostolicam benedictionem, quibusdam pro meritis.

1074
Ian. 25

Non incognitum vobis esse credimus, in Romana ecclesia
iam dudum constitutum esse, ut per singulos annos ad decorem
et utilitatem sanctae ecclesiae generale concilium apud sedem
apostolicam sit tenendum. Nos itaque, huius celebritatis hoc in
tempore causam valde necessariam considerantes, in prima ebdomada quadragesimae[8] synodum annuente Deo Romae celebrare
disposuimus. Ad quam omnes vos[b] et apostolica auctoritate praesentiam vestram exhibere commonemus atque praecipimus; quatenus una vobiscum et cum alia frequentia vestri ordinis officii
nostri debitam sollicitudinem in divinis et ecclesiasticis causis,
suffragante superna clementia, commode ac reverenter exercere

---

a. concilio *c.*   b. invitamus *excidisse videtur. Cf. Lib. II ep.* 1 *infra.*
1. Mart. 9 — 15.   2. Odelrico.   3. Attoni.   4. Oddoni II.
5. Cuniberto.   6. Alberto.   7. Petro.   8. Mart. 9 — 15.

1074
Ian. 25

valeamus. Intueri autem et diligenter vos oportet adtendere, quoniam, quicunque miles domino suo in praelium* properanti* se subtraxerit, non modo gratiam sibi labefactare sed accepti beneficii commodum merito sibi corruisse dinoscitur. Hoc igitur exemplo appareat, qui ex vobis immo quam omnes sitis fideles Christi milites; et ad divina agmina tam prompta voluntate et studio vos conferre studete, ut post adeptam in Christo victoriam pariter vobis et de virtute factorum et abundantia praemiorum gloriari liceat. Sub eadem etiam auctoritate et determinatione omnes abbates Longobardie ad praefatum concilium invitamus, nullamque in hac oboedientia ficticiam excusationem praetendere admonemus atque praecipimus. Data Romae 8 Kalendas Februarii, indictione 12.

I 44. *Ieromiro episcopo Pragensi significat, Wratizlao II duci quid mandaverit. Die 13 Aprilis Romae eum esse iubet et episcopatus Moravensis possessiones interim tangi vetat.*

1074
Ian. 31

Gregorius episcopus servus servorum Dei Ieromiro Bragensi episcopo.

Quamquam inoboedientia tua et culpa, quam in contemptu legatorum sanctae Romanae ecclesiae perpetrasti, preces tuas, te absente et nondum parato satisfacere, recipi non meruerit; tamen, ne ex apostolica licet iusta districtione absentationis tuae moram vel occasionem diutius defendere possis, necessitatem, qua te urgeri in epistola tua conquestus es, et impedimentum ad nos veniendi removere decrevimus. Itaque praesenti auctoritate tibi restituimus et tenenda concedimus, quaecunque a legatis nostris, Bernardo videlicet et Gregorio, praeter episcopale officium tibi interdicta sunt; quoniam te, expoliatum rebus ecclesiae tuae, inopia rerum necessariarum obedientiam debitae satisfactionis non posse exequi, sicut supra diximus, conquerendo excusas. Atque hoc idem fratri tuo Wratizlao¹ duci per epistolam nostram notificavimus, admonentes eum, ut de consuetis decimis et redditibus ecclesiae tuae nihil in potestate sua tibi denegari patiatur aut

1. II.   a. praelio *c.*   b. properante *c.*

subtrahi. Ammonemus igitur et ex parte apostolorum Petri et 1074
Pauli et nostra per eos apostolica tibi auctoritate praecipimus, _{Ian. 31}
ut, nullis excusationibus absentiam tuam ulterius defendens, in
ramis palmarum[1] apostolica adire limina non praetermittas;
cognoscens, fratrem tuum a nobis esse commonitum: ut Iohannem
Moravensem episcopum itidem ad nos venire commoneat et ex
sua parte tales ad nos nuncios dirigat, quibus in nostra possimus examinatione diffinire dissensionum[a] causas.   Interim vero
de possessionibus Moravensis episcopatus nihil te tangere volumus et praecipimus, ne et ipse aliqua molestiarum excusatione
praesentiam suam conspectui nostro subtrahat.   Prescriptum
vero terminum adventus tui tu ipse ita mature fratri tuo duci
indicare curato, ut Moravensem episcopum et suos legatos una
tecum ad apostolicam sedem dirigere possit. Data Romae 2 Kalendas Februarii, indictione 12.

I 45. *Wratizlao II duci Bohemiae mandat, ut Ieromiro episcopo*
Pragensi, Romam vocato, omnia per legatos apostolicos
adempta restituat. Monet, ut cum eodem Romam vel ipse
adeat vel episcopum Moravensem legatosque mittat.

Gregorius episcopus servus servorum Dei Wratizlao[2] duci 1074
Boemiorum salutem et apostolicam benedictionem. _{Ian. 31}

Frater tuus Ieromiras Bragensis episcopus conqueritur, se,
expoliatum ecclesiae suae rebus, inopia rerum necessariarum
pro reddenda ratione eorum, quae sibi intenduntur, ad apostolicam sedem venire non posse. Quod quamquam eius inobedientia et tergiversatio valde promeruerit, tamen, ne hanc absentationis suae occasionem praetendere possit, volumus atque
praecipimus, ut in integrum sibi restituantur, quaecunque a
legatis nostris, Bernardo videlicet et Gregorio, praeter episcopale
officium interdicta sunt, et praeter ea, pro quibus Iohannes Moravensis super eum clamat episcopus. Qua in re tuam maxime
admonemus prudentiam, ut de consuetis decimis vel redditibus

a. dissensionum causas *addidit manus alia.*
1. Apr. 13.   2. II.

ecclesiae nihil ei in tua potestate denegari patiaris aut subtrahi, nec aliquam sibi contrarietatem facias, per quam, ut ad nos venire non possit, impedimenta sibi obsistere iterum conqueratur. Eo autem tempore, quo ipse, sicut per epistolam nostram commonitus est, apostolicam sedem adire debuerit, te quoque, si fieri posset, praesentem fore maxime cuperemus. Quod si rerum aut temporum eventus prohibuerit, nobilitatem vestram multum admonemus, ut episcopum Moravensem praesentiam suam nobis exhibere commoneatis, et praeterea de vestris fidelibus tales ad nos nuntios dirigatis, cum quibus rerum veritate solerti indagatione perquisita et undique explorata, favente divina clementia omnes dissensionum causas abscidere et, quidquid aequum fuerit, determinata sententia statuere valeamus. Data Rome 2 Kalendas Februarii, indictione 12.

I 46. *Guilielmum I comitem Burgundiae monet, ut ecclesiae Romanae auxilio veniat aliosque ad idem faciendum hortetur. Pacatis Normannis, subveniri Constantinopolitanis contra Saracenos cupit.*

Gregorius episcopus servus servorum Dei Guilielmo [1] Burgundionum comiti salutem et apostolicam benedictionem.

Meminisse valet prudentia vestra, quam larga affluentia dilectionis Romana ecclesia valentiam vestram iam dudum recepit et quam speciali caritate vestram familiaritatem dilexit. Neque enim se condecet oblivisci promissionis, qua Deo se ante corpus apostolorum principis Petri — praesente venerabili antecessore nostro Alexandro papa et episcopis abbatibus plurimis atque diversarum gentium multitudine quarum non est numerus — obligavit: ut, quacumque hora necesse fuisset, vestra manus ad dimicandum pro defensione rerum sancti Petri non deesset, si quidem requisita fuisset. Unde, memores nobilitatis vestrae fidei, rogamus et admonemus strenuitatis vestrae prudentiam: quatenus praeparetis vestrae militiae fortitudinem ad succurrendum Romanae ecclesiae libertati, scilicet, si necesse fuerit, veniatis huc

1. I.

cum exercitu vestro in servitio sancti Petri. Et hoc idem ro- 1074
gamus vos monere comitem Sancti Egidii[1] et socerum Riccardi Febr. 2
Capuani principis et Amideum[2] filium Adeleite[3] caeterosque, quos
cognoscitis sancti Petri esse fideles et qui similiter manibus ad
coelum extensis promisere. Si quid vero certae responsionis
prudentiae vestrae nobis placet remittere, per eum nuncium nobis
mandate, qui modis omnibus nos reddat indubios; et idem vester
nuncius veniat per comitissam Beatricem, quae cum filia[4] et
genero[5] in hoc negotio laborare procurat. Hanc autem militum
multitudinem non ideo coacervare curamus, ut ad effusionem
sanguinis christianorum intendamus, sed ut ipsi, videntes expeditionem, dum confligere timuerint, facilius subdantur justitiae.
Speramus etiam, quod forsitan alia inde utilitas oriatur: scilicet
ut, pacatis Normannis, transeamus Constantinopolim in adiutorium christianorum, qui, nimium afflicti creberrimis morsibus
Saracenorum, inianter flagitant, ut sibi manum nostri[a] auxilii
porrigamus. Nam contra eos Normannos, qui nobis rebelles
sunt, satis sufficiunt milites isti, qui nobiscum sunt. Certus enim
esto, quoniam te et omnes, qui tecum in hac expeditione fuerint
fatigati, duplici immo multiplici remuneratione, ut credimus,
Petrus et Paulus principes apostolorum donabunt. Data Romae
4 Nonas Februarii, indictione 12.

I 47. *Mathildem hortatur, ut eucharistiam frequenter sumat to-*
tamque se S. Mariae committat[b].

Gregorius episcopus servus servorum Dei[c] dilectae in Christo 1074
filiae Mathildi salutem et apostolicam benedictionem. Febr. 16

Quanta sit mihi cura quantaque incessanter de te tuaque
salute[d] sollicitudo, ipse solus, qui cordis archana rimatur, intelligit et multo melius me ipso cognoscit[e]. Tu tamen, si pensare

a. vestri *c.* b. *Legitur etiam 2) ap. Udalricum Babenberg. n. 157, Eccardi Corp.*
hist. II 166, 3) aliqua ex parte ap. Hugonem Flaviniac., Mon. Germ. SS. VIII 462.
c. Christi 2. d. re 2. e. agnoscit 2.

1. Raimundum, postea IV comitem Tolosanum. 2. II comitem Sa-
baudiae. 3. comitissae Taurinensis. 4. Mathildi. 5. Gotefrido
Gibboso, duce Lotharingiae inferioris.

1074
Febr. 16
non negligis, ut reor animadvertis*, quia pro tantis tui curam
me oportet habere, pro quantis te caritatis studio[b] detinui, ne
illos desereres, ut tuae solius animae saluti[c] provideres[d]. Caritas enim[e], ut saepe dixi et dicam, sequens coelestem tubam[1],
non quae sua sunt quaerit. Sed quia inter cetera, quae tibi
contra principem mundi arma Deo favente contuli, quod potissimum est, ut corpus dominicum frequenter acciperes, indicavi
et, ut certae fiduciae matris Domini te omnino committeres,
praecepi, quid inde[f] beatus Ambrosius, videlicet de sumendo
corpore Domini, senserit, his in litteris intimavi. Ait enim[e] in
libro quarto de sacramentis[2] inter cetera: *Si mortem Domini
annunciamus, annunciamus remissionem peccatorum. Si, quotiescunque effunditur sanguis Domini, in remissionem peccatorum
funditur, debeo illum semper accipere, ut semper mihi peccata
dimittantur. Qui semper pecco, semper debeo habere medicinam.*
Item ipse Ambrosius in libro quinto de sacramentis[3]: *Si coti-
dianus est panis, cur post annum illum sumas, quemadmodum
Graeci in Oriente consuerunt facere? Accipe cotidie, quod cotidie tibi prosit; sic vive, ut cotidie merearis accipere. Qui non
meretur cotidie accipere, non meretur post annum accipere; quomodo Iob sanctus pro filiis suis offerebat cotidie sacrificium, ne
forte aliquid vel in corde vel in sermone peccassent. Ergo tu
audis, quod, quotiescunque offertur sacrificium, mors Domini,
resurrectio Domini significetur et remissio peccatorum. Et panem
istum vitae cotidianum non assumis? Qui vulnus habet, medicinam requirit. Vulnus est, quia sub peccato sumus; medicina
est coeleste et venerabile sacramentum.* Item Gregorius papa in
libro quarto dialogorum[4]: *Debemus itaque praesens saeculum,
vel quia iam conspicimus defluxisse, tota mente contemnere, quo-
tidiana Deo lacrimarum sacrificia, quotidianas carnis eius et
sanguinis hostias immolare. Haec nanque singulariter victima*

a. animadvertes 3.   b. studiis 3.   c. om. 2. 3.   d. invigilares 3.
e. igitur 2.   f. beatus Gregorius vel *add.* 2.

1. Philipp. 2, 21.   2. lib. IV c. 6, 28. Opp. ed. Benedict. Parisiis
1690, T. II p. 372.   3. lib. V c. 4, 25. l. l. p. 378.   4. lib. IV c. 58.
Opp. ed. Benedict. Parisiis 1705, T. II p. 472.

ab aeterno interitu animam salvat, quae illam nobis mortem 1074
Febr. 16
unigeniti per mysterium reparat. Qui[a] licet, surgens a mortuis,
iam non moritur et mors ei ultra non dominabitur, tamen in
se ipso immortaliter atque incorruptibiliter vivens, pro nobis
iterum in hoc mysterio sacrae oblationis immolatur; eius quippe
ibi corpus sumitur, eius caro in populi salutem[b] partitur, eius
sanguis non iam in manus infidelium, sed in ora fidelium fun-
ditur. Hinc ergo pensemus, quale sit pro nobis hoc sacrificium,
quod pro absolutione nostra passionem unigeniti filii semper imi-
tatur. Quis enim fidelium habere dubium possit, in ipsa immo-
lationis hora ad sacerdotis vocem coelos aperiri, in illo Iesu
Christi mysterio angelorum choros adesse, summis ima sociari,
terrena coelestibus iungi, unumque[c] ex visibilibus atque invisi-
bilibus fieri? Item Iohannes Grisostomus patriarcha ad neophitos[1]: *Videte, quemadmodum sponsam sibi Christus coniunxit; vi-*
dete, quo vos cibo satietatis enutrit. Ipse nobis cibi substantia
est atque nutrimentum. Nam sicut mulier, affectionis natura co-
gente, genitum alere sui lactis foecunditate festinat, sic et Christus,
quos ipse regenerat, suo sanguine semper enutrit. Etenim, ut
idem Iohannes scribit ad Theodorum monachum[2], *lubricum genus*
est natura mortalis; cito quidem labitur, sed non sero reparatur,
et ut facile cadit, ita et velociter surgit. Debemus, o filia,
ad hoc singulare confugere sacramentum, singulare appetere
medicamentum. Haec ideo, karissima[d] beati Petri filia, scribere
procuravi, ut fides ac fiducia in accipiendo corpus Domini maior
tibi accrescat. Talem quidem thesaurum taliaque dona, non
aurum, non lapides preciosos, amore patris tui, coelorum videlicet principis, a me tua requirit anima, licet ab aliis sacerdotibus longe meliora pro meritis accipere possis. De matre vero
Domini — cui te principaliter commisi et committo et nunquam
committere, quousque illam videamus ut cupimus, omittam —
quid tibi dicam, quam coelum et terra laudare, licet ut meretur
nequeant, non cessant? Hoc tamen procul dubio teneas, quia,

a. quod *c.*   b. salute *c.*   c. unum quid *c.*   d. dilectissima 2.
1. S. Chrysostomi opp. ed. Parisiis 1588, T. V 621.   2. l. l. 859. 860.

1074
Febr. 16 quanto altior et melior ac sanctior est omni matre, tanto clementior et dulcior circa conversos peccatores et peccatrices. Pone itaque finem in voluntate peccandi et, prostrata coram illa, ex corde contrito et humiliato lacrimas effunde. Invenies illam, indubitanter promitto, promptiorem carnali matre ac mitiorem in tui dilectione. Data* Romae 14 Kalendas Martii, indictione 12.

I 48. *Uberto episcopo Genuensi mandat, ut Ansaldi uxori, adulterii falso accusatae, iudicium reddat.*

1074
Febr. 26 Gregorius episcopus servus servorum Dei Uberto Genuensi episcopo et universo loci illius clero ac populo salutem et apostolicam benedictionem.

Intelligentes errorem vestrum, de periculo vestro valde timemus; quoniam sacramenta consortii coniugalis, divinis sancita praeceptis et legibus, inter vos malignis foedari studiis audimus. Scriptum quippe est de coniugali vinculo: *Quod Deus coniunxit, homo non separet*[1], et Veritas, ne vir uxorem suam, nisi forte causa fornicationis, relinquat[2], omnino prohibet. Nobis autem relatum est, Ansaldum quemdam concivem vestrum a patre suo coactum esse, ut uxorem propriam, de fornicatione falso criminatam, nec ulterius habeat, nec iudicium purgationis eius, id quod ipsa valde desiderat, pro discutienda veritate suscipiat. Quod quia divinis et humanis legibus valde contrarium est, primo te episcopum deinde omnes vos admonemus et apostolica auctoritate praecipimus: ut, si mulier ad examinationem legitimam se conferre voluerit, cum omni tranquillitate et expectatione iuste comprobationis[b] recipiatur; et, si per misericordiam Dei innocens apparuerit, separari a viro suo nullatenus patiamini. At si pater praefati Ansaldi haec, quae divina auctoritate diximus, immo si quis mortalium haec impedire ac prohibere praesumpserit, tuam, episcope, fraternitatem apostolica auctoritate monemus: ut, omni respectu gratiae personalis abiecto, reos anathematis gladio ferire et a corpore ecclesiae dissecare non desinas

---

a. Data — 12 *om.* 2. b. comprobationibus *c.*
1. Matth. 19, 6. 2. Matth. 19, 9.

et nobis, extremam manum imposituris, per litteras tuas id quontocius indicare non praetermittas. Praeterea volumus, ut quam citius possis praesentiam tuam nobis exhibere studeas. Data Lateranis 4 Kalendas Martii, indictione 12.

1074
Febr. 26

I 49. *Omnes christianam fidem defendere volentes vocat ad imperium Constantinopolitanum a paganis liberandum.*

Gregorius episcopus servus servorum Dei omnibus christianam fidem defendere volentibus salutem et apostolicam benedictionem.

1074
Mart. 1

Notum vobis esse volumus, hunc virum praesentium portitorem, dum de ultramarinis nuper reverteretur partibus, apostolorum limina et nostram praesentiam visitasse. A quo sicut a plerisque aliis cognovimus, gentem paganorum contra christianum fortiter invaluisse imperium et miseranda crudelitate iam fere usque ad muros Constantinopolitane civitatis omnia devastasse et tyrannica violentia occupasse et multa milia christianorum quasi pecudes occidisse. Qua de re, si Deum diligimus et christianos nos esse cognoscimus, pro miseranda fortuna tanti imperii et tanta christianorum clade nobis valde dolendum est. Et non solum dolere super hac re debitae sollicitudini nostrae sufficit, sed animas pro liberatione fratrum ponere, exemplum Redemptoris nostri et debitum fraternae caritatis a nobis exigit; quia, sicut ipse pro nobis animam suam posuit[1], et nos debemus pro fratribus nostris animas ponere. Scitote igitur, nos, in misericordia Dei et in potentia virtutis eius confisos, omnibus modis id agere atque parare, ut adiutorium christiano imperio quam citius Deo iuvante faciamus. Unde vos per fidem, in qua per Christum in adoptionem filiorum Dei[2] uniti estis, obsecramus et auctoritate beati Petri apostolorum principis admonemus, ut et vos vulnera et sanguis fratrum et periculum praefati imperii digna compassione moveat, et vestra virtus pro Christi nomine non invitam fatigationem ad ferenda fratribus auxilia subeat. Quicquid autem super hac re divina pietas vestris animis

1. Ioh. 10, 15.   2. Rom. 8, 23.

1074
Mart. 1 indiderit, sine mora certis legationibus nobis renunciare studete. Data Rome Kalendis Martii, indictione 12.

I 50. *Beatrici et Mathildi mandat, iudicent inter Dodonem episcopum Rosellanum et Ugulinum comitem.*

1074
Mart. 4 Gregorius episcopus servus servorum Dei Beatrici et Mathildi, gloriosis ac karissimis in Christo filiabus, salutem et apostolicam benedictionem.

Non miretur vestra nobilitas super his, quae vobis de causa Dodonis Rosellani episcopi scripsi; quia inhumanitas videretur, si preces et murmur Ugulini comitis parvi penderem. Importune quidem saepe me rogavit, ut causam ipsius contra Rosellanum episcopum iuste discernerem et, ut idem episcopus sibi iustitiam faceret, procurarem. Ego vero, de vobis singulariter inter omnes principes Romani imperii confidens, rogavi, ut ad certum et iustum ac pacificum finem per vos causa inter eos duceretur, quo ille, qui iustus iudex est, a vestro studio vestraque pietate, me instante, glorificetur. Scit enim caritas vestra et omnino ut reor intelligit, quod in omnibus actibus vestris honorem Dei vestramque salutem requiro. Et ideo cum propheta dico: *Sacrificate sacrificium iustitiae, et sperate in Domino*[1]; et iterum: *Iudicate pupillo et defendite viduas, et venite, et arguite me, dicit Dominus*[2]. Ex amore quidem Dei proximum diligendo adiuvare, miseris et oppressis subvenire, orationibus ieiuniis vigiliis et aliis quam pluribus bonis operibus praepono; quia veram caritatem cunctis virtutibus praeferre cum apostolo[3] non dubito. Nam si haec mater omnium virtutum, quae Deum de coelo in terram ut nostram miseriam ferret compulit venire, me non instrueret, et esset, qui miseris et oppressis ecclesiis vestra vice subveniret ac universali ecclesiae deserviret, ut saeculum relinqueretis cum omnibus eius curis, monere procurarem. Sed quia de vestra aula, ut multi principes, Deum non abicitis[4], immo sacrificio iustitiae ad eam venire invitatis, rogamus vos et ut karissimas filias admonemus, bonum quod coepistis ad perfectum

1. Ps. 4, 6.   2. Isai. 1, 17. 18.   3. 1 Cor. 13, 13.   4. Cf. Genes. 35, 2.

finem perducatis. Non favor humanus, non amor pecuniae, non Mart. 4
desiderium vanae gloriae vestrum sacrificium possit offuscare.
Vili enim precio magnam rem vendit, qui huius vitae intuitu
Deo servit.   Quod vobis, quas sincero corde diligo, parum
scribo, gravi cura me implicitum esse manifesto. Vobis enim
in talibus non aliquem vicarium in dictando acquiro, sed me
ipsum labori, licet rusticano stylo, subpono; quia, si diligor ut
diligo, nullum mortalium mihi praeponi a vobis cognosco. Omnipotens Deus meritis supreme domine per auctoritatem beatorum
Petri et Pauli a cunctis vos peccatis absolvat et ad gremium
universalis matris vestrae cum gaudio perducat. Data Romae
4 Nonas Martii, indictione 12.

I 51. *Arnaldo abbati S. Severi praecipit, ut ecclesiam S. Mariae Solacensem monasterio S. Crucis Burdigalensi restituat.*

Gregorius episcopus servus servorum Dei Arnaldo abbati 1074
Sancti Severi[1] salutem et apostolicam benedictionem. Mart. 14
Non mediocris te inobedientiae arguere possumus, quod post
multas querimonias, de te in Romanis conciliis factas, monasterium sanctae Crucis[2] de ecclesia sanctae Mariae[3] nullam adhuc
iustitiam sit consecutum. Licet examen exquirendae veritatis
huius negotii frivolis excusationibus iam ex longo tempore evi-
tasse videaris, praesenti tamen anno, pro difinienda lite vestra[a]
a legato nostro Giraldo Ostiensi episcopo ad synodum vocatus,
nullam Deo et sancto Petro diceris reverentiam exhibuisse, adeo
ut, contempta auctoritate apostolicae sedis, neque tu venire neque
alios iuste te excusaturos studueris mittere. Unde, quia absen-
tatio tua indicium iniustitiae tuae clarissimum tribuit, diffinitum
est in eadem synodo: monasterio sanctae Crucis praedictae ecclesiae sanctae Mariae ius et possessionem restituendam esse. Quam
nimirum diffinitionem nos approbantes, praecipimus tibi apostolica auctoritate, ut praefatum monasterium sanctae Crucis, sicut

a. nostra *c.*

1. dioec. Adurensis.   2. Burdigalense.   3. Solacensi.

1074
Mart. 14 statutum est, quiete° tenere permittas. Quodsi te iustitiam habere confidis, hinc usque ad festivitatem omnium sanctorum[1] ad nos venire studeas, teque praedicto abbati eodem termino venturum notifices: quatenus, utriusque partis perquisitis rationibus, certum causae vestrae finem Deo auxiliante imponamus. Data Romae in synodo 2 Idus Martii, indictione 12.

I 52. *Manassae I archiepiscopo Remensi mandat, ut novum abbatem monasterio S. Remigii praeficiat, quod, quem praefecerit, Wilhelmus abbas S. Arnulfi Metensis ferre utrumque onus abnuat.*

1074
Mart. 14 Gregorius episcopus servus servorum Dei Manasse[2] Remensi archiepiscopo salutem et apostolicam benedictionem.

Romana ecclesia iam dudum fraternitatem tuam ulnis maternae dilectionis amplectens, speciali quodammodo caritate dilexit et praestantissima cura dulcissime fovit; praesertim nos adeo tuae promotioni favimus et consensimus, ut nequeamus vitare grave periculum, si ea feceris, quae tuum ordinem dehonestent aut tuam non deceant dignitatem. Unde, si quando ea de te audivimus, quae tuo ordini non congruunt, maximo merore confundimur, ac proinde leviter dissimulare non possumus. Inter caeteras quidem querimonias, quae de te nostris auribus sunt delatae, querimonia monasterii sancti Remigii acriter animum nostrum turbavit et in te vehementer commovit. Verum quia nunc cognovimus, quod idem monasterium melius ordinasti, quam audivimus vel speravimus, quoniam ibi honestum moribus et eruditum litteris hominem posuisti, non minima laetitia animum nostrum refocilasti. Abbas[3] quidem nobis admodum placet; et, si posset ferre honus, ut utrasque abbatias regeret, Metensem[4] scilicet et Remensem, laudassemus pro eo, quia vir et religiosus et sapiens est. Alioquin, si pondus utrarumque regiminis super posse sibi est, ut ipse fatetur, ne nimia gravedine pressus succumbat, rogamus prudentiam tuam immo apostolica

---

a. ecclesiam S. Mariae *excidisse videtur.*

1. Nov. 1.   2. I.   3. Wilhelmus.   4. S. Arnulfi.

auctoritate monemus, quatenus suo consilio et consensu per 1074
Mart. 14 electionem congregationis secundum regulam sancti Benedicti idoneum ibi rectorem Deo concedente constituas. Pro certo enim noveris, quoniam ita cara erit nobis illius monasterii honesta et regularis regiminis ordinatio, ac si esset in monasterio sancti Pauli[1]. Data in synodo 2 Idus Martii, indictione 12.

I 53. *Herimanno episcopo Metensi significat, de Wilhelmo abbate quid Manassae I archiepiscopo Remensi scripserit.*

Gregorius episcopus servus servorum Dei Herimanno Metensi 1074
Mart. 14 episcopo salutem et apostolicam benedictionem.

Litteras dilectionis tuae gratanter accepimus, quia in eis abundantiam devotionis tuae erga nos exuberare cognovimus. Nos quidem omnibus debitum sollicitudinis nostrae exhibere et volumus et debemus, quoniam omnium curam suscepimus; et omnium salutem cupimus et optamus, quia, licet indigni meritis, regimen universalis ecclesiae regendum accepimus; ministerium euangelizandi[a] accepimus, ve nobis, si non euangelizaverimus[2]. Et licet omnibus debitores simus[3], praecipue tamen domesticis fidei[4] curam nostrae sollicitudinis exhibere condecet et oportet. Unde noverit fraternitas vestra, quoniam de vobis propensior est nobis cura et in vobis ardentior amor, pro eo scilicet, quod dignae recompensationis munus a vestrae sanctitatis orationibus expectamus. Grave enim pondus gerendum suscepimus et, nisi vestris et totius christianitatis fidelium orationibus fulciamur, ferre nullatenus possumus. Quapropter rogamus, ut sanctae congregationis vestrae assiduis orationibus sublevari mereamur. Non solum enim tam sanctae congregationis orationes ardenter exigimus, verum totius populi quaerimus et optamus. Praeterea abbas Sancti Arnulfi[5], vir ut nobis videtur religiosus et tibi fidelis, nobis innotuit, quod velit sub tuo regimine pauper vivere potius[b] quam alibi dives et potens. Vult enim, si tibi videtur

a. euangelizandum *c.*   b. potius *addidi.*

1. Romano.   2. 1 Corinth. 9, 16.   3. Rom. 1, 14.   4. 1 Timoth. 5, 8.
5. Wilhelmus.

1074
Mart. 14 renunciare abbatiae sancti Remigii, et tantum vestra* esse contentus. Cuius rei causa misimus litteras nostras [1] Remensi archiepiscopo, ut dictam abbatiam secundum Deum consilio istius in
alium ordinet, iste vero vobis tantummodo cedat. Vos autem
rogamus, quatenus pro caritate nostra eum carius habeatis, ut
sentiat profecisse[b] sibi, quod ad nos venit. Data in synodo
2 Idus Martii, indictione 12.

I 54. *Canonicis S. Hilarii praecipit, ne Pictavenses canonicos
in sacrorum procurandorum iure impediant.*

1074
Mart. 16 Gregorius episcopus servus servorum Dei canonicis Sancti
Ylarii[2] salutem et apostolicam benedictionem.

Notum vobis esse volumus, quod canonici Pictavenses in
synodo nostra conquesti sunt, vos denegare et contradicere illis
consuetudinem, quam in ecclesia sancti Ylarii iure habere debent: videlicet ut in festivitate omnium sanctorum et sancti Ylarii,
cum illuc ex more cum processione veniunt, si episcopus aderit,
ipse missam celebret, sin autem non adsit episcopus, decanus
aut aliquis de maioribus canonicis Pictavensis ecclesiae officium
vice episcopi peragere debeat. Quod cum apud nos in publico
concilio ventilatum fuerit, Gozelino Burdegalensi archiepiscopo
causam vestram cum quibusdam aliis defendente, scientes, talem
consuetudinem in Romana ecclesia[c] per singulas stationes et fere
per universum orbem in aliis ecclesiis rite et rationabiliter teneri,
diiudicante concilio, iustam eos requirere causam comprobavimus;
et praedictum usum eos obtinere debere, apostolica auctoritate
censuimus. Verum, ut vobis abundantius satisfaciendo omnem
reclamandi occasionem demeremus, ut Pictavenses clerici, qui
praesentes aderant, partem suam — sicut approbatio agenti
semper incumbit — sacramento firmare deberent[d], diiudicavimus.
Quod quidem ipsi, praesente Burdegalensi archiepiscopo et ceteris, facere paratissimi erant, atque idem archiepiscopus a nobis
commonitus iuramentum se recipere professus est. Quapropter

---

a. vestrae *c.*   b. proficisse *c.*   c. Romanam ecclesiam *c.*   d. deberent *addidi.*
1. ep. 52 supra p. 72.   2. Pictavensibus.

apostolica vos auctoritate monemus atque praecipimus, ut, omni 1074
inter vos et Pictavenses canonicos lite sopita, consuetudinem et Mart. 16
iustitiam suam, sicut superius synodali iudicio decretum esse
cognoscitis, sine omni contradictione deinceps eos* habere permittatis. Data Rome in synodo 17 Kalendas Aprilis, indictione 12.

I 55. *Pontium I episcopum Bigorrensem ceterosque ecclesiae
Ausciensis suffraganeos iubet Guilielmo I archiepiscopo
obedire.*

.Gregorius episcopus servus servorum Dei Bigurritano epi- 1074
scopo[1] et ceteris suffraganeis Auxiensis ecclesiae salutem et Mart. 16
apostolicam benedictionem.

Legatus sanctae Romanae ecclesiae, videlicet confrater noster
Giraldus Ostiensis episcopus, vos[b], ut Guilielmo[2] archiepiscopo[3]
vestro debitam reverentiam exhibeatis, commonuit. Verum, sicut
idem archiepiscopus conquerendo nobis retulit, postea nec consideratio debitae subiectionis nec respectus apostolicae auctoritatis
vos ad obedientiam flexit. Quod quamquam non parum praesumptionis et damnandae contumaciae habeat, adhuc tamen facta
vestra apostolica mansuetudine dissimulantes, mandamus vobis
et apostolica auctoritate praecipimus, ut nullatenus ei honorem
subiectionis debitae subtrahatis. Si quid autem adversus eum
habetis, una secum adite nostram praesentiam; et si quid discussione dignum protuleritis, adiuvante Deo sollicita indagatione
examinatum competenti sententia determinabimus. Data Rome
17 Kalendas Aprilis, indictione 12.

I 56. *Rogerio episcopo Catalaunensi scribit, Philippum I regem
a se petiisse, ut eum absolveret. Id non posse fieri. Sed prolato iudicio, eum ante d. 1 Novembris ad se accedere iubet.*

Gregorius episcopus servus servorum Dei Rogerio[4] dicto 1074
Catalaunensi episcopo. Mart. 17

Philippus[5] rex Francorum, non modica tibi dilectione astri-

a. eos *addidi.*   b. vos *addidi.*

1. Pontio I.   2. I.   3. Ausciensi.   4. III.   5. I.

1074
Mart. 17 ctus, multum nos, ut te absolveremus, tum per litteras tum per legatorum verba rogavit. Quod quidem salva iustitia nequaquam nobis faciendum esse pervidimus, dum iuxta vigorem canonicae disciplinae multo gravius in te animadvertendum esse cognosceremus. Sed adhuc apostolica mansuetudine iudicium in te ultionis debitae suspendentes, praesenti auctoritate tibi praecipimus, ut praesentiam tuam abhinc usque ad proximam festivitatem omnium sanctorum[1] conspectui nostro repraesentare nullo modo praetermittas: quatenus adversum te totiens iteratam proclamationem Catalaunensis ecclesiae iusto fine Deo auxiliante decidamus; admonentes equidem, ne interim in contemptu vel transgressione iam ante datae sententiae periculum tibi tu ipse gravius ingeras. Quibus in rebus si nobis inobediens fueris et, aliqua tergiversatione te excusans, infra praelibatum terminum praesentie nostrae te non exhibueris, de tua damnatione et incommutabili depositione ulterius non dubitabis. Data Rome in synodo 16 Kalendas Aprilis, indictione 12.

I 57. *Guilielmum episcopum Papiensem monet, ut una cum Azone marchione, qui de incesta copulatione cum Mathildi sorore eius accusetur, ad se veniat.*

1074
Mart. 17 Gregorius episcopus servus servorum Dei Guilielmo Papiensi episcopo salutem et apostolicam benedictionem.

Significandum tibi duximus, marchionem Azonem[2] in Romana synodo super incesta copulatione sororis tuae[3] accusatum esse. Qua de re ipse, per propinquos mulieris satisfactionem pollicitus, inducias postulavit. Propterea rogamus et apostolica auctoritate fraternitatem tuam admonemus, ut, ad servitium sancti Petri paratus et ut melius possis instructus, cum eodem marchione ad nos venire nullo modo praetermittas, certus, te a nobis honorifice recipiendum et relinquendum. Nam, etsi fraternitatis tuae auxilia in aliis minime nobis necessaria fuissent, tamen hac de causa praesentiam tuam nobis exhiberi oportet, ut exortas praefati coniugii

1. Nov. 1.   2. de quo cf. Muratori Antichità Estensi I 29.   3. Mathildis. V. Registri lib. II ep. 36 infra.

quaestiones diligenti examinatione discutiamus et, iustitiam legali
iudicio decernentes, adiuvante Domino, si quid periculosum apparuerit, amputemus et, quod officio nostro et illorum saluti congruit,
statuamus. Data Rome in synodo 16 Kalendas Aprilis, indictione 12.

1074
Mart. 17

I 58. *Geusae ducis Ungarorum erga se studium laudat. Officia*
pollicetur. De rebus eius in posterum per Azonem mar-
chionem cupit certior fieri.

Gregorius episcopus servus servorum Dei Geusae duci[1] Ungarorum salutem et apostolicam benedictionem.

1074
Mart. 17

Visis litteris tuis, laudabilem devotionis tuae professionem
cognovimus, in qua cor et animum tuum erga reverentiam apostolicae sedis igne divino inflammatum esse intelleximus. Qua
de re non incerta spes tuae salutis ostenditur, non parvum
nobis exortum est gaudium, quoniam, qui debita fide et devotione
apostolicae reverentiae vota concipiunt, nequaquam dubia ab eis
praesidia et beneficia praestolantur. Unde etiam tuam monemus
dilectionem, ut studia tua erga honorem apostolorum semper ex-
crescant et, quanto te cotidie ex necessario fine vitae tuae iudiciis illorum appropinquare cognoscis, tanto propensius eos debitores tibi efficere studeas: quatenus per misericordiam Dei illis
suffragantibus peccatorum tuorum indulgentiam et aeternae beatitudinis gloriam te adipisci gaudeas. De nostra vero caritate
nullatenus te dubitare volumus; sed, effusis in te intimis et paternis affectibus, locum apud nos agendi et impetrandi, quae
saluti et honori tuo digne competunt, te habere, remota omni
dubitatione promittimus. Et si quis inimicorum tuorum aliquid
adversum te molire prave temptaverit, procul dubio non solum
nostra carebit audientia sed indignationem apostolicae gratiae in
eum exasperari sentiet. Tu autem, si quid interdum aut de tuis
causis aut quod servitio apostolicae reverentiae pertineat nostris
auribus intimare cupias, habes, egregium videlicet marchionem
Azonem, nobis quidem inter ceteros Italiae principes valde dilectum, per quem ea, quae ad apostolicam audientiam referenda

1. I regi.

1074
Mart. 17
destinaveris, nobis aptissime indicari et commendari poterunt. De cetero divina clementia et ab instantibus huius saeculi te adversitatibus protegat et ad peragendum ea, quae sibi bene-placita sunt, invictas tibi vires et facultates tribuat. Data Rome in synodo 16 Kalendas Aprilis, indictione 12.

I 59. *Ottonem et Chuonradum, Wratizlai II Bohemiae ducis fratres, ne ecclesiae Olomucensi iniurias inferant, hortatur.*

1074
Mart. 18
Gregorius episcopus servus servorum Dei Ottoni et Chuonrado, fratribus Wratizlai[1] ducis Boemiorum, salutem et apostolicam benedictionem.

Meminisse debet nobilitas vestra, quod de ·causa Olomucensis ecclesiae ·iam ante apostolica monita accepistis, ne iustitiam eius aliqua occasione minueretis neque molestantibus eam aliquod adiutorium praeberetis. Nunc iterum vos admonemus et paterna caritate rogamus, ne aliquam contrarietatem eidem ecclesiae faciatis, sed pro reverentia sanctae Romanae ecclesiae, cuius apostolicis privilegiis munita est, amorem et piae devotionis studia erga illam exhibeatis, et, quantum vestrae potestatis est, iura et pertinentia[a] eius a vobis et vestris inviolata conservari studeatis. · Haec enim est causa, in qua et divinae remunerationis gloriam et apostolorum certa praesidia ac nostrae dilectionis plenitudinem vobis lucrari et aptissime possitis astringere. Sin autem, quod non optamus, aliter feceritis, procul dubio haec eadem vobis corrumpere et in contrarium, quod absit, vertere poteritis. Data Rome 15 Kalendas Aprilis, indictione 12.

I 60. *Sigifredum archiepiscopum Moguntinum obiurgat, quod litis inter Pragensem et Moravensem episcopos curam non egerit, et quod eiusdem causae, ad apostolicam sedem delatae, diiudicationem affectet.*

1074
Mart. 18
Gregorius episcopus servus servorum Dei Sigifredo Maguntino archiepiscopo salutem et apostolicam benedictionem.

Pervenit ad aures nostras quaedam de te indigna relatio,

1. II.   a. pertinentias *c.*

cui nequaquam fidem adhibuissemus, nisi quod in litteris tuis,
quas de causa Ieromiri Bragensis et Iohannis Moravensis episcoporum nobis direxisti, idem in animum tuum te induxisse intelleximus: videlicet ut negotium, quod ipsi habent ad invicem,
totiens iam ad apostolicam delatum audientiam, a nostro iudicio
ad examen tui arbitrii transferretur. Qua in re quoniam evidenter apparet, quam parum consultores tui iura apostolicae
auctoritatis intelligant vel attendant, fraternitatem tuam, ut nobiscum canonicas traditiones et decreta sanctorum patrum per-
currat, invitamus; in quibus, praesumptionis suae fastum denuo
recognoscens, culpam in se ipsa negligentiae pariter deprehendat
et ausus. Nam, cum primum Iohannes Moravensis* episcopus,
ecclesiae cui praeest iura defendere volens, multis iniuriis ac
contumeliis, flagellis etiam ut audivimus afficeretur et tamen
iustitiam non posset consequi, tua religio nullam inde sollicitudinem, nullam in discutienda causa fatigationem suscepisse dinoscitur. Verum, postquam apostolica sedes, accepta praefati
episcopi querimonia, saepe per epistolas, aliquotiens etiam per
legatos causam iusto fine determinare et litem compescere desu-
daverat, tunc demum evigilans sollertia tua negotium animad-
vertit, suis hoc discussionibus referendum esse iudicavit; et fratrem, per apostolica suffragia ad portum iustitiae et quietis ena-
tantem, in profundum credo renovandae contentionis et laborum
retrahere voluisti. Quamquam igitur hinc officii tui incuria illinc
suscepta adversus apostolicam sedem, accusante te, arrogantia
merito in te commoveri deberemus; utentes tamen apostolica
mansuetudine, placido te admonemus affatu[b]: ne ulterius tam
inordinata, tam inconsulta praesumas; apostolica iudicia, non
dico tibi, sed nec ulli patriarcharum aut primatum retractandi
licentiam fore existimes; ne contra sanctae Romanae ecclesiae[c]
quicquam tibi attribuere vel moliri cogites, sine cuius habun-
danti clementia nec in loco quidem tuo, ut tu ipse nosti, subsistere potes. Nos etenim adiuvante Deo per auctoritatem beati
Petri, sicut iam diu in apostolica sede decretum est, inter prae-

a. Marovensis c.   b. affectu c.   c. iura *excidisse videtur.*

1074
Mart. 18

fatos episcopos litem iuste decidere et Olomucensi[a] ecclesiae, quae sui iuris sunt, decernere et corroborare procurabimus. Data Romae 15 Kalendas Aprilis, indictione 12.

I 61. *Wratizlao II Bohemiae duci promittit, se ecclesiae cuidam, cum perfecta fuerit, reliquias et privilegia concessurum esse. Addit de litteris ad Sigifredum archiepiscopum Moguntinum missis.*

1074
Mart. 18

Gregorius episcopus servus servorum Dei Wratizlao[1] duci Boemiae salutem et apostolicam benedictionem.

Quoniam, afflatus igne divino, studia devotionis erga sanctam et apostolicam ecclesiam habere coepisti, silere nos caritas in te diffusa non patitur, quin, ardorem divinae servitutis de die in diem ferventius te concipere, frequenti exhortatione moneamus. Illa etenim vota apud Deum praemia merentur et gloriam, quae per gradus bonorum operum ad cacumen plenitudinis tendunt et semper in bono desideria ampliora concipiunt. Quapropter, karissime fili in Christo, bona, quae Deo inspirante mens et devotio tua proposuit, ad effectum perfectionis extendere stude, quatenus apostolica benevolentia, nulla tibi labefactata segnicie, pro meritis tuis ampliori semper te dilectione comprehendat. De reliquiis et privilegio, unde nos rogasti, cum nuntiis tuis[b] finita et perfecta ecclesia consecrationis consilium a nobis quaesierit, voluntati tuae satisfacere benigne procurabimus. Sigifredum vero archiepiscopum Moguntinum de praesumptione, quam in causa Ieromiri Bragensis episcopi habuit, per epistolam nostram[2] duriter increpavimus, interdicentes ei, ne ulterius se huiusmodi ineptia[c] et fatuitate occupare incipiat. Attamen, si quid adversum te temerario iudicio fecerit, praeventu apostolicae auctoritatis tutus atque defensus, donec iterum ad te nostra legatio perferatur, pro nihilo ducas, magisque sibi ad periculum quam tibi futurum esse non ambigas. De cetero apo-

---

a. *super* Olomucensi *scripsit alia manus* Marovensi.   b. missis *excidisse vid. tur.* c. inertia *cod.*

1. II.   2. ep. 60 supra.

stolicis benedictionibus semper te munitum esse gaudeas. Data 1074
Romae 15 Kalendas Aprilis, indictione 12.

Mart. 18

I 62. *Hugonem abbatem Cluniacensem nondum Romam adiisse miratur. Monet, ut quam primum accedat.*

Gregorius episcopus servus servorum Dei Hugoni abbati 1074
Cluniacensi salutem et apostolicam benedictionem.

Mart. 19

Grata nobis et dulcia sunt verba vestra. Sed multo uberiori delectatione nos caperent, si vestra caritas ardentius erga Romanam ferveret ecclesiam. In hoc enim dilectionis vestrae flammam desidere[a] deprehendimus, quod consolationem vestrae visitationis, totiens quaesitam, invenire non possumus. Quod quidem non aliis occupationibus vestris imputandum esse credimus, nisi quod sanctitatem vestram labores fugere et aliquanto graviora negotia quasi pigritantem quibusdam occasionibus declinare videmus. Proinde noscat religio vestra, quoniam, qui denegatam nobis praesentiam vestram hactenus cum admiratione sustinuimus, deinceps sine multa anxietate et mentis perturbatione ferre non possumus. Meminisse enim debetis, quot et quanta negocia in vestra manu et confratris nostri Giraldi Ostiensis episcopi posuerimus. Quae propter absentiam vestram aut neglecta pereunt aut competentem finem habere non possunt; quoniam, cum praefatum episcopum in servitio sancti Petri ultra montes ad regem[1] misimus, vos venturum aestimabamus. Quapropter, etsi commoti, dilectionem vestram intimo admonemus affectu, ut nos, in multis et magnis angustiis positos, quantotius visitare curetis. Portamus enim, quamquam infirmi, quamquam extra vires ingenii et corporis, soli tamen portamus in hoc gravissimo tempore non solum spiritualium sed et saecularium ingens pondus negociorum; et casum nostrum cotidie ex imminenti sarcina formidamus, qui sustentationis auxilia in hoc saeculo nequaquam reperire quimus[b]. Unde per omnipotentem Dominum rogamus, ut fratres vestros, sicut ab initio ordinationis nostrae postulavimus, pro nobis iugiter orare Deum commo-

1. Heinricum IV.   a. residere *c.*   b. nequimus *c.*

1074
Mart. 19 neatis; quoniam, nisi illorum et aliorum fidelium interventibus divina suffragia mereamur, nostrum et, quod magis timemus, ecclesiae periculum evitare non poterimus. Omnipotens Deus, a quo bona cuncta procedunt, vos ac commissos vobis in hac mortali vita ita vivere faciat, ut ad veram et immortalem vitam Deo ducente perveniatis. Data Romae 14 Kalendas Aprilis, indictione 12.

I 63. *Sanctium regem Aragoniensem, qui officium Romanum receperit, collaudat. Addit de Salomonis accusatione et de nuntio ad eum mittendo.*

1074
Mart. 20 Gregorius episcopus servus servorum Dei Sanctio regi Aragoniensi salutem et apostolicam benedictionem.

Litteras nobilitatis tuae suavitate plenas laeti suscepimus. In quibus, quanta fidelitate erga principes apostolorum Petrum et Paulum ac Romanam ecclesiam ferveas, satis perspeximus; quam, tametsi litteras tuas nullas videremus, per legatos apostolicae sedis evidenter compertam habebamus. In hoc autem, quod sub ditione tua Romani ordinis officium fieri studio et iussionibus tuis[a] asseris, Romanae ecclesiae te filium esse[b] ac eam concordiam et eamdem amicitiam te nobiscum habere, quam olim reges Hyspaniae cum Romanis pontificibus habebant, cognosceris[c]. Esto itaque constans et fiduciam firmam habeas et quod cepisti perficias; quia in domino Iesu Christo confidimus, quia beatus Petrus apostolus, quem dominus Iesus Christus rex gloriae principem super regna mundi constituit, cui te fidelem exhibes, te ad honorem desiderii tui adducet, ipse te victorem de adversariis tuis efficiet. Cum enim Dominus filium, quem[d] amat, flagellat et castigat[1], melius et utilius ex adversis pervenitur ad prospera. Qui enim dicit ridentibus: *Ve vobis, quia flebitis*[2], ipse lugentes beatos asserit: *quoniam ipsi consolabuntur*[3]. De Salomone autem ad praesens nihil respondimus, quoniam accusationem per litteras eo absente, qui accusat,

a. tuos *c*.   b. esse *addidi*.   c. *sic c. An* cognoscimus.   d. quem *addidi*.
1. Cf. Hebr. 12, 6.   2. Luc. 6, 25.   3. Matth. 5, 5.

sacri canones non recipiunt. Est quoque aliud[a]: quod[b], qui le-   1074
Mart. 20
gatus noster ad partes illas fuit, his temporibus aberat, et sine
eo iudicium inde dare noluimus. Eo vero revertente, habebimus
Deo favente consilium, et ad vos nuncium nostrum mittemus,
qui, hanc et alias necessarias causas diligenti examine perqui-
rens, singulis quibusque iustae determinationis finem imponet.
Data Romae 13 Kalendas Aprilis, indictione 12.

I 64. *Alfonsum VI regem Legionensem et Sanctium II regem Ca-*
stiliae hortatur, ut ecclesiae Romanae officium recipiant.
Munionis, invasoris ecclesiae Ocensis, excommunicationem
a Geraldo episcopo Ostiensi factam confirmat.

Gregorius episcopus servus servorum Dei Alfonso[1] et Sanctio[2]   1074
Mart. 19
regibus Hispaniae a paribus, et episcopis in dicione sua constitutis, salutem et apostolicam benedictionem.

Cum beatus apostolus Paulus Hyspaniam se adiise significet[3]; ac postea septem episcopos ab urbe Roma ad instruendos
Hispaniae populos a Petro et Paulo apostolis directos fuisse,
qui destructa idolatria christianitatem fundaverunt, religionem
plantaverunt, ordinem et officium in divinis cultibus agendis
ostenderunt et sanguine suo ecclesias dedicaverunt, vestra diligentia non ignoret; quantam concordiam cum Romana urbe
Hispania in religione et ordine divini officii habuisset, satis
patet. Sed, postquam vesania Priscillianistarum diu pollutum
et perfidia Arianorum depravatum et a Romano ritu separatum,
irruentibus prius Gothis ac demum invadentibus Saracenis,
regnum Hispaniae fuit, non solum religio est diminuta, verum
etiam mundanae sunt opes labefactae. Quapropter ut filios karissimos vos adhortor et moneo: ut vos, sicut bonae soboles,
etsi post diuturnas scissuras, demum tamen ut matrem re vera
vestram Romanam ecclesiam recognoscatis, in qua[c] et nos fratres reperiatis; Romanae ecclesiae ordinem et officium recipiatis,

---

a. *hic quaedam excidisse patet huiusmodi:* quod rem impediat.   b. quod legatus noster, qui ad partes illas his temporibus fuit, aberat *cod.*   c. quo *c.*

1. VI regi Legionensi.   2. II regi Castiliae.   3. Rom. 15, 24. 28.

1074
Mart. 19

non Toletanae vel cuiuslibet aliae, sed istius, — quae a Petro et Paulo supra firmam petram per Christum fundata est et sanguine consecrata, cui portae inferni, id est linguae hereticorum, numquam praevalere poterunt[a][1] — sicut cetera regna occidentis et septemtrionis teneatis. Unde enim non dubitatis vos suscepisse religionis exordium, restat etiam, ut inde recipiatis in ecclesiastico ordine divinum officium, quod Innocentii papae ad Egubinum[2] directa episcopum vos docet epistola, quod Ormisdae ad Hyspalensem[3] missa decreta insinuant, quod Toletanum et Bragarense demonstrant concilia, quod etiam episcopi vestri ad nos nuper venientes iuxta constitutionem concilii per scripta sua facere promiserunt et in manu nostra firmaverunt. Praeterea, sicut de aliis excommunicationibus per legatos Romanae ecclesiae factis[b] fecimus, depositionem et excommunicationem, quam Geraldus Ostiensis episcopus cum Reinbaldo[4] in Munionem simoniacum, qui super[c] Symeonem venerabilem fratrem nostrum Ocensem[d][5] episcopum ordinatus erat[e], ratam esse decrevimus atque firmavimus, usque dum resipiscens de episcopatu, quem indebite tenuit, sibi satisfaciat atque inde recedat. Data Romae 14 Kalendas Aprilis, indictione 12.

I 65. *Raguseos reprehendit, quod, Vitali episcopo in custodiam dato, successorem elegerint. Legatum mittit Geraldum archiepiscopum Sipontinum; a quo si res decerni non potuerit, utrumque episcopum Romam perduci iubet.*

1074
Mart. 20

Gregorius episcopus servus servorum Dei omnibus Raguseis salutem et apostolicam benedictionem, si obedierint.

Pervenit ad aures nostras, vos Vitalem episcopum vestrum

a. potuerunt *c*.   b. factas *c*.   c. *Florez Esp. sagr.* **XXVI** 158 *pro* super *perperam legi vult* per; *quam loci depravationem multi errores eius in describenda Ocensi et Burgensis episcopatuum historia consecuti sunt.*   d. super Ocensem *alia manus posuit litteram* s; *ut legeretur* Oscensem.   e. protulit *excidisse videtur.*

1. Cf. Matth. 16, 18.   2. ad Decentium ep. Eugubinum. Regesta pont. Rom. n. 108.   3. ad Sallustium. V. Regesta pont. Rom. n. 510. 4. subdiacono. V. ep. 6 supra p. 14.   5. sedes episcopalis paullo post Auca sive Oca (a Burgis ad orientem) translata est Burgos. V. tabulas ap. Florez España sagrada XXVI 456 et 458.

cepisse et, eo in custodia et vinculis posito, alium vobis in episco- 1074
pum elegisse. Quae quidem res quam sit inordinata, quam ini- Mart. 20
qua, quam criminosa, quam divinis et humanis legibus contraria,
nulli fidelium in dubio esse credimus. Proinde misimus ad vos
dilectum fratrem nostrum Giraldum Sypontinum archiepiscopum,
ut, in hac re nostra legatione fungens, iustitiam inde decernere
debeat. Ammonemus itaque et apostolica vobis auctoritate praecipimus: ut, relaxato episcopo quem in captione tenetis, in praesentiam praefati archiepiscopi conveniatis; et ei* ad faciendam
super hac re canonicam iustitiam et in aliis etiam ecclesiasticis
causis, quae inter vos corrigendae sunt, eandem, quam nostrae
praesentiae deberetis, obedientiam et favorem exhibeatis. Quodsi
peccatis impedientibus causa apud vos examinari et diffiniri non
possit, volumus: ut utrumque, videlicet episcopum captum et
eum quem inregulariter elegistis, in nostram praesentiam con-
ducatis; quatenus adiuvante Deo, quod iustum fuerit, inde iudicare et auctorabiliter statuere valeamus. Alioquin, si nostra
immo apostolica monita et praecepta contempseritis, a liminibus
ecclesiae et omni christiana communione vos apostolica auctoritate pellendos et sequestrandos esse sciatis. Data Romae 13
Kalendas Aprilis, indictione 12.

I 66. *Monasterium S. Quirici Rainerio episcopo Reatino tradit.*
 Bona monasterio adempta episcopo restitui iubet.

Gregorius episcopus servus servorum Dei omnibus monachis 1074
et laicis monasterii sancti Quirici et omnibus Ioseppingis et filiis Mart. 20
Alberici et filiis Rapteri salutem et apostolicam benedictionem.

Notum vobis fieri volumus, quod monasterium sancti Quirici
iuris ecclesiae sancti Petri confratri nostro Rainerio et coepiscopo Reatino dedimus. Proinde rogamus immo praecipimus atque iubemus: ut illum in omnibus et contra omnes adiuvetis;
et castra, quae vos Ioseppingi et filii Alberici et filii Rapteri
detinetis, supradicti episcopi ditioni restituatis; et eum in his
et in omnibus bonis ad supra dictum monasterium pertinentibus

a. ei *addidi.*

1074
Mart. 20
fideliter adiuvetis, et nullam ei ullo modo molestiam faciatis, sicut gratiam sancti Petri et nostram habere vultis; alioquin iram nostrae malivolentiae seu excommunicationis vinculum non evadetis. Data Romae 13 Kalendas Aprilis, indictione 12.

I 67. *Giraldo II episcopo Sistaricensi praecipit, ut ecclesiae Crosciensi et libertatem et bona adempta reddat.*

1074
Mart. 21
Gregorius episcopus servus servorum Dei Giraldo[1] Sistoricensi episcopo salutem et apostolicam benedictionem, si obedierit.

Michahel presbyter ecclesiae Crosciensis[2] conquestus est nobis, te praefatam ecclesiam, quam ipse iuris sancti Petri esse non dubitas, invasisse, bona eius diripuisse, presbyteros et clericos cepisse ac vi[a] contra fas et iura iurare compulisse. Cum vero Ananiam et Saphiram propter propria bona, quae beato Petro promiserant et non dederunt, mortem incurrisse[3] non ignores, quo instinctu nisi diabolico tantam invasionem praesumpsisti, tantam contumeliam intulisti, tantum sacrilegium in apostolorum principem perpetrasti. Quapropter apostolica tibi auctoritate praecipimus, ut, perspectis his apicibus, absque omni occasione vel dilatione praedictam nostram Crosciensem ecclesiam expediens liberam reddas, presbyteros et clericos absolutos et omnia quae inde tulisti sibi restituas, et cum pace et quiete ibi Deo servire sub beati Petri ditione in tuitione nostra permittas. Si autem te aliquam iustitiam in praemissa ecclesia habere existimas, ad nos cito cum praelibatis canonicis nostris venias, ut iustitiam in praesentia nostra recipias. Si autem hoc non feceris, te apostolica auctoritate excommunicandum noveris. Data Romae 12 Kalendas Aprilis, indictione 12.

I 68. *Froterio II episcopo Nemausensi praecipit, ut vexare monasterium S. Aegidii desinat.*

1074
Mart. 22
Gregorius episcopus servus servorum Dei Froterio[4] Nemausensi in Provincia episcopo salutem et apostolicam benedictionem.

a. tibi *excidisse videtur.*
    1. II.   2. Cruis, a Sistarico inter meridiem et occidentem.   3. Act. 5, 1 — 10.   4. II.

Audivimus olim nostri tempore praedecessoris venerabilis 1074 memoriae Alexandri, te contra iustitiam monasterium sancti $^{\text{Mart. 22}}$ Egidii, quod isdem gloriosus confessor iuri beati Petri tradidit, usque adeo affecisse iniuriis, ut eiusdem abbatem[1] a Romano pontifice consecratum capere praesumeres, spreto rigore canonum contemptisque privilegiis ab apostolica sede derivatis. Unde tunc merito et adhuc dolemus, non dubitantes, abbatis contumelias Romanae maiestati fuisse illatas. Nihilo minus quoque nobis displicet, quod quasi de integro tibi licentiam usurpas praefatum excommunicandi coenobium, cum, hoc tibi non licere, huius sanctae sedis auctoritas autenticorum testetur in datione privilegiorum. Quapropter praecipiendo rogamus et rogando praecipimus .... nullius etiam sub obtentu occasione iustitiae sive excommunicando sive missas celebrando fratres praedicti coenobii praesumas inquietare. Si autem illi in aliquo tibi esse videbuntur iniusti, volentes ac potentes non deerimus ad faciendam tibi de ipsis iustitiam. Sin vero, quod absit, nostrae exhortationis, immo praecepti neglector extiteris, ... illos autem a iugo servitutis, per auctoritatem, quae data est apostolo Petro, per nos eiusdem vicarios, ut Deo libere serviant, esse absolutos. Data Rome 11 Kalendas Aprilis, indictione 12.

I 69. *Guilielmo comiti et fidelibus ecclesiae Diensis nuntiat, Hugonem episcopum a se consecratum utque simoniam tolleret admonitum esse. Cui ut obtemperent hortatur. Damna ecclesiae illata compensari iubet.*

Gregorius episcopus servus servorum Dei Guilielmo Diensi 1074 comiti ac universis fidelibus ac subditis Diensis ecclesiae salutem $^{\text{Mart. 23}}$ et apostolicam benedictionem.

Venientem ad nos Hugonem episcopum vestrum benigne suscepimus. Et quia vos in electionem eius unanimiter convenisse audivimus, episcopali consecratione eum vobis in pastorem ordinavimus; quatenus, sub eius regimine spiritualibus instructi disciplinis, perceptae fidei fructum et gloriam sempiternam consequi

1. Beraldum.

1074
Mart. 23 Deo dante possitis. Expleto igitur in eo ministerii nostri debito, cum omni caritate eum ad vos remittimus; admonentes vos per fidem, in qua redempti et per Christum salvati estis, ut eum debito honore et reverentia suscipiatis et omnem in omnibus, quae ad regimen sui episcopatus pertinent, obedientiam et favorem sibi exhibeatis. Nos enim inter cetera eum sollicite admonuimus, ut contra simoniacam haeresim totis erigeretur viribus, et ecclesias* suae parrochiae non prius consecraret nec consecratas aliter divinum officium celebrare permitteret, nisi prius, absolutae a laicorum manibus, sicut canonicum est, suo iuri et episcopali eius providentiae redderentur. Quam ob rem, ne quis ei contrarius in exequendo monita nostra obsistat, apostolica auctoritate sub anathematis comminatione interdicimus.

Te autem, praedicte comes, singulariter alloquentes, valde miramur, quod, postquam praefatum confratrem nostrum instinctu divinae clementiae cum consensu aliorum omnium in episcopum elegeras et fidelitatem sibi ex more feceras, nescio quibus de causis elatus, eo praesente, commotionem adversus eum agere praesumpsisti et, postquam ad apostolica limina venit, clericos et cives urbis depraedatus es et, quod valde nefandum est, quemdam clericum cepisti. Quamquam[b] igitur in hac tanta et tam crudeli praesumptione censuram apostolicae animadversionis in te provocaveris, rogatu tamen eiusdem episcopi tui adhuc debitae ultionis iaculum in te vibrare distulimus. Ceterum, ne haec patientia nostra te in audaciam erigat et nos in culpam neglectae iustitiae trahat, apostolica te auctoritate monemus atque praecipimus, ut sine omni dilatione, quaecumque adversus episcopum et ecclesiam sibi commissam temere et inique commisisti, digna satisfactione emendes, et ulterius nulla eum contrarietate molestare praesumas. Alioquin scias episcopum vestrum[c] apostolica iussione constrictum, te sicut hostem et impugnatorem iustitiae a liminibus ecclesiae, anathematis innodatum vinculis, sequestrare. Quod etsi ipse, quod non credimus, timore aliquo vel gratia praetermitteret, nos tamen tantae temeritatis facinus non relin-

a. ecclesiam *c.*   b. Quam *c.*   c. nostrum *c.*

quemus inultum, et episcopus pro negligentia officii sui non leve
suscepti ministerii perpenderet sibi imminere periculum. Data
Romae 10 Kalendas Aprilis, indictione 12.

I 70. *Guilielmo I regi Anglorum de perturbato ecclesiae statu
respondet. S. Stephani privilegia servari iubet. Res S. Petri
in Anglia colligendas liberalitati eius committit.*

Gregorius episcopus servus servorum Dei Guilielmo[1] regi
Anglorum salutem et apostolicam benedictionem.

Moerore mentis tuae, fili dilecte, ex decessu antecessoris
nostri beatae memoriae Alexandri, tui etiam[a] hilaritate ex nostrae
promotionis certo rumore[b] .... absque dubio credimus, te ex
corde matri tuae sanctae Romanae ecclesiae adhaerere eamque
totis viribus, ut debes, diligere. Nam, quia eius quasi viduitate
audita graviter angebaris, consolatione etiam sua de nostri promotione vero gaudio laetaris, statumque nostrum te velle scire
per litteras tuas obnixe et humiliter precaris, affectum boni filii,
affectum filii matrem ex corde diligentis ostendis. Exsequere
ergo operibus, fili dilecte, quod ore confiteris; imple efficaciter
quod dicis, ut consentias ipsi Veritati clamanti: *Qui diligit me,
sermones meos servabit*[2]; et alibi: *Probatio dilectionis exhibitio
est operis.* Sermones matris tuae hi sunt et huiusmodi: Iustitiae
per omnia, cum opportunum est, inmo Deo[c] insudare ne desinas et[d] ecclesiis tibi ad defendendum commissis sic consulere,
ut fomenta salutis animae tuae conficias, peccatorum maculas
deleas, virtutum odores sic tibi introducas, ut cum apostolo dicas:
Christi bonus odor sumus[3]. Honorem Dei et omnia, quae Dei
sunt, tuo et mundanis omnibus praeponere consulimus admonemus et precamur; cum hoc ex certo sit unum, quo neglecto
saepius tuae dignitatis potestates se[e] solent[f] perdere et ad in-
feros trudere. Haec ideo, karissime, tibi inculcavimus, quia inter

---

a. animi *excidisse videtur.*   b. per litteras tuas cognitis *suppleverim.*   c. inmo
deo (inmodō) *scripsi pro* in modo *cod.*   d. et *addidi.*   e. se *addidi.*   f. solet *c.*

1. I.   2. Ioh. 14, 23.   3. 2 Cor. 2, 15.

1074
Apr. 4 reges te solum habemus, quem prae aliis diligere supra scripta credimus.

Statum vero nostrum, quem te scire suppliciter oras, sic accipe. Navem inviti ascendimus, quae per undosum pelagus violentia ventorum et impetu turbinum et fluctibus ad aera usque insurgentibus in incerta deicitur; saxis occultatis, et aliis a longe in altum apparentibus, licet cum periculo, obviat tamen et examinat[a]. Sancta quippe Romana ecclesia, cui licet indigni et nolentes praesidemus, diversis tentationibus, quam plurimis persecutionibus ypocritarum, et hereticorum insidiis et dolosis obiectionibus continue et quotidie quatitur, mundanis vero potestatibus occulte et evidenter per diversa distrahitur. Quibus omnibus obviare, et his et quam plurimis aliis summopere cavere, post Deum et inter homines nostri est officii et curae, specialiter horum cura die noctuque coquimur, his et similibus continue divellimur; licet pro tempore ab[b] huius mundi filiis haec nobis videantur arridere, quae tamen, grates Deo referimus, mundana cognoscuntur[c] nobis displicere. Sic vivimus et Deo annuente vivemus.

Privilegium vero Sancti Stephani[1], de quo mandasti, animae tuae salus est. Et pro eodem tibi consulimus sic ratum te habere, prout legati nostri Petrus et Iohannes Minutus canonice observandum iudicarunt. Si tamen superhabundans aliquid privilegio tibi videtur adscriptum, quanto plura pro Deo et sancto Petro beato Stephano concesseris, tanto maiora in retributione ab his procul dubio habebis.

Rebus vero sancti Petri, quae in Anglia colliguntur, sic te ut tuis invigilare admonemus, sic liberalitati tuae ut tua committimus, ut pium et propitium debitorem Petrum repperias et eum tibi ex debito subvenire admoneas, quem sibi multa te tribuisse non latebit. Data Romae 2 Nonas Aprilis, indictione 12.

a. ex animo *c*.　　b. *an* ut?　　c. coguntur *c*.

1. haud dubie monasterii S. Stephani Cadomensis (d. Baiocensis, in Normannia) ab ipso Wilhelmo rege conditi. De quo cf. Lanfranci opp. ed. Dacherius p. 20, Gall. Chr. XI 420, Monasticum Anglicanum (London 1846) VI 2, p. 1070.

I 71. *Mathildis reginae Anglorum humilitatem et dilectionem laudat. Monet, ut regem ad virtutem hortetur.*

Gregorius episcopus servus servorum Dei Mathildi reginae Anglorum salutem et apostolicam benedictionem.

1074
Apr. 4

Auditis nobilitatis tuae litteris, liberalitatem tuam, filia dilecta, dilectioni et humilitati invigilare intelleximus; ex quibus tuae salutis indicium et spem certam hilariter accepimus. Non quippe dubitandum de eius salute fore credimus, quae humilitati et dilectioni, in qua lex ex toto continetur, ex corde inservire dinoscitur. Munera haec et similia a te expectamus, immo toto mentis desiderio accipere cupimus; ut, quae nobilis es sanguine, nobilior vivas, sanctorum more, honestate. Insta viro tuo; animae eius[a] utilia sugerere[b] ne desinas. Certum enim est, si vir infidelis per mulierem fidelem, ut ait apostolus, salvatur[1], vir etiam fidelis per mulierem fidelem in melius augmentatur. Data Romae 2 Nonas Aprilis, indictione 12.

I 72. *Gotefredum ducem Lotharingiae inferioris reprehendit, quod S. Petro promissam opem non tulerit. De Sardinia mandata superiora repetit.*

Gregorius episcopus servus servorum Dei Gotefredo[2] duci salutem et apostolicam benedictionem.

1074
Apr. 7

Si sic mentis stabilis in apostolorum principis fidelitate maneres, si, sicut nobis promiseras, ex corde sibi adhaereres, multa tibi quasi ex pactione et vera caritate deberemus. Verum, quia omnes declinaverunt, simul inutiles facti sunt et, ut psalmista ait, non est qui faciat bonum, non est usque ad unum[3], viam multorum aliorum secutus, declinasti. Ubi est auxilium, quod pollicebaris, ubi milites, quos ad honorem et subsidium sancti Petri te ducturum nobis promisisti? Sed quia quod beato Petro promisisti non implevisti, nos, licet indigni qui vicarii eius dicimur, nulla alia tibi promissione adhaeremus, nisi quia

a. eius *addidi.*   b. sugere *c.*

1. Cf. 1 Cor. 7, 14.   2. Gibboso, duci Lotharingiae inferioris.
3. Ps. 13, 3.

1074
Apr. 7

ut christiano tibi consulere debemus. Reminiscere, patrem tuum[1] multa sanctae Romanae ecclesiae promisisse; quae si executus foret, longe aliter et hilarius de eo, quam sentiamus, tecum gauderemus.   De Sardinia vero, quia terminus quem posuimus iam transiit, nihil aliud mandamus, quam quod praesentes simul diximus.   Denique, si in his quae nobis promisisti, videlicet sancto Petro ex corde adhaerere, immobiliter perstare volueris, te sicut karissimum filium habebimus, et tu nos, quamquam indignum, dulcem tamen habebis patrem.   Data Romae 7 Idus Aprilis, indictione 12.

I 73. *Isemberto episcopo Pictavensi praecipit, ut de iniuriis in S. Hilarii clericos immissis aut Gozelino archiepiscopo Burdigalensi aut sibi die 1 Novembris Romae rationem reddat.*

1074
Apr. 12

Gregorius episcopus servus servorum Dei Isemberto[2] Pictavensi episcopo.

Clerici congregationis sancti Hylarii[3] venere ad nos, conquerentes super te de Nobiliacensi monasterio[4]. Dicunt enim, id iuris sancti Hilarii esse et a te nulla ratione iustitiae detineri. Unde etiam prudentiam tuam apostolicas praedecessoris nostri Alexandri litteras suscepisse testantur; sed inde iustitiam recipere se non potuisse, iterata reclamatione manifestant. Asserunt quoque, praedium Campaniacum nomine, te consentiente, a praedonibus tuis iniuste devastari. Addunt insuper, se ex antiqua consuetudine cum sanctis reliquiis et plebe sua matricem ecclesiam in rogationibus adiisse et a canonicis tuis ad contumeliam sibi clausas portas ecclesiae et introitum negatum fuisse. Quae si ita facta sunt, apostolica auctoritate tibi praecipimus, ut te repraesentes in concilio episcoporum provinciae vestrae metropolitano tuo[5] et, reddita super his omnibus ratione ac pura veritate discussa, iustitiam inde consequenter exhibere non praetermittas. Verum si haec aliqua occasione renueris aut te iniuste praegravari cognoveris, in festivitate omnium sanctorum[6]

---

1. Gotefridum Barbatum, ducem Lotharingiae.   2. II.   3. Pictavensis. 4. d. Pictavensis.   5. Gozelino archiepiscopo Burdigalensi.   6. Nov. 1.

cum aliquot clericis sancti Hilarii ad nos venias, ut in praesentia 1074
Apr. 12 nostra controversia vestra diligenter perquisita et cognita legitimum finem Deo adiuvante suscipiat, et tam sollicitudo nostra, quae multis invigilat, quam vestra lis deinceps super his causis sopita quiescat. Data Romae 2 Idus Aprilis, indictione 12.

I 74. *Bellovacenses, petente episcopo, anathemate absolvit.*

Gregorius episcopus servus servorum Dei clero et populo 1074
Apr. 13 Belvacensi, si resipuit, salutem et apostolicam benedictionem.

Quoniam mira et hactenus inaudita fecistis, detestanda et abominanda perpetrastis et, super gentes quae ignorant Deum saeviendo et inhumanas linguas exacuendo, in Deum et in dominum vestrum praesumpsistis, idcirco sancta Romana ecclesia auctoritate patrum, sanctione canonum, in vos iaculum anathematis iure contorsit et pro meritis talibus ac tantis gladium in vos dirae animadversionis evaginavit. Sed, postquam filius et confrater noster Guilielmus[1] episcopus vester, paterna pietate rogando pro vobis, epistolam suam nobis in tempore synodi direxit, sentientes eum erga vos benevolum et referentem pro malo bonum, precibus eius, moti solita pietate, condescendimus; et per auctoritatem beati Petri apostolorum principis vos absolventes, indultam absolutionem continuo vobis per litteras nostras significare destinavimus. Eadem igitur auctoritate beatorum apostolorum Petri et Pauli et nostra vos monemus: quatenus posthac sibi subditi et obedientes, sicut vestro episcopo et sanctae Romanae filio ecclesiae, sitis; et de tanta perpetratione, si poenitentiam adhuc non fecistis, eiusdem episcopi vestri salubri consilio sine mora suscipiatis, quatenus spiritus vester salvus sit in die Domini[2]. Data Romae Idibus Aprilis, indictione 12.

I 75. *Philippum I regem Francorum hortatur, ut illata ecclesiae Bellovacensi detrimenta sarciat.*

Gregorius episcopus servus servorum Dei Philippo[3] regi 1074
Apr. 13 Francorum salutem et apostolicam benedictionem.

Significasti nobis per litteras et legatos tuos, te beato Petro

1. immo Guido.　　2. 1 Cor. 5, 5.　　3. I.

1074
Apr. 18 apostolorum principi devote ac decenter velle obedire et nostra in his, quae ad ecclesiasticam religionem pertinent, monita desideranter audire atque perficere. Quod si ita cordi tuo divino instinctu affixum est, multum gaudere nos convenit, quod eminentia tua, ad divinam prona reverentiam, quae regiae administrationis sunt, cogitat atque cognoscit. Unde nobilitatem tuam ex parte beati Petri admonemus et omni caritatis affectu rogamus: quatenus Deum tibi placare studeas et, inter cetera quae tuum est corrigere, per te illata Belvacensi[a] ecclesiae detrimenta pro magnitudine tui nominis et honoris aliquatenus emendare non praetermittas. Attendere enim te nobiscum et diligenter considerare volumus, in quanta dilectione sedis apostolicae quantaque gloria et laudibus fere per orbem terrarum antecessores tui reges clarissimi et famosissimi habiti sunt, dum illorum regia maiestas in amplificandis et defendendis ecclesiis pia ac devota constitit, in tenendo iustitiam libera ac districta[b] permansit. Postquam vero divina et humana iura subvertendo tanta virtus in posterioribus coepit hebescere, totius regni gloria decus honor et potentia cum perversis moribus immutata sunt, et nobilissima fama et status regni a culmine suae claritatis inclinati[c] sunt. Haec quidem et alia talia frequenter et, si oportet, aspero etiam sermone tibi inculcare, suscepti nos officii cura compellit. Quoniam licet verbum praedicationis abscondere et uspiam tacere non sit nobis tutum aut liberum, tamen, quanto dignitas est amplior et persona sublimior, tanto propensiorem curam et clamorem[d] pro eius rectitudine nos habere convenit, admonente nos Domino per prophetam dicentem: *Clama, ne cesses, quasi tuba exalta vocem tuam*[1]; praecipue cum virtus christianorum principum in eiusdem Regis castris ad custodiam christianae militiae nobiscum convenire debeat. Ut igitur eorum, quorum es successor in regno, nobilitatis et gloriae apud Deum et homines singularis et individuus heres existas, virtutem illorum summopere te imitari et, iustitiam Dei totis viribus exequendo, eccle-

---

a. Belvacensis *c.*   b. distracta *c.*   c. inclinata *c.*   d. maiorem *excidisse videtur.*
1. Isai. 58, 1.

sias quantum potes restaurare et defendere exhortamur: quatenus
omnipotens Deus dextera virtutis suae et hic regni tui gubernacula protegat et exaltet et coronam sempiternae gloriae in futura
remuneratione donet. Data Romae Idibus Aprilis, indictione 12.

1074
Apr. 13

I 76. *Humberto archiepiscopo Lugdunensi Landricum episcopum
Matisconensem a sese ordinatum commendat*[a].

Gregorius episcopus servus servorum Dei dilectis[b] in Christo
fratribus Humberto Lugdunensi archiepiscopo et eius suffraganeis episcopis salutem et apostolicam benedictionem.

1074
Apr. 15?

Confratrem nostrum Landricum[c] Matisconensem episcopum,
quem intervenientibus quibusdam rationabilibus causis ordinavimus, ad vos cum nostris litteris et apostolico sigillo mittimus,
quatenus de suscepto sacerdotalis officii ordine et honore non
incerta vobis signa et indicia referat. Cui quamquam vos debitam et fraternam dilectionem prompte exhibere non dubitemus,
addere sibi tamen et nostrae ad vos commendationis quasi privilegium oportere perspeximus; quatenus ei tanto accumulatior
inter vos caritas enitescat, quanto et ex vinculo nostrae[d] fraternitatis et respectu apostolicae reverentiae coniunctior et emi-
nentior eum causa commendat. Quapropter rogamus vos et admonemus in Domino, ut eum plenae dilectionis affectibus et
digna congratulatione suscipiatis et ad regendam sibi commissam ecclesiam eiusque iura retinenda et, ubi opus fuerit, recuperanda cum omni cura et studio, quae potestis, consilia et
adiutoria conferatis. Nam quanto his temporibus pro peccatis
nostris ecclesia saevioribus usquequaque concutitur perturbationibus, tanto sollicitius nos ad defensionem earum nostra consilia et quas possumus vires adunare debemus: quatenus contra
tanta pericula fortiores in militia Christi et fraternis negociis
mutuis sustentationibus subsistere Deo adiuvante valeamus. Data[e]
Romae 17 Kalendas Aprilis[f], indictione 12.

a. *Legitur etiam* 2) *ap. Severtium, chronologia Lugdunensis archiepiscopatus II* 112,
ex ms. ecclesiae Matisconensis.   b. dilectis — fratribus *addidi ex* 2.   c. Landricum *addidi ex* 2.   d. vestrae *cod.,* nostrae 2.   e. Data — indict. 12 *om.* 2.
f. Maias *legendum esse arbitror.*

I 77. *Beatricem et Mathildem reprehendit, quod Guarnerium episcopum Argentinensem detinuerint; quem ut ad Erlembaldum Mediolanensem mittant, hortatur. Addit de Dionysio Placentino aliisque Longobardiae episcopis.*

1074
Apr. 15
Gregorius episcopus servus servorum Dei duci Beatrici et eius filiae Mathildi salutem et apostolicam benedictionem.

Cum propheta testetur, quod omnipotens Deus, quem imitari iubemur, cor contritum et humiliatum non spernat[1], nos quidem, qui peccatores sumus, etsi contritionem cordium in aliis non satis plene perspicimus[a], cognitam[b] tamen dissimulare et quasi pro nihilo computare non debemus. Guarnerius Argentinensis episcopus, postquam peccatis facientibus decorem sui ordinis indigne tractavit, vocatus ad correctionem a domino nostro venerandae memoriae Alexandro papa, solus inter omnes Teutonicae terrae episcopos, quorum multi non solum carnali scelere sed etiam simoniaca labe foedati itidem vocati sunt, apostolorum limina petiit, laqueum[c] iudicii in humilitatis forma praevenit et, veritus apostolicam virgam, annunciando et confitendo[d] pro peccatis suis in faciem procidit. Apostolica igitur tum censura correptus, iam nunc apostolicam venit experiri clementiam. Et cum tanta fatigatione, sicut audivimus, ieiunando pariter et plerumque pedes eundo compunctionem suam et obedientiam demonstravit, ut confratres nostri pro competentia horum temporum, miserendum sibi fore, dignum aestimarent et decernerent. Cui quamquam episcopalis officii redintegrationem ad vota sua non concessimus, exercere tamen in illo rigorem canonicum hoc in tempore, quid referret? cum fortasse, hoc amoto, locum eius non alius possideret, nisi qui plurimum pecuniae dare posset. Ceterum, quod vos fecistis in eum, quam inhonestum vobis, quam mihi verecundum quamque beato Petro et apostolicae sedi contumeliosum sit, quaeso, cum animis vestris reputate: ut, in quibus peregrinorum his in partibus tutissima debet esse defensio, inopinata pericula lateant; et nostra, qui hoc aliis prin-

a. respicimus *c.*   b. cognita *c.*   c. locum *c.* (*cf. 2 Reg.* 22, 6).   d. cogitando *c.* (*cf. Act.* 19, 18).
1. Ps. 50, 19.

cipibus prohibemus, in hac re quasi consentanea pro familiaritate vestrae dilectionis voluntas arguatur; praesertim cum eumdem fratrem per litteras nostras non sine magna fiducia vobis commendaverimus. Quam ob rem nobilitatem vestram multum rogamus et admonemus: ut, iniurias eius quantum potestis demulcentes, cum omni benevolentia et manifesta caritatis exhibitione eum abire dimittatis et, sicut in supra memoratis rogavimus litteris, tutum sibi usque ad domnum Erlembaldum Mediolanensem ducatum praebeatis; scientes, eum per epistolam nostram esse commonitum, ut nullatenus super hac re contra vos aut vestros aliquid moliatur adversi.

Dionysio vero Placentino et aliis episcopis Longobardiae, qui ad nos venerant, nihil de episcopali officio nisi confirmari pueros pro necessitate concessimus; sed totius negotii frena ita retinemus in manu, ut aut correctis de venia aut pertinacibus non sit desperandum de poena. Quia vero ex caritate et pro reverentia sanctae Romanae ecclesiae vos de talibus adversum nos murmurasse credimus — memores domini et patris nostri beati Petri apostolorum principis, qui murmurantibus adversum se discipulis satisfacere non dedignatus est — vobis quoque rationem de factis nostris non inviti reddimus in eodem; quo, quanta sit vis dilectionis qua vobis astringimur, non alia vobis adhuc certiora signa dedimus. Neque vero nos fugit, quam diversa de nobis hominum opinio sit et iudicium, dum in eisdem causis et actibus alii nos crudeles alii nimium mites esse dicunt. Quibus profecto nil verius, nil rectius respondendum videmus, quam quod ait apostolus: *Mihi autem pro minimo est, ut a vobis iudicer, aut ab humano die*[1]. Deus autem omnipotens, qui verus inspector est cordium, doceat nos et vos facere voluntatem suam et ponat legem suam in medio cordis nostri. Data Romae 17 Kalendas Maii, indictione 12.

1. 1 Cor. 4, 3.

I 78. *Wratizlao II duci Bohemorum Iarmirum episcopum Pra-*
gensem, de iniuriis in Iohannem Moravensem purgatum,
commendat, eique praeposituram castrumque S. Wenzlai
reddi vult. Episcoporum de possessione quadam litem in
synodo compositum iri; ad quam legari a duce cupit.

1074
Apr. 16

Gregorius episcopus servus servorum Dei Wratizlao[1] Boemiorum duci salutem et apostolicam benedictionem.

Frater tuus Iarmirus Bragensis episcopus, ad apostolorum
limina veniens, conspectui nostro ea qua oportuit se humilitate
praesentavit. Et de obiectis sibi quaedam confitens, congruam
inde satisfactionem obtulit; quaedam vero denegavit et in hunc
modum se purgando removit: videlicet quod ipse Iohannem Marovensem episcopum non percusserit neque servientes eiusdem
episcopi decapillari aut barbas eorum abradi praeceperit, aut
occasione subterfugiendi synodum inducias per legatum suum
petierit. Nostrae igitur dilectioni plene reconciliatum, et restituto sibi omni episcopali officio, ad propriam sedem cum litteris nostris et apostolico eum sigillo remisimus; commendantes
eum tuae nobilitati: ut, omni inter vos odio et inimica emulatione sublata, fraterno corde eum diligas; et episcopalem in eo
dignitatem, sicut dignum est, veneranter inspicias; et, quaecunque
iuris ecclesiae sibi commissae sunt vel quolibet modo ad eum
iuste pertinent, tam tu ipse ei concedas quam omnes qui sub
tua potestate sunt sine contradictione sibi reddere facias. De
causa vero, quae inter eum et Marovensem episcopum tandiu
protracta est, propter illius absentiam ita statuimus: ut in futura synodo ambo episcopi aut ipsi ad nos veniant aut tales
nuncios mittant, quibus praesentibus et causam ex utraque parte
rationabiliter exponentibus, nos sine omni ulterius dilatione puram super hac re iustitiae diffinitionem inferre et contentionem
eorum decidere Deo favente possimus. Ubi etiam legatos tuos
interesse multum cupimus, quatenus et ipsi tua vice ad indagationem veritatis nos adiuvent et testes nostrae diffinitionis existant. Terram vero, unde inter episcopos lis est, Maroven-

1. II.

sem episcopum interim tenere decrevimus. Praeter haec supra 1074
memoratus frater tuus conqueritur super te, ut de praepositura Apr. 16
et castro sancti Wenzlai[1] debitam sibi potestatem et iustitiam
penitus auferas. Unde excellentiam tuam paternis affectibus rogamus et admonemus: ut, si te iniurias ei in hac re irrogare
cognoscis, respectu divini timoris, cui rationem de factis tuis in
districto iudicio redditurus es, gratuita bonitate tua ad iustitiam
redeas et fratri, quae sua sunt, sine omni contrarietate dimittas.
Sin vero clamor eius inter vos sedari nequeat, in praefato termino futurae synodi[a] legatos tuos vel hac de causa ad nos transmittere non praetermittas, quatenus, inquisita et percognita veritate ex utraque parte, quod iustum fuerit valeamus decernere
et aliquando fraterna pace et concordia vos opitulante Deo coniungere. Data Romae 16 Kalendas Maii, indictione 12.

I 79. *Annonem archiepiscopum Coloniensem de litterarum infre-*
quentia obiurgat.

Gregorius episcopus servus servorum Dei Annoni Coloniensi 1074
archiepiscopo salutem et apostolicam benedictionem. Apr. 18

Quanta caritate Romanae ecclesiae Coloniensis in omnibus
obsequendo coniuncta fuerit, dignitas vobis conlata testatur. Quae
nimirum caritas adeo in te videtur tepuisse, ut ex eo, quo susceptae administrationis laborem subivimus, nullas visitationis
tuae praeter has nuperrime missas litteras receperimus; cum
id nobis visitationis frequentius impendendum putemus, qui ob
recordationem disciplinae, qua tempore antecessoris vestri[b][2] in
ecclesia Coloniensi enutriti sumus, specialem sibi inter ceteras
occidentales ecclesias dilectionem impendimus et, sicut adhuc
Romanae ecclesiae filii testantur, tempore beati Leonis[3] papae
Treverensi episcopo[4] pro honore ecclesiae vestrae, quod isdem[c]
beatus Leo aegre tulit, viribus totis restitimus. Sed his nostris
studiis debitae dilectionis non exhibentes vicissitudinem, merito

a. synodus *c.*   b. nostri *cod.*   c. hisdem *c.*
1. Pragensi.   2. Hermanni II archiepiscopi Coloniensis (1036—1056).
Hildebrandum enim a. 1047 cum Gregorio VI „ad ripas Rheni" pervenisse,
docet Bonitho.   3. IX.   4. Eberhardo.

1074
Apr. 18 vos non solum negligentiae sed quasi promovendae litis arguere possumus iuxta illud: *Qui non est mecum, adversum me est* [1]; licet hanc litem virga apostolicae correctionis Deo auxiliante nobis facillimum sit dirimere. Si enim honorem beati Petri non in totum sed in partem, Coloniae et non Romae, probaverimus te diligere, tu nos neque in totum neque in partem poteris habere. Atque si ex negligente sollicitum et ex tepescente calidum te amor et reverentia matris tuae sanctae Romanae ecclesiae fecerit, non in partem sed in totum communis piscatoris nostri gratiam nostramque dilectionem sine dubio obtinebis. Data Romae 14 Kalendas Maii, indictione 12.

I 80. *Anicienses hortatur, ut Stephano III electo episcopo, in suam gratiam restituto, obediant.*

1074
Apr. 19 Gregorius episcopus servus servorum Dei Annitiensi clero et populo salutem et apostolicam benedictionem.

Stephanus [2] electus vester ea qua debuit apostolicam sedem humilitate[a] requisivit et, manum suam manui nostrae dando, se Romanae ecclesiae obediturum promisit; ac per hoc gratiam eius, quam antea visus fuerat perdidisse, recuperavit. Quem quia ecclesiam vestram prudenter defendisse et simoniacum Stephanum et invasorem studio suo expulisse probavimus, regimen totius episcopatus vestri sibi commisimus; eo tenore, ut, quousque ad nos redeat, de pontificali officio se non intromittat, sed, quemcunque voluerit episcoporum religiosorum patriae vestrae, ea, quae ad episcopale officium pertinent, facere commoneat. Vos itaque apostolica auctoritate admonemus: ut sibi debitam in omnibus reverentiam exhibeatis et ad defensionem ecclesiae vestrae adiutorium vestrum fideliter impendatis; quatenus, expulsa simoniacae haeresis de medio vestrum omni contagione, legalem pontificem habeatis et puram Christo domino nostro et beatae Mariae genitrici eius servitutem impendatis. Data Romae 13 Kalendas Maii, indictione 12.

a. humilitatem *c.*
1. Matth. 12, 30.   2. III.

I 81. *Udoni archiepiscopo Trevirensi mandat, ut, adhibitis Metensi et Tullensi episcopis, Theodericum Virdunensem, qui monasterium S. Michaelis contra mandatum apostolicum excommunicatione non absolverit, evocet; et monasterium absolvat, et episcopum ad pertinaciae rationem sibi reddendam hortetur*.*

Gregorius episcopus servus servorum Dei karissimo[b] fratri in Christo Udoni Trevirensi archiepiscopo salutem et apostolicam benedictionem.

1074
Mai. 6

Confrater noster Theodericus Virdunensis episcopus, ut saepe nobis relatum est, habitatores loci apud monasterium quoddam sancti Michahelis infra parochiam suam ad quasdam novas consuetudines sua virtute et potentia flectere et cohercere diu conatus est: videlicet ut cum letaniis maiorem ecclesiam, hoc est suam episcopalem sedem, simul congregati singulis annis visitarent. Quod cum illi inusitatum, ne forte et alterius novae exactionis occasionem darent, pati renuerent, divinum ibi officium fieri penitus interdixit. Ex qua re cum episcopus apostolicas iam ante litteras recepisset — commonitus, ut locum absolveret et nihil inde, nisi quod canonicum et iustum foret, exigeret — verba quidem non plene conservatae materiae partim[c] modeste notavit, sed voluntatem et cognitam magistrae[d] intentionis sententiam omnino neglexit. Unde, nec nos quidem de eius obedientia, si privatim loquimur, multum confidentes, fraternitatem tuam apostolica auctoritate monemus: ut, ex nostra et tua parte convocatis et coniunctis tibi suffraganeis episcopis, videlicet Herimanno Metensi et Poppone Tullensi, prafatum episcopum ad colloquium nostra vice convoces; indicans sibi, nos non aequo animo neglectam ab eo sedis apostolicae reverentiam accepisse; pariterque eum admonens, ut praedicto loco communionem sacrosancti et divini ministerii reddat et, si quid iustitiae se confidit habere, concesso prius eisdem hominibus tanto tran-

---

a. *Legitur etiam* 2) *in diplomatario capituli Trevirensis, ex quo hanc epistolam edidit Beyer Urkundenbuch I* 430. b. karissimo — Christo *addidi ex* 2. c. parum *cod. et* 2. d. nostrae *excidisse videtur.*

1074
Mai. 6
quillitatis tempore, quanto eos violenter astrinxit, postea aut in conventu religiosorum episcoporum aut in praesentia Romani pontificis, quae sui iuris aestimat, ordinate requirat. Neque enim ad hoc praelati sumus, ut nostrae commissos providentiae potenter magis quam iuste tractemus. At si ille haec ex[a] nostra parte procuranda monita adimplere spreverit, tibi iniungimus: ut, apostolica fultus auctoritate, una cum confratribus[b] tuis ante signatum locum ab omni interdictione et excommunicatione absolvas et, eadem auctoritate presbyteris ibidem consistentibus ad celebrandum divinum officium roboratis, episcopum, ut nobis de pertinacia sua et contemptu nostro respondeat, ex parte beati Petri et nostra per illum apostolica praeceptione commoneas. Has vero litteras nostras iccirco aperte signari fecimus, ut, tam Virdunensi quam ceteris episcopis ostensae, commissae tibi procurationis et auctoritatis certitudinem praebeant. Data Romae 2 Nonas Maii, indictione 12.

I 82. *Monasterii Augiensis bona, per Robertum abbatem dispertita, Ecardo abbati a sese consecrato restitui iubet.*

1074
Mai. 8
Gregorius omnibus, ad quos litterae istae pervenerint.

Quamquam ad propulsandas omnium ecclesiarum et venerabilium locorum iniurias ex debito officii nostri et universali providentia, quam per beatum Petrum apostolorum principem licet indigni suscepimus, sollicite nobis invigilandum et elaborandum esse noscamus, his tamen locis apostolicae auctoritatis opem et scutum impensius circumferre duppliciter quodammodo compellimur, quae et in generali sanctae Romanae ecclesiae membrorum continentia ceteris coaequantur et singularis patrocinii privilegia prae ceteris sortiuntur. E quibus quoniam Augense monasterium huic sanctae et apostolicae sedi quadam principali et individua cohaeret linea, de dispersione bonorum eius valde dolentes, quid dominus et antecessor noster Alexander venerandae memoriae papa inde decrevit recolere, et sententiam nostrae confirmationis in id ipsum omnibus, ad quos huius epistolae nostrae

a. ex *addidi.*   b. fratribus 2.

notitia pervenire poterit, destinavimus indicare. Postquam prae- 1074
dictus dominus noster papa Robertum simoniacum et invasorem Mai. 8
eiusdem monasterii nullis admonitionibus nullisque minis ad hoc
flectere potuit, ut vel abbatiam dimitteret aut pro reddenda ratione sui introitus apostolico se conspectui praesentaret, cognita
veritate, quod, relicta alia abbatia[1], ad hanc pretio anhelasset, 1071
synodali iudicio eum anathematis iaculo, nisi resipisceret, per- 1072
cussit, et sub eadem censura omnibus accepta ab eo beneficia
ad praefatum coenobium pertinentia penitus interdixit, cunctaque
ab eo disposita apostolica praeceptione cassavit, atque haec eadem per epistolam episcopo Constantiensi[2] publice praedicanda
et per episcopatum suum divulganda mandavit[3]. Itaque miserante Deo factum est, ut ille ab insana occupatione abbatiae
desisteret, sed non, ut fautores eius contra Deum et iustitiam
accepta ab eo monasterii bona relinquerent. Quapropter, quoniam, illa principali et haeretica peste depulsa, karissimum sancti
Petri filium Ecardum[a], ex ipsa congregatione a confratribus
electum et a nobis diligenter examinatum, abbatem ibi auctore
Deo consecravimus[4] — cupientes, ut monasterium post longas 1073
et multas tribulationes iam ad quietem et monasticae religionis
cultum redeat — simili modo omnibus, qui a saepe fato Roberto
pro defendenda eius nequitia aut exhibenda sibi fidelitate bona
abbatiae in beneficia adepti sunt, sub anathematis districtione et
animadversione[b] interdicimus. Nam, cum ille talium institutionum
auctor et distributor in loco, ad quem haeretice aspiraverat, permanere non potuit, quibus legibus aut quo iure isti sibimet vin-
dicabunt, quod sacrilega conventione acceperunt[c]? Unde etiam
omnibus Christi fidelibus, qui haec cognoverint, apostolica auctoritate praecipimus: ut eos in nulla penitus christianae communionis participatione recipiant, dum iniquitatis et mortis suae

---

a. Ecardum *addidit manus alia.*   b. ea *excidisse videtur.*   c. ceperunt *c.*
1. S. Michaelis Bambergensi. V. Annales S. Michaelis Bamb. et Lamberti annales 1071; Mon. Germ. SS. V 9 et 183.   2. Ottoni I.   3. Cf.
Lamberti annales 1072 in Mon. Germ. SS. V 191; et Regesta pont. Rom.
p. 397.   4. 1073 post Mart. 31. V. Bertholdi annales 1073 in Mon. Germ.
SS. V 276.

1074
Mai. 8 pretium diabolica aviditate et temeritate possident. **Data Romae** 8 Idus Maii, indictione 12.

I 83. *Adefonso VI regi Legionensi Paulum sive Munionem epi- scopum, in suam gratiam reconciliatum, commendat.*

1074
Mai. 9 Gregorius episcopus servus servorum Dei Adefonso[1] regi Hyspaniae et episcopis regni illius salutem et apostolicam be- nedictionem.

Notum vobis esse volumus, hunc fratrem nostrum et epi- scopum Paulum cognomento Monio[2] ad apostolorum limina et nostram praesentiam venisse et post redditam rationem earum rerum, de[a] quibus eum appellavimus, sicut dignum erat, in no- stram communionem et dilectionem receptum fuisse. Romanum ordinem in divinis officiis, sicut ceteri Hispani episcopi qui sy- nodo interfuerunt, se celebraturum et ut melius poterit observa- turum promisit. De cetero, quoniam ad praesens omnia quae secum habuimus pleniter expedire et determinare non potuimus, ad futuram synodum eum ad nos iterum reverti praecepimus; et super hac re ab ipso promptae obedientiae sponsionem acce- pimus. Quapropter, remittentes eum cum litteris nostris, caritati vestrae commendamus: quatenus et vos una nobiscum eum dili- gatis et secum atque inter vos vinculo pacis Christi, in quo per ipsum ad fidem uniti et in sortem hereditatis gloriae Dei electi estis, coniuncti firmiter persistatis. Te vero regem, ut dilectis- simum filium, rogamus et admonemus: ut, considerans et antè mentis oculos ponens, in quam districto iudicio de commissa tibi administratione rationem redditurus es, regni tui gubernacula in tenenda aequitate exornare studeas, et huic episcopo antiquam sui episcopatus sedem[3] reparare ac stabilire cum Dei adiutorio modis omnibus insistas[4]. Deus autem omnipotens ad omnia,

a. de *om. cod.*

1. VI regi Legionensi.   2. de quo cf. ep. 64 supra p. 84.   3. Ocen- sem s. Aucensem. V. supra p. 84 n. 5.   4. Idque factum esse constat. Licet enim Ocensis episcopatus sedes una cum Simone episcopo Burgos translata esset, Munionem tamen etiam a. 1079 „Aucensem episcopum" fuisse, liquet ex Florez Esp. sagr. XXVI 162.

quae sibi beneplacita sunt, cor tuum dirigat et ea te in prae-   1074
senti vita promereri faciat, unde postmodum tibi in* sempiterna   Mai. 9
retribuat. Data Romae 7 Idus Maii, indictione 12.

I 84. *Herimanno I episcopo Bambergensi significat, se causam*
eius Herimanno episcopo Metensi iuvandam commendasse.

Gregorius episcopus servus servorum Dei Herimanno[1] Ba-   1074
venbergensi episcopo salutem et apostolicam benedictionem.   Iun. 12

. Carissimus confrater noster Herimannus Metensis episcopus,
nobiscum per dies aliquot commoratus, multum nos pro te rogavit multasque et intimas pro causa tua supplicationes effudit,
referens nobis de te nonnulla, quibus in spem tuae correctionis
non parva cordi nostro est oborta laetitia. Quapropter consilium,
quod ad salutem tuae et animae nostrae quodque ad utilitatem
ecclesiae cui praees aptissimum nobis visum est, in experientia
fraternitatis suae posuimus, iniungentes et committentes sibi: ut,
apostolica fultus auctoritate, vicem nostram in causa tua explere
debeat, si modo ad obediendum his, quae quasi ore nostro tibi
proposuerit, te paratum inveniat. In cuius prudentia quoniam,
ad bene monendum te, promptam et sufficientem voluntatem esse
non dubitamus, nos[b] quidem e multis hoc[c] fraternitati tuae sollicite attendendum et pensandum scribimus: quod ad finem vitae
quotidie appropinquas et extremum diem, quem tamen nescis
quam cito veniat, certus expectas. Ideoque, frater, debita sollicitudine te admonemus, ut horrendum examen et inevitabile iudicium districti iudicis ante oculos ponas et faciem illius ea conscientiae tuae confessione et operum conversatione praeoccupare[2]
festines, quatenus in conspectu divinae praesentiae, cuius oculis
omnia nuda et aperta sunt[3], non te culparum timor et verecundia
deprimat sed laeta recipiendae pro bonis actibus retributionis
fiducia manifestum et imperterritum reddat. Data in expeditione,
ad montem Cimini[4] 2 Idus Iunii, indictione 12.

a. tibi in *addidi.*   b. vos *c.*   c. tantum *excidisse videtur.*
1. I.   2. Ps. 94, 2.   3. Hebr. 4, 13.   4. inter Sutrium et Viturvium.

I 85. *Agnetem imperatricem collaudat, quod tantum operae dederit et concordiae inter pontificatum et imperium restituendae et Heinrico IV regi communioni ecclesiae reddendo. . Addit de suis laboribus et de Beatricis Mathildisque erga se studio.*

1074
Iun. 15

Gregorius episcopus servus servorum Dei Agneti christianissimae imperatrici salutem et apostolicam benedictionem.

Gaudemus et exultamus in Domino, quod lumen vestrae operationis ad nos usque resplenduit et fructus vestrae fatigationis, etsi non ad vota vestra plene cumulatus, Deo tamen ad laudem et gloriam, nobis ad laetitiam, vobis ad coronam perfectae remunerationis excrevit. Neque enim nostra spes ideo coartari aut submitti debet, si desiderium vestrae sanctitatis facultatem intentionis explendae non habuit; quoniam apud Deum perfecit omnia, qui, voluntatem gerens integram, quantum potuit operari non desiit. Scimus equidem, quod pro pace et concordia universalis ecclesiae multum laboratis et omnia, quae pontificatum et imperium glutino caritatis astringere valeant, amplius quam dici possit concupiscitis et indefessa sollicitudine quaeritis. Quorum quidem quod maximum est et unitati dilectionis coniunctissimum, iam peregistis: videlicet filium vestrum Heinricum regem communioni ecclesiae restitui, simulque regnum eius a communi periculo liberari. Quoniam, illo extra communionem posito, nos quidem timor divinae ultionis secum convenire prohibuit; subditos vero sibi quotidie eius praesentia quasi necessitas quaedam in culpa ligavit.   Ad cetera vero quae leviora sunt licet prosperitatem* vestram promptam esse non dubitemus, per fiduciam tamen quam in Christo habemus gloriam vestram, ut iugiter tam sanctis studiis instet, propter revelationem gaudii vestri quodammodo exhortari impellimur; scribentes vobis et sub omni certitudine notificantes: praefato filio vestro vestra consilia vestraque multum merita profuisse, et, quam misericorditer eum divina respiciat clementia, vestram adhuc beatitudinem cum gra-

---

a. paupertatem *c.* (*Cf. infra:* vestram gloriam, vestram beatitudinem, eminentia vestra *cet.*)

tulatione visuram esse. Hoc autem unde vel qualiter nobis com- 1074
pertum sit, cum vestram miserante Deo praesentiam viderimus, Iun. 15
patenter indicabimus.

De cetero sciat eminentia vestra nos his temporibus pro
causa beati Petri apostolorum principis in labore non parvo positos, et vestram in omnibus Beatricem nec non* et communem
filiam nostram Mathildim die noctuque in nostro multum adiutorio desudare, utpote vos sequentes, vos sicut dominam et
magistram discipulae fideliter imitantes. Per vos itaque novum
exemplum antiquae laetitiae, per vos, inquam, illae mulieres olim
quaerentes Dominum in monumento[1] saepe nobis ad memoriam
redeunt. Nam sicut ille prae cunctis discipulis ad sepulchrum
Domini miro caritatis ardore venerunt, ita vos ecclesiam Christi,
quasi in sepulchro afflictionis positam, prae multis immo pene
prae omnibus terrarum principibus pio amore visitatis et, ut ad
statum libertatis suae resurgat, totis viribus annitentes, quasi
angelicis instructae responsis, ceteros ad suffragium laborantis
ecclesiae provocatis. Unde et revelationem supernae gloriae[2] et
aeternae vitae, quae est in Christo Iesu, non dubie expectabitis
et, consortes mulierum illarum, praesentiam Salvatoris nostri
inter angelorum agmina, pace perpetua fruentes, ipso praestante
invenietis. Quod autem de filia vestra Mathildi nos rogastis,
gratanter accepimus, collaudantes sanctitatem vestram, quod
tanta vobis de salute illius cura est; quae quidem in vos omni
desiderio et fidelitatis affectu cor et animam suam effundit, gloriam vestram quasi gaudia propriae salutis exposcit. Ac nos
quidem pro ea libenter oramus; et licet orationes nostras nostra
Deo parum commendent merita, suffragante tamen pietate Petri,
cuius servi sumus, eas in conspectu Domini non omnino vacuas
esse confidimus. Vestram igitur commendationem digna veneratione suscipientes, itidem vos, ut illius et nostri memoriam in
vestris rogamus orationibus faciatis. Et mutuis nos apud Deum
iuvemus intercessionibus, quatenus hic in Christo conexa caritas
unam et communem nobis in regno patris nostri, ipso prae-

a. *sic est correctum in cod.* nostram.
1. Marc. 16, 5.   2. 1 Petr. 4, 13.

1074
Iun. 15
stante, sedem pariat et laetitiam. Data in expeditione, ad Sanctum Flabianum[1] 17 Kalendas Iulii, indictione 12.

I 86. *De episcopis consecratis synodoque habita primo anno Gregorii VII papae.*

1073
Iun. 30
|
1074
Iun. 29

In hoc primo anno pontificatus sui ipse domnus Gregorius papa constituit et consecravit archiepiscopos et episcopos per diversa loca: in Sardinia provincia Iacobum archiepiscopum Caralitanum, Constantinum archiepiscopum Turrensem[2], quibus pallia cum privilegiis dedit; Brunoni episcopo Veronensi pallium cum privilegio et nacho[3] concessit[4]; Iohannem Soranum episcopum consecravit, item in marchia Firmana Trasmundum Valvensem, Teuzonem Teatinum, Leonem episcopum in Campania Aquinensem, Hugonem in Burgundia Diensem[5], Landericum[a] item in Burgundia Matisconensem[6], Guilielmum in Maritima Massanum.

1074
Mart.
Celebravit Romae synodum[7], in qua, inter[b] cetera quae ibi gesta sunt, excommunicavit atque anathematizavit Robertum Guiscardum ducem Apuliae et Calabriae atque Siciliae cum omnibus fautoribus suis, quousque resipisceret.

EXPLICIT LIBER PRIMUS.

IN DEI NOMINE

INCIPIT LIBER SECUNDUS
REGISTRI GREGORII PAPAE SEPTIMI
anno dominicae incarnationis millesimo septuagesimo
quarto, indictione duodecima.

II 1. *Britanniae episcopis et abbatibus praecipit, ut ad synodum Romae gerendam veniant, incestasque copulationes prohibeant.*

1074
Aug. 28
Gregorius episcopus servus servorum Dei universis episcopis et abbatibus Britanniae salutem et apostolicam benedictionem.

a. *sic scriptum est super* Rodulfum.   b. inter — gesta sunt *addidit alia manus.*
1. Fiano, in dextera Tiberis fl. ripa, a Sutrio inter orientem et meridiem.   2. V. ep. 41 supra p. 59.   3. magno equi stragulo.   4. Cf. ep. 24 supra p. 41.   5. 1074 Mart. 9. V. Regesta pont. Rom. p. 409.
6. V. ep. 76 supra p. 95.   7. 1074 Martio. V. Reg. pont. Rom. p. 409.

Suscepti nos officii cura compellit, omnium ecclesiarum sollicitudinem gerere et, ut fidei documenta ac sacrae scripturae
regulas recte teneant, vigilanti circumspectione perquirere ac
docere. Quoniam igitur inter vos sanctorum patrum decreta et
ecclesiasticae religionis statum non ea qua oportet aut observari
diligentia aut studio tractari intelligimus, per eam, quam beato
Petro apostolorum principi debetis, obedientiam vos invitamus
et nostra apostolica auctoritate monemus, ut ad synodum, quam
in secunda ebdomada quadragesimae[1] Deo auctore in apostolica
sede celebrare destinavimus, omni penitus ficticia occasione remota, conveniatis; quatenus adiuvante Deo una vobiscum et cum
alia frequentia vestri ordinis, quae nostrae dispensationis et christianae religionis ordo requirit, perspicaci studio adinvenire et
exequi valeamus. Videtis enim, quod in maligno iam totus mundus est positus[2]. Et communis nostra mater ecclesia tanto ardentius contra antiquum hostem nos invitat surgere, quanto haec
tempora plura adversum nos diabolicae fraudis arma demonstrant
et bella prorupisse.   Interim vero hoc praecipue studium habetote, ut, quod de incesta copulatione per litteras nostras hominibus terrae vestrae mandavimus — episcopis dico — unusquisque in sua parroechia subditos suos sedula praedicatione
commoneatis; minores ad emendationem tanti criminis canonica
vos ipsi districtione cohercentes; de maioribus vero qui corrigantur quive in obstinatione permaneant, tempore praelibati concilii certa nobis relatione nunciantes; quatenus et obedientes apostolica remissione a culpa solvantur, et rebelles synodali iudicio
anathematis continuo vinculis innodentur. Data Laurenti 5 Kalendas Septembris, indictione 12.

II 2. *Isembertum episcopum Pictavensem, et contra interdictum*
munere episcopali fungi et synodum congregatam per mi-
lites disturbare ausum, ante diem 30 Novembris venire
Romam iubet.

Gregorius episcopus servus servorum Dei Isemberto Pictavensi episcopo.

1. 1075 Mart. 1 — 9.   2. 1 Iohann. 5, 19.

Cum de te et factis tuis cogitare incipimus, de tam immoderata praesumptionis tuae audacia nequaquam satis admirari possumus; quoniam, sicut boni ad incrementa bonorum operum fideli desiderio nituntur ascendere, ita tu, et heu ampliori cupiditate, per exquisita malefaciendi studia culpis tuis cumulum iniquitatis indesinenter anhelas adicere. Interdictus enim a legatis apostolicae sedis, officium episcopale usurpare praesumpsisti, inobedientiae crimen et contemptum apostolicae auctoritatis incurrere non erubuisti. Postea vero et — eodem legato nostro Amato episcopo Ellorensi et magistro tuo, videlicet Gozelino archiepiscopo Burdegalensi, una cum caeteris religiosis viris pro faciendo divortio Guilielmi[1] Pictavensis comitis et propinquae suae[2] quam pro uxore tenebat, his, inquam, sub apostolica obedientia pro negotio tam gravi tam christianae religioni necessario congregatis — conventum illorum per milites tuos nefarie perturbasti; quippe qui, perruptis monasterii claustris et foribus, in consessum irruentes, archiepiscopum et legatum nostrum multa turpitudine dehonestaverunt, reliquos vero minis convitiis ac verberibus multisque contumeliis afflixerunt. Unde apostolica tibi auctoritate praecipimus, ut ante festivitatem sancti Andreae[3] praesentiam tuam, super his responsurus, nostro conspectui exhibere nullatenus praetermittas. Quodsi aliqua, nisi forte necessaria et inevitabili, occasione te subtraxeris, ab omni etiam sacerdotali officio te privatum et sacrae communionis participatione sequestratum esse noveris.   Eos vero, per quos tantum facinus effecisti, tam laicos quam clericos, a corpore et sanguine Domini et omni divino officio, usque dum tu ad satisfactionem venias, apostolica auctoritate repellimus; et tibi sub periculo ordinis tui, ut omnibus hoc sine mora notifices, praecipiendo mandamus. Data Tiburis 4 Idus Septembris, indictione incipiente 13.

1. VI comitis Pictavensis, VIII ducis Aquitaniae, fratris Agnetis imperatricis.   2. Aldeardis, filiae Roberti ducis Burgundiae.   3. Nov. 30.

II 3. *Guilielmum VI comitem Pictavensem laudat, quod cum uxore consanguinea divortium fecerit. Quacum ne in eadem domo cohabitet, hortatur. Isembertum episcopum, nisi Romam venerit, deiectum iri. Addit de „expeditione" et de christianorum victoria e paganis lata.*

Gregorius episcopus servus servorum Dei Guilielmo[1] Pictavensi comiti salutem et apostolicam benedictionem.

1074
Sept. 10

Omnipotenti Deo laudes et gratias referimus, qui, cordis vestri interiora penetrans, ad amorem et timorem suum vos inclinavit et ad obedientiam mandatorum suorum, superato carnis desiderio, confirmavit. Scimus equidem, quoniam, quod in praesenti vita vobis[a] dulcissimum fuit, exigente iustitia reliquistis; dum pro reverentia christianae religionis ab uxore vestra, quoniam propinqua consanguinitate vobis est, separari[b] consensistis. Verum, quanto graviori certamine libidinem animi vestri vicistis et ad legem Dei districtius vos humiliastis, tanto sublimiorem gloriam in[c] infinita remuneratione vobis paratam esse, procul dubio sperare debetis. Quapropter et nobis multo uberior laetitia crescit; quoniam in hac correctione vestra certa spes vestrae salutis intelligitur, et ea, quae semper in domo vestra fuit, miserante Deo generositas conservabitur. Ex hoc enim nobilitas generis valde corrumpitur, cum proles non de legitima coniugii permixtione generatur. Atque eo minus eminentia vestra, quod tam acriter vobis institimus, mirari debet; quoniam Romana ecclesia, quae domum vestram vos totamque prosapiam vestram singulari et egregia semper caritate dilexit, in tanto vos iacere periculo, pati non potuit. Ceterum quod dominam illam in vestra potestate usque ad futuram synodum morari cupitis, licet soror vestra[2], quam ut matrem diligimus, inde nos interpellaverit, consentire non audemus; scientes, diabolicam fraudem hominibus maxime vetita repertis occasionibus praecipua calliditate suggerere. Proinde ita eam a vestra vicinitate penitus removeri et elongari facite, ut vestra correctio et oblata Deo reverentia

a. nobis *c.*   b. separare *c.*   c. in *addidi* (*cf. L. 1 ep. 75 supra p. 95: et coronam gloriae in futura remuneratione donet*).

1. VI comiti Pictavensi, VIII duci Aquitaniae.   2. Agnes imperatrix.

1074
Sept. 10 omnibus sit in exemplum, et salutem vestram nulla valeat diabolus sagacitate turbare.   De cetero scitote, Pictavensem Isembertum episcopum, nisi ante festivitatem sancti Andreae[1] ad nos de praesumptione sua rationem redditurus veniat, ab omni episcopali et sacerdotali officio et ipsa sacrae communionis participatione esse privatum.

Quod autem ad servitium sancti Petri promptam vos habere voluntatem mandastis, gratanter accepimus; sed determinate vobis aliquid de expeditione scribere ad praesens, non satis discretum fore pervidimus. Quoniam rumor est, in transmarinis partibus christianos miserante Deo paganorum longe propulsasse ferocitatem; et nos, de reliquo quid acturi simus, adhuc divinae providentiae consilium expectamus. Vobis tamen et de bona voluntate plena apud Deum remuneratio est reposita; nobis autem, si necesse fuerit, in vestris promissis, sicut in dilecto fratre et filio, certa semper existit fiducia. Data Tiburis 4 Idus Septembris, indictione 13.

II 4. *Gozelino archiepiscopo Burdegalensi scribit, ut cum Isemberto Pictavensi aut ipse veniat aut legatos mittat.*

1074
Sept. 10 Gregorius episcopus servus servorum Dei Gozelino Burdegalensi archiepiscopo salutem et apostolicam benedictionem.

Sicut in litteris tuis intelleximus, Isembertus Pictavensis episcopus magnas Deo omnipotenti et beato Petro tibique magistro suo iniurias irrogavit, seseque nobis adversarium, impugnatorem iustitiae, hostem sanctae ecclesiae patenter ostentavit. Nunc igitur, quoniam ad vindictam malefactorum eius non nostra tantum sed et tua opus est vigilantia, fraternitatem tuam multum admonemus: ut nulla te occasio in hac causa tepidum vel aliquo modo negligentem reddat; sed, si eum ad nos venturum cognoveris, tu ipse, si queas, ad apostolorum limina fatigationis cursum non refugias. Quod si tuae minus ferre poterunt occupationes, tales personas tam ex tua parte quam eorum, qui eadem nobis quae et tu de praefato episcopo per litteras notifica-

1. Nov. 30.

verunt, ad nos dirigi non desinas procurare, qui veritatem rei
irrefragabili assertione praesente episcopo approbare valeant.
Verum haec, non ut super his quae a te nobis significata sunt
dubitemus, hoc ordine transigenda[a] requirimus; sed ut, patrum
nostrorum statuta servantes, omnia et rationabiliter discutiamus
et auctorabili iudicio Deo favente concludamus. Novit enim prudentia tua, quod personis absentibus accusationem per scripta,
canonica non probet auctoritas[1], nec absque partium disceptatione
percognita in examinatione recipiat causas. Quapropter saepe
fatum episcopum ad apostolicam audientiam sub.tali districtione
per epistolam nostram[2] vocavimus: ut, nisi praesentiam suam
ante festivitatem sancti Andreae[3] nostro conspectui exhibuerit,
omni episcopali et sacerdotali privatus officio, etiam sacrae communionis sit participatione seclusus. Si ergo, pertinaci induratus
contumacia, citra[b] praelibatum terminum nostrae praesentiae se
subtraxerit, prolatam in eum sententiam divulgata praedicatione
denuncia et, sicut inimici Dei, omnibus modis nequitiam et impudentiam eius confundere non desistas.   Eos quoque, quos
ipse ad tantum facinus perturbandi conventum vestrum applicuit,
tam laicos quam clericos, quousque ad satisfactionem veniant,
a corpore et sanguine Domini et ab omni divino officio apostolica auctoritate repulsos esse scias. Quod si episcopus, sicut in
litteris nostris districte commonitus est, omnibus indicare neglexerit, tu palam illis facere nullatenus praetermittas. Data
Tiburis 4 Idus Septembris, indictione 13.

II 5. *Manassem I archiepiscopum Remensem ceterosque Franciae episcopos hortatur, ut Philippum I regem ad virtutem revocent. Qui nisi ad sanitatem redierit, se regnum de
manibus eius erepturum esse. Lanzelinum militem admoneri iubet, ut quem ceperit Folcerium dimittat.*

Gregorius episcopus servus servorum Dei Manasse[4] Remensi,
Richerio Senonensi, Richardo[5] Bituricensi archiepiscopis et Adraldo

a. transigendo *c.*   b. circa *c.*
1. Cf. Gratiani decr. P. II C. II qu. 7 c. 5.   2. ep. 2 supra p. 109.
3. Nov. 30.   4. I.   5. II.

1074
Sept. 10 episcopo Carnotensi ceterisque episcopis Franciae salutem et apostolicam benedictionem.

Longa iam temporum curricula transacta sunt, ex quo regnum Franciae, olim famosum ac potentissimum, a statu gloriae suae coepit inflecti et, succrescentibus malis moribus, plerisque virtutum insignibus denudari. Verum his temporibus et culmen honoris et tota facies decoris eius collapsa videtur, cum, neglectis legibus omnique conculcata iustitia, quicquid foedum crudele miserandum intollerandumque est, ibi et impune agitur et adepta licentia iam in consuetudine habetur.   Ante aliquot annos, postquam tepente inter vos regia potestate nullis legibus nulloque imperio iniuriae prohibitae sunt vel punitae, inimici inter se quasi quodam communi iure gentium, quisque pro viribus, conflixerunt, ad vindicandas iniurias suas arma copiasque paraverunt. Quibus permotionibus etsi plerumque in patria cedes incendia et alia quae bellum fert exhorta sint, dolendum quidem id fuit, sed non tantopere admirandum.   Nunc autem omnes, malitia quasi quodam pestilentiae morbo repleti, horrenda et multum execranda facinora, multotiens nemine impellente, committunt; nihil humani nihilque divini attendunt; periuria, sacrilegia, incestum perpetrare, sese invicem tradere, pro nihilo ducunt; et quod nusquam terrarum est, cives, propinqui, fratres etiam, alii alios propter cupiditatem capiunt et, omnia bona eorum ab illis extorquentes, vitam in extrema miseria finire faciunt; peregrinos ad apostolorum limina euntes et redeuntes, uti cuique opportunum fit, capientes in carceres trudunt et, acrioribus quam paganus aliquis eos tormentis afficientes, saepe ab illis plus quam habeant pro redemptione exigunt.

Quarum rerum rex vester[1], qui non rex sed tyrannus dicendus est, suadente diabolo caput et causa est. Qui omnem aetatem suam flagitiis et facinoribus polluit et, suscepta regni gubernacula miser et infelix inutiliter gerens, subiectum sibi populum non solum nimis soluto imperio ad scelera relaxavit sed ad omnia, quae dici et agi nefas est, operum et studiorum

1. Philippus I rex Francorum.

suorum exemplis incitavit. Nec satis visum est ei, in dispersione ecclesiarum, in adulteriis, in rapinis nefandissimis, in periuriis et in multimoda fraude, unde saepe eum redarguimus, iram Dei meruisse; quin etiam mercatoribus, qui de multis terrarum partibus ad forum quoddam in Francia nuper convenerant — quod antehac a rege factum fuisse, nec in fabulis refertur — more praedonis infinitam pecuniam abstulit. Et qui legum et iustitiae defensor esse debuit, is potissimum depraedator extitit; nimirum id agens, ut mala sua non iam infra terminos regni quod occupat concludantur, sed per orbem terrarum ad discordiam multarum gentium et suam, credo, confusionem extendantur.

Quod quia iudicium superni iudicis effugere nullatenus credendum est, rogamus vos et ex vera caritate monemus, ut caveatis vobis, ne prophetica super vos maledictio veniat, qua dicitur: *Maledictus homo, qui prohibet gladium suum a sanguine*[1], hoc est, sicut ipsi bene intelligitis, qui verbum praedicationis a carnalium hominum retinet increpatione[2]. Vos etenim fratres etiam in culpa estis; qui, dum perditissimis factis eius sacerdotali vigore non resistitis, procul dubio nequitiam illius consentiendo fovetis. Proinde, quod inviti ac gementes dicimus, multum timemus, ut non pastorum sed mercennariorum[3] sententiam accipiatis; qui, videntes lupum sub oculis vestris gregem dominicum lacerantem, fugitis, dum quasi canes non valentes latrare[4] sub silentio vos absconditis. Atque equidem eo magis de vestro periculo metuimus, quanto nullas vobis in futuro examine excusandi rationes suppetere[a] cognoscimus; dummodo non alias vestrae taciturnitatis causas, nisi aut conscientiam, si vestro quod non credimus instinctu tot mala perpetrat, aut negligentiam, si de eius perditione parum curatis, deprehendere possumus. Quae utraque quam sint fugienda, maxime in officio vobis commissae dispensationis, vos ipsi perpenditis, qui debitam pastoralis curae sollicitudinem non ignoratis. Nam, si prohibere eum

a. certius *excidisse videtur.*

1. Ierem. 48, 10.   2. v. supra p. 26 n. 4.   3. Ioh. 10, 12.
4. Isai. 56, 10.

1074
Sept. 10
a delictis, contra ius et reverentiam promissae sibi fidelitatis
esse putatis, longe vos fallit opinio; quoniam hoc omni ratione
confirmare possumus, multo fideliorem esse, qui alium de naufragio animae suae vel invitum retrahit, quam qui in peccatorum
gurgite nocivo consensu eum deperire permittit. De timore vero
vanum est dicere. Quoniam vobis, ad defendendam iustitiam coniunctis et constanter accinctis, tanta virtus foret: ut et illum
fideli correptione sine omni vestro periculo a consueta malefaciendi libidine possetis avertere et vestras pariter animas
liberare; quamquam, etsi timor ac periculum mortis immineret,
vos tamen a libertate vestri sacerdotalis officii desistere non
oporteret.

Unde rogamus vos et apostolica auctoritate monemus, ut, in
unum congregati, patriae vestrae famae[a] atque saluti consulatis
et, communi consilio ac coniunctissimis animis regem alloquentes,
de sua eum et regni confusione atque periculo commoneatis et,
quam criminosa sint eius facta atque consilia, in faciem ei ostendentes, omni exhortatione eum flectere studeatis: quatenus rapinam supra scriptis negociatoribus factam emendet — quae nisi
reddita fuerit, sicut vos ipsi scitis, infinitam discordiam et inimicitias inter multos pariet —; de cetero delicta sua corrigat et,
relictis iuventutis suae moribus, attritam regni sui dignitatem
et gloriam tenendo iustitiam reparare incipiat; et, ut ceteros ad
ea quae recta sunt cohercere valeat, ipse primum quae sunt iniqua relinquat.

Quodsi vos audire noluerit et, abiecto timore Dei, contra
regium decus, contra suam[b] et populi salutem, in duritia cordis
sui perstiterit, apostolicae animadversionis gladium nequaquam
eum diutius effugere posse, quasi ex ore nostro sibi notificate.
Propter quod et vos, apostolica auctoritate commoniti atque constricti, matrem vestram sanctam Romanam et apostolicam ecclesiam debita fide et obedientia imitamini; et, ab eius vos obsequio atque communione penitus separantes, per universam Franciam omne divinum officium publice celebrari interdicite.

a. patriae, famae vestrae *c.*   b. sua *c.*

Quodsi nec huiusmodi districtione voluerit resipiscere, nulli clam aut dubium esse volumus, quin modis omnibus regnum Franciae de eius occupatione, adiuvante Deo, temptemus eripere.

Sane si in hoc tanto tamque necessario negocio tepidos vos cognoverimus — non iam amplius dubitantes, quin, vestra fiducia fultus, incorrigibilis perduret — vos ipsos, sicut socios et complices scelerum eius, episcopali privatos officio, pari vindictae iaculo feriemus.

Testis enim nobis est Deus et propria conscientia, quod haec neque precibus neque pretio alicuius ducti dicimus nec in animum induximus. Sed solo dolore tacti intrinsecus, quod tam nobile regnum et tam infinitus populorum numerus unius perditissimi hominis culpa depereunt, tacendo dissimulare nec possumus nec debemus. Memores igitur illius divinae dicti sapientiae: *Qui timet hominem, cito corruet, et qui sperat in Domino, sublevabitur*[1], ita agite, ita vos habetote, ut, quam sit vobis libera mens et lingua, ostendatis; nec, timentes hominem, infirmitatis vestrae ruinam patiamini; sed, confortati in Domino et in potentia virtutis eius[2], sicut strennui milites Christi ad celsitudinem praesentis et futurae gloriae sublevemini.

Praeterea multum rogamus et admonemus dilectionem vestram, quatenus Lanzelinum Belvacensem militem convenientes, ut Foleerium Carnotensem, fidelem nostrum — quem ab apostolorum liminibus revertentem cepit — nihil de bonis eius retinens, illesum dimittat, ex parte beati Petri et nostra apostolica auctoritate commoneatis. Quod si facere contempserit, spiritualibus et secularibus armis eum insequi et urgere non prius desistatis, quam, relicto sancti Petri peregrino, etiam, si quid pro redemptione illius accepit aut pepigit, simul reddere aut refutare cogatis. Data Tiburis 4 Idus Septembris, indictione 13.

1. Prov. 29, 25.   2. Ephes. 6, 10.

II 6. *Geromirum episcopum Pragensem graviter corripit, quod fide fracta et contra suum praeceptum bona quaedam occupaverit; quae Iohanni episcopo Moraviensi reddi iubet. Hortatur, ne pacem perturbet cum Wratizlao II duce conciliatam, utque cum episcopo Moraviensi Romam aut ipse veniat aut legatos mittat.*

1074
Sept. 22　　　Gregorius episcopus servus servorum Dei Geromiro[a] Bragensi episcopo — quod non meretur — salutem et apostolicam benedictionem.

Venientem te hoc anno ad apostolicam sedem, apostolica utentes mansuetudine, multo benignius multoque mitius, quam facta tua mererentur, suscepimus[b] atque tractavimus. Sed tu, more tuo malum pro bono reddens, contempta nostra caritate et apostolica auctoritate, contra interdictum nostrum de bonis et rebus, unde inter te et Iohannem episcopum Marovensem lis est, te intromittere ausus es et, quod valde nobis molestum est, nostra concessione te id fecisse, mentitus es. Nos equidem meminimus sic decrevisse: ut episcopus Marovensis terram et alia, de quibus inter vos discordia erat, usque ad futuram synodum cum omni pace et quiete tenere deberet. Hoc in litteris nostris[1] fratri tuo duci expresse significavimus. Hoc tu ut nullatenus impedires, in manum nostram promittendo firmasti; sed[c], ut verbum inde mutaremus hoc, cum multum instares, neque precibus neque pretio impetrare potuisti. · Porro in novissimis quasi quasdam novas querelas super fratre tuo Wratizlao[2] duce — quod fraudulenter te fecisse, nunc cognoscimus — afferens, videlicet eum de quodam castro sancti Venzlai et de praepositura iustitiam tuam tibi contradicere, hoc tantum effecisti, ut eum in epistola nostra moneremus, quatenus, si se iniuriam tibi fecisse cognosceret, pro nostro immo pro amore Dei, quod aequum esset, inde faceret. Hac igitur occasione et de nobis mendacium finxisti et nostra decreta subvertisti.　　　Sed quaeso, non erubescis aut non times, quod pro talibus causis non solum ordinis tui periculum tibi

---

a. *in cod. manus posterior* Geromiro *mutavit in* Geboardo.　　　b. te susc. c.
c. *an* scilicet?

1. L. I ep. 78 supra p. 98.　　　2. II.

imminet, sed ex fraterno odio nec christianitatis quidem in te 1074
suscepta gratia manet?

Sept. 22

Praecipimus ergo tibi ex parte beati Petri et nostra apostolica auctoritate: ut castrum, quod tam fraudulenter cepisti,
et alia omnia, quae in lite sunt, praefato Marovensi episcopo
reddas; et tu ad diffiniendam causam, sicut statutum est, aut
ipse Romam venias aut idoneos legatos mittas; atque hoc ita
tempestive Marovensi episcopo notifices, quatenus et ipse pariter
se vel legatos suos ad iter praeparare valeat.

Praeterea, sicut nobis relatum est, pacem, quae inter te et
fratrem tuum ducem convenit, multis modis perturbare non de-
sinis, praecipue cum suos absque canonica culpa et legali iudicio
excommunicas. Quod quidem tibi maxime periculosum est; quoniam, sicut beatus Gregorius dicit, qui insontes ligat, sibi ipsi
potestatem ligandi atque solvendi corrumpit.   Unde te admonemus: ut anathematis gladium nunquam subito neque temere
in aliquem vibrare praesumas, sed culpam uniuscuiusque diligenti
prius examinatione discutias. Et si quid est, quod inter te et
homines saepe fati fratris tui emerserit, cum eo in primis, ut
suos ad iustitiam compellat, fraterne et amicabiliter agas; et
si aequitatem tibi denegaverit aut temeritatem suorum aliqua
dissimulatione contra te, quod non credimus, intumescere sine
vindicta permiserit, nobis indicare non te pigeat; et praestante
Domino huius querelae occasionem sollicitis admonitionibus sine
mora decidere procurabimus. Data Rome 10 Kalendas Octobris,
indictione 13.

II 7. *Wratizlao II duci Bohemiae gratias agit, quod centum
marcas argenti miserit. Addit de suis ad Geromirum
episcopum litteris. Monet, ut episcopo Moraviensi ablata
reddi cogat.*

Gregorius episcopus servus servorum Dei Wratizlao[1] duci 1074
Boemiorum salutem et apostolicam benedictionem.

Sept. 22

Pervenit ad nos nuncius vester, qui magnae devotionis et

1. II.

fidelitatis vestrae exhibitionem nobis retulit et, quae beato Petro sub nomine census misistis, videlicet centum marchas argenti ad mensuram vestri ponderis, fideliter praesentavit. Quod quidem gratanter accepimus; sed caritatem vestram multo ardentius amabiliusque, quasi quibusdam animi brachiis ad vos usque porrectis, amplectimur, qui mentem vestram et desiderium magis ac magis erga reverentiam apostolicae sedis accendi perpendimus. Beatus autem Petrus, quem vos diligitis et cui celsitudinem potentiae vestrae humiliatis, copiosa vobis procul dubio retributionis munera praeparabit et suo vos munimine tam in praesenti quam futuro saeculo laetificabit.

De cetero grates vobis habemus, quod, obedientes nostris monitis, cum fratre vestro Geromiro Bragensi episcopo pacem fecistis. Quem nos quidem hoc in anno apostolicae sedi praesentatum longe misericordius, quam sua meretur culpa, tractavimus. Verum ille, indebitam nobis vicem rependens, mox ut domum reversus est, sicut nos non dubia relatione cognovimus, de castro quodam et aliis rebus, unde litem habet cum Iohanne Marovensi episcopo, contra interdictum nostrum et contra sui ipsius in manus nostras datam promissionem, etiam de nobis mentiendo quasi id sibi concesserimus, se intromittere ausus est. De quo mendacio et fraude quid et qualiter paucis eum corripiendo praeceperimus, in transmisso tibi exemplo litterarum[1], quas ei direximus, plene cognoscere potes. Unde et tuam nobilitatem ex parte beati Petri et nostra apostolica auctoritate rogamus et praecipiendo monemus, ut nequaquam eum de tanta deceptione ulterius gaudere sinas. Sed nisi ipse, sicut ipse in litteris nostris iussus est, castrum et alia, quae in lite sunt, Marovensi episcopo sine mora reddat, tua eum virtute eicias et, restitutis omnibus iam saepe dicto Marovensi episcopo, ipsum et bona ecclesiae, cui praeest, pro amore Dei et redemptione animae tuae ab iniuriis et impiorum hominum oppressione defendas. Hoc autem ea spe et intentione tibi procurandum mittimus, ut omnipotens Deus te et honores tuos divina virtute defendat et,

1. ep. 6 supra p. 118.

suffragante beato Petro apostolo, a peccatorum tuorum te absolutum vinculis ad gaudia aeterna perducat. Data Romae 10 Kalendas Octobris, indictione 13.

II 8. *Iohannem episcopum Moraviensem, ab episcopo Pragensi
iniuriis affectum, consolatur. De epistolis ad eundem et
ad Wratizlaum II ducem Bohemiae missis addit.*

Gregorius episcopus servus servorum Dei Iohanni Marovensi
episcopo salutem et apostolicam benedictionem.

Caritatem tuam frater erga nos promptam et sinceram esse
cognoscentes, debitas tibi grates rependimus tuisque fatigatio-
nibus fraterno corde compassi sumus. Scimus enim, quanta fraude
Bragensis episcopus te circumvenit. Qui tamen non solum ad
tuas sed, de nobis mentiendo et quasi ex nostra concessione ra-
pacitatem suam roborando, ad nostras etiam iniurias patenter
erupit. Qua de re quam graviter commoti simus vel quid inde
censuerimus, hic nuncius tuus viva voce tibi indicare poterit, et
tu ipse in litteris, quas duci, et exemplo litterarum, quas eidem
episcopo misimus, pleniter cognoscere potes. Et tu quidem nimis
simpliciter egisti, quod ·nos contra decreta nostra surgere et sententiam nostram tam leviter mutare putasti, qui[a] ea omnia, quae
inter te et illum in lite sunt, usque ad futuram synodum et
totius dissensionis vestrae discussionem tuis possessionibus decrevisse, praesens intellexeras. Nunc igitur apostolica auctoritate
iussus atque suffultus, castrum et si quae alia[b] praefatus episcopus tibi abstulit sine mora repetas. Illum namque admonuimus
firmiterque, tibi ea omnia sine contradictione reddere, praecepimus. Ducem vero rogavimus: ut, si episcopus nobis non obe-
diret[c], eum de castro expelleret et, restitutis tibi omnibus, pro
amore Dei te et bona ecclesiae, cui praees, Deo adiuvante de-
fenderet. Hoc enim indubitanter scias, quia neque in hac neque
in alia re ad defensionem iustitiae tuae apostolica tibi, providente
Deo, sollicitudo[d] deerit vel auctoritas. Omnipotens Deus in tua

---

a. *an quem? an qui nos?*　　b. *si qui aliqua c.*　　c. *sequitur iterum* ut *in cod.*
d. *in cod. sequitur* non.

1074
Sept. 22
sacerdotali vigilantia et officio sibi gratum sacrificium et tibi
statuat aeternae felicitatis praemium. Data Romae 10 Kalendas
Octobris, indictione 13. _____

II 9. *Beatrici et Mathildi scribit, se malignis de iis rumoribus
non credere. Dolet de sanitate sibi restituta. Robertum
Guiscardum sibi fidelitatem obtulisse. Si altera earum trans
Alpes itura sit, antea colloqui cum iis cupit. Azonem
marchionem et Papiensem ac Mutinensem episcopos Romam vocatos esse.*

1074
Oct. 16
Gregorius episcopus servus servorum Dei Beatrici duci et
eius filiae Mathildi salutem et apostolicam benedictionem.

Non vos[a] fugit, varios saepe ad nos[b] rumores de vobis[c] afferri,
sicut mos eorum est, qui amicorum dilectioni invident et una-
nimitati. Et quidem, si nos talibus aures quod absit acclinare
vellemus, non multi sunt, in quibus sincerae dilectionis affectum
nobis patere crederemus. Sed nos, nihil fere potius quam suspec-
tum animum fugientes, in veritate vobis loquimur: quod in nullis
terrarum principibus tutius quam in vestra nobilitate confidimus;
quoniam hoc verba, hoc facta, hoc piae devotionis studia, hoc
fidei vestrae praeclara nos constantia docuerunt. Nec dubitamus,
quin vestra in nobis vera nitescat caritas, cum per Petrum servus et Petrus in servo diligitur.

De cetero scitote, nos praeter spem omnium qui nobiscum
erant infirmitatem corporis evasisse et iam bonam valitudinem
recepisse. Unde nobis dolendum potius quam gaudendum esse
putamus. Tendebat enim anima nostra et toto desiderio ad illam
patriam anhelabat, in qua ille, qui laborem et dolorem considerat[1], lassis quietem et refrigerium praestat. Verum, reservati
adhuc ad consuetos labores et infinitas sollicitudines, in singulas
horas quasi parturientis dolores[2] et angustias patimur, dum pene
in oculis nostris naufragantem ecclesiam nullo valemus eripere
gubernaculo. Lex enim et religio christiana ita fere ubique deperiit, ut Sarraceni et quilibet pagani suos ritus firmius teneant,

a. nos *c.*   b. vos *c.*   c. nobis *c.*
1. Ps. 10, 14.   2. Ierem. 22, 23.

quam illi, qui christianum nomen acceperunt et quibus in regno patris per Christum hereditas et aeternae vitae gloria parata est, divinae legis mandata custodiant. Quo minus mirandum est, si huius lucis aerumnas spe supernae consolationis fugere cupimus, qui, in his positi, in sola cognitione inundantium periculorum singulorum poenas luimus.

Praeterea scitote, Robertum Guiscardum saepe supplices legatos ad nos mittere et tantae fidelitatis securitate[a] se in manus nostras dari cupere, ut nemo unquam firmiori obligatione se cuilibet domino debeat vel possit astringere. Sed nos, non incertas rationes, cur illud sit adhuc differendum, considerantes, supernae dispensationis et apostolicae procurationis consilia praestolamur.

Ad haec alteram vestrum hoc in tempore transalpinaturam intelleximus. Sed prius, si fieri posset, ambarum colloquio uti multum desideramus; quoniam vestra consilia, sicut sororum nostrarum et filiarum sancti Petri, in causis et negociis nostris habere desideramus. De nobis vero, quicquid per Deum et recte sapimus et valemus, in omni caritatis exhibitione vobis patere, confidite; et, memoriam vestram in nostris cotidie orationibus haberi et, quamquam peccatores simus, intente Deo commendari, scitote.

Praeterea notum vobis est, marchionem Azzonem[1] in synodo nobis promisisse et fidem in manum nostram dedisse: se in nostram praesentiam, quandocumque eum commoneremus, pro reddenda ratione sui coniugii venturum. Et nos quidem hac de causa ipsum vocavimus. Guilielmum Papiensem episcopum et Heribertum Mutinensem, qui propinquitatem mulieris[2] sciunt, ad nos venire per epistolas nostras invitavimus, quatenus, rei veritate percognita, quod iustum fuerit, Deo adiuvante statuamus. Quapropter dignum nobis videtur, ut praefato marchioni per certum vestrum nuncium mandetis: quatenus per terram vestram in eundo et redeundo securus transire possit, ne occasione vestri timoris in hac parte iustitia christianae legis detrimentum sentiat. Data Rome 17 Kalendas Novembris, indictione 13.

a. securitatem c.
1. V. L. I ep. 57 supra p. 76. 2. Mathildis.

II 10. *Udoni archiepiscopo Trevirensi mandat, ut una cum He-*
rimanno episcopo Metensi Popponem episcopum Tullensem
de reddendis bonis clerico ademptis commoneat, de eodem-
que episcopo, simoniae fornicationisque accusato, cogno-
scat sibique significet.

1074
Oct. 16 Gregorius episcopus servus servorum Dei Udoni Trevirorum
archiepiscopo salutem et apostolicam benedictionem.

Admonere te frater, ut ea, quae tibi committimus, fideliter
agas, ex caritate, ut vero velociter, ex considerata causarum vel
temporum fit competentia et necessitate. Quae quidem utraque
in subscripto negocio ita te observare volumus, ut, quemadmodum credimus, fidum te et indefessum nobis cooperatorem cognoscamus. Frater iste, Tullensis ut fatetur clericus, ad nos
veniens, conquestus est nobis: quoniam iratus sit ei dominus
suus, videlicet Tullensis ut dicitur episcopus[1], se exulem factum
et omnibus rebus suis expoliatum; supplicans, ut apud apostolicam pietatem tantarum miseriarum aliquam inveniret consolationem. Nobis vero, cur hoc sibi acciderit diligenter inqui-
rentibus, retulit: se ab episcopo quandam ecclesiam postulasse,
quae ad officium custodiae quod tenebat legali constitutione dicitur attinere. Qua de re commotus episcopus cum ei non solum hanc denegaret ecclesiam sed totum officium per summam
interdiceret obedientiam, respondit: se non debere sibi obedientiae reverentiam, quoniam, archidiaconatus consecrationes ecclesiarum et ipsas ecclesias vendendo, simoniaca haeresi se com-
maculasset; cum muliere quadam in publica fornicatione iaceret,
de qua filium genuisset, quamque rumor esset sacramento et de-
sponsatione, laicorum more, sibi copulasse; et praeterea quod
nonnulli, eum ad episcopatum pactione praemii pervenisse, dicerent. His auditis episcopus, quasi de manifestis culpis poenitens et de sua correctione tum cum hoc solo tum cum caeteris
fratribus loquens, tandem manifesta indignatione et ira super
istum inflammatus est. Egressoque ab urbe episcopo, paulo post
milites eius, utpote non ignorantes voluntatem domini sui, huic

1. Poppo.

omnem securitatem abnegavere et intra claustrum ei minati sunt 1074
in faciem. Quos cum insidiari vitae suae et honori intelligeret, ^{Oct. 16}
clam discessit, ut sua absentia temperaret severitatem huius furoris. Episcopus vero confestim sua omnia diripi et publicari
praecepit. Et ita iste exulem se et egenum iam diu fuisse conqueritur. Verum haec nobis inordinata et valde iniqua videntur:
quoniam, si illa vera sunt, episcopus immo exepiscopus non hunc
sed conscientiam suam odisse et persequi debuerat; sin vero
falsa — et utinam falsa — non tamen milites sed disciplinam canonum istum corripere et flagellare aequum fuerat.   Quocirca
fraternitatem tuam[a] apostolica auctoritate commonitam et in hac
causa suffultam esse volumus: ut, convocato et adiuncto tibi dilecto confratre nostro Herimanno venerabili episcopo Metensi,
Tullensem conveniatis eumque: ut clericum istum sine omni periculo vitae et securum ab omni contumelia in claustrum suum
recipiat, et officium custodiae cum ecclesia quam[b] postulavit,
si iuste attinet, cum ceteris omnibus iustis pertinentiis et utilitatibus suis et praeposituram suam et officium scolarum nec
non omnia ablata sibi bona et tam irrationabililter illata damna
restituat, apostolicis iussionibus commoneatis. Deinde convocatis
Tullensibus clericis, per veram eos obedientiam immo sub comminatione anathematis constringite: ut, quicquid de introitu et
vita episcopi sciunt, vobis aperiant; et vos, undique explorata
veritate, quid nobis inde credendum sit, in synodo vel ante synodum, quam in prima hebdomada quadragesimae[1] celebraturi
sumus, per litteras vestras notificare nullatenus praetermittite.
Quodsi episcopus, ut optamus, innocens de tot ac tantis criminibus apparuerit, quod clericus temere peccavit, quoniam ad
nostram venit audientiam, qualiter iuste corrigatur, Deo aspirante
procurabimus. Si vero episcopus ea, quae sibi intenduntur, veraciter removere non poterit, nullo modo ferendum est nobis vel
vobis, ut locum pastoris lupus obtineat. Has autem litteras iccirco aperte sigillari praecepimus, ut certiorem vobis auctoritatem
traderemus. Data Rome 17 Kalendas Novembris, indictione 13.

1. 1075 Febr. 22—28.   a. tuam *om.* *c.*   b. qua *c.*

II 11. *Albertum comitem Ballenstedensem et Adelheidam eius uxorem hortatur, ut de sacerdotibus simoniacis et fornicantibus praecepta apostolica observent*[a].

1074
Oct. 26

Gregorius episcopus servus servorum Dei Alberto[b] comiti[1] et eius uxori[2] salutem et apostolicam benedictionem.

Gratias Deo referimus, quod vel[c] laici et mulieres ad Dominum mentes erigunt et cultum religionis libenter intellectu capiunt et tenere contendunt. Nam illi, qui propter lucrandas animas episcopi vocati et constituti sunt et subditos suos verbo et exemplo viam veritatis docere deberent, his temporibus seducti a diabolo non solum legem Dei deserunt sed impugnare et omni conatu subvertere non desistunt. Quo minus mirandum est, si ipsi inferiores ordines a delicto non prohibent, quorum aut ordinatio fuit haeretica aut vita omni immunditia et facinoribus cooperta; qui, dum in semet ipsis propria scelera nec corrigunt nec attendunt, subditorum quoque crimina aut per negligentiam aut timore propriae conscientiae portant. De quibus recte per prophetam dicitur: *Obscurentur oculi eorum ne videant, et dorsum eorum semper incurva*[3]. Quapropter, quicquid illi contra vos immo contra iustitiam garriant et pro defendenda nequitia sua vobis, qui inlitterati estis, obiciant, vos in puritate et constantia fidei vestrae permanentes, quae de episcopis et sacerdotibus simoniacis aut in fornicatione iacentibus ab apostolica sede accepistis, firmiter credite et tenete. Data Romae 7 Kalendas Novembris, indictione 13.

II 12. *Burchardum episcopum Halberstatensem, de legatis suis in regno illo parum honorifice susceptis dolentem, laudat.*

1074
Oct. 26

Gregorius episcopus servus servorum Dei Burchardo[4] Albistetensi episcopo salutem et apostolicam benedictionem.

Ostendis frater, te sanctam Romanam ecclesiam sincero af-

a. *Legitur etiam 2) ap. Paulum Bernrid., Pont. Rom. vit. ed. Watterich I* 495.
b. dilecto in Christo filio et nobilissimo comiti Adalberto 2.   c. et 2.
    1. comiti seniori de Ballenstide (avo Alberti Ursi), ut ex eo liquet, quod haec epistola cum iis quae sequuntur ad episcopum Halberstatensem litteris eodem die data est.   2. Adelheidae.   3. Ps. 68, 24.   4. II.

fectu diligere, quando id movet cor et animum tuum: legatos 1074
sedis apostolicae in regno vestro non eo quo oportuit honore Oct. 26
susceptos fuisse nec ea, quae christiana religio postulabat et adhuc postulat, prout necesse foret, efficere potuisse. Verum nos
multo magis haec illis accidisse volumus, quam ut ipsi, hominibus magis quam Deo placere cupientes, veritatem et libertatem illius, quae in eis repraesentabatur auctoritas, aliqua simulatione violassent. Nam, si principibus et divitibus terrae vestrae
regnare pro libidine et iustitiam Dei conculcare* taciti consentire vellemus, profecto amicitias munera subiectiones laudem et
magnificas ab eis honorificentias habere possemus. Quod quia
loco in quo sumus et officio quod tenemus minime congruit,
nihil est, quod nos a caritate Christi, ipso protegente, separare
possit; quibus mori tutius est, quam legem eius derelinquere
aut pro mundi gloria impiorum potius, si sint potentes, quam
eorum personas respicere, qui, licet sint pauperes, legem sui
conditoris exquirunt, mandata diligunt, vitam potius quam iustitiam deserunt. Tuae igitur unanimitatem fraternitatis debita
cum gratulatione suscipientes, hanc flammam in pectore tuo
semper crescere cupimus: ut in ea, quam erga sanctam et apostolicam ecclesiam habere coepisti, dilectione proficias, semper[b]
vero in nostra caritate immo beati Petri protectione et eius apostolica indubitanter benedictione confidas. Data Rome 7 Kalendas Novembris, indictione 13.

II 13. *Salomonem regem Ungarorum, qui regnum, Romanae ecclesiae proprium, ab Heinrico IV rege Teutonicorum
susceperit, reprehendit. Addit de lancea coronaque Ungariae ab Heinrico III imperatore Romam missis. Sceptrum
regni apostolicae non regiae maiestatis beneficium recognoscat.*

Gregorius episcopus servus servorum Dei Salomoni regi 1074
Ungarorum salutem et apostolicam benedictionem. Oct. 28

Litterae tuae ad nos tarde propter moram nuntii tui allatae

a. cupientibus *excidisse videtur.* b. spem *c.*

1074
Oct. 28 sunt. Quas quidem multo benignius manus nostra suscepisset, si tua incauta conditio non adeo beatum Petrum offendisset. Nam, sicut[a] a maioribus patriae tuae cognoscere potes, regnum Ungariae sanctae Romanae ecclesiae proprium est, a rege Stephano[1] olim beato Petro cum omni iure et potestate sua oblatum et devote traditum[2]. Praeterea Henricus[3] piae memoriae imperator, ad honorem sancti Petri regnum illud expugnans, victo[b] rege[4] et facta victoria[5], ad corpus beati Petri lanceam[6] coronamque[c] transmisit; et pro gloria triumphi sui illuc regni direxit insignia, quo principatum dignitatis eius attinere cognovit. Quae cum ita sint, tu tamen, in[d] ceteris quoque a regia virtute et moribus longe discedens, ius et honorem sancti Petri, quantum ad te, imminuisti et[e] alienasti, dum eius regnum a rege Teutonicorum[7] in beneficium, sicut audivimus, suscepisti[f]. Quod si verum est, qualiter gratiam beati Petri aut nostram benevolentiam sperare debeas, tu ipse, si iustitiam vis attendere, non ignoras: videlicet te non aliter eam habiturum nec sine apostolica animadversione diu regnaturum, nisi sceptrum regni quod tenes, correcto errore tuo, apostolicae, non[g] regiae, maiestatis beneficium recognoscas. Neque enim nos timore vel amore aut aliqua personali acceptione, quantum Deo adiuvante poterimus, debitum honorem eius, cuius servi sumus, inrequisitum relinquemus. Verum, si haec emendare et vitam tuam ut regem decet instituere et Deo miserante adornare volueris, procul dubio dilectionem sanctae Romanae ecclesiae sicut[h] matris dilectus filius et nostram in Christo amicitiam plene habere poteris. Data Romae 5 Kalendas Novembris, indictione 13.

a. sicut — plene habere *leguntur etiam* 2) *ap. Deusdedit (Borgia Breve istoria del dominio temp., Append. p.* 14).   b. victoria adepta 2 *pro* victo — victoria.   c. lanceam et coronam eius 2.   d. in — discedens *om.* 2.   e. et alienasti *om.* 2. f. accepisti 2.   g. autem *addit* 2.   h. sicut dilectissimus filius 2.

1. I.   2. de qua re cf. Büdinger Oesterreich. Geschichte I 402 n. 1. 3. III.   4. Ovone.   5. anno 1044.   6. de lancea cf. Arnulfi Gesta archiepp. Mediolanensium III 6, Mon. Germ. SS. VIII 18, et Bonithonem infra. 7. Heinrico IV.

II 14. *Guarnerio Argentinensi et Burcardo Basileensi episcopis mandat, ut parthenonis S. Crucis advocatiam, de qua Leonis IX nepotes contendant, Gerardo tradant, Hugone excluso.*

Gregorius episcopus servus servorum Dei Guarnerio Argen-   1074
tinensi et Burcardo Basilensi episcopis salutem et apostolicam   Oct. 29
benedictionem.

Non ignorare vos credimus, dominum nostrum beatae memoriae Leonem[1] papam monasterium sanctae Crucis[2], in terra hereditatis suae fundatum ac propriis opibus eius constructum, sanctae Romanae ecclesiae, cui pie et sancte praesidebat, in proprium ius tradidisse[3], quatenus venerabilis ille locus sub alis sancti Petri tutior et liberior in divino famulatu proficeret. Verum, sicut nos certa relatione comperimus, nepotes illius, Hugo videlicet et Gerardus, sua potius quam quae Dei sunt quaerentes nec tam sanctissimi viri excommunicationem timentes, dum inter se de advocatia contendunt, monasterii bona diripiunt et, quae ad sustentationem ancillarum Dei constituta sunt, sacrilegis invasionibus militibus suis praedam faciunt. Quapropter fraternitatem vestram multum rogamus et admonemus: ut pro amore et debita sancto Petro obedientia ambos in locum aliquem vestro conventui aptum convocetis et, causam utrimque diligenter inquirentes, finem contentioni eorum imponere summopere studeatis; in nullo quidem ab ea, quae in privilegio praelibati patris nostri Leonis papae descripta est, constitutione et determinatione digredientes. Ibi enim inter cetera eius apostolica sanctione decretum est: ut, qui de progenie sua in castro Egeneschem ceteris maior natu fuerit, curam advocatiae solus teneat; et in omnem posteritatem eius generis haec potestas ita procedat. Iuxta quam ordinationem Gerardum quidem iustius agere et advocatiam magis merito quam Hugonem administrare putamus, quia aetate priorem esse intelleximus. Quod si et vos ita esse cognoveritis, ex parte beati Petri et nostra apostolica, vestra etiam episcopali

1. IX.   2. Woffenheimense, prope Colmariam.   3. 1049 Nov. 18.
V. Reg. pont. Rom. n. 3197.

1074
Oct. 29 auctoritate, Hugoni interdicite, ne ulterius ullo modo de eadem advocatia se intromittat neque monasterium aut bona eius, cuiuscumque modi sint, aliqua laesione vel contrarietate impetat; alioquin sciat, se apostolici gladii ictum nullatenus evadere posse et non solum a gratia beati Petri sed a communione totius ecclesiae iudicio sancti Spiritus et apostolica sententia excommunicatum ac condemnatum penitus separari. Quicquid igitur inde factum fuerit, per litteras vestras nobis quantocius indicare curate. Data Romae 4 Kalendas Novembris, indictione 13.

II 15. *Humberto archiepiscopo Lugdunensi et Augustodunensi ac Matisconensi episcopis mandat, cogant clericos Lingonenses ad explenda 'damna, monasterio Pultariensi illata.*

1074
Nov. 11 Gregorius episcopus servus servorum Dei Humberto archiepiscopo Lugdunensi et Agino Augustudunensi et Rodulfo[1] Matisconensi episcopis salutem et apostolicam benedictionem.

Hubertus Pultariensis[2] abbas, diu apud nos pro necessitatibus monasterii sui commoratus, multas adversitates et inquietudines conqueritur se a clericis pati Lingonensibus. Cuius iniuriae tanto vehementius nos attingunt, quanto[a] sollicitudines apostolicae dispensationis per beatum Petrum, cuius[b] servi sumus et cui monasterium illud speciali et proprio iure subiectum est, nobis prae ceteris incumbunt. Sed quia longum erat, singulas querimoniarum abbatis causas hic comprehendere, fraternitatem vestram rogamus et apostolica auctoritate monemus: ut ex ore ipsius illatas sibi molestias et monasterii detrimenta audiatis et diligenter attendatis; convocatisque praescriptis clericis, ad faciendam emendationem et satisfactionem, prout iustum fuerit, super omnibus de quibus in eos conqueritur abbas, nostra vice et apostolica auctoritate eos[c] commoneatis. Quodsi vos immo beatum Petrum et eius per nos administrata monita contempserint et, iustitiam facere renuentes, in pertinacia temeritatis suae perstiterint, ab introitu ecclesiae arcere eos et excludere nulla-

a. gravius de eo *excidisse videtur.*   b. cui *c.*   c. eos *addidi.*
1. an Landrico?   2. coen. Pultariensis d. Lingonensis.

tenus praetermittatis. Sin vero nec pro huiusmodi districtione
voluerint resipiscere, et illatas beato Petro iniurias — utpote
privilegia eius transgressi — ceteraque, in quibus abbatem et
monasterium eius indignis offensionibus laeserunt, digna respue-
rint satisfactione emendare, nostra apostolica auctoritate iussi
atque suffulti, eos, anathematis gladio percussos, a corpore et
communione totius ecclesiae separate et canonico iudicio con-
demnate. Quicquid autem inde factum fuerit, nobis per vestras
litteras sine mora notificate. Data Romae 3 Idus Novembris,
indictione 13.

1074
Nov. 11

II 16. *Richerio archiepiscopo Senonensi de dioecesis eius hominibus scribit.*

Gregorius etc. Richerio Senonensi archiepiscopo salutem et
apostolicam benedictionem.

1074
Nov. 11

De hominibus sui episcopatus a paribus. Data
Romae 3 Idus Novembris, indictione 13.

II 17. *Sigebaldum abbatem S. Salvatoris Perusinum reprehendit,
quod persuaserit sibi, ut Albericum monasterio S. Anastasii praefici permitteret. Quo remoto, abbatem iniuste
deiectum restitui iubet.*

Gregorius episcopus servus servorum Dei Sigebaldo abbati
monasterii sancti Salvatoris in Perusia salutem et apostolicam
benedictionem.

1074
Nov. 13

Fraternitatem tuam, quam religiosam tenemus, admodum
miramur nobis iustum non dedisse consilium, secundum quod a
pluribus dicitur, de Alberico; scilicet multis criminibus involuto
et, quod est peius, etiam a venerabilis memoriae domno Petro
aliisque duobus episcopis ab omni honore ecclesiastico sub excommunicatione amoto. Quem sancti Anastasii monasterio[1] ex
nostra permissione restituisti; alterum vero meliorem ex abbatiae
honore, ut fertur, vi ac sine ratione eiecisti. Quod cum audis-

1. Hoc S. Anastasii monasterium non novit Mabilio, Ann. ord. S.
Ben. V 81.

9 *

1074
Nov. 13

semus, valde nobis displicuit; nostraque caritas, ut talia corrigantur, has litteras tibi direxit. In his igitur unum ex duobus tibi ac praedicto Alberico praecipimus: aut monasterium, quod ei non recte dedisti, dimittat et alteri iniuste reiecto reddat, aut tecum Romam veniens ex illis criminibus, in quibus accusatur, in nostra praesentia veritate se defendat. Sin autem neutrum horum obedire non vult[a], a sacra sede apostolica intelligat se procul dubio excommunicandum. Haec itaque nullatenus negligas, praecipimus. Peccatum enim maximum tecum incurrimus, si omittimus hoc; quando quidem ita est, sicut nobis multorum testimonio est intimatum. Data Romae Idibus Novembris, indictione 13.

II 18. *Guilielmo VI comiti Pictavensi mandat, hortetur sub excommunicationis poena Philippum I regem, ut quibus bonis negotiatores Italos despoliaverit, ea illico reddat.*

1074
Nov. 13

Gregorius episcopus servus servorum Dei Guilielmo[1] comiti Pictavensi salutem et apostolicam benedictionem.

Licet Philippi[2] regis Francorum iniquitates ad notitiam tuam pervenisse dubitandum non sit, utile tamen duximus, quantum de eisdem iniquitatibus doleamus, tibi innotescere. Nam inter cetera scelera, quibus non solum christianos sed et paganos videtur superasse principes, post ecclesiarum, quas sibi libuit[b] confundere, varias destructiones adeo regiae dignitatis posthabuit verecundiam: ut, avaritia potius inflammante quam ratione aliqua poscente, Italiae negociatores, qui ad partes vestras venerant, depraedatus fuerit. Qua de re quia episcopos Franciae litteris nostris[3] eum convenire monuimus, te quoque, sanctum Petrum et nos pure diligentem et ut credimus de eius nobiscum periculis contristatum, praecipue monemus: quatenus, ex illis atque nobilioribus Franciae melioribus quibusdam adhibitis, iniquitates suas sibi notificetis et, ut ipse, stultorum suggestionibus renunciando atque bonorum et sapientium consiliis adhaerendo,

---

a. *sic. An* Si autem in neutro horum obedire vult?   b. licuit *c.*

1. VI comiti Pictavensi, VIII duci Aquitaniae.   2. L.   3. lib. II ep. 5 supra p. 114.

incipiat iam a confusione ecclesiarum manum retrahere et ad exemplar bonorum Franciae regum pravos mores suos commutare, depraedationes, quas supra commemoravimus, unde oratores sancti Petri impediuntur capiuntur atque multis malis[a] afficiuntur, sine dilatione emendare. Qui si consiliis vestris acquieverit, nos eum qua debemus caritate tractabimus. Alioquin, si in perversitate studiorum suorum perduraverit et secundum duritiam et impoenitens cor suum iram Dei et sancti Petri sibi thesaurizaverit[1], nos, Deo auxiliante et nequitia sua promerente, in Romana synodo a corpore et communione sanctae ecclesiae ipsum et, quicumque sibi regalem honorem vel obedientiam exhibuerit, sine dubio sequestrabimus; et eius cotidie super altare sancti Petri excommunicatio confirmabitur. Diu est enim, quod iniquitates suas portavimus, diu est, quod sanctae ecclesiae iniuriam, parcendo adulescentiae suae, dissimulavimus. Nunc autem adeo perversitas morum suorum se notabilem reddidit, ut, etsi[b] tantae valitudinis tantaeque fortitudinis esset, quantam pagani imperatores sanctis martyribus intulerunt, nos timore aliquo tot et tantas iniquitates suas nullo modo impunitas dimitteremus. Data Romae Idibus Novembris, indictione 13.

1074 Nov. 13

II 19. *Richardo archiepiscopo Bituricensi mandat, ut una cum Rodulfo I archiepiscopo Turonensi inter monasterium Dolense et S. Sulpitii abbatem iudicet.*

Gregorius episcopus servus servorum Dei Richardo[2] Bituricensi archiepiscopo salutem et apostolicam benedictionem.

1074 Nov. 15

Dolense[3] monasterium, sicut novit fraternitas tua, iuris sancti Petri esse dinoscitur; cui si aliquod discrimen infertur, speciali sollicitudine succurrere debemus. Proinde, proclamatione ipsius monasterii super abbate[4] Sancti Sulpitii[5] iam dudum pulsati, commisimus confratri nostro Rodulfo[6] Turonensi archiepiscopo, quaestionem utriusque monasterii una tecum diligenter

a. modis *c.*   b. si *c.*

1. Rom. 2, 5.   2. II.   3. s. Burgidolense; d. Bituricensis.
4. Odone.   5. in suburbio Bituricensi.   6. I.

1074
Nov. 15
discutere et ad legitimum Deo auxiliante diffinitionis finem perducere. Studeat igitur fraternitas tua sic se praefato confratri nostro in hac causa auxiliatricem impendere, quatenus in inquisitione huius rei non sit nobis necessarium elaborare. Data Romae 17 Kalendas Decembris, indictione 13.

II 20. *Richerio archiepiscopo Senonensi praecipit, ut illatas Rodulfo I archiepiscopo Turonensi iniurias expiari a Lanzelino cogat.*

1074
Nov. 15
Gregorius episcopus servus servorum Dei Richerio Senonensi archiepiscopo salutem et apostolicam benedictionem.

Confrater noster Rodulfus Turonensis archiepiscopus veniens ad nos nobis[a] innotuit, se non parvam iniuriam a quodam parochiano tuo nomine Lanzelino sustinuisse. Asserit enim, ipsum in via sibi armata manu obviasse et, quibusdam suorum depraedatis quibusdam etiam vulneratis et, quod crudelius est, in faciem suam proprio consanguineo interfecto, multis contumeliis se dehonestasse. Unde fraternitatem tuam admonemus, ut praefatum Lanzelinum convenias et tanti sceleris praesumptionem digne emendare facias. Quod quidem fraternitas tua etiam sine nostrarum litterarum admonitione facere debuisset; et, si ita est ut dicitur, prius ad nos vindictae quam proclamationis venire fama debuisset, si in te fraterna caritas vigeret. Quodsi ipse spiritu superbiae ductus satisfacere recusaverit, canonicam super eum censuram exercere non differas. Data Romae 17 Kalendas Decembris, indictione 13.

II 21. *Stephanum abbatem Bellilocensem Rodulfo I archiepiscopo Turonensi obtemperare iubet. Quodsi excusationis causas habeat, ad synodum veniat.*

1074
Nov. 15
Gregorius episcopus servus servorum Dei .....[b] abbati[1] Bellilocensi[2] salutem et apostolicam benedictionem.

---

a. nobis *addidi.*   b. *lacuna in cod.*

1. Stephano.   2. coen. Belliloci, d. Turonensis.

Confrater noster Rodulfus[1] Turonensis archiepiscopus retulit 1074
nobis, te nullam sibi obedientiam velle impendere teque usuris Nov. 15
ceterisque sceleribus effrenata licentia deservire. Quapropter te[a]
admonemus, ut praedicto confratri nostro debitam non deneges
obedientiam. Quodsi aliquam te cognoscis idoneam posse praetendere excusationem, cum praedicti confratris nostri nuncio ad
synodum, quam in prima septimana quadragesimae[2] celebraturi
sumus, venias vel idoneos nuncios mittas, quatenus et de inobedientia archiepiscopi et de criminibus tibi obiectis respondeas.
Non enim possumus, quod in laicis legaliter reprehendimus, in
te indiscussum et, si verum est quod tibi[b] infertur, sine condigna poena puniendum[c] relinquere. Data Romae 17 Kalendas
Decembris, indictione 13.

II 22. *Hugonem militem de Sancta Maura hortatur, ut aut ecclesiae Turonensis bona archiepiscopo reddat aut ad synodum accedat.*

Gregorius episcopus servus servorum Dei Hugoni militi de 1074
Sancta Maura[3]. Nov. 15

Confrater noster Rodulfus Turonensis archiepiscopus conqueritur, quod tu bona ecclesiae suae iniuste retineas et neque
timore Dei neque reverentia beati Mauritii ad iustitiam faciendam velis mentem tuam inclinare. Unde apostolica auctoritate
te[d] monemus, ut, si ita est, de bonis illis dignam satisfactionem
praedicto confratri nostro offeras. Quodsi fortasse ab eodem
archiepiscopo praeiudicium tibi fieri claruerit, cum eius[e] nuncio
ad futuram synodum nostram venias, quatenus, utrimque auditis
rationibus, unusquisque vestrum proclamationis suae iustitiam
consequatur. Quodsi huic admonitioni nostrae inobediens fueris,
in eadem synodo, ad quam te vocamus, sine dubio excommuni-
caberis. Data Romae 17 Kalendas Decembris, indictione 13.

---

a. te *addidi.*   b. tibi *addidi.*   c. *sic cod.*   d. te *addidi.*   e. eius
addidi.
1. I.   2. 1075 Febr. 22—28.   3. a Turonibus ad meridiem.

II 23. *In Isembertum episcopum Pictavensem pronuntiatum a legato suo interdictum confirmat; eumque communione privat, donec in synodo se stiterit. Venire si neglexerit, fore ut deiciatur.*

1074
Nov. 16

Gregorius episcopus servus servorum Dei Isemberto Pictavensi episcopo.

Quoniam interdictus a legato nostro Giraldo Ostiense episcopo obedire contempsisti, concilium nostro praecepto congregatum violenter conturbasti, nostris quoque praeceptis de causa sancti Ylarii inobediens extitisti, auctoritate apostolorum Petri et Pauli interdictum tibi[a] a nostro legato episcopale officium non solum confirmamus, verum etiam te a communione corporis et sanguinis domini nostri Iesu Christi separamus usque ad futuram synodum, quam Deo annuente in prima ebdomada quadragesimae[1] celebraturi sumus; nisi forte periculo mortis imminente, et hoc, praecedente satisfactione sacramento confirmata. Praecipimus etiam eadem apostolica auctoritate, ut in futuro concilio iam dicto te nobis repraesentes et de his omnibus et ceteris, quae tibi illata sunt, rationem redditurus venias. Quod si non feceris, noveris te in eadem synodo absque spe futurae reconciliationis deponendum. Data Romae 16 Kalendas Decembris, indictione 13.

———

II 24. *Gozelino archiepiscopo Burdigalensi et Guilielmo VIII duci Aquitaniae mandat, si episcopus Pictavensis ad synodum non venerit, ut ille ecclesiasticas res, hic iurisdictionem eius administret.*

1074
Nov. 16

Gregorius episcopus servus servorum Dei Gozelino Burdegalensi archiepiscopo atque Guilielmo[2] duci Aquitaniae salutem et apostolicam benedictionem.

Notum fieri volumus vestrae dilectioni, nos Isemberto Pictavensi episcopo mandavisse: Quoniam interdictus a legato nostro Giraldo Ostiense episcopo *usque ad id quod ait*: absque

a. tibi *addidi.*
1. 1075 Febr. 22—28.   2. VI comiti Pictavensi, VIII duci Aquitaniae.

spe futurae reconciliationis deponendum. Quod si observare no- 1074
Nov. 16
luerit, apostolica vobis auctoritate praecipimus, ut nullus vestrum
sibi obediat neque eum pro episcopo habeat. Tibi autem, Goze-
line Burdigalensis archiepiscope, ecclesiasticas res committimus
tractandas; populum et clerum, ne sibi obediat, commoneas.
Tibi vero, Guilielme comes, iustitiam committo tractandam. Atque in vestris manibus causam sancti Ylarii regendam et iustitiam inde exhibendam[a] committimus. Data Romae 16 Kalendas
Decembris, indictione 13.

II 25. *Annonem archiepiscopum Coloniensem hortatur, iudicet*
inter Bennonem episcopum Osnabrugensem et Wernherum
abbatem Corbeiensem et quandam abbatissam. Quae lis
si componi non possit, illos ad synodum Romanam ire
iubeat. Addit de clericorum castitate.

Gregorius episcopus servus servorum Dei Annoni Coloniensi 1074
Nov. 18
archiepiscopo salutem et apostolicam benedictionem.

Ut diligentia tua, dilectissime frater, reminisci potest, legati
nostri Ubertus Praenestinus et Giraldus Ostiensis episcopi ad
partes vestras destinati litem, quae inter Bennonem[1] Osburgen-
sem episcopum et[2] .... Corbeiensem abbatem ac quandam abbatissam versabatur, ad se ut dirimeretur delatam, tuae venerandae sollertiae iuste diffiniendam commiserunt. Verum, nescio
qua obstante causa, adhuc indiscussa remanere nobis perhibetur.
Quapropter caritatem tuam, frater karissime, iterum duximus
adhortandam, ut praefatum negocium diligenter audias et legitime diffinias. Ceterum, si aliqua ratio qua hoc perficere nequeas obstiterit, his sibi litteris ostensis, eos[b] ad synodum in
prima proximae quadragesimae ebdomada[3] agendam adire commoneas: quatenus controversia inter eos diu protracta, omni
occasione propulsa, canonicum finem accipiat.　　Praeterea sollicitudinem tuam ex parte beati Petri, communis patris et do-

a. exhibendum *c.*　　　b. nos *c.*

1. II.　　　2. Wernherum. V. Catalog. abb. Corb. supra T. I p. 70.
3. 1075 Febr. 22—28.

1074
Nov. 18
mini, instanter admonemus: ut non solum in ecclesiae tuae diocesi sed etiam in omnibus suffraganeorum tuorum parochiis
presbyteros diaconos et subdiaconos admonitionibus tuis caste
vivere facias; quoniam, ut fraternitas tua novit, caeterae virtutes
apud Deum sine castitate nihil valent, sicut nec sine caeteris
virtutibus castitas. In hoc igitur diligens et sollicitus studeas,
quatenus, sicut in aliis virtutibus tuis, tibi Petrum apostolum
debitorem facias. Data Romae 14 Kalendas Decembris, indictione 13.

II 26. *Dionysio episcopo Placentino mandat, ut monasterio S. Sa-*
vini abbatem praeficiendum curet. Legatos mittit, qui iu-
dicent inter eum, abbatem S. Sepulchri, plebem Placen-
tinam, Bonizonem subdiaconum.

1074
Nov. 27
Gregorius episcopus servus servorum Dei Dionisio Placen-
tino episcopo salutem et apostolicam benedictionem.

Rigizonem abbatem monasterii sancti Savini[1], quem ad
audientiam nostram tua sollicitudo direxit, recepimus et tanta
investigatione discussimus, ut praelibatum monasterium nostris
refutaret in manibus. Absit enim, ut nos eis dignitates ecclesiasticas defendere conemur, qui sibi eas interventu pecuniae
arripere praesumpserunt. Verum, ne praemissum monasterium
gravem rerum suarum pateretur iacturam, illud praefato abbati eo
usque, salvo tuae ecclesiae iure, custodiendum commisimus, quoad
ibi abbas sollemniter eligatur, qui Deo dignus et praedicti monasterii fratribus acceptus habeatur. Quapropter, dilectissime[a]
frater, talis ibi tua fratrumque simul diligentia provideatur: ut
nos non appareat potius ad detrimentum monasterii vel fratrum,
quam ad utilitatem sui vel augmentum egisse, quod egimus; ac
tu dignas inde laudes inter homines habeas, et apud Deum ex
hoc salubri negocio indulgentiam peccatorum et animae tuae perpetuam salutem invenias; quae tunc efficaciter acquiritur, cum
Deo sacris in locis famulantibus caritatis officio pie consulitur.

a. diligentissime *c.*
1. Placentini.

Porro legatos nostros, praesentium videlicet latores, ob hoc ad 1074
vos usque direximus: ut, ad quem finem instans negocium per-   Nov. 27
veniat, aspiciant; et controversiam, quae inter te et abbatem
Sancti Sepulchri[1] plebemve Placentinam sive Bonizonem subdiaconum versatur, intentius audiant; ut, calumniari nitentibus
obstructa licentia, cuius partis tergiversatio iustitiam impedire
contendat, advertant; et sancta Placentina ecclesia post tot temporum interstitia[a], post tot tantaque litigia se saltem nunc optatam et optandam pacem tuae nobilitatis prudenti clementia recipere congaudeat; quatenus praenominatae ecclesiae, debita quiete
perfruenti, Deo servire liceat; tu vero, huiuscemodi supervacaneis
occupationibus propulsis, in nostri Conditoris laudibus et servitio
delectari et in lege eius die ac nocte meditari[2] valeas et ad veram beatitudinem pervenias; atque apud nos calumniantium improbitas locum ulterius non habeat. Data Rome 5 Kalendas Decembris, indictione 13.

II 27. *Monachis S. Savini Placentinis de eligendo abbate scribit.*

Gregorius episcopus servus servorum Dei congregationi mo- 1074
nasterii sancti Savini Placentiae constituti salutem et apostolicam Nov. 27
benedictionem.

Rigizonem abbatem vestrum ad audientiam nostram venientem suscepimus et tanta examinatione discussimus, ut monasterium nostris refutaret in manibus. Verum, ne praelibatum monasterium grave rerum suarum pateretur dispendium, illud sibi
eo usque commisimus, quoad in praedicto monasterio alter sollemniter eligatur, qui Deo dignus et sacris canonibus conveniens
inveniatur. Quapropter praesentibus vos hortamur apicibus: ut,
neglecta omni nefandi pretii taxatione, posthabita consanguinitatis et amicitiae gratia, talem vobis eligere secundum regulam
sancti Benedicti studeatis, cum quo Deo servire concorditer et
sincere valeatis. Rogamus vos interea, karissimi fratres, ut pro
recuperatione status sanctae Romanae ecclesiae suique incolo-

a. intristitia c.
1. coenobii prope Placentiam (in orientem versus).   2. Ps. 1, 2.

1074
Nov. 27

mitate ac pro me, ut sibi consulere valeam, Deum, cui fideliter famulamini, iugiter exoretis.   Data Romae 5 Kalendas Decembris, indictione 13.

II 28. *Lemarum archiepiscopum Bremensem ad synodum vocat. Interim episcopali munere eum fungi vetat, quia legatos suos a gerendo concilio impediverit.*

1074
Dec. 12

Gregorius episcopus servus servorum Dei Lemaro Bremensi archiepiscopo.

Quia suscepti beneficii, quo te sancta Romana ecclesia voluit honestare, te immemorem immo[a] potius ingratum cognovimus, oblitum etiam promissionem canonicamque obligationem, qua sanctae Romanae ecclesiae te, fidelem te eam[b] diligere eique ex corde obedire, canonice obligasti; non immerito super te dolendo movemur, non sine causa tibi, quem fidelem filium credebamus, irascimur. Heu inversi mores et tempora immutata. Quem murum inexpugnabilem pro sancta Romana ecclesia, cui licet indigni praesidemus[c], putabamus; quem scutum fidei, quem gladium Christi sumere debere, si oporteret, tum officio tuo tum praedicto debito pro sancta Romana ecclesia, pro nobis etiam nostrisque successoribus credebamus; iam eius nostrumque inimicum nostrumque inpugnatorem invenimus te, atque[d] iniurias a te ac[e] turpissimam et inauditam repulsam licet iniuste patimur. Legatis quippe nostris Uberto[f] Praenestinensi et Giraldo Ostiensi episcopis — quos ad partes illas ad id destinavimus, ut, in unum archiepiscopis episcopis abbatibus religiosisque clericis convocatis, vice et auctoritate nostra fulti, quae corrigenda essent corrigerent, quae religioni addenda adderent — pro viribus impedisti[g]. Ad haec, ut et concilium fieret, prohibuisti. Ab eisdem etiam Romam vocatus, ad institutum terminum, festivitatem scilicet sancti Andreae[1], non venisti. Ad haec igitur et quam plura alia corrigenda ad proximam synodum, quae proximae quadragesimae

---

a. immo *addidi.*   b. eam *addidi.*
sed haec inducta sunt.   d. te, atque *scripsi pro* tuasque *cod.*   c. *sequuntur in cod.* pro nobis etiam;   e. ac *addidi.*
f. Alberto *c.*   g. *an* impedimento fuisti?

1. Nov. 30.

prima ebdomada[1] Deo annuente celebrabitur, apostolica aucto- 1074
ritate tibi venire praecipimus et invitamus. Praedictis etiam Dec. 12
delictis nobis persuadentibus, ab omni episcopali officio praedicta auctoritate, donec ad nos venias, te suspendimus. Data
Romae 2 Idus Decembris, indictione 13.

II 29. *Sigefredum archiepiscopum Moguntinum monet, ut una*
cum Constantiensi, Argentinensi, Spirensi, Bambergensi,
Augustensi, Wirzeburgensi episcopis ad synodum veniat.

Gregorius episcopus servus servorum Dei Sigefredo Mogon- 1074
tino archiepiscopo salutem et apostolicam benedictionem. Dec. 4

Recordari credimus fraternitatem tuam, quam puro amore
ante huius nostrae administrationis sarcinam te dileximus, et quomodo, eiusdem nostri amoris intuitu, secretorum tuorum nobis
paucisque aliis commisisti consilium. Cuius rei gratia licet ex
eo tempore bene de te speraverimus[a], ex eo tamen, quod Cluniacensi monasterio reliquum vitae tuae conferre voluisti, maiorem ex religione tua fidem suscepimus. Verum iuxta quorundam
relationem, aliter quam sperabamus te egisse, comperimus. Quod
si negligenter inrequisitum transire permittimus, fraternum tibi
amorem minus impendere non sine magno taciturnitatis periculo
probamur. Quapropter apostolica auctoritate religionem tuam
ammonemus: ut ad synodum, quam Deo annuente in prima septimana quadragesimae[1] celebraturi sumus, cum suffraganeis tuis,
videlicet Ottone[b2] Constantiensi, Guarnerio Strazburgensi, Heinrico Spirensi, Herimanno[3] Babenbergensi, Imbric Augustensi,
Adelbero[c] Guerzburgensi, si potes, venias. Quodsi aliqua infirmitate quod absit praepeditus venire nequiveris, tales ad nos
studeas nuncios dirigere, quorum secure consilio inniti et quorum testimonio quasi praesentiae tuae credere possimus. Et hoc
diligentissime fraternitas tua perpendat, ut neque precibus neque
gratia alicuius dimittas, quin introitum et conversationem praedictorum episcoporum diligentissime inquiras et per eosdem

a. speravimus *c.* b. Otto Costantiensi *c.* c. *sic pro* Adelberone.
1. 1075 Febr. 22—28. 2. I. 3. I.

1074
Dec. 4 nuncios tuos nobis insinues. Ne igitur mireris, quod plures ex parroechia tua quam ex aliis invitavimus, cum tua amplior sit ceteris et in ea sint quidam non laudandae opinionis. Data Romae 2 Nonas Decembris, indictione 13.

II 30. *Heinricum IV regem laudat, quod suos legatos bene tractaverit, eorumque consilio quaedam correxerit, et ipsius
dignitati consuluerit. Laetatur eius proposito simoniae clericorumque fornicationis destruendae. Fidis consiliariis
utatur. De causa Mediolanensi legatos ad se mitti vult.
Addit de epistola superiore.*

1074
Dec. 7 Gregorius episcopus servus servorum Dei Heinrico regi salutem et apostolicam benedictionem.

Quamquam, fili karissime, causam Mediolanensis ecclesiae
non ita composueris, quemadmodum litterarum ad nos missarum
series pollicitatioque continebat; tamen, quia legatis nostris te
benevolum[a] tractabilemque praebuisti eorumque interventu quasdam res ecclesiasticas laudabiliter correxisti, nobis quoque
per eos congrue salutationis et devotae servitutis exhibitionem
transmisisti, gratanter accepimus. Sed et illud, quod piae memoriae Agnes mater tua imperatrix augusta apud nos constanter
testificata est idemque legati episcopi attestati sunt, simoniacam
scilicet heresim funditus te[b] de regno tuo extirpare et invete-
ratum morbum fornicationis clericorum toto annisu corrigere velle,
vehementer nos hilaravit. Filiae quoque nostrae, fidelissimae vestrae, Beatrix comitissa et filia eius Mathildis non modice nos
laetificaverunt, scribentes nobis de amicitia et sincera dilectione
vestra; quod libentissime accepimus. Quarum consilio, sed et
persuasu dilectissimae matris vestrae augustae, ad hoc inducti
sumus, ut has vobis litteras scriberemus. Quamobrem, licet peccator sim[c], memoriam tui inter missarum sollemnia super corpora
apostolorum et habui et habebo; suppliciter obsecrans: ut Deus
omnipotens et haec[d] tibi bona stabiliat et ad profectum ecclesiae

---

a. *sequitur iterum* te *in cod.*   b. te *addidi.*   c. sim *addidi; cf. ep.* 9 *supra*
p. 128.   d. quae habes *excidisse videtur.*

suae ampliora concedat. Moneo autem te, fili excellentissime, 1074
et sincera caritate exhortor: ut in his rebus tales tibi consiliarios adhibeas, qui non tua sed te diligant et saluti tuae non
lucro suo consulant; quibus si obtemperaveris, dominum Deum,
cuius causam tibi suggerunt, protectorem propitiumque habebis.

Porro de causa Mediolanensi, si viros religiosos et prudentes
ad nos miseris, quorum ratione et auctoritate clarescat, sanctae
Romanae ecclesiae bis synodali iudicio firmatum posse aut debere
mutari^a decretum, iustis eorum consiliis non gravabimur acquiescere et animum ad rectiora inclinare. Sin autem impossibile
esse constiterit, rogabo et obsecrabo sublimitatem tuam, ut pro
amore Dei et reverentia sancti Petri eidem ecclesiae suum ius
libere restituas. Et tunc demum regiam potestatem recte te obtinere cognoscas, si regi regum Christo ad restaurationem defensionemque ecclesiarum suarum faciendam dominationis tuae altitudinem inclinas et verba ipsius dicentis cum tremore recogi-
tas: *Ego diligentes me diligo*[1], *et honorificantes me honorifico;*
qui autem me contemnunt, erunt ignobiles[2].

Preterea noverit sublimitatis tuae dignatio, nos Sigefredo
Mogontino archiepiscopo litteras[3] misisse, evocantes eum ad synodum, quam Deo auctore proximae quadragesimae prima ebdomada celebraturi sumus. Quodsi venire non posse patuerit, tales
mittat legatos, qui vicem eius concilio repraesentent. Similiter
Babenbergensem, Strazburgensem, Spirensem adesse praecipimus,
introitus sui et vitae rationem posituros[b]. Qui si forte, ut est
hominum protervia, venire distulerint, regiae tuae potestatis im-
pulsu petimus ut venire cogantur. Cum quibus volumus a latere
tuo legatos tales transmitti, qui nos fideliter doceant et de ingressu et de vita eorum; quorum relatione cognita veritate ad
liquidum, certius possimus de indubitatis proferre iudicium. Data
Romae 7 Idus Decembris, indictione 13.

a. mutare *c.*   b. positurus *c.*
1. Prov. 8, 17.   2. 1 Reg. 2, 30.   3. ep. 29 supra p. 141.

II 31. *Heinrico IV regi scribit de suo erga eum amore, dissimulato ab iis, qui discordiam inter sese concitent. Amplius quinquaginta milia hominum parata esse, se duce christianis transmarinis opem ferre. Quo si abierit, se ecclesiam Romanam regi commissurum esse.*

Dictatus papae[a].

1074
Dec. 7
Gregorius episcopus servus servorum Dei Heinrico glorioso regi salutem et apostolicam benedictionem.

Si Deus modo aliquo suae pietatis concederet, ut mens mea tibi pateret, indubitanter scio, sua largiente gratia nullus te a mea dilectione posset separare. Attamen de illius confido misericordia, quia quandoque clarebit, quod te sincera caritate diligam. Ad hoc enim me commune praeceptum omnium christianorum dirigit, ad hoc etiam imperatoria maiestas et apostolicae sedis mansueta potestas impellit; quia, si te ut oportet non diligo, in vanum de misericordia Dei meritis beati Petri confido. Sed quia die noctuque in vinea Domini laborare per multa pericula etiam usque ad mortem desidero, non solum tibi — quem Deus in summo culmine rerum posuit, per quem multi possunt aut a recto tramite aberrare[b] aut christianam religionem observare — sed etiam minimo christiano, adiuvante Deo, semper studebo sanctam et condignam caritatem custodire. Hac enim sine veste regales nuptias adire qui temptaverit, dedecus immane sustinebit. Heu proh dolor, haec vigilanti animo non attendunt, qui discordiam seminare inter nos cotidie disponunt: ut his retibus diabolico instinctu praeparatis sua possint captare commoda, sua palliare vitia; quibus iram Dei et gladium sancti Petri contra se insana mente provocant. Moneo itaque te et hortor, karissime fili: ab his aures tuas averte; et eis auditum indubitanter praebe, qui non sua sed quae sunt Iesu Christi querunt, neque honorem suum vel lucrum iustitiae praeponunt; ut eorum consilio huius vitae gloriam non amittas, sed et[c] eam, quae est in Christo Iesu, fiducialiter acquiras.

Praeterea indico tuae magnitudini: quia christiani ex par-

a. Dictatus papae *in margine cod. addita sunt.*   b. oberrare *c.*   c. et *addidi.*

tibus ultramarinis — quorum maxima pars a paganis inaudita clade destruitur et more pecudum cotidie occiditur, gensque christiana ad nichilum redigitur — ad me humiliter miserunt nimia compulsi miseria, implorantes, ut modis quibus possem eisdem fratribus nostris succurrerem, ne christiana religio[a] nostris temporibus quod absit omnino deperiret. Ego autem, nimio dolore tactus et usque ad mortis desiderium ductus — magis enim vellem pro his animam meam ponere quam, eos negligens, universo orbi ad libitum carnis imperare — procuravi christianos quosque ad hoc provocare, ad hoc impellere, ut appetant, defendendo legem Christi, animam suam pro fratribus ponere[1] et nobilitatem filiorum Dei luce clarius ostentare. Quam admonitionem Italici et ultramontani, Deo inspirante ut reor immo etiam omnino affirmo, libenter acceperunt; et iam ultra quinquaginta milia ad hoc se praeparant et[b], si me possunt in expeditione pro duce ac pontifice habere, armata manu contra inimicos Dei volunt insurgere et usque ad sepulchrum Domini, ipso ducente, pervenire.   Illud etiam me ad hoc opus permaxime instigat, quod Constantinopolitana ecclesia, de sancto Spiritu a nobis dissidens, concordiam apostolicae sedis expectat. Armenii etiam fere omnes a catholica fide aberrant[c]. Et pene universi orientales praestolantur, quid fides apostoli Petri inter diversas opiniones eorum decernat. Instat enim nostro tempore, ut impleatur, quod pius Redemptor speciali gratia dignatus est apostolorum principi indicare ac praecipere, dicens: *Ego pro te rogavi, Petre, ut non deficiat fides tua; et tu aliquando conversus confirma fratres tuos*[2]. Et quia patres nostri, quorum vestigia licet indigni sequi optamus, partes illas pro fide catholica confirmanda saepe adierunt, nos etiam, adiuti precibus omnium christianorum, si Christo duce via patuerit, quia non est via hominis in manu eius et a Domino gressus hominis diriguntur[3], illuc transire pro eadem fide et christianorum defensione compellimur.   Sed quia magna res magno indiget consilio et magnorum auxilio, si hoc Deus

a. illic *excidisse videtur*.   b. ut *c*.   c. oberrant *c*.

1. 1 Ioh. 3, 16.   2. Luc. 22, 32.   3. Ps. 36, 23.

1074
Dec. 7

me permiserit incipere, a te quero consilium et ut tibi placet auxilium; quia, si illuc favente Deo ivero, post Deum tibi Romanam ecclesiam relinquo, ut eam et sicut sanctam matrem custodias et ad eius honorem defendas. Quid tibi super his placeat et quid prudentia tua divinitus aspirata decernat, mihi quantocius potes remittas. Nam, si de te plus quam plurimi putent non sperarem, verba haec frustra proferrem. Sed quia forsan non est homo, cui de sinceritate dilectionis meae adhuc indubitanter credas, Spiritui sancto qui omnia potest committo: ut menti tuae suo more indicet, quid tibi cupiam quantumve te[a] diligam; et eodem modo circa me tuam mentem componat, ut impiorum desiderium depereat et bonorum accrescat. Haec enim duo desideria circa nos duos licet diverso modo incessanter invigilant et secundum voluntatem eius[b], a quo prodeunt, decertant. Omnipotens Deus, a quo cuncta bona procedunt, meritis et auctoritate beatorum apostolorum Petri et Pauli a cunctis peccatis te absolvat et per viam mandatorum suorum[1] incedere faciat atque ad vitam aeternam perducat. Data Romae 7 Idus Decembris, indictione 13.

II 32. *Manassae I archiepiscopo Remensi scribit, se gavisurum esse, si Philippus I rex damna mercatoribus illata compensaverit; alioquin eum omni modo oppugnatum iri. Legatos commendat.*

1074
Dec. 8

Gregorius episcopus servus servorum Dei Manasse[2] Remensi archiepiscopo salutem et apostolicam benedictionem.

Tantis dilectionis amplexibus sanctam Romanam ecclesiam et nos sui debito te diligere putamus, tanto dilectionis fervore in suo et nostro amore te debere fervere, ut nimium sit nobis, hesitare, quin apostolorum limina, si tibi integra[c] adesset facultas et libera, visitares. Nunc igitur caute et diligenter ut debes accipias: malum inauditum, scelus detestabile, quod Philippus[3] rex Franciae — immo lupus rapax, tyrannus iniquus,

a. te *om. c.*   b. eorum *c.*   c. integrä *c.*
1. Ps. 118, 32.   2. I.   3. I.

Dei et religionis sanctae ecclesiae inimicus — Italis et aliarum provinciarum mercatoribus contra Deum et regni sui honorem fecit, et alia, quorum ad aures nostras clamores frequentissime venerunt, si, prout iustitia dictaverit, correxerit, nos procul dubio laetari, gratiarum actionibus Deum laudare ut pro perdita et inventa ove, sciat fraternitas tua. Si vero contra haec, quod nolumus, egerit, Deum procul dubio sibi inimicum sanctamque Romanam ecclesiam et nos, qui ei[a] licet indigni praesidemus, viribus et modis omnibus sibi adversari promittimus. Si legati nostri, ut putamus, ad partes tuas venerint, de his et quae nobis scripsisti pluribusque aliis tecum et te auxiliante tractaturi, eos[b] vice Petri suscipe, vice nostra dilige, ut, quanto apostolorum principi amore nobisque adhaereas, in his etiam probare queas. Data Romae 6 Idus Decembris, indictione 13.

1074
Dec. 8

———————————

II 33. *Cunibertum episcopum Taurinensem, qui ad synodum non venerit, reprehendit, synodoque futurae interesse iubet. Interim ut a vexando monasterio S. Michaelis Clusino abstineat, monet.*

Gregorius episcopus servus servorum Dei Cuniberto Taurinensi episcopo salutem et apostolicam benedictionem.

1074
Dec. 12

Licet adversus praesumptionem tuam durius invehi deberemus — quia vocatus ad synodum, quam circa festivitatem sancti Andreae[1] celebravimus, venire contempsisti, et venerabili monasterio sancti Michahelis[2] neque respectu divini timoris neque intuitu apostolicae defensionis inquietudinis manum subtrahere voluisti — adhuc tamen fraternam tibi dilectionem reservamus et debitae satisfactionis tuae fructum expectamus. Quapropter iterum te apostolica auctoritate monemus, ut ad synodum, quam in prima septimana quadragesimae[3] celebraturi sumus, venias. Nos enim abbatem[4] praefati monasterii usque ad praedictam synodum nobiscum retinebimus, quatinus, auditis utrimque rationibus, tam ecclesia tua quam monasterium illud propriam

a. qui ei *scripsi pro* cui c.　　b. eos *addidi.*
1. c. Nov. 30.　　2. Clusino.　　3. 1075 Febr. 22—28.　　4. Benedictum II.

10*

1074
Dec. 12

consequatur iustitiam. Interim etiam monemus, ut nullam inquietudinem praefato loco inferas. Si vero his nostris litteris
inobediens fueris, quod sancti patres in huiusmodi negociis fecerunt, nos facere et locum illum auctoritate beati Petri defendere compelles. Data Romae 2 Idus Decembris, indictione 13.

II 34. *Rainerio viro illustri nuntiat, abbatem S. Gaudentii damnatum eiusque acta rescissa esse. Quas res ab eodem
acceperit, de iis praesente nuntio suo decerni vult.*

1074
Dec. 13

Gregorius episcopus servus servorum Dei Rainerio illustri
viro salutem et apostolicam benedictionem.

Quoniam devotionem tuam ac fidem, sicut te decet, erga
beatum Petrum iam dudum probavimus, et praemium te dignum
tuis operibus te accepturum minime dubitamus, de servitio et
iustitia eius tibi confidenter mandamus; sperantes, nobilitatem
tuam non solum se devotam praebere sed etiam alios quos poterit ad obsequium perurgere. Quia igitur notum tibi credimus
esse, karissime, quemadmodum abbatem Sancti Gaudentii[1] scele-
ratum immo invasorem hereticum pro sua nequitia iuste damnavimus, nunc tibi notificandum esse censemus: quod omnia, quae
ab ipso perditionis filio de rebus ecclesiae inlicite, utpote ab heretico, perpetrata sunt vel alienata, canonica et legali auctoritate cassanda et penitus evacuanda esse decernimus. De his
vero, quae tecum gessit iniquus, videlicet de ecclesiasticis cau-
tionibus, tui respectu et caritate taliter diffinimus: ut, cum venerit ad te nuncius noster, sapientes viros tecum habeas qui
Deum timeant et te diligant, quorum consilio causam discutias;
et cum inveneris, nulla ratione sine periculo tuae animae et
damnatione res Sancti Gaudentii huiusmodi nefario pacto[a] te posse
retinere, studeas eas pro amore sancti Petri ac nostro quantocius
ecclesiae reddere, nec non ab aliis iniuste retenta recuperare. Nuncios quoque nostros ad partes tuas venturos, sicut sancti Petri
gratiam nostrumque beneficium habere desideras, ne desistas in
omnibus adiuvare. Data Romae Idibus Decembris, indictione 13.

1. coenobii Ariminensis?   a. acceptas *excidisse videtur.*

II 35. *Guilielmum episcopum Papiensem vituperat, quod voca-*
     tus ad se non venerit. Praecipit, ut synodo, in qua de
     eius sororis Mathildis matrimonio agatur, intersit.

Gregorius episcopus servus servorum Dei Guilielmo Papiensi 1074
episcopo salutem et apostolicam benedictionem. Dec. 16

Licet contra nos id egisse videaris, ut nec salutem[a] nec
etiam apostolicam benedictionem tibi mittere deberemus, scilicet
quia ad constitutum tibi terminum nec venisti nec legalem excusationem misisti, malumus tamen de pietatis modestia reprehendi quam, canonum rigorem sequendo, inoboedientiam tuam
acriter ulcisci. Quapropter apostolica tibi auctoritate praecipimus, ut ad synodum, quam Deo annuente celebraturi sumus
prima ebdomada quadragesimae[1], venias et de causa sororis tuae[2]
respondeas. Licet enim clarissimum sit, eam Guidonem marchionem, consanguineum Azonis marchionis, maritum habuisse, illud
etiam sacramentis ac testibus in praesentia nostra probatum sit,
eandem sororem tuam atque Azonem quartam propinquitatis lineam nondum excedere; damus tamen vobis audientiam in praefata synodo: quatenus, si legalem defensionem vos habere confiditis et testimonia et sacramenta ante nos facta improbare
poteritis, coniugium illorum permaneat. Alioquin, si hoc tunc
facere non poteritis vel a praedicta synodo vos subtraxeritis,
nullam deinceps inde fieri quaestionem, apostolica auctoritate inhibemus. Unde in sacramento, quo praedictum Azzonem constrinximus, ita cauti fuimus, ut cum licentia nostra, si rationes
vestrae idoneae fuerint, ipse possit eam reducere atque in uxorem habere. Data Romae 17 Kalendas Ianuarii, indictione 13.

II 36. *Mathildi, sorori Guilielmi episcopi Papiensis, praecipit,*
     ut marito Azzone marchione abstineat. Sed permittit, ut
     in proxima synodo Romana ius petat.

Gregorius episcopus servus servorum Dei Mathildi[3] salutem 1074
et apostolicam benedictionem. Dec. 16

a. nec salutem *addidi.*
1. 1075 Febr. 22—28.   2. Mathildis.   3. sorori Guilielmi episcopi
Papiensis.

1074
Dec. 16
Qualiter testibus et sacramentis in praesentia nostra probatum sit; te habuisse virum[1] consanguineum Azzonis, te etiam et Azzonem marchionem in quarta propinquitatis linea consanguineos esse, ipsi, qui eidem causae interfuerunt, poterunt tibi referre. Unde, quia Azzonem marchionem sacramento constrinximus, nullam deinceps sine licentia nostra maritalem tecum conversationem habere, tibi etiam ex parte beati Petri praecipimus: ut a consortio et cohabitatione sua omnino te auferas; et de perpetrata iniquitate ita digne poeniteas, quatenus gratiam Dei valeas recuperare et tanti tamque turpissimi incestus infamiam declinare. Quodsi fortasse praeiudicium te pati existimas et testimonia atque sacramenta de consanguinitate vestra improbare posse confidis, damus tibi audientiam in proxima Romana synodo; ubi Deo auxiliante neque ad dexteram neque ad sinistram in executione iustitiae declinabimus, sed quod iustum est statuemus. Data Romae 17 Kalendas Ianuarii, indictione 13.

II. 37. *Fideles S. Petri, maxime ultramontanos, ad imperii Constantinopolitani christianos defendendos hortatur.*

Dictatus papae[a].

1074
Dec. 16
Gregorius episcopus servus servorum Dei omnibus fidelibus sancti Petri, maxime ultramontanis, salutem et apostolicam benedictionem.

Ad vos iam pervenisse credimus, quae sit nostra voluntas et quid ex parte sancti Petri duxerimus[b] de adiutorio faciendo fratribus nostris, qui ultra mare in Constantinopolitano imperio habitant, quos diabolus per se ipsum a fide catholica conatur avertere et per membra sua non cessat cotidie quasi pecudes crudeliter enecare. Sed quia nostris invidet bonis desideriis, temptat, si potest nos impedire, ne illi gratia divina largiente liberentur et[c] nos dando animas nostras pro fratribus nostris coronemur. Proinde ex parte beati Petri rogamus monemus et invitamus, ut eo modo, quem portitor horum dixerit, ad nos quidam vestrum

a. Dictatus papae *in marg. cod. addita sunt.*　　b. dixerimus *c.*　　c. *an* neve?
1. Guidonem marchionem.

veniant, qui christianam fidem vultis defendere et caelesti regi 1074 militare: ut cum eis viam favente Deo praeparemus omnibus, qui, caelestem voluntatem[a] defendendo, per nos ultra mare volunt transire et, quod Dei sint filii, non timent ostendere. Itaque, fratres karissimi, estote ad pugnandum fortissimi pro laude illa et gloria, quae omne desiderium superant; qui hactenus fortes fuistis pugnare pro rebus, quas non potestis detinere nec sine dolore possidere. Nam per momentaneum laborem aeternam potestis acquirere mercedem. Omnipotens Deus, qui omnem legem suam in praecepto adbreviavit caritatis, det vobis, se toto corde tota anima tota virtute diligere, ut, proximos vestros sicut vos ipsos diligentes, mereamini, si oportuerit, pro eis animas vestras ponere. Data Romae 17 Kalendas Ianuarii, indictione 13.

1074
Dec. 16

II 38. *Ubertum comitem et clerum populumque Firmanum monet,*
ut in recuperandis ecclesiae bonis adiuvent archidiaconum,
cui episcopatus procuratio commissa sit, donec, Hein-
rico IV rege consulto, episcopus statuatur.

Gregorius episcopus servus servorum Dei Uberto comiti et 1074 universo clero populoque Firmano in fidelitate sancti Petri per- sistentibus salutem et apostolicam benedictionem.

1074
Dec. 22

Quamquam pleraque nobis de archidiacono vestro reprehen- sibilia relata fuerint, eo tamen in nostra praesentia posito et diligenter super his quibus arguebatur inquisito, nihil, nisi quod ad fidelem pertinere videbatur obedientiam, in ipso deprehendere potuimus. Considerantes ergo necessitatem vestrae[b] viduatae ec- clesiae, procurationem totius episcopatus interim ei commisimus, donec, divina providente clementia, cum nostra sollicitudine tum regis[1] consilio et dispensatione idonea[c] ad regendam ecclesiam et episcopalem dignitatem persona repperiatur. Quapropter admone- mus vos et apostolica auctoritate praecipimus, ut unanimiter sibi ad haec peragenda vestra consilia et adiutoria praebeatis, et ea, quae de bonis ecclesiae dispersa et confusa sunt, recuperare et

a. nobilitatem *c.*   b. vestrae *addidi.*   c. idoneā *c.*
1. Heinrici IV.

1074
Dec. 22

salubriter ordinare modis eum omnibus adiuvetis. Si quis vero contra praefatam ecclesiam aliquid iniuriose commisit aut facere conatur, absque dilatione emendare et restituere studeat. Quod si qua temeritate neglexerit, sciat, se ex apostolica auctoritate in bannum casurum esse, si dives est, centum librarum, sin vero de mediocribus, in detrimentum totius substantiae suae. Agite ergo, ut appareat, vos ingenuos et fideles esse vestrae matris ecclesiae filios; et omnia, quae ad honorem et utilitatem eius pertinent, ita vestris studiis sub providentia praefati archidiaconi strenue peragantur, ut omnipotentis Dei gratiam et apostolicae benedictionis salutem mereamini. Data Romae 11 Kalendas Ianuarii, indictione 13.

II 39. *Dominicum ducem et populum Venetum, ut patriarchalis ecclesiae Gradensis egestati subveniant, hortatur.*

1074
Dec. 31

Gregorius episcopus servus servorum Dei Dominico duci et populo Venetiae salutem et apostolicam benedictionem.

Notum esse credimus non solum his, qui nobiscum morati sunt, sed etiam plerisque vestrum, quod iam ab ineunte aetate terram vestram et libertatem huius gentis valde dileximus, atque ob id nonnullorum principum et nobilium personarum inimicitias sustinuimus. Postquam vero apostolici regiminis onus et officium licet indigni suscepimus, tanto ferventius in dilectione vestra noster exarsit affectus, quanto per generalis curae debitum in administrationem vestrae salutis sollicitius astricti sumus. Quapropter litteras ad vos direximus, ut nobilitatem vestram ad respiciendum decus et sublimitatem antiquae dignitatis suae excitare possimus, ne ex longa quod absit negligentia dilapsum honorem gemat, quem adhuc stantem, dum potest, colere et servare non laborat. Scitis enim, quoniam prae multis terrarum partibus divina dispensatio terram vestram patriarchatus honore sublimavit; cuius dignitatis eminentia ex ipsa sui nominis et officii praerogativa adeo augusta[a] et rara est, ut non amplius quam quatuor in toto mundo reperiantur. Quod cum ita sit, apud vos

a. augusta c.

tamen hoc tantum decus et tam excelsi gloria sacerdotii ex inopia 1074
rerum temporalium et diminutione potestatis suae adeo vilescit Dec. 31
et a competenti statu honoris sui penitus corruit, ut tanta tenuitas rerum nec simplicem episcopatus sedem condecere aut
eius necessitatibus sufficere posse videatur. Unde vos tanti beneficii divinae munificentiae ingratos et immemores esse deprehendimus; timentes: ne, quasi degeneres filii divitias et hereditatem nobilissimae matris vestrae, videlicet Gradensis ecclesiae,
dissipantes, inde obscuriores efficiamini, unde post apostolicam
sedem omnibus, quae sunt in occidente, gentibus clariores extitistis. Nos equidem meminimus, Dominicum[1] patriarcham beatae
memoriae, antecessorem huius[2], propter nimiam egestatem locum
deserere voluisse. Et hic quidem pari necessitate dicit se circumventum esse. Quapropter sicut karissimos filios vos admonemus: ut, memores pristinae nobilitatis et gloriae, collatum vobis
honorem et apostolicae sedis erga vos benevolentiam ulterius
non negligatis; sed, convenientes in unum, qualiter ante signati
patriarchatus dignitatem debita cum veneratione et rerum temporalium amplificatione sustentetis et cum Dei adiutorio ad culmen suae celsitudinis relevetis, communi consilio pertractetis.
Indicavit quidem nobis hic confrater noster patriarcha, te ducem
et plerosque vestrum quam optimam super hac re habere voluntatem. Propter quod et fiducialius ad explendum opus boni propositi vestram exhortari incipimus dilectionem. Quicquid igitur inde inter vos consultum et constitutum fuerit, nobis per
litteras aut certos nuntios quantocius renunciate. Quoniam, si
pro gloria et nobilitate tam vestri quam prefati loci et sacerdotii aliquid statueritis, ut aequum est, pro meritis vestris gratulabimur; sin vero aliqua minus honesta vos occasio retraxerit,
procul dubio tanti ministerii nomen inter vos vilescere et debito
honore privari non patiemur. Data Romae 2 Kalendas Ianuarii,
indictione 13.

1. III, patriarcham Gradensem.   2. Dominici IV.

II 40. *Fidelibus S. Petri legatos suos, Gepizonem S. Bonifacii et Maurum S. Sabae abbates Romanos, commendat.*

1075
Ian. 2
   Gregorius episcopus servus servorum Dei omnibus sancti Petri fidelibus, ad quos portitores praesentium venerint, salutem et apostolicam benedictionem.

   Notum vobis est, quod, succrescente nequitia et diabolica fraude usquequaque invalescente, multorum iam caritas friguit et totius religionis studium in sancta ecclesia pene defecerit. Sed quia inpossibile est, nostram in tot et tam diversas sollicitudines praesentiam exhiberi, misimus ad vos dilectos sanctae Romanae ecclesiae filios, videlicet Gepizonem abbatem Sancti Bonifacii[1] et Maurum abbatem Sancti Sabe[2], per quos et nostra vobis repraesentetur auctoritas et nostra vice ea, quae ad utilitatem sanctae ecclesiae pertinent, cum Dei adiutorio studiosa procuratione peragantur. Vos igitur — memores divini per euangelium dicti: *Qui vos audit, me audit; et qui vos spernit, me spernit*[3] — eos, sicut de nostra amicitia immo de gratia sancti Petri cuius nuncii sunt curam habetis, debita cum veneratione et caritate recipiatis; et in omnibus, quae vel causa legationis eorum vel fatigationis necessitas postulaverit, fidelem illis obedientiam et consensum praebeatis. Praeterea si contigerit, eos ex considerata et competenti necessitate negociorum dividi et separatim in diversas partes proficisci, ad quoscunque alter eorum venerit, eum sicut nos audiatis et, quod nostrae deberetis praesentiae, in eo ostendere et exequi non dubitetis. Data Romae 4 Nonas Ianuarii, indictione 13.

II 41. *Feretranis et Eugubinis commendat S. Sabae et S. Bonifacii abbates missos, ut eorum ecclesiis praeficiendos episcopos curent.*

1075
Ian. 2
   Gregorius episcopus servus servorum Dei clero et populo Feretrano atque clero et populo Egubino salutem et apostolicam benedictionem.

   1. SS. Alexii et Bonifacii in monte Aventino (postea ep. Caesenatem) de quo cf. Farlati Illyricum sacrum III 146.   2. s. Cellae novae (Romae). 3. Luc. 10, 16.

Ex quo ecclesiam vestram pastore viduatam esse cognovi- 1075
mus, multa pro vobis sollicitudine anxii fuimus. Et quamquam Ian. 2
multa et gravia nos negocia occupent, ea tamen cura, qualiter
divina misericordia dignum vobis patrem provideat, nostro cordi
indesinenter adhaeret. Atque eo magis hac de causa sollicitamur
et attentius Deo preces effundimus, quoniam in retroactis temporibus non sat vigilantem vobis pastorem praefuisse cognoscimus. Quapropter misimus ad vos hos religiosos sanctae Romanae ecclesiae filios, videlicet abbatem sancti Sabe[1] et abbatem
Sancti Bonifatii[2]: ut, si forte in ecclesia vestra talis persona
quae huic regimini congrua sit reperiatur, diligenter inquirant;
et eam, sicut dignum est vestra electione collaudatam et canonico decreto probatam, nobis ad ordinandum quantocius praesentare studeant; sin vero inter vos talis reperiri non possit,
ipsi cum omni sollicitudine aliunde aliquem, qui vobis secundum Deum praeesse possit, invenire procurent et ad suscipiendam episcopalis officii ordinationem ad nos sine mora transmit-
tant. Vos igitur in omnibus eis credite et obedite; scientes, eos
in hac re, custodiente Deo, nihil nisi vestram salutem et ecclesiae vestrae honorem attendere. Praeterea, quicquid thesauri
vel ornamenti in ecclesia vestra habetur, illorum oculis prae-
sentate; quatenus ex eorum providentia et commendatione in
tali custodia relinquatur, ut nec ecclesia detrimentum sentiat
nec in[a] aliquem vestrum aliqua suspicionis infamia cadat. Data
Romae 4 Nonas[b] Ianuarii, indictione 13.

II 42. *Guibertum archiepiscopum Ravennatem ad synodum vocat.*

Gregorius episcopus servus servorum Dei Guiberto Raven- 1075
nati archiepiscopo salutem et apostolicam benedictionem. Ian. 4

Coram oculis habes, frater karissime, et quasi palpare manibus potes miserabilem sanctae ecclesiae perturbationem et iam
per longa tempora inimicorum et impugnatorum eius insensatam
et omnino infrenatam praesumptionem. Contra quos quoniam
nos, qui in sortem ministerii[3] sacerdotalis et regni[c] Dei electi

a. in *om. cod.* b. Nonas *om. cod.* c. regnum *e.*
1. Maurum. 2. Gepizonem. 3. Act. 1, 17.

1075
Ian. 4

sumus, omni cura et studio surgere et pugnare convenit, sicut iam per aliquot annos in apostolica sede fieri consuevit, in prima ebdomada quadragesimae[1] synodum Deo annuente celebrare disposuimus. Ad quam tuam fraternitatem singulari admonitione et multo caritatis affatu, postposita omni negligentia, venire rogamus et invitamus; quatenus, tua aliorumque fratrum nostrorum annitente prudentia et spirituali tam fortitudine quam sapientia, impii a suis conatibus arceantur et christiana religio in ea, qua primum fundata est, libertate et pace roboretur. Data Romae 2 Nonas Ianuarii, indictione 13.

II 43. *Hugoni episcopo Diensi suadet, ut ea, quae de rebus ecclesiasticis reddere ecclesiae eius filii velint, recipiat; eosque ea lege absolvat, ut fidem dent de nuntiis ad synodum Romanam mittendis.*

Dictatus papae[a].

1075
Ian. 5

Gregorius episcopus servus servorum Dei Hugoni in Burgundia Diensi episcopo salutem et apostolicam benedictionem.

Videtur nobis: ut, quod filii ecclesiae tuae de rebus ecclesiasticis volunt tibi reddere, recipias; eosque absolvas tali tenore, ut data fide quidam illorum promittant tecum venire ad nos Romam, videlicet Deo auctore ad synodum celebrandam, ut illic quod nobis ratum visum fuerit peragant. Melius enim nobis placet, ut pro pietate interdum reprehendaris, quam pro nimia severitate in odium ecclesiae tuae venias. Debes quidem filios tuos, quia rudes sunt et indocti, conspicere et ad meliora paulatim provocare; quia nemo repente fit summus, et alta aedificia paulatim aedificantur. Data Rome Nonis Ianuarii, indictione 13.

II 44. *Iuditham reginam Ungarorum angustiis afflictam consolatur, eiusque res matri Agneti imperatrici commendatas nuntiat.*

1075
Ian. 10

Gregorius episcopus servus servorum Dei Iudith Ungarorum reginae[2] salutem et apostolicam benedictionem.

a. Dictatus papae *leguntur in marg. codicis.*
1. Febr. 22—28.   2. uxori Salomonis regis.

Multae ac diversae causae sunt, propter quas intimo et sin- 1075
cero cordis affectu te diligimus. Primo, quoniam ex universa- Ian. 10
litate suscepti regiminis omnibus, qui in Christo sunt, debitores
sumus. Deinde, quoniam clarissimus imperator Heinricus[1] pater
tuus et Agnes mater tua, iam nunc non humanitus sed Dei misericordia coelitus imperatrix augusta, ex quo me cognoverunt,
pro sua magnitudine honorifice et prae ceteris sanctae Romanae
ecclesiae filiis caritative habuerunt. Et maxime, quia nunc eadem
mater et domina tua, postpositis secularibus causis et honoribus, apostolorum limina tota devotione et veneratione complectitur; ex cuius quidem praesentia inter huius saeculi nequam perturbationes saepe nobis accepta solatia conferuntur. Praeterea
multum te commendat nobis tua praeclara et inclita fama, quod
in tam tenera aetate inter asperam et incognitam gentem generis tui gloriam decorasti; quippe quae, in excelso nata imperio, nihil in actibus et in habitudine tua nisi decus imperiale
hactenus demonstrasti. His, inquam, de causis nos, quibus
fallere quemquam nefas est, in loco germanae sororis te diligimus;
et, si quid orationes nostrae apud Deum valent, non infructuosam erga te nostram fore amicitiam, in Dei pietate confidimus.

Scias enim, quod de tribulationibus et angustiis, quas te
sustinere cognovimus, valde dolemus; et divinam clementiam pro
quiete et laetitia tua frequenter et suppliciter imploramus; et,
si quando locus aut tempus opportunitatem dederit, temporalibus quoque subsidiis te honorare quam maxime cupimus. Ceterum ea, quae nunc tibi instat, adversitas non te terreat nec
mentem tuae generositatis deprimat. Sed, si quid maestum aut
grave ingruerit, vultu regalis constantiae gestuque dissimula, et
molestas, quas Deus avertat, causas naturali morum tuorum virtute patienter tolera, fiduciam et spem firmam habens in Deo
salvatore nostro. Quoniam ipsi cura est de te, qui nunquam
derelinquit sperantes in se[2]; et quanto nunc animum tuum sollicitudinibus verberari sinit acerbius, tanto eum ex vicina et potenti virtute consolationis suae laetificabit uberius. Ipse enim

1. III. 2. Iudith. 13, 17.

1075
Ian. 10 nihil sine causa praecipit, nihil sine ratione permittit, qui regum et imperatorum omniumque causarum aequus arbiter et moderator existit. Verum inter omnia te id agere et studere monemus, ut praeclarum nomen vitae ac nobilitatis tuae, ab ineunte aetate nactum, in dies amplificetur et crescat. Quoniam integritas famae, licet prae cunctis terrarum opibus corona sit nobilium et ignobilium, tanto tamen unicuique plus ornamenti et gloriae tribuit, quanto eum eminentia generis altius extollit. Illi enim sua humilitate teguntur, isti vero innata sibi celsitudine produntur. Age ergo, ut omnibus, quae regnum fert et imperium, tanto te excellentiorem ostendas, quanto[a] ea omnia mutari cognoscis; tuam vero naturam et imperiale germen, quod in te est, nullis successibus nullisve adversitatibus mutari posse proponas.　　De cetero, quod nos matrem tuam de causa tua compellare rogasti, pro certo scias, nos omnia, quae ad honorem et salutem tuam pertinent, et consulendo libenter ei intimare et persuadendo ut fiant apostolica benigne adiutoria exhibere. Deus autem omnipotens, qui est maestorum consolatio, infirmantium fortitudo, praesentem vobis laetitiam cito conferat et veram aeternamque gloriam supernae felicitatis tribuat. Data Romae 4 Idus Ianuarii, indictione 13.

II. 45. *Rodulfum Sueviae et Bertulfum Carinthiae duces monet, ut episcopos simoniae vel fornicationis obnoxios impugnent. Rodulfum hortatur, quae simoniace acceperit, ut ea aut ecclesiis aut pauperibus muneretur*[b].

1075
Ian. 11 Gregorius episcopus servus servorum Dei dilectis[c] in Christo filiis Rodulfo duci Sueviae atque Bertulfo[d] duci Carentano[e] salutem et apostolicam benedictionem.

Scimus, quoniam prudentia vestra miserabilem christianae religionis desolationem perspicaci mente perpendit; quae pro peccatis nostris in ea nunc extremitate est posita, ut infeliciora

---

a. celerius *excidisse videtur.*　　b. *Legitur etiam* 2) *ap. Paulum Bernridensem c.* 39, *Pont. Rom. vit. ed Watterich 1* 493, 3) *ap. Hugonem Flaviniacensem, Mon. Germ. SS. VIII* 428.　　c. dilectis in Chr. filiis *recepi ex* 3.　　d. Bertholdo 2.　　e. Berthaldo, Rodulpho, Welfoni ducibus 3 *pro* Rodulfo — Carentano.

tempora nemo viventium viderit nec a tempore beati Silvestri 1075
patris nostri scripturarum traditione* repererit. Verum huius Ian. 11
tanti mali nos caput et causa sumus, qui ad regendum populum
praelati et pro lucrandis animabus episcopi vocati et constituti
sumus. Ab eorum namque principatibus velut a quibusdam initiis
subditorum bona vel mala veniunt, qui aut mundanas dignitates
aut magisterium spirituale susceperunt. Qui, dum nihil aliud
nisi gloriam et voluptates seculi querunt, sine sua et populi
confusione vivere nequeunt; quoniam, in malefactis prava sectantes desideria, et suae auctoritatis iura per culpam ligant et aliis
peccandi per exemplum frena relaxant. Neque enim per ignorantiam aut improvidi delinquunt; sed, praesumptuosa obstinatione Spiritui sancto resistentes, divinas quas cognoverunt leges
abiciunt et apostolica decreta contempnunt.

Sciunt nanque archiepiscopi et episcopi terrae vestrae, quod
et omnibus fidelibus notum esse debet, quoniam in sacris canonibus prohibitum est: ut hi[b], qui per simoniacam heresim, hoc
est interventu pretii, ad aliquem sacrorum ordinum gradum vel
officium promoti sunt, nullum in sancta ecclesia ulterius ministrandi locum habeant; nec illi, qui in crimine fornicationis iacent, missas celebrare aut secundum inferiores ordines ministrare
altari debeant. Quae cum eos[c] sancta et apostolica mater ecclesia iam a tempore beati Leonis papae saepe in conciliis, tum
per legatos et[d] epistolas, in se et[e] commissis sibi plebibus, utpote ab antiquioribus neglecta, renovare et observare commo-
nuerit rogaverit et accepta per Petrum auctoritate iusserit; adhuc tamen inobedientes, exceptis perpaucis, tam execrandam
consuetudinem nulla studuerunt prohibitione decidere, nulla districtione[f] punire; non attendentes quod scriptum est, quia[g] ariolandi peccatum est repugnare, et quasi crimen idolatriae nolle
acquiescere[1]. Cum igitur, illis apostolica immo sancti Spiritus
mandata spernentibus et scelera subditorum criminosa foventi-
bus patientia, divina ministeria indigne tractari, populum seduci

a. scriptum 3 *pro* scripturarum traditione.   b. hi *om.* 3.   c. episcopos 3.
d. tum per 2 *pro* et.   e. in *add.* 3.   f. restrictione 3.   g. quasi 2.
1. 1 Reg. 15, 23.

1075
Ian. 11 intelligimus, alio·quolibet modo contra haec vigilare nos* convenit, quibus cura dominici gregis prae cunctis incumbit. Multo enim melius nobis videtur, iustitiam Dei vel novis reaedificare consiliis, quam animas hominum una cum legibus deperire neglectis.

Quapropter ad te[b] et ad omnes, de quorum fide et devotione[c] confidimus, nunc convertimur, rogantes vos et apostolica auctoritate admonentes: ut, quicquid episcopi dehinc loquantur aut taceant, vos officium eorum, quos aut symoniace promotos et[d] ordinatos aut in crimine fornicationis iacentes cognoveritis, nullatenus recipiatis; et — haec eadem, adstricti per obedientiam, tam in curia regis quam[e] per alia loca et conventus regni notificantes ac[f] persuadentes — quantum potestis, tales sacrosanctis deservire mysteriis, etiam vi si oportuerit, prohibeatis. Si qui autem contra vos, quasi istud officii vestri non esset[g], aliquid garrire incipiant[h], hoc illis respondete: ut, vestram et populi salutem non impedientes, de iniuncta vobis oboedientia ad nos nobiscum disputaturi[i] veniant.

Quia[k] vero te, Rodulfe, dico ducem et karissimum sancti Petri filium, ad religionis spiritum desideranter anhelare confidimus, unde nos consuluisti, quicquid nobis perfectius visum est, ad correctionem tuam tibi intimamus: ut, quantumcunque pretii te pro disponendis in ecclesia clericis accepisse recordaris, aut in utilitates eiusdem ecclesiae, si attinere ei videtur, aut in usus pauperum expendas; ut, nulla in te reprehensibilitatis macula remanente, inter electos regni caelestis cives asscribi merearis. Data Romae 3 Idus Ianuarii, indictione 13.

II 46. *Gepizo S. Bonifacii et Mauro S. Sabae abbatibus Romanis, in legatione marchiae Firmanae constitutis, mandat, ut, quae bona Michael episcopus Pisaurensis distribuerit, ea restitui iubeant.*

1075
Ian. 13 Gregorius episcopus servus servorum Dei Gepizo abbati Sancti Bonifatii et Mauro abbati Sancti Sabe[1] in legatione marchie[2] constitutis salutem et apostolicam benedictionem.

a. nos *om.* 3.   b. vos 3.   c. dilectione 3.   d. aut 3.   e. et *add.* 3. f. aut 3.   g. esse *c. et* 2, sit 3.   h. inceperint 3.   i. disputare 3.   k. Quia — indictione 13 *om.* 3.

1. de quibus v. supra p. 154 n. 1 et 2.   2. Firmanae.

Mandamus vobis, ut diligenter conveniatis homines illos, quibus Michahel Pensauriensis episcopus ecclesiae suae bona incaute tribuit, eisque auctoritate apostolica omnia ecclesiae et episcopo restituere praecipiatis atque prout oportuerit cogatis. Et insuper episcopum, si inobedientes fuerint, ex parte sancti Petri et nostra corporaliter sub banno investire palam studeatis. Eosque gratiam sancti Petri et nostram amissuros, si rebelles extiterint, aperte insinuetis. Episcopos quoque et comites cunctosque sancti Petri fideles firmiter praecipientes rogate, quatenus episcopo Pensauriensi ad eos expugnandos spirituali et saeculari auxilio, prout necesse fuerit, fideliter subveniant. Maxime eos, qui, pretio recepto, terram adhuc violenter et superbe retinere non verentur, prae ceteris acerrime corrigatis et bona ecclesiae episcopo vos[a] intromittentes restituatis. Omnes etiam lites inter episcopum et adversarios eius ad utilitatem sanctae Mariae Pensauriensis ecclesiae definire procuretis, nullius negligentiae interveniente incuria. Data Romae Idibus Ianuarii, indictione 13.

1075
Ian. 18

II 47. *Rainerio Ugizonis filio aliisque Clusinis scribit, se Lanfranco episcopo mandasse, ut Guidonem excommunicatum S. Mustiolae praepositum deiceret. Quem ne adiuvent, interdicit.*

Gregorius episcopus servus servorum Dei Rainerio filio Ugizonis atque Rainerio filio Bulgarelli, uxori quoque Peponis domne Guillae, filiis etiam comitis Ardingi, omnibusque in Clusino comitatu[1] commorantibus, tam maioribus quam minoribus, Christi sanctique Petri fidelibus, salutem et apostolicam benedictionem.

1075
Ian. 18

Constat vobis fore[b] notissimum: Guidonem[c] ecclesiae Christi martyris et virginis Mustiole[2] periurium multipliciter incurrisse, nec non et fornicationem publice[d], adulterii quoque crimen sustinuisse, satisfactionem denique exhibere omnimodo devitasse; qua de re a felicis memoriae domno Alexandro nostro praedecessore et a prelatione eiusdem ecclesiae inrevocabiliter esse expulsum

a. vos *addidi.*   b. fieri *c.*   c. quondam praepositum *excidisse videtur.*
d. perpetrasse *excidisse videtur.*

1. Chiusi Tusciae.   2. Clusinae.

1075
Ian. 13

ac pro contumacia inoboedientiae, si unquam ulterius ad eamdem praesumpsisset aspirare praeposituram, perpetuo anathemati subditum. Quia vero confrater noster Lanfrancus Clusinus episcopus, quorumdam suorum fidelium, quae carnis sunt sapientium[1], consilio fretus, eumdem Guidonem temptavit eidem canonice iterum praeponere contra Romanae ecclesiae auctoritatem contraque omnium familiarium tam clericorum quam laicorum unanimem conspirationem, eumdem subiecimus episcopum satisfactioni dignae poenitentiae; eo scilicet tenore, quo nominatum Guidonem a nobis publice excommunicatum et a praepositura et claustrali communione deiciat, alterumque loco eius secundum Deum substituat. Vos ergo, dilectissimi filii, si Deum vultis habere propitium sanctumque Petrum peccatis vestris ferre subsidium, cavete omnino, ne praefato sacrilego Guidoni aliquod contra Deum nostrumque iudicium ad retinendam praeposituram vel aliquod de rebus Sanctae Mustiolae praebeatis auxilium sive consilium. Procul dubio enim, si, quod absit a vestra nobilitate, auxiliari sibi quocumque modo temptaveritis et ea, quae de bonis ecclesiae amicis suis dedit pro retinenda praepositura, retineri feceritis, excommunicationis eius participes eritis. Si vero, ut decet christianos viros, operam studebitis dare, eo expulso, ecclesiam Dei matremque utique vestram ad pristinum statum revocare, inter sanctos Dei in superno regno incorruptibilem possidebitis hereditatem, adepti peccatorum indulgentiam per ineffabilem Dei clementiam. Data Romae Idibus Ianuarii, indictione 13.

II 48. *Gepizo S. Bonifacii et Mauro S. Sabae abbatibus mandat, ut Rainerium Ugizonis filium, qui fratricidii poenitentiam nondum peregerit, a secundis nuptiis dehortentur, ad seque venire iubeant.*

1075
Ian. 16

Gregorius episcopus servus servorum Dei Gepizo abbati Sancti Bonifatii et Mauro abbati Sancti Sabe salutem et apostolicam benedictionem.

Notum vobis est, quod Rainerius, Ugizonis quondam filius,

1. Cf. 1 Corinth. 1, 26.

diabolico instinctu fratrem suum interfecit. Unde dignae poeni- 1075
Ian. 16
tentiae nondum se subdidit nec perfecte poenituit; sed — immemor tanti facinoris et promissionis defensionum ecclesiasticarum[a], quam in suscipiendo fictam poenitentiam fecit, nec non
et pauperum Christi — animae suae salutem oblivioni tradens,
aliam studet uxorem ducere. Ideoque vestram fraternitatem sol-
licitam esse volumus, quatenus eum conveniatis et modis quibus
potestis illum moneatis dulciter et aspere, quantum opus fuerit
et vobis necessarium videbitur: ut nullo modo id facere praesumat, sed nos adeat ad audiendum ea, quae sibi de salute sua
dicere debemus. Si forte, quod non optamus, vos audire et nobis
obedire rennuerit, omni modo certum illum reddite, quod nos Deo
adiuvante, quicquid iustum et canonicum visum fuerit, facere non
neglegemus. Data Rome 17 Kalendas Februarii, indictione 13.

II 49. *Hugoni abbati Cluniacensi de angustiis suis scribit. Que-*
ritur de orientalis ecclesiae defectione a catholica fide ac
de episcoporum, principum, Romanorum, Longobardorum,
Normannorum pravitate. Preces pro se fieri cupit.

Gregorius episcopus servus servorum Dei Hugoni Clunia- 1075
Ian. 22
censi abbati salutem et apostolicam benedictionem.

Si posset fieri, optarem te pleniter scire, quanta tribulatio
me angustat quantusque labor cotidie innovatus fatigat et ac-
crescens valde perturbat; ut secundum tribulationes cordis mei
fraterna compassio mihi te flecteret, et in profusione lacrimarum
coram Domino cor tuum effunderet: ut pauper Iesus, per quem
omnia facta sunt et qui omnia regit, manum porrigeret et solita pietate miserum liberaret. Ego enim saepe illum rogavi:
prout ipse dederit[b], ut aut me de praesenti vita tolleret aut matri
communi per me prodesset; et tamen de magna tribulatione adhuc me[c] non eripuit, neque vita mea praedictae matri, cuius[d] me
catenis alligavit, ut sperabam profuit. Circumvallat enim me
dolor immanis et tristitia universalis: quia orientalis ecclesia instinctu diaboli a catholica fide deficit, et per sua membra ipse

a. *an* promissae defensionis ecclesiarum? b. dedit *c.* c. me *addidi.* d. *an* cui suis?

11*

1075
Ian. 22

antiquus hostis christianos passim occidit, ut, quod* caput spiritualiter interficit, eius membra carnaliter perimat[b], ne quandoque divina gratia resipiscant.

Iterum cum mentis intuitu partes occidentis sive meridiei
aut septemtrionis video, vix legales episcopos introitu et vita,
qui christianum populum Christi amore et non seculari ambitione regant, invenio. Et inter omnes seculares principes, qui
praeponant Dei honorem suo et iustitiam lucro, non cognosco.
Eos autem, inter quos habito, Romanos videlicet Longobardos
et Normannos, sicut saepe illis dico, Iudeis et paganis quodammodo peiores esse redarguo.

Ad me ipsum cum redeo, ita me gravatum propriae actionis
pondere invenio, ut nulla remaneat spes salutis nisi de sola misericordia Christi. Nam, si non sperarem ad meliorem vitam et
utilitatem sanctae ecclesiae venire, nullo modo Rome, quam coactus Deo teste iam a viginti annis inhabitavi, remanerem. Unde
fit, ut inter dolorem, qui cotidie in me renovatur, et spem, quae
nimis heu protenditur, mille quassatus tempestatibus, quoquo modo
moriens, vivo; et eum, qui me suis alligavit vinculis et Romam
invitum reduxit illicque[c] mille angustiis praecinxit, expecto. Cui
frequenter dico: *Festina, ne tardaveris; accelera, ne moreris;
meque libera amore beatae Mariae ac sancti Petri.* Sed quia
non est pretiosa laus neque sancta oratio cito impetrans in ore
peccatoris[1], cuius est vita haud abilis[d] et actio secularis, pre-
cor exoro et rogo, ut eos, qui merentur audiri pro vitae meritis,
vigilanti cura rogites, ut pro me Deum exorent ea caritate eaque dilectione, qua debent universalem diligere matrem.

Et quia utraque manu debemus uti pro dextera[2] ad compri-
mendam impiorum sevitiam, oportet n o s, quandoquidem non est
princeps qui talia curet, religiosorum tueri vitam. Fraterna te
monemus caritate, ut in quantum potes vigilanti studio manum
prebeas, eos monendo rogando exhortando, qui beatum Petrum

a. quos *c.*   b. puniant *c.*   c. illucque *c.*   d. haud abilis *scripsi pro* laudabilis *cod.* (vita vix laudabilis *scribendum putat Giesebrecht De registro emendando* p. 84).

1. Eccli. 15, 9: „Non est speciosa laus in ore peccatoris". 2. Iudic. 3, 15.

diligunt: ut, si vere illius volunt esse filii et milites, non habeant 1075
illo cariores seculares principes. Quia illi misera et transitoria Ian. 22
vix tribuunt; iste vero beata et aeterna, a cunctis peccatis sol-
vendo, promittit et in caelestem patriam potestate sibi tradita per-
ducit. Volo quidem luce clarius intelligere: qui re vera sint illi
fideles et qui eundem caelestem principem non minus pro caelesti
gloria diligunt[a], quam eos, quibus pro spe terrena et misera
subiciuntur. Data Romae 11 Kalendas Februarii, indictione 13.

II 50. *Sanctio regi Aragoniae scribit, se Sanctio episcopo Ara-
gonensi mandasse, ut fungi munere pergeret, clerico adiutore assumpto. Hiccine episcopatui praeponatur, se cir-
cumacto anno decreturum. Clericos, ex concubinis natos,
episcopos fieri vetat.*

Gregorius episcopus servus servorum Dei Sanctio regi Hispa- 1075
niorum[1] salutem et apostolicam benedictionem. Ian. 24

Quoniam erga reverentiam sanctae et apostolicae sedis regiam nobilitatem tuam pia devotione et amore fervere intelligimus, te et regnum tuum dignis honoribus sublimari cupimus
et apostolicam benevolentiam non solum in nostro verum etiam
in quocumque tempore tibi et causis tuis sincerae caritatis affectum praebere desideramus.   Ceterum, quod nos de causa Aragonensis episcopatus et consuluisti et te quodammodo velle significasti, diu et multum volventes[b] et cum filiis sanctae Romanae
ecclesiae pertractantes, incongruum fore pervidimus; quoniam in
eo canonica decreta nobis obviare cognovimus. Veniens enim ad
nos, sicut nosti, confrater noster Sanctius Aragonensis episcopus,
multa nobis de infirmitate corporis sui conquerens, deserendi
episcopatum a nobis suppliciter licentiam postulavit, quod eum,
morbo confectus et pene consumptus, diutius competenti ministerio
regere et custodire non possit. Atque ut facilius hoc impetraret,
indicavit nobis de duobus clericis, quorum alterum in episcopatum eligi, tuam et sui ipsius voluntatem atque consilium fore

---

a. *sic cod. pro* diligant.   b. *sic Giesebrecht correxit* volentes *c.*
1. Aragoniae.

nunciavit. De quorum vita et conversatione eum interrogantes, alia omnia, praeter quod de concubinis nati erant, bona satis et honesta accepimus. Et quia venerandi canones ad sacerdotii gradum tales provehi contradicunt, probare eos non satis cautum fore putavimus, ne quicquam a nobis contrarium sanctis patribus in exemplum et auctoritatem posteris relinquatur. Solet enim sancta et apostolica sedes pleraque considerata ratione tolerare, sed nunquam in suis decretis et constitutionibus a concordia canonicae traditionis discedere. Quapropter noverit dilectio tua, nos ita consuluisse et praecepisse episcopo: ut ipse, quantum possit episcopali officio in spiritualibus insistens et auxilia comprovincialium episcoporum petens, ad peragendas exteriores et interiores curas talem clericum in ecclesia constituat, qui ad tantam procurationem providus et, si res postulaverit, ad percipiendam episcopalis officii dignitatem et ordinem sit idoneus; quo per annum unum aut amplius in ecclesia consistente, si divina clementia interim episcopo vires corporis et sanitatem reddiderit, sicut iustum est, ipse in loco suo super dominicum gregem vigilans consistat; si vero infirmitas et debilitas corporis sui adaucta fuerit et administrationem commissae sibi curae nequaquam exequi poterit, tunc demum, si illius vita mores et disciplina probabilis fuerit, apostolicae sedi eius*a tuis et episcopi litteris nec non sub testimonio cleri eiusdem ecclesiae denuncietur; et de ordinatione ecclesiae deliberato consilio certa vobis et salubris annuente Deo responsio dabitur. Verum haec nequaquam tam absolute dixissemus, nisi quod episcopo, se excusanti et impedimentum suae infirmitatis proponenti, fraternae compassionis auditum denegare non potuimus. Haec igitur, dilecte fili, prudenter considera et ad observanda nostra monita episcopum, quantum potes, adiuva; quatenus et tu a beato Petro apostolorum principe ad regendum tibi commissum populum adiuvari, eiusque meritis, a peccatorum tuorum vinculis absolutus, aeternae beatitudinis gloria in regno Christi et Dei merearis perfrui. Data Romae 9 Kalendas Februarii, indictione 13.

a. conversatio *excidisse videtur.*

II 51. *Sueini II regis Danorum litteras desiderat. Legatos ad eum missos propter Teutoniam perturbatam ad se rediisse. Nuntios Romam mitti cupit. Subsidia sperat. De provincia haereticorum filio eius tribuenda.*

Gregorius episcopus servus servorum Dei Sueino[1] regi Danorum salutem et apostolicam benedictionem.

1075
Ian. 25

Cum adhuc in ordine diaconatus eramus, saepe dilectionis tuae litteras et legatos accepimus, in quibus magnificentiae tuae promptum erga nos animum fore intelleximus. Postquam vero, quod digni non sumus, ad locum altioris curae ministeriique pervenimus, amorem tuum in subtracta visitatione tepuisse deprehendimus, qui scriptis tuis tam diu carere nescio cur meruimus. Nos equidem iam nunc non solummodo regum et principum sed omnium christianorum tanto propensior sollicitudo coartat, quanto ex universali regimine, quod nobis commissum est, omnium ad nos causa vicinius ac magis proprie spectat. Verum quia eminentiam tuae nobilitatis prae ceteris regnorum principibus tam peritia litterarum quam studio ecclesiasticae exornationis pollere intelleximus, multo fiducialius ad te scripta nostra dirigimus; existimantes in te tanto facilius lucrifacere, quanto in eruditione et prudentia morum amplius dinosceris profecisse. Rogamus igitur et sincera te caritate monemus, ut commissa tibi regni gubernacula secundum Deum administrare studeas, et nomen regalis excellentiae congrua ac consonanti virtutum proprietate geras, quatenus eam, per cuius principatum subiectis imperas, in corde tuo semper regnare iustitiam ostendas. Nosti enim, quod gloria et vana huius mundi delectatio labilis est et deceptoria. Nosti, quod universa caro ad finem cotidie properat, quod nec volenti aut nolenti mortis necessitas parcat. Nosti, quod reges aequa conditione ut pauperes futuri sunt pulvis et cinis; et quod omnes ad districtum iudicium futuri examinis venturi sumus; quod nunc non solum nobis, qui sacerdotes sumus, sed et regibus ceterisque principibus tanto concussius timendum et expavendum est, quanto[a] pro nobis et subditis nostris rationem posituri sumus. Age ergo,

1. II (Estrithson).   a. accuratius *excidisse videtur.*

dilectissime, ut ita vivas ita regnes, ut tunc aeterni regis et iudicis faciem securus aspicias et pro bene gesta terrenae dignitatis gloria caelestis regni sublimem et incomparabilem coronam
Deo donante recipias.

De cetero notum sit tibi, quod legatos ad te destinavimus,
qui super his, quae pro honorificentia regni tui tum de metropolitana sede tum de quibusdam aliis rebus in tempore domini
nostri Alexandri papae ab apostolica sede et postulasti et invicem promisisti, tibi responsuri ac tecum acturi essent. Sed,
propter perturbationem Teutonicae terrae periculosum iter fore
cognoscentes, ad nos reversi sunt. Quapropter, si qua de his
tibi cordi sunt et si te ac regnum tuum, sicut per legatos tuos
aliquotiens accepimus, apostolorum principi pia devotione committere et eius auctoritate fulciri volueris, fideles nuncios ad nos
sine dilatione transmittere stude; quatenus, per eos tuam in omnibus edocti voluntatem, deliberato consilio, quid tibi respondendum quidque super his omnibus agendum sit, perspicere ac
providere valeamus.

Praeterea, si sancta Romana mater ecclesia contra profanos
et inimicos Dei tuo auxilio in militibus et materiali gladio opus
habuerit, quae spes nobis de te habenda sit, itidem tua certa
legatione cognoscere cupimus.   Est etiam non longe a nobis
provincia quaedam opulentissima iuxta mare, quam viles et
ignavi tenent haeretici; in qua unum de filiis tuis — si eum,
sicut quidam episcopus terrae tuae in animo tibi fore nunciavit,
apostolicae aulae militandum dares cum aliquanta multitudine
eorum, qui sibi fidi milites essent — ducem ac principem et
defensorem christianitatis fieri optamus. Data Romae 8 Kalendas
Februarii, indictione 13.

II 52. *Evrardo clerico Aurelianensi praecipit, ut die 1 Novem-*
       bris ad se veniat intereaque iniuriis in fratres ecclesiae
       Aurelianensis abstineat.

Gregorius episcopus servus servorum Dei Evrardo Aurelianensi clerico.

1075
Febr. 28

Admiranda res est et valde detestabilis, quod adeo induratum cor habes et in tanta ferocitate persistis, ut a persecutione fratrum Aurelianensis ecclesiae, unde pro culpis tuis te separatum audivimus, nec divini terrore iudicii nec apostolicae animadversionis iam experta ultione manum retrahere velis. Meminimus enim, dominum et antecessorem nostrum venerandae memoriae Alexandrum papam pro compescendo furore et nefandis temeritatis tuae ausibus anathematis in te iaculum contorsisse et, ne ulterius perturbationem aliquam supra dictis fratribus inferres aut de honoribus et ecclesiasticis officiis, quae contra regulas et auctoritatem canonum acquisieras, te intromitteres, apostolicis iussionibus interdixisse. Contra quae quamvis audaciam tuam iterum se erexisse non dubia relatione multorum fratrum cognoverimus, apostolica tamen adhuc utentes mansuetudine, debitae ultionis gladium exerere[a] interim parcimus, donec, si ad humilitatem praemissis admonitionibus flecti possis, comprobemus; reservantes tibi adhuc in omnibus, de quibus accusaris, apostolicam audientiam et defensionis locum, si modo tua te non retrahit conscientia. Apostolica igitur tibi auctoritate praecipimus: ut in proximam festivitatem omnium sanctorum[1] in nostram praesentiam venias; et adventum tuum Aurelianensibus clericis, quibus adversum te causa est, ut et ipsi praesentes fiant, sine simulatione notifices; quatenus, ex utraque parte dissensionis vestrae causis et occasionibus diligenter inquisitis et cognitis, litem vestram aequo fine decidere Deo opitulante possimus. Interim vero clericum, quem in captione tenes, absque omni suae personae et bonorum suorum detrimento dimittas, nullam penitus contrarietatem canonicis praefatae ecclesiae aut per te facias aut ab aliquo tuorum fieri permittas. Quodsi te, nulla iustitia fultum, nobis repraesentare minime ausus fueris aut volueris et, perdurans in malitia tua, saepe dictis fratribus damna vel molestias aliquas amplius inferre praesumpseris aut illata mala quantum potes emendare et restituere non studueris, eamdem, quam praefatus antecessor noster excommunicationis et damnationis in te

1. Nov. 1.   a. exercere c.

1075
Febr. 28

sententiam protulit, nostra apostolica auctoritate confirmatam ·
esse cognoscas; et non solum te, qui tantae praesumptionis dux
et auctor es, sed omnes, qui in rapina et depraedatione bonorum
ecclesiae vel infestatione clericorum aliquo modo consilium vel
adiutorium sive consensum tibi dederint, pari anathematis iudicio
condemnatos esse scias. Data Romae in synodo, 2 Kalendas
Martii, indictione 13.

II 52 a. *De synodo Romana.*

1075
Febr. 24-28

Anno ab incarnatione Domini millesimo septuagesimo quarto,
pontificatus vero domni Gregorii papae secundo·, indictione 13,
celebravit ipse domnus Gregorius papa Rome synodum a 6 Kalendas Martii usque in 2 Kalendas praedicti mensis. Ubi interfuit archiepiscoporum episcoporum et abbatum multitudo atque
diversi ordinis clericorum et laicorum copia.

In qua, inter cetera decreta quae ibi gesta sunt, quinque
de familia regis Teutonicorum, quorum consilio ecclesiae venduntur, a liminibus sanctae ecclesiae separavit, ita ut, si abinde
usque ad Kalendas Iunias Romam non venirent et satisfacerent,
excommunicati haberentur.

Philippus[1] rex Francorum, si nunciis papae ad Gallias ituris
de satisfactione sua et emendatione securitatem non fecerit,
habeatur excommunicatus.

Lemarum Bremensem archiepiscopum pro inobedientia superbiae suae ab episcopali officio suspendit et a corpore et sanguine
Domini interdixit. Guarnerium Strazburgensem ab episcopali et
sacerdotali officio suspendit. Heinricum Spirensem suspendit.
Herimannum Babenbergensem, si ante pascha[2] non venerit satisfacturus, similiter suspendit.

Item in Longobardia Guilielmum Papiensem et Cunibertum
Taurinensem suspendit. Dionisium Placentinum deposuit.

Robertum ducem Apuliae iam anathematizatum et Robertum
de Loritello[3], invasores bonorum sancti Petri, excommunicavit.

a. secundi *c.*
1. I.   2. Apr. 5.   3. nepotem Roberti Wiscardi. V. L. VIII 27 infra.

II 53. *Iohannis Moraviensis et Geromiri Pragensis episcoporum litem discernit, ea lege, ut sui uterque iuris intra proximos decem annos persequendi potestatem habeat.*

Gregorius episcopus servus servorum Dei.

1075
Mart. 2

Quoniam ad memoriam semperque dilucidandam causarum negociorumque veritatem nihil aptius nihil durabilius quam scripturarum paginas aestimamus; qualiter lis et discordia, quae inter confratres nostros videlicet Iohannem Moravensem episcopum et Geboardum[a] Bragensem de quibusdam decimis et curtibus diu protracta est, tandem per pactionis convenientiam in apostolica sede determinata sit, per litteras nostras non modo praesentibus sed et futuris notum fieri volumus. Haec enim causa, cum in secundo nostri pontificatus anno — residentibus una nobiscum in basilica Salvatoris multis fratribus, convocatis etiam et coram positis supra dictis episcopis — ad audientiam nostram et totius ibidem congregati concilii perlata sit, diu et multum inquisita atque rimata, tanta ambiguitate et perplexionibus involuta videbatur, ut ad sinceram veritatis et iustitiae explorationem per ea, quae tunc adhibita sunt, indicia perduci non posset. Verum, ne illorum altercatio absque pacis interventu diutius aut fraterna odia aut aliqua periculosa hinc vel illinc studia accenderet, cum consilio fratrum nostrorum causam ita ex aequo dirimi constituimus: ut omnia, de quibus inter eos contentio foret, per medium dividerentur; et hic unam ille alteram partem interim absque omni inquietudine tenerent, donec, si apertiora indicia sive scripto aut congruis testibus invenire possent, diligentissime investigarent. Ad quod faciendum, ne forte suscitandae litis infinita alterutri daretur occasio, terminum quoque eis decem annorum praefiximus: ut, qui certis approbationibus ad iustitiam se pertingere posse confidit, infra praelibatum terminum proclamandi et consequendi ius ecclesiae suae licentiam et potestatem habeat; et, si alterum horum vel utrosque, quod non optamus, interim obire contigerit, successores eorum in eadem pactione et constitutione permanere debeant; ex ea

a. *sic cod. pro* Geromirum.

autem parte, a* qua praefatus terminus aut sub silentio aut non ostensa veritatis et iustitiae, propter quam clamet, approbatione transductus fuerit, nullus deinceps locus nulla proclamandi occasio aut super hac re renovandae quaestionis licentia supersit. Hoc igitur modo praenominatos episcopos in nostra praesentia pacificatos, et praescriptae diffinitioni gratum, ut videntur[b], adhibentes assensum, ad propria cum apostolica benedictione et fraterna caritate dimisimus. Hoc ab omnibus inviolatum et perpetuo inconcussum fore, apostolica auctoritate praecipimus atque sancimus. Data Romae 6 Nonas Martii, indictione 13.

II 54. *Placentinis nuntiat, Dionysium in synodo remotum munere episcopali esse.*

Gregorius episcopus servus servorum Dei universis catholicis Placentinae ecclesiae salutem et apostolicam benedictionem.

Super confusione ecclesiae vestrae, dilectissimi filii, diu ad nos querela delata est; et contritio animarum rerumque vestrarum, facta per iniquum pastorem, saepenumero paternum nostrum[c] cruciavit affectum. Expectavimus arborem malam, ut faceret bonos fructus[1]; sed plantatio iniqua, radicitus vitiata et sicca per totum, patientia deterior est, terram occupat[2], quin etiam ad infamiam totius ecclesiae germinat fructum reprobum in communem mortem et in vestrae perditionis exemplum. Quem, olim omni officio privatum, reddita sibi sola communione ecclesiae, multis minis ac precibus contestati sumus: ut procuraret habere pacem vobiscum. Redditis et restitutis, quae abstulerat, cum gratia[d] ministerii[e] ei[f] spem maioris beneficii dedimus, si mandata servaret. Sed Deo nolente sub huius misericordiae velamento operiri peccata inobedientiae eius, qua saepe offenderat nos, et operta impunita relinqui, iterum mentitus est atque, vir manifeste sacrilegus et multorum scelerum reus, monita nostra posthabuit. Quapropter inmutabili sententia sanctae synodi et

a. a *addidi.*   b. videatur *c.*   c. nostrum *addidi.*   d. gratia (g̃) *scripsi pro* aqua (aq̃) *cod.* (*Coniecit Harduinus:* curaque ministerii, *Giesebrecht:* curam antiqui ministerii.)   e. monisterii *c.*   f. et *c.*

1. Cf. Matth. 7, 18.   2. Luc. 13, 7.

irrevocabili consensu omnium circumsedentium fratrum Dioni- 1075
sium condam dictum episcopum absque ulla unquam spe recon- Mart. 3
ciliationis ab omni episcopali honore deposuimus; et in perpetuum negandam sibi audientiam decrevimus; et, quicumque sibi
fidelitatem iuraverunt, ne contra hoc decretum sint, ab omni
vinculo sacramenti absolvimus. Dabimus etiam operam, ut omnes
fideles sancti Petri adiuvent vos in ordinando pastore* et expellendo lupo, qui res vestras diripuit et corpora animasque sequentium se in foveam sicut oculus tenebrosus mittit. Unde vos cives
Dei confortamini, quia Deus nobiscum est. Et licet adversentur
nobis turritae urbes terrae Canaan[1] et gigantea corpora filiorum
Enach[2], dux tamen noster Iesus cum sotio intrepidus terram promissionis ingreditur. Est enim et ipse gigas ad currendam viam[3]
qui dicit: *Confidite, ego vici mundum*[4]. Quodsi quis pro defensione iustitiae moriatur ex vobis, precibus apostolorum Petri et
Pauli a peccatis omnibus liberetur. Data Romae 5 Nonas Martii,
indictione 13.

II 55. *Laudenses hortatur, ut Opizonem episcopum in exstir-
panda simonia clericorumque fornicatione adiuvent.*

Gregorius episcopus servus servorum Dei Laudensis eccle- 1075
siae filiis salutem et apostolicam benedictionem. Mart. 3

Gaudemus dilectissimi de vestro pio religionis affectu, quos
audivimus adversus detestandam symoniacam heresim et presbyterorum fornicationem, divinae legis zelo succensos, laudabiliter
insurgere. Gaudemus quoque super fratre et coepiscopo nostro,
vestro pastore domno Opizone, qui se in tantum nobis eiusdem
zelo pietatis fervere detexit, ut ad haec perficiendum sanctae
huius sedis obnixe flagitasset auxilium. Quapropter hortamur
vos et ut filios karissimos monemus: quatenus in his pestibus
detestandis, symoniaca videlicet heresi et fornicatione ministrorum sacri altaris, conterendis et penitus exstirpandis cum iam
dicto pastore vestro, fratre nostro, ad omnipotentis Dei sanctae-

a. in expellendo lupo et ordinando pastore c.
1. Numeri 13, 29.   2. Numeri 13, 34.   3. Ps. 18, 6.   4. Ioh. 16, 33.

que ecclesiae honorem totiusque patriae salutem ut pii filii insistatis; in ordinandis quoque recte et canonice ecclesiis ei totis viribus auxilium praebeatis; immo in cunctis, quae ipse ad Dei honorem vestramque salutem agere disponit, ei obedienter obtemperetis; ut sancta mater nostra[a] ecclesia apud vos munditia polleat, quam Christus sine macula et ruga[1] castam sibi copulavit sponsam. Haec autem quicumque servaverit, de omnipotentis Dei gratia confidenter praesumat apostolicamque benedictionem se habere cognoscat. Qui vero in his, quae praefati sumus, ei obsistere temptaverit eumque in omnibus quae Dei sunt non adiuverit, contremiscat, se divinae animadversionis apostolicaeque maledictionis ultionem incurrere pro gratia et benedictione, quas non curat habere. De administratione vero altaris, quod supra corpus beati Bassiani confessoris situm est, omnino praecipimus: ut nullus ei administrare praesumat, qui vel pretio in eamdem introierit ecclesiam vel qui fornicator est aut turpis lucri sector. Data Romae 5 Nonas Martii, indictione 13.

II 55 a. *Quid valeant pontifices Romani.*

Dictatus papae.

1075   Quod Romana ecclesia a solo Domino sit fundata.

Quod solus Romanus pontifex iure dicatur universalis.

Quod ille solus possit deponere episcopos vel reconciliare.

Quod legatus eius omnibus episcopis praesit in concilio, etiam inferioris gradus; et adversus eos sententiam depositionis possit dare.

Quod absentes papa possit deponere.

Quod cum excommunicatis ab illo inter cetera nec in eadem domo debemus manere.

Quod illi soli licet pro temporis necessitate novas leges condere, novas plebes congregare, de canonica abbatiam facere, et e contra divitem episcopatum dividere et inopes unire.

Quod solus possit uti imperialibus insigniis[2].

a. sanctae matris vestrae *c.*
1. Cf. Ephes. 5, 27.   2. Cf. Exemplar Constantini imp., in Decretal. Pseudoisidor. ed. Hinschius p. 253.

Quod solius papae pedes omnes principes deosculentur.   1075

Quod illius solius nomen in ecclesiis recitetur.

Quod hoc unicum est nomen in mundo.

Quod illi liceat imperatores deponere.

Quod illi liceat de sede ad sedem, necessitate cogente, episcopos transmutare.

Quod de omni ecclesia, quocumque voluerit, clericum valeat ordinare.

Quod ab illo ordinatus alii* ecclesiae praeesse potest, sed non militare; et quod ab aliquo episcopo non debet superiorem gradum accipere.

Quod nulla synodus absque praecepto eius debet generalis vocari.

Quod nullum capitulum nullusque liber canonicus habeatur absque illius auctoritate.

Quod sententia illius a nullo debeat retractari, et ipse omnium solus retractare possit.

Quod a nemine ipse iudicari[b] debeat.

Quod nullus audeat condemnare apostolicam sedem apellantem.

Quod maiores causae cuiuscumque ecclesiae ad eam referri debeant.

Quod Romana ecclesia numquam erravit nec in perpetuum, scriptura testante, errabit.

Quod Romanus pontifex, si canonice fuerit ordinatus, meritis beati Petri indubitanter efficitur sanctus, testante sancto Ennodio Papiensi episcopo[1], ei multis sanctis patribus faventibus, sicut in decretis beati Symachi papae[2] continetur.

---

a. alii *mutatum est in* alię.   b. iudicari *mutatum est in* iudicare.

1. in libello apologetico pro synodo IV Romana, verbis his: „Quis enim sanctum esse dubitet, quem apex tantae dignitatis attollit; in quo, si desint bona acquisita per meritum, sufficiunt, quae a loci decessore (S. Petro) praestantur". V. Ennodii Opp. ed. Sirmondus p. 324. Eadem Ennodii verba attulit Gregorius VII papa in L. VIII ep. 21 infra.   2. in Pseudoisidoriana Symmachi synodo quinta, Ennodii libellum approbante. V. Decretales Pseudoisidorianae ed. Hinschius p. 675.

1075   Quod illius praecepto et licentia subiectis liceat accusare.

Quod absque synodali conventu possit episcopos deponere et reconciliare.

Quod catholicus non habeatur, qui non concordat Romanae ecclesiae.

Quod a fidelitate iniquorum subiectos potest absolvere.

II 56. *Manassem I archiepiscopum Remensem negligentiae accusat. Rogerium III episcopum Catalaunensem, quem deiciendum censuerit, moneri vult, ut bona clericis reddat; ad seque veniat.*

1075
Mart. 4   Gregorius episcopus servus servorum Dei Manasse[1] Remensi archiepiscopo salutem et apostolicam benedictionem.

Si te pastoralis regiminis cura prout oportuit sollicitum redderet, clericorum Catalaunensis ecclesiae causa, totiens ad nos relata, iam dudum competentem terminum accepisset. Sed quoniam negligentia tua et episcopi praedictae civitatis[2] inoboedientia huc usque protracta est, necesse nobis fuit, clericis tandiu afflictis succurrere et inoboedientis contumaciam apostolicae auctoritatis vigore contundere. Multis enim modis praefatus Catalaunensis episcopus nostrae iussioni parere contempsit. Primo enim vocatus ad synodum venire neglexit; de ore nostro praesentialiter de restitutione beneficiorum clericorum praecepta suscipiens, obaudire despexit; litteris deinde nostris admonitus, iterum quae praecepimus adimplere sprevit. Quam ob rem propter tam enormem inobedientiae temeritatem apostolica auctoritate omni eum[a] episcopali officio privandum censuimus; et, haec per te strennue compleri omni mora postposita, statuimus. Denuo etiam firmiter praecipimus, ut ei nihilominus iniungas ex nostra et tua parte: quatenus praedictis clericis erepta bona et beneficia, omni excusatione postposita, ubicunque manere voluerint, restituat; adiuncto et restaurato, quod de usibus rerum suarum perdiderunt, ex quo nos[b] ei praecepimus[c]. Hac vice si huic nostro prae-

a. eum *addidi.*   b. beneficiorum restitutionem *excidisse videtur.*   c. praecipimus c.

1. I.   2. Rogerii III.

cepto obtemperare noluerit, omnimodo a corpore et sanguine 1075
Mart. 4
Domini arceatur, donec per obedientiam discat sanctae Romanae
ecclesiae colla submittere, cui per inobedientiam non erubuit recalcitrare. Si vero legati nostri ad Galliarum partes usque ad
Kalendas Octobris ierint, ante praesentiam illorum se paratum
ad expurgationem suam praesentare procuret. Sin autem, ad
festivitatem omnium sanctorum[1] ante nos se expurgandum omni
occasione remota praesentet. Data Romae 4 Nonas Martias, indictione 13.

II 57. *Faesulanis praecipit, ut in ecclesiae Romanae de Tras-*
mundo episcopo sententia acquiescant, neu querimoniis
repetitis ecclesiae suae detrimenta multiplicent.

Gregorius episcopus servus servorum Dei Fesulano clero et 1075
Mart. 5
populo, maioribus videlicet atque minoribus, salutem et apostolicam benedictionem.

Miramur satis, quod de causa Trasmundi episcopi vestri
Romanae ecclesiae sufficit, quibusdam vestrum non sufficere; et
eos[a] querimoniam, multis ac diuturnis inquisitionibus immo divinis indiciis ad finem perductam, superfluis disceptationibus repetere, et sic Fesulanae ecclesiae post longas tribulationes ipsas
reliquias consumere. Si enim episcopus omnium, quae sibi obiecta sunt, reus teneretur et divino indicio[b] atque humana examinatione innocens non approbaretur, deceret tamen, vos matrem
vestram, Fesulanam videlicet ecclesiam, quae non peccavit, immunem custodire, et vindictam peccantis episcopi in ecclesiae[c]
detrimentum confusionemque minime convertere. Deceret etiam,
ut, quos miserabilis paupertas et ruina[d] ecclesiae vestrae com-
patiendo non tangit, eis[e] verecundia saeculi et infirmata[2] et
omnino contemptui habita questio vestra silentium imponere debuisset. Unde admonemus, ut inter vos ulterius non sint scismata et contentiones; sed, quod nos sentimus, quod nobis suf-

---

a. eos *addidi.*   b. iudicio *c.*   c. episcopi in ecclesiae *addidi. Cf. Giese-*
brecht de em. reg. p. 85.   d. ruinę *c.*   e. eis *addidi.*

1. Nov. 1.   2. i. e. irrita.

1075
Mart. 5 ficit, quod Romana approbat ecclesia, vos id ipsum sentiatis et
teneatis; scientes, quia nos nullo modo patiemur, sub huiusmodi
occasione scandali seu inutilium disceptationum vanitatibus ecclesiam vestram devastari, sed eius miseriae atque necessitati,
prout Deus concesserit, non solum loquendo sed et vindictam
contra ipsius inimicos exercendo subveniemus. Data Romae
3 Nonas Martias, indictione 13.

II 58. *Manassae I archiepiscopo Remensi mandat, ut a Radbodo II
episcopo Noviomensi ecclesiam Brugensem Wilielmo episcopo Ultraiectensi reddi iubeat.*

1075
Mart. 5 Gregorius episcopus servus servorum Dei Manasse [1] Remensi
archiepiscopo salutem et apostolicam benedictionem.

Confratris nostri Traiectensis episcopi Wilielmi querelam de
Brugensi ecclesia, in Noviomensi episcopio sita, litteris ipsius
expositam accepimus; quam, et ante dominum et praedecessorem
nostrum papam Alexandrum depositam, necdum competenti termino contigit definiri. Astruit autem episcopus Traiectensis,
eamdem ecclesiam, traditione antiqua sedi suae delegatam, ducentis ferme annis absolute et quiete ad usus stipendiarios canonicorum Traiectensium retentam, donec Raboth [2] Noviomensis
episcopus absque ullo canonico iudicio sibi eam subripuit et, ut
affirmant legati, quod gravius est et omnino illicitum, alteri cuidam clerico vendidit. Quapropter suffraganeum tuum Novio-
mensem episcopum per te conveniendum esse censuimus et de
tanta perversitate, si ita esse constiterit, severius increpandum
ac subinde admonendum immo etiam compellendum: ut, canonum statuta sequendo, ecclesiam Traiectensem in ea [a], quae tanto
tempore possedit, ...[b] sua expoliatione, sine mora reinducat;
ac postea, si quid habet quod iure conqueratur, synodali iudicio
disceptare contendat. Quodsi hic auctoritati nostrae vel monitis
tuis obtemperare neglexerit, tam diu episcopali privetur officio,
quoad usque, causas ecclesiasticas non potentiae magnitudine sed

a. in ea *addidi.*   b. sublata *excidisse videtur.*
1. I.   2. Radbodus II, 1068—1098.

iustitiae censura finiri oportere, doceatur. Huius ergo negocii
decisionem per te studiose et impigre volumus adimpleri et, litteris inditam, nobis, quam citius poteris, notificari. Data Romae
3 Nonas Martias, indictione 13.

1075
Mart. 5

II 59. *Abbatiae Romanensi libertatem et possessiones confirmat, ecclesiamque Hugoni episcopo Diensi consecrandam mandat.*

Gregorius episcopus servus servorum Dei fratribus consistentibus in abbatia Romana[1] super fluvium Iseram[2] constituta salutem et apostolicam benedictionem.

1075
Mart. 9

Fidelitatis ac devotionis vestrae studia, quae per legatos
vestros nostris auribus intimastis, accepimus. Petistis, ut Romana[a] libertate, quam vestra ecclesia ab antecessoribus nostris
hactenus habuit, vos[b] donaremus. Scripsistis etiam, quod nos
valde letificat, quosdam scilicet vestrum regularem canonicamque
vitam incepisse; quibus quaedam ecclesiae vestrae bona vos concessisse denunciastis, rogantes, ut haec nostra firmaremus auctoritate. Vestrae itaque bonae intentioni congaudemus et, ut semper in melius proficiatis, optamus, petitionibusque vestris obtentu
filii nostri Hugonis[c] Diensis episcopi et vestri dilectione annuimus, et Romanam libertatem sicut postulastis[d] concedimus. Illa
vero, quae fratribus vestris regularibus praepositus vester Hae-
rimannus et vos donastis et statuistis, quae et litteris ad nos
missis inseruistis — videlicet quicquid ipsi de bonis eiusdem
ecclesiae prius habere videbantur et quicumque ex vobis eis[e] se
regulariter sociare voluerint, vel quod illis de suis aliquis[f] dederit — nos quoque donamus. Possessiones autem et dispensationes ecclesiae — illis, qui eas[g] nunc habent, aut ad regularem
vitam conversis aut de seculo migrantibus — et terras, quae deinceps praedictae ecclesiae datae fuerint, ad mensam fratrum regulariter inibi viventium pertinere, et nullum ulterius ibidem fieri
aut ordinari canonicum, nisi qui regulariter se victurum pro-

---

a. Romana ecclesia libertate *c. (Cf. infra:* et Romanam libertatem concedimus; *de
monasterii Schafhusensis* Romana libertate *cf. infra L. VII ep.* 24).   b. vobis *c.*
c. Hugoni *c.*   d. vobis *excidisse videtur.*   e. ei *cod.*   f. aliquid *e.*   g. eas *addidi.*
   1. dioec. Viennensis.   2. Isère fl.

1075
Mart. 9

fessus fuerit, nostra auctoritate statuimus. Praepositum vel abbatem seu cuiuslibet dispensationis ecclesiasticae ministrum, nisi
quem communis electio fratrum regulariter viventium suae professionis secundum Deum elegerit, vobis praeferri apostolica
auctoritate prohibemus. Ne quis autem haec a nobis salubriter
statuta violare praesumat, virtute sancti Spiritus et potestate
nobis a Deo collata interdicimus. Ecclesiam vestram, quam per
legatum apostolicae sedis reconciliari quaesistis, praefato filio
nostro Diensi episcopo, qui et Romanus et Viennensis ecclesiae
filius est, consecrandam commisimus. Data Romae 7 Idus Martii,
indictione 13.

II 60. *Ottoni episcopo Constantiensi praecipit, ut cum Ecardo
abbate Augiensi aut in gratiam redeat aut circiter die
1 Novembris Romam accedat.*

1075
Mart. 13

Gregorius episcopus servus servorum Dei Ottoni Constantiensi episcopo salutem et apostolicam benedictionem.

Sicut tua super Ecardo abbate Augensis monasterii, ita et
illius super te nobis est illata querimonia. Verum quia nos fati-
gationibus vestris parcere cupimus, consulendo mandamus vobis:
ut utrimque communes amicos et sapientes viros veritatis amatores, iustitiae magis quam amicitiae faventes, convocetis; quorum consilio, opportuno tempore et loco convenientes, litem
vestram aequis rationibus et aliqua congrua pactione dirimi in
commune assensum detis. Quod si peccatis facientibus fieri nequeat, commonitos vos ex praesenti auctoritate esse volumus,
ut circa festivitatem omnium sanctorum[1] ambo ad apostolorum
limina veniatis, quatenus annuente Deo causam vestram diligenti
examinatione discutiamus et diuturnam discordiam iusto fine decidamus. Interim vero praecipimus, ut, omni lite inter vos sopita, quasi per manum beati Petri et nostram firma pax posita
atque condicta teneatur, ut neutra pars alteram molestiis vel
contrarietate provocare aut inquietare audeat. Nec leve vobis
videatur, tanto mediatore interposito, pacis iura dissolvere; quo-

1. c. Nov. 1.

niam, qui in hac constitutione apostolicae auctoritati reverentiam
et fidem non exhibuerit, ex ipsa suae temeritatis impietate adversus se et causam suam fidem et iudicium provocabit. Data
Romae 3 Idus Martii, indictione 13.

1075
Mart. 13

II 61. *Dietwinum episcopum Leodiensem a vendendis dignitatibus ecclesiasticis praebendisque canonicis dehortatur. Pro-
spiciat, ut sacerdotes caste vivant. Iniuriis in Theodericum abbatem S. Huberti abstineat. Alberti comitis Namucensis ecclesiam aut ipse consecret aut ab episcopo
Mettensi consecrari patiatur.*

Gregorius episcopus servus servorum Dei D(ietwino) Leodicensi episcopo salutem et apostolicam benedictionem.

1075
Mart. 23

Iam multo tempore audivimus et multorum relatione comperimus, te perplura in episcopatu tuo[a] adversus instituta sanctorum patrum fecisse, videlicet in venditionibus ecclesiasticarum
dignitatum et canonicarum praebendarum. Unde tibi multum
condolemus et satis obstupescimus, cum tantum honorem gratis
susceperis et cum prudentes et religiosos viros inveneris, quod[b]
honores ecclesiasticos gratis non erogaveris; sed declinasti ab
exemplo tui antecessoris introductione nove consuetudinis. Ratione igitur iustitiae his de causis sententia[c] in te esset animad-
vertenda. Sed tibi[d] parcimus propter senilem aetatem, et quia
karissimus frater noster Herimannus Mettensis episcopus, tuae
ecclesiae filius, te multum apud nos excusavit; imputans aliis,
quaecumque super his male disposueris, quorum consilio usus
fueris. Commonemus ergo te apostolica auctoritate: ut quid egeris
adtendas; et iudicium ad quod properas expavescas; et amplius
desistas ab huiusmodi transgressionibus; et, in quibuscumque
poteris, studeas corrigere immutando quae egeris. Praecipimus
etiam, ut admoneas et coherceas quoscumque sacri ordinis ministros, caste vivere et concubinas omnino derelinquere; et ex-
termina nefas secundum patrum traditionem, quod temporibus
modernis inolevit ex taciturnitate pastorum; ne cum male ope-

a. tuo *addidi.*   b. quod *om. cod.*   c. *an* simonia?   d. tibi *addidi.*

1075
Mart. 23
rantibus propter silentium damneris et ipsi aeternae mortis incurrant periculum.

Compertum est nobis, te contumelias quorumdam consilio intulisse abbati[1] de Sancto Huberto[2] propter privilegium[3], quod a nobis suscepit. Sed excusamus eum, quod contra detrimentum[a] et honorem tuae ecclesiae nihil fecerit. Unde te monemus et rogamus, ut permittas eum[b] in pace et in omni tranquillitate.

In diocesi[c] etiam tua[d] Namucensis comitis[4] ecclesiam, quam adhuc consecrare distulisti, rogamus ut consecres; si vero ex debilitate corporis id facere nequiveris, committe hanc obedientiam karissimo filio nostro Mettensi episcopo. Quodsi non adquieveris, iustam et rationabilem causam, quare dimiseris, nobis[e] rescribas. Et quia in extremo videris positus, fraterna compassione ducti, auctoritate beati Petri apostolorum principis absolvimus te a peccatis tuis et Deum pro te exoramus, ut interventu beatorum apostolorum inter electos aeternum merearis consortium. Data Romae 10 Kalendas Aprilis, indictione 13.

II 62. *Sichardum episcopum Aquileiensem hortatur, ut concilii peracti de simonia sacerdotumque castitate decretis pareat.*

1075
Mart. 23
Gregorius episcopus servus servorum Dei Sichardo fratri et coepiscopo Aquilegiensi salutem et apostolicam benedictionem.

Fraternitatis tuae prudentiam latere non debet neque tui ordinis dignitatem ignorare oportet, quae statuta quaeque decreta in peracto concilio praeteritae quadragesimae consilio confratrum nostrorum ac totius conventus assensu, sequentes sanctorum patrum auctoritatem, statuimus. Decrevimus enim: quod, si quis eorum ordinum qui sacris altaribus administrant, presbyter scilicet diaconus et subdiaconus, uxorem vel concubinam habet, nisi illis omnino dimissis dignam poenitentiam agant, sacris altaribus penitus administrare desistant nec aliquo ecclesiae beneficio ulterius potiantur sive potitis fruantur; qui vero

a. *an* augmentum?   b. esse *excidisse videtur.*   c. diocesis *c.*   d. tuam *c.*
e. nobis *addidi.*

1. Theoderico I.   2. Andaginensi.   3. d. 1074 Apr. 29. Regesta pont. Roman. n. 3625.   4. Alberti III.

simoniace, videlicet per interventum pecuniae, sunt promoti, ut 1075
absque ulla spe recuperationis deponantur, apostolica censura Mart. 23
statuimus. Monemus itaque te, dilectissime frater et coepiscope,
immo apostolica tibi auctoritate praecipiendo mandamus: ut tu
in diocesi tua simoniacos omnino deponas; et fornicatoribus clericis, nisi a fornicatione abstinuerint praefata condicione, officium
et beneficium penitus interdicas; et suffraganeos tuos sive litteris
tuis sive viva voce ad te convocatos, ut idem faciant, summa cum
diligentia moneas. Data Romae 10 Kalendas Aprilis, indictione 13.

II 63. *Geusam ducem Ungarorum docet, Ungariae regnum, ecclesiae Romanae obnoxium, non debere alius regni regi subici;
Salomonem regem ideo deiectum esse, quod non a papa,
sed ab Heinrico IV rege regnum suscepisset. Legatos
commendat.*

Gregorius episcopus servus servorum Dei Geuse Ungarie 1075
duci[1] salutem et apostolicam benedictionem. Mart. 23

Licet per legatos, quos pridem ad nos direxisti, miserimus
tibi litteras, quas nondum te asseris percepisse, iterum tamen
pio caritatis affectu, qua omnes reges et principes ut filios admonemus, scribimus ad te; desiderantes tibi cum iustitia, quaecumque sunt honoris et gloriae. Multa quippe bona de te mihi
relata sunt atque ex tuis actibus honesta fama ad aures nostras
usque pervenit. Pro quibus diligimus te; et cupimus, ut fama
cum rei veritate semper ascendat. Notum autem tibi esse credimus, regnum Ungariae, sicut et alia nobilissima regna, in proprie libertatis statu debere esse, et nulli regi alterius regni subici
nisi sanctae et universali matri Romanae ecclesiae; quae subiectos
non habet ut servos, sed ut filios suscipit universos. Quod quia
consanguineus tuus[2] a rege Teutonico[3], non a Romano pontifice,
usurpative obtinuit, dominium eius, ut credimus, divinum iudicium impedivit. Cum vero res in manibus tuis sit, hortamur te:
ut intentam[a] circa ecclesias curam habeas, circa religionem sum-

a. interim *c.*

1. I regi.   2. Salomon rex Ungariae. Cf. ep. 13 supra p. 127.
3. Heinrico IV.

1075
Mart. 23 mum studium geras, talemque obedientiam legatis sanctae Romanae ecclesiae, cum ad te venerint, exhibeas, quatenus intercessione beati Petri in gloria et honore utriusque vitae proficias.
Data Romae 10 Kalendas Aprilis, indictione 13.

II 64. *Ivoni I abbati S. Dionysii de simonia suspecto praecipit,
ut aut apud legatos suos causam dicat, aut ante diem
30 Novembris Romam veniat.*

1075
Mart. 25   Gregorius episcopus servus servorum Dei Ivoni[1] abbati monasterii sancti Dionisii in Parisio.

Licet Romanae ecclesiae excusationem introitus tui Algisi
monachi vestri verba iam pridem replicaverint, licet ex parte
fidem nobis dederint, crescentem tamen tuam[a] infamiam et usque
ad sedem apostolicam iam a pluribus delatam indiscussam transire
nec possumus nec debemus. Quapropter, si contigerit hac in
aestate legatos nostros ad partes illas proficisci, praecipimus, ut
coram eis causam obiectionis tuae diligenter exponas et diffinitioni eorum obedienter pareas. Quodsi aliquod impedimentum
hoc fieri non permiserit, abhinc usque ad festivitatem sancti Andreae[2], de obiectis responsurus, ad nos venias. Interim te volumus circa curam animarum subditorum tibi strenuum sollici-
tumque exhiberi; quatenus, cum ad nos veneris, ipsum bonae
conversationis studium tam te quam illos, quibus praeesse videris, valeat commendare et Algisi bona de te referentis verba
confirmare. Data Rome 8 Kalendas Aprilis, indictione 13.

II 65. *Monachos S. Dionysii de suis ad Ivonem abbatem litteris
certiores facit, a discordiaque dehortatur.*

1075
Mart. 25   Gregorius episcopus servus servorum Dei monachis monasterii sancti Dionisii salutem et apostolicam benedictionem.

Abbatis vestri Ivonis infamia, quam pluribus referentibus,
ad aures nostras usque pervenit, videlicet quod simoniacę, hoc
est per interventum pecuniae, obtinuerit abbatiam. Cuius rei

a. tuam *addidi.* (*Cf. ep.* 65 *infra:* Abbatis vestri Ivonis infamia.)
1. I.   2. Nov. 30.

causa, quia huiusmodi infamiam indiscussam praeterire nec de- 1075
Mart. 25
bemus nec possumus, per litteras nostras sibi praecipiendo mandavimus: ut legatis nostris, si hac aestate ad partes illas eos
venire contigerit, de obiectis se purgaturum exhibeat; quodsi
aliquibus intervenientibus causis legati non venerint, abhinc usque
ad festivitatem sancti Andreae [1] de obiectis responsurum se nostrae
audientiae repraesentet. Quapropter admonemus religionem vestram: ut interim inter vos nulla discordia, nullum scisma diabolica fraude natum inveniatur — ipsi enim scitis, quia in scis-
sura mentium Deus non habitat — sed, religioni atque ordinis
vestri observationi sedato animo ac summa cum reverentia operam dantes, praedicto abbati humiliter obediatis; ne forte, quod
absit, in vestro scismate monasterium vestrum in rebus corporeis
et vos in anima damnum aliquod patiamini. Pro certo namque
sciatis, quoniam nos abbatiae sancti Dionisii sollicite invigilare
nunquam negligemus[a], sed secundum apostolum[2] honeste et cum
ordine facere volumus. Sicut enim nocentem iustificare nobis
admodum est timendum, ita et innocentem damnare valde periculosum. De cetero prudenter vos habete, dilectissimi filii, memores nostri in orationibus vestris. Data Romae 8 Kalendas
Aprilis, indictione 13.

II 66. *Burchardo episcopo Halberstadensi scribit de clericis ad castitatem impellendis.*

Gregorius episcopus servus servorum Dei Burchardo Halve- 1075
Mart. 29
stetensi episcopo salutem et apostolicam benedictionem.

Non ignorare te, frater karissime, credimus de ordinum ec-
clesiasticorum castitate sanctae sedis apostolicae statuta, antecessorum nostrorum et nostro deinceps studio per litteras et
legatos longe lateque promulgata. Nam et anno praecedente confratres nostri et episcopi, in partes illas directi, te convenerunt
et nostro nomine huius tibi operis oboedientiam studiosius incul-
carunt. Sed neque propterea has rursus de eadem re tibi litteras
mittere[b] superfluum iudicavimus, apostolo dicente: *Fratres, eadem*

1. Nov. 30.　2. 1 Cor. 14, 40.　　a. neglegimus *c*.　　b. mittere *addidi.*

vobis scribere, mihi quidem non pigrum, vobis autem necessarium[1]. Si enim, fratrum nostrorum exhortatione monitus, in id opus manus continuo misisti, ad hoc valebunt litterae, ut, sicut dicitur, currentem currere concitatius impellamus; sin autem huc usque cessasti, somno torporis expulso, ad evigilandum stimulo increpationis te[a] excitemus. Nos enim de taciturnitate nostra damnari metuimus, si conservis nostris, his maxime qui et alios docere idonei sunt, Domini pecuniam distribuere pigritamur. Urget nos enim timor illius maledicti, quod per Salomonem depromitur: *Maledictus homo, qui abscondit frumenta in populo*[2], et quod item per prophetam dicitur: *Maledictus homo, qui prohibet gladium suum a sanguine*[3], id est verbum praedicationis ab increpatione carnalium[4]. Sicut enim nos ad loquendum superiora exempla impellunt; ita et vos, quae de oboedientia passim scripta leguntur, adhortantur: quae dicimus, fraterna caritate suscipere. Nam legitur apud Samuhelem: *Melior est oboedientia quam victimae; quasi enim scelus idolatriae est non auscultare, et quasi peccatum ariolandi est, nolle acquiescere*[5]. Quod beatus Gregorius in moralibus[6] exponens, dicit: *Oboedientia ergo est, sine qua, quamvis fidelis quisque videatur, infidelis esse convincitur.* Denique novit fraternitas tua, quas proponimus, regulas a sanctis patribus esse praefixas, tantoque venerabilius observandas, quanto[b] constat non suo libitu sed Spiritus sancti promulgasse afflatu. Quam ob rem, karissime frater, instanter te[c] hortamur et apostolica auctoritate praecipimus: quatenus et a legatis nostris ante cognita et harum testimonio litterarum plenius inculcata fideliter exsequaris; de agro dominico zizania eradices, frumentum conserves; castos et religiosos clericos, ut tui officii cooperatores, benigne foveas, lubricos et incontinentes aut paternę corrigas aut incorrigibiles a sacris altaribus arceas. Et, nisi tuis exhortationibus acquiescentes resipiscant, nec laici etiam officium

---

a. te *addidi*.   b. certius eos illas *excidisse videtur*.   c. te *addidi*.

1. Philipp. 3, 1.   2. Prov. 11, 26.   3. Ierem. 48, 10.   4. v. supra p. 26 n. 4.   5. v. 1 Reg. 17, 22. 23.   6. L. 35 cap. 28, Opp. S. Gregorii ed. Benedictini I 1156.

eorum ullatenus audiant; ut, quos nec timor nec amor divinus 1075
compungit, pudor saltem humanus retrahat ad sobrietatem. His Mart. 29
si vigilanter institeris, et inoboedientiae culpam poteris evadere
et a Domino praemium tibi multiplex et indeficiens comparare.
Data Romae 4 Kalendas Aprilis, indictione 13.

II 67. *Annoni archiepiscopo Coloniensi mandat, ut, convocato
episcoporum concilio, sua de castitate clericorum decreta
promulget.*

Gregorius episcopus servus servorum Dei Annoni Coloniensi 1075
archiepiscopo salutem et apostolicam benedictionem. Mart. 29

Constat, ecclesiam Coloniensem inter ceteras regni Teutonici ecclesias sanctae et apostolicae sedi, cui Deo auctore deservimus, ita fide et dilectione atque obsequiis ab annis prioribus
esse devinctam, ut singulari familiaritate et gratia karitatis apud
eam, tamquam apud matrem dulcissima filia, praepolleat. Quem
benevolentiae laudabilis usum, ab antecessoribus nostris ad nos
usque deductum, non solum observare sed etiam ampliare et
augmentare pro rerum oportunitate et temporum modis omnibus
sum paratus. Hinc etiam karissime frater de oboedientia tui securior, fiducialius adhortor te[a] et moneo atque communis domini
beati[b] Petri auctoritate praecipio: ut ad castitatem clericorum
praedicandam atque inculcandam iuxta patrum decreta et auctoritatem canonum cum suffraganeis tuis omnibus studiosius accin-
garis; ut sponsae Christi, quae maculam nescit aut rugam[1], can-
didatae et immaculatae familiae gratiosum exhibeatur officium.
Novit enim fraternitas tua, quia praecepta haec non de nostro
sensu exculpimus; sed antiquorum patrum sanctiones, Spiritu
sancto praedicante prolatas, officii nostri necessitate in medium
propalamus, ne pigri servi subeamus periculum, si dominicam pecuniam, quae cum foenore reposcitur[2], sub silentio abscondamus;
quamquam huic sanctae Romanae ecclesiae semper licuit semperque licebit, contra noviter increscentes excessus nova quoque

a. te *addidi.*   b. beati *addidit manus alia.*
1. Ephes. 5, 27.   2. Matth. 5, 15 sq.

decreta atque remedia procurare, quae, rationis et auctoritatis edita iudicio, nulli hominum sit fas ut irrita refutare.   Urget nos etiam timor illius maledicti, quod per Salomonem depromitur — *usque ad id quod in superiori epistola*[1] *ait: Oboedientia ergo est, sine qua, licet fidelis quisque videatur, infidelis esse convincitur.*

Sed ut ea, que dilectioni tuae iniungimus, compendiosius efficaciusque prosequaris, cum fratribus et coepiscopis tuis concilium te cogere suademus. In quo, quam maximo poteris clericorum cetu congregato, leges canonicas per[a] sedis apostolicae auctoritatem tuamque et confratrum omnium patenter promulgabis; quanta castitatis sit virtus quamque ecclesiasticis gradibus necessaria, seu quam sponsi virginis et virginis sponsae cubiculariis sit competens, ut Deo donante nosti, latius expones; subinde firmiter pronunciabis: non ulterius sibi licere, quod in perniciem sui hactenus usurparunt; cum tolerabilius omnino sit, cessare ab officio, quam incestam vel etiam molestam suo salvatori ingerere servitutem, et inde sibi iram coacervare atque supplicium, unde praemium debuit emereri. Quodsi te, fideliter haec et firmiter exsequentem, tribulatio ac persecutio invenerit, respice ed eum qui dixit: *Confidite, ego vici mundum*[2]. Nos quoque, clipeo beati Petri munitos, indubitanter noveris seu ad repellendos hostes, si possumus, seu ad protegendum te omni hora paratissimos inveniri. · Illud quoque fraternitati tuae notum esse volumus, nos[b] contra symoniacam heresim in synodo confirmasse — nam a sanctis patribus longe ante statutum est — ac vehementer prohibuisse: ut neque ecclesiae ullatenus vendantur, aut pro manus impositione pretium accipiatur. Quodsi hoc modo ordinatus aliquis fuerit, eum a misse celebratione et euangelii lectione omnimodis removemus; et, ut haec diligenter observetis, enixius admonemus. Data Romae 4 Kalendas Aprilis, indictione 13.

a. et *c*.   b. nos *addidi*.
1. 66 p. 186.   2. Ioh. 16, 33.

II 68. *Wezelinum archiepiscopum Magdeburgensem ad stabiliendam clericorum castitatem adhortatur.*

Gregorius episcopus servus servorum Dei Wezelino Maga- 1075
deburgensi archiepiscopo salutem et apostolicam benedictionem. Mart. 29

Legimus, Iosue, cum in populo Dei magistro succedens ducatum suscepisset, ita sollicita et vigilanti oboedientia exercuisse
officium, ut, quod de aliis raro scriptum est, caelesti fretus virtute, elementis potentialiter imperaret. Nam et fluvium Iordanem
ad transitum exercitus cursum naturalem sistere fecit, et solem
volubili mobilitate in occasum anhelantem, donec adversarios
ulcisceretur, quasi alter creator stare praecepit; is etiam muros
Hiericho septeno perlustrans circuitu sacerdotalium clangore tuba-
rum subruit et evertit[1]. Vides, karissime frater, quid fervens in
divinis causis animus, quid prompta oboedientia meruerit. Ad
huius similitudinem facti, nos, qui populum christianum insti-
tuendi magisterium suscepimus, mentem vigilanter intendere debemus, ne adversarie potestatis muros, contra verum Iosue rebel-
lantes et erectos, silentio nostro stare aut roborari patiamur.
Quam ob rem fraternitati tuae apostolica auctoritate iniungimus
atque praecipimus: ut ad castitatem clericorum praedicandam et
studiosius inculcandam bucina sacerdotali vehementius et instan-
tius instrepas, donec Hiericho muros, id est defectionis opera et
sordide libidinis pollutiones, dissipes et subvertas, sicut dixit
Dominus[a] ad prophetam: *Posui te hodie super gentes et super
regna, ut evellas et destruas et disperdas et dissipes et aedifices et
plantes*[2]. Non nostra decreta — quamquam licenter, si opus esset,
possemus — vobis proponimus, sed a sanctis patribus statuta
renovamus, ne nostro silentio servi, pecuniam dominicam abscon-
dentis, sententiam incurramus. Elabora igitur, insta oportune importune[3], ut domus Dei tibi commissa purificetur; quatenus et a
nobis de oboedientia tua gratias merearis et, tui laboris pre-
mium recepturus, in Domini tui gaudium laetus introducaris.
Data Romae 4 Kalendas Aprilis, indictione 13.

a. dixit Dominus *addidi ex Ier.* 1, 9.

1. Ios. 3, 16; 10, 12; 6, 16.　　2. Ier. 1, 10.　　3. 2 Tim. 4, 2.

II 69. *Cuniberto episcopo Taurinensi mandat, ut cum Benedicto II abbate S. Michaelis Clusino aut pacem faciat aut die 11 Novembris ad sese veniat, atque ut interim iniuriis in illum abstineat; quod nisi fecerit, fore ut monasterium ecclesiae Romanae subiciatur.*

1075
Apr. 9

Gregorius episcopus servus servorum Dei Cuniberto Taurinensi episcopo salutem et apostolicam benedictionem.

Decuerat te frater karissime pro reverentia, quam beato Petro apostolorum principi et magistro universalis ecclesiae debes, nobiscum etiam servare unitatem et concordiam in vinculo caritatis et pacis[1], et labores nostros, ut in Christo proficerent et fructum facerent, saltim in attinentibus tibi et tecum actis iuvare negociis. Verum e contra, unde nos nec mirari nec dolere satis possumus, te immemorem nostrae dilectionis a nobis discrepare et ea, quae colligere laboramus, omni conatu ad dispergendum insistere, clamor fratrum monasterii sancti Michahelis[2], immo multiplex angustia, quam multorum relationibus te faciente eos pati audivimus, manifesta nobis indicia praebet. Meminisse enim debes, quot et quanta dominus et antecessor noster beatae memoriae Alexander papa et nos ipsi, cum novissime apostolicam sedem et praesentiam nostram visitasses, de pace et tranquillitate eiusdem monasterii cum tua fraternitate egimus: ne diabolus, servorum Dei saluti semper invidens et quieti, venenum suae nequitiae aliqua occasione ibi posset infundere et devotas animas ab assidua orationum et divini famulatus meditatione divellere. Qua de re licet nobis optime promiseris — videlicet te aut competentem de omnibus cum abbate[2] pacem facturum aut, si id fieri non posset, sine omni laesione monasterii ad iudicium apostolicae discussionis rem denuo delaturum — tamen, postquam a nobis discessisti, multo asperior atque crudelior contra venerabilem locum illum, quam antea fueras, prout nobis relatum est, extitisti et, quod ad detrimentum eius foret, non solum exteriori fortitudine sed episcopali etiam districtione dicere et facere non pepercisti. Unde non parum adversum te commoti esse pos-

1. Ephes. 4, 3.   2. Clusini.   2. Benedicto II.

sumus, qui ad contemptum apostolicae auctoritatis nostraeque 1075
fatigationis dispendium nostris consiliis admonitionibus rogatibus ^Apr. 9^
et iustis officii nostri dispensationibus te obsistere intelligimus;
ut pacem, quam servis Dei cum quanta[a] per Deum cognoscimus
consideratione iustitiae providere cupimus, tu nec pati possis
aut velis. Num quid ne existimas, episcopos hanc in pastorali regimine potestatem atque licentiam suscepisse, ut monasteria, quae
in suis paroechiis consistunt, quantum velint opprimant et studium religionis, suae praelationis occasione haec et illa potenter
exigendo et potestatem suam exercendo, comminuant? An ignoras, quod sancti patres plerumque et religiosa monasteria de subiectione episcoporum, et episcopatus de paroechia metropolitanae
sedis, propter infestationem praesidentium diviserunt et, perpetua
libertate donantes, apostolicae sedi, velut principalia capiti suo
membra adhaerere sanxerunt? Percurre sanctorum patrum privilegia et invenies: ipsis etiam archiepiscopis officium, nisi forte
ab abbate vocatis, in plerisque cenobiis facere prohibitum esse;
ne forte monastica quies tumultuosa saecularium personarum
frequentia et conversatione turbaretur. Hoc itaque ne et nos
illorum auctoritate et exemplo de praefato sancti Michahelis
monasterio facere cogamur neve tu, dum immoderata queris, ea
quae ex antiquo[b] tibi attinere videbantur iuste amittas, apostolica
te auctoritate monemus atque praecipimus: ut aut pacem cum
abbate congrua conventione et in commune proviso totius causae
moderamine facias, aut, si peccatis impedientibus hoc fieri nequiverit, in ventura sancti Martini festivitate[1] ad apostolicam sedem
te convocatum praesenti auctoritate cognoscas; quatenus adiuvante
Deo litem vestram dirimere et iusto fine concludere valeamus.
Interim vero eadem auctoritate praecipimus: ut neque vocando
ad synodum nec aliquo interdicto, denique nullo umquam vexatio-
nis modo abbatem vel saepe fatum monasterium aut servitores
eius seu loca vel bona illuc attinentia per te sive per tuorum
aliquem laedere aut inquietare praesumas; et quos anathematis
vinculo ex his qui partem illam attinent alligasti, quamquam

1. Nov. 11.   a. *an* cum ea quam?   b. quo *c.*

1075
Apr. 9

hoc temere feceris, caritati tamen fraternae providentes, ut tu eos absolvas, locum tibi et monita damus. Qua in re si tu moram feceris aut aliqua occasione nobis oboedire renueris, nostra apostolica auctoritate eos absolutos et ab omnibus interdicti vel excommunicationis tuae nexibus liberos esse noveris. Fac igitur, dilecte frater, ut vel nunc non in cassum tibi scripsisse videamur. Crede nostris consiliis, acquiesce monitis, nec libeat tibi[a] nos, plurimis occupatos, diutius causae huius implicari laboribus, nec deneges nobis fraternum et unanimem consensum in componenda pace saepe fati cenobii; ne, dum nobis immo beato Petro obstare non desieris, in graviorem culpam et irrevocabile detrimentum tuomet, quod non optamus, impetu praecipiteris. Nam, si deinceps ultra tenorem litterarum istarum supra memoratam causam in errorem et litigium trahere aut monasterio infestationes aliquas inferre pertemptaveris, nos divina et apostolica fulti auctoritate, ut monasterium illud cum omnibus suis pertinentiis in perpetua libertate consistat et, nullius magisterio vel iudicio post Deum nisi sanctae Romanae ecclesiae subditum, in proposito sanctae religionis sine laceratione Deo servire valeat, Deo adiuvante procurabimus. Data Rome 5 Idus Aprilis, indictione 13.

II 70. *Geusae duci Ungariae scribit, velle se inter eum et Salomonem regem pacem conciliare. Huic regnum a deo ademptum esse, quod Heinrico IV regi se subiecisset. Desideria eius sibi aperiri vult.*

1075
Apr. 14

Gregorius episcopus servus servorum Dei Geusae Ungariae duci[1] salutem et apostolicam benedictionem.

Si officii nostri est, omnibus sua iura defendere ac inter eos componere pacem et stabilire concordiam, multo magis ratio exigit atque usus utilitatis exposcit, ut seminemus caritatem inter maiores, quorum pax aut odium redundat in plurimos. Unde nobis cura est et cordi pia sollicitudo inhaeret, quatenus inter te et consanguineum tuum Salomonem regem faciamus pacem, si possumus: ut, iustitia utrimque servata, sufficiat unicuique

1. I regi.   a. te *c.*

quod suum est, terminum iustitiae non transeat, metam bone consuetudinis non excedat; sicque sit[a] in pace nobilissimum regnum Ungariae, quod hactenus per se principaliter viguit, ut rex ibi, non regulus fiat. Verum[b] ubi — contempto nobili dominio beati Petri apostolorum principis, cuius regnum esse prudentiam tuam latere non credimus[c] — rex[1] subdidit se Teutonico regi[2], et reguli nomen obtinuit. Dominus autem, iniuriam suo illatam[d] principi pervidens[e], potestatem regni suo ad te iudicio transtulit. Et ita consanguineus tuus[f], si quid in obtinendo regno iuris prius habuit, eo[g] se sacrilega usurpatione privavit. Petrus enim a firma petra dicitur, quae portas inferi confringit, atque adamantino rigore destruit et dissipat, quicquid obsistit. Quapropter, si quid vis, si quid habere a Romana ecclesia digne speras, nobis confidenter volumus ut aperias; et quae tua sit devotio erga universalem matrem qualiterve illi statueris oboedire sanctamque reverentiam exhibere, operibus sicut te decet ostendas. Quae autem hic minus scripsimus, horum portitoribus tibi dicenda reliquimus, quia de illorum fidelitate satis confidimus. Omnipotens Deus, qui beato Petro potestatem ligandi atque solvendi principaliter tribuit, eius precibus te tuosque in Christo fideles a cunctis peccatis absolvat et ad vitam perducat aeternam. Data Rome 18 Kalendas Maii[h], indictione 13.

II 71. *Wratizlaum II ducem Bohemiae rogat, ut Friderico nepoti aut patrimonium aut aliud beneficium tribuat. Monet, pacem colat, maximeque cum Pragensi et Olomucensi episcopis.*

Gregorius episcopus servus servorum Dei Wratizlao[3] Boemiorum duci salutem et apostolicam benedictionem.

Fredericus[4], nepos vester et Romanae ecclesiae fidelis, nos humillimis precibus flagitavit, quatinus tuae nobilitatis pruden-

---

a. sit *scripsi pro* fiat *c.*　　b. Verum — quicquid obsistit *legitur etiam* 2) *ap.* Deusdedit (*Borgia Breve istoria del dominio temporale, Append. p.* 14).　　c. non latet 2 *pro* latere non credimus.　　d. illata *c.*　　e. previdens *c. et* 2.　　f. consanguineus tuus *om. c.; recepi ex* 2.　　g. a *c. et* 2.　　h. *sic est* Iunii *corr. in cod.*

1. Salomon.　　2. Heinrico IV.　　3. II.　　4. postea II patriarcha Aquileiensis.

1075
Apr. 14 tiam rogaremus, ut beneficium, quod sibi pater suus[1] reliquid, eum permitteretis habere et in omni pacis quietudine possidere. Cuius supplicibus orationibus flexi, nobilitatis vestrae serenitatem obnixe rogamus: ut, si scitis eum habere iustitiam — tum, quia os tuum et caro est, ductus proprietate sanguinis, tum quia ad refugium apostolicae miserationis confugit — aut beneficium illud sibi reddatis, aut concambium tribuatis quod sibi sit acceptabile et tui condeceat generis dignitatem. Quodsi iustitiam non videtur habere, rogamus tamen: ut pro caritate et reverentia beati Petri apostolorum principis, cuius praesidia humiliter postulavit, aliquod sibi beneficium, quo possit honeste vivere, tribuatis. Non pigeat itaque nobilitatem tuam, in hoc nostras preces audire beatumque Petrum in hoc tibi debitorem facere; quoniam nos parati sumus favere tibi, in quibus possimus iustitia duce. Praeterea monemus, ut studeatis terram vestram et vestri honoris regimen firmissimae pacis federe undique praemunire, scilicet ut nullius litis scandalum in tuo regimine versari permittas, praecipue inter te et fratres tuos, et Bragensem[2] et Holomucensem[3] episcopum; quoniam sicut, qui discordie et litibus vacant, procul dubio diaboli sunt filii, sic, qui paci dant operam[a], filii Dei vocantur, ipsa Veritate attestante quae ait: *Beati pacifici, quoniam filii Dei vocabuntur*[4]. Omnipotens Deus mentem tuam illuminet sicque te faciat per bona transire temporalia, ut merearis adipisci[b] aeterna. Data Rome 18 Kalendas Maii[c], indictione 13.

II 72. *Bohemos ad pacem, castitatem, beneficentiam, hospitalitatem, decimas dandas, ecclesias honorandas adhortatur.*

1075
Apr. 15 Gregorius episcopus servus servorum Dei universis in Boemia constitutis maioribus atque minoribus salutem et apostolicam benedictionem.

Ex consideratione sedis, cuius licet indigni administrationem gerimus, debitores sicut scitis sumus fidelibus et infidelibus:

---

a. opera *c.*   b. addipisci *c.*   c. *sic est* Iunii *correctum in cod.*

1. Spitignev II dux Bohemiae.   2. Ieromirum.   3. Iohannem.
4. Matth. 5, 9.

fidelibus, ut quod bene proponunt perseveranter teneant; infi- 1075
delibus, ut ad creatorem suum, credendo et praeterita facinora Apr. 15
penitendo[a], convertantur. Unde, quia relatione episcoporum patriae vestrae limina apostolorum visitantium accepimus, quosdam
vestrum per viam mandatorum Dei incedere, quosdam vero non
nullis periculis male vivendo subiacere, studuimus vos paterna
caritate commonere, quatenus et boni meliores fiant et, qui re-
prehensibiliter vivunt, irreprehensibiles se exhibeant. Primum
scilicet vos....[b], ex toto corde et ex tota anima et ex omni virtute
vestra Deum et proximum sicut vosmet ipsos diligere; pacem,
sine qua nemo Deum videbit, inter vos constituere; non solum
clericos, sed et laicos castitatem servare; decimas Deo, a quo
tam vitam quam vitae sustentationem suscipitis, fideliter dare;
ecclesiis vestris debitum honorem impendere; elemosinis atque
hospitalitati devote insistere. Haec et his similia, quae ad salutem animarum vestrarum pertinent, licet pontifices vestros sufficienter scire ac[c] vobis insinuare non ignoremus, tamen, quia
verba nostra ex reverentia beati Petri constat vos carius atque
avidius recipere, ipsa vestra audiendi aviditas, quae ab aliis dari
possunt, nos documenta dare compellit: ut tanto sollicitius vobis
debitum reddamus exhortationis, quanto beatum Petrum in eadem
nostra exhortatione devotius adtenditis. Vos igitur, dilectissimi,
carnalia desideria fugite; ad caelestia et semper duratura patriae
caelestis gaudia mentes erigite; beatum Petrum, cui a Deo potestas principaliter et in terra et in caelo[d] ligandi atque solvendi
data est, devotissimi servitii fidelitate debitorem vobis[e] facite:
quatenus post dissolutionem terrenae habitationis nostrae — cui
cotidie volentes nolentesque propinquatis, nec multo post in ver-
mes et cinerem redigendi — eius praestantissimum ante districtum iudicem patrocinium sentiatis. Data Romae 17 Kalendas
Maii[f], indictione 13.

a. puniendo *c.*   b. exhortamur *excidisse videtur.*   c. ac *om. c.*   d. et in
caelo *addidi.*   e. vobis *addidi.*   f. *sic est* Iunii *correctum in cod.*

II 73. *Bolezlaum II ducem Poloniae laudat, quod munera S. Petro miserit. Legatos commendat, missos ut episcoporum Polonorum numerum augeant et sedem metropolitanam constituant. Hortatur, ut ablatam Russorum regi pecuniam reddat.*

1075
Apr. 20

Gregorius episcopus servus servorum Dei Bolezlao[1] duci Poloniorum salutem et apostolicam benedictionem.

Quoniam honor, qui ministris et dispensatoribus exhibetur, ad reverentiam dominorum proprie attinere dinoscitur, procul dubio gratanter et cum multa dilectione ministrantium labor officiaque suscipiuntur, ab his dico, qui praelatorum personas et auctoritatem ex corde diligere comprobantur. In hoc autem cognoscimus, quod excellentia vestra beatum Petrum apostolorum principem sinceris affectibus diligit et ad reverentiam eius ardenti spiritu dilatatur[a], quoniam, gratuita devotione vestris eum oblationibus honorantes, debitorem vobis fieri desiderastis et, sicut in Domino confidimus, promeruistis. Unde et nos, qui illius servi dicimur et esse cupimus, vestrae caritati in Christo conexi sumus; et curam ministerii, ad quod sub oboedientia apostolici principatus occulta Dei dispensatio nos licet indignos ordinavit atque constituit, in ea parte, qua vobis necessarium et honestum fore cognoverimus, tanto sollicitius vobis impertiri cupimus, quanto fidem et caritatem vestram et in oboediendo promptiorem et in promendo[b] devotiorem intelligimus.

Verum quia christianae religionis ordo et provida dispensatio ab his permaxime post Deum pendet, qui dominici gregis pastores et rectores esse videntur, illud nobis primo adtendendum est: quod episcopi terrae vestrae — non habentes certum metropolitanae sedis locum nec sub aliquo positi magisterio, huc et illuc pro sua quisque ordinatione vagantes — ultra regulas et decreta sanctorum patrum liberi sunt et absoluti; deinde vero: quod inter tantam hominum multitudinem adeo pauci sunt

---

a. dirigatur *sive* inflammatur *sive* incitatur *scripsisse Gregorius videtur.*   b. promerendo *c.* (*Cf. supra verba haec:* vestris eum oblationibus honorantes).

1. II.

episcopi et amplae singulorum parroechiae, ut in subiectis plebibus curam episcopalis officii nullatenus exequi aut rite administrare valeant. Pro his igitur et aliis causis, quas hic scribere
omisimus, hos legatos ad vos direximus: quatenus — vobiscum
pertractatis negociis, quae ad ecclesiasticam curam et aedifica-
tionem corporis Christi, quod est fidelium congregatio, pertinere
videntur — quae emendanda sunt, aut ipsi iuxta sanctorum patrum statuta definiant aut nobis definienda referant. Eos itaque
sicut nos audite, memores, quod in missione discipulorum per
euangelium Veritas dicat: *Qui vos audit, me audit; et qui vos
spernit, me spernit*[1]. Et ut fructuosus apud vos cursus fatigationis eorum fiat, propter reverentiam apostolicae legationis, qua
funguntur, consiliis et benigno favore eos[a] iuvate.

De cetero admonemus vos et exhortamur in Domino: ut,
diem ultimum vitae vestrae, quem ignoratis quando veniat, et
terrorem futuri iudicii semper coram oculis habentes, commissam vobis potestatem sollicita et Deo placita administratione
gerere studeatis; praeparantes vobis divitias in operibus bonis
et thesaurizantes firmum et immobile fundamentum[2], ut vitam
aeternam possideatis. Scire enim debetis, quoniam supernus
arbiter, quae vobis commisit, inrequisita non relinquet; cui tanto
districtius responsuri estis, quanto ampliora sunt iura et iudiciorum moderamina quae tenetis. Deus autem omnipotens, cuius
maiestas est super omnes principatus et regna, dirigat cor et
actus vestros ad omne opus bonum in omni prudentia et exercitatione virtutum, quatenus, expleto cursu huius lubricae et cito
periturae lucis, beatorum Petri et Pauli apostolorum principum
meritis et intercessionibus ad veram et sempiternam gloriam
pervenire mereamini; detque vobis, devicta per Iesum Christum
dominum nostrum inimicorum vestrorum superbia, pacis et tranquillitatis gaudia, ut ex donis quoque praesentibus cognoscatis,
futura quanto sint desiderio appetenda.

Quae nimirum si vos delectant, inter omnia servanda vobis
est caritas. Quam, quod inviti dicimus, in pecunia, quam regi

1. Luc. 10, 16.   2. Cf. 1 Timoth. 6, 19.   a. eos *addidi*.

1075
Apr. 20 Ruscorum[1] abstulistis, violasse videmini. Quapropter condolentes vobis, multum vos rogamus et admonemus: ut pro amore Dei et sancti Petri, quicquid sibi a vobis vel vestris ablatum est, restitui faciatis; non ignorantes, quoniam, qui aliorum bona iniuste auferunt, nisi emendaverint si emendare poterint, nullatenus in regno Christi et Dei partem habere credendi sunt. Hoc autem a vobis eadem caritate, qua dicimus, pro salute animae vestrae recipi concupiscimus. Data Rome 12 Kalendas Maii, indictione 13.

II 74. *Demetrio regi Russorum et reginae, uxori eius, significat se Iaropolco eorum filio roganti ex parte b. Petri regnum tradidisse. Legatos commendat.*

1075
Apr. 17 Gregorius episcopus servus servorum Dei Demetrio[1] regi Ruscorum et reginae uxori eius salutem et apostolicam benedictionem.

Filius[a] vester[3], limina apostolorum visitans, ad nos venit. Et, quod regnum illud dono sancti Petri per manus nostras vellet optinere, eidem beato Petro apostolorum principi debita fidelitate exhibita, devotis precibus postulavit; indubitanter asseverans: illam suam petitionem vestro consensu ratam fore ac stabilem, si apostolicae auctoritatis gratia ac munimine donaretur. Cuius votis et petitionibus, quia iusta videbantur, tum ex consensu vestro tum ex devotione poscentis tandem assensum praebuimus et regni vestri gubernacula sibi ex parte beati Petri tradidimus, ea videlicet intentione atque desiderio caritatis: ut beatus Petrus vos et regnum vestrum omniaque vestra bona sua apud Deum intercessione custodiat, et cum omni pace honore quoque et gloria idem regnum usque in finem vitae vestrae tenere vos faciat et, huius militiae finito cursu, impetret vobis apud supernum regem gloriam sempiternam. Quin etiam nos paratissimos esse noverit vestrae nobilitatis serenitas, ut, ad quaecumque iusta negocia

a. Filius — intercessione custodiat *leguntur etiam* 2) *ap. Deusdedit cardin., Borgia breve istoria del dominio temp., app. p.* 14.

1. Demetrio s. Isaslao I filio Iaroslai.   2. s. Isaslao I filio Iaroslai.
3. Iaropolcus.

huius sedis auctoritatem pro sua necessitate petierit, procul dubio   1075
continuo petitionum suarum consequetur effectum.   Praeterea,   Apr. 17
ut haec et alia multa, quae litteris non continentur, cordibus
vestris artius infigantur, misimus hos nuncios nostros, quorum
unus vester notus est et fidus amicus; qui et ea quae in litteris
sunt diligenter vobis exponent et, quae minus hic scripta* sunt,
viva voce explebunt. Quibus pro reverentia beati Petri, cuius
legati sunt, vos mites et affabiles praebeatis; et quicquid vobis
dixerint ex parte nostra, patienter audiatis atque indubitanter
credatis; et quae ibi ex auctoritate apostolicae sedis negocia
tractare voluerint et statuere, nullorum malo ingenio turbare permittatis, sed potius eos sincera caritate favendo iuvetis. Omnipotens Deus mentes vestras illuminet, atque per temporalia bona
faciat vos transire ad gloriam sempiternam. Data Rome 15 Kalendas Maii, indictione 13.

II 75. *Ad Sueinum II regem Danorum nuntios mittit, per quos
sibi significet, num b. Petri patrocinium concupiscat.*

Gregorius episcopus servus servorum Dei Sueino[1] regi Da-   1075
norum salutem et apostolicam benedictionem.   Apr. 17

Apud antecessores nostros iuris et consuetudinis erat, cari-
tativis legationibus docere viam Domini universas nationes, corripere in his quae arguenda erant omnes reges et principes, et
ad aeternam beatitudinem cunctos invitare legalibus disciplinis.
Plus enim terrarum lex Romanorum pontificum quam imperatorum obtinuit; in omnem terram exivit sonus eorum[2], et quibus
imperavit Augustus, imperavit Christus. Nunc vero reges et
praesides terrae, contemptores facti ecclesiasticae legis, qui amplius iustitiam servare et eam defendere debuerant, ad tot irro-
gandas ecclesiae contumelias devenerunt[b], atque ad tantam inoboedientiam, quae secundum Samuhelem[3] similis est idolatriae,
devoluti sunt: ut, fere iam quiescentibus legationibus nostris,

a. hic scripta *addidi. (Cf. lib. II ep.* 70 *supra p.* 193: Quae autem hic minus
scripsimus.)   b. convenerunt *c.*

1. II (Estrithson).   2. Ps. 18, 5; Rom. 10, 18.   3. 1 Reg. 15, 23.

1075
Apr. 17
quoniam pene sine fructu videntur, verba nostra tantummodo
orando convertamus ad dominum regum et deum ultionum. Sed
quia scimus, te et fortissimam gentem tuam, quae freno sapientiae tuae moderatur, circa matrem omnium ecclesiarum debitam
reverentiam exhibere, quae tanto est beato Petro humilior quanto
in fortitudine sua sublimior, ideo tibi dilectissimo filio nostro
litteras mittimus atque paterna affectione mandamus: ut, si quid
est, unde indiges quod auctoritas Romanae ecclesiae possit tibi
iuste largiri, per nuncios tuos et per hos, quos nunc mittimus,
nobis notum facias; quatenus, in quantum fas est, te honoremus
et praedictam reverentiam nobilissimi regni tui merita dignitate
donemus. Bonam enim famam de te accepimus; quae precibus
beati Petri et Pauli nunquam te deserat, immo ad gloriam
utriusque vitae capessendam, ut desideramus, cumuletur semper
et crescat.   Quia vero apud antecessorem nostrum beatae memoriae Alexandrum quaedam expetisti, quibus beatum Petrum
debitorem faceres, immo tibi et regno tuo nobile patrocinium
eius acquireres, per eosdem legatos mandes: utrum eadem voluntas sit, an fuerit passa defectum, aut, quod magis optamus,
susceperit augmentum. Ego enim cum in archidiaconatus officio
essem, multum diligebam te et, ut mihi videbatur, diligebar a te.
Sed ubi pastorale officium, quod in dilectione Dei et proximi
quasi in fundamento consistit, licet indignus accepi, caritas quam
habueram circa te maior facta est; quae, te proficiente in melius,
semper in maiorem gradum Deo propicio augeatur. Data Romae
15 Kalendas Maii, indictione 13.

II 76. *Bambergensibus Herimannum I ecclesiae eorum invasorem
demotum nuntiat. Praecipit, ne episcopatus bona diripiant.*

1075
Apr. 20
Gregorius episcopus servus servorum Dei clero et populo
Babenbergensis ecclesiae salutem et apostolicam benedictionem.
Notum est pene omnibus in Teutonicis partibus habitantibus,
quod Babenbergensis ecclesia specialis quodammodo filia adhaeret
matri suae Romanae ecclesiae, cui Deo auctore deservimus licet
indigni. Ac proinde tanto sollicitius vigilantiae nostrae nos oportet

sibi curam impendere, quanto familiarius apostolicae sedis est 1075
munimine contuenda. Unde, quia quidam idiota[1] praedictam eccle- Apr. 20
siam, symoniacae perfidie heretica pravitate subversus, invaserat,
eam a iugo sacrilegae pervasionis illius provida consideratione
liberare studuimus. Exeruimus[a] quidem gladium apostolorum principis Petri, et in eum apostolica auctoritate sententiam damnationis[b] promulgavimus. Verum quia in exclusione talium solent
ecclesiae multa damna pati et bona earum distrahi et disperdi,
dignum duximus, imminenti damno ecclesiae praecavere; ac proinde
sacrilegis et tyrannis apostolica auctoritate resistere, interdicendo:
ne occasione exclusionis illius res ecclesiae auferre vel quolibet
modo alienare praesumant. Quapropter ex parte Dei et apostolorum Petri et Pauli interdicimus: ut nulla alicuius dignitatis
seu potestatis sive cuiuslibet condicionis persona res iam saepe
fatae ecclesiae, maxime thesaurum et praedia, auferre vel aliquo
modo alienare iniuste diripiendo praesumat[c], donec omnipotens
Deus per interventum beati Petri ecclesiae illi idoneum pastorem
provideat. Si quis vero contra huius interdictionis paginam venire temptaverit, noverit, se gratiam sancti Petri amittere et
apostolicae animadversionis ultione plectendum. Data Rome
12 Kalendas Maii, indictione 13.

II 77. *Geboardum archiepiscopum Salzburgensem hortatur, ne*
novo episcopo, Guntherio Gurcensi, Alexandri II per-
missu constituto decimas adimat.

Gregorius episcopus servus servorum Dei Geboardo Salz- 1075
burgensi archiepiscopo salutem et apostolicam benedictionem. Iun. 17

Meminimus, dilectionem tuam annis superioribus apostolicam
sedem adiisse atque a praedecessore nostro bonae memoriae
Alexandro, me etiam favente atque assensum praebente, inpe- 1070
trasse: ut parroechiae tuae portionem prae amplitudine sui de- Mart. 21
cideres, atque in ea episcopatum et episcopum ad superhabun-

a. Exemimus *c.*   b. damnationis *addidi. Cf. Lib. III ep.* 1 *infra p.* 203.
c. praesumant *c.*

1. Herimannus I episcopus Bambergensis.

1070
Mart. 21

dantem regiminis curam supplendam statueres[1]. Quam tuae mentis intentionem tanto alacrius audivimus atque ut adimpleretur studuimus, quanto te religiosius id petere atque multorum saluti prodesse velle intelleximus. Quis enim, cui spiritualia lucra cordi sint — his praesertim temporibus, cum iuxta apostolum[2] omnes quaerunt quae sua sunt non quae Iesu Christi — non libentissime amplectatur voluntatem, divitias terrenas animarum saluti postponentem? Sed his diebus ad nos perlatum est de eodem bono proposito tuo, quod nos vehementer contristavit et laetitiae priori quasi quasdam meroris nebulas offudit[a]. In quo prudentiam tuam et religionem multum admirati sumus, id tibi ullatenus persuaderi potuisse, ut ad hoc te factum debuisses inflectere. Comperimus enim, te[b], episcopo ut praefati sumus in

1072

parte procurationis tuae composito[3], illum quidem in societatem laboris misisse, sed tibi fructum laboris, scilicet decimas, reti-

1075
Iun. 17

nuisse. Quod si verum est, graviter dolemus: in tam praeclaro tuae dilectionis opere cupiditatem, quae radix omnium malorum est[4], locum sibi potuisse surripere, ut operarium in vineam Domini mitteres et eum operis mercede fraudares[5]. Quam ob rem caritatem tuam admonitam esse volumus: ut, quod devote Deo obtulisti, serenum et sincerum sine fuci admixtione persolvas; plausibilem humani favoris laudem caveas, et, quod spe aeternae retributionis coepisti, in securitate eiusdem remunerationis expleas; et ecclesiam suarum decimarum redditibus investias. Data Rome 15 Kalendas Iulii, indictione 13.

a. effudit *cod.*   b. te *addidi.*

1. V. Alexandri II bullam d. d. 21 Mart. 1070; Mon. Germ. SS. XI 37, Regesta pont. Rom. n. 3450.   2. Philipp. 2, 21.   3. Guntherio episcopo Gurcensi.   4. 1 Timoth. 6, 10.   5. Cf. 1 Timoth. 5, 18.

EXPLICIT LIBER SECUNDUS.

INCIPIT LIBER TERTIUS
REGISTRI GREGORII PAPAE SEPTIMI
anno dominicae incarnationis millesimo septuagesimo
quinto, indictione decima tertia.

III 1. *Bambergensibus significat, Herimannum I, iam antea episcopali officio et sacerdotio privatum, anathemate quoque,
donec ad se veniret, affectum esse. Qui praedia ab eodem
acceperint, eos anathematizat*[a].

Gregorius episcopus servus servorum Dei clero et populo 1075
Babenbergensis ecclesiae salutem et apostolicam benedictionem. Iul. 20

Litteras[1] — quas Poppo praepositus ecclesiae vestrae[b] cum
his, qui secum erant, decepti simulata poenitentia falsaque religione Herimanni olim dicti vestri episcopi, incaute a nobis nimia sub festinatione recedentes, ad vos deferre neglexerunt —
nostro sigillo insignitas idcirco vobis ad praesens dirigere dignum
duximus, ut in eis manifeste cognoscatis[c]: quae fuerit de iam
dicto pseudoepiscopo nostra voluntas, quamque sententiam damnationis iudicio sanctae apostolicae sedis in eum promulgavimus;
indubitanter credentes, quoniam nullius supplicatio ant fraudu-
lenta suggestio ab eadem voluntate sive sententia ex eo, quo
se iudicio sanctae apostolicae sedis subtraxit, animum nostrum
potuit revocare vel umquam Deo auctore mutare valebit. Verum
quia sub obtentu religionis ac mentitae poenitentiae sanctam
Babenbergensem ecclesiam, specialem quodammodo sanctae Romanae ecclesiae filiam, tyrannide[d] conatus est confundere bonaque illius dilapidare atque disperdere[e], priorem sententiam confirmantes, ad cumulum damnationis eius hoc addimus: ut, inrecuperabiliter ab episcopali officio semotus, a sacerdotali quoque
sit omnino seclusus, quo usque apostolicae se audientiae repraes-
sentet, paratus eam cautionem facere, quam vestrae ecclesiae
cognoverimus expedire. Ab episcopali vero officio eum ideo se-

---

a. *Reperitur etiam* 2) *ap. Udalricum Babenbergensem n.* 139, *Eccardi Corp. hist. II*
p. 137.   b. vester 2 *pro* ecclesiae vestrae.   c. agnoscatis 2.   d. per tyrannidem 2.
e. dispergere 2.

    1. Lib. II ep. 76 supra p. 200.

1075
Iul. 20
gregamus, quia symoniacę invasit ecclesiam; sacerdotali quoque[a]
eum idcirco privamus, quoniam sub specie sanctitatis nisus est
eam dilaniare atque confundere. Et quia tanta mala contra ecclesiam, quoquo modo olim sibi commissam, exercere non timuit,
anathematis eum vinculo innodamus, quo usque supra dicto modo
se apostolicae audientiae repraesentet; nisi forte, in extremis positus[b], dignam poenitentiam accipiat; eo tamen tenore, ut, si con-
valuerit, simili modo ut dictum est se apostolicae sedi repraesentare festinet. Eodem quoque anathemate percutimus eos, qui
ab initio[c] promotionis eiusdem aliqua praedia ecclesiae ab eo
acceperunt, ut[d] sibi faverent ad eius malitiam contuendam; permaxime[e] illos, qui, postquam se apostolicae sedis iudicio subtraxit, ab eo aliquid in praediis vel in thesauris ecclesiae acceperunt ad confovendum eum, ut in sua pertinacia perseveret;
nisi resipuerint: videlicet ut condigna satisfactione, quod praedicto sacrilegio peccaverunt, emendent, nobisque suam poenitentiam resignare festinent. Data Laurenti[f] 13[g] Kalendas Augusti,
indictione 13.

III 2. *Sigifredo archiepiscopo Moguntino mandat, ut in locum*
Herimanni I deiecti invasoris ecclesiae Bambergensis sub-
stituendum successorem curet[h].

1075
Iul. 20
Gregorius episcopus servus servorum Dei Sigifredo Mogontino venerabili[i] archiepiscopo[k] salutem et apostolicam benedictionem.

Qualiter Babenbergensis Herimannus, iam nunc non episcopus, hoc anno[l] Romam petens[m] se habuerit vel qualiter se iudicio
apostolicae sedis subtraxerit quave fraude clericos praedictae ecclesiae sub obtentu poenitentiae deceperit et quo modo res eiusdem sibi contra Deum commissae ecclesiae peius quam prius
destruxerit et in[n] clericos quondam sibi commissos sicut tyran-

---

a. officio *add.* 2.   b. ductus *cod.*, positus 2.   c. causa *2 pro* ab initio.
d. ut sibi — acceperunt *om.* 2.   e. praemaxime *c.*   f. Albani 2.   g. 13—13 *om.* 2.
h. *Legitur etiam* 2) *ap. Udalricum Babenberg.* n. 138, *Eccardi Corp. hist. II p.* 137.
i. venerabili *addidi ex* 2.   k. episcopo 2.   l. tertio decimo *add.* 2.   m. penitens *c.*,
petens 2.   n. quomodo clericos — despoliaverit 2 *pro* in clericos — surrexerit.

nus surrexerit, vestra*, ut reor, cognoscit fraternitas et certa 1075
dolet tristitia. Quocirca nos — ulterius tantas non valentes impune Iul. 20
ferre nequitias et noviter inventas saevitias, maxime circa eam,
quae beato Petro specialiter commissa est ecclesia — iudicio sancti
Spiritus per eiusdem auctoritatem beati Petri apostolorum principis praedictum Herimannum ab officio episcopali atque sacerdotii[b] deposuimus et in perpetuo depositum esse censemus. Et
quia heresi iunxit[c] sacrilegium et sacrilegio apertam tyrannidem,
excommunicationis vinculo eum alligavimus, quo usque se apostolicae sedi repraesentet[d], quam conatus est non solum decipere
sed etiam dolo malo irridere. Si autem ad ultimum sibi diem
pervenerit, non ei poenitentiam et communionem denegamus; sed
mox, ut poterit, apostolicam adire sedem, omnino illi praecipimus. Haec ut publice, maxime fratribus tibi subiectis coepiscopis, notifices volumus. Et ex parte beati Petri praecipimus: ut
secundum sanctorum instituta patrum summopere procures in
praedicta Babenbergensi ecclesia pastorem ordinare; quatinus,
quod in praedicto symoniaco negligenter egisti, comproberis emendare. Data[e] Laurenti 13 Kalendas Augusti, indictione 13.

III 3. *Heinricum IV laudat, quod simoniacis resistat clericosque reddere castos desideret. De Herimanni I episcopi
Bambergensis punitione. Cuius ecclesiam ut religiosorum
consilio ordinet, hortatur[f].*

Gregorius episcopus servus servorum Dei gloriosissimo[g] regi 1075
Heinrico salutem et apostolicam benedictionem.   Iul. 20

Inter caetera bonarum virtutum opera, fili karissime, ad
quae te meliorationis studio assurgere fama referente audivimus,
duobus te modis sanctae matri tuae, Romanae scilicet ecclesiae,
eminentius commendasti. In altero quidem, quia symoniacis viriliter resistis; in altero vero, quia clericorum castitatem, utpote
servorum Domini, et libenter approbas et efficaciter desideras

---

a. tua 2.   b. sacerdotali 2.   c. adiunxit 2.   d. repraesentetur 2 *pro se*
repraesentet.   e. Data — ind. 13 *om.* 2.   f. *Habetur etiam* 2) *ap. Udalricum Ba-*
benberg. n. 186, *Eccardi Corp. hist. II* 185.   g. Heinrico regi *cod.*, gloriosissimo regi
Heinrico 2.

1075
Iul. 20 adimplere. Quibus de causis signum nobis proposuisti, opitulante Deo, altiora de te et prestantiora quaeque sperandi. Quapropter et haec te firmiter retinere valde optamus et dominum Deum nostrum, ut ea tibi cumulatius augere dignetur, suppliciter obsecramus[a].

Ceterum de Babenbergensi ecclesia — quae sui fundatoris institutione[b] sanctae et apostolicae sedi, tamquam humeri[c] capiti, membrum scilicet propinquius specialiori quadam cura sollicitudinis inhaeret — vehementer dolemus; et, eius desolationi pro viribus occurrere opitulari et consulere, officii nostri necessitate impellimur. Symoniacus enim ille Herimannus, dictus episcopus, hoc anno ad synodum Romam vocatus venire contempsit; sed cum propius Romam accessisset[d], in itinere substitit et, praemittens nuncios suos cum copiosis muneribus, noto sibi artificio innocentiam nostram et confratrum nostrorum integritatem pactione pecuniae attemptare atque, si fieri posset, corrumpere molitus est. Quod ubi praeter spem evenit, iam de damnatione sua securior, festinanter retrocessit; et blandis fallacibusque promissis clericorum qui secum erant animas lactans, aiebat: se, si[e] patriam repedare posset, ab episcopatu cessaturum et monasticae vitae professionem subiturum. Quam sponsionem qualiter[f] impleverit, celsitudinem tuam, fili karissime[g], non latet. Quin etiam temeraria ulterius progressus audacia, clericos, ecclesiae suae salutem et honorem quaerentes, bonis suis despoliavit et, nisi eum tua ut audivimus regalis potentia refregisset, penitus confudisset. His excessibus eius[h] diligenter consideratis, ab episcopali eum atque sacerdotali officio deiecimus. Insuper, quoniam Babenbergensem ecclesiam, apostolica beati Petri tuitione munitam, crudelius atque molestius quam ante infestare praesumpsit, anathematis eum vinculo innodavimus, donec ecclesiasticam dignitatem illicite usurpatam deponat et se nihilominus sedis apostolicae iudicio repraesentet. Nunc ergo, excellentissime fili, sublimitatem tuam hortamur et pro nostrae sollicitu-

a. exoramus 2. b. instituto 2. c. omnium — membrorum 2 *pro* humeri — membrum. d. venisset 2. e. in *add.* 2. f. quomodo 2. g. dilectissime 2. h. enim *cod.,* eius 2.

dinis debito suademus: ut religiosorum consilio virorum eadem 1075
ecclesia ita secundum Deum ordinetur, quatinus beati Petri, cuius
et nomini et defensioni attitulata[a] est, intercessione divinae merearis obtinere suffragia protectionis.   Quid vero hac ipsa de
causa Sigifredo confratri nostro Maguntino episcopo et eidem Babenbergensi clero et populo scripserim, ex litteris ad eos datis[1] ad
liquidum poteris cognoscere. Data[b] Romae 13 Kalendas Augusti.

III 4. *Sigifredi archiepiscopi Moguntini excusationes non ac-*
cipit. Monet, ne a praestando officio avertatur. Mandat,
ut de Wernhero episcopo Argentinensi, simoniae accusato,
cognoscat seque certiorem faciat. Concilium a sese impe-
ratum differri non vult. Addit de evellenda simonia et
clericorum fornicatione.

Gregorius episcopus servus servorum Dei Sigifredo Magun- 1075
tino archiepiscopo salutem et apostolicam benedictionem.   Sept. 8

Plurimas in tuis litteris, frater, excusabiles et, quantum ad
humanum spectat iudicium, validas protulisti rationes. Nec nobis
quoque viderentur infirmae, si huiusmodi possent in divino nos
examine excusare. Rata siquidem videtur excusatio: regni motus ac perturbatio, bella et seditiones, invasiones hostium ac
perditio rerum vestrarum, insuper et formido necis, quam nostris dicitis fratribus imminere principis odio; vel: ne hi, qui
de diversis partibus invicem inimicantur, si in unum conveniant,
usque ad internitionis bella consurgant. Quae sane omnia satis
videntur ad cuiuspiam excusationem idonea. Verum si consideremus, quantum ab humanis iudicia distant divina, nihil pene
repperimus, quod in superno examine excusabile proferamus, ut
ab animarum lucris retrahi sine periculo valeamus: non damna
siquidem rerum, non malorum simultates aut ira potentum, non
ipsius salutis quoque nostrae vitaeque dispendium. In hoc quippe
mercenarii a pastoribus distant: quod hi lupo veniente, dum
sibi non ovibus metuunt, gregis direptionem dispersionemque

a. intitulata 2.   b. Data — Augusti *om.* 2.
1. epp. 1 et 2 supra p. 203 et 204.

1075
Sept. 8

contemnentes, eis relictis effugiunt; pastores vero, qui vere suas diligunt oves, eas nequaquam deserunt imminente periculo, pro quibus quoque non dubitant propriae vitae subire exitium. Quapropter oportet et nos studiis pastoralis officii vigilanter insistere atque ad Domini gloriam ovium semper suarum salutem quaerere, ad gregis custodiam socios instigare et, ut recto gressu commissis ovibus praecedant, salubriter commonere. Namque, si fratres nostros consideremus delinquere et tacemus, si denique errare et non eos ad rectitudinis semitam monendo revocare conemur, nonne et ipsi delinquimus et errare merito iudicamur? Etenim, qui negligit culpas emendare, committit. Et cur Heli sacerdos in Sylo periit[1]? Et quid est, quod Dominus loquitur per prophetam: *Maledictus* inquit *qui prohibet gladium suum a sanguine*[2], id est verbum praedicationis a carnalium vitae interfectione[3].

Ut autem ad id, quod ad praesens premit animum et quod quasi causa est nostri sermonis, veniamus: quomodo ea patienter perferre valemus, quae de fratris nostri Strazburgensis episcopi[4] moribus audivimus et certa esse nonnulla veraci relatione cognovimus? Unde volumus atque praecipimus: quatenus unum, quod apud nos adhuc manet in dubio[a], symoniacae videlicet hereseos contagium, diligenter discutias et, quicquid super eo certum reppereris, nobis intimare non differas; quatenus, si verum fuerit, Christi ecclesia tantis sordibus emundetur, et illius animae, ne pereat, subveniatur; si vero quod magis optamus falsum, tanta infamia procul ab eo, adiuvante nos divina gratia, propellatur.

Illi vero, qui dicunt, concilium quod vobis indiximus esse differendum, rogamus respondeant: regii milites, dudum ut se ad bella pararent admoniti, quid tunc essent acturi, cum hostes in regia aula armis iam et igne sevirent; dicant ergo: utrum arma deberent ad ipsos hostes perturbandos ac conterendos violenter corripere, an, quid hostes agerent, tantum inertes[b] considerare. Quid enim aliud maligni spiritus agunt, nisi quod Christi ecclesiam igne vitiorum incessanter devastare contendunt? et quid

a. dubium *c.*   b. inhertes *e.*

1. 1 Reg. 4.   2. Ierem. 48, 10.   3. v. supra p. 26 n. 4.   4. Wernheri.

regios milites, sanctos videlicet sacerdotes, oportet facere, nisi 1075
adversus eorum saevitiam, clippeo caritatis munitos, gladio divini Sept. 3
verbi accinctos, auctoritatis vigore consurgere? Quod autem dicis,
quosdam fratres non posse ad concilium convenire ob principis
inimicitiam, dicimus et[a] sufficere, si de suis clericis dirigant,
qui pro eis valeant respondere.   Sed quoniam non ignoramus,
quod a pluribus carnalibus ac saecularibus deterreris[b], ne in
vinea Domini pro animarum lucris fortiter ac fideliter opereris,
ne tuarum forte rerum aut odiorum[c] potentum discrimen incurras; te ex parte Dei omnipotentis et auctoritate beati Petri rogamus et monemus: quatenus nullius odio aut gratia seu aliqua
terrenarum rerum iactura a rectitudinis tramite declinare praesumas, quin omnia, prout Spiritus sanctus donaverit, diligenter
examines, et nobis, quicquid certum constiterit, quantotius insinuare procures. Multum namque debet nobis videri pudendum:
quod quilibet saeculares milites cotidie pro terreno principe suo
in acie consistunt et necis perferre discrimina vix expavescunt;
et nos, qui sacerdotes Domini dicimur, non pro illo nostro rege
pugnemus, qui omnia fecit ex nihilo quique non abhorruit mortis
pro nobis subire dispendium nobisque promittit meritum sine
fine mansurum.   Hoc autem adhuc tuae fraternitati iniungimus: quatenus de symoniaca heresi ac fornicatione clericorum,
sicut ab apostolica sede accepisti, studiose perquiras; et, quicquid retro actum inveneris, legaliter punias et funditus reseces
ac, ne[d] quid ulterius fiat, penitus interdicas. Data Romae 3 Nonas Septembris, indictione incipiente 14.

III 5. *Beatrici et Mathildi scribit, Heinricum IV ambigua fide
esse, qui, quam pacem antea latenter secum componi voluerit, eam nunc cupiat confici palam. Suadet, ut cum
Godefredo, licet promissa non fecerit, foedus iungant.*

Gregorius episcopus servus servorum Dei Beatrici duci et
Mathildi filiae eius salutem et apostolicam benedictionem.   1075
Sept. 11

a. ei *c.*   b. dehorteris *c.*   c. *an* ne tuarum forte rerum (inimicitia) aut
odio (viro)rum potentum?   d. tale *excidisse videtur.*

1075
Sept. 11
Non parum de vobis miramur, quod de rege* his, quae per vestras litteras mandastis, nobis consulere decrevistis; cum constet apud vos, quod idem rex duos ac nobiles ac religiosos viros ad nos ante mensem Augustum legatos miserit — qui videlicet adhuc nobiscum manent — per quos talia mandavit:

Noverit vestra sanctitas, pater, quoniam, dum ego pene omnes principes mei regni de nostra magis discordia quam de mutua pace gaudere percipio, ad vos istos nuncios latenter dirigo; quos satis nobiles ac religiosos esse cognosco et pacis bonum inter nos optare coniungi nequaquam dubito. Hoc autem, quod mando, neminem scire volo praeter vos, dominam matremque meam, atque amitam Beatricem et filiam eius Mathildam. Me vero adiuvante Domino de expeditione Saxonica redeunte, alios legatos dirigam, quam familiariores ac fideliores habebo; per quos omnem vobis meam voluntatem et reverentiam, quam beato Petro et vobis debeo, significabo.

Postea vero praefatis legatis dicendo mandavit: quatenus non mirarentur nec graviter ferrent, quod promissos minime adhuc direxerit nuncios; eisque non fieret onerosum, eos donec ipse mitteret, praestolari; quoniam procul dubio illos missurus erat et in eadem sententia immobiliter permanebat. Nunc autem, qualiter hoc consilium versum sit et, quod facere latenter disposuerat, palam fieri velit, penitus miramur. Nisi quod datur intelligi: quia ipse nequaquam hanc cupiat pacem componi; quam modo vult palam eis fieri, quibus eam antea volebat abscondi et de quibus idem testabatur, magis eos de nostra discordia quam de mutua concordia laetari. Quapropter vos scire volumus, nos huic petitioni nullatenus consensuros; quoniam, quod modo inventum est, non videtur beato Petro[b] ac nobis honorabile vel eius utilitati provenire. Quodsi ad prius revertatur consilium, id videtur salubrius nobisque sequendum.

De consilio vero, quod expetistis a nobis, quid vobis sit respondendum Gotefredo[1], nescimus; cum ille aperte infregerit,

a. rege *addidi; cf. quae sequuntur verba haec:* quod idem rex.   b. beati Petri *c.*
1. Gibboso, duci Lotharingiae inferioris.

quod vobis iuramento promisit, nec certum quicquam de ipsius promissionibus credere valeamus. Verum si aliquod foedus, quod a sanctorum patrum sanctione non discrepet, inire cum eo poteritis[a], nobis .....[b] laudandumque videtur; sin autem, caritatem, qua nos Deus coniunxit, nullo modo posse dissolvi aut aliquatenus minorari, certissime apud vos[c] constare optamus. Unde, si vos dilexerit, eum diligemus; si vero ex sua culpa odio habere ceperit, sicut karissimas filias modis quibus poterimus vos diligendo, ei, Deo favente, resistemus. Data Romae 3 Idus Septembris, indictione 14[d].

1075 Sept. 11

III 6. *Omnibus S. Petri fidelibus de iniuriis apostolo illatis queritur. Addit de Heinrico IV rege anathematizato*[e].

Gregorius episcopus servus servorum Dei omnibus, qui cupiunt se[f] annumerari inter oves quas[g] Christus beato Petro commisit, salutem et apostolicam benedictionem.

1076 Febr.

Audistis, fratres[h], novam et inauditam praesumptionem. Audistis sceleratam schismaticorum et nomen Domini[i] in beato Petro blasphemantium garrulitatem et audaciam. Audistis superbiam, ad iniuriam et contumeliam sanctae et apostolicae sedis elatam, qualem vestri patres nec viderunt nec audierunt unquam nec scripturarum series aliquando a paganis vel haereticis docet emersam. Cuius mali etsi aliquod[k] unquam post fundatam ecclesiam[l] et propagatam fidem Christi praecessisset[m] exemplum, omnibus tamen fidelibus pro tanto[n] contemptu et conculcatione apostolicae immo divinae auctoritatis dolendum foret et gemendum. Quapropter, si beato Petro claves regni caelorum a domino[o] deo[p] nostro[q] Iesu Christo traditas esse[r] creditis[s] et vobis

a. poteris *c.*   b. probandum *excidisse videtur.*   c. nos *c.*   d. *Sequitur in codice, quae infra* 10 a *legitur, excommunicatio Heinrici regis*: Beate Petre — adversus eam. *Set et hanc et subsequentem epistolam* 6 *posterius insertam esse, litterarum atramentique diversitas docet.*   e. v. annot. d *supra.* — *Legitur haec epistola etiam* 2) ap. *Paulum Bernrid. c.* 77, *Pont. Rom. vit. ed. Watterich I* 517, 3) ap. *Brunonem de bello Sax. c.* 69, *Mon. Germ. SS. V* 353, 4) ap. *Hugonem Flaviniac., ibid. VIII* 442. f. se *om.* 2. 4.   g. oves Christi, quas beato 4.   h. carissimi *add.* 2, mei *add.* 4. i. Dei 2. 4.   k. quod 3; *om.* 4.   l. ecclesiam *addidi ex* 2. 3. 4.   m. processisset 3.   n. tanto *om.* 2.   o. *om.* 4.   p. deo *om.* 3.   q. nostro — Christo *om.* 4.   r. esse *om.* 3. 4.   s. credimus 2.

1076
Febr.

per manus ipsius ad aeternae vitae gaudia introitum patere[a]
cupitis, cogitandum vobis est, quantum nunc de irrogata[b] sibi
iniuria dolere debeatis. Nisi enim hic, ubi[c] per discrimina tem-
ptationum[d] vestra fides et corda probantur[e], socii passionum
efficiamini, procul dubio non estis digni, ut participes futurae
consolationis et filii regni coelestem coronam et gloriam sortia-
mini[f]. Rogamus igitur caritatem vestram, ut instanter divinam
misericordiam implorare studeatis: quatinus aut corda impiorum
ad poenitentiam vertat[g], aut, reprimendo eorum nefanda[h] consilia, quam insipientes et stulti sint qui petram a[i] Christo fundatam evertere et divina privilegia violare conantur, ostendat.
Qualiter[k] autem[l] aut quibus pro causis beatus Petrus anathematis vinculo regem[m] alligaverit, in cartula, quae huic inclusa
est[1], plene potestis cognoscere.

III 7. *Heinrico IV regi significat, eius litterae cum afferrentur,*
se longe ab urbe afuisse ob valetudinem. Gaudet, quod
de pace actionem religiosis viris demandaverit. De victis
Saxonibus gratulatur. De componenda ecclesia Bamber-
gensi denuo rogat[n].

1075

Gregorius episcopus servus servorum Dei Heinrico glorioso
regi et in Christo dilecto filio[o] salutem et apostolicam benedictionem.

Quando litteras tuae[p] magnitudinis accepi, longe ab Urbe
maxime causa infirmitatis[q] aberamus, cum quibus necessarium
erat tractare, quid vestrae legationi ad plenum sicut oportet re-
sponderem. Vester etiam nuncius, horum videlicet portitor, ob
praedictam causam egritudinis timebat diu[r] nobiscum manere.
Sed quia desideramus, non solum vobiscum, quem[s] Deus in

a. parare 3.   b. illata 2. 4.   c. ubique 2. 4.   d. quibus *add.* 2. 4.
e. parantur 4.   f. mereamini 4.   g. convertat 2. 4.   h. *om.* 4.   i. in 3.
k. Qualiter — cognoscere *om* 3.   l. *om.* 4.   m. alligaverit praefatum regem Heinricum, in sequentibus litteris cognoscere potestis 4 *pro* regem — cognoscere.   n. *Legitur*
etiam 2) *ap. Udalricum Babenberg. n.* 137, *Eccardi Corp. hist. II* 136.   o. glorioso —
et in Christo dilecto filio *recepi ex* 2.   p. vestrae 2.   q. maxime propter infirmum
aerem aberam 2.   r. diu *om. c.; recepi ex* 2.   s. quem — culmine *om.* 2.

1. Vide sis 10 a infra p. 223: „Excommunicatio Heinrici regis".

summo rerum posuit culmine, sed etiam cum omnibus homini- 1075
bus pacem quae in Christo est habere iusque suum unicuique
observare, cupimus summopere[a] corde et animo adhaerere.

Novi enim, quod te credo non ignorare: quia, qui Deum
re vera diligunt et Romanam ecclesiam Romanumque imperium,
ac[b] vindictam suorum criminum non pertimescunt, inter nos
pacem et concordiam inserere[c] agendo vel orando concupiscunt.
Quapropter bonam concepi fiduciam, quia hanc nostram immo
totius ecclesiae causam[d] religiosis hominibus coepisti committere,
qui nos non nostra iniuste diligunt et, ut christiana instauretur
religio, sancta intentione[e] requirunt. Ego autem, ut paucis lo-
quar, horum consilio paratus sum: Christo favente gremium tibi
sanctae Romanae ecclesiae aperire, teque ut dominum fratrem[f]
et filium suscipere, auxiliumque prout oportuerit praebere; nichil aliud a te quaerens, nisi ut ad monita tuae salutis non con-
tempnas aurem inclinare et creatori tuo, sicut te decet, non
contradicas offerre gloriam et honorem. Valde quippe indignum
est, ut honorem, quem a conservis et fratribus nostris exigimus,
creatori et redemptori nostro reddere contempnamus. Moveat
itaque nos divina promissio, qua dicitur: *Ego glorificantes me
glorificabo, et qui me contemnunt, erunt ignobiles*[1]; et offeramus
ei, quod placet nobis hac in via[g] seculari, ut perfruamur in
coelestibus dono spirituali.

De superbia vero Saxonum vobis iniuste resistentium, quae
divino iudicio a facie vestra contrita est[2], et gaudendum est pro
pace ecclesiae, et dolendum quia multus christianorum sanguis
effusus est. Vos autem in talibus plus honorem Dei et iustitiam
eius procurate defendere, quam honori proprio providere. Securius enim quilibet princeps mille impios potest causa iustitiae
punire, quam propriae causa gloriae quemlibet christianum gladio sternere. Omnia enim creavit et regit, qui dixit: *Ego glo-*

a. vos quoque nobis *excidisse videtur;* cupio tibi 2.   b. ad *cod.,* et 2.
c. inferre 2.   d. curam 2.   e. suam intentionem *cod.,* sancta intentione 2.
(*Cf. infra IV* 3: sancta et utili intentione incedentes).   f. dominum et fratrem 2.
g. vita 2.

1. 1 Reg. 2, 30.   2. prope Unstrut fl. die 9 Iunii 1075.

1075 *riam meam non quaero*[1]. Saluti quippe nostrae tunc vere providemus, cum in cunctis nostris actibus gloriam Dei proponimus.

De Herimanno vero, quondam nuncupato Babenbergensi episcopo, noverit vestra sublimitas, quia iam diu est, ex quo per quendam eiusdem ecclesiae clericum vobis nostroque confratri Sigifredo Magontino archiepiscopo et clericis praedictae ecclesiae misimus per[a] nostras litteras: quod auctoritate apostolicae sedis ab omni episcopali et sacerdotali dignitate sit depositus et anathematis vinculo alligatus; quia non timuit symoniace heresi sacrilegium adicere[b], sanctamque ecclesiam sibi commissam sicut tyrannus devastare. Unde rogavimus et ex parte beati Petri praecepimus et praecipimus: ut in praedicta ecclesia secundum Deum talis pastor ordinetur, qui, quod[c] fur et latro mactavit[2], Deo favente vivificet, et quod ille dissipavit, valeat resarcire. Omnipotens Deus, a quo cuncta bona procedunt, meritis et intercessione beatorum apostolorum Petri et Pauli sua pietate in hac vita vos protegat et defendat[d] et cum dupla victoria perducat ad vitam aeternam.

III 8. *Tedaldum clericum Mediolanensem, qui, electo Attone, archiepiscopatum acceperit, ad synodum venire iubet, interimque sacros ordines recipere vetat. Suadet, ne regis praesidio confidat.*

1075
Dec. 7
Gregorius episcopus servus servorum Dei Tedaldo Mediolanensi clerico salutem et apostolicam benedictionem, si oboedierit.

Nunciatum nobis est a quibusdam nostris fidelibus et tuis amicis, te amicitiam nostram cupere et expetere. Quam nos quidem, etiam non quesitam, gratis offerimus, quaesitam vero promtissime damus; si in his, quae Dei sunt, nostris monitis immo divinae voluntati ad iustitiam te adquiescere velle cognoverimus. In causa etenim, quam suscepisse videris, et nostrae sollicitudini necessitatem gravioris sarcinae superaddidisti et te

---

a. per *om.* 2.   b. abicere *c.*, adiicere 2.   c. quid *c.*   d. et defendat *recepi ex* 2.

1. Ioh. 8, 50.   2. Cf. Ioh. 10, 10.

ipsum quibus non oportuit implicuisti. In qua nimirum causa, sicut periculosum nobis esse[a] aliquid ultra limitem aequitatis prosequi, ita etiam iustitiae regulas declinare et sub silentio dissimulare, putamus. Non autem prudentiam tuam ignorare credimus: quod ad episcopalem cathedram, in qua positus es, ante te alia, quae adhuc superstes est, fuerit assignata persona[1]; quae nisi iustis rationibus prius excepta fuerit, legitimum in ea tibi aut cuiquam patere locum, nec canonica nec apostolica censura permittit. Non[b] de illo[2] quid dicendum nobis est, qui, dum honorem eiusdem sedis nefandis affectaret desideriis, quod iustitia sibi denegavit, sacrilega vi et armis invadere ac diripere non pepercit; quem ambitionis culpa, quam deserere noluit, usque ad iustam damnationis suae[c] perniciem traxit. De eo[3] nobis est sermo, qui nobiscum est, quem electum in eadem ecclesia certe cognovimus; sed, cur reprobari debeat, nulla adhuc deprehendere potuimus ratione. Quapropter, teste conscientia nostra, sincero caritatis affectu te admonemus: ut, si ecclesiam diligis et te pariter atque illam a periculo confusionis eripere cupis, ad proximam synodum, quam in prima ebdomada venturae quadragesimae[4] Deo annuente celebrare disposuimus, vel, si malis, ante synodum apostolica limina et nostram requiras praesentiam; quatenus — de introitu tuo, priusquam te gravius praecipites, aequa opitulante Deo examinatione peracta — quod tu ipse tutum tibi[d] fore cognoveris, absque omni impedimento et periculo animae tuae sequi ac tenere[e] possis. Nec dubitandum tibi credas, si huic[5], qui nobiscum est, dictante iustitia cessandum esse perspexerimus, quin in promotione tua benivola concessione ad honorem omnipotentis Dei et beati Ambrosii assensum pariter praebeamus et studium. Ad tollendam vero totius periculi suspicionem securitatem tibi per manus filiarum nostrarum Beatricis et eius filiae Mathildis promittimus et indubitanter damus:

a. *manus posterior addidit* t, *ut legeretur* esset.   b. Nam *c.*   c. suae *scripsit Giesebrecht pro* tuae *cod.*   d. sibi *cod.*   e. teneri *cod.*

     1. Atto, archiepiscopus Mediolanensis, electus d. 6 Ian. 1072.   2. Gotefredo II archiepiscopo Mediolanensi.   3. de Attone.   4. 1076 Febr. 14—20. 5. Attoni.

1075
Dec. 7

ut nichil tibi vel his, qui in tuo comitatu fuerint, contrarietatis a nobis vel nostris inferatur; sed in rebus et personis vestris tam in veniendo quam redeundo tuti penitus et illaesi Deo custodiente maneatis; ostensa solummodo et confirmata ea, quae in causa tua fuerit tenenda, sententia. Interim quoque ex parte Dei omnipotentis et apostolica beati Petri auctoritate tibi praecipimus: ut nullum de sacris ordinibus gradum recipere praesumas; sciens, quoniam, si non oboediens nobis modo non credideris, poenitebit te quandoque; cum tuamet praecipitatione te eo mersum videris, unde, cum volueris, salvum te eripere non possis. Si qui igitur, non percipientes ea quae Dei sunt, aliter tibi suggerere et persuadere incipiant, ostentantes: quanta tibi sint in rege praesidia, quanta in tua nobilitate potentia, quanta etiam in civibus tuis adiutoria, tutum tibi illis credere ne existimes; considerans, quid scriptura dicat: *Maledictus homo, qui spem suam ponit in homine*[1]. Atque hoc in animo gerens, quod regum et imperatorum virtus et universa mortalium conamina contra apostolica iura et omnipotentiam summi Dei quasi favilla computentur et palea, nullius unquam instinctu vel fiducia adversus divinam et apostolicam auctoritatem obstinata temeritate te rebellem et pertinacem fieri libeat. Data Romae 7 Idus Decembris, indictione 14.

III 9. *Gregorio episcopo Vercellensi ceterisque ecclesiae Mediolanensis suffraganeis significat de suis litteris ad Tedaldum, archiepiscopum a rege factum. Quem ne ordinent, sub excommunicationis poena interdicit.*

1075
Dec. 8

Gregorius episcopus servus servorum Dei fratribus et[a] coepiscopis Gregorio Vercellensi, Cuniberto Taurinensi, Ingoni Astensi, Ogerio Iporegiensi, Opizoni Laudensi et caeteris suffraganeis sanctae Mediolanensis ecclesiae, oboedientibus apostolicae sedi, salutem et apostolicam benedictionem.

Notum vobis esse credimus de[b] Tedaldo Mediolanensi cle-

a. et episcopis coepiscopis *cod.*   b. credimus de *addidi. (Cf. Giesebrecht de emend. p.* 36).

1. Ierem. 17, 5.

rico — quem rex, praeter quam nobis litteris ac legatorum verbis 1075
promiserit, in Mediolanensem ecclesiam posuit — quod episco- Dec. 8
palem sedem, ad quam alia prius, quae adhuc superstes est[1],
fuerit assignata persona, non satis ordinate suscepisse videtur.
Qui[a] cum per quosdam fideles nostros nostram requireret amicitiam, scripsimus[2] ei: hoc nos multum velle et cupere; atque
eo pacto facillime eum nobiscum[b] convenire posse, si, requisitis
apostolorum liminibus et nostra praesentia, causam promotionis
suae puram atque probabilem ostendere vellet et posset. Ad
quod exequendum amicabiliter eum vocavimus et — praefixo
sibi termino ad proximam synodum venturae quadragesimae, aut,
si malit, ante synodum — firmam securitatem veniendi ad nos
et redeundi ex nostra parte promisimus et dare parati sumus.
Insuper etiam, ne interim aliquem de sacris ordinibus gradum
recipiat, apostolica ei auctoritate interdiximus. Quod item et
vobis per eam, quam beato Petro apostolorum principi debetis,
oboedientiam et ex nostra, quam per illum licet indigni suscepimus, apostolica auctoritate interdicimus: ut nullus vestrum ad
promotionem alicuius ordinis manum ei praesumat imponere,
donec, oblata nobis sua praesentia, quid de introitu eius iudicandum et statuendum sit, sincera Deo adiuvante possimus examinatione discernere. Quod quidem cum communi consilio et
coniuncta omnium vestrorum discretione ac iudicio fieri permaxime cupimus, si vel illius ecclesiae cura vel respectus apostolicae reverentiae aut nostra caritas vos ad hoc negocium convocare poterit. Videte igitur: ne[c] quis vestrum, contempto hoc
interdicto[d], ad illius pariter et sui periculum manum extendat;
quoniam, si quis, quod non credimus, in ea praesumptione se
occupare proruperit, continuo se a gratia beati Petri et nostra
dilectione nec non a communione sacri corporis et sanguinis
Domini sequestratum esse cognoscat. Verum id agite, id, si Dominum diligitis, efficere procurate: ut frater ille, dum potest,

a. Qui *scripsit Giesebrecht pro* Quod *c.*   b. facillime eum nobiscum *scripsi pro*
facillimum *cod.*   c. neque *c.*   d. interdictu *c.*

1. Atto.   2. ep. 8 supra p. 214.

1075
Dec. 8 dum locum habet, sibi et ecclesiae consulat; paci vestrae et saluti tantae multitudinis hominum pene periclitantium provideat; nec, suamet praecipitatione casum petens, multos secum ad commune periculum trahat. In quo nunc apparebit: quis sit pastor in vobis, iniquitati aperte resistens; quis sit fur, simulationem faciens; quis latro, manifeste iustitiae contradicens. Considerate ergo, quomodo caute ambuletis. Quia, sicut durum est contra stimulum calcitrare[1], sic asperum est sanctae Romanae ecclesiae contraire[a], cui vos tamquam matri semper oportet oboedire. Data Romae 6 Idus Decembris, indictione 14.

III 10. *Heinricum IV regem hortatur, ut seiungat se ab excommunicatis poenitentiamque suscipiat. Reprehendit, quod quae de causa Mediolanensi promisisset, non exsolverit, et quod Firmanam Spoletinamque ecclesias tradiderit hominibus ipsi ignotis. Monet, ut ambiguitates relinquat, neu violare synodi Romanae decreta pergat. Ad epistolam eius se responsurum, cum legati regii ad se redierint.*

1076
Ian. 8 Gregorius episcopus servus servorum Dei Henrico regi salutem et apostolicam benedictionem, si tamen apostolicae sedi, ut christianum decet regem, oboedierit.

Considerantes ac sollicite pensantes, quam districto iudici de dispensatione crediti nobis per beatum Petrum apostolorum principem ministerii rationem reddituri sumus, cum dubitatione apostolicam tibi benedictionem mandavimus; quoniam iudicio sedis apostolicae ac synodali censura excommunicatis communionem tuam scienter exhibere diceris. Quod si verum est, tu ipse cognoscis: quod nec divinae nec apostolicae benedictionis gratiam percipere possis, nisi, his qui excommunicati sunt a te separatis et compulsis ad poenitentiam, de transgressione tua condigna penitudine et satisfactione prius absolutionem consequaris et indulgentiam. Unde excellentiae tuae consulimus: ut, si in hac re te culpabilem sentis, celeri confessione ad consilium alicuius religiosi episcopi venias. Qui, cum nostra licentia, congruam

---

1. Act. ap. 9, 5. a. contrahire *c.*

tibi pro hac culpa iniungens poenitentiam, te absolvat; et nobis 1076
Ian. 8
tuo consensu modum poenitentiae tuae per epistolam suam veraciter intimare studeat[a].

De cetero mirum nobis valde videtur: quod totiens nobis
tam devotas epistolas et tantam humilitatem tuae celsitudinis per
legatorum tuorum verba transmittis; filium te sanctae matris
ecclesiae et nostrum vocas, in fide subiectum, in dilectione unicum, in devotione praecipuum; postremo cum omni affectu dulcedinis et reverentiae te commendas; re tamen et factis asper-
rimum canonicis atque apostolicis decretis in his, quae ecclesiastica religio maxime poscit, te contrarium ostendis. Nam, ut
de reliquis taceamus, quod de causa Mediolanensi per matrem
tuam, per confratres nostros episcopos, quos ad te misimus, nobis promiseras, qualiter attenderis aut quo animo promiseris,
ipsa res indicat. Et nunc quidem, ut vulnus vulneri infligeres,
contra statuta apostolicae sedis tradidisti Firmanam et Spole-
tanam ecclesiam — si tamen ab homine tradi ecclesia aut donari
potest — quibusdam personis nobis etiam ignotis; quibus non licet,
nisi probatis et ante bene cognitis, regulariter manum imponere.

Decuerat regiam dignitatem tuam, cum te filium ecclesiae
confiteris, honorabilius magistrum ecclesiae, hoc est beatum Petrum apostolorum principem, intueri. Cui, si de dominicis ovibus es, dominica voce et potestate ad pascendum traditus es,
dicente sibi Christo: *Petre, pasce oves meas*[1], et iterum: *Tibi
tradite sunt claves regni caelorum; et quodcumque ligaveris super
terram, erit ligatum et in caelis; et quodcumque solveris super
terram, erit solutum et in caelis*[2]. In cuius sede et apostolica
administratione dum nos qualescunque peccatores et indigni divina dispositione vicem suae potestatis gerimus, profecto, quicquid ad nos vel per scripta aut nudis verbis miseris, ipse recipit. Et dum nos aut elementa[3] percurrimus aut loquentium
voces auscultamus, ipse, ex quo corde mandata prodierint, subtili inspectione discernit. Quapropter providendum esset tuae

a. audeat *c.*

1. Ioh. 21, 17.   2. Matth. 16, 19.   3. litteras. Cf. Lib. I ep. 3
supra p. 13 n. 1.

1076
Ian. 8
celsitudini: ne erga sedem apostolicam in verbis et legationibus tuis aliqua inveniretur discrepantia voluntatis; et in his, per quae christiana fides et status ecclesiae ad aeternam salutem maxime proficit, non nobis sed Deo omnipotenti debitam non denegares reverentiam; quamquam apostolis eorumque successoribus Dominus dicere dignatus sit: *Qui vos audit, me audit, et qui vos spernit, me spernit*[1]. Scimus enim, quoniam, qui fidelem Deo oboedientiam exhibere non rennuit, in his, quae sanctorum patrum statuta sequentes dixerimus, veluti si ab ore ipsius apostoli accepisset, nostra monita servare non spernit. Nam, si propter reverentiam cathedre Moysi Dominus praecepit apostolis, ut quaecunque scribae et Farisei super eam sedentes dicerent observarent[2], non dubium est, quin apostolica et euangelica doctrina, cuius sedes et fundamentum Christus est, cum omni veneratione a fidelibus per eos, qui in ministerium praedicationis electi sunt, suscipienda et tenenda sit.

1075
Febr. 24-28
Congregata nanque hoc in anno apud sedem apostolicam synodo — cui nos superna dispensatio praesidere voluit, cui etiam nonnulli tuorum interfuere fidelium — videntes ordinem christianae religionis multis iam labefactatum temporibus, et principales ac proprias lucrandarum animarum causas diu prolapsas et suadente diabolo conculcatas, concussi periculo et manifesta perditione dominici gregis, ad sanctorum patrum decreta doctrinamque recurrimus; nichil novi, nichil adinventione nostra statuentes; sed primam et unicam ecclesiasticae disciplinae regulam et tritam sanctorum viam relicto errore repetendam et sectandam esse censuimus. Neque enim alium nostrae salutis et aeternae vitae introitum Christi ovibus eorumque pastoribus patere cognoscimus, nisi quem, ab ipso monstratum qui dixit: *Ego sum ostium; per me si quis introierit, salvabitur et pascua inveniet*[3], et ab apostolis praedicatum, et a sanctis patribus observatum, in euangelica et in omni divinarum scripturarum pagina didicimus. Huius autem[a] decreti — quod quidam dicunt,

a. auctoritatem *excidisse videtur.*
1. Luc. 10, 16.　　2. Matth. 23, 2. 3.　　3. Ioh. 10, 9.

humanos divinis honoribus praeponentes, importabile pondus et   1075
immensam gravitudinem, nos autem magis proprio vocabulo: re-
cuperandae salutis necessariam veritatem vocamus et lucem —
non solum a te vel ab his, qui in regno tuo sunt, sed ab omnibus terrarum principibus et populis, qui Christum confitentur
et colunt, devote suscipiendam et observandam adiudicavimus;
quamquam hoc multum desideremus et te permaxime deceret,
ut, sicut caeteris gloria honore virtuteque potentior, ita esses et
in Christi devotione sublimior.

Attamen, ne haec supra modum tibi gravia aut iniqua viderentur, per tuos fideles tibi mandavimus: ne pravae consuetudinis mutatio te commoveret; mitteres ad nos, quos sapientes
et religiosos in regno tuo invenire posses; qui si aliqua ratione
demonstrare vel adstruere possent, in quo, salvo aeterni* Regis
honore[b] et sine periculo animarum nostrarum, promulgatam sanctorum patrum possemus temperare sententiam, eorum consiliis
condescenderemus. Quod quidem etsi a nobis tam amicabiliter
monitus non fuisses, aequum tamen fuerat: ut prius, in quo te
gravaremus aut tuis honoribus obstaremus, rationabiliter a nobis[c]
exigeres, quam apostolica decreta violares. Verum, quanti aut
nostra monita aut observantiam iustitiae feceris, in his, quae
postmodum a te gesta et disposita sunt, declaratur.

Sed quia, dum adhuc longa Dei patientia ad emendationem 1076
te invitat, crescente intelligentia tua, ad oboedientiam mandatorum Dei cor et animum tuum flecti posse speramus; paterna te
caritate monemus: ut, Christi super te imperium recognoscens,
honorem tuum eius honori praeponere, quam sit periculosum cogites; et libertatem ecclesiae, quam sponsam sibi coelesti consortio iungere dignatus est, non iam tua occupatione impedias;
sed, quo maxime crescat, Deo omnipotenti et beato Petro, a
quibus et tua mereatur amplificari gloria, auxilium tuae virtutis
fideli devotione exhibere incipias. Quod nimirum pro collata tibi
ex hostibus tuis victoria nunc a[d] te permaxime illis debitum
fore, cognoscere debes; ut, dum te memorabili prosperitate lae-

a. aeterno c.   b. honorem c.   c. iustitiam *excidisse videtur.*   d. a *addidi.*

1076
Ian. 8

tificant, ex concessis beneficiis devotiorem videant. Atque hoc
ut timor Dei, in cuius manu et potestate omne regnum est et
imperium, praecordiis tuis altius quam nostra admonitio infigat,
in mente habeas: quid Sauli, post adeptam victoriam, qua propheta iubente usus est, de suo triumpho glorianti et eiusdem
prophetae monita non exequenti, acciderit et qualiter a Domino
reprobatus sit; quanta vero gratia David regem ex merito humilitatis inter virtutum insignia subsecuta fuit.

Denique super his, quae in epistolis tuis visa ac[a] cognita
reticemus, non antea tibi certa responsa dabimus, donec legati
tui Rabbodi, Adelpreth et Uodescalki, quos[b] his adiunximus, ad
nos reversi, super his, quae illis tecum agenda commisimus,
tuam nobis plenius aperiant voluntatem. Data Romae 6 Idus
Ianuarii, indictione 14.

III 10 a. *De excommunicationibus in synodo Romana promulgatis.*

De synodo.

1076
Febr. 14-22

Anno ab incarnatione Domini millesimo septuagesimo quinto,
indictione 14, celebravit ipse domnus Gregorius papa Rome synodum in ecclesia domini Salvatoris, quae Constantiniana dicitur;
ubi interfuit episcoporum et abbatum atque diversi ordinis clericorum et laicorum copia.

In qua, inter caetera decreta quae ibi gesta sunt, excommunicavit Sigefredum Moguntinum archiepiscopum in hunc modum:
Sigefredum Moguntinum archiepiscopum, qui conatus est episco-
pos atque abbates regni Teutonicorum a sancta Romana ecclesia,
videlicet spirituali matre sua, scindere, iudicio sancti Spiritus et
auctoritate beatorum apostolorum Petri et Pauli ab omni episco-
pali officio suspendimus et a communione corporis et sanguinis
Domini separamus; nisi forte mortis periculum superveniat; ita
tamen, ut poenitentia ductus resipiscat. Caeteros vero, qui sua
sponte eius scismati consentiendo subscripserunt et in ea iniquitate
perdurare volunt, similiter ab omni episcopali officio suspendimus.
Illos vero, qui non sponte consenserunt, usque ad festivitatem

a. hac *cod.*   b. qui *c. An et illi quos?*

1076
Febr. 14-22

sancti Petri[1] *sufferimus, eo quidem respectu, ut, si infra istum terminum idoneam aut per se aut per nuncios suos satisfactionem praesentiae nostrae non obtulerint, episcopali deinceps officio priventur.*

Excommunicatio episcoporum Longobardiae.

Episcopos Longobardiae, qui, spreta canonica et apostolica auctoritate, contra beatum Petrum apostolorum principem sacramento conspiraverunt, auctoritate eiusdem beati Petri ab omni episcopali officio suspendimus et a communione sanctae ecclesiae separamus.

Excommunicatio episcoporum ultramontanorum.

Agathensem episcopum Berengarium[2], *quia Nerbonensi episcopo*[3] *excommunicato communicavit et vices episcopales pro illo fecit, excommunicamus.   Viennensem episcopum Herimannum, iuste depositum pro simonia periuriis sacrilegiis et apostasia, quia Viennensem ecclesiam infestare non desistit, excommunicamus; et ecclesiis Romanensi et sancti Hyrenei Lugdunensi, quo usque eas occupaverit, divinum interdicimus officium.   Desiderium et Romanensis ecclesiae clericos, qui regulares nostros ab ea expulerunt et excommunicatis communicaverunt, inde donec satisfaciant, excommunicamus.   Abbatem Sancti Egidii similiter et comitem*[4] *Sancti Egidii propter consanguineam; et comitem Forensem et Umbertum*[5] *de Belloioco*[6] *propter infestationes Lugdunensis ecclesiae; Podiensem symoniacum hōmicidam Stephanum*[7], *scilicet a legatis nostris excommunicatum, et Pontium*[8] *Gratianopolitanum, quo usque resipiscat, excommunicamus.   Et ea, quae Diensis episcopus*[9] *in episcopatu Diensi de decimis et primitiis et ecclesiis fecit, et caetera, quae in legatione nostra statuit, nos quoque confirmamus.*

Excommunicatio Heinrici regis Teutonicorum[a].

Beate Petre apostolorum princeps, inclina, quaeso[b], *pias*

---

a. *Excommunicatio haec legitur etiam 2) ap. Petrum Pisanum, Pont. Rom. vit. ed. Watterich 1 295, 3) ap. Paulum Bernrid. c. 76, ibid. p. 516, 4) ap. Brunonem de bello Sax. c. 70, Mon. Germ. SS. V 353.*   b. *quaesumus 2. 3.*

1. Aug. 1.   2. I.   3. Guifredo.   4. Raimundum, postea IV comitem Tolosanum.   5. I.   6. Beaujeu, a Lugduno ad septemtrionem.   7. III episcopum.   8. II.   9. Hugo.

1076
Febr. 14-22

aures tuas nobis et audi me servum tuum, quem ab infantia nu-
tristi et usque ad hunc diem de manu iniquorum liberasti, qui
me pro tua fidelitate oderunt et odiunt. Tu michi testis es et
domina mea mater Dei et beatus Paulus frater tuus inter omnes
sanctos: quod[a] *tua sancta Romana ecclesia me invitum ad sua*
gubernacula traxit, et ego non rapinam[b] *arbitratus sum ad sedem*
tuam ascendere, potiusque volui vitam meam in peregrinatione
finire, quam locum tuum pro gloria mundi[c] *saeculari ingenio*
arripere. Et ideo ex tua gratia non ex meis operibus credo
quod tibi placuit et placet: ut populus christianus, tibi specia-
liter commissus, mihi oboediat. Specialiter pro vice tua michi
commissa et michi tua gratia est potestas a Deo data ligandi
atque solvendi in celo et in terra. Hac itaque fiducia fretus,
pro ecclesiae tuae honore et defensione, ex parte omnipotentis Dei
Patris et Filii et Spiritus sancti per tuam potestatem et aucto-
ritatem Heinrico regi, filio Heinrici imperatoris, qui contra tuam
ecclesiam inaudita superbia insurrexit, totius regni Teutonicorum
et Italiae gubernacula contradico; et omnes christianos a vinculo
iuramenti, quod sibi fecerunt vel facient, absolvo; et, ut nullus
ei sicut regi serviat, interdico. Dignum est enim, ut, qui studet
honorem ecclesiae tuae imminuere[d]*, ipse honorem amittat, quem*
videtur habere. Et quia sicut christianus contempsit oboedire
nec ad Dominum[e] *rediit*[f] *quem dimisit — participando excommu-*
nicatis; et multas[g] *iniquitates faciendo; meaque monita, quae pro*
sua salute sibi[h] *misi te teste, spernendo*[i]*; seque ab ecclesia tua,*
temptans eam scindere, separando[k] *— vinculo eum anathematis*
vice tua alligo. Et sic eum ex fiducia tua alligo: ut[l] *sciant gentes*
et comprobent, quia tu es Petrus et super tuam[m] *petram filius*
Dei vivi aedificavit ecclesiam suam et porte inferi non praeva-
lebunt adversus eam[1]*.*

a. quia 3.   b. rapina *cod.,* rapinam 2. 3. 4.   c. pro *add.* 4.   d. minuere 2. 4.   e. Deum 2. 4.   f. redit 2.   g. et multas — faciendo *addidi*
ex excommunicationis exemplo, quod in cod. legitur post ep. 5. *V. supra p.* 211 *n.* d. *et*
ex 3 *et* 4; *om.* 2.   h. sibi *indidem;* ei 2.   i. sprevit 2.   k. separavit 2.
l. scienter *add.* 2.   m. hanc 3.

1. Matth. 16, 18.

III 11. *Arnaldo episcopo Acherontino mandat, ut Rogerium I comitem Siciliae et Calabriae et eius milites contra paganos pugnaturos, si poenitentiam peregerint, peccatis absolvat. Se paratum esse, Robertum quoque ducem Apuliae in gratiam recipere. Balduino episcopo Melfitano episcopatum reddi iubet.*

Gregorius episcopus servus servorum Dei Arnaldo fratri et coepiscopo Acherentino salutem et apostolicam benedictionem. 1076 Mart. 14

Noverit fraternitas tua, quoniam Rogerius[1] comes, frater Roberti[2] ducis, apostolicae sedis benedictionem et absolutionem requirit eiusque filius vocari et esse desiderat. Quapropter pastorali cura hoc laboris onus tibi imponimus, immo ex parte beati Petri imperamus: ut postposita omni torporis desidia illum adeas; eumque, huius nostri praecepti auctoritate fultus, si nobis parere sicut pollicitus est voluerit et poenitentiam ut oportet christianum egerit, ab omni peccatorum suorum vinculo — tam illum quam etiam suos milites, qui cum eo contra paganos, ita tamen ut agant poenitentiam, pugnaturi sunt — peccatis maxime[a] absolvas. Addimus praeterea, ut eum pia admonitione admoneas, quatenus se a capitalibus criminibus custodiat et christiani nominis culturam inter paganos amplificare studeat, ut de eisdem hostibus victoriam consequi mereatur.

Amplius, si de Roberto duce fratre suo aliquid tibi retulerit, respondeas ei: quoniam Romanae ecclesiae ianua misericordiae omnibus patet, quicumque poenitentiae amore ducti offensionis scandala deserunt et ad rectitudinis viam inoffenso pede regredi concupiscunt. Si igitur dux Robertus sanctae Romanae ecclesiae sicut filius parere exoptat, paratus sum: paterno amore eum suscipere, et suo consilio ei iustitiam conservare, et ab excommunicationis vinculo penitus absolvere et inter divinas oves eum annumerare. Quod si renuerit idem Robertus dux, ut cum eo ultra communicet, ex parte apostolicae sedis licentiam non poterit impetrare.

a. *sic.*

1. I comes Siciliae et Calabriae.   2. Roberti Guiscardi ducis Apuliae.

Hoc etiam tuae fraternitati iniungimus: ut confratri nostro Balduino Melfitano episcopo — qui correctionem universalis matris humiliter et audivit et observavit, sicut a fratribus nostris accepimus — officium episcopale, huius nostri praecepti fultus auctoritate, ex parte beati Petri, post poenitentiam datam de aliquibus excessibus, reddas. Et sicut ego pro illo preces confratris nostri Stephani Troiani audivi episcopi, ita ipse illum de sua salute nostri ex parte monitus audire procuret; suamque vitam semper in melius Deo adiuvante perducat. Data Romae 2 Idus Martii, indictione 14.

III 12. *Udonem archiepiscopum Trevirensem et Theodericum Virdunensem et Herimannum Mettensem episcopos hortatur, ut peccata corrigant, et Popponem episcopum Tullensem, qui contra se et arma sumpserit et regem sollicitaverit, in viam revocent.*

Gregorius episcopus servus servorum Dei fratribus et coepiscopis Udòni Treverensi, Theoderico Virdunensi et Herimanno Mettensi salutem et apostolicam benedictionem.

Litteras apostolicae sedis ideo vobis dirigendas esse censuimus, quia* scismaticorum, qui contra Deum et auctoritatem sanctae Romanae ecclesiae se erexerunt, non sponte vos consensisse intelleximus. Qua in re qualiter resipiscere vos oporteat, cum eandem, quam nos habemus, fidem et de sanctorum patrum libris scientiam habeatis, omisimus significare; sperantes, fraternitatem vestram stultissimam inimicorum nostrorum praesumptionem detestari, et in ea, qua debetis et soliti estis, devotione et amore sanctae apostolicae sedi fideliter uniri. Unde rogamus et admonemus, ut, quod scismaticorum persuasione deliquistis, competenti emendatione corrigatis, ut, sicut mater vestra de excessu vestro condoluit, ita de satisfactione laetetur. Volumus etiam, ut vice nostra Pipponem[1] Tullensem episcopum admoneatis, quatenus ea, quae sibi iniunximus, deinceps facere non omittat. Decuerat enim, ut de obiectis sibi debuisset respondere

1. s. Popponem.   a. pravitati *excidisse videtur.*

magis, quam contra auctoritatem principis apostolorum ad de- 1076
fensionem iniquitatum suarum arma corripere atque regem sollici-
tare: id contra nos praesumere, quod nunquam licuit neque Deo
annuente licebit in aliquem clericorum fieri. Qui si verba exhortationis nostrae contempserit, auctoritate beati Petri eum a communione corporis et sanguinis domini nostri Iesu Christi separatum
esse, sibimet notificetis, et non solum in anima sed etiam* in corpore ipsius principis apostolorum digna ultione fore puniendum[b].

III 13. *Rosellanis significat, de praediis litigiosis se ita iudi-
casse, ut in Dodonis episcopi Rosellani ditione essent,
nisi Guilielmus episcopus Populoniensis ante diem 5 Maii
contraria iura probasset.*

Gregorius episcopus servus servorum Dei clero et populo 1076
Rosellanae ecclesiae salutem et apostolicam benedictionem.

Quia officii nostri est, discordes ad concordiam revocare,
discordiam inter Rosellanam et Populoniensem ecclesiam graviter
exhortam diligenti examinatione discussimus. Tandem, post varias utrimque prolatas rationes, claruit non solum per privilegia
apostolice sedis verum etiam per quoddam diffinitionis scriptum,
praesentia* Silvestri papae et clericorum Romanorum iudicio confirmatum: quicquid in questione fuerat, Rosellanae ecclesiae pertinere. Unde collaudatione tam episcoporum quam etiam Romanae ecclesiae clericorum praefatam litem eo tenore decidimus:
ut, investitura Rosellano episcopo[1] deinceps concessa, si ante
proximum dominicae ascensionis festum[2] aliquam scriptionem
Populoniensis episcopus[3] ostenderit, quae ostensam nobis papae
Silvestri iuste improbare videatur, Populoniensis episcopus ad
reclamandum et renitendum licenter admittatur; sin autem, ab
eadem festivitate huiusmodi controversiae perpetuum silentium
habeant[d], et Rosellana ecclesia, apostolice sedis iterata diffini-

---

a. etiam *addidi.*   b. *In codice Mutinensi sunt teste Mansio (Coll. conc. XX* 199
n. a) *huic epistolae affixa verba haec:* Verum id agite — semper oportet obedire; *quae
omnia ex priore epistola 9, supra p. 217. 218, perperam assumpta esse patet.*   c. prae-
sentiç *c.*   d. habeat *c.*
    1. Dodoni.   2. Maii 5.   3. Guilielmus.

15*

1076 tione fulta, in perpetuum ab hac quaestione quiescat et insuper deinceps, privilegio[a] diffinitionem nostram latius continenti munita, praedia, quorum lis tantis temporibus ventilata est, sine aliqua molestatione possideat.

III 14. *Dominici IV patriarchae Gradensis erga se studium laudat. De Longobardorum Teutonicorumque episcoporum in se odio; de Giraldo episcopo Sipontino.*

1076   Gregorius episcopus servus servorum Dei Dominico[1] patriarchae Gradensi salutem et apostolicam benedictionem.

Quia matrem tuam sanctam Romanam ecclesiam, sicut in tuis litteris continetur, te puro corde venerari nosque pro amore apostolorum principis sincera caritate diligere profiteris, fraternitati tuae grates referimus; et, rependendo vicem eiusdem dilectionis tam ecclesiae tuae quam tibi, salvo libramine aequitatis, honori vestro providere semper parati sumus. Quoniam vero mirari ac nimium te dolere dixisti: quod Longobardi atque nonnulli Teutonicorum episcopi in nos insaniendo tam vehementi odio inardescunt; nullius culpae nos[b] nostra conscientia inde redarguit. Sed scimus, ob nil aliud eos illo conamine niti, nisi quod — ex praecepto Dei atque sanctorum praedecessorum nostrorum — illorum perversitatibus obviamus eosque ad rectum tramitem iustitiae reducere, si possibile esset, ex debito sollicitudinis, divina dispensatione nobis superinpositae, procuramus.   De litteris autem a fraternitate tua nobis directis nullo studio comperire[c] potuimus, quod hinc illuc fuerint reportate.   Super quaestione quoque, quam fraternitas tua de Giraldo Sipontino episcopo nobis suggessit, ad praesens pro absentia episcopi vobis respondere non possumus. Cum autem venerit, Deo concedente, causa diligenter exquisita, iustitiae providebimus.   Principis vero vani[d] negocium nulla ratione[e] videre possumus, ut ad praesens illum, quem postulat, consequi possit vel debeat habere effectum.   Data Rome, indictione 14.

a. privilegium *c.*   b. nos *addidi.*   c. comperere *c.*   d. *an* Venetiani? e. sic constitutum *excidisse videtur.*

1. IV.

III 15. *Wifredo militi Mediolanensi scribit de spe pacis cum Normannis componendae. Velle se Heinrici IV regis pace uti, si in viam redierit. Iubet eum forti animo esse. Auxilium pollicetur.*

Gregorius episcopus servus servorum Dei Wifredo Mediolanensi militi salutem et apostolicam benedictionem.

1076

Quia sollicitum te de honore christianae fidei litteris tuis significasti, aequum duximus, prudentiae tuae rescribere. Scias igitur, Normannos verba componendae pacis nobiscum habere; quam libentissime iam fecissent et beato Petro, quem solummodo dominum et imperatorem post Deum habere desiderant, humiliter satisfecissent, si voluntati eorum in quibusdam annueremus. Sed Deo auxiliante hoc non cum detrimento, sed cum augmento Romanae ecclesiae in proximo speramus facere et eos ad fidelitatem beati Petri firmiter et stabiliter revocare.

Cum rege quoque Alamanniae de componenda pace multis iam vicibus quidam aures nostras interpellaverunt. Quibus nos respondimus: cum eo nos pacem velle habere, si ipse cum Deo pacem studuerit habere, et ea, quae ad periculum sanctae ecclesiae et ad cumulum perditionis suae commisit, iuxta quod saepe a nobis ammonitus est, emendaverit.

Sed quia in potentia divinae virtutis magis quam in homine fidem spem et omnes cogitatus nostros collocavimus, volumus: ut tu etiam, quem ad confortandos Christi milites animum et fortitudinem resumpsisse intelligimus, firmiter in Deo confidas. Et expecta: eius auxilium et consolationem tibi et omnibus, iustitiam et legem Dei diligentibus, affuturam; et diaboli membra non, nisi quantum Deus permiserit, innocentiae nostrae nocitura. Ecce diabolus palam in mundo dominatur, ecce omnia membra sua se exaltasse laetatur; sed qui dixit: *Confidite, quia ego vici mundum* [1], det vobis certissimam fidem, festinanter se ecclesiae suae succurrere et diabolum et membra eius omnino confundere. Antiquas enim et nostri temporis considerantes permutationes, probabiliter invenimus: dominium diaboli tanto minus duravisse,

1. Ioh. 16, 33.

1076 quanto magis visum fuit exaltari et in christianam religionem
praevaluisse. Tu itaque, karissime fili, confortare in Domino et
in potentia virtutis eius[1]. Et eos conforta, quos in christiana fide
cognoveris permanere; eos autem, qui fidem christianam operibus negaverunt, ut resipiscant admone, ut erubescant in servitute diaboli vivere.   Quae autem hic minus scribimus, cum
loquuti fuerimus cum fidelibus sancti Petri, plenius indicabimus;
vobisque adiutorium Deo favente dare curabimus. Omnipotens
Deus meritis summae dominae et beatorum apostolorum Petri et
Pauli atque beati Ambrosii precibus mentes vestras illuminet et
in lege sua vos semper stabiliat, ut mereamini cum his annumerari, qui diabolum cum suis membris iudicabunt et cum Christo
semper regnabunt. Data Romae, indictione 14.

III 16. *Richerio archiepiscopo Senonensi mandat, ut, proposita*
excommunicatione, Rainerium episcopum Aurelianensem
ad sananda delicta hortetur.

1076
Apr.

Gregorius episcopus servus servorum Dei Richerio Senonensi
archiepiscopo salutem et apostolicam benedictionem.

Fraternitatem tuam intellexisse credimus: quantum iniuriae
Aurelianensis ecclesia negligentia episcopi sui[2], immo agente
ipso, sustinuerit; et quam iniuste patientia apostolicae sedis abusus fuerit. Quae iniquitates suas, auribus nostris delatas, non
solum discutere distulit; verum etiam regis Francorum[3], eum
eicere cupientis, accusationibus nullum assensum prebuit, immo,
quicquid in periculum suum fieri excogitaverat, studio vigilan-
tissimae sollicitudinis impedivit. Non enim videbantur huius accusationis verba, etiamsi vera essent, suscipienda; neque in eum
aliquid nisi legali discussione et iudicio promulgandum. Sed ipse,
huius mansuetudinis et tantae caritatis oblitus, fructum inoboedientiae matri suae Romanae ecclesiae dicitur reddidisse: privilegium venerandae memoriae antecessoris nostri papae Alexandri[a]
confringendo; et excommunicato a nobis Evrardo[4] impudenter

a. de decania Sanctae Crucis *excidisse videtur.*
    1. Ephes. 6, 10.   2. Rainerii.   3. Philippi I.   4. V. L. II ep. 52
supra p. 168.

communicando; et non solum ipsam decaniam sed fere omnia 1076
ecclesiae ministeria simoniace vendendo; adeo ut suspensamᵃ olim Apr.
apostolicae sedis sententiam operum suorum nequitia merito videatur in se provocasse. Unde volumus, religionem tuam praefatum episcopum commonere: quatenus Deo et ecclesiae suae
satisfaciat; etᵇ ita emendare studeat, ut et querela clericorum
omnino sopiatur, et infamia sua ad aures apostolicae sedis ulterius super his excessibus non referatur. Quodsi forte litteris
nostris, quae per te sibi mittuntur, et commonitioni tuae inoboediens exstiterit, auctoritate beati Petri principis apostolorum usque
ad dignam satisfactionem a communione corporis et sanguinis
domini nostri Iesu Christi eum separes; quatenus, quantum factis
suis Dominum offenderit, vel in hoc recognoscat. Data mense
Aprili, indictione 14.

III 17. *Rainerio episcopo Aurelianensi praecipit, ut iniuriis in
decaniam S. Crucis et in Benedicti canonicam desistat
Romamque ante diem 1 Novembris veniat.*

Gregorius episcopus servus servorum Dei Rainerio Aurelia- 1076
nensi episcopo salutem et apostolicam benedictionem, si obedierit. Apr.

Graviter et usque ad ulciscendam tuae temeritatis audaciam
contra te merito commoveremur, nisi apostolica mansuetudine
detineremur. Ipse enim meminisse debes et potes: qualiter venerandae memoriae praedecessor noster Alexander papa decaniam sanctae Crucis, viso donationis tuae ex eadem praepositura
decreto, illud canonicis tuis deferentibus, eis per munimina apostolicae roborationis iuxtaᶜ tenoremᵈ tuae donationis confirma-
verit; et, subscripto anathemate apostolicae auctoritatis, tam te
quam omnes homines a violentia iam dictae praeposituraeᵉ per
privilegium suae confirmationis compescuerit. Cuius anathema —
excommunicato Evrardo communicando, quodque etiam durius
est, sicut dicitur ab eo pretium accipiendo — temerario ausu
incurrere non timuisti; et totam ecclesiam perturbare, nefario

a. *sic Giesebrecht de reg. emend. p. 87 correxit:* a Deo suspensam ut *cod.*
b. delicta *excidisse videtur.*   c. iusta *c.*   d. morem *c.*   e. inferenda *excidisse videtur.*

1076
Apr.

fastu superbiae ductus, pro nihilo habuisti. Unde praesumptionem tuam iuste quidem cohercere apostolicae animadversionis
vindicta deberemus; sed spe futurae emendationis adhuc excessus
tuos sufferimus. Apostolica itaque tibi auctoritate praecipimus:
quatenus a tanta temeritate iam animum revoces; et, praedictam
praeposituram canonicis et Ioschelino, qui eam ab eis habet, in
tuta pacis tranquillitate possidere permittens, nullam[a] deinceps
illis molestiam inferas. Volumus enim, eos sic cuncta quae illius
praepositurae sunt in integrum possidere cum omni pacis quiete,
ut privilegium beatae memoriae praedecessoris nostri Alexandri
papae nec in minima qualibet parte videatur infringi. Quin etiam
praecipimus: ut abhinc usque ad festivitatem omnium sanctorum[1],
tam de his quam de multis aliis quae tibi obiciuntur rationem
redditurus, te nostro conspectui[b] repraesentes; et interim haec
omnia, quae superius memorantur, canonici et Ioschelinus, qui
ab eis praeposituram tenet, in pace possideant; abbatiamque
suam idem Ioschelinus cum omnibus suis aliis rebus mobilibus
et immobilibus similiter teneat et in pace, nullam controversiam
a te aliquo modo summissam patiendo, possideat. Benedictus
quoque canonicam suam sub eadem pacis tranquillitate interim
habeat. Praecipimus etiam, ut canonicam concessam alimoniae
pauperum, quam ab eo usu subtractam diceris vendidisse, ad
eumdem usum restituas. Si quidem his nostris praeceptis ac
monitis oboedienter obtemperaveris et, quae in illis continentur,
cuncta patienter impleveris, laetabimur propter pacem ecclesiae;
alioquin scias, te ab omni episcopali officio esse suspensum et a
communione corporis et sanguinis domini nostri Iesu Christi separatum. Data Romae mense Aprili, indictione 14[c].

III 17a. Iusiurandum Roberti, dicti Carnotensis epi-
scopi.

1076
Apr.

Ego Robertus promitto omnipotenti Deo et beato Petro apostolorum principi, cuius corpus hic requiescit: quod in quocunque

a. nulla c.   b. conspectu c.   c. Sequitur in cod. Berengarii iusiurandum, de
quo v. L. VI 17a infra.
1. Nov. 1.

tempore legatus apostolicae sedis — directus a domino nostro 1076
Gregorio, qui nunc est Romanus pontifex, vel ab aliquo succes- Apr.
sorum suorum item Romanorum pontificum — ad me venerit,
infra terminum, quem idem legatus mihi constituerit, Carnotensem
episcopatum, omni occasione sublata vel fraude, dimittam; et cum
bona fide studebo, quatenus ecclesia illa secundum Deum ordinetur; nihil acturus, me sciente, per me vel per aliquam a me
summissam personam, unde eadem ecclesia vel clerici eius meo
studio vel malitia laesionem aut detrimentum accipiant.

Hoc sacramentum, iubente domino nostro Gregorio VII papa,
ego Cono humilis presbyter tituli Christi martyris et virginis
sanctae Anastasiae scripsi; et in ecclesia beati Petri in confessione ad corpus eius, ubi factum est, interfui.

Interfuerunt etiam Iohannes Portuensis episcopus; Theodinus
archidiaconus; Gregorius, Bernardus, diaconi sanctae Romanae
ecclesiae; et alii duo, videlicet Ingelrammus decanus Carnotensis
ecclesiae, et Ivo tunc magister scholarum in eadem ecclesia.
Actum Romae mense Aprili, indictione 14.

III 18. *Symeonem episcopum Hispanorum hortatur, curet, ut per*
totam Hispaniam et Gallitiam ordo Romanus observetur.

Gregorius episcopus servus servorum Dei Symeoni Hispa- 1076
norum episcopo[1] salutem et apostolicam benedictionem. Mai.

Cognitis fraternitatis tuae litteris, gaudio sumus repleti; quoniam eam, quam erga Romanam ecclesiam fidem et devotionem
geris, in eis plene agnovimus et: quod non adulterino eam more
deserere, sed legitimae prolis successione amplecti desideras. Quapropter, karissime frater, necesse est, ut bene inceptum recto
itinere gradiatur. Nec heretica debet pravitate minui, quod apostolica constat traditione sancitum. Apostolica enim sedes, cui
quamvis immeriti Deo auctore praesidemus, ipso gubernante firma
permansit ab ipsis primordiis, eoque tuente illibata perpetuę per-
manebit, testante eodem Domino: *Ego pro te rogavi, Petre, ut*
non deficiat fides tua; et tu, aliquando conversus, confirma fra-

1. Burgensi, antea Ocensi. Cf. L. I ep. 64 supra p. 84 n. 5.

1076
Mai.

tres tuos[1]. His itaque fulta praesidiis, Romana te cupit scire ecclesia: quod filios, quos Christo nutrit, non diversis uberibus nec diverso cupit alere lacte; ut secundum apostolum sint unum et non sint in eis scismata[2]; alioquin non mater sed scissio vocaretur. Quapropter notum sit tibi cunctisque Christi fidelibus, super quibus nos[a] consuluisti: quod decreta, quae a nobis immo a Romana constant ecclesia prolata sive confirmata, in peragendis a vobis eiusdem ecclesiae officiis inconcussa volumus permanere; nec eis acquiescere, qui luporum morsibus et veneficiorum[b] molimine vos inficere[c] desiderant. Nec dubitamus, quod secundum apostolum introeant in vos lupi graves, lupi rapaces, non parcentes gregi[3]; quibus resistendum fortiter est in fide. Ideoque, dilectissime frater, certa; et usque ad sanguinis effusionem, si opportunum fuerit, desuda. Indignum enim et pro ridiculo potest haberi: quod seculares homines pro tam vili pretio tamque Deo odibili commertio se ipsos periculo ultroneos exhibeant; et fidelis quisque irruentibus cedant hostibus terga. Non enim ab eis poterit acquiri virtus, qui facile corruunt, quo trahuntur.   Quod autem filii mortis dicunt, se a nobis litteras accepisse, sciatis, per omnia falsum esse.   Procura ergo, ut Romanus ordo per totam Hispaniam et Gallitiam, et ubicunque potueris, in omnibus rectius teneatur.   Data Romae mense Maii, indictione 14.

III 19. *Cyriaco archiepiscopo Carthaginiensi scribit, se audiisse,*
Africam ad tantam episcoporum devenisse orbitatem, ut
ne tres quidem, qui episcopum consecrent, inveniantur.
Mandat, ut adhibito illo, quem ipse nuper ordinaverit,
tertium eligat, qui consecrandus ad se mittatur.

1076
Iun.

Gregorius episcopus servus servorum Dei dilecto in Christo fratri Ciriaco Cartaginensi archiepiscopo salutem et apostolicam benedictionem.

Pervenit ad aures nostras, quod Africa, quae pars mundi esse dicitur quaeque etiam antiquitus vigente ibi christianitate

a. nos *addidi*.   b. *an* veneficorum?   c. *an* interficere?
1. Luc. 22, 32.   2. 1 Cor. 1, 10.   3. Act. apost. 20, 29.

maximo episcoporum numero regebatur, ad tantum periculum 1076
devenerit, ut in ordinando episcopo tres non habeat episcopos. Iun.
Qua in re maximum christianae religionis periculum considerantes, et in maximo agro paucis operariis desudantibus corde
tenus compatientes, consulimus[a] vobis, videlicet tibi et illi[1] cui
nuper manum imposuimus: ut aliquam personam secundum constitutionem sanctorum patrum eligatis nobisque eam litteris vestris fultam mittatis; quatenus, ipso Deo cooperante a nobis ordinato vobisque remisso, necessitati ecclesiarum, ut sancti canones praecipiunt, episcoporum ordinationibus succurrere valeatis;
et ut christiana gens cotidie gaudeat atque proficiat pastorali
regimine, et labor, qui supra vires vos opprimit, levior sit ex
sociorum necessaria administratione. Data Romae mense Iunii,
indictione 14.

III 20. *Clerum et populum Buzeae hortatur, ut Servando archiepiscopo a sese consecrato obtemperent.*

Gregorius episcopus servus servorum Dei clero et populo 1076
Buzeae[b] in Mauritania Sitifense, id est in Africa, constituto[c]
salutem et apostolicam benedictionem.

Servandum archiepiscopum, quem a vobis electum ad nos
consecrandum misistis, iuxta petitionem vestram, secundum legem
nostram, divina favente clementia consecravimus atque, consecratum nostrisque legalibus moribus, in quantum possibilitas
spatiumque temporis indulsit, diligenter instructum, ad vos remisimus. Quem cum omni devotione mutuae caritatis omnique
reverentia christianae religionis rogamus ac paterna caritate vos
monemus suscipere, et omnem oboedientiam divinae legis vos
hortamur sibi humiliter exhibere: quatenus populi Saracenorum,
qui circa vos sunt — videntes sinceritatem fidei vestrae, puritatem quoque mutuae inter vos divinae caritatis ac fraternae
dilectionis — potius ad emulationem quam ad contemptum christianae fidei ex vestris operibus provocentur. Oportet enim, vos

a. consulnimus c.   b. id est Yppona *addidit manus alia.*   c. constituti c.
1. Servando. V. ep. 20 infra.

1076 considerantes, glorificent Patrem vestrum qui in coelis est. Agite igitur, dilectissimi filii, secundum praeceptum domini nostri Iesu Christi, dicentis ad discipulos suos: *Diligite vos invicem, sicut ego dilexi vos. Maiorem caritatem nemo habet, ut animam suam ponat quis pro amicis suis*[1]. Apostolus quoque Paulus, magister et doctor gentium, dicit: *Si dominus noster Iesus Christus posuit animam suam pro ovibus suis, ac dedit sanguinem suum redemptionem pro multis, debemus et nos pro fratribus animam ponere*[2]. Sic itaque vos sedulos erga cultum christianae religionis exhibete, dilectissimi atque amantissimi fratres, quatenus post huius vitae pelagus ad portum perpetuae quietis atque aeternae beatitudinis feliciter pervenire possitis, largiente ipso redemptore domino nostro Iesu Christo, qui cum Patre et Spiritu sancto vivit et regnat deus per omnia secula seculorum. Amen.

III 21. *Anazir regi Mauritaniae Sitifensis significat, se, ut rogasset, Servandum archiepiscopum consecrasse. De christianis captivis dimissis gratias agit. Alberici et Cincii nuntios commendat.*

1076   Gregorius episcopus servus servorum Dei Anazir regi Mauritaniae Sitifensis provinciae in Africa salutem et apostolicam benedictionem.

Nobilitas tua hoc in anno litteras suas nobis misit, quatenus Servandum presbyterum episcopum secundum christianam constitutionem ordinaremus. Quod, quia petitio tua iusta et optima videbatur, facere studuimus. Missis etiam ad nos muneribus, christianos, qui apud vos captivi tenebantur, reverentia beati Petri principis apostolorum et amore nostro dimisisti, alios quoque captivos te dimissurum promisisti. Hanc denique bonitatem creator omnium Deus, sine quo nichil boni facere immo nec cogitare possumus, cordi tuo inspiravit; ipse, qui inluminat omnem hominem venientem in hunc mundum[3], in hac intentione mentem tuam inluminavit. Nam omnipotens Deus, qui omnes ho-

1. Ioh. 15, 12. 13.   2. Cf. 1 Ioh. 3, 16 et 1 Timoth. 2, 6.
3. Ioh. 1, 9.

mines vult salvos facere[1] et neminem perire, nichil est, quod 1076 in nobis magis approbet, quam ut homo post dilectionem suam hominem diligat et, quod sibi non vult fieri, alii non faciat[2]. Hanc itaque caritatem nos et vos specialius nobis quam caeteris gentibus debemus, qui unum Deum, licet diverso modo, credimus et confitemur, qui eum creatorem saeculorum et gubernatorem huius mundi cotidie laudamus et veneramur. Nam sicut apostolus dicit: *Ipse est pax nostra, qui fecit utraque unum*[3].

Sed hanc tibi gratiam a Deo concessam plures nobilium Romanorum per nos cognoscentes, bonitatem et virtutes tuas omnino admirantur et praedicant. Inter quos duo familiares nostri, Albericus et Cincius[4], et ab ipsa pene adolescentia in Romano palatio nobiscum enutriti — multum desiderantes in amicitiam et amorem tuum devenire et de his, quae in partibus nostris placuerit tibi, libenter servire — mittunt ad te homines suos: ut per eos intelligas, quantum te prudentem et nobilem habeant, et quantum tibi servire velint et valeant. Quos magnificentiae tuae commendantes, rogamus: ut eam caritatem, quam tibi tuisque omnibus semper impendere desideramus, eis pro amore nostro et recompensatione fidelitatis praedictorum virorum impendere studeas. Scit enim Deus, quia pure ad honorem Dei te diligimus et salutem et honorem tuum in praesenti et in futura vita desideramus. Atque ut ipse Deus in sinum beatitudinis sanctissimi patriarchae Abrahe post longa huius vitae spacia te perducat, corde et ore rogamus.

1. 1 Timoth. 2, 4.   2. Matth. 7, 12.   3. Ephes. 2, 14.   4. praefectus Urbis, filius Iohannis praefecti.

EXPLICIT LIBER TERTIUS.

INCIPIT LIBER QUARTUS
REGISTRI GREGORII PAPAE SEPTIMI
anno dominicae incarnationis millesimo septuagesimo sexto, indictione decima quarta.

IV 1. *Omnibus in Christo fratribus scribit de malis ab Heinrico IV ecclesiae illatis. Hortatur, ut in viam eum revocent, quique cum eo communicent, eorum societatem vitent* [a].

1076
Iul. 25
Gregorius episcopus servus servorum Dei omnibus in Christo fratribus, episcopis videlicet [b] abbatibus atque [b] sacerdotibus, ducibus etiam [c] principibus atque militibus omnibusque christianam fidem et beati Petri honorem re vera diligentibus, in Romano imperio [d] habitantibus, salutem et apostolicam benedictionem.

Gratias agimus omnipotenti Deo — qui propter nimiam caritatem suam [e] qua dilexit nos proprio filio suo [e] non pepercit, sed pro nobis omnibus [e] tradidit illum [1] — quia ultra meritum, ultra spem etiam bonorum hominum ecclesiam suam protegit gubernat et defendit. Scitis enim fratres karissimi, quia hoc periculoso tempore, quando antichristus in suis membris iam [e] operatur ubique, vix aliquis solet inveniri, qui re vera Deum et honorem eius diligat et eius praecepta seculari commodo et gratiae terrenorum principum praeponat. Sed ille, qui non repellit plebem suam [2] et cotidie peccatores a sinistra in dexteram commutat, vos propitio ac sereno vultu respexit et contra suos inimicos ad salutem multarum gentium erexit, ut magis vobis libeat, in periculo transitoriae vitae consistere, quam aeterni regis gloriam et honorem humanae gratiae postponere [f]. Haec itaque [g] facientes, non aure surda apostolorum principem dicentem transitis: *Genus electum, regale sacerdotium* [3]; *obedire magis oportet Deo quam hominibus* [4].

Nam vestra fraternitas minime [h] ignorat: quanto tempore

---

a. *Legitur etiam* 2) *ap. Hugonem Flavin., Mon. Germ. SS. VIII* 440.　　b. om. 2. c. et 2.　　d. Romanum imperium *cod.*　　e. om. 2.　　f. praeponere 2.　　g. autem 2. h. non 2.

1. Rom. 8, 32.　　2. Ps. 93, 14.　　3. 1 Petr. 2, 9.　　4. Act. 5, 29.

sancta ecclesia inauditas pravitates et diversas iniquitates regis[1],   1076
et utinam christiani et vestri, sustinuit; et quantae ruinae quan-   Iul. 25
taeque calamitati, ipso auctore, hoste antiquo praecedente, patuit.
Cui nos, fraterna dilectione et amore patris et matris eius ducti,
adhuc in diaconatu positi, admonitionis verba transmisimus; et
postquam ad officium sacerdotii licet indigni venimus, ut resipisceret, summopere et frequenter per viros religiosos admonere[a]
procuravimus[b]. Ipse vero quid contra[c] egerit; et quomodo malum
pro bono reddiderit; vel qualiter, calcaneum suum contra beatum
Petrum erigendo, sanctam ecclesiam, quam sibi omnipotens Deus
commisit, scindere procuraverit; vestra novit caritas et per omnia
mundi iam personuit[d] climata. Sed quia nostri est officii: homines non vitia diligere, et pravis ut resipiscant resistere, et im-
pietates non homines abhorrere; auctoritate beati Petri apostolorum principis monemus vos et ut karissimos fratres rogamus:
ammodo[e] studete illum de manu diaboli eruere et ad veram
poenitentiam provocare, ut eum possimus Deo favente ad sinum
communis matris nostrae, quam conatus est scindere, fraterna
ducti caritate, revocare; ita tamen, ut nulla fraude possit reci-
diva clade christianam religionem confundere et sanctam ecclesiam pedibus suis conculcare. Quodsi vos non audierit; et diabolum potius quam Christum sequi elegerit; et eorum, qui pro
symoniaca heresi iam per longa tempora excommunicati sunt,
consilium vobis praetulerit; divina inspirante potentia simul inveniamus simulque statuamus: ut, Deum homini praeponentes,
universali ecclesiae iam iam pene labenti viriliter succurramus.

    Quicunque[f] ex his resipuerit, qui praedictum regem non
erubuerunt omnipotenti Deo praeponere et christianam legem,
si non verbis, operibus tamen negare — sicut dicit apostolus:
Ore quidem fatentur Deum, factis autem negant[2] — vos, fratres
mei et consacerdotes, illos auctoritate beati Petri suscipite et ad
gremium matris nostrae sanctae ecclesiae reducite, ut mereamini
gaudium in coelo angelis Dei innovare; in omnibus tamen, sicut

---

a. admonere *om. c., legitur in* 2.   b. curavimus 2.   c. e contra 2.   d. sonuit 2.
e. omnimodo 2.   f. autem *add.* 2.
    1. Heinrici IV.   2. Cf. Tit. 1, 16.

1076
Iul. 25
decet karissimos filios, honorem pii patris vestri apostolorum
principis prae oculis habete.　　Quicumque autem episcoporum
vel laicorum, timore vel gratia humana seducti, a communione
regis se non subtraxerunt, sed ei faventes animam suam[a] et[b]
illius diabolo tradere non timuerunt, si non resipuerint et condignam poenitentiam egerint, nullam cum eis communionem vel
amicitiam habeatis.　Isti enim sunt, qui animam suam et regis
odio habent et occidunt, et regnum patriam christianamque religionem confundere non erubescunt.　Sicut enim nobis imminet,
quod per prophetam dicitur: *Si non annunciaveris iniquo ini-*
quitatem suam, animam eius de manu tua requiram[1]; et: *Male-*
dictus, qui prohibet gladium suum a sanguine[2], id est verbum
correctionis[c] a prave viventium increpatione[3]; ita illis imminet,
si non oboedierint, ira divini iudicii et ultio, testante Samuhele[4],
idolatriae sceleris.　　　Testis enim nobis est Deus: quia nulla
nos commoda secularis respectus contra pravos principes et
impios sacerdotes impellit, sed consideratio nostri officii et potestas, qua cotidie angustamur, apostolicae sedis.　Melius est enim
nobis, debitam mortem carnis per tyrannos si oportuerit subire,
quam nostro silentio timore vel commodo christianae legis de-
structioni consentire.　Sanctos quidem patres nostros dixisse scimus: *Qui pravis hominibus sui consideratione officii non contra-*
dicit, consentit; et qui resecanda non aufert[d], *committit*.　Omnipotens Deus, a quo cuncta bona procedunt, meritis dominae
nostrae coelestis reginae ac beatorum apostolorum Petri et Pauli
intercessione corda vestra confirmet et custodiat, et spiritus sui
gratiam superinfundat; ut, quae sunt ei placita facientes, mereamini sponsam eius, matrem videlicet nostram[e] de faucibus
luporum eripere, atque ad supernam illius gloriam, ab omnibus
peccatis absoluti, pervenire.　Data[f] Laurenti 8 Kalendas Augusti,
indictione 14.

a. animas suas 2. 　　b. vel 2. 　　c. praedicationis 2 *pro* correctionis — increpatione. 　　d. prohibet 2. 　　e. vestram 2. 　　f. Data — 14 *om.* 2.
　　1. Cf. Ezech. 3, 18. 　　2. Ierem. 48, 10. 　　3. v. supra p. 26 n. 4.
4. 1 Reg. 15, 23.

IV 2. *Herimanno episcopo Metensi respondet, excommunicatos ideo hac poena affectos esse, quod Heinrico IV communicassent. Errare eos, qui negent ius esse, regem a sede Romana excommunicari. Episcopis quibusdam se concessisse, ut eos, qui recessissent a regis communione, absolverent. Ne quis regem absolvat, se inconsulto. Moneat archiepiscopum Trevirensem, ut episcopum Tullensem ab infestanda abbatissa Romarici montis dehortetur. Addit de Mathildi et Godefrido duce Lotharingiae inferioris.*

Gregorius episcopus servus servorum Dei Herimanno Metensi episcopo salutem et apostolicam benedictionem.

1076
Aug. 25

Multa interrogando a me, valde occupato, requiris; et nuncium, qui me nimis impellat ad sui licentiam[1], transmittis. Quocirca, si non satis respondeo, patienter feras rogo.

Qualiter itaque in corpore meo me habeam, vel qualiter Romani seu Normanni circa me suos mores ostendant, horum portitor tibi dicat.   De aliis autem rebus, super quibus me interrogasti, utinam beatus Petrus per me respondeat; qui saepe in me, qualicunque suo famulo, honoratur vel iniuriam patitur.

Episcopi namque, qui sint excommunicati sacerdotes vel laici, non est opus ut a me queratis. Quia indubitanter illi sunt, qui excommunicato regi Heinrico — si fas est dici rex — communicare cognoscuntur. Non enim verentur, humanam gratiam vel timorem regis aeterni praecepto praeponere; neque timent, suo favore ad iram Dei omnipotentis eumdem regem impellere. Ille quidem, suis communicando familiaribus excommunicatis pro symoniaca heresi, excommunicationem incurrere non timuit; et alios, ut[a] secum communicando excommunicentur, attrahere non erubescit. De talibus quid restat ut sentiamus, nisi quod in psalmis didicimus: *Dixit insipiens in corde suo: Non est Deus*[2], et iterum: *Omnes simul inutiles facti sunt in voluntatibus suis*[3].

Eis autem, qui dicunt: *regem non oportet excommunicari*, licet pro magna fatuitate nec etiam[b] respondere debeamus, ta-

a. alios ut *scripsi pro* ut alii *c.*   b. *sequitur* iterum eis *in cod.*
1. ad se dimittendum.   2. Ps. 13, 1.   3. Ps. 13, 3.

men, ne impatienter illorum insipientiam praeterire videamur, ad sanctorum patrum dicta vel facta illos mittimus, ut eos ad sanam doctrinam revocemus. Legant itaque, quid beatus Petrus in ordinatione sancti Clementis populo christiano praecepit[1] de eo, quem scirent non habere gratiam pontificis. Addiscant, cur apostolus dicat: *Habentes in promptu ulcisci omnem inoboedientiam*[2]; et de quibus dicit: *Cum huiusmodi nec cibum sumere*[3]. Considerent, cur Zacharias papa regem Francorum deposuerit et omnes Francigenas a vinculo iuramenti, quod sibi fecerant, absolverit. In registro beati Gregorii addiscant, quia in privilegiis, quae quibusdam ecclesiis fecit, reges et duces contra sua dicta venientes non solum excommunicavit sed etiam, ut dignitate careant, iudicavit[4]. Nec praetermittant, quod beatus Ambrosius non solum regem sed etiam re vera imperatorem moribus et potestate Theodosium[a] non tantum excommunicavit, sed etiam, ne praesumeret in loco sacerdotum in ecclesia manere, interdixit.

Sed forte hoc volunt praedicti viri subintelligere: quod, quando Deus ecclesiam suam ter beato Petro commisit dicens: *Pasce oves meas*[5], reges exceperit. Cur non adtendunt vel potius erubescendo confitentur: quia, ubi Deus beato Petro principaliter dedit potestatem ligandi et solvendi in coelo et in terra[6], nullum excepit, nichil ab eius potestate subtraxit. Nam qui se negat non[b] posse ecclesiae vinculo alligari, restat ut neget, se non[b] posse ab eius potestate absolvi; et qui hoc impudenter negat, se a Christo omnino sequestrat. Quodsi sancta sedes apostolica, divi-

---

a. Theodosium moribus et potestate *c.*   b. *sic cod.*

1. in epistola Clementis prima (v. Decretales Ps.-Isidor. ed. Hinschius p. 36) verbis his: „si inimicus est (Clemens) alicui, — cum illo nolite amici esse, sed — debetis — avertere vos ab eo, cui ipsum sentitis adversum; sed nec loqui his, quibus ipse non loquitur" cet.   2. 2 Cor. 10, 6. 3. 1 Cor. 5, 11.   4. S. Gregorii registri L. XIII ep. 8 in tabula Senatori presbytero et abbati xenodochii data (Opp. ed. Benedictini II 1223): „Si quis vero regum, sacerdotum, iudicum — hanc paginam agnoscens, contra eam venire tentaverit, potestatis honorisque sui dignitate careat — et — a sacratissimo corpore et sanguine Dei — alienus fiat".   5. Ioh. 21, 17. 6. Matth. 16, 19.

1076
Aug. 25

nitus sibi collata principali potestate, spiritualia decernens diiu-
dicat, cur non et secularia? Reges quidem et principes huius
seculi, qui honorem suum et lucra temporalia iustitiae Dei
praeponunt eiusque honorem negligendo proprium quaerunt, cuius sint membra cuive adhaereant, vestra non ignorat caritas.
Nam sicut illi, qui omni suae voluntati Deum praeponunt eiusque praecepto plus quam hominibus oboediunt, membra sunt
Christi[1], ita et illi, de quibus supra diximus, membra sunt antichristi. Si ergo spirituales viri, cum oportet, iudicantur, cur non
seculares amplius de suis pravis actibus constringantur[a]?

Sed forte putant, quod regia dignitas episcopalem praecellat. Ex earum[b] principiis colligere possunt, quantum a se utraque differunt. Illam quidem superbia humana repperit, hanc
divina pietas instituit. Illa[c] vanam gloriam incessanter captat,
haec ad coelestem vitam semper aspirat. Et addiscant, quid
beatus Anastasius papa Anastasio imperatori de his dignitatibus
scripserit[2]; et quid beatus Ambrosius in suo pastorali[3] inter
has dignitates decreverit: *Honor* inquiens *et sublimitas episcopalis nullis[d] poterit comparationibus adaequari. Si regum fulgori compares et principum diademati, longe erit inferius, quam
si plumbi metallum ad auri fulgorem compares.* Haec non igno-
rans, Constantinus Magnus imperator non primum sessionis sed
ultimum inter episcopos elegit locum[4]; scivit enim, quia superbis
Deus resistit, humilibus dat gratiam[5].

Interea notum sit fraternitati tuae, quia, litteris acceptis
quorumdam fratrum nostrorum praesulum et ducum, auctoritate
apostolicae sedis licentiam dedimus his episcopis: excommunicatos a nobis absolvere, qui non timuerunt se a communione
regis abstinere.

De ipso autem rege omnino contradiximus: ut nullus eum

---

a. constringuntur *c.*   b. eorum *c.*   c. illā *c.*   d. nullis — adaequari *om. cod.*
Cf. L. VIII ep. 2 et ep. 60 infra.

1. 1 Corinth. 6, 15.   2. Cf. Anastasii II papae epistolam ap. Mansi
VIII 188.   3. sive „De dignitate sacerdotali" libro, quem S. Ambrosio
supposuerunt. V. Opp. ed. Benedict., Parisiis 1690, T. II app. p. 359.
4. V. Hist. Tripart. II c. 5, Cassiodori Opp. ed. Garetius I 226.   5. Iac. 4, 6.

1076
Aug. 25
praesumat absolvere, quo usque illius certa poenitentia et sincera
satisfactio nobis per idoneos testes fuerit notificata; ut simul inveniamus, qualiter, si eum divina pietas respexerit, ad honorem
Dei et illius salutem eum absolvamus. Non enim nos latet,
quod sint aliqui vestrum, qui, aliqua occasione quasi a nobis
accepta, timore vel humana gratia seducti, praesumerent: eum,
si non contradicerem, absolvere vulnerique pro medicina vulnus
adhibere; quibus si aliqui re vera episcopi contradicerent, non
eos iustitiam defendere sed inimicitias exercere, iudicarent.

Episcoporum autem, qui excommunicato regi communicare
praesumunt, ordinatio et consecratio apud Deum, teste beato
Gregorio, fit execratio. Cum enim oboedire apostolicae sedi superbe contemnunt[a], scelus idolatriae, teste Samuhele[1], incurrunt.
Nam si ille Dei dicitur, qui ad ferienda vitia zelo divini amoris
excitatur, profecto esse se Dei denegat, qui, in quantum sufficit,
increpare vitam carnalium recusat. Et si ille maledictus est, qui
prohibet gladium suum a sanguine[2], id est praedicationis verbum a
carnalis vitae interfectione[3], quanto amplius ille maledictus est, qui
timore vel favore impellit animam fratris sui in aeternam perditionem. Ut autem maledicti et excommunicati possint benedicere
et divinam gratiam, quam non timent operibus denegare, alicui
largiri, in nullius sanctorum patrum praecepto potest inveniri.

Interea iubemus, ut alloquamini venerabilem archiepiscopum Treverensem[4], fratrem videlicet nostrum, ut Tullensi episcopo[5], ne se intromittat de abbatissa[6] monasterii Montis Romarici[7], interdicat; et, quicquid contra eam statuit, una tecum
in irritum ducat.

De Mathilda vero communi nostra filia et beati Petri fideli
ancilla quod vis, volo. Sed in quo statu sit mansura Deo gubernante, adhuc certum non teneo. Gotifredi[8] autem quondam illius
viri, indubitanter scias, quod frequenter apud Deum, licet pec-

a. contendunt c.
1. 1 Reg. 15, 23.   2. Ierem. 48, 10.   3. v. supra p. 26 n. 4.
4. Udonem.   5. Popponi.   6. sive Gisla II sive Felicitate.   7. Remiremont, d. Tullensis.   8. Gibbosi, ducis Lotharingiae inferioris, qui
occisus erat d. 26 Febr. (1076).

cator, habeam memoriam; quia non me illius inimicitia vel ali-
qua impedit vanitas, sed, motus fraterna dilectione tua et Mathildae deprecatione, illius exopto salutem.

Omnipotens Deus — intercessione coelestis reginae semper
virginis Mariae et auctoritate beatorum apostolorum Petri et
Pauli, a se illis concessa — te nostrosque omnes fratres, in quocunque sunt ordine, qui christianam defendunt religionem et apostolicae sedis dignitatem, a cunctis peccatis absolvat; vobisque
augens fidem spem et caritatem, in suae legis defensione vos[a]
corroboret, ut mereamini ad aeternam pervenire salutem. Data
Tiburis 8 Kalendas Septembris, indictione 14.

IV 3. *Omnes Teutonicos hortatur, ut Heinricum IV ad virtu-*
tem revocent. Monet, si in viam redierit, sibi significent;
alioquin de alio rege statuendo secum agant. Addit de
iuramento Agneti imperatrici praestito et de excommuni-
catis absolvendis.

Gregorius episcopus servus servorum Dei omnibus dilectis
in Christo fratribus et coepiscopis, ducibus, comitibus, universis
quoque fidem christianam defendentibus, in regno videlicet Teutonico habitantibus, salutem et omnium peccatorum absolutionem
per apostolicam benedictionem.

Si litteras, quibus Heinricus dictus rex in sancta synodo
iudicio sancti Spiritus excommunicatus est, diligenter perpenditis, quid de eo debeat fieri, indubitanter cognoscetis. Ex illis
enim intelligitur: cur sit anathematis vinculo alligatus et a regia
dignitate depositus; et quod omnis populus quondam sibi subiectus a vinculo iuramenti eidem promissi sit absolutus.

Sed quia nos contra eum non movit Deo teste secularis
superbia nec vana mundi cupiditas, sed sanctae sedis et universalis matris ecclesiae sollicitudo et disciplina, monemus vos in
domino Iesu et rogamus sicut karissimos fratres: ut eum benigne,
si ex toto corde ad Deum conversus fuerit, suscipiatis et circa
eum non tantum iustitiam, quae illum regnare prohibet, sed mi-

a. vos *addidi.*

1076
Sept. 3 sericordiam, quae multa delet scelera, ostendatis. Estote, quaeso, memores humanae conditionis et communis fragilitatis; nec vos praetereat pia et nobilis memoria patris eius et matris, quibus non possunt nostra aetate ad imperii gubernacula inveniri aequales.

Sic tamen adhibete vulneribus eius oleum pietatis: ne, vino disciplinae neglecto, cicatrices eius in peius quod absit putrescant et honor sanctae ecclesiae Romanique imperii nostra negligentia magnae ruinae patescat. Procul ab eo pravi removeantur consiliarii, qui, pro symoniaca heresi excommunicati, non erubuerunt dominum suum propria lepra contaminare et, per diversa crimina eum seducendo, ad scindendum sanctam ecclesiam provocare et in iram Dei et sancti Petri impellere. Adhibeantur illi tales consiliarii, qui non sua tantum sed eum diligant et seculari lucro per omnia Deum praeponant. Non ultra putet sanctam ecclesiam sibi subiectam ut ancillam, sed praelatam ut dominam. Non inflatus spiritu elationis consuetudines superbiae, contra libertatem sanctae ecclesiae inventas, defendat; sed observet sanctorum patrum doctrinam, quam pro salute nostra eos docuit potestas divina.

Quodsi de his et aliis iure ab eo exigendis nos securos modis quibus oportet reddiderit, statim volumus per vestros idoneos legatos de omnibus informari, ut, quid debeat fieri, communi consilio Deo aspirante valeat inveniri. Illud autem inter omnia ex parte beati Petri interdicimus: ut nullus vestrum eum praesumat ab excommunicatione absolvere, quo usque, eis quae praediximus nobis indicatis, apostolicae sedis consensum et iteratum responsum recipiatis. De diversorum quidem diversis consiliis dubitamus; et humanam gratiam vel timorem suspicioni habemus.

Quodsi exigentibus multorum peccatis, quod non optamus, ex corde non fuerit ad Deum conversus, talis ad regni gubernacula Deo favente inveniatur, qui ea quae praediximus et cetera, quae videntur christianae religioni et totius imperii saluti necessaria, se certa ac indubitabili promissione observaturum promittat. Ut autem vestram electionem — si valde oportet ut fiat — apostolica auctoritate firmemus, et novam ordinationem

nostris temporibus corroboremus, sicut a sanctis nostris patribus
factum esse cognoscimus: negocium personam et mores eius
quantocius potestis nobis indicate; ut, sancta et utili intentione
incedentes, mereamini, sicut nobis causae*a* notae, apostolicae sedis favorem per divinam gratiam*b* et beati Petri apostolorum
principis per omnia benedictionem.

1076
Sept. 3

De iuramento autem — quod factum est karissimae filiae
nostrae Agneti imperatrici augustae: si filius eius ex hac vita
ante ipsam migraret — non est opus adhuc dubitare. Quia — si*c*
nimia pietate circa filium ducta iustitiae restiterit, vel iustitiae
favens ut abiciatur a regno consenserit — quid restet, vos ipsi
comprehenditis. Hoc tamen videtur laudabile: postquam certum
fuerit apud vos et omnino firmatum, quod eius filius a regno
removeatur, consilium ab ea et a nobis requiratur de inventa persona ad regni gubernacula. Tunc aut nostro communi consilio
assensum praebebit[1], aut apostolicae sedis auctoritas omnia vincula quae videntur iustitiae contradicere, removebit.

De excommunicatis autem iam me vobis dedisse licentiam —
qui fidem christianam, ut decet episcopos, defenditis — ut eos*d*
absolvatis, recordor; et adhuc hoc idem confirmo, si re vera resipuerint et humiliter poenitentiam egerint. Data Laurenti 3 Nonas
Septembris, indictione incipiente 15.

IV 4. *Dolensibus scribit, se Gilduinum consecrandum non pu-*
*tasse. Ivonem ordinatum archiepiscopum esse*e*.*

Gregorius episcopus servus servorum Dei clero et populo
Dolensi in*f* Britannia fidelibus*g* sancti Petri salutem et apostolicam benedictionem.

1076
Sept. 27

Misistis*h* ad nos quendam iuvenem[2], petentes, vobis a nobis
illum ordinari pontificem. Cui quidem petitioni, quoniam sacri
canones contradicunt, assensum praebere nequaquam*i* potuimus.

a. *sic.* b. *an per apostolicae sedis favorem divinam gratiam?* c. *vel exci-*
disse videtur. d. eos *addidi.* e. *Legitur etiam* 2) *ap. Martene Thes. anecd. III* 872
et ap. Morice Mémoires de Bretagne I 444 *ex tabulario Turonensi.* f. in Britannia *om.* 2.
g. fidelibus — Petri *addidi ex* 2. h. misisti 2. i. minime 2.

    1. sc. Agnes imperatrix.   2. Gilduinum.

1076
Sept. 27

Nos denique cognoscentes ecclesiam vestram diu nequissimi per-
vasoris [1] tirannide oppressam, ex debito et nostri officii consideratione, apostolico fulti praesidio, prout valemus in Domino eam[a]
reformare cupimus. Quapropter, eiusdem iuvenis rogatu assen-
suque sociorum eius, Sancti Melanii[2] abbatem Yvonem[b] nomine,
quem ad nos vestra legatione misistis, virum utique ut vos bene
nostis prudentem, bonis[c] ornatum moribus omnique religione
dignum, vobis in patrem et archiepiscopum consecravimus; monentes et obsecrantes, ut, sicut beati Petri apostoli nostrique,
illius licet indigni famuli, gratiam optatis, sic ei ut patri et
rectori per omnia oboedientiam exhibeatis. Data[d] Romae 5 Kalendas Octobris, indictione incipiente 15.

IV 5. *Episcopis Britanniae nuntiat, Ivonem, archiepiscopum Do-*
lensem a sese consecratum pallioque ornatum esse. Litem
Dolensis et Turonensis ecclesiarum posthac compositum iri[e].

1076
Sept. 27

Gregorius episcopus servus servorum Dei omnibus episcopis
Britanniae salutem et apostolicam benedictionem.

Non ignorare vos credimus, qualiter Dolensis clerus et populus ad nos direxit iuvenem quendam[3], satis praeclarum genere
ut audivimus; postulantes, ut eum illis in episcopum ordinaremus. Cuius causam sicut oportuit examinantes, honestos quidem mores pro modulo aetatis suae, sed nondum satis maturos
aut instructos ad portandum episcopale pondus in eo probavimus. Propter quod onerare eum tam gravi sarcina, nec sibi nec
nobis cautum fore pervidimus[f]. Deo autem aspirante, adinve-
nimus in comitatu suo personam huic dignitati aetate scientia et
morum gravitate multo magis congruam; videlicet Yvonem[g] abbatem Sancti Melanii. Quem, licet invitum atque oboedientia
adstrictum, cum multa petitione et electione illius et aliorum
qui cum eo venerant, episcopum ordinavimus. Honorem quoque

---

a. eam *addidi.*   b. Evenum 2.   c. bonum *cod.,* bonis 2.   d. Datum 2.
e. *Legitur etiam* 2) *ap. Martene Thesaur. III* 873 *et ap. Morice Mém. de Bretagne I* 444,
ex tabulario Turonensi.   f. providimus 2.   g. Evenum 2.

1. Iuhelli episcopi.   2. Redonensis.   3. Gilduinum.

et usum pallii pro vestra et totius provincie dilectione ei concessimus; eo quidem tenore: ut opportuno tempore nullatenus
se exhibere recuset ad discutiendam querimoniam, quam confrater noster Rodulfus Turonensis archiepiscopus de subiectione
sedis illius et de negata sibi obedientia iam diu apud nostram
et antecessorum nostrorum facit audientiam. Quodsi ratione et
iustitia demonstrante, ut ei subiecta esse debeat, apparuerit, nos
quidem sanctae Turonensi ecclesiae ius suum conservari et debitam subiectionem a Dolensi ecclesia exhiberi volumus et apostolica auctoritate censemus; usum* tamen pallii non minus huic
suisque successoribus, donec eorum introitus et vita probabilis
fuerit, concedimus atque firmamus. Sin vero ab huius subiectionis
iugo eam absolutam esse legali defensione constiterit, quaecunque
sibi dignitatis privilegia de cetero competere visa fuerint, apostolica non denegabit auctoritas; atque, interim ut ei sicut archiepiscopo subiectionem et oboedientiam exhibeatis, praesenti auctoritate constituimus. Hoc itaque pacto eum consecratum et
ordinatum^b ad sedem non humano consilio sed divinitus ei as-
signatam remittentes, vobis valde commendatum esse volumus:
ut, sicut nos in eo caritatem vestram et totius provinciae principatum honoravimus, ita et vos, quam pro eo suscepimus, sollicitudinem et pietatis affectum nobiscum suscipiatis; ipsum quidem cum omni honore et reverentia suscipientes et, ut bona
ecclesiae iam per multos annos a sacrilegis dispersa pervasoribus
recuperare valeat, adiuvantes; quatenus illa sedes, olim nobilis
et potens, ad gloriam pristini decoris, Deo opitulante, vestris re-
formetur studiis vestrisque restituatur temporibus. Sic etenim,
sic^c fratres dilectissimi vocavit nos Deus et pater domini nostri
Iesu Christi, ut, si in corpore dilecti filii sui membrorum dignitatem obtinere cupimus, ad invicem etiam fraternis affectibus et
officiis intimi amoris connexi simus. Agite ergo, ut vestra fraternitas erga^d hunc fratrem et ecclesiam sibi commissam talis
existat: quatenus et apud Deum omnipotentem pro vestrae bea-

a. usu *c.* b. ornatum *cod.,* ordinatum 2. c. *om.* 2. d. erga *om. cod.,*
addidi ex 2.

1076
Sept. 27 titudinis premio gloriemur; et inter tot huius seculi nequam confligentes turbines de consolatione vestrae cooperationis non nos tantum, sed et mater vestra sancta et apostolica laetetur ecclesia. Data Rome 5 Kalendas Octobris, indictione 15.

IV 6. *Heinrico I episcopo Leodiensi de Wilhelmo I mortuo episcopo Ultraiectensi respondet, si ille regi excommunicato scienter communicaverit et sine poenitentia obierit, se, quibus vivis non communicaverit, nec mortuis communicare audere.*

1076
Oct. 28 Gregorius episcopus servus servorum Dei Heinrico[1] Leodicensi episcopo salutem et apostolicam benedictionem.

Quod de causa Willelmi[2] Traiectensis episcopi[3] nos consuluisti, prudentia tua non tam a nobis quam a communi sanctorum patrum sententia indubitanter expressum addiscere et intelligere potest. Quorum statuta servantes aut defendentes, si quando iudicium de negociis ecclesiasticis fecimus vel facimus, non nova aut nostra proferimus, sed ab eis per Spiritum sanctum prolata sequimur et exercemus. Vide ergo et diligenter attende: quid eorum auctoritas in eos decreverit, qui ad subvertendas sacras regulas, ad scindendam unitatem corporis Christi quod est ecclesia, scismaticis atque hereticis calliditatibus armati, ultro contra patres insurgunt aut scienter cum excommunicatis communicant. Et non solum super hoc, de quo fraternitas tua quesivit, sed super omnibus, qui in eadem causa tenentur, eorum, quorum vestigia Deo auctore perpendamus, pro nobis responsa suscipe. Quodsi in illo[a] scismate — quod, contra sanctam et apostolicam ecclesiam praesumptum, contra ultimum quemlibet ecclesiae ministrum fieri nullatenus debuisset — ipse aut quicunque sua sponte subscripsit; et, regi excommunicato scienter communicans, sine poenitentia et satisfactione discessit vel discesserit; ab illa sanctorum patrum sententia discrepare non possumus: videlicet, quibus vivis non communicavimus, nec mortuis[b] communicare audemus. Sin vero invitus subscripsit, et regi excommunicato

a. in illo *scripsit Giesebrecht pro* nullo *c.*   b. mortui *c.*
1. I.   2. I.   3. iam mortui die 27 Aprilis (1076).

iuxta prohibitionem sanctorum canonum non communicavit, apo- 1076
Oct. 28
stolica auctoritate eum absolvimus; et, ut orationes sacrificium
et elemosinae pro eo Domino offerantur, non solum annuimus
sed et valde desideramus.   De cetero rogamus dilectionem
tuam, ut sine intermissione orationem ad Deum facias et in id
ipsum fratres quos possis ac subditos invites atque commoneas:
quatenus per misericordiam suam ecclesiam diu et valde laborantem respiciat; et, quam inter tot et tantorum turbinum fluctus
miserabiliter afflictam et pene conquassatam videt, ne penitus
demergatur, eripiat et ad litus tranquillitatis pro sua pietate reducat.   Data Rome 5 Kalendas Novembris, indictione 15.

IV 7. *Heinrico, Arderico, Wifredo, ecclesiae Mediolanensis filiis,*
scribit de vincenda tum Normannorum superbia tum
Heinrici IV regis simoniacorumque conspiratione; de Teu-
tonicorum consilio novi regis eligendi; de spe Tedaldi
archiepiscopi superandi.

Gregorius episcopus servus servorum Dei Heinrico, Arde- 1076
Oct. 31
rico, Wifredo, fidelibus sanctae apostolicae sedis, legitimis filiis
Mediolanensis ecclesiae, salutem et apostolicam benedictionem.

Manifesta apostoli sententia est, quod omnes, qui pie volunt
vivere in Christo Iesu, persecutionem patiuntur[1]. Quae sententia
cum apostolica sede ad nos quasi hereditario iure pervenit; cum
hinc bona ecclesiae Normanni multotiens periuri conantur auferre,
ex altera parte symoniaci cum Heinrico, rege eorum, decreta
sanctorum patrum cum omni religione moliuntur evertere.   Sed
confidimus in Domino, qui superbiam Normannorum paulo ante
sub manu nostra substravit: quod adversus apostolicam sedem
non diu praevalebunt. Nos tamen sacrilege invasionis eorum nunquam erimus consentiendo participes.   De conspiratione autem
hereticorum et regis, quomodo a catholicis episcopis et ducibus
et multis aliis in Teutonicis partibus aperte impugnetur, vos,
qui illis prope estis, latere non credimus. Ad tantum enim numerum fideles Romanae ecclesiae pervenerunt, ut, nisi ad satis-

1. 2 Timoth. 3, 12.

1076
Oct. 31

factionem veniat rex, alium regem palam dicant eligere. Quibus
nos favere servata iustitia promisimus; promissumque firmum
tenebimus.   Vos itaque confortamini in Domino. Quoniam per
misericordiam Dei prope est redemptio vestra. Et ad tertium[1]
superandum non adhuc virtus Petro defecit, qui duos illos priores
Widonem et Gotefredum[2], contra Romanam ecclesiam calcitran-
tes, ab episcopali sede deiecit. Data Romae 2 Kalendas Novembris, indictione 15.

IV 8. *Episcopis Tusciae significat, Rodulfum episcopum Senen-*
       sem, quod Heinrico IV communicaverit excommunicatum,
       nisi poenitentiam susceperit, non posse absolvi; quam ut
       ei iniungant, mandat.

1076
Nov. 1

Gregorius episcopus servus servorum Dei episcopis Tusciae,
Constantino Aretino, Rainerio Florentino, Leoni Pistoriensi, Anselmo Lucensi, Lanfranco Clusino, salutem et apostolicam benedictionem.

Non ignorare credimus fraternitatem vestram, qualiter com-
provincialis vester Rodulfus Senensis episcopus hoc in anno, sine
nostra licentia regem excommunicatum adiens, contra omnem
ecclesiasticam auctoritatem communicando cum eo, eiusdem excommunicationis laqueum incurrerit. Qua de re quamquam eum
propria accuset et reum iudicet conscientia, a nulla tamen communione, sicut excommunicatum oportuerit, se abstinere curavit;
sed omnia tam in ministerio quam exteriore conversatione praesumens, peccati sui maculas in multos dispersit. Et nichil in se,
quod ad delictum pertineat, habitu vel conversatione demonstrans,
a nobis per legatos suos ad satisfaciendum de culpa recipi postulat et absolvi. Quod quidem nos minime faciendum esse iudicavimus, nisi prius eum pro reatus sui competentia ad formam
et habitudinem amissae communionis per aliquod tempus humiliatum fore cognosceremus. Proinde fraternitati vestrae scripsimus admonentes: ut eum — si potestis omnes, aut duo de vi-
cinioribus — in loco congruo quantocius conveniatis et, iniun-

1. Tedaldum archiepiscopum Mediolanensem.   2. II.

gentes ei prout vobis visum fuerit poenitentiam, ut in privatum
locum se recipiat et, sicut in sacris statutum est canonibus, a
christiana communione se abstineat, commoneatis. Ad quod si
exhibere se prompta oboeditione non recusaverit; et, qui culpam
non cavit, ad faciendam poenitentiam pro humana verecundia
sibi non pepercerit; tunc demum — requisita vel per se vel per
legatos suos cum testimonio litterarum vestrarum apostolica clementia — de eius absolutione, quicquid Deo donante dignum fore
perviderimus, respondere et agere non denegabimus. Interim
vero, si ad periculum vitae divino iudicio, quod nos non optamus, eum venire contigerit et ad poenitentiam, sicut supra diximus, humiliatus fuerit, auctoritate beatorum apostolorum Petri
et Pauli et ea, quam* nos licet indigni per eos suscepimus, absolutus participationem et gratiam sacrosanctae communionis accipiat. Data Romae Kalendis Novembris, indictione 15.

IV 9. *Richerio archiepiscopo Senonensi scribit, Rainerium episcopum Aurelianensem non venisse vocatum. Quem, si
suas litteras acceperit, deici excommunicarique iubet. Monet, ut synodum Romanam adeat.*

　　Gregorius episcopus servus servorum Dei Richerio Senonensi
archiepiscopo salutem et apostolicam benedictionem.

　　Non credimus latere fraternitatem tuam, quod litteris nostris[1] Rainerium Aurelianensem episcopum commonuimus ad nos
venire, quatenus de multis sibi obiectis, et maxime de confusione Aurelianensis ecclesiae, responderet. Qui ita admonitionem
nostram contempsit, ut nec ipse veniret neque aliquam rationabilem absentationis suae excusationem transmitteret. Cuius ut
inobedientiae plenius culpam cognosceres, exemplar litterarum,
quas olim sibi misimus, religioni tuae ostendere curavimus. Quas
si sacramento firmaverit se non vidisse, neque suo ingenio quod
non viderit remansisse, facta sua adhuc aequanimiter ferimus.
Aliter autem — secundum tenorem huius conditionis iureiurando
minime facto — decernimus, eum ab omni episcopali officio esse

1076
Nov. 1

1076
Nov. 2

1. Lib. III ep. 17 supra p. 231.　　a. qua *c*.

1076
Nov. 2 suspensum et a communione corporis et sanguinis Domini separatum; nisi forte sibi mortis periculum supervenerit.   Et quia non solum necessitas et tribulatio illius ecclesiae verum etiam multa alia regni vestri negocia exigunt, ut Romano concilio fraternitas tua interesse debeat, admonemus te: ut omni remota occasione ad proximam synodum nostram venias et iam dictum Aurelianensem episcopum tecum venire commoneas. Volumus etiam, ut et is, qui nunc tenet decaniam, cum eodem episcopo veniat. Sed et Ioschelinum, qui iniuste se expoliatum et plurima sua pro reparatione bonorum ecclesiae expendisse deplorat, nec non Everardum et aliquos de clericis, ostensuros tam decretum proprium episcopi quam etiam venerandae memoriae Alexandri papae praedecessoris nostri privilegium, venire praecipimus; quatenus unius cuiusque rationem diligentissime possimus inquirere, et quae corrigenda sunt ita Deo auxiliante corrigere, ut quisque iustitiam suam habeat et ecclesia omnino quiescat. Interim autem ad firmissimam et inviolabilem pacem eiusdem ecclesiae decernimus: ut illi, qui nunc decaniae praeest, usque[a] ad audientiam nostram eiusdem decaniae possessio relinquatur; Ioschelino vero, quicquid ante initium huius litis tenuit, sine contradictione tenere permittatur. Benedicto autem non solum praebendam suam sed etiam ea, quae occasione huius discordiae videtur perdidisse, in integrum restituenda fore iubemus. Data Romae 4 Nonas Novembris, indictione 15.

IV 10. *Adilae comitissae Flandrensi scribit, sacerdotibus fornicationi obnoxiis celebrare missam non licere. Hubertum archidiaconum Tarvannensem de haeresi arguit.*

1076
Nov. 10 Gregorius episcopus servus servorum Dei Adile[1] Flandrensi comitissae salutem et apostolicam benedictionem.

Pervenit ad aures nostras, quod quidam vestrum dubitant: utrum necne sacerdotes ac levitae seu caeteri qui sacris altaribus administrant, in fornicatione persistentes, missae debeant

a. utque *c*.
1. uxori Balduini V comitis Flandriae, matri Roberti I comitis.

1076
Nov. 10

celebrare officium. Quibus ex auctoritate sanctorum patrum respondemus: nullo modo ministros sacri altaris, in fornicatione manentes, missae debere celebrare officium; quin etiam extra choros esse pellendos, quo usque poenitentiae dignos fructus exhibeant. Unde apostolica tibi auctoritate praecipimus: quatenus nullos eorum, qui in scelere perdurant, ad sacrum misterium celebrandum suscipiatis; sed, undecunque poteritis, tales ad missas celebrandas acquiratis, qui caste Deo deserviant. His talibus prorsus ab omnibus ecclesiae beneficiis procul expulsis, neque Huberti archidiaconi[1] verba suscipiatis seu aliquibus suis sermonibus faveatis; quia, ut audivi, in heresim lapsus est suis pravis contentionibus, et ab Huberto, legato huius sanctae Romanae sedis, apud Monasteriolum[2] publice est convictus. Data Romae 4 Idus Novembris, indictione 15.

IV 11. *Robertum I comitem Flandriae ad oppugnandos sacerdotes fornicationis simoniaeque noxios hortatur. Ingelrannum commendat[a].*

1076
Nov. 10

Gregorius episcopus servus servorum Dei Roberto[3] comiti Flandrensi[b] salutem et apostolicam benedictionem.

Pervenit ad apostolicam sedem, quod in terra tuae dominationis qui vocantur sacerdotes, in fornicatione positi, non erubescant, cantando missam tractare corpus et sanguinem Christi; non attendentes, quae insania quodve scelus est, uno eodemque tempore corpus meretricis et corpus attrectare Christi. Quapropter ex parte omnipotentis Dei et auctoritate beati Petri apostolorum principis te rogamus ac tibi omnino praecipimus: ut, ubicunque potes huic sceleri resistere et symoniacis contradicere, nullius ratio vel gratia te possit retorquere. Qui enim dixit: *Omnis qui audit, dicat: Veni[4]*, nullum alicuius ordinis excepit. Et quicumque vult a patrefamilias denarium accipere, procuret in vinea Domini laborare[5]. Haec quidem universalis mater prae-

---

a. *Huius epistolae pars habetur etiam 2) ap. Hug. Flavin., Mon. Germ. SS. VIII 428.*
b. Flandrensium 2.

    1. Tarvannensis, postea episcopi Tarvannensis. Cf. Lib. VII ep. 16 infra.   2. Montreuil.   3. I.   4. Apoc. 22, 17.   5. Cf. Matth. 20.

1076
Nov. 10

cepit his, qui vocantur episcopi, dicere sicut oportet. Sed quales sint, a fructibus eorum potestis cognoscere; quia, non per ostium ingredientes in ovile ovium, sed aliunde ascendentes, fures sunt et latrones. Per ostium quippe ingreditur, id est per Christum, qui secundum sacros canones episcopus constituitur. Nam quod in divina scriptura dicitur: *Sacerdotes mali ruina populi*, in nostro tempore luce clarius comprobatur. Plurimi enim eorum, qui vocantur episcopi, non solum iustitiam non defendunt sed etiam, ne clarescat, multis modis occultare[a] nituntur. Tales vero[b] non episcopos, sed Christi[c] habeto inimicos; et sicut illi non curant apostolicae sedi oboedire, ita[d] vos nullam eis oboedientiam exhibete. Nam praepositis non obedire, scelus est incurrere idolatriae iuxta verba prophetae Samuhelis[1]; quae beatus Gregorius in ultimo libro Moralium[2], ubi de oboedientia loquitur, procuravit explanare. Haec nostra verba, licet rustica, cum communi fideli nostro Ingelranno, qui diu nobiscum in sacro palatio mansit, vel cum aliis veritatis amatoribus frequenter legite; et omnes clericos et laicos, ut veritatem sciant et proferant, provocate; ut, bona fratribus vestris nunciantes, inter angelos sortem mereamini accipere et cum electis in coelesti patria gaudere. Data Romae 4 Idus Novembris, indictione 15.

IV 12. *Principibus Teutonicis nuntiat, Heinricum IV Canusii, in extremam humilitatem submissum, a se et anathemate et excommunicatione liberatum esse. Se, ubi primum opportunum fuerit, in Germaniam venturum; quoniam tota res integra relicta sit[e].*

1077
c. Ian. 28

Gregorius episcopus servus servorum Dei omnibus archiepiscopis episcopis ducibus comitibus caeterisque principibus regni Teutonicorum christianam fidem defendentibus salutem et apostolicam benedictionem.

Quoniam[f] pro amore iustitiae communem[g] nobiscum in

a. obscurare 2.   b. ergo 2.   c. Dei 2.   d. et *add.* 2.   e. *Legitur etiam* 2) *ap. Hugonem Flaviniac., Mon. Germ. SS. VIII* 445, 3) *ap. Udalricum Babenberg. n.* 148, *Eccardi Corp. hist. II* 150.   f. Quomodo 3.   g. commune 2. 3.

1. Cf. 1 Reg. 15, 23.   2. L. 35 c. 28, Opp. ed. Benedictini T. I 1155.

agone christianae militiae causam[a] et periculum suscepistis; qualiter rex, humiliatus ad poenitentiam, absolutionis veniam impetraverit, et quomodo tota causa post introitum eius in Italiam huc usque deducta sit, vestrae dilectioni sincera caritate[b] indicare curavimus.

1077
c. Ian. 28

Sicut constitutum fuit cum legatis, qui ad nos de vestris partibus missi sunt[c], in Longobardiam venimus circiter viginti dies ante terminum, in quo aliquis ducum ad clusas nobis occurrere debuit; expectantes adventum illorum[d], quatenus ad partes illas transire possemus. Verum cum, iam decurso termino, hoc nobis nunciaretur: his temporibus prae multis — quod et nos[e] quidem credimus — difficultatibus ducatum nobis obviam mitti non posse; nec aliunde copiam ad vos transeundi haberemus; non parva sollicitudine, quid potissimum nobis agendum foret, circumventi sumus.

Ian. in.

Interim vero, regem adventare, certe cognovimus. Qui etiam, priusquam intrasset Italiam, supplices ad nos legatos praemittens, per omnia se satisfacturum Deo et sancto Petro ac nobis, obtulit; et, ad emendationem vitae suae omnem se servaturum oboedientiam, repromisit; dummodo apud nos absolutionis et apostolicae benedictionis gratiam impetrare mereretur. Quod cum diu multis consultationibus differentes, acriter eum de suis excessibus per omnes qui intercurrebant nuncios redargueremus; tandem per semet ipsum, nichil hostile aut temerarium ostentans, ad oppidum Canusii, in quo morati sumus, cum paucis advenit. Ibique per triduum ante portam castri, deposito omne regio cultu, miserabiliter, utpote discalciatus et laneis[f] indutus, persistens, non prius cum multo fletu apostolicae miserationis auxilium et consolationem implorare destitit, quam omnes, qui ibi[g] aderant et ad quos rumor ille pervenit, ad tantam pietatem et compassionis misericordiam movit: ut, pro eo multis precibus et lacrimis intercedentes, omnes[h] quidem insolitam nostrae mentis duritiam mirarentur, nonnulli vero, in nobis non apostolicae

Ian. 25-27

a. studium 2; causam et *om.* 3.   b. veritate 3.   c. *om.* 2.   d. eorum 2.
e. *om.* 2.   f. vestibus *add.* 2. 3.   g. ibi *om.* 2.   h. omnes quidem *om.* 2.

1077
Ian. 25-27 severitatis gravitatem sed quasi tyrannicae feritatis[a] crudelitatem esse, clamarent[b].

Ian. 28 Denique instantia compunctionis eius et tanta omnium qui ibi aderant supplicatione devicti, tandem eum, relaxato anathematis vinculo, in communionis gratiam[c] et sinum sanctae matris ecclesiae recepimus; acceptis ab[d] eo securitatibus, quae inferius scriptae sunt[1]. Quarum etiam confirmationem per manus abbatis Cluniacensis[2] et[e] filiarum nostrarum Mathildis et comitissae Adelaiae[3] et aliorum principum, episcoporum et laicorum, qui nobis ad hoc utiles visi sunt, recepimus.

His itaque sic peractis, ut ad pacem ecclesiae et concordiam regni, sicut diu desideravimus, omnia plenius Deo adiuvante coaptare possimus, ad partes vestras data primum oportunitate transire cupimus. Hoc enim dilectionem vestram indubitanter scire volumus, quoniam, sicut in descriptis securitatibus cognoscere potestis, ita adhuc totius negocii causa suspensa est, ut et adventus noster et consiliorum vestrorum unanimitas permaxime necessaria esse videantur. Quapropter in ea fide quam coepistis et amore iustitiae[f] omnes permanere studete; scientes: nos non aliter regi obligatos esse, nisi quod[g] puro sermone[4] — sicut michi[h] mos est — in his eum de[i] nobis sperare dixerimus, in quibus eum ad salutem et honorem suum, aut cum iustitia aut cum misericordia, sine nostrae et illius animae periculo adiuvare possimus.

IV 12a. Iusiurandum Henrici regis Teutonicorum[k5].

1077
Ian. 28 Ego Henricus rex de murmuratione et dissensione, quam nunc habent contra me archiepiscopi et episcopi[l], duces comites

a. severitatis 2.   b. mirarentur 2.   c. in gratiam communionemque 2 *pro* in — ecclesiae.   d. ab eo *om.* 2.   e. et — nostrarum *om.* 2.   f. unanimiter *add.* 3.   g. quod *om.* 2.   h. de nobis 2 *pro* michi; nobis 3.   i. de nobis *om.* 2. k. *Legitur etiam* 2) *ex cod. Vaticano n.* 3835 *ap. Hartzheim Concilia Germaniae III* 184 *et ap. Petrum Pisan., Pont. Rom. Vit. ed. Watterich I* 297, 3) *ap. Hugon. Flavin., Mon. Germ. SS. VIII* 445.   l. abbates *add.* 2.
   1. V. infra 12a.   2. Hugonis.   3. Taurinensis.   4. i. e. per colloquium, non per litteras.   5. Sacramentum hoc non ab ipso rege, sed a principibus pro rege dictum esse, disertissime tradiderunt Lambertus in annal. 1077 et Bertholdus in annal. 1077, Mon. Germ. SS. V 259 et 289. Ipse

ceterique principes regni Teutonicorum et alii, qui eos in eadem 1077
dissensionis causa sequuntur, infra terminum, quem domnus[a] Ian. 28
papa Gregorius constituerit, aut iustitiam secundum iudicium
eius aut concordiam secundum consilium eius faciam; nisi certum impedimentum mihi vel sibi obstiterit; quo transacto, ad
peragendum idem paratus ero.   Item, si idem domnus papa
Gregorius ultra montes seu ad alias partes terrarum ire voluerit, securus erit ex mei[b] parte et eorum, quos constringere
potero, ab omni laesione vitae et membrorum eius seu captione
— tam ipse quam qui[c] in eius conductu et comitatu fuerint
seu qui ab illo mittuntur[d] vel ad eum de quibuscumque terrarum partibus venerint — in eundo et ibi morando seu inde
redeundo[e]. Neque aliud aliquod impedimentum habebit[f] ex meo
consensu, quod contra honorem suum sit; et si quis ei fecerit,
cum bona fide secundum posse meum illum adiuvabo. [Ita[g] me
Deus adiuvet et haec sancta euangelia.]

Actum Canusiae 5 Kalendas Februarii, indictione 15, [anno[h]
domini nostri Iesu Christi 1077, praesentibus episcopis: Umberto
Praenestino, Giraldo Ostiensi; cardinalibus Romanis: Petro tituli S.
Chrisogoni et Conone tituli S. Anastasie[i]; Romanis diaconibus Gregorio et Bernardo; et subdiacono Umberto.   Item ex parte regis
interfuerunt: Bremensis archiepiscopus[1], et episcopi Vercellensis[2]
et Osnabrugensis[3], et abbas Cluniacensis[4] et multi nobiles viri.]

———————

IV 13. *Rodulfo archiepiscopo Turonensi, Ivonem episcopum Do-*
        lensem consecratum pallioque auctum querenti, respondet,
        rei disceptationem reservatam esse. In Galliam se aut per
        Germaniam ipsum venturum aut legatos missurum[k].

Gregorius episcopus servus servorum Dei Rodulfo Turo- 1077
nensi archiepiscopo salutem et apostolicam benedictionem. Mart. 1

a. om. 2.   b. mea 3.   c. qui — seu om. 3.   d. mittentur 2.   e. in eundo
et redeundo vel alicubi morando 2 *Hartzh.*   f. habebunt 2 *Hartzh.*   g. Ita — euangelia *ex* 2.   h. anno — nobiles viri *ex* 2.   i. Anastasii *ed.*   k. *Legitur etiam*
2) *ap. Martene Thes. III* 874 *et Morice Mém. de Bretagne 1* 446, *ex tabulario Turonensi.*

quoque Gregorius VII testatur Reg. VII 14a infra, „Heinricum iuramento
per duos episcopos sibi promisisse“.

    1. Liemarus.   2. Gregorius.   3. Benno II.   4. Hugo.

1077
Mart. 1 Quod de consecratione Dolensis episcopi[1] et concesso sibi
honore pallii adversum nos conquereris, pro voluntate potius
quam ratione facere videris; qui[a], nos in ea re ecclesiae, cui
Deo volente praeesse dinosceris, totius iustitiae locum reservasse, cognoscis. Cum enim audivimus: principes illius terrae
— contra antiquam et pessimam consuetudinem — pro reverentia Dei omnipotentis et apostolicae auctoritatis ulterius in ordinandis episcopis nec dominium investiturae tenere nec pecuniae
commodum quaerere velle, atque ob hoc ad apostolicam misisse
sedem, ut in praefato loco iuxta sanctorum patrum statuta legalis ordináretur episcopus; devotioni eorum valde congauden-
dum et petitionibus annuendum dignum duximus. Verum, quam
caute nos Turonensi ecclesiae et eius dignitati providerimus, in
litteris illis[2], quas ad Britannicos principes et episcopos misimus,
quod et te cognovisse putamus, apertissime[b] continetur. Quapropter
fraternitas tua sine omni murmuratione discussionem et iustam
diffinitionem huius causae expectare non rennuet; quoniam et
quod factum est, consideratione fecimus, et quod faciendum, diligenti inquisitione, sicut res magna et ambigua postulat, pertractare et exequi volumus. Neque id in longum Deo providente
protelabitur. Quoniam, si in partes regni Teutonicorum, prout
destinavimus, hoc in tempore transierimus, inde aut nosmet ipsi
ad vos pertransiemus, aut tales, qui hanc causam sincera exploratione discutiant atque diffiniant, mittere procurabimus.
Quodsi eo modo nostrae dispositionis consilium transigi non
posse contigerit, congruo tempore et te et Dolensem episcopum
ad praesentiam sedis apostolicae convocabimus; et ibi causam
vestram, utrimque diligenter examinatam, prout sincera veritas
et iustitia exquisierit, ad irrevocabilem Deo favente finem per-
ducemus. [De causa[c] vero clericorum, unde nos consuluisti, ita
decernentes praecipimus: ut tuae providentiae sit, ita per omnia
aequitatis limitem observare, ut eis nec gravamen aliquod contra
iustitiam inferas, nec quidquam, quod ad tuum ius et episco-

a. cui 2. b. aptissime c. c. De causa — dimittas *ex cod. ms.* 152 *bibliothecae nat. Paris. fol. 42r. attulit Brial in Recueil des historiens XIV* 599 *n. d.*

1. Ivonis s. Eveni. 2. IV 5 supra p. 248.

palem curam pertinet, sine legitima dispositione et emendatione 1077
pro eorum garritu aut temeritate dimittas.] Data in Longobardia Mart. 1
in loco, qui dicitur Carpineta[1], Kalendis Martii, indictione 15.

IV 14. *Carnotenses hortatur, ut in locum Roberti episcopi si-moniaci et periuri successorem eligant.*

Gregorius episcopus servus servorum Dei universo clero et 1077
populo Carnotensis ecclesiae salutem et apostolicam benedictionem. Mart. 4

Quamquam id ipsum ad aures vestras pervenisse credamus,
tamen, ut nulla inter vos diversi rumoris aut opinionis dissensio
causam Dei impedire valeat, per praesentem epistolam vobis
notificare dignum duximus: quod Robertus monachus[2], qui ecclesiam vestram nefanda ambitione occupavit, in terribili culpa
periurii se obligavit; cum episcopatum illum — haud dubie a
nostro legato commonitus — sicut supra corpus beati Petri apostolorum principis iuraverat[3], dimittere noluit, et alia, quae in
eodem sacramento tenebantur, infregit. Unde apostolica vos
auctoritate monemus atque praecipimus: ut eum nullatenus deinceps pro episcopo aut domino habeatis, nec aliquam sibi oboedientiam vel servitium exhibeatis. Verum, ne ecclesia illa
diutius sine pastore remaneat vel introitus eius symoniacae sub-
reptioni ulterius pateat, eadem auctoritate vobis praecipimus:
ut, praemissis orationibus atque triduano ieiunio cum helemosinis, pro nullius timore vel gratia, pro nulla unquam occasione
praetermittatis, quin talem vobis in episcopum eligatis, qui non
aliunde sicut fur et latro, sed per ostium intrans pastor ovium
vocari et esse debeat[4]. Illud enim scitote, quoniam, si quis ad
sedem illam contra regulam sanctorum patrum aspiraverit, ipsum
et omnes fautores eius vel in ea re consentientes apostolica censura et anathematis gladio feriemus et a corpore totius ecclesiae decidemus. Quapropter mementote, quod nemo pro vobis
passus, nemo pro vobis mortuus est nisi Christus. Cuius libertatem sicut dilecti filii Dei tenentes et defendentes, iugum ini-

---

1. Carpineti, a Regio ad meridiem.   2. de quo cf. L. V ep. 11 infra.
3. v. L. III 17 a supra p. 232.   4. Cf. Ioh. 10, 2.

1077
Mart. 4 quitatis aut aliquod dominium ad perditionem animarum vestrarum vobis imponi nullatenus patiamini; scientes, quod nunquam vobis in hac causa apostolica deerit auctoritas et defensio. Data Carpinete 4 Nonas Martii, indictione 15.

IV 15. *Richerio archiepiscopo Senonensi et eius suffraganeis mandat, ut, deiecto Roberto Carnotensi, novum episcopum eligendum curent et consecrent. Robertum et fratrem eius Hugonem ablata ecclesiae Carnotensi reddere cogant.*

1077
Mart. 4 Gregorius episcopus servus servorum Dei Richerio Senonensi archiepiscopo et coepiscopis suffraganeis eius, excepto eo [1] qui interdictus est, salutem et apostolicam benedictionem.

Non ignorare credimus fraternitatem vestram, quibus de causis Robertum monachum, aliquando dictum Carnotensem episcopum, ab episcopali sede et officio canonica et apostolica censura privavit; quamquam adhuc eamdem sedem ad confusionem suam, contra sacramentum, quod supra corpus beati Petri apostolorum principis fecit, occupare non desierit. Verum, quoniam ecclesiam illam canonicam electionem in aliquam idoneam personam facere admonuimus, admonemus et vos: ut, eidem electioni eam quam oportet aut per vos aut per idoneos nuncios vestros diligentiam adhibentes, quem electum canonice cognoveritis, ei manus imponere et in episcopum consecrare nulla occasione recusetis; scientes, quoniam, si illud timore aut gratia cuiusquam praetermiseritis, nos tamen inordinatum eum nullatenus relinquemus et vos eo honore et dignitate, quam ignobiliter deserere non erubescitis, deinceps indignos fore iudicabimus. Praecipimus etiam ex divina iustitia et apostolica auctoritate: ut eumdem Robertum et fratrem eius Hugonem commoneatis, quatenus praefatae Carnotensi ecclesiae et clericis eius, quae abstulere, omnino restituant et deinceps nullam eis iniustitiam facere praesumant. Quod si infra tres ebdomadas, postquam hanc epistolam videritis, adimplere contempserint[a], usque ad dignam satisfactionem et emendationem eos a liminibus ecclesiae

1. Roberto monacho.   a. contempserit *cod.*

veluti raptores et sacrilegos exterminate. Data Carpinete 4 No- 1077
nas Martii, indictione 15. Mart. 4

IV 16. *Clericis Romanensibus excommunicatis significat, Hugo-*
nem episcopum Diensem inter eos et Wormundum archi-
episcopum Viennensem iudicem constitutum esse.

Gregorius episcopus servus servorum Dei Romanensibus[1] 1077
clericis. Mart. 19

Quod salutem et apostolicam benedictionem vobis ex more
non mittimus, propter excommunicationem, quam pro culpis
vestris incurrere non timuistis[2], sicut sacra praecepit auctoritas,
praetermittimus. Scribere tamen vobis et admonere super his,
quae ad correptionem vestram pertinent, ipsa apostolici[a] moderaminis mansuetudo et consueta pietas a nobis exigit. Conqueritur enim adversum vos confrater noster Wormundus venerabilis
Viennensis archiepiscopus: quod ei antiquam et debitam potestatem loci vestri contradicere praesumpseritis, quam[b] ab initio
proprii iuris Viennensis ecclesiae extitisse et hactenus sub dispositione suorum antecessorum fuisse non ignoretis; indicans
etiam, vos hanc contradicendi sibi occasionem irrationabiliter et
callide pretendere: ut idem locus iuris sancti Petri et sub eius
dominio nescio quibus auctoribus vel concessionibus esse debeat.
Unde et nos causam istam multo cautius oportet adtendere, et
qualiter rectissime discutiatur providere; ut nec apostolicae sedi
nec Viennensi ecclesiae alicuius praeiudicii aut incommoditatis
gravamen videamur inferre. Nam, sicut sanctae Romanae et apostolicae ecclesiae iura et dignitates suas conservari cupimus, ita
et membris eius, videlicet ceteris ecclesiis, ex huius providentia
et auctoritate oportere et dignissimum esse perpendimus. Quapropter apostolica vos auctoritate monemus atque praecipimus:
ut ad discutiendam causam istam confratri nostro Hugoni venerabili Diensi episcopo, cui et vicem nostram in aliis commisi-

---

a. apostolica *c.*   b. quę *c.*

1. V. L. II ep. 59 supra p. 179.   2. V. synodum d. 14—22 Febr.
1076 habitam, III 10a supra p. 223.

1077
Mart. 19
mus, sine omni contradictionis mora vos repraesentetis et, quicquid ipse super hac re iustum fore providerit atque iudicaverit,
oboedienter exequi nullatenus praetermittatis; exhibentes etiam
vos in omni oboedientia et humilitate eidem vicario nostro et
praefato Viennensi archiepiscopo ad satisfaciendum super his,
quibus vos reprehensibiles et merito corrigendos appellaverint.
Videte ergo, quam attentis auribus et oboedientibus animis nos in
his omnibus audiatis; scientes, quoniam, si denuo ad nos vestrae
inoboedientiae et temerariae resultationis contumacia perlata fuerit, inultam eam et condigna[a] severitate impunitam nullatenus
apostolica dissimulabit auctoritas. Et introitu ecclesiae vestrae
omnibus hominibus praesenti auctoritate prohibito, eam etiam
quam praefati fratres nostri ultionis in vos sententiam et iudicium exercuerint, perurgenti in vos districtione ratum ac firmum
esse censemus. Data apud castrum, quod dicitur Carpum[1], 14 Kalendas Aprilis, indictione 15.

IV 17. *Wilielmo I regi Anglorum, deprecanti pro Iuhello deiecto episcopo Dolensi, respondet, legatos missum iri,
qui causam illius iterum pertractent et diiudicent. Hubertum ecclesiae Romanae subdiaconum commendat[b].*

1077
Mart. 21
Gregorius episcopus servus servorum Dei Wilielmo regi An-
glorum salutem et apostolicam benedictionem.

Causam, unde nos in litteris vestris rogastis, ita iam ad
extremum deductam esse putavimus, ut nichil in ea, quod ulterius retractandum esset, restare videretur. Nam cum in Dolensi
ecclesia episcopum[2] ordinavimus, ita hunc[3], pro quo excellentia
vestra intervenit, ad deiectionem suam ex propriis facinoribus
et ad ultimum ex inoboedientia se praecipitasse, non solum per
clericos et religiosas personas illius ecclesiae sed etiam per legatum nostrum Teuzonem[c] monachum[4] intellexeramus, ut magis
sibi de malis in ecclesiam commissis et corruptissima vita sua

a. condignam c.　　b. *Legitur etiam* 2) *ap. Martene Thesaur. anecd. III 875 et
ap. Morice Mémoires de Bretagne I 446 e tabulario Turonensi.*　　c. Leuzonem 2.
1. Carpi, a Mutina ad septemtriones.　　2. Ivonem.　　3. Iuhellum
episcopum.　　4. de quo cf. L. V ep. 22 infra.

timendum et plangendum quam pro recuperatione episcopatus
proclamandum aut quicquam sperandum fore iudicaremus. Attamen, ne deprecationem vestram sine ea qua oportet cura et
benignitate suscepisse videamur et, si aliquis per subreptionem
quod non credimus nos fefellit, ad inquirendum et corrigendum
minus solliciti inveniamur, legatos nostros — videlicet confratrem nostrum Hugonem venerabilem Diensem episcopum et dilectum filium nostrum Hubertum sanctae Romanae ecclesiae subdiaconum et ipsum etiam Teuzonem[a] monachum, si ereptum ab
infirmitate poterimus — illuc mittere decrevimus; qui causam
diligenti inquisitione discutiant et, si quid in ea dictante iustitia
mutandum vel emendandum fuerit, consequenti ratione et auctoritate exequi studeant. Nusquam enim hoc negocium rectius aut
diligentius quam in eadem ecclesia pertractari posse videtur;
ubi et hic et illi praesentes esse valeant, et vestri etiam interesse fideles, qui rationem et iustitiam plene percognitam certis
assertionibus vobis indicare queant. Nec dubitamus equidem,
quin vestra celsitudo diffinitioni iustitiae concorditer acquiescat.
Quoniam, licet in vobis per misericordiam Dei multae et egregiae
sint[b] virtutes, haec tamen est praeclara et famosissima et quae
gloriam vestram Deo praecipue commendat et hominibus, quod
iustitiam, quam vos facere prompti estis, aliis etiam facientibus
diligitis atque probatis. De caetero scitote: eminentiam vestram
et saepe cognitam devotionem eius nobis gratissimam fore; qui
et vos ipsos, et quicquid ad gloriam sublimitatis vestrae Deo
auctore proficere potest, semper in corde et visceribus nostris
cum magno desiderio et affectu intime caritatis amplectimur, et
ad voluntatem vestram in omnibus, quae apud nos impetrare
quaesiveritis — quoad possumus et secundum beneplacitum Dei
nos audere[c] cognoscimus — flecti et annuere parati sumus. Quia
vero praefatum filium nostrum Hubertum ad vos usque dirigere
destinavimus, plura vobis scribere non necessarium duximus.
Quoniam in omnibus, quae ex nostra parte vobis refert, ipsum
quasi certissimam epistolam nostram et verba nostra fideliter

a. Leuzonem 2.   b. sunt. 2.   c. *an* debere?

1077
Mart. 21
continentem fore, nec nos dubitamus nec vestram excellentiam dubitare volumus. Deus autem omnipotens meritis et intercessionibus apostolorum Petri et Pauli et omnium sanctorum suorum. tibi et serenissimae reginae Mathildi uxori tuae et clarissimis filiis vestris omnium peccatorum vestrorum indulgentiam et remissionem et absolutionem tribuat et, cum vos de rebus mundanis eximi* iusserit, ad aeternum regnum suum et veram gloriam transire faciat. Data Bibianello [1] 12 Kalendas Aprilis, indictione 15.

IV 18. *Canonicis Aniciensibus praecipit, ut loco Stephani, ab Hugone episcopo Diensi excommunicati, novum episcopum eligant.*

1077
Mart. 23
Gregorius episcopus servus servorum Dei Aniciensibus canonicis.

Notum est vobis, qualiter Stephanus[2], Aniciensis ecclesiae invasor et symoniacus, despecto sacramento, quod nobis super corpus sancti Petri de liberatione eiusdem ecclesiae fecerat, eam occupare et tyrannica oppressione affligere non cessat. Unde scire vos volumus: quia, sicut confrater noster Hugo Diensis episcopus, cui vices nostras in Galliarum partibus agendas commisimus, illum excommunicavit, sic et nos excommunicavimus et a gremio sanctae ecclesiae separavimus. Quapropter apostolica auctoritate praecipimus vobis: ut, colla vestra de sub iugo eius excutientes, ...[b], ne illi, adhaerentes diabolo cuius membrum ipse factus est, serviatis, sed ab illo sicut ab excommunicato oportet caveatis; et de excommunicatione, quam incurristis, coram praedicto Diensi episcopo satisfacientes, ipsius consilio pastorem vobis secundum Deum eligatis. Quod si feceritis, ab omni sacramento et obligatione, quam praefato symoniaco contra Dominum fecistis, ex parte sancti Petri vos absolvimus; si vero etiam nunc nostrae salutari iussioni recalcitrare praesumpseritis, pari vos anathemate condemnatos sciatis. Data Bibianello 10 Kalendas Aprilis, indictione 15.

---

a. exhimi *c.*   b. videatis *sive* agatis *excidisse videtur.*
1. Bianello, a Regio inter meridiem et occidentem.   2. III.

IV 19. *Galliarum sacerdotibus Stephanum episcopum Aniciensem excommunicatum et anathematizatum nuntiat. Vetat dona in Podio S. Mariae offerri, donec ille ex ecclesia discesserit* [a].

Gregorius episcopus servus servorum Dei universis Galliarum episcopis et cunctis ordinibus sub eis constitutis, quibus [b] pro merito debetur, salutem et apostolicam benedictionem.

1077
Mart. 28

Notum esse volumus caritati vestrae, quod Stephanus, Aniciensis ecclesiae invasor et symoniacus, iuravit nobis super corpus beati Petri: ut ecclesiam ipsam dimitteret et pastorem in ea secundum Deum eligere atque constituere [c] per fidem adiuvaret, quandocumque legatus apostolicae sedis cum litteris nostris id [d] eum facere per sacramentum moneret. Postea vero commonitus a confratre nostro Hugone Diensi episcopo — huius specialiter negocii litteras a nobis habente, quamvis eidem vices nostras in Galliarum partibus commisissemus — ecclesiam non cessat opprimere et filios eius duplici contritione, corporali scilicet et spirituali, conterere. Unde excommunicationem, quam praedictus legatus noster super eum fecit, nos confirmamus; ipsumque et omnes, qui deinceps consilium ei dederint, ut in hac heresi permaneat, ex parte Dei et sancti Petri anathematizamus, donec resipiscant. Contradicimus etiam: ut nullam pecuniam aliquis offerat in Podio Sanctae Mariae [1], sive ad altaria sive ad manus sacerdotum, donec ecclesia liberetur a tam impia oppressione; quia oblationes fidelium praedictum Stephanum a Deo apostatare atque contra eum faciunt superbire. Vobis autem, fratres coepiscopi, hanc excommunicationem atque contradictionem in parroechiis vestris per diversa loca recitare et ex parte vestra confirmare, apostolica auctoritate praecipimus. Data [e] Bibianello 10 Kalendas Aprilis, indictione 15.

a. *Legitur etiam* 2) *ap. Hugon. Flavin., Mon. Germ. SS. VIII* 417.   b. quae 2.
c. eligi — constitui 2.   d. hoc 2.   e. Data — 15 *om.* 2.

1. in dioecesis Aniciensis capite, Anicio s. Podio S. Mariae (Puy en Velai).

IV 20. *Iosfredo episcopo Parisiensi scribit de hominibus a Manasse I archiepiscopo Remensi iniuste excommunicatis. Henricum S. Remigii invasorem moneat, ut ad Hugonem episcopum Diensem, aut ad legatos in Galliam venturos, aut ad se accedat. Cameracenses excommunicet, quod quendam in ignem coniecerint.*

1077
Mart. 25

Gregorius episcopus servus servorum Dei Iosfredo Parisiacensi episcopo salutem et apostolicam benedictionem.

Vir iste, videlicet praesentium portitor, Walterus de Duaco ad nos veniens multis supplicationibus nobis institit: quatenus ei per apostolicae pietatis misericordiam consilium absolutionis nostro interventu impenderemus apud confratrem nostrum Remensem archiepiscopum[1], qui eum excommunicaverat; indicans nobis, quod de ea causa, propter quam excommunicatus sit, multotiens ad disceptationem et faciendam iustitiam ante excommunicationem et post excommunicationem se paratum obtulerit. Verum, quia relationi suae sine legitima discussione credere non satis cautum aut rationabile esse putavimus, diffinitivam[a] sententiam pro eius absolutione dare noluimus; eam solummodo misericordiam ex gratia et indulgentia apostolorum Petri et Pauli, ad quorum limina veniebat, sibi concedentes: ut in eundo et redeundo sacrae communionis licentiam haberet usque in octavum diem, postquam rediret ad patriam. Ceterum, ne diutius aliqua indigna occasione sub excommunicationis nexibus teneatur, apostolica te auctoritate monemus: ut, fultus his litteris nostris, archiepiscopum convenire studeas; et perquisita ac cognita mera huius negocii veritate, si iste aut pro sua innocentia aut congruae satisfactionis exhibitione tibi absolvendus videbitur, continuo archiepiscopum, ut eum sine contradictione absolvat, ex nostra parte commoneas; qui si aliqua hoc excusatione rennuerit, tu ipse eum nostra vice absolvere nullatenus praetermittas. Sin vero istum in culpa esse et, quod iustum fuerit, exequi nolle constiterit, usque ad dignam satisfactionem sub excommunicationis vinculo coarctari debere decernimus.

1. Manassem I.   a. diffinitam *cod. Cf. L. V ep.* 14 *infra.*

Praeterea Azzo quidam, canonicus ecclesiae sancti Amati de praenominato loco, pro quodam dicto, licet vero nimis tamen leviter et inreverenter prolato, a consortio fratrum se eiectum esse, nobis[a] innotuit. Quem, similiter apostolicae miserationis clementiam pro sua reconciliatione implorantem, itidem tibi committimus: ut — si alia eum culpa, damnationi magis debita, non accusat — pro hac in capitulo fratrum claustrali disciplina correptum et poenitentia castigatum, in societatem fratrum ad proprium locum cum caritate recipi facias.

Est et alia causa, quam cum omni sollicitudine te suscipere et peragere volumus; videlicet duorum fratrum monasterii sancti Remigii, Roberti et Lamberti. Qui se ab archiepiscopo idcirco excommunicatos et, excecato quodam fratre eorum laico, omni miseria circumventos esse dicunt, quoniam cuidam extraneo abbati — interventu pecuniae et omnino contra regulam sancti Benedicti et auctoritatem sanctorum patrum indigne illis et praefato monasterio pro abbate apposito[1] — obedire et sub eius regimine in eodem cenobio manere noluerint; nec in his omnibus quicquam eis profuisse, pro confusione monasterii et habenda iustae defensionis suae licentia ad audientiam sedis apostolicae proclamasse. Quod si ita est, quam graviter archiepiscopus in hac causa, maxime de contemptu apostolicae auctoritatis, se culpabilem fecerit, tu ipse perpendere potes. Quapropter — de his et de multis aliis aptioris loci et temporis opportunitatem conveniendi eum, Deo auxiliante, praestolantes — illud ad praesens tuae fraternitati committimus et apostolica auctoritate praecipimus: ut eum omni occasione remota sententiam excommunicationis, quam in praefatos monachos protulit, relaxare commoneas, et ut[b] eos deinceps sine omni infestatione et periculo in pace manere dimittat; recognoscens et superni iudicis iudicium timens, quod eis tanta mala sine deliberatione iustitiae sub appellatione apostolicae sedis fecerit. Si vero eum in hac re pro sua magnitudine et arbitrio contradicentem et

a. nobis *addidi.*   b. ut *addidi.*

1. Henrico, antea abbate Humolariensi (d. Noviomensis). V. Gall. Chr. IX 230.

1077
Mart. 25 minus obedientem inveneris, tu ipse, fultus nostra auctoritate, eos absolvas. Et abbatem illum, qui praefatum monasterium sancti Remigii nefanda ambitione occupasse dicitur, ita commoneas: ut aut in partibus illis confratri nostro Hugoni venerabili Diensi episcopo, cui vices nostras commisimus, aut aliis legatis nostris, si eos in Gallia synodum celebraturos cognoverit, se repraesentare pro reddenda ratione sui introitus nullatenus praetermittat, aut ad nos in proxima festivitate omnium sanctorum[1] veniat; commonitis etiam fratribus eiusdem monasterii, qui adversus eum de causa illicitae subreptionis suae in abbatiam conqueruntur, ut et ipsi secundum praescriptam terminationem ad discutiendum hoc negocium se praesentes exhibeant.

Item relatum nobis est, Cameracenses hominem quendam[2] flammis tradidisse, eo quod, symoniacos et presbyteros fornicatores missas non debere celebrare et quod illorum officium minime suscipiendum foret, dicere ausus fuerit. Quod quia nobis valde terribile et, si verum est, omni rigore canonicae severitatis vindicandum esse videtur, fraternitatem tuam sollicite huius rei veritatem inquirere ammonemus. Et si eos ad tantam crudelitatem impias manus suas extendisse cognoveris, ab introitu et omni communione ecclesiae auctores pariter et complices huius sceleris separare non differas; et nobis huius rei certitudinem, nec non quicquid de superioribus causis effectum fuerit, per litteras tuas quam citissime possis indicare stude.

De cetero rogamus te et multum admonemus: ut omnibus confratribus et coepiscopis tuis per totam Franciam ex apostolica auctoritate significes, quatenus et illi[a] sacerdotibus, qui a turpitudine fornicationis cessare noluerint, omne officium sacris altaribus ministrandi penitus interdicant, et tu ipse in omni loco et conventu id praedicare non cesses. Et si in hac re aut episcopos tepidos aut illos, qui sacrorum ordinum nomen et officium indigne pro supra dictis criminibus usurpare praesumunt, rebelles esse cognoveris, omni populo, ne eorum ulterius officium

a. illis *cod.*

1. Nov. 1.   2. Ramihrdum. V. Chronicon S. Andreae castri Camerac. III 3, Mon. Germ. SS. VII 540.

suscipiat, ex parte beati Petri et nostra apostolica auctoritate   1077
ubique interdicas; ut vel hoc modo confusi ad emendationem   Mart. 25
vitae suae et ad castitatem religiosae continentiae redire cogantur. Age ergo, ut sancta et universalis mater ecclesia te fidelem
ministrum et cooperatorem nostrae immo apostolicae sollicitudinis Deo adiuvante cognoscat; et nobis, quod valde desideramus, de ubertate* et fructu tui sacerdotalis officii ad praesens
gaudere et in posterum per misericordiam Dei confidenter sperare posse proveniat. Data Bibianello 8 Kalendas Aprilis, indictione 15.

IV 21. *Herimanno episcopo Mettensi mandat, Vulpodonis abba-
    tis S. Laurentii, ab Heinrico I episcopo Leodiensi eiecti,
    causam diiudicet.*

Gregorius episcopus servus servorum Dei Herimanno Met-   1077
tensi episcopo salutem et apostolicam benedictionem.   Apr. 6

Praesentium portitor litterarum Vulpodo abbas monasterii
sancti Laurentii Leodii, ad nos veniens, multis supplicationibus
nos exoravit: quatinus eum apud episcopum Leodiensem[1], qui
eum de monasterio suo eiecerit, ut clementius in illum ageret,
apostolicis interventibus iuvaremus; tantum nobis de causa sua
indicans, quod de obiectis sibi respondere paratus fuerit, sed
legales respondendi et expurgandi se inducias habere nullatenus
potuerit, quamquam eas sub vocatione divini nominis et respectu
beati Petri quesierit. Episcopus autem prius nobis in epistola
sua quaedam indigna de eius actibus indicaverat. Ut igitur in
hac ambiguitate neutri quod iustum est denegare videamur, fraternitatem tuam rogamus et apostolica auctoritate ut hanc causam suscipiat ammonemus, et eam, diligenti inquisitione percognitam, eo ordine quo canonica instituta praecipiunt tractari
et diffiniri faciat; procurans equidem: ut iste cum tanto moderamine et sibi conservata iustitia ad audientiam admittatur, quatenus non in cassum apostolicam misericordiam et eius suffragia
quesisse videatur. Data Bibianello 8 Idus Aprilis, indictione 15.

1. Heinricum I.   ————   a. libertate *c.*

IV 22. *Hugoni episcopo Diensi nunciat, Gerardum Cameracensem in manus suas episcopatum refutasse. Concilium agat, in quo ille iuret, se, episcopatum accipientem, nec de regis excommunicatione nec de investiturae interdicto scivisse; quo iurato, confirmetur Gerardus. Ibidem Rogerii III episcopi Catalaunensis causam iudicari et investiturae interdictum promulgari iubet[a].*

1077
Mai. 12

Gregorius episcopus servus servorum Dei dilecto[b] in Christo fratri Hugoni venerabili Diensi episcopo salutem et apostolicam benedictionem.

Gerardus Cameracensis electus ad nos veniens, qualiter in eadem Cameracensi ecclesia ad locum regiminis assignatus sit, prompta nobis confessione manifestavit; non denegans, post factam cleri et populi electionem donum episcopatus ab Heinrico rege se accepisse; defensionem autem proponens et multum nobis offerens: se neque decretum nostrum de prohibitione huiuscemodi acceptionis, nec ipsum Heinricum regem a nobis excommunicatum fuisse, aliqua certa manifestatione cognovisse. Cui cum nos congruis rationibus ostenderemus: quam grave esset, etiam omni ignorantia eum[c] excusante, sanctae et apostolicae sedis synodale decretum transgredi, et huiusmodi participatione cum homine excommunicato commaculari; ad satisfaciendum promptus, donum, quod accepisse visus est, continuo in manus nostras refutavit; et omnino causam suam nostro iudicio cum sui ipsius ad omnem voluntatem nostram[d] subiectione et obauditione reliquit. Pro[e] cuius humiliatione, et maxime[f] quoniam canonicam electionem in eo praecessisse audivimus, ad misericordiam moti sumus; et — confisi in testimonio, quod nonnulli confratrum nostrorum episcoporum cum multis pro eo supplicationibus ad nos per epistolas suas direxerunt, videlicet quod eius praecedens vita et conversatio multum honesta et laudabilis fuerit — ad promotionem eius discrete moderationis consideratione assensum praebere non indignum duximus. Attamen, ne istud

---

a. *Habetur etiam* 2) *ap. Hugon. Flavin., Mon. Germ. SS. VIII* 414.   b. dilecto — fratri *addidi ex* 2.   c. eum *om.* 2.   d. nostram *om.* 2.   e. Pro *om.* 2.   f. *om.* 2.

aliis, quorum causa et conversatio huic longe dissimilis et impar constiterit, ad exemplum vel[a] occasionem quaerendae misericordiae in posterum fore debuisset, illud constituimus, ut coram te et confratre nostro Remensi archiepiscopo[1] et aliis comprovincialibus episcopis ita se per sacramentum purgare debeat: quod ei ante acceptionem illam et, ut dicitur, investituram episcopatus, regem excommunicatum fuisse, et illud decretum nostrum de prohibitione huiuscemodi investiendi et accipiendi ecclesias neque per legatum nostrum neque ab aliqua persona, quae se his statutis interfuisse et ea audisse fateretur, significatum et indubitanter notificatum fuerit.

Quapropter admonemus fraternitatem tuam, ut concilium in partibus illis convocare et celebrare studeas; maxime quidem cum consensu et consilio regis Francorum[2], si fieri potest. Sin autem aliqua occasione id consentire noluerit, in Lingonensi ecclesia conventum celebrandi concilii instituas. Atque hoc cum consilio et prudenti dispositione fratris[b] nostri Lingonensis episcopi[3] facias; sciens: quoniam in omnibus fidelem adiutorem et cooperatorem non solum nobis sed et tibi et omnibus legatis nostris se deinceps fore promisit; et nos in eo multam spem habemus et fiduciam. Comes etiam Tebaldus[4] per legatos suos eamdem nobis promissionem fecit: ut, si rex legatos nostros recipere nollet, ipse cum summa devotione reciperet, et eis omnem quam posset aptitudinem celebrandi synodum et ecclesiastica exquirendi negocia locum consilium auxiliumque pararet.

Stude ergo, ut praefatum confratrem[c] nostrum Lingonensem episcopum convenias; et communi consilio, ubi vobis melius videbitur[d], synodum instituite[e]. Et convocatis illuc archiepiscopo Remensi et ceteris quotquot possis archiepiscopis et episcopis Franciae, primo omnium causam[f] supra memorati Cameracensis electi discutere studeas, videlicet ut secundum praescriptam sacramenti determinationem se coram omnibus expurget; et in-

a. et 2.   b. confratris 2.   c. fratrem 2.   d. videtur 2.   e. constituite 2.   f. causas 2.

1. Manasse I.   2. Philippi I.   3. Reinardi.   4. III comes Blesensis et Campaniensis.

1077
Mai. 12

super, ne in mortem illius[1] qui in ignem[a] proiectus est consenserit, in eodem se sacramento defendat. Quod si factum fuerit, praecedentem eius electionem confirmandam esse, apostolica moderatione decernimus, et te cum confratre[b] nostro Remensi archiepiscopo de eius consecratione prout oporteat[c] statuere volumus; nisi forte alia sibi, quae nos ignoramus, obstiterint; quae tamen in providentia vestra examinanda relinquimus. Illud vero commune malum pene totius terrae, videlicet[d] quod altaria venduntur, et quod iste etiam in officio sui archidiaconatus se fecisse non denegat, ne deinceps fiat, tam huic quam ceteris omnibus interdicito.

De cetero admonemus dilectionem tuam: ut reliquas causas et negocia, videlicet Catalaunensis episcopi[2], Carnotensis ecclesiae, Anitiensis, Arvernensis, nec non monasterii sancti Dionysii et alia, quae necessaria ecclesiasticae religioni apparuerint, pro commissa tibi vice nostra, quantum Deo auxiliante potueris, ita diligenter tractare et ad finem perducere studeas, quatenus in eis nostra deinceps possit sollicitudo et longa fatigatio sublevari.

Volumus etiam: ut fratrem nostrum Hugonem venerabilem Cluniacensem abbatem, tecum synodo interesse, ex nostra parte invitare[e] rogando et multum instando procures, cum propter alia multa, tum maxime ut causa Arvernensis ecclesiae competenti et firma determinatione cum Dei et illius adiutorio finiatur. Confidimus enim in misericordia Dei et conversatione vitae eius, quod nullius deprecatio, nullius favor aut gratia nec aliqua prorsus personalis acceptio eum a tramite rectitudinis dimovere poterit.

Si igitur divina clementia huic nostrae dispositioni effectum dederit, inter cetera quae tua fraternitas agenda suscepit, hoc attentissime perpendat et exequi studeat, ut congregatis omnibus et in conventu residentibus manifesta et personanti denunciatione interdicat: ut, conservanda deinceps in promovendis episcopis canonica et apostolica auctoritate, nullus metropolitanorum aut quivis episcoporum alicui, qui a laica persona donum episcopa-

a. ignibus 2.   b. fratre 2.   c. oportet 2.   d. *om.* 2.   e. convitare *cod.,* convetare 2.

1. Ramibrdi. V. ep. 20 supra p. 270 n. 2.   2. Rogerii III.

tus susceperit, ad[a] conseerandum illum imponere manum audeat; nisi dignitatis suae honore officioque carere et ipse velit. Similiter etiam: ut nulla potestas aut aliqua persona de huiusmodi honoris donatione vel acceptione ulterius se intromittere debeat; quod si praesumpserit, eadem sententia et animadversionis censura, quam beatus Adrianus[1] papa in octava synodo[2] de huiusmodi praesumptoribus et sacrae auctoritatis corruptoribus statuit atque firmavit[3], se astrictum ac ligatum fore cognoscat. Quo capitulo scripto atque in praesentia omnium lecto, ad collaudationem et confirmationem eius universum coetum illius consessus admoneas. Eos autem, qui, post recensitam a nobis huius decreti auctoritatem, investituram episcopatus per manus secularium dominorum et potestatum susceperunt, et qui eis in ordinationem[b] manum imponere praesumpserunt, ad nos, super hac re rationem reddituros, venire apostolica auctoritate commoneas atque praecipias. Data[c] iuxta Padum in loco, qui dicitur Ficarolo[4], 4 Idus Maii, indictione 15.

1077
Mai. 12

IV 23. *Bernardo ecclesiae Romanae diacono et Bernardo abbati Massiliensi mandat, hortentur Heinricum IV et Rodulfum reges, ut sibi in Germaniam profecturo praesidium mittant. Obedire si alteruter noluerit, eundem excommunicari, alterum confirmari regem iubet[d].*

Gregorius episcopus servus servorum Dei carissimis[e] in Christo filiis Bernardo sanctae Romanae ecclesiae[f] diacono et Bernardo Massiliensi[g] abbati salutem et apostolicam benedictionem.

1077
Mai. 31

a. ad — illum *om.* 2.   b. ordinatione 2.   c. Data — 15 *om.* 2.   d. *Legitur etiam* 2) *ap. Brunonem de bello Saxon c.* 105, *Mon. Germ. SS. V* 369, 3) *ap. Hugon. Flavin., ibid. VIII* 447.   e. carissimis — filiis *addidi ex* 2.   f. sanctae — ecclesiae *om.* 2.   g. Massiliensi *om.* 2.

1. II.   2. an. 869.   3. Cf. Gratiani decret. I Dist. 63, 1: „Hadrianus papa in VIII synodo Constantinopoli sub ipso celebrata: „„Nullus laicorum principum vel potentum semet inserat electioni aut promotioni patriarchae, metropolitae aut cuiuslibet episcopi ..... Quisquis autem secularium principum et potentum vel alterius dignitatis laicus adversus communem ... electionem ecclesiastici ordinis agere tentaverit, anathema sit, donec obediat"".   4. Ficcarolo, in sinistra Padi fl. ripa, a Ferraria inter occidentem et septemtriones.

1077
Mai. 31

Fraternitati vestrae notum esse non ambigimus, quia ideo ab Urbe, confisi de Dei misericordia et adiutorio beati Petri, egressi sumus, ut ad Teutonicorum partes, composituri inter eos ad honorem Dei et utilitatem sanctae ecclesiae pacem ᵃ, transiremus. Sed quia defuerunt, qui nos secundum quod dispositum erat conducerent, impediti adventu regis in Italiam, in Longobardia inter inimicos christianae religionis non sine magno periculo remansimus, et adhuc, sicut desideravimus, ultra montes proficisci nequivimus. Quocirca monemus vos et ex parte beati Petri praecipimus, ut, fulti auctoritate huius nostri praecepti nostraque vice ab eodem apostolorum principe accincti, utrumque regem, Heinricum videlicet ᵇ atque Rodulfum, commoneatis: quatenus viam nobis illuc ᶜ secure transeundi aperiant et adiutorium atque ducatum per tales personas, de quibus vos bene confiditis ᵈ, praebeant, ut iter nobis Christo protegente pateat. Desideramus enim cum consilio clericorum atque laicorum eiusdem regni, qui Deum timent et diligunt, causam inter eos Deo favente discutere et, cuius parti magis ad regni gubernacula iustitia favet, demonstrare. Scitis enim, quia nostri officii et apostolicae sedis est providentiae, maiora ᵉ ecclesiarum negocia discutere et dictante iustitia diffinire. Hoc autem, quod inter eos agitur, negocium tantae gravitatis est tantique periculi, ut, si a nobis fuerit aliqua occasione neglectum, non solum illis et nobis sed etiam universali ecclesiae magnum et lamentabile pariat detrimentum. Quapropter, si alteruter praedictorum ᶠ regum huic nostrae voluntati ac deliberationi parere et ad vestra monita locum dare rennuerit, suamque superbiam atque cupiditatis faces ᵍ contra honorem Dei omnipotentis accendens, ad desolationem totius Romani imperii anhelare ʰ temptaverit, omnibus modis omnique ingenio usque ad mortem, si oportet, nostra vice immo beati Petri auctoritate ei resistite; et ᶦ, totius regni gubernacula contradicendo, tam illum quam omnes sibi consentientes a par-

a. et pacem 3.   b. om. 3.   c. illic 2.   d. confiditis 2. 3.
e. maierum 3.   f. om. 3.   g. cupiditatis face 3 pro atque — faces.   h. hanelare cod.   i. et om. 2.

ticipatione* corporis et sanguinis domini nostri Iesu Christi et 1077
a liminibus sanctae ecclesiae separate; illud semper habentes $\overline{\text{Mai. 31}}$
in memoria, quia scelus idolatriae incurrit, qui apostolicae sedi
oboedire contemnit[b][1], et quod beatus Gregorius doctor sanctus
et humillimus decrevit, reges a sua dignitate cadere, si temerario ausu praesumerent contra apostolicae sedis iussa venire[2].
Alteri autem, qui nostrae iussioni humiliter paruerit et oboedientiam universali matri, sicut decet christianum regem, exhibuerit, convocato concilio omnium clericorum et laicorum, quos
advocare poteritis, consilium et adiutorium in omnibus praebete;
et eum[c] in regia dignitate per auctoritatem beatorum apostolorum Petri et Pauli nostra vice confirmate; omnibusque episcopis
abbatibus clericis ac laicis in omni regno habitantibus, ut sibi[d]
fideliter, sicut oportet regi, oboediant et deserviant[e], ex parte
omnipotentis Dei praecipite. Data[f] Carpinete 2 Kalendas Iunii,
indictione 15.

IV 24. *Omnes Christi fideles in regno Teutonicorum de supe-*
riore epistola certiores facit sententiisque legatorum suo-
rum obsequi iubet[g].

Gregorius episcopus servus servorum Dei dilectis[h] in Christo 1077
fratribus archiepiscopis episcopis ducibus comitibus et universis $\overline{\text{Mai. 31}}$
Christi fidelibus, clericis[i] et laicis, tam maioribus quam mino-
ribus, in regno Teutonicorum consistentibus, salutem et apostolicam benedictionem.

Notum fieri vobis volumus, fratres karissimi[k], quia legatis
nostris, Bernardo videlicet sanctae Romanae ecclesiae fideli filio
et diacono itemque Bernardo abbati religioso Massiliensis monasterii[l], praecepimus[m]: ut utrumque regem, Heinricum videlicet[n]
et Rodulfum, aut per se aut per idoneos nuncios[o] admoneant,

a. communione 2.   b. contendit *c.*   c. eum *addidi.*   d. ei 2.   e. et
deserviant *om.* 2.   f. Data — 15 *om.* 2. 3.   g. *Legitur etiam* 2) *ap. Brunonem de*
bello Saxon. c. 106, *Mon. Germ. SS. V* 370, 3) *ap. Hugon. Flavin., ibid. VIII* 447,
4) *ap. Udalricum Babenberg. n.* 149, *Eccardi Corp. hist. II* 151.   h. dilectis — fratribus *addidi ex* 2; dilectissimis 4.   i. clericis — minoribus *om.* 2.   k. dilectissimi 4.   l. ecclesiae 4.   m. praecipimus 2.   n. *om.* 3.   o. legatos 3. 4.
    1. Cf. 1 Reg. 15, 23.   2. V. supra p. 242 n. 4.

1077
Mai. 31 quatenus viam michi* pro discutiendo negocio, quod peccatis
facientibus inter eos ortum est, ad vos Deo favente[b] secure veniendi[c] praebeant. In magna enim tristitia et dolore cor nostrum
fluctuat, si per unius hominis superbiam tot milia hominum christianorum[d] temporali et aeternae morti traduntur, et christiana
religio confunditur, Romanumque imperium ad perditionem[e] per-
ducitur[f]. Uterque nanque rex a nobis immo ab apostolica sede,
cui licet indigni praesidemus, adiutorium requirit. Et nos, de
misericordia omnipotentis Dei et adiutorio beati Petri confidentes, parati sumus: cum vestro[g] consilio, qui Deum timetis et
christianam fidem diligitis, aequitatem causae[h] utrimque[i] decernere; et ei praebere auxilium, cui iustitia ad regni gubernacula
favere dinoscitur.

　　Quapropter, si alteruter eorum superbia inflatus aliquo ingenio, quominus ad vos venire possimus[k], obstiterit; et, de sua
iniustitia timens, iudicium sancti Spiritus refugerit, inoboediens
factus resistendo sanctae et universali matri[l] ecclesiae; hunc
velut membrum antichristi et desolatorem christianae religionis
contemnite; et sententiam, quam nostri legati contra eum nostra[m]
vice dederint, conservate; scientes[n], quia Deus superbis resistit,
humilibus autem dat gratiam[1]. Alteri vero, qui humiliter se
habuerit, et iudicium, decretum vero[o] a Spiritu sancto per vos[p]
autem prolatum[q], non contempserit — indubitanter enim credimus: ubicumque duo vel tres in nomine Domini congregati
fuerint[2], praesentia[r] eius inluminantur — illi, inquam, servitium
et reverentiam, secundum quod nostri praefati legati decreverint,
exhibete; annitentes et modis omnibus ei obsequentes, ut regiam
dignitatem honeste possit obtinere et sanctae ecclesiae iam pene
labenti[s] succurrere. Non enim a corde vestro debet excidere,
quod, qui apostolicae sedi oboedire contempnit, scelus idolatriae[3]

---

a. nobis 3.　　b. adiuvante 4.　　c. perveniendi 3, transeundi 4.　　d. et *add.* 4.
e. perniciem 4.　　f. deducitur 4.　　g. auxilio et *add.* 4.　　h. *om.* 4.　　i. diligenter
add. 3.　　k. veniam 4 *pro* venire possimus.　　l. *om.* 3.　　m. nostra vice *om.* 3.
n. scientes — gratiam *om.* 3.　　o. *om.* 3.　　p. nos 2.　　q. iudicium per nos prolatum decretum vero a spiritu sancto 4.　　r. quod praesentia 2. 4.　　s. labanti 3. 4.

　　1. Iacob. 4, 6.　　2. Cf. Matth. 18, 20.　　3. Cf. 1 Reg. 15, 23.

incurrit, et quod beatus Gregorius, doctor sanctus et humilli- 1077
mus, reges decrevit[a] a suis dignitatibus cadere et participatione $\quad$ Mai. 31
corporis et sanguinis domini nostri[b] Iesu Christi carere, si praesumerent apostolicae sedis decreta contemnere[1]. Si enim coelestia et spiritualia sedes beati Petri solvit et iudicat, quanto magis terrena et secularia. $\quad$ Scitis autem, fratres karissimi[c], quia,
ex quo tempore[d] ab Urbe exivimus, in magno periculo inter
inimicos christianae fidei mansimus, et tamen neutri praedictorum regum, neque terrore neque amore flexi, aliquod contra
iustitiam adiutorium promisimus. Magis enim volumus mortem,
si hoc[e] oportet, subire, quam, propria voluntate devicti, ut ecclesia Dei ad confusionem veniat, consentire. Ad hoc enim nos
ordinatos et in apostolica sede constitutos esse cognoscimus, ut
in hac vita non quae nostra sed quae Iesu Christi sunt quera-
mus[2], et per multos labores, patrum sequentes vestigia, ad futuram et aeternam quietem Deo miserante tendamus. Data[f] Carpinete 2 Kalendas Iunii, indictione 15.

IV 25. *Neemiae archiepiscopo Strigoniensi commendat nuntium*
adhuc retentum propter id, quod ipse cepisset consilium in
Germaniam eundi. Sed iter hoc prolatum esse. Ladislaum I
regem Ungariae admoneat, ut legatos ad se mittat.

Gregorius episcopus servus servorum Dei Neemiae Strigo- 1077
nensi in Ungaria archiepiscopo salutem et apostolicam bene- $\quad$ Iun. 9
dictionem.

Non admirari te volumus, qua de causa fratrem istum, videlicet harum litterarum portitorem, tam diu nobiscum retinuerimus.
Nam cum ad nos venit, in regnum Teutonicorum transire dispo-
sueramus, quatenus inter regem Heinricum et principes terrae
pacem et concordiam componere Deo adiuvante possemus; acceptis etiam per sacramentum ab eodem Heinrico rege securitatibus, quas ex parte illius ad profectionem nostram tunc opor-

a. decretum *cod.* $\quad$ b. nostri — Christi *om.* 3. $\quad$ c. dilectissimi 4. $\quad$ d. *om.* 3.
e. hoc *om.* 2. 4. $\quad$ f. Data — ind. 15 *om.* 2. 3. 4.

1. V. supra p. 242 n. 4. $\quad$ 2. Philipp. 2, 21.

tere putavimus. Cuius rei exitum expectantes, interim hunc nobiscum manere praecepimus, ut et certum huius negocii finem et, si qua alia necessaria viderentur, vobis hoc revertente mandaremus. Ceterum, quia causa, sicut vobis notum esse credimus, ad gravissimam litem et pene ad totius patriae divisionem excrevit, neque nobis hoc in tempore transire opportunum esse vidimus, diutius hunc tenere noluimus; scribentes per eum fraternitati tuae et multum admonentes: ut ei apud te prosit, quod cum tanta fatigatione et periculo et apostolicam quaesivit misericordiam et tam longam apud nos fecit moram. Hoc enim scire te volumus, quoniam, quamdiu nobiscum fuit, quietum in illo spiritum et ad serviendum Deo devotum esse cognovimus. Quapropter secundum miseriam[a] horum temporum et ad comparationem earum personarum, quas pro infirmitate et necessitate toleramus, hunc quoque misericorditer portandum esse non indignum duximus; si quidem ea, quae nobis de sua manifestavit conscientia et de quibus a te[b] se reprehendi confitetur, a sua confessione et relatione non discrepant. Quod autem ad sacerdotii gradum promoveri desiderat, etsi nos ex imperii auctoritate non decernimus, respectu tamen indulgentiae non contradicimus nec denegandum sibi esse iudicavimus; si quidem alia, quae nos lateat, ordinationi suae gravior causa non obstiterit, et deinceps vitam et mores suos ad dignitatem[c] tanti ministerii congrue instituere et perseveranter Deo miserante servare voluerit.

De cetero admonemus fraternitatem tuam, ut regem[1], qui inter vos electus est, cum aliis tuis confratribus et principibus terrae alloquaris, notificantes et consulentes sibi: ut apertius nobis suam voluntatem et erga reverentiam sedis apostolicae debitam per idoneos legatos denunciet devotionem. Et ita demum, quod ad nos attinet, ad honorem Dei omnipotentis et beati Petri apostolorum principis benigne sibi respondebimus, et excellentiae suae ad suam et totius regni utilitatem sanctae et apostolicae auctoritatis studium cum omni caritate et benevolentia exhibere

a. miseria c.   b. te *addidi*.   c. dignitate c.

1. Ladislaum I.

curabimus ª.   Caetera vero, quae longum erat in epistola . . . . . ᵇ viva fideliter voce nunciabit, sicut in eius ore posuimus. Data Carpinete 5 Idus Iunii, indictione 15.

1077 Iun. 9

IV 26. *Dominico IV patriarchae Gradensi et ceteris episcopis Venetis commendat Gregorium ecclesiae Romanae diaconum, rerum ecclesiasticarum causa missum.*

Gregorius episcopus servus servorum Dei Dominico patriarchae Gradensi et caeteris episcopis Venetiae salutem et apostolicam benedictionem.

1077 Iun. 9

Audivimus, in ecclesiis vestris multa emersisse negocia; quae ut sincera exploratione discutiantur et canonicae traditionis diffinitione terminentur, ecclesiasticae religionis ordo deposcit et a nobis tam vestra dilectio quam officii nostri debita sollicitudo requirit. Quamquam enim ex consideratione creditae nobis dispensationis debitores simus universis ecclesiis, speciali tamen cura vobis et vestris causis astringimur, cum propter singularem quamdam cohaerentiam, quam ad sanctam Romanam et apostolicam habetis ecclesiam, tum propter vicinitatem; quae nunquam nos, vel quae apud vos sunt, diu ignorare, vel quae nos debemus et possumus, vestrae fraternitati denegare patitur. Quapropter misimus ad vos hunc dilectum filium nostrum Gregorium et diaconum sanctae Romanae ecclesiae: quatenus — una vobiscum de ecclesiasticis causis et christianae religionis sacrosanctis institutionibus quae necessaria sunt Deo adiuvante pertractans — nostra vice quae corrigenda sunt corrigat, quae statuenda constituat, et ecclesiasticae libertatis atque iustitiae diu et in multis neglectas rationes et studia ad formam canonicae et apostolicae disciplinae reducere et per auxilium divinae gratiae efficaciter valeat confirmare. Cui vos ͨ cum omni caritate assistentes ita favere et unanimiter assensum praebere, sicut fratres carissimos, admonemus, quatenus in illo appareat: quantam reverentiam in beatum Petrum apostolorum principem habeatis, de cuius domo et familia mittitur; quanta etiam de nostra dilectione vobis cura

---

a. curavimus *c.*   b. mandare, frater iste *excidisse videntur.*   c. nos *c.*

sit, qui eum de sinu nostro misimus; utpote per quem nostra
apud vos sollicitudo et a domino Deo nobis concessae potestatis
auctoritas vicaria dispensatione repraesentatur et geritur. Data
Carpinete 5 Idus Iunii, indictione 15.

IV 27. *Dominicum Silvium ducem et populum Venetum dolet
excommunicatis communicasse. Mittit Gregorium diaconum, qui eos peracta poenitentia absolvat.*

Gregorius episcopus servus servorum Dei Dominico Silvio
duci Venetiae et populo Venetiae salutem et apostolicam benedictionem, si oboedierint.

     Meminisse debetis, quanta vobis apud sanctam et aposto-
licam sedem multis iam temporibus et caritatis benevolentia et
honorificentiae gratia sit exhibita. Et nos quidem teste conscientia nostra, non solum postquam ad pontificatum venimus
sed et antea pluribus annis, vos et terram vestram valde dileximus, et non sine aliqua nonnullorum indignatione et inimicitia
ad providendum honori vestro prompti fuimus; multum gavisi
pro dilectione, quam erga universalem omnium fidelium matrem,
videlicet sanctam Romanam ecclesiam, habuistis, et libertate,
quam ab antiqua stirpe Romanae nobilitatis acceptam conser-
vastis. Verum his temporibus, quod sine magno dolore non
dicimus, non solum nostros exacerbastis affectus, sed omnipotentis
Dei gratiam vobis procul dubio nimium labefactastis. Quoniam,
nescio quibus peccatis facientibus, a statu rectitudinis excidistis,
et ultro extra consortium membrorum Christi et ecclesiae facti
estis; sectantes et recipientes eos, qui pro suis sceleribus excommunicati sunt et, exorbitantes a fide et catholica sanctorum
patrum unitate doctrina et corroborata divinitus auctoritate, per
omnem inoboedientiam et contumaciam in laqueum diaboli ce-
ciderunt et ministri immo servi sathane, a quo captivi tenentur,
facti sunt. Quocirca, dolentes de periculo animarum vestrarum
et ad reconciliationem divinae gratiae vos revocare cupientes,
misimus ad vos hunc dilectum filium nostrum Gregorium et diaconum sanctae Romanae ecclesiae: ut, poenitentiam agentes, ab

excommunicationis vinculo, in quod participando cum excommu- 1077
nicatis prolapsi estis, possitis absolvi et in communionem sanctae
matris ecclesiae apostolica indulgentia et benedictione restitui.
Quod cum factum fuerit, si nostra monita immo verbum Dei ea
qua oportet veneratione suscipitis, volumus et apostolica vos
auctoritate monemus: ut cum omni caritate et oboedientia sibi
assistatis; quatenus, cum consilio confratris nostri patriarchae et
aliorum episcoporum illius provinciae nec non cum adiutorio
ducis et omnium vestrum, de statu ecclesiarum et christianae
religionis ordine ac dispensatione, quae necessaria sunt, iuxta
formam a sanctis patribus traditam pertractare possit ac Deo
adiuvante nostra vice disponere. Data Carpinete 5 Idus Iunii,
indictione 15.

IV 28. *Hispaniae principes docet, eorum regnum antiquitus ecclesiae Romanae traditum esse. Hortatur ad debitum b.
Petro servitium praestandum. Amatum episcopum Ellorensem et Frotardum abbatem S. Pontii Tomeriensem
legatos suos commendat.*

Gregorius episcopus servus servorum Dei regibus comitibus 1077
ceterisque principibus Hyspaniae salutem et apostolicam benedictionem.

Non ignorare credimus prudentiam vestram, quin sancta et
apostolica sedes princeps et universalis mater sit omnium ecclesiarum et gentium, quas divina clementia ad agnitionem sui
nominis in fide domini ac salvatoris nostri Iesu Christi per euangelicam et apostolicam doctrinam venire praeordinavit. Quibus
hanc curam et perpetuam debet exhibere sollicitudinem, ut sicut
ad conservandam catholicae fidei veritatem, ita quoque ad cognoscendam et tenendam iustitiam documenta et salutifera administret monita. Ad cuius dispensationis officium quoniam secundum
voluntatem Dei quamquam inviti et indigni constituti sumus,
creditum nobis ministerium valde pertimescimus; scientes, quoniam et his qui prope et his qui longe sunt debitores sumus,
nec apud supernum iudicem excusationis locum habere poterimus,

1077
Iun. 28 si nostra taciturnitate eorum aut salus negligitur aut culpa fovetur. Cuius rei tam in propheticis quam euangelicis paginis multa nobis documenta et cum terribilibus minis exempla proposita sunt; quae egregius ille praedicator et apostolus [1] intuens ait: *Necessitas euangelizandi michi incumbit; ve enim michi, si non euangelizavero* [2]. Quapropter et nos, dilectissimi, qui praesentes secundum desiderium nostrum verbo non possumus, saltem absentes per epistolam de salute vestra vos admonere curavimus; scribentes vobis, sicut in vos affectum debitae caritatis habemus. Primum quidem: ut — gratias agentes Deo, qui vos regeneravit in spem vivam et incorruptibilem aeternae vitae gloriam per Iesum Christum dominum nostrum — semper illum timeatis et ex toto corde diligatis; transferentes in illum omne desiderium vestrum supra omnes divitias et honores huius seculi, supra omnes non solum humanas sed et angelicas creaturas; ambulantes coram illo in omni fide et devotione, sicut electi filii et in sortem hereditatis regni Dei per immensam gratiam bonitatis eius vocati; non detinentes [a] secundum secularem concupiscentiam in iniustitia, quae de veritate et aequitate sua Deus vobis cognoscere dedit vel daturus est; sed exhibentes vos fideles ministros ad faciendam iustitiam, ad tuendam libertatem christianae fidei et religionis in omni virtute et administratione regiae potestatis vestrae, ad laudem et gloriam nominis eius, qui vos multa gloria sublimavit. Nam quod semper vobis cordi esse volumus, inquit dilectoribus suis sapientia per Salomonem: *Ego diligentes me diligo* [3], *honorificantes me honorabo;* contemptoribus vero minatur dicens: *Qui autem me contemnunt, erunt ignobiles* [4]. Et apostolus Paulus, generalem futuri sententiam manifestans, ait de iusto iudicio Dei: *Qui reddet unicuique secundum opera eius: his quidem, qui secundum patientiam boni operis gloriam et honorem et incorruptionem querunt* [b], *vitam aeternam; his autem, qui sunt* [c] *ex contentione, et qui non acquiescunt veritati, credunt autem iniquitati, ira et indignatio; tribulatio et angustia*

a. *sic cod.*   b. querentibus *c.*   c. sunt *om. cod.*

1. S. Paulus.   2. 1 Corinth. 9, 16.   3. Prov. 8, 17.   4. 1 Reg. 2, 30.

in omnem animam hominis operantis malum[1]. Nolite ergo sublime sapere[2] aut, propter eminentiam praesentis gloriae, humanae condicionis, quae aequa est regum et pauperum, oblivisci. Sed, sicut idem apostolus monet: humiliamini sub potenti manu Dei, ut vos exaltet in tempore tribulationis[3]. Nolite spem ponere in incerto divitiarum[4] huius seculi, sed in illo, de quo scriptum est: *Per me enim reges regnant*[5], et alibi: *Quoniam data est a Domino potestas vobis, et virtus ab Altissimo, qui interrogabit opera vestra, et cogitationes scrutabitur*[6]. In quo et thesaurizate vobis divitias bonorum operum[7], construentes stabile fundamentum[8] et melioris atque indeficientis substantiae possessionem[9], ubi vitam ducatis aeternam. Non enim habemus hic manentem civitatem, sed futuram inquirimus[10], cuius artifex et conditor Deus[11]. Et profecto vos ipsi scitis et cotidie videtis, quam fluxa et fragilis est vita mortalium, quam fallax et deceptoria spes praesentium. Semper enim volentes nolentesque ad finem currimus; et sub tam certo periculo nunquam tamen, quam sit vicina mors, praevidere possumus; nec unquam diu tenetur, quicquid de praesenti vita vel seculo quaeritur aut possidetur. Quam ob rem — pensantes semper: quae sint novissima vestra, quantaque cum amaritudine de praesenti seculo nequam exituri et in putredinem terrae ac sordes pulveris reversuri estis, quamque sub districto examine de factis vestris rationem reddituri sitis — contra futura pericula vos communite. Arma vestra opes potentiam non ad secularem pompam tantum, sed ad honorem et servitium aeterni Regis vertite. Commissa vobis regni gubernacula ita gerite, sic administrate, ut vestrae virtutis et rectitudinis studium omnipotenti Deo gratum iustitiae possit esse sacrificium; quatenus et vos in ipso sperare possitis, qui dat salutem regibus[12] et potens est eripere de manu mortis: ut superinduat vos eminentiori claritate et gaudiis vitae

---

1. Rom. 2, 6—9.   2. 1 Timoth. 6, 17.   3. 1 Petr. 5, 6.   4. 1 Timoth. 6, 17.   5. Prov. 8, 15.   6. Sap. 6, 4.   7. Cf. Matth. 6, 20. 8. Cf. 1 Timoth. 16, 9.   9. Cf. Hebr. 10, 34.   10. Hebr. 13, 14. 11. Hebr. 11, 10.   12. Ps. 143, 10.

1077
Iun. 28

perennis, et de caducis honoribus quos nunc habetis transferat vos in regnum gloriae aeternae suae; ubi nec beatitudo finem, nec gloria corruptionem, nec dignitas habet comparationem.

Praeterea* notum vobis fieri volumus, quod nobis quidem tacere non est liberum[b], vobis autem non[c] solum ad futuram sed etiam ad praesentem gloriam valde necessarium: videlicet regnum Hispaniae ex antiquis constitutionibus beato Petro et sanctae Romanae ecclesiae in ius et proprietatem esse traditum. Quod nimirum hactenus et praeteritorum temporum incommoda et aliqua[d] antecessorum nostrorum occultavit negligentia. Nam, postquam regnum illud a Saracenis et[e] paganis pervasum est, et servitium, quod beato Petro inde solebat fieri, propter infidelitatem eorum et tyrannidem detentum, ab usu nostrorum[f] tot annis interceptum est. Pariter etiam rerum et proprietatis memoria dilabi coepit. Verum, quia divina clementia, concessa vobis in hostes illos semperque concedenda victoria, terram in manus vestras tradidit, ulterius vos causam hanc ignorare nolumus; ne, quod supernus arbiter et legum ac iustitiae conditor de recuperanda et[g] restituenda iustitia et honore sancti Petri eiusque sanctae et apostolicae sedis vestrae gloriae ad bene merendum contulit, aut nobis ex taciturnitate in negligentiae culpam aut vobis ex ignorantia quod absit ad detrimentum propositae et divinitus oblatae retributionis obveniat. Confidimus enim in misericordia Dei, qui virtutem vobis dedit et victoriam, ut hanc etiam voluntatem vobis tribuat: qua[h], cognita veritate, potius statuta christianorum principum et exempla sequamini quam eorum impietatem, qui christianum nomen magis cupiunt persequi quam venerari.

Misimus autem ad vos confratrem nostrum Amatum venerabilem Ellorensem episcopum, cui et vicem nostram ad partes illas dedimus, adiungentes sibi hunc abbatem[1] Sancti Pontii[2],

a. Praeterea — retributionis obveniat *leguntur etiam* 2) *ap. Deusdedit card. coll. can., Borgia breve istoria del dominio temp., App. p.* 15.   b. licuit 2 *pro* est liberum. c. ad presentem et ad futuram 2 *pro* non solum — praesentem.   d. *om.* 2.   e. et paganis *om.* 2.   f. praedecessorum *excidisse videtur*.   g. et rest. *om.* 2.   h. quo *c*.
   1. Frotardum. V. Gall. Chr. VI 227.   2. Tomeriensis, d. Narbonensis.

virum venerabilem, fide et morum honestate probatum: ut, quod 1077 Iun. 28
nos de insinuatione huius causae vestrae celsitudini succincte
scripsimus, ipsi vobis, si necesse sit, latius apertiusque mani-
festent et, quantum ratio postulaverit, notitiam veritatis praesenti denunciatione et certa assertione demonstrent. Quorum consiliis in his, quae ad Deum pertinent et saluti animarum vestrarum necessaria sunt, indubitanter potestis credere; sicut nos in
ipsis per studium religionis et actuum suorum comprobavimus
et vos in eorum poteritis conversatione perpendere.

Igitur, quod ad nos pertinuit aut providendum ex officio
aut satisfaciendum* iustitiae debito, Deo miserante fecimus. Quid
vestrae causa salutis a vobis exigat, et quantum beato Petro apostolorum principi debeatis, indicavimus[b]; ne[c] ignorantia obsit, nec
sub vana securitate labentis lucis et temporis damnosa vobis
quod absit subrepat negligentia. Vos autem, quid vestrum sit,
adtendite. Quid fides et christiana devotio vestri principatus ad
imitationem piissimorum principum exequi debeat, prudenti consilio pertractate disponite atque statuite. Et ita vos erga honorem beati Petri et sanctae matris vestrae Romanae ecclesiae
promptos atque magnificos exhibete: ut vestra virtus et gloria,
quae Deo donante illustri victoria pollet, apostolicis intercessionibus clarior fiat et excelsior; et eorum vos semper benedictio
muniat, auctoritas a peccatis absolvat, defensio tutos et illesos
ab omni periculo protegat, quorum potestate divinitus illis tradita universitas hominum tam in celo quam in terra ligatur et
solvitur et coelestis regni ianua cunctis aperitur et clauditur.
Data Carpinete 4 Kalendas Iulii, indictione 15.

a. satisfaciendo *cod.*   b. iudicavimus *c.*   c. ne *om. eod.*

EXPLICIT LIBER QUARTUS.

INCIPIT LIBER QUINTUS
REGISTRI[a] GREGORII PAPAE SEPTIMI
anno ab incarnatione Domini millesimo septuagesimo septimo, indictione decima quinta.

V 1. *Canonicis S. Martini Lucensibus abiudicat praebendas canonicasque pretio acquisitas, et maiore ecclesia intranda iis ad tempus interdicit.*

1077
Aug. 11

Gregorius episcopus servus servorum Dei canonicis Sancti Martini Lucensis ecclesiae.

Meminisse debetis, quotiens et cum quanta cura vos monuerimus, apud vos manentes[1]: ne[b] terrena peritura commoda maioris quam animas vestras aestimantes, ita vos ad oboedientiam iustitiae exhiberetis, ut ulterius sub excommunicationis vinculo, quod in acquirendis contra apostolica decreta praebendis vos incurrisse manifestum erat, non permaneretis. Verum, ut ipsa res indicat, substantiam vestrae licet iniquae possessionis pretiosiorem quam vosmet ipsos facitis; qui, spretis admonitionibus nostris et contempta apostolica auctoritate, pro lucris temporalibus et explenda cupiditate vestra, sub maledicto anathematis, post promissam nobis satisfactionem recidivo ac deliberato praevaricationis crimine, iacere non pertimescitis. Quapropter — quoniam tantae praesumptionis contumaciam et tam immanis avaritiae culpam nostra nec taciturnitate dissimulare nec patientia non modo ad vestrum sed ad illorum etiam, cum quibus communicatis, periculum diutius fovere audemus — praesenti auctoritate omnibus, qui inter vos contra apostolica privilegia beati Leonis papae canonicas pecunia adepti sunt, introitum maioris ecclesie, videlicet sancti Martini, et easdem canonicas vel praebendas ulterius retinendi licentiam et potestatem ex parte omnipotentis Dei et beati Petri apostolorum principis, usque ad

---

a. registri *om. cod.*　　　b. *sic cod. pro:* ut, terrena — non aestimantes, ita *cet.*

1. Exeunte anno 1076 Lucae fuisse Gregorium, docui in Regestis pont. Rom. p. 423.

condignam satisfactionem, interdicimus. Data Florentiae 3 Idus   **1077**
Augusti, indictione 15.   Aug. 11

V 2. *Corsos hortatur, ut Landolfo electo Pisano, legato suo,*
    obediant.

Gregorius episcopus servus servorum Dei omnibus episcopis   **1077**
clericis consulibus, maioribus et minoribus, in insula Corsica   Sept. 1
consistentibus, salutem et apostolicam benedictionem.

Quoniam propter multas occupationes ad peragendum nostrae sollicitudinis debitum singularum provinciarum ecclesias
per nosmet ipsos visitare non possumus, necessarium valde est:
ut, exigente ratione vel tempore, aliquem modo ad has modo
ad illas partes mittere studeamus, per quem commissa nobis
secundum voluntatem Dei repraesentetur auctoritas, et dominici
gregis salus atque communis provideatur utilitas. Scimus enim,
quoniam sine detrimento et magno animarum periculo esse non
potest, cum illius diligentia, ad quem summa negociorum et curae necessitas praecipue spectat, diu subditis ac commissis sibi
fratribus deest. Quapropter — considerantes et valde timentes,
ne huiusmodi erga vos providentiae tandiu praetermissum studium et nobis in negligentiae culpam reputetur et vestrae saluti
quod absit perniciosum aut contrarium fuerit — data primum
oportunitate, misimus ad vos hunc fratrem nostrum Landolfum
Pisanae ecclesiae electum episcopum. Cui et vicem nostram in
vobis commisimus; ut, ea quae ad ordinem sacrae religionis pertinent rite exequens, iuxta prophetae dictum, evellat et destruat,
aedificet et plantet[1]. Cui vos oboedire et unanimiter assistere
volumus; admonentes et apostolica auctoritate praecipientes: ut,
eum cum omni caritate et honore suscipientes, talem sibi reverentiam exhibeatis, qualem ex constitutione sanctorum patrum
iis exhiberi oportet, quos sancta et apostolica sedes in partem
suae sollicitudinis assumendos quibusque vicem Romani pontificis committendam esse providet[a]. Data Sene Kalendis Septembris, indictione incipiente 1.

1. Ierem. 1, 10.   a. praevidet *c.*

V 3. *Rodulfo Senensi et Rainerio Florentino episcopis mandat,*
ut Bonoisum, archipresbyterum Mantuanum, eligendum
episcopum Volaterranum curent, ad seque consecrandum
mittant.

1077
Sept. 16

Gregorius episcopus servus servorum Dei Rodulfo Senensi
episcopo et Rainerio Florentino episcopo salutem et apostolicam
benedictionem.

Non ignorare vos credimus, quantum sollicitudinis quantumque fatigationis habuerimus, id agentes, ut in Vulterrana ecclesia secundum Deum et auctoritatem canonum utilis et idoneus
eligeretur episcopus. Et quia secundum voluntatem Dei in personam Bonoisi Mantuani archipresbiteri et nostra consilia et voluntas eorum, qui de illa ecclesia sunt, convenit, apostolica vos
auctoritate monemus: ut, eandem ecclesiam adeuntes, qualiter
generalis electio fiat ab omnibus, procuretis; et eam, sicut moris
ex antiqua sanctorum patrum traditione fuisse cognoscitis, nostra
vice confirmetis. Quo facto, et res* quam ordinate facta fuerit,
nobis sine dilatione certis litteris vestris indicate, et electum pro
suscipienda consecratione quantotius ad nos cum sollemni decreto
cleri et populi destinate. Data Rome 16 Kalendas Octobris,
indictione 1.

V 4. *Corsos laudat, quod Corsicam restituere b. Petro cogitent.*
Habere se in Tuscia multas copias; quas promittit auxi-
lio iis missum iri. Monet, ut terram Landulfo electo Pi-
sano, vicario suo, tradant.

1077
Sept. 16

Gregorius episcopus servus servorum Dei omnibus episcopis
et viris nobilibus cunctisque tam maioribus quam minoribus, in insula Corsica consistentibus, salutem et apostolicam benedictionem.

Scitis, fratres et karissimi in Christo filii, non solum vobis
sed multis gentibus manifestum .esse: insulam, quam inhabi-
tatis, nulli mortalium nullique potestati nisi sanctae Romanae
ecclesiae ex debito vel iure proprietatis᷃ pertinere; et quod illi,
qui eam hactenus violenter — nichil servitii, nichil fidelitatis,

a. rem c.   b. iuris proprietate cod.

nichil pęnitus subiectionis aut oboedientiae beato Petro exhibentes — tenuerunt, semet ipsos crimine sacrilegii et animarum
suarum gravi periculo obligaverunt. Cognoscentes autem per
quosdam fideles nostros et vestros amicos: vos ad honorem et
iustitiam apostolici principatus, sicut oportere cognoscitis, velle
reverti et diu subtractam ab invasoribus iustitiam beato Petro
vestris temporibus vestrisque studiis rediberi, valde gavisi sumus; scientes, vobis hoc non solum ad praesentem sed etiam
ad futuram provenire utilitatem et gloriam. Nec diffidere quidem aut quicquam in hac causa vos dubitare oportet. Quoniam
— si modo vestra voluntas firma et erga beatum Petrum fides
immota permanserit — habemus per misericordiam Dei in Tuscia
multas comitum et nobilium virorum copias ad vestrum adiutorium, si necesse fuerit, defensionemque paratas. Quapropter,
quod in hac re oportunissimum nobis visum est, misimus ad
vos fratrem nostrum Landulfum, Pisanae ecclesiae in episcopum
electum*. Cui etiam inter vos vicem nostram in spiritualibus
commisimus: ut terram ex parte beati Petri et nostra vice suscipiat et eam cum omni studio et diligentia regat et de omnibus
rebus ac causis, beato Petro et nobis per illum pertinentibus,
se intromittat. Cui vos pro amore et reverentia eiusdem beati
Petri apostolorum principis oboedire et fideliter in omnibus assistere volumus et apostolica auctoritate monemus. Et ut magis
securus magisque ad omnia inter vos promptus esse valeat, fidelitatem quoque, si postulaverit — praemissa tamen sancti Petri
et nostra nostrorumque successorum[1] — non denegetis nec aliqua occasione sibi facere recusetis. Data Romae 16 Kalendis
Octobris, indictione 1.

V 5. *Aquileiensibus legatos mittit, qui Heinricum episcopum aut*
confirment aut removeant. A servitio et debita regi fideli-
tate impedire eos non vult.

Gregorius episcopus. servus servorum Dei clero et populo
Aquilegiensis ecclesiae salutem et apostolicam benedictionem.

1. sc. fidelitate.   a. electum *addidi. Cf. ep. 2 supra p. 289.*

1077
Sept. 16

1077
Sept. 17

Antiqua et nota sacrae institutionis est regula, non ab hominibus sed ab Iesu Christo deo et domino nostro plenissima suae sapientiae consideratione et veritatis diffinitione sancita, ipso dicente in euangelio: *Qui intrat per ostium, pastor est ovium*[1]*; qui autem non intrat per ostium sed ascendit aliunde, fur est et latro*[2]. Quapropter, quod in ecclesia diu peccatis facientibus neglectum et nefanda consuetudine corruptum fuit et est, nos ad honorem Dei et salutem totius christianitatis innovare et restaurare cupimus, videlicet: ut ad regendum populum Dei in unaquaque ecclesia exigente tempore talis et eo ordine eligatur episcopus, qui iuxta veritatis sententiam non fur et latro dici debeat, sed nomen et officium pastoris habere dignus existat. Haec quidem nostra voluntas, hoc nostrum est desiderium; hoc miserante Deo nostrum, quoad vixerimus, indefessum erit studium.

Ceterum, quod ad servitium et debitam fidelitatem regis pertinet, nequaquam contradicere aut impedire volumus. Et ideo nichil novi, nichil nostris adinventionibus superinducere conamur; sed illud solummodo querimus, quod et omnium salus postulat et necessitas: ut in ordinatione episcoporum, secundum communem sanctorum patrum intelligentiam et approbationem, primo omnium euangelica et canonica servetur auctoritas.

Quod autem nobis de electione apud vos facta[3] significastis, gratanter accepimus; et si ita rite factam esse constiterit, ut in nullo vobis sacra contradicat auctoritas, teste conscientia nostra valde gaudemus et omnipotenti Deo gratias agimus.   Verum quia, sicut supra diximus, in huiusmodi causa non secundum arbitrium nostrum sed per viam et doctrinam orthodoxorum patrum incedere cupimus, misimus ad vos hos legatos nostros, harum litterarum portitores: ut causam undique diligenter inquirant et, si eum, quem vos elegisse dicitis, vita moribus et scientia ad apicem tantae dignitatis idoneum et regulariter assignatum esse perspexerint, electionem vestram, sicut iustum est, nostra vice confirment; sin autem in eo aliquid contrarium

1. Ioh. 10, 2.   2. Ioh. 10, 1.   3. de electo patriarcha Heinrico, canonico Augustensi, archidiacono Aquileiensi.

et dignum reprehensione, quominus ad episcopale regimen pervenire debeat, invenerint, amoto illo, talem studeatis eligere
personam, quae tanto honori et officio congruat et quam nostra
per eosdem legatos repraesentata auctoritas approbare et confirmare debeat. Illud enim scitote: quoniam, si legalem et canonicam electionem vos fecisse cognoverimus, omnia vobis et ecclesiae vestrae, quae apostolica debet et valet auctoritas, cum omni
caritate praesidia exhibebimus; et si quis aliter ad sedem illam
aspirare praesumpserit, procul dubio non solum contra se sed
etiam contra omnes fautores suos gladium sancti Petri et apostolicae animadversionis iaculum districte vibratum et emissum
sentiet. Data Romae 15 Kalendas Octubris, indictione 1.

V 6. *Ecclesiae Aquileiensis suffraganeos hortatur, ut legatos
suos in ordinanda ecclesia Aquileiensi adiuvent.*

Gregorius episcopus servus servorum Dei omnibus episcopis
Aquilegiensis ecclesiae suffraganeis; his, qui se vere fratres exhi-
buerunt, salutem et apostolicam benedictionem; illis vero, qui non
solum a caritate fraternitatis sed ab unitate etiam ecclesiae scis-
matica pravitate discesserunt, debitae sollicitudinis exhortationem.

Clerus et populus Aquilegiensis ecclesiae, legatis ad nos litterisque directis, nunciaverunt nobis: defuncto nuper Sichardo
episcopo suo, se archidiaconum eiusdem ecclesiae[1] in locum illius
regiminis elegisse; postulantes, ut et nos electioni eorum nostrae
auctoritatis assensum confirmationemque adhiberemus. Verum
quia rem, tantopere perspiciendam, adhuc incognitam, in prima
auditione tam subito approbare tutum non fuit, misimus illuc
legatos nostros: ut causam et ordinem electionis subtili exploratione perquirant et, quicquid inde aut confirmandum aut repro-
bandum est, diligenti circumspectione faciant.   Monemus igitur
et vos, quorum quidem multum interest, ut in hac re vestrae
sollicitudinis studium adhibeatis: quatenus auxiliante Deo talis
sit, qui in culmine tantae dignitatis praesidere debeat, ut vobis,
qui ei manus imponere debetis, non tristitiae aut periculo, sed

1. Heinricum.

gaudio et honori, et commissae sibi plebi saluti esse valeat. Vobis autem, qui, nescio an timore aut qua occasione seducti, manus et linguas vestras novo et inaudito scismate polluistis et ob hoc in laqueum anathematis incidistis, seorsum dicimus: quoniam — si in praefata Aquilegiensi ecclesia aliquis dignus et idoneus in episcopum, vobis sincera voluntate annitentibus, electus fuerit — cum consilio illius et eorum fratrum, qui in sinu sanctae matris ecclesiae firmiter perstiterunt, quantam sub obtentu divinae gratiae potuerimus, misericordiam vobis exhibere et erratus vestri pondus, quantum Deo solaciante audere et posse dabitur, portare parati sumus. Sin autem vos contra hoc niti et impedimenti obiectiones querere et invenire cognoverimus, in eam autem partem consentire, ut contra divinam et canonicam auctoritatem quispiam sibi sedis illius occupationem praesumat; procul dubio et ille dignam suae iniquitatis mercedem inveniet, et de vobis sancta et apostolica sedes, quanto provocata gravius, tanto culparum rationes exiget districtius, iudicabit acerbius. Data Rome 15 Kalendas Octobris, indictione 1.

V 7. *Udoni archiepiscopo Trevirensi et suffraganeis eius de suo pacis regni Teutonicorum restituendae desiderio scribit. Mittit exemplum sacramenti ab Heinrico IV facti; contra quod legatos suos captos esse queritur*[a].

Gregorius episcopus servus servorum Dei dilectis[b] in Christo fratribus Udoni Trevirensi archiepiscopo et eius coepiscopis suffraganeis salutem et apostolicam benedictionem.

De motu et perturbatione regni Teutonicorum quantam sollicitudinem quantamque iam per longum tempus anxietatem sustinuerimus, ille prae omnibus novit, qui omnium secretorum cognitor est et inspector verus. Cui etiam, si tales exaudire dignatur[c], multas supplicationes fecimus et faciemus, commonitis et exoratis multis fratribus et religiosis congregationibus ad studium earundem supplicationum: ut misereretur gentis illius, nec

---

a. *Legitur etiam 2) in Udalrici Babenberg. cod. n. 151, ap. Eccardum Corp. hist. II 154.*   b. dilectis — fratribus *recepi ex 2.*   c. *an* dignetur? *Cf. Iudith 5, 5.*

sineret eam in propria armari viscera, et ad ruinam domesticae   1077
fortitudinis in bello confligere; sed totius discordiae causas sua   Sept. 30
potenti virtute compesceret, sua moderatione sine funesto et
luctuoso fine componeret.   Litteras quoque[a] iam ante tres
menses et eo amplius illuc direximus, videlicet legatis nostris
Bernardo diacono nostro et item Bernardo religioso Massiliensi
abbati[1] — quem captum esse audivimus — nec non et universis
principibus[b] terrae, tam ecclesiasticis quam secularibus personis[2];
in quibus, quod nobis ad evitandam cedem incendia et alia bellorum pericula optimum et in tanti negocii diffinitione iustis-
simum videbatur, eos consulendo et hortando cum omni studio
exequi admonuimus et, ut fortius insisterent, apostolica auctoritate iniuncximus.   Verum, quia nobis non satis compertum
est, utrum ad vos pervenerint illae litterae, aut, si perlatae sint,
ne forte de earum veritate aliquid dubitetis, easdem vobis, de
nostris exemplaribus rescriptas, mittere curavimus; admonentes
vos et per veram oboedientiam praecipientes: modis[c] omnibus
operam detis, ut[d] causa, secundum sententiam earum litterarum
pertractata, finem accipiat.

Misimus etiam vobis sacramentum, quod rex Heinricus nobis
per fideles suos quosdam fecit[3], data quidem propria manu sua
in manum abbatis Cluniacensis[4]; ut perlecto eo cognoscatis[e],
quam recte quamque honeste pro suo nomine se erga nos habuerit. Quippe a cuius fidelibus legati nostri postea capti sunt;
videlicet Geraldus Ostiensis episcopus in Longobardia[5], Bernardus
abbas Massiliensis in terra Teutonica[6]. Unde eum nichil adhuc
digni fecisse cognovimus. Quamquam nos nunquam eum in aliqua causa Deo providente hac occasione contra iustitiam circum-

---

a. quippe 2.   b. illius *add.* 2.   c. ut modis 2.   d. quatinus 2.
e. agnoscatis 2.

    1. L. IV ep. 23 supra p. 275.   2. L. IV ep. 24 supra p. 277.
3. 1077 Ian. 28; supra p. 258.   4. Hugonis.   5. Geraldus a Dionysio
episcopo Placentino captus est. V. Bertholdi annal. 1077 et Bernoldi chron.
1077, Mon. Germ. SS. V 290 et 433.   6. Bernardum abbatem Massiliensem ab Udalrico comite Lenzburgensi captum esse, tradiderunt Bertholdus
in annal. 1077 et Bernoldus in chron. 1077, p. 297 et 434.

1077
Sept. 30
venire aut gravare velimus; sicut etiam post ceptum negocium nunquam apud nos aut precibus aut aliqua ostentatione amicitiarum vel inimicitiarum obtinere potuit, ut quicquam pro eo, praeter quod iustum videretur, dicere vel censere vellemus. Atque in ea re, quoad vixerimus, incunctanter Deo adiuvante persistere, nullo periculo vitae vel mortis deterrebimur.

Agite ergo, dilectissimi fratres, ut appareat, quantum libertatem ecclesiae et communem salutem omnium diligatis; scientes, quoniam, si causa neglecta fuerit et ad graviorem quod absit exacerbationem venerit, non solum genti vestrae et regno Teutonicorum, sed, quoad fines christianitatis sunt, damna pericula confusionem et inaestimabiles miseriarum causas pariet. Data[a] Romae 2 Kalendas Octubris, indictione 1.

V 8. *Richerio Senonensi et Richardo Bituricensi archiepiscopis eorumque suffraganeis mandat, ut Rainerium episcopum Aurelianensem evocent. Si non venerit nec crimina diluerit, eo demoto, Sanzonem subrogent.*

1077
Oct. 6
Gregorius episcopus servus servorum Dei Richerio Senonensi archiepiscopo et Richardo[1] Biturigensi eorumque suffraganeis salutem et apostolicam benedictionem.

Sicut quorumdam vestrum novit fraternitas, multis iam clamoribus multisque litteris elaboravimus, ut Aurelianensis ecclesia ad pristinum suae nobilitatis statum revocaretur. Sed peccatis ut credimus populi promerentibus, ita pseudoepiscoporum ibidem occupatio praevaluit, quod adhuc omnino spinas confusionis suae extirpare non potuimus. Quanta enim inoboedientia Rainerius, dictus eorum episcopus, contra auctoritatem sedis apostolicae se armaverit et in quantam confusionem[b] quantumque detrimentum ecclesiam illam perduxerit, licet vos scire non dubitemus[c], quosdam tamen excessuum suorum religioni vestrae nominatim dicere procuravimus. Dicitur siquidem, legitimam aetatem non habens, contra decreta sanctorum patrum sine idonea cleri et po-

a. Data — ind. 1 *om.* 2.   b. quanta confusione *cod.*   c. dubitamus *cod.*
1. II.

puli electione ecclesiam invasisse. Dicitur etiam huic iniquitati **1077**
illud addidisse, ut in promotione clericorum, archidiaconatus et **Oct. 6**
abbatias per negociationem vendendo, nullam honestatem nullumque Dei timorem servaverit. Super hoc etiam, bis et ter
fraterna caritate a nobis vocatus, non solum ad nos venire neglexit sed etiam aliquem, qui eum de obiectis legitime excusaret,
mittere contempsit. Et a nobis interdictus, quin immo a communione corporis et sanguinis Domini separatus, officium episcopale celebrare non timuit. Benedictum etiam, deferentem litteras
nostras, in captione suorum ad contemptum apostolicae sedis
diu* affici permisit.   Quapropter, iniquitatem eius deinceps non
ferentes, apostolica auctoritate vobis praecipimus: ut ad examinationem actuum suorum in locum quem magis aptum^b probaveritis conveniatis; ad quem prius litteris vestris eum convocetis;
ibique de supra dictis vobis respondeat et, si potest, se innocentem reddat. Quodsi forte, in superbia sua permanens, infra
quadraginta dies admonitionis^c venire contempserit aut veniens de
omnibus supra dictis canonice se non expurgaverit, iudicio sancti
Spiritus et auctoritate apostolica sententiam damnationis et depositionis sine omni spe restitutionis in eum promulgamus. Quam
vos sicut decet sequentes, per aures circumstantis populi diffundite;
et Sanzonem istum, de quo vos mihi scripsistis, qui beati Petri
consilium et nostrum expetiit, in loco illius depositi secundum
Deum subrogate. Data Romae 2 Nonas Octobris, indictione 1.

V 9. *Rainerium episcopum Aurelianensem de superiore epistola*
certiorem facit.

Gregorius episcopus servus servorum Dei Rainerio, dicto **1077**
Aurelianensi episcopo. **Oct. 6**

Licet non alias nisi damnationis litteras ab apostolica sede
iam ex longo tempore inoboedientia tua promeruerit^d, nos tamen,
ex radice infructuose mentis tuae aliquid boni in vanum excutere temptantes, hanc nostram tibi curavimus mittere legationem,
videlicet: ut in praesentiam^e confratrum nostrorum Richerii Seno-

a. vi *excidisse videtur.*   b. abtum *c.*   c. nostrae receptae *excidisse videtur.*
Cf. ep. 9 *infra.*   d. promeruit *cod.*   e. praesentia *c.*

1077
Oct. 6
nensis archiepiscopi et Richardi Biturigensis nec non suffraganeorum suorum et aliorum religiosorum qui Deum timeant, responsurus de obiectis, venias. Quibus litteras nostras misimus,
ut ipsi in eo loco, quem magis abilem et aptum probaverint,
conveniant et causam tuam diligenter perquirant; terminum
autem examinandi huius negocii infra quadraginta dies post receptionem litterarum nostrarum praefigimus. Et quia de obiciendis tibi cautum te atque providum reddere volumus, ea tibi ante
pertractationem negocii insinuamus.   Diceris siquidem, legitimam aetatem non habens, contra decreta sanctorum patrum sine
idonea cleri et populi electione te eis iniecisse. Diceris etiam
huic iniquitati illud addidisse, ut in promotione[a] clericorum, archidiaconatus et abbatias per negociationem vendendo, nullam
honestatem nullumque Dei timorem servasses[b]. Super hoc etiam,
ut nobis videtur, bis et ter fraterna caritate a nobis vocatus,
non solum ad nos non venisti, sed etiam aliquem, qui te de
obiectis iuste excusaret, mittere contempsisti. Suspensus etiam
ab episcopali officio et a communione corporis et sanguinis Domini, publicas missas celebrare non timuisti. Clericum etiam,
deferentem litteras nostras, diu in captione tuorum ad contemptum apostolicae sedis vi[c] affici permisisti.   Quapropter, si
cognoscis te super his omnibus inculpabilem, ad conventum confratrum nostrorum adire atque respondere nulla ratione praetermittas. Quodsi, in superbia tua permanens, aut illuc venire
contempseris aut veniens de his omnibus canonice te non expurgaveris, iudicio sancti Spiritus et auctoritate apostolicae sedis
sententiam damnationis sine omni spe restitutionis in te promulgamus. Data Romae 2 Nonas Octobris, indictione 1.

V 10. *Haraldo Hein regi Danorum scribit de mutuis inter pa*
trem eius ecclesiamque Romanam officiis. Hortatur, ut pau
peribus, pupillis, ecclesiis consulat, legatosque ad se mittat.

1077
Nov. 6
     Gregorius episcopus servus servorum Dei ... regi Danorum[1]
salutem et apostolicam benedictionem.

a. promotiones *cod.*   b. servasse *cod.*   c. diu *c.*
1. Haraldo Hein.

Sancta et universalis mater nostra, Romana scilicet ecclesia, 1077
quanta dilectionis et amoris instantia erga patris tui[1] curam et Nov. 6
honoris sui sollicitudinem invigilaverit, te plene nosse nec tui
memoria excidisse dubitamus; videlicet cum ipse reminisci poteris, quam puram semper et in omnibus servitutis et debitae
oboedientiae reverentiam circa beati Petri apostoli honorem ex-
hibuisset. Suis nanque temporibus, ut apostolica testatur ecclesia, tam devotum tam fidum tamque unicum in amoris sui studio
fuisse filium novimus, ut pene in regibus nullus inveniretur secundus. Et ni diabolico instinctu, incentivas vitiorum illecebras
inhians[a], corporis sui frena laxasset, inter optime Deo pla-
centes reges illum celicas sedes[b] nequaquam dubitaremus. Sed
quoniam credimus, apostolis quibus fidelis extitit opitulantibus,
Domini illum misericordia et gratuita pietate lamenta poenitentiae ante vitae suae finem contrito corde arripuisse, veniam
posse consequi non dubitamus, immo, sui memores in orationibus nostris, sibi concedi caritatis affectu rogamus. Et te, ut
optimum decet filium, ei succurrere largis elemosinarum subsidiis et ecclesiarum orationibus hortamur. Decet enim, ut, qui
te sui corporalis et secularis regni seu honoris heredem ut
bonus pater reliquit, spiritualibus auxiliis, prout esse poterit, non
videatur fraudari; quatenus res, quas[c] tibi decus paterni mini-
strat regni, manibus pauperum delatae celo, patri conferant
auxilium requiei.

Nunc vero, fili karissime, apostolica te invitatione monemus,
ut patris tui fidem et dilectionem, quam erga apostolicam gessit
ecclesiam, corde prospicias, fide intendas, mente advertas; et
sic te filium Petri apostoli exhibeas: quatenus, sereno te vultu
conspiciens, in hereditatem superni regni, in locum piae retributionis, ut dignam sobolem, introducat. Si vero te devotum
prospexerit, profecto, vocem pii sui magistri assumens, dicet:
Volo ut, ubi ego sum, et hic sit mecum[2]; sic enim[d] a Domino

---

a. imitans *c.*   b. obtinuisse *vel* inhabitare *excidisse videtur.*   c. que *cod.*
d. eum *excidisse videtur.*

1. Sueini II (Estrithson).   2. Ioh. 17, 24.

1077
Nov. 6 potestatem accepisse credimus, ut, quem ligaret, ligatus, et quem solveret, in coelis esset solutus. Et idcirco iterum iterumque monemus, ut te ita dignum acceptabilemque, prout fragilitas humana permiserit, Domino concedente omni annisu perficere satagas, ut tam praesentis quam etiam futuri regni sublimitatem obtinere valeas. Quodsi forte pater etiam tuus diabolo suadente aliqua incurrit animae detrimenta, coelum potius, immo coeli dominum hortamur adtendas quam terram, et contra ea tui creatoris invincibilia arma corde cotidie puro exposcas; quatenus et profectu apostolici filii laetemur, et tuis comparibus regibus incitamenta valeas praebere virtutum.

Monemus insuper, karissime, ut tibi commissi a Deo regni honorem omni industria sollertia peritiaque custodias. Sit vita tua digna, sapientia referta, iustitiae et misericordiae condimento saleque condita, ut de te vera sapientia quae Deus est dicere queat: *Per me rex iste regnat*[1]. Pauperum et pupillorum ac viduarum adiutor indeficiens esto; sciens pro certo, quoniam ex his operibus et condimentis amor tibi reconciliatur Dei.

Audivimus insuper nec dubitamus, quod Dei ecclesia, quae mater et domina nostra est, sicut in multis aliis terrarum partibus, ita in vestris ab iniquis hominibus et diaboli membris comprimatur et non, ut decet, tueatur et veneretur. Ad cuius auxilium et tuitionem in omnibus et super omnia te invigilare volumus et paterne monemus. Nam talibus non resistere, quid aliud est quam fidem negare? Quapropter monemus te[a] et obsecramus: ut — posthabito omni humano odio, invidia postposita et, iam si incubuerit, morte — eam eruere protegere fovere tueri et ab insidiantium faucibus luporum eripere pro posse labores; sciens pro certo, quod nullam orationem nullumque gratius sacrificium in supremi arbitri oculis poteris offerre. Votum insuper nostrum tale Deo teste est: quod saepe velimus nuncios tuos videre; per quos possemus tui salutem, animae videlicet et corporis, plenius agnoscere et te mutua vice, prout Deus concederet, apostolicis institutionibus excitare. Omnipotens Deus, a

1. Prov. 8, 15.   a. te *addidi.*

quo bona cuncta procedunt, meritis beatissimorum apostolorum 1077
Petri et Pauli te, karissime fili, custodiat et sua virtute et pie- Nov. 6
tate corroboret, quatenus sic in ipso temporalia administrare
valeas, ut post huius vitae metam aeterni regni gloriam optinere
merearis. Data Romae 8 Idus Novembris, indictione 1.

V 11. *Hugonem episcopum Diensem laudat, quod Robertum
monachum, Carnotensi ecclesiae praefectum, deiecerit. Ut
Robertus, abbas S. Euphemiae, episcopus fieret, regem
a se petiisse. Quid Carnotenses sentiant, audire cupit.*

Gregorius episcopus servus servorum Dei Hugoni Diensi 1077
episcopo salutem et apostolicam benedictionem.

Quid de negocio Carnotensis ecclesiae actum sit, tua relatione, remota omni ambiguitate, sicut oportuerat, cognovisse vellemus. Pervenit enim ad aures nostras, te excommunicasse et
inrecuperabiliter deposuisse quendam iuvenem[1], illuc indigne ap-
positum pro episcopo. Quod quidem, si ita est, nobis multum
placet, et praesenti auctoritate confirmamus.   Caeterum fraternitati tuae notum esse volumus, Philippum regem Francorum
iterata missione postulationem ad nos direxisse pro Roberto, abbate monasterii sanctae Eufemiae de Calabria — qui et hoc in
anno, cum in Longobardia eramus, per nos transivit in Franciam — ut eum ad regimen Carnotensis ecclesiae episcopum
probaremus et ordinaremus. Reversus est etiam ille idem Robertus abbas ad nos, dicens: se donum episcopatus offerente rege
refutasse, nec quicquam inde sine nostro consilio facere voluisse
vel facturum esse. Veneruntque cum eo duo clerici praefate
ecclesiae, referentes nobis et multum affirmantes: pene omnium
qui de eadem ecclesia sunt maiorum et meliorum voluntates in
hunc convenisse; non tamen aliquam de eo electionem factam
esse. Verum quia, sanctorum patrum statuta sequi et observare
cupientes, nichil de eo aut de promotione eius sine electione ecclesiae nobis probandum esse iudicavimus; nec id ipsum, quod
isti nobis de voluntate absentium referebant, satis constabat;

1. Robertum, monachum. V. L. IV ep. 14 et 15 supra p. 261 et 262.

1077 prudentiam tuam admonemus: ut ecclesiam illam aut per te
aut per fidelem et probatam tibi personam visitare studeas, et
voluntatem omnium tam maiorum quam minorum super hac re
diligenti inquisitione cognoscas. Quodsi causam ex omni parte
divina miseratione et dispensatione ita coaptari[a] posse videris,
ut illorum in hoc, quem supra diximus, abbate[b] voluntas libera,
consideratio prudens, electio canonica et sanctorum patrum regulis consonans dinoscatur, quam citissime nobis certa litterarum tuarum significatione indicare procures; ut, quae ad effectum
huius dispensationis necessaria sunt, Deo auctore exequi et implere possimus. Sin autem aliter aliquid inveneris, quod et causa
potior et ratio probabilior administret, itidem nobis notificare
non differas; quatenus, in quo oporteat, nobis et ecclesiae providere ac salubriter, Deo adiuvante, quod officii nostri est, impendere valeamus.

V 12. *Michaeli regi Serblorum respondet, statui non potuisse
de vexillo pallioque ecclesiae Ragusanae petitis. Iubet
Petrum episcopum Antibarensem ad se venire, ut lis di-
iudicetur inter Spalatinum et Ragusanum.*

1078
Ian. 9

Gregorius episcopus servus servorum Dei Michaheli Scla-
vorum[1] regi salutem et apostolicam benedictionem.

Cognoscat debitae tuae devotionis circa sedem apostolicam
reverentia: Petrum, apud vos dictum nostrum legatum, adhuc
ad[c] nostram non advenisse praesentiam; suas tamen misisse litteras, quae ita a[d] vestris dissonantes existunt, quod vestram
causam seu Ragusanae ecclesiae penitus finire nequivimus. Quapropter Petrum Antibarensem episcopum atque Ragusanum sive
alios idoneos nuncios ad nos mittere oportet, per quos de lite,
quae est inter Spaletanum archiepiscopum[2] ac Ragusensem[e], iustitia[f] possit inquiri ac canonice diffiniri, tuique regni honor a
nobis cognosci. Tunc vero, re cognita, tuae petitioni iuste satis-

---

a. coaptare *c.*　　　b. abbatem *cod.*　　　c. ad *om. cod.*　　　d. a *addidi.*
e. Raguensem *c.*　　f. dictante *excidisse videtur.*
　　1. Serblorum. V. Farlati Illyricum sacrum III 150.　　2. Laurentium.

facere, secundum quod cupimus, valebimus; ac te* in dono vexilli
et in concessione pallii, quasi karissimum beati Petri filium,
dictante rectitudine audiemus.   Data Romae 5 Idus Ianuarii,
indictione 1.

1078
Ian. 9

V 13. *Guiberti archiepiscopi Ravennatis et aliorum temeritatem
reprehendit, eosque ad synodum vocat.*

Gregorius episcopus servus servorum Dei Guiberto Ravennati archiepiscopo omnibusque suffraganeis eius et universis episcopis et abbatibus in marchia Firmana et Camerina et in Pen-
tapolim et Emilie et Longobardiae partibus constitutis.

1078
Ian. 28

Salutem vobis cum apostolica benedictione libenter mitte-
remus, si vestrae temeritati sanctorum patrum auctoritas non
obstitisset.   Quam graviter enim, ultra quam christianos oporteret, beatum Petrum apostolum eiusque sanctam Romanam
ecclesiam, vestram utique omniumque fidelium matrem, offensam atque commotam reddidistis, Deus est testis sanctorumque
patrum regula vestraque conscientia.   Sed quoniam humanum
est peccare, Deique est peccantibus conversis veniam tribuere;
ipsa, quae eiusdem Dei et domini sanguine fundata est, ecclesia
ad gremium suum redire vos adhuc ut mater expectat; nequaquam in vestra crassari desiderat nece, immo vestrae cupit saluti occurrere.   Quapropter, moti tam vestra quam omnis gregis
Christi vobis commissi salute, ex omnipotentis Dei parte et Romanae ecclesiae, universalis videlicet matris, apostolica auctoritate monemus et invitamus vos: ut ad synodum, quam Deo
auctore in proximo venturae quadragesimae prima ebdomada[1]
celebraturi sumus, conveniatis; scientes, vos securos fore ab
omni laesione vitae et membrorum rerumque vestrarum et ab
omni seculari iniuria, eorum scilicet, quos constringere poterimus.   Sciatis etiam: quod apud nos nullius unquam odium aut
preces seu turpis iactantia locum optinere poterit, quo contra
vos in aliquo iniustitiam exercere possit; immo, rigorem iustitiae
prout possumus temperantes, indulgere vobis, quantum sine de-

1. Febr. 25 — Mart. 3.   a. te *addidi*.

1078
Ian. 28

trimento animarum vestrarum et nostro periculo poterimus, parati-
sumus. Desideramus enim potius Deo teste vestrae saluti et populi vobis crediti consulere, quam nostro saeculari commodo in
aliquo providere. Data Romae 5 Kalendas Februarii, indictione 1.

V 14. *Aurelianensibus scribit, de Sanzone, quem episcopum*
electum nuntiaverint posteaque accusaverint, in aliud tem-
pus reservatam sententiam esse. Praecipit, interim ut de-
bitum illi honorem praestent.

1078
Ian. 29

Gregorius episcopus servus servorum Dei clero et populo
Aurelianensis ecclesiae salutem et apostolicam benedictĩonem.

Litteras a vobis delatas apostolicam sedem accepisse, non
ignorare vos credimus, quibus electio episcopalis, facta in Sanzone ecclesiae vestrae clerico, intimabatur. Quibus, quoniam honestatem eius iam pridem agnovimus, fidem accommodare as-
sensumque praebere parati fuimus. Sed quoniam, quo instinctu
actuve[a] nescimus, inopinatae litterae, nichil priorum sensus habentes immo contraria sentientes, ad nostram praesentiam delatae sunt, nostram diffinitivam sententiam — ne facere aliquid
super hoc negocio praecipitanter et inordinate videremur — quoad
usque vobis aut nuncium seu litteras nostras . . . .[b] per
quod omnia eiusdem negocii acta plenius cognoscamus, suspen-
dere dignum duximus. Tamen unum vos scire volumus: quod
clericos illos, qui a vobis litteras nobis detulerant quique San-
zoni contraria sentiebant, una cum praenominato Sanzone coram
episcoporum nostrorum praesentia diligenter perscrutari fecimus;
quatenus, utriusque partis veritate percognita, quid improban-
dum esset[c], obiurgaremus[d], quidve approbandum, laudassemus.
Tandem paene[e] omnia, quae sui emuli sibi obiecerant, Sanzo
ipse confutans, sibi magis favere iustitiam, nobis dignis assertionibus demonstravit. Verum — quia nichil super hoc negocio
aliisque suis causis absque nostro apostolico consensu consiliove

---

a. Sed quonam instinctu quo actuve *cod.*   b. *quae hoc loco excidisse patet,*
uno verbo mittamus omnino *suppleri, non concesserim Giesebrechto (de emend. p. 38).*
c. esset *addidi.*   d. abigeremus *cod.*   e. poene *c.*

agere cupit, immo se suaque omnia sub tutela sedis apostolicae   1078
constituit — quantum sibi iuste subvenire Domino concedente   Ian. 29
possumus, non denegamus. Interea apostolica mansuetudine tam
vos quam ceteros, ubicunque possessionem habet, monemus et
auctoritate ......* praecipimus: ut omnem honorem omnemque reverentiam sibi exhibere non denegetis, ac eum cum omnibus, quae sua sunt, tute et sine omni molestia seu inquietudine
manere permittatis; scientes, quod, si aliter feceritis — quod
non credimus — ac ei honorem reverentiamque subtraxeritis et
eum et quae sua sunt quiete et secure manere minime permise-
ritis, ita in vos, sicut in hostes nostros et apostolicae sedis adversarios, vindictam et apostolicae ultionis gladium exeremus.
Nos vero cum praedicto viro Sanzone Deo iuvante tale consilium adinveniemus, quod honor vestrae ecclesiae et utilitas in
omnibus melius quam solito vigebit. Data Romae 4 Kalendas
Februarii, indictione 1.

V 14 a. *Acta concilii Romani.*

Concilium.

    Anno ab incarnatione Domini millesimo septuagesimo octavo,   1078
pontificatus vero domni Gregorii papae septimi anno 5, cele-   Febr. 27
bravit ipse domnus Gregorius papa synodum, ubi interfuerunt |
archiepiscopi et episcopi diversarum urbium fere numero cen-   Mart. 3
tum, nec non et abbatum ac diversorum ordinum clericorum et
laicorum innumerabilis multitudo. In qua, apostolica constituta
corroborans, multa quae corrigenda erant correxit et quae corroboranda firmavit.

    Inter caetera nanque in fine synodalis absolutionis haec an-   Mart. 3
nexuit, et perpetuae memoriae pro posteris scribenda mandavit,
ita dicendo: *Tedaldum dictum archiepiscopum Mediolanensem et*
Ravennatem Guibertum, inaudita heresi et superbia adversus
hanc sanctam catholicam ecclesiam se extollentes, ab episcopali
omnino suspendimus et sacerdotali officio; et olim iam factum
anathema super ipsos innovamus. Arnulfum Cremonensem,

a. beati Petri *excidisse videtur.*

1078
Mart. 3

*publice coram nostra praesentia convictum et confitentem se sy-
moniacum, ab omni episcopali officio absque spe recuperationis
deponimus, et usque ad dignam satisfactionem anathemate percutimus.　　Rolandum vero Tarvisiensem, qui pro adipiscendo
episcopatus honore subdolus factus legatus[a], inter regnum et sacerdotium scisma facere non abhorruit[b], ut a modo et usque in
seculum episcopali careat dignitate, apostolica censura censemus; et ut nullus successorum nostrorum suae consecrationi aliquo modo consentiat, modis omnibus prohibemus; et perpetuo eum
anathemate alligamus, nisi resipuerit et digne Deo satisfecerit.*

*Ugonem cardinalem tituli sancti Clementis — tertio ab apo-
stolica sede damnatum, eo quod aspirator et socius factus haeresis Cadaloi Parmensis episcopi, et iterum, constitutus legatus
apostolicae sedis, haereticis et symoniacis et ab apostolica sede
damnatis se coniunxit, et tertio factus apostata et heresiarcha,
scismata et divisiones atque scissuras in ecclesia Dei, temptans
eam scindere, fecit — ab omni sacerdotali officio privamus, et
tam ab ingressu et honore praedictae ecclesiae, quam omnium
ecclesiarum, sub perpetua et inrevocabili sententia submovemus,
et usque ad satisfactionem anathemate percutimus.*

*Renovamus etiam excommunicationem a praedecessoribus no-
stris factam super Guifredum archiepiscopum Nerbonensem, et
absque ulla recuperationis spe ab episcopali officio eum submovemus.*

De causa regis.

*Et quoniam[c] lis et perturbatio[d] regni in maximum sanctae
ecclesiae periculum et detrimentum cotidie redundare cernimus,
placet nobis elaborare pro viribus: quatenus idonei tam religione
quam etiam scientia pollentes nuncii e latere apostolicae sedis ad
partes illas mittantur, qui omnes religiosos et iustitiae amatores,
in Teutonici regni partibus commorantes, clericalis et laicalis
ordinis viros et ad hoc opus idoneos, convocent; cum quibus, Domini gratia praeeunte, aut finem et pacem iuste componant aut,*

---

a. legatus *addidit manus alia.*　　b. oborruit *cod.*　　c. Et quoniam — conterantur *leguntur etiam ap. Paulum Bernridensem c.* 99.　　d. *sic pro* litem et perturbationem.

veritate percognita, cui parti magis iustitia faveat, ad plenum addiscere valeant; quatinus pars iniusta resipiscat, et, apostolica auctoritate munita, iustitia vigoris et auctoritatis robur optineat. Verum quoniam nonnullos, diabolico instinctu collectos, tyrannidis suae facibus accensos, turpis lucri avaritia mancipatos, discordiam potius quam pacem fieri et videre desiderantes fore non ignoramus, statuimus: ut nulla unquam persona alicuius potentiae, sive rex aut archiepiscopus episcopus dux comes marchio sive miles, aliqua praesumptione temerariove ausu, fraude dolove seu aliqua perturbatione, legatis nostris obsistere et contraire, ne iustitiam et finem componant, pertemptet[a]. Quicunque autem temerario ausu, quod non optamus, huius nostrae constitutionis violator extiterit, legatisque nostris ad hanc pacem componendam euntibus praenominatis fraudem obponere temptaverit, vinculo eum anathematis alligamus, et non solum in spiritu verum etiam et in corpore et omni prosperitate huius vitae apostolica potestate innodamus, et victoriam eius[b] armis auferimus; ut sic saltim confundantur et duplici confusione et contritione conterantur.

Item: Rainerio vero Ugizzoni filio indutias trium ebdomadarum damus. Quodsi in spacio isto coram praesentia nostra aut per se aut per legatos suos iustitiam facere noluerit — eo quod fratrem suum manu sua interemit et multa periuria ut scelestus incurrere non abhorruit, et cognatam suam et pupillos, liberos utique fratris sui, castra eorum diripiendo et praedia, contra animae suae periculum vexare non desinit — transacto praenominato termino, anathemate eum alligando percutimus.

Et filium comitis[c] ...., datis indutiis usque in palmas[1], simili excommunicatione innodamus, eo quod Lucensem ecclesiam quiete manere, sua diripiendo, minime permittit.

Excommunicamus omnes Normannos, qui invadere terram Sancti Petri laborant, videlicet marchiam Firmanam, ducatum Spoletanum; et eos, qui Beneventum obsident, et qui invadere et depraedari nituntur Campaniam et Maritimam atque Sabinos; nec non et qui temptant urbem Romanam confundere.

1. Apr. 1.   a. pertemptent *c.*   b. *sequitur* in in *cod.*   c. *sequitur litura.*

Episcopos vero, qui, acceptis epistolis nostris aut cognitis, neque per se neque per canonicam excusationem ad praesentem synodum venerunt, ab episcopali suspendimus officio. Et quicunque eorum, seu episcopus sive presbyter, praedictis Normannis, donec excommunicati fuerint, divinum officium fecerit, a sacerdotali officio eum[a] perpetuo summovemus.

Abbati Farfensi[1] octo similiter dierum indutias concedimus; post quem terminum eum[b], nisi ad emendationem venerit, excommunicamus et ei corpus et sanguinem Domini interdicimus, abbatisque ordine in perpetuum carere eum censemus.

Et quoniam Dei iudicio nonnullos naufragio perire cognoscimus et eos, quasi legali iam iure, diabolico immo instinctu, ab his, a[b] quibus misericorditer sublevari et consolari deberent, depraedari conspicimus, statuimus et sub anathematis vinculo, ut a praedecessoribus nostris statutum est, iubemus: ut, quicumque naufragum quemlibet et bona illius invenerit, secure tam eum quam omnia sua dimittat.

Ordinationes[c] vero illorum, qui ab excommunicatis sunt ordinati, sanctorum patrum sequentes vestigia, irritas fieri censemus[d]. Iterum[e], sanctorum[2] praedecessorum nostrorum statuta tenentes, eos, qui excommunicatis[f] fidelitate aut sacramento constricti[g] sunt, apostolica auctoritate a sacramento absolvimus et, ne sibi fidelitatem observent, omnibus modis prohibemus[3].

Et quoniam[4] multos, peccatis nostris exigentibus, pro causa excommunicationis perire cotidie cernimus partim ignorantia, partim etiam nimia simplicitate, partim timore, partim etiam[h] necessitate, devicti misericordia, anathematis sententiam ad tempus, prout possumus, oportune temperamus. Apostolica nanque[i]

---

a. eum *addidi.*   b. a *addidi.*   c. Ordinationes — in ecclesia domini Salvatoris *leguntur etiam* 2) *ap. Hugon. Flaviniac., Mon. Germ. SS. VIII* 442.   d. censuimus 2. e. *om.* 2.   f. iuraverunt *add.* 2.   g. constricti — sacramento *om.* 2.   h. nimia *add.* 2.   i. itaque 2.

    1. Berardo I.   2. „Nos sanctorum — prohibemus" leguntur etiam in Decreto Gratiani, P. II c. 15 qu. 6 can. 4.   3. in Gratiani decret. l. l. addita haec sunt: „quousque ipsi ad satisfactionem veniant".   4. „Quoniam multos — non prohibemus" leguntur in Gratiani decr. P. II c. XI qu. 3 can. 103.

auctoritate ab anathematis vinculo hos subtrahimus: videlicet *uxores liberos servos ancillas seu mancipia nec non rusticos et servientes et omnes alios, qui non adeo curiales sunt, ut eorum consilio scelera perpetrentur, et illos qui ignoranter excommunicatis communicant, seu illos qui communicant cum eis, qui communicant excommunicatis. Quicumque autem aut*[a] *orator sive peregrinus aut viator in terram excommunicatorum devenerit*[b]*, ubi non possit emere vel non habet unde emat, ab excommunicatis accipiendi licentiam damus. Et si quis excommunicatis non pro*[c] *sustentatione superbiae sed humanitatis causa aliquid dare voluerit, fieri*[d] *non prohibemus.*

Actum Romae[e] in ecclesia domini Salvatoris[f] 5 Nonas Martii, indictione 1.

V 15. *Teutonicis significat, de pace componenda legatos missum iri. Quibus qui impedimento fuerint, eos anathematizat. Praemittit nuntium, qui de tempore locoque conventus constituat*[g]*.*

Gregorius episcopus servus servorum Dei archiepiscopis episcopis clericis[h] ducibus principibus[i] marchionibus[k] omnibusque maioribus et minoribus in Teutonico regno constitutis — exceptis his[l], qui canonica excommunicatione tenentur — salutem et apostolicam benedictionem, si[m] decretis Romanae ecclesiae oboedierint.

Notum vobis fieri volumus, fratres karissimi, quod in ea synodo, quam nuper Rome celebravimus, inter multa alia, quae de statu sanctae ecclesiae Deo cooperante peregimus, de ruina et confusione nobilissimi regni vestri diligenter tractantes, hoc salutiferum et oportunum pro reparatione pacis vestrae fore putavimus: ut religiosi legati apostolicae sedis ad partes vestras dirigantur, qui archiepiscopos episcopos et religiosos clericos nec

---

a. *om.* 2.   b. venerit 2.   c. pro *om.* 2.   d. fieri *om.* 2.   e. Romae *om.* 2.
f. quae appellatur Constantiniana *add.* 2.   g. *Legitur etiam* 2) *ap. Paulum Bernrid. c.* 100, *Pont. Rom. Vit. ed. Watterich I* 533, 3) *ap. Hugon. Flavin.*, *Mon. Germ. SS. VIII* 448.   h. *om.* 3.   i. *om.* 2   k. comitibus *add.* 2.   l. is *cod.*   m. si — obedierint *om.* 2. 3.

1078
Mart. 9

non laicos ad id idoneos in loco, qui utrique parti abilis et congruus sit, convenire commoneant[a], ut aut pacem Deo auxiliante inter vos componant aut, cui parti iustitia faveat, veraciter addiscant. Nam in eadem synodo diffinitum est, quod[b] nos contra eam partem, quae pacem fastu superbiae refutaverit et cui iustitia non faverit, omni conamine omnibusque modis[c] potestate beati Petri insurgamus. Et quia[d] nonnullos de regno vestro intelleximus magis iurgium et discordiam quam pacem diligere, ex parte omnipotentis Dei et beatorum apostolorum Petri et Pauli interdicimus: ut nullus sit, qui aliquo ingenio aut studio seu violentia impediat praedictos viros ad restaurandam regni vestri concordiam convenire aut[e] convenientes iustum et legalem huic discordie finem[f] imponere.   Ad reprimenda etiam mala ingenia et illicitos conatus iudicio sancti Spiritus et auctoritate apostolicae sedis anathematizavimus et anathematizamus[g], quicumque — sive rex sive archiepiscopus sive episcopus sive dux sive marchio sive[h] alicuius dignitatis vel ordinis persona sit — praesumpserit aliquo modo hanc salutiferam constitutionem perturbare, videlicet qui operam dederit, ne praedictus conventus fiat aut concordia tantae perturbationis.   Adiecimus etiam eidem anathemati: ut, quicumque[i] huius iniquitatis praesumptor fuerit, non solum in anima sed etiam in corpore et in omnibus rebus suis vindictam omnipotentis Dei sentiat et in omni congressione belli nullas vires nullumque in vita sua triumphum optineat, sed, duplici contritione prostratus, semper vilescat[k] et confundatur; ut sic saltem ad poenitentiam redire addiscat. Praesentium vero portitorem ad hoc vobis dirigimus, ut — una cum venerabili fratre nostro Treverensi archiepiscopo[1], qui Heinrico favet, et altero, qui utilis et religiosus ad hoc sit opus episcopus[l] ex parte Rodulfi — locum et tempus praedicti conventus statuant, quatenus legati nostri, quos praefati sumus, securius et certius ad vos venire et, quae omnipotenti Deo[m] pla-

a. ita *add.* 2. 3.   b. ut 3.   c. omnique modo 3.   d. quoniam 3. e. ut 3.   f. possint *add.* 3.   g. si *add.* 2.   h. comes seu *add.* 2.   i. qui 3. k. conteratur 2.   l. episcopo 3.   m. *om.* 3.

1. Udone.

ceant, ipso auxiliante vobiscum valeant perficere. Data ᵃ Rome 7 Idus Martii, indictione 1.

1078 Mart. 9

V 16. *Udonem archiepiscopum Trevirensem ad pacis opus susci-*
piendum hortatur. Loco et tempore conventus constitutis,
eum adire Romam iubet. De treva servanda. Moneat regem,
ut legatis, si velint Romam redire, praesidium concedat ᵇ.

Gregorius episcopus servus servorum Dei Udoni ᶜ Trevirensi archiepiscopo salutem et apostolicam benedictionem.

1078 Mart. 9

Quanta nobis sollicitudo quantaque tristitia sit de perturbatione immo de discidio regni vestri, olim clarissimi et potentissimi, in communibus litteris, quas hoc in anno ad vos misimus, satis vobis declaratum esse putamus. Verum quia res de die in diem perniciosius implicari videtur ᵈ, nobis quoque cura cum nimia anxietate altius in mente ᵉ figitur. Proinde, quicquid nobis super hac re ad praesens melius visum est, quod nostra providentia vel auctoritate intervenire potuisset, maturare curavimus; quod tua fraternitas in litteris ¹, quibus illud singulariter descriptum est, plenius cognoscet. Rogamus igitur et admonemus prudentiam tuam, in qua multum confidimus: ut secundum tenorem earumdem litterarum sine omni dilatione de causa hac te intromittas, et omnibus tam minoribus quam maioribus, quoad potes, quid a nobis deliberatum et qualiter tibi iniunctum sit, notum facias; ut, miserante Deo et adiuvantibus his qui Dominum ᶠ diligunt, tam feralis discordiae furorem aut penitus compescere et, quod maxime optamus, ad plenam pacem reducere possimus; aut, si illud peccatis impedientibus minime obvenire poterit ᵍ, saltim nos in tanto fratrum nostrorum periculo culpam negligentiae declinemus.

Notificato autem consilio et decreto nostro, et requisitis utrimque responsionibus — ut eam certitudinem et consensum in-

---

a. Data — ind. 1 *om.* 3.   b. *Legitur etiam* 2) *ap. Paulum Bernrid. c.* 101, *Pont. Rom. Vit. ed. Watterich I* 535, 3) *ap. Hugonem Flaviniacensem, Mon. Germ. SS. VIII* 449.   c. Utoni 2.   d. implicatur 3.   e. mente *om.* 3.   f. Deum 3. g. potuerit 3.

1. ep. 15 supra p. 309.

veniatis, ne in mittendis legatis nobis[a] dubitandum[b] sit — ordinatis
et confirmatis omnibus, quae ad prosequendum hoc negocium loco
tempore vel ceteris convenientiis necessaria sunt, volumus: ut
tu et frater ille, qui tecum[c] huius rei mediator esse debuerit,
confestim ad nos veniatis; quatenus, cognitis securitatibus et
quae spes pacis esse debeat, legatos nostros tam sine periculo
quam sine desperatione fructus[d] laboris et fatigationis eorum
vobiscum mittere valeamus. Nec durum tibi sit, frater, subire,
quod imponimus. Quoniam, ex quo in ecclesia locum sacerdotii
et officium suscepisti, nichil Deo dignius aut animae tuae salubrius fecisti, quam si in hac re nequitiam diabolice fraudis eli-
dere, et saluti tot milium hominum, opitulante Deo, consulere
poteris. Et si hoc fatigationi tuae pro voto non successerit, tibi
tamen apud illum certa manet retributio, apud quem non[e] in-
fectum reputabitur omne bonum, quod iusta[f] et perseveranti
voluntate concipitur. Illud tamen a dilectione tua omnino nobis
exhiberi volumus: ut, etiamsi illum alium, quem huius rei me-
diatorem te habere supra diximus, socium itineris habere non
possis, tu tamen ad nos venire nullatenus praetermittas.　　Praecipimus etiam tibi ex auctoritate beati Petri, ut, cui iustitia favet,
tu omnino faveas; et, hoc idem facere, clericos et laicos quos
poteris ex parte nostra commoneas.　　Treva[g] etiam, a[h] vobis
provisa usque ad quindecim dies post conventus solutionem, in-
laesa[i] servetur.　　Volumus autem, ut apud regem[l] diligenter
procures, quatenus legati nostri, qui in partibus illis sunt, Bernardus[k] scilicet diaconus sanctae Romanae ecclesiae et Bernardus
Massiliensis abbas, si voluerint, licenter et secure ad nos redire
valeant. Data[l] Romae 7 Idus Martii, indictione 1.

V 17. *Ostendit, quare Manassem Remensem aliosque Galliae
episcopos, ab Hugone episcopo Diensi partim suspensos
partim damnatos, in pristinum restituerit.*

Gregorius episcopus servus servorum Dei.

a. vobis 3.　　b. *sequitur* non *in cod.*　　c. tecum *om.* 3.　　d. et *add.* 2.
e. nihil 3.　　f. iusta et *om.* 3.　　g. Trenga 2.　　h. a *om.* 2.　　i. omnino servetur illesa 3.　　k. Bernardus — abbas *om.* 3.　　l. Data — ind. 1 *om.* 3.
　　1. Heinricum IV.

Quia consuetudo sanctae Romanae ecclesiae, cui Deo auctore 1078
licet indigni deservimus, est[a]: quaedam tolerare quaedam etiam Mart. 9
dissimulare; discretionis temperantiam potius quam rigorem canonum sequentes, causas episcoporum Franciae atque Burgundiae,
qui suspensi seu damnati a legato nostro Hugone Diensi episcopo
fuerant, non sine gravi labore discussimus. Denique **Manassem**[1] Remensem archiepiscopum — qui in multis accusatus fuerat
seseque a synodis, ad quas Hugo Diensis episcopus eum invitavit, subtraxerat — quia sententia super eum data non[b] Romanae
ecclesiae gravitate et solita mansuetudine videbatur, in proprium
gradum officiumque restituimus; ea quidem ratione, ut supra
corpus sancti Petri iuraret hoc modo:

Ego Manasses Remensis archiepiscopus pro superbia non Iuramen-
dimisi, quod non venerim ad synodum Augustudunensem[c], ad tum.
quam me Diensis episcopus vocavit. Si vocatus nuncio vel litteris
apostolicae sedis fuero, nullo malo ingenio et nulla fraude me
subtraham; sed veniens diffinitioni et iudicio huius ecclesiae fide-
liter oboediam. Quodsi domno papae Gregorio vel successori
suo placuerit, me de obiectis ante legatum suum respondere, idem
per omnia faciam. Thesauros autem ornamenta et praedia Re-
mensis ecclesiae mihi commissae ad honorem ipsius ecclesiae fide-
liter tractabo, et ad resistendum iustitiae ea non abalienabo.

Ugoni quoque Bisontino archiepiscopo, quia litterae, quibus
invitabatur ad synodum, a clericis suis retente et non sibi ostense
fuerant, suspenso in eadem synodo, episcopale officium reddidimus; hac condictione, quod debeat se de obiectis coram legato
nostro, si ei visum fuerit, cum suffraganeis aut convicinis episcopis expurgare.

Richerio vero Senonensi archiepiscopo interdictum reddidimus officium. Promisit enim in manu nostra: quod sive per se
sive per nuncium suum causam, pro qua ad synodum praefati
legati nostri non venit, coram eodem legato debeat exponere; et
in negociis ecclesiasticis pro posse suo consilium et auxilium fideliter et humiliter sibi impendere eiusque animum placare.

1. I.   a. est *om. cod.*   b. digna *excidisse videtur.*   c. Agustudunensem *cod.*

Gosfredus autem Carnotensis episcopus, quia non invitatus et absens iudicatus fuerat, episcopali officio a nobis restitutus est; hoc quidem tenore, quod causa sua ante legatum nostrum debeat retractari atque diffiniri.

Richardus[1] Biturigensis archiepiscopus, quia irato animo et non synodali iudicio dimisit ecclesiam suam, virgam et anulum recepit; promittens, se de obiectis coram legato nostro satisfacere.

Rodulfus Turonensis archiepiscopus, quia legales accusatores non habuit, sacerdotali et episcopali officio restitutus est; etiam episcopis, qui eum accusaverant, ab accusatione deficientibus. Et, quia causa sua ab antecessore nostro beatae memoriae Alexandro retractata[a] et determinata fuerat, videbatur: quod non sine certa accusatione deberet retractari. Nobis tamen visum fuit: quod legatus noster cum legato Diensis episcopi Turonis debeat proficisci et convocare omnes suffraganeos episcopos nec non clerum et populum et ex parte beati Petri illos commonere, ut, qualiter electus fuerit vel ordinatus, veraciter profiteantur; ut, si claruerit, eum de obiectis innocentem esse, questio accusationis suae omnino deinceps sopiatur; sin autem certissimum et unde dubitari non possit contra eum testimonium datum fuerit, canonica sententia feriatur. Actum Rome 7 Idus Martii, indictione 1.

_____

V 18. *Huzmanno episcopo Spirensi, ignorationem decreti de investitura excusanti, interdictum episcopatum restituit. Hortatur, ut sacerdotes simoniacos expellat, et clericos ad castitatem inducat.*

Gregorius episcopus servus servorum Dei H(uzmanno) Spirensi episcopo salutem et apostolicam benedictionem.

Quia in susceptione Spirensis ecclesiae veremur te contra decretum apostolicae sedis virgam de manu regis scienter ac temerarie suscepisse, episcopale officium hactenus te agere non concessimus. Quodsi, secundum legati tui verba, decretum nostrum ante investituram pro certo non cognovisti, officium episcopale faciendi facultatem et licentiam tibi concedimus; eo tamen tenore,

1. II.   a. *an* pertractata?

ut oportuno tempore nobis vel legatis nostris de obiectis te satis-   1078
facturum repraesentes.   Et quia in Romanis conciliis tam a   Mart. 19
nobis quam ab antecessoribus nostris promulgatas constitutiones
non, sicut decuit, te servasse comperimus, videlicet ut omnem
venalitatem de ecclesia tua eiceres; negligentiae non parvae fraternitatem tuam arguere possumus. Unde apostolica auctoritate
interdicimus — eiectis illis, qui in ecclesia tua per pecuniam promoti sunt — ut neque archidiaconatus neque archipresbyteratus
neque aliquid, quod ad spiritualem curam videatur pertinere,
pretio dari permittas; sed secundum Domini praeceptum dicentis:
Gratis accepistis, gratis date[1], te inreprehensibiliter habens et
clericos non caste viventes rigore pastorali corrigens, sicut olim
negligens et desidiosus fuisti, ita deinceps in administratione
suscepti officii vigilans et studiosus appareas; quatenus in fine
vitae tuae omnipotentem Dominum clementem et misericordem
operis tui rectitudo tibi faciat. Data Romae 14 Kalendas Aprilis,
indictione 1.

V 19. *Guilielmo I regi Anglorum mittit Hubertum subdiaconum,
     qui cognoscat, oporteatne, ut Iohannes II archiepiscopus
     Rotomagensis successorem accipiat.*

Gregorius episcopus servus servorum Dei Guilielmo regi   1078
Anglorum salutem et apostolicam benedictionem.   Apr. 4

Officii nostri cura exigit, ut ecclesiis pastoribus viduatis
sollicite subvenire properemus. Quia vero inter reges tum morum
honestate[a] qua nites tum liberali prudentia qua muniris te speciali dilectione amplectimur, dignum est, ut ecclesiis, quae sunt
in regno divina dispositione tibi commisso, specialiter cavere
studeamus. Unde Rotomagensi ecclesiae, quam dudum pastore[2]
destitutam egritudine impediente audivimus, succurrere hoc modo
disposuimus. Hubertum sanctae Romanae ecclesiae subdiaconem,
quem experimento nobis et tibi fidelem didicimus, liberali gloriae
tuae, fili karissime, mittimus; qui cum viris religiosis, episcopis

----

a. *sie scripsit Brial Recueil XIV* 618 *n. b* pro more honestatis *c,*
1. Matth. 10, 8.   2. Iohanne II.

1078
Apr. 4 et abbatibus, eiusdem etiam ecclesiae fratribus, praedictum archiepiscopum adeat, ac[a] diligenti et pia consideratione examinet,
an pastorali moderamini praeesse ut oportet valeat. Si vero
valetudine corporali sic iudicent destitutum, ut a modo episcopali
non sit aptus regimini, piis admonitionibus sibi persuadere non
desistant, si oportuerit etiam auctoritate apostolica, ut suo consensu ordinetur ecclesia. At si valetudo sic eum oppresserit, ut
insensatum et officii sui obliviosum reddiderit, non diiudicans[b],
quanti sibi et universae patriae egritudo sit detrimenti, praecipimus auctoritate apostolica, virum tanto ponderi competentem,
bene moratum et sapientem, universorum consensu canonice eligi
et in archiepiscopum promoveri. Data Romae 2 Nonas Aprilis,
indictione 1.

V 20. *Rainerio episcopo Aurelianensi praecipit, ut dilapidata
ecclesiae ornamenta restituat seque sistat in synodo legatorum suorum. In qua si crimina non diluerit, fore ut
deiciatur.*

1078
Apr. 24 Gregorius episcopus servus servorum Dei Rainerio Aurelianensi.

Quanta in Deum et tui ordinis salutem commiseris, si sanae
mentis te velles ostendere, a tui memoria excidisse, peiora ope-
rando nequaquam monstrares. Decuerat te summopere meditari,
quantam erga te patientiam Romana ostendit ecclesia; quae dum,
ultra quam oportuit, tui[c] est miserta, ipsius misericordia quodammodo versa est tuo opere in culpam. Qua quidem sic nimium
impudens abuteris, ut cogas nos, tuis stimulis agitatos, in te
districta aequitatis censura insurgere.   Inter cetera nanque,
quae olim perversa mente egisti, ut vulnus vulneri infligeres,
sicut nobis insinuatum est, pene cuncta ecclesiae tibi commissae
ornamenta — pallia videlicet, calices, turibula, planetas[d] et cetera sacrata Deo — non ad utilitatem Dei et praefatae ecclesiae, non in adiutorium pauperum et captivorum, sed ad libitum
tuum et inanem gloriam atque superbiam distraxisti. Quod qui-

---

a. ac *addidi.*   b. *sic cod. pro* diiudicantem.   c. tui *addidi.*   d. planetę c.

dem quantum nos contristat, advertere poteris.   Nunc itaque 1078
apostolica tibi auctoritate praecipimus: ut, omni excusatione se-
mota, quicquid abstulisti, iuste restituas; et, restitutis omnibus,
ad synodum, quae vestris in partibus celebranda erit, convenias
ibique coram legatis nostris — Hugone videlicet episcopo ᵃ Diensi
et Hugone abbate ᵇ Cluniacensi nec non et Rogerio subdiacono
nostro — de his et aliis, quae tibi intentantur, rationem canonice exponas. Quodsi forte de omnibus, quae tibi obiecta fuerint,
canonice te non expurgaveris ac ablata secundum nostram iussionem non reddideris, iudicio sancti Spiritus et auctoritate apostolica sententiam anathematis et depositionis sine omni spe recuperationis in te promulgabimus. Data Romae 8 Kalendas Maii,
indictione 1.

V 21. *Hugoni abbati Cluniacensi nuntiat, se regis Hispaniae*
rogatu abbatem episcopum consecrasse. Petit, ut Richardo
cardinali ad regem misso auxilium praebeat comitemque
addat. De Berengario; de suis angustiis.

Gregorius episcopus servus servorum Dei Hugoni Clunia- 1078
censi abbati salutem et apostolicam benedictionem. Mai. 7

Diversarum gentium concursione et multorum negociorum
fatigatus meditatione, ei parum scribo, quem multum diligo.

Abbatem itaque, sicut rex Hispaniae rogavit et vos consilium dedistis, Deo auctore episcopum consecravimus. Et ad
eundem regem sacerdotem ᶜ cardinalem Riccardum, vicem nostram illi committentes, in Hispaniam dirigimus; cui ut praebeas
auxilium et idoneum socium, fraternitatem tuam rogamus.

De Berengario, unde nobis scripsistis, quid nobis videatur
vel quid disposuerimus, fratres, quos tibi remittimus cum praedicto cardinali nostro, nunciabunt.

Vos autem certate ᵈ fide immo et oratione Dei omnipotentis
misericordiam implorate, ut mentes nostras secundum suam voluntatem dirigat et in magna tempestate nos gubernans ad por-

---

a. episcopo *addidi.*   b. Hugoni — Hugoni abbati *cod.*   c. *pro* sacerdotem
legendum videtur Sanctium.   d. certa *c.*

1078
Mai. 7

tum suae pietatis perducat. Tot enim angustiis premimur tantisque laboribus fatigamur, ut *..... hii, qui nobiscum sunt, non solum pati nequeunt sed nec etiam videre possunt. Et licet coelestis tuba clamet, unde quisque secundum suum laborem mercedem recipiet[1], et bonus rex manifestet: *Secundum multitudinem dolorum meorum in corde meo consolationes tuae, Domine, laetificaverunt animam meam*[2], tamen frequenter haec vita nobis est tedio et mors carnis desiderio. Sed cum pauper Iesus, ille pius consolator, verus deus et verus homo, manum porrigit, valde tristem et afflictum laetificat; dum vero memet dimittit, nimis me conturbat. In me quippe semper morior, sed in eo interdum vivo. Et cum viribus omnino deficio, ad illum gemens clamo: *Si Moysi et Petro tantum pondus imponeres, credo, quia illos gravaret. Quid ergo de me, qui nichil ad eorum comparationem valeo, fiet? Restat ergo, ut aut tu ipse cum tuo Petro pontificatum regas, aut me succumbere et eundem pontificatum confundi cernas.* Tunc ad illud recurro: *Miserere michi, Domine, quoniam infirmus sum*[3], et ad[b] illud: *Tamquam prodigium factus sum multis; et tu adiutor fortis*[4]; nec illius obliviscor: *Potens est enim Deus de lapidibus istis suscitare filios Abrahe*[5].   Omnipotens Deus, qui per sanctum officium, quod committit peccatori, mira pietate peccatores iustificat, potestate beati Petri, michi valde indigno commissa, te tibique omnes fratres creditos a cunctis peccatis absolvat et ad sinum Abrahe patriarchae nostri letos perducat. Data Rome Nonis Maii, indictione 1.

V 22. *Huberto et Teuzoni scribit, se Hugoni episcopo Diensi mandasse, ut in synodo inter Evenum archiepiscopum Dolensem et Iuhellum iudicaret. Hortatur, ut synodo intersint et regem Anglorum ad legatum illuc mittendum inducant.*

1078
Mai. 22

Gregorius episcopus servus servorum Dei Huberto subdiacono[6] et Teuzoni monacho salutem et apostolicam benedictionem.

---

a. *hic quaedam excidisse liquet.*   b. ad *addidi.*
1. 1 Cor. 3, 8.   2. Ps. 93, 19.   3. Ps. 6, 3.   4. Ps. 70, 7.
5. Matth. 3, 9.   6. ecclesiae Romanae. V. ep. 19 supra p. 315.

Pervenit ad nos frater noster Evenus Dolensis archiepiscopus, 1078
exhibens se pro discutienda controversia, quae de introitu eius
in episcopatum orta est, proclamante illo[1] de expulsione sua
quasi iniusta, qui ante ordinationem huius eandem sedem, quamvis[a] perverso ut dicitur accessu, ceperat et nefaria conversatione
tenuerat. Ad quam exhibitionem se vocatum aiebat a confratre
nostro Hugone Diensi episcopo — quod et ipse, qui tunc praesens aderat, fatebatur — ac propterea se recusasse redire vobiscum aut in aliquam partem vertere, donec ab ore nostro, quid
sibi agendum foret quove se exhibendum, intelligeret. Verum
quia Diensis episcopus ut diximus praesens aderat, commisimus
sibi negocium istud: ut in concilio, quo causam Remensis archiepiscopi[2] et aliorum episcoporum Franciae, adiuncto sibi abbate
Cluniacensi[3], tractaturus est, etiam hoc regulariter diffinire procuret. Quapropter admonemus et vos: ut ibidem aut alter vestrum aut ambo si fieri possit adsitis; et episcopos ac religiosos
abbates illius parroechiae nec non clericos et laicos eiusdem ecclesiae, qui utramlibet partem aut accusare aut defendere idonei
videantur, adesse commoneatis; procurantes etiam, ut Anglorum
rex[4] ex sua parte legatum illuc dirigat, tam prudentem quam
religiosam personam; quatenus causa ista, sublato favore partium
omnique personali acceptione, ad effectum iuste diffinitionis Deo
disponente perveniat; et quod ibi inde statutum ac definitum
fuerit, ita ab omnibus consona voce sententiaque firmetur, ut
calumniosae proclamationis improbitas et reiterandae questionis
omnis undique occasio omnisque penitus licentia decidatur. Data
Lateranis 11 Kalendas Iunii, indictione 1.

V 23. *Britanniae comites rogat, ut synodum, in qua de ecclesia
Dolensi agatur, a sacerdotibus laicisque eiusdem ecclesiae
adeundam curent[b].*

Gregorius episcopus servus servorum Dei Oeli[c][5], Gausfredo[d] 1078
Mai. 22

a. quamlibet *c.*   b. *Legitur etiam 2) ap. Martene Thes. anecd. III 876 et 2ª) ap.
Morice Mémoires de Bretagne I 447, ex tabulario Turonensi.*   c. Oeli *cod.,* dilectis 2,
dilecto 2a.   d. Goffredo 2, Gauffredo 2a.

1. Iuhello.   2. Manassis I.   3. Hugone.   4. Wilhelmus I.
5. comiti Cornubiae, duci Britanniae.

1078
Mai. 22 Redonensi, item[a] Gausfredo[1] filio Eudonis, nobilibus comitibus Britanniae, salutem et apostolicam benedictionem.

Non ignorare vos credimus, quantam molestiam quantamque perturbationem sustineat Dolensis ecclesia et confrater noster Evenus archiepiscopus, quem ibi ordinavimus, ab illo[2], qui — prius sedem occupans ac remordente eum conscientia sua, ut dicitur expoliatam, deserens — nunc iniuste se expulsum conqueritur. Qua de re cum praefatus archiepiscopus suam nobis exhiberet praesentiam, quoniam absente illo, qui super eum conqueritur, causam discutere nulla ratione potuimus, totum hoc negocium confratri nostro Hugoni Diensi episcopo, cui vicem nostram dedimus, committere necessarium duximus; ut eo tempore et loco illud diligenti inquisitione pertractare ac diffinire studeat[b], ubi, qui in hac causa utrimque necessarii sint, convenire et interesse valeant. Statuimus enim, praefatum confratrem et vicarium nostrum celebrare concilium propter multa et magna negocia, quae in regno Francorum emersa apostolicae auctoritatis examinatione atque iudicio indigent; ubi et hoc negotium Deo auxiliante diffiniri volumus atque censemus. Quapropter multum rogamus et admonemus excellentiam vestram: ut huic causae quantum potestis operam detis; et episcopos nec non religiosos abbates terrae illius, clericos quoque et laicos eiusdem ecclesiae, qui idonei tam scientia quam religione videantur, ad praefatum concilium, iuxta quod vobis significatum fuerit, convenire faciatis; quatenus, opitulante divina clementia, per sinceram explorationem, in hac causa Dei quicquid iustitia et populi requirat salus, evidenter appareat; et decisa penitus hac lite et querimonia, diu et nimium indigne lacerata quam praefati sumus Dolensis ecclesia per misericordiam Dei — vestro studio vestraque iuvante et procurante potentia receptis bonis suis — pacem etiam et tranquillitatem recipere et in statum[c] suae incolumitatis venire et permanere valeat. Data Lateranis 11 Kalendas Iunii, indictione 1.

a. item c., Iacert 2, Hoelo 2a.   b. audeat 2.   c. statu c., statum 2.
1. comiti Penthiverensi.   2. Iuhello.

EXPLICIT LIBER QUINTUS.

IN NOMINE DOMINI

INCIPIT LIBER SEXTUS

REGISTRI SEPTIMI GREGORII PAPAE

anno dominicae incarnationis millesimo septuagesimo
octavo, indictione prima[a].

VI 1. *Omnes clericos et laicos regni Teutonici hortatur, ne faveant aut communicent iis, qui impedire synodum cogitent, de regum certamine habendam[b].*

Gregorius episcopus[c] servus servorum Dei omnibus clericis et laicis in regno Teutonico constitutis, qui excommunicationis vinculo non tenentur, salutem et apostolicam benedictionem. 1078 Iul. 1

Quae et quanta cura nobis fuerit et est, ut pestilentia et[c] clades et desolatio a vestro regno auferatur, et pax honestas et solitum decus vobis reddatur, in synodo, quae hoc anno in quadragesima Rome celebrata fuit, declaravimus. Iudicio enim sancti Spiritus decrevimus et praecepimus: ut in regno vestro conventus omnium episcoporum et eorum laicorum, qui Deum timent et inter vos pacem desiderant, fieret; et coram nostris legatis decerneretur, si[d] Heinrico vel Rodulfo, qui de regni gubernaculo inter se decertant, amplius iustitia faveret. Iniustior enim pars[e], ratione devicta et beati Petri auctoritate constricta, facilius cederet et ab interitu animarum et corporum Deo propitiante cessaret; iustior vero pars amplius de Deo confideret et, adiuta beati Petri potestate[f] et omnium iustitiam diligentium consensu, de victoria omnino speraret neque utramque[g] mortem timeret.

Sed quia pervenit ad nos, quod inimici Dei et filii diaboli quidam apud vos contra interdictum apostolice sedis praedictum conventum procurent in irritum ducere, et non iustitia sed superbia ac totius regni desolatione suas cupiditates anhelent implere et christianam religionem[h] destruere; monemus vos et ex

---

a. secunda *c.*   b. *Legitur etiam* 2) *ap. Brunonem de bello Saxon.* c. 113, *Mon. Germ. SS. V* 375.   c. om. 2.   d. si cui, Heinrico videlicet vel 2 (cui, Heinrico scilicet an *ap. Annalist. Sax., Mon. Germ. SS. VI* 716).   e. parsque iniustior 2. f. auctoritate 2.   g. et neutram 2 *pro* neque utramque.   h. christiana religione *cod.*

1078
Iul. 1 parte beati Petri praecipimus, ut talibus nullum adiutorium* praebeatis neque illis communicetis. In praedicta enim synodo iam
omnes sunt excommunicationis et anathematis vinculo innodati
et, ut nullam victoriam possint optinere, potestate beati Petri
sunt alligati[b]; ut, saltim coacti, confundantur et a morte animarum suarum et desolatione patriae vestrae[c] revocentur.

Vos autem, fratres karissimi, de me nullo modo dubitetis,
quod iniuste parti scienter aliquo modo faveam. Magis enim
pro vestra salute desidero mortem subire, quam totius mundi
gloriam[d] ad vestrum interitum arripere. Quodsi aliqui, de falsitate confisi, litteris vel verbis aliter vobis indicaverint[e], nullo
modo illis[f] acquiescatis. Deum enim timemus et pro eius amore
cotidie affligimur, et ideo superbiam et oblectamenta saeculi
parvi pendimus; quia cito apud eum consolari indubitanter credimus.　　Omnipotens et misericors Deus, qui ultra spem ultra
meritum misereretur et consolatur nos in omni tribulatione nostra[1],
aperiat cor vestrum in lege sua et confirmet vos in praeceptis
suis; ut, auctoritate beati Petri a cunctis peccatis absolutos, vos
ad caeleste[g] regnum perducat regnaturos. Data[h] Capue Kalendis
Iulii, indictione 1.

VI 2. *Manassi I archiepiscopo Remensi respondet, legati apo-*
stolici ex clero Romano deligantur non oportere. Privi-
legia saluti ecclesiae contraria posse commutari. Apud
vicarios suos de obiectis criminibus se defendat.

1078
Aug. 22 Gregorius episcopus servus servorum Dei Manasse[2] Remensi
archiepiscopo salutem et apostolicam benedictionem.

Cum vos ea a sede apostolica flagitatis, quae et honorem
praesulatus vestri condeceant et a praecedentium patrum auctoritatibus nequaquam dissentiant, fidentes petite, spe certissimi
postulate; scientes, omni ambiguitate remota: nos petitionibus
huiusmodi paratos annuere; cum quia vos fraterna dilectione in

a. auxilium 2.　　b. obligati 2.　　c. propriae patriae 2.　　d. gloria *cod.*
e. indicaverit *c.*　　f. eis 2.　　g. celestę *c.*　　h. Data — ind. 1 *om.* 2.
1. 2 Cor. 1, 4.　　2. I.

Christo amplectimur, tum etiam nichilo minus, quia ad haec 1078
quorumdam fidelium nostrorum, qui vos diligunt, precibus et
interventionibus sedulis promovemur. Quocirca fraternitatem
vestram rogatam atque commonitam volumus, ne debeat graviter ferre, si studeamus ad tempus pro communi honestate atque proficuo petita contra utilitatem ecclesiae denegare.

Haec autem omnia ad id praemissa noveritis, quia petitis
in litteris vestris[1]: ne adversus privilegium, quod ab hac apostolica sede vos habere fatemini, cogamini nisi soli michi aut
Romanis legatis super obiectis quibuslibet respondere. Quodsi
vos Romanos legatos intelligere videremini quoslibet cuiuslibet gentis, quibus Romanus pontifex aliquam legationem iniungat vel, quod maius est, vicem suam indulgeat, et laudaremus
sane petita et petitis libenter annueremus. Sed quia, praemit-
tendo: Romanis, continuo subiungitis: non ultramontanis,
ostenditis: vos tantum eos velle Romanos habere legatos, qui
vel Rome nati vel in Romana ecclesia a parvulo educati[a] vel in
eadem sint aliqua dignitate promoti. Miramur nimium prudentiam vestram eo usque perductam, ut precaremini: benevolentiam
nostram iura sedis apostolicae debere imminuere; idque nobis in
solius vestri negociis non debere licere, quod in negociis omnium
praedecessores nostri sine omni contradictione et licitum et legitimum tenuere. Nostis enim: et Osium episcopum[2] in Niceno
et Cirillum[3] in Ephesino concilio Romanorum vice, eisdem concedentibus, functos fuisse pontificum; Syagrio quoque Augustudunensi episcopo, Lugdunensis antistitis[b] suffraganeo, sanctum
papam Gregorium celebrandi generalis in Gallia concilii vicem
suam legato[c] indulsisse[4]. Sed quid haec de episcopis loquimur,
cum idem sanctus papa monachum quemdam Hylarum nomine
in **Affricae** partibus, litterarum suarum auctoritate fultum, usque

---

a. edocati c.   b. antistis c.   c. legatis c.

1. in Recueil des historiens XIV 611, ap. Gousset Les actes de la
province de Reims II 88.   2. Cordubensem. V. Gelasii Cyziceni com-
mentarium ap. Mansi Conc. II 806, et concilii Nicaeni subscriptiones ibid.
p. 692.   3. ep. Alexandrinum. V. Regesta pont. Rom. p. 32 n. 60.
4. V. Regesta pont. Roman. n. 1265.

adeo suum fecerit esse vicarium, ut per eum ibidem concilium generale celebraretur et, quicquid synodus sancta decerneret, ad finem eo exequente perduceretur[1]. Ne igitur ad tantum velit culmen vestra fraternitas erigi, ut, quae in causis omnium Romanis pontificibus rata fuerunt et licita, in vestri solius causa irrita velitis et illicita reddi.

Ad id autem, quod de privilegio dicitis, breviter interim respondemus: quod possunt quaedam in privilegiis pro re pro persona pro tempore pro loco concedi, quae iterum pro eisdem, si necessitas vel utilitas maior exegerit, licenter valent commutari. Privilegia siquidem non debent sanctorum patrum auctoritatem infringere, sed utilitati sanctae ecclesiae prospicere. Inde est, quod — Arelatensis ecclesia non solum a beato Gregorio[2] doctore dulcifluo sed etiam a pluribus eius sanctis antecessoribus cum haberet vicem sedis apostolicae: ut omnes episcopos totius regni Francorum, quod tunc latius extendebatur, ad concilium convocaret eosque in iudicio constrinxerit; sine cuius licentia nullis ex supra dictis episcopis longe a suo episcopatu fas erat abire — post aliqua tempora pro quibusdam causis praedicta potestas et auctoritas cessavit, et suam vicem aliis quibus placuit sedes apostolica concessit. Remensis etiam, cui praesides, ecclesia quodam tempore primati subiacuit et ei, ut magistro post Romanum pontificem, obedivit. Quod et de pluribus aliis ecclesiis potestis invenire, si sanctorum patrum dicta et acta procuratis diligenter investigare. Nec id dicimus, ut privilegia vestrae ecclesiae contra rationem vel infringi velimus vel imminui; de quibus vita comite suo tempore ore ad os otiosius collocuturi sumus. Sed interim dilectionem vestram ex parte beati apostolorum principis Petri admonemus: ut — quemadmodum, vobis Romae positis, constituimus — coram Diensi episcopo[3] et Cluniacensi abbate[4], quibus in his vicem nostram commisimus, occasionibus cunctis obstaculisque remotis, super obiectis omnibus sitis respondere parati, legaliter satisfacere, canonice purificari;

1. V. Regesta pont. Rom. n. 788.   2. Regesta pont. Rom. n. 1005.
3. Hugone.   4. Hugone.

ne, si aliud a vobis quod absit agatur, tergiversationi[a] et fugae   1078

et conscientiae scelerum, non exactioni iustitiae et aequitatis a   Aug. 22

pluribus ascribatur.

De archiepiscopo autem Viennensi[1], quem conquerimini in diocesi vestra et deposuisse presbyteros et eosdem iterum in gradum pristinum restituisse; et de episcopis Laudunensi[2] et Suessonensi[3] suffraganeis vestris, qui Ambianensem episcopum[4], vobis inconsultis et nescientibus, Rome etiam positis, consecrarunt; et de Manasse[5], qui vos et ecclesiam vestram, quia malefactis non potest, maledictis infestare non cessat; et de caeteris omnibus, super quibus conquestionem vobis collibuerit facere, misimus litteras nostras[6] memoratis confratribus nostris, Diensi videlicet episcopo et Cluniacensi abbati: ut cuncta studeant diligenter inquirere, sollicite discutere, discussa et indagata ad purum iuste legaliter et canonice iudicare.   His nostris monitis obsecundantes, per omnia beatorum apostolorum Petri et Pauli benedictione in praesenti donemini et in futuro, a peccatorum omnium vinculis absoluti, ad eorum consortium eisdem interventoribus provehi mereamini.   Data ad Sanctum Germanum 11 Kalendas Septembris, indictione 1.

VI 3. *Hugoni episcopo Diensi et Hugoni abbati Cluniacensi mandat, ut de Manassis I archiepiscopi Remensis querimoniis iudicent[b].*

Gregorius episcopus servus servorum Dei dilectis[c] in Christo   1078

fratribus Hugoni Diensi episcopo et Hugoni Cluniacensi abbati   Aug. 22

salutem et apostolicam benedictionem.

Quia in sanctae Dei, cui divina dispositione praesidemus, ecclesiae regimine sollicite nos vigilare oportet, vestris assiduis precibus nobis ut divinum obtineatis praesidium, deposcimus. Quapropter vos summopere studium adhibere admonendo man-

     a. tergiversatione *c.*   b. *Legitur etiam* 2) *ap. Hugon. Flavin., Mon. Germ. SS. VIII* 420.   c. dilectis — fratribus *addidi ex* 2.

     1. Warmundo.   2. Helinando.   3. Theobaldo II.   4. Radulfum. 5. praeposito Remensi, postea II archiepiscopo Remensi. V. Brial in Recueil des historiens XIV 614 n. f.   6. ep. 3 infra.

1078
Aug. 22 damus, quatenus inquiratis et canonice prout potestis finem imponere procuretis negociis, unde Remensis archiepiscopus[1] confrater noster suis litteris nobis conquestus est.   Conqueritur enim de confratre nostro archiepiscopo Viennensi Warmundo[a], qui in suo archiepiscopatu presbyteros deposuit et eosdem restituit sub[b] nomine Romanae legationis. Quin etiam conqueritur, quod duo suffraganei eiusdem Remensis, Laudunensis[2] scilicet et Suessonensis[3], postposita canonica auctoritate, Ambianensem ausi sunt episcopum[4] consecrare, dum ipse esset nobiscum Rome et de se sententiam nos dare[c] humiliter expectaret. Quod vos digna et sollerti[d] indagatione discutere et cognoscere omni modo studete, an ita sese res habeat, ut praediximus nos suis litteris intellexisse. Praesertim si idem Ambianensis contra Romanae synodi et apostolicae sedis decretum de manu laici nefanda ambitione et temerario ausu investituram suscipere praesumpsit, canonici rigoris severitate taliter in eum vindicare et punire obnixe satagite, ut eius exempla caeteri imitari timeant.   De Manasse[5] autem, de quo similiter conqueritur, quod[e] Oebali[6] suorumque refugio et auxilio[f] illum et ecclesiam fatigare non cessat, laborate: ut ad pacem redeat et ab inquietatione ecclesiae et persecutione archiepiscopi quiescat[g]. Quodsi forte, in sua contumatia persistens, oboedire renuerit, nisi illum iustam excusationem habere cognoveritis, quodcunque vobis iustius videtur, facite. De aliis autem necessitatibus eundem archiepiscopum, si tamen[h] vobis oboedierit, sicut dignum est adiuvate; eique commissam ecclesiam auctoritate beati Petri — quod et de aliis ecclesiis vos oportet agere — defendite.   Ipse autem, sicut ex suis cognovimus litteris, quas vobis direximus, indutias querit, ut subterfugiat; cui qualiter rescripsimus, vobis etiam per exemplar in-

a. G(uarmundo) 2.   b. sub — legationis *addidi ex* 2.   c. nos dare *recepi ex* 2. d. sagaci 2.   e. qui *e.,* quod 2.   f. suffragio et refugio 2.   g. desistat 2. h. *om.* 2.

1. Manasses I.   2. Helinandus.   3. Theobaldus II.   4. Radulfum. 5. praeposito Remensi. V. supra p. 325 n. 5.   6. s. Ebali II comitis de Roceio. V. Manassis I archiep. epist. in Recueil des histor. XIV 611 et ap. Gousset Les actes de la province de Reims II 88 et in Mon. Germ. SS. VIII 420.

dicamus.   Vos autem, fratres mei karissimi, viriliter et sapienter agite; vestraque omnia in caritate fiant, ut oppressi vos
prudentes defensores inveniant et opprimentes amatores iustitiae
recognoscant. Omnipotens Deus Spiritum sanctum cordibus vestris infundat vosque per viam sibi placitam perducat et ad societatem sanctorum patrum pervenire faciat. Data[a] ad Sanctum
Germanum 11 Kalendas Septembris, indictione 1.

VI 4. *Heinrici I episcopi Leodiensis epistolam reprehendit parum
reverenter scriptam. De Weremboldi uxorisque ab eo excommunicatorum causa. De iis, qui concilium de regibus
convocatum impedire conati sint.*

Gregorius episcopus servus servorum Dei Heinrico[1] Leodiensi episcopo salutem et apostolicam benedictionem, si contemptoribus Romanae synodi, habitae in praeterita quadragesima,
non communicat.

Lectis fraternitatis tuae litteris, non parum mirati sumus,
non ea te, qua decuit apostolicam sedem, pro! reverentia sibi
scripsisse, sed nos de absolutione illius parroechiani tui, qui
olim ad nos venit, mordaci invectione reprehendisse; tamquam
apostolicae sedis non esset auctoritas, quoscunque et ubicunque
vult, ligare et absolvere. Unde scias, nos adversus temeritatem
tuam graviter commotos fuisse, nisi apostolicae sedis mansuetudo nos detineret et nisi mens nostra de litteris olim super hoc
negocio tibi transmissis quodammodo dubitaret. Solliciti etenim
fuimus, ne litterae illae fraude alicuius aut falsitate immutarentur.
Et ideo exemplar earum ad cognoscendam voluntatem nostram
tibi ostendendum esse putavimus, ut — si easdem esse et non
immutatas claruerit — intelligas: te aut spiritu praesumptionis aut
ignorantia contra auctoritatem sanctae Romanae ecclesiae verba
iactasse, quasi imitando orientales, qui contra beatum papam
Iulium obloqui praesumpserunt, eo quod ipse sanctissimum Athanasium patriarcham sine assensu eorum absolverat[2]; tibique dein-

a. Data — indictione 1 *om.* 2.

1. I.   2. V. Regesta pont. Rom. n. 32.

1078
Oct. 8 ceps caveas, ne huiusmodi contra nos temeritate rescribas, sed
potius ad documenta sanctorum patrum, quae te loqui et scribere doceant, humiliter recurras; et secundum tenorem litterarum,
quarum exemplar tibi transmittimus, praedicti hominis negocium
ad finem perducere studeas:

> *Vir iste Weremboldus nomine conquestus est, se iniuste a
> te excommunicatum cum uxore sua esse; unde sibi vix fidem
> adhibere possumus. Tamen monemus prudentiam tuam, ut ad
> notitiam religiosorum confratrum nostrorum, Treverensis scilicet
> archiepiscopi[1] et Mettensis episcopi[2], huius rei causam deferre
> facias eorumque consilio et iudicio diffinire procures. De veste
> vero monachica et velo imposito et pecunia ablata eorundem testi-
> monio et iustitiam facere et rationem ponere non recuses; qua-
> tinus sibi occasionem proclamandi auferas et te ipsum ab omni
> accusatione protegas, iustitiae integritate et canonica auctoritate
> servata in omnibus.*

Contemptores quippe synodi in praedicta nostra salu-
tatione[3] illos notamus, qui aliquo ingenio vel violentia conati
sunt impedire, ne concilium aut conventus fieret in Teutonicis
partibus, in quo sollerti inquisitione recognosceretur, utrum Heinrico an Rodulfo magis iustitia faveret de gubernaculo regni[4].

Preterea scire vos volumus, nos horum portitorem absolvisse ab excommunicatione, timore mortis facta ab eo promissione in nostra manu: se omnia facturum secundum vestram
iussionem, consilio praedictorum episcoporum factam. Data in
burgo Aquaependentis 8 Idus Octobris, indictione 2.

VI 5. *Herimanno episcopo Mettensi commendat Popponem episcopum Tullensem, infamiam amoliri cupientem. Monet,
ecclesiae bona ne militibus largiatur.*

1078
Oct. 22 Gregorius episcopus servus servorum Dei Herimanno Mettensi episcopo salutem et apostolicam benedictionem.

1. Udonis.   2. Herimanni.   3. supra in limine huius epistolae.
4. Cf. ep. 1 supra p. 321.

Novit dilectio tua, frater karissime, quanto iam tempore 1078
Tullensis episcopus [1] fatigatus laboraverit atque [a] multis angustiis Oct. 22
sudaverit pro repellenda ea, quam sibi iniuste obiectam esse
contendit, infamia [b]. Sed quia propter imminentem regni commotionem sex simul episcopos ad expurgationem suam convocare
non potest, hoc ei paterna compatientes pietate concessimus: ut,
quatuor episcopis ad praesens secum iurantibus expurgatus, episcopale officium per omnia faciat. De duobus autem, qui statuto
iudicio interesse debent, indutias usque ad quadragesimam a
nobis accepit. Unde, quia tu in eadem diocesi positus es,
monemus et exhortamur tuam dulcissimam michi caritatem et
apostolica tibi auctoritate praecipimus: ut, si praefatum Tullensem episcopum inculpabilem indubitanter esse cognoveris, fraternam manum auxilii, ut iustum est, ei praebere non differas.
Scriptum est enim: *Alter alterius onera [c] portate, et sic adimplebitis legem Christi* [2]; et item: *Si quis viderit fratrem suum
necessitatem habentem, et clauserit viscera sua ab eo, quomodo
caritas Dei manet in eo?* [3]

Preterea pervenit ad nos, quod propter instantem inimicorum tuorum infestationem tuae bona ecclesiae largitus sis quibusdam militibus; et eo modo honoris tui dignitas cotidie, quod
non optamus, minuatur atque decrescat. Proinde tuam volumus
admonitam esse prudentiam: ne, alicuius magnitudine tribulationis coactus, ecclesiasticas cuiquam hereditates largiaris; unde
multum te postea poeniteat; cum, quod modo turbatus egeris,
nullo modo emendare potueris. Oportet autem, ut totam spem
tuam in Domino ponas, certissime sciens, quia Dominus non
derelinquit sperantes in se [4]. Confidimus enim, omnipotentem
Dominum, vestris aliorumque relligiosorum, quos in partibus
vestris plures esse cognoscimus, orationibus placatum, pacem
ecclesiae suae cito esse daturum. Data Sutrio 11 Kalendas
Novembris, indictione 2.

a. quam *excidisse videtur*. b. infamiā *cod.* c. honera *c.*
1. Poppo. 2. Galat. 6, 2. 3. 1 Ioh. 3, 17. 4. Cf. Ps. 9, 11.

VI 5 a. *Marro filius Gisleri suam castri Moriciclensis portionem beato Petro tribuit[1].*

1078
Nov. 17 In nomine Patris et Filii et Spiritus sancti, anno sexto pontificatus domni Gregorii papae septimi, mensis Novembris die decima septima, indictione secunda, Rome.

Ego Marro Gisleri filius, habitator in ducatu Spoletano, pro redemptione animae meae et parentum meorum dono trado atque offero beato Petro apostolorum principi et super altare eius omnia, quae mihi pertinent de castro, quod vocatur Moricicla, positum inter Muricem et Clarignanum — quod conquisitum habeo per concambiationem a Litaldo et Hugone, nepotibus Ugonis, filii Ascari, in plebe de Luzano — reservato usufructu diebus vitae meae et Brittuli filii mei et filiorum Brittuli, si masculi fuerint, de legitimo coniugio procreati.

VI 5 b. *De synodo Romana.*

1078
Nov. 19 Anno ab incarnatione Domini millesimo septuagesimo octavo, pontificatus vero domni Gregorii septimi papae sexto, 13 Kalendas Decembris, indictione secunda, celebrata est synodus Rome in ecclesia sancti Salvatoris pro restauratione sanctae ecclesiae.

In qua inter alia excommunicatus est Constantinopolitanus imperator[2] .... aliique, qui subscripti habentur.

Iuraverunt quoque legati Heinrici et Rodulfi, quisque pro domino suo: quod nullis dolis colloquium legatorum sedis apostolicae, in Teutonico regno habendum, impedierint.

Constituta etiam sunt illic ad utilitatem sanctae ecclesiae quaedam capitula, quae in sequentibus denotantur:

De Teutonicis contradicendis, ne praedia ecclesiastica, a regibus data sive ab invitis episcopis, detineant.

---

a. *sequitur in cod. lacuna dimidii versus.*
1. De hac tabula Deusdedit cardin. in coll. canon. (ap. Borgia breve istoria del dominio temp., app. p. 12) sic memorat: „Septimus vero papa Gregorius in VI libro sui reg(istri) dicit, castrum, quod dicitur Moricicla beati Petri esse, situm in ducatu Spoletino, inter Maricem et Clarignanum, in plebe de Luzano, ex reditione Gisleri sub usufructu vite sue et filii sui et legitimorum filiorum eius". 2. Nicephorus Botoniates.

Ut iterum excommunicentur illi, quorum culpa colloquium 1078
remansit. Nov. 19

Narbonensis archiepiscopus[1] iterum excommunicetur, et alii,
qui ab Amato episcopo[2] sunt excommunicati.

Comes Sancti Egidii[3] excommunicetur propter uxorem; et
idem monasterium, si fuerit in potestate comitis.

Monasterium sancti Benedicti Montis Casini defendatur ab
omnibus Normannis.

Ut contradicatur, ne aliquis accipiat investituram ecclesiarum de manu laicorum; et ne praebendae vel officia ecclesiastica
vendantur.

De consanguinitate; de symoniacis; de castitate clericorum;
de falsis ordinationibus; de falsis poenitentiis. Qualiter vera
poenitentia detur. De decimis a laicis iniuste detentis.

De patriarcha Aquileiensi[4]; de patriarcha Gradensi.

De imperatore Constantinopolitano.

De festivitatibus pontificum Romanorum celebrandis. De
abstinentia sabbati.

De Iudeis non praeponendis christianis.

De sancti Petri hereditate occultata.

Ut nullus penitens suscipiatur sine litteris episcopi sui, nisi
forte fuerit episcopus mortuus vel excommunicatus.

Ut nullus abbas decimas et primitias sine auctoritate Romani pontificis seu episcopi consensu, in cuius diocesi habitat,
detineat.

Ut nullus episcopus gravamen seu servile servitium ex usu
abbatibus imponat.

Ut sacerdotes sine licentia sui episcopi, et monachi de notis
monasteriis sine licentia suorum abbatum non recipiantur.

Ut episcopi, qui consenserint fornicationem vel incestum in
suis parroechiis, a suo officio suspendantur.

Ut omnes episcopi firmamentum faciant, ne praedia ecclesiastica vendant.

1. Guifredus. 2. Elorensi. 3. Raimundus, postea IV comes To-
losanus. 4. Heinrico.

1078
Nov. 19
Ut nulli episcopi praedia ecclesiae in beneficium tribuant sine consensu papae, si de sua sunt consecratione. Caeteri autem sine consensu archiepiscopi sui et fratrum suorum hoc idem non praesumant. Si autem praesumpserint, ab officio suo suspendantur; et, quod venditum est vel datum beneficium, ecclesiae reddatur, omnino evacuata omni venditione vel in beneficium traditione.

Ut omnes episcopi artes litterarum in suis ecclesiis doceri faciant. Et ornamenta ecclesiae sine certa utilitate aut gravi necessitate nullo modo nulloque ingenio ecclesiis subtrahant, ne periculum sacrilegii, quod absit, incurrant.

Ut annuncietur laicis, cum quanto periculo animae suae decimas detinent et ecclesias possident.

Ut, qui certam partem in sollemni missa volunt habere, aliquid procurent offerre.

Decreta in eadem synodo facta[a].

Quicunque[1] militum vel[b] cuiuscunque ordinis vel professionis persona[b] predia ecclesiastica a quocunque[b] rege seu seculari principe vel[c] ab episcopis invitis seu abbatibus aut ab aliquibus ecclesiarum rectoribus suscepit vel susceperit vel invasit[d], vel etiam de[e] rectorum depravato seu vitioso eorum[f] consensu tenuerit, nisi eadem praedia ecclesiis restituerit, excommunicationi subiaceat.

Si[g] quis Normannorum vel[h] quorumlibet hominum praedia monasterii sancti Benedicti Montis Casini invaserit vel quascunque res eiusdem monasterii iniuste abstulerit et, bis vel ter admonitus, non emendaverit, excommunicationi subiaceat, donec resipiscat et ecclesiae satisfaciat.

Quoniam[2] investituras ecclesiarum contra statuta sanctorum patrum a laicis personis[i] in multis[k] partibus cognovimus fieri

a. *Leguntur etiam* 2) *in Bertholdi annalibus Mon. Germ. SS. V* 814, 8) *ap. Hugon. Flavin., Mon. Germ. SS. VIII* 423.   b. *om.* 2.   c. *vel ab om.* 2, *vel om.* 3.   d. *invasit vel invaserit* 2.   e. *etiam de — vitioso* 2; *eorumdem* 3 *pro de.*   f. *om.* 3. g. *Si quis — excommunicationi subiacere om.* 3.   h. *vel — hominum om.* 2.   i. *om.* 2. k. *terrarum add.* 2.

1. „Quicunque — subiaceat" recepit Gratianus in decr. P. II C. XII qu. 2 c. 4.   2. „Quoniam — subiacere" sunt in Gratiani decr. P. II C. XVI qu. 7 c. 13.

et ex eo plurimas perturbationes in ecclesia[a] oriri, ex quibus
christiana[b] religio conculcatur[c], decernimus: ut nullus clericorum
investituram[d] episcopatus vel abbatiae vel ecclesiae[e] de manu
imperatoris vel regis vel alicuius laicae personae, viri vel feminae, suscipiat. Quod si praesumpserit, recognoscat: investituram
illam apostolica auctoritate irritam esse, et se usque ad condignam[f] satisfactionem excommunicationi subiacere.

Si[1] quis episcopus[g] praebendas, archidiaconatus, praeposi-
turas vel aliqua officia ecclesiastica vendiderit vel aliter, quam
statuta sanctorum patrum praecipiunt, ordinaverit, ab officio
suspendatur. Dignum enim est, ut, sicut gratis episcopatum accepit, ita membra eiusdem episcopatus gratis[h] distribuat.

Ordinationes[2], quae interveniente pretio vel precibus vel
obsequio alicuius[i] personae ea[k] intentione impenso, vel quae[l]
non communi consensu cleri et populi secundum canonicas[m] sanctiones fiunt, et ab his ad quos consecratio pertinet[n] non comprobantur[o], irritas[p] esse diiudicamus[q]. Quoniam, qui taliter ordi-
nantur, non per ostium id est per Christum intrant, sed, ut
ipsa[r] veritas testatur, fures sunt et latrones[3].

Falsas[4] poenitentias dicimus, quae non secundum auctoritatem sanctorum patrum pro qualitate criminum imponuntur.
Ideoque, quicunque miles, vel negociator, vel alicui officio deditus
quod sine peccato exerceri non possit, culpis gravioribus irretitus ad penitentiam venerit; vel[s] qui bona alterius iniuste detinet; vel qui odium in corde gerit; recognoscat: se veram peni-

a. *sequitur in cod.* immo ruinam sanctae religionis; *sed haec verba inducta sunt;*
in aecclesia perturbationes esse, immo ruinas religionis sanctae oriri 2.   b. ipsa christianae censurae dignitas 2 *pro* christiana religio.   c. perspeximus *add.* 2.   d. investituras 2.   e. seu praepositurae vel alicuius clericalis dignitatis *add.* 2.   f. dignam 2.
g. episcopus *addidi ex* 2.   h. vel dignitatis 2 *pro* gratis.   i. alicui 2. 3.   k. ea
intentione *om.* 3.   l. quae *om.* 2.   m. canonum 3.   n. attinet 3.   o. approbatur 3.
p. *primitus scriptum erat in cod.:* falsas; *quo inducto, superscriptum est:* infirmas; *quo
item deleto, est* irritas *positum;* falsas et irritas 2.   q. censuimus 3.   r. ipse 3 *pro*
ipsa veritas.   s. id est 2 *pro* vel.

1. „Si — distribuat" leguntur in Gratiani decr. P. II C. I qu. 3 c. 3.
2. „Ordinationes — latrones" sunt in Gratiani decr. P. II C. I qu. 1 c. 113.
3. Ioh. 10, 1.   4. „Falsas — poenitentiam" sunt in Gratiani decr. P. II
C. XXXIII qu. 3 de poen. D. V c. 6.

1078
Nov. 19

1078
Nov. 19 tentiam non posse peragere[a], per quam ad aeternam vitam valeat
pervenire, nisi arma deponat, ulteriusque[b] non ferat nisi[c] consilio religiosorum episcoporum[d] pro[e] defendenda iustitia; vel[f]
negocium derelinquat vel officium deserat; et odium ex corde
dimittat; bonaque[g], quae iniuste abstulit, restituat. Ne[h] tamen
desperet; interim[i], quicquid boni facere poterit[k], hortamur ut
faciat, ut omnipotens Deus cor illius[l] illustret ad poenitentiam.

Decimas[1], quas in usum[m] pietatis concessas esse canonica[n]
auctoritas demonstrat[o], a laicis possideri, apostolica auctoritate
prohibemus. Sive enim ab episcopis vel regibus vel quibuslibet
personis eas[p] acceperint[q], nisi ecclesiae reddiderint, sciant[r], se
sacrilegii crimen committere[t] et[u] aeternae dampnationis periculum[v] incurrere.

Quia[2] dies sabbati apud sanctos patres nostros in abstinentia celebris est habitus[w], nos, eorundem[x] auctoritatem sequentes, salubriter[y] admonemus: ut, quicunque se christianae
religionis participem esse desiderat, ab ęsu carnium eadem die,
nisi maiori festivitate interveniente vel infirmitate impediente,
abstineat.

Ut nullus abbas decimas et[z] primitias et reliqua, quae secundum statuta canonum ad episcopos pertinent, sine auctoritate
Romani pontificis seu episcopi consensu, in cuius diocesi habitat,
detineat, apostolica sanctione[a] firmamus.

Nullus[3] episcopus gravamen seu servile servitium ex usu
contra ecclesiasticam normam abbatibus seu clericis suis imponat

---

a. agere 3.   b. ea *add.* 2.   c. aut *add.* 2.   d. virorum 3.   e. et pro 2.
f. et negotiator negotium derelinquat, et officialis officium deserat, bona quae quilibet
illorum iniuste abstulit restituat, et odium ex corde dimittat 2.   g. bona 3.   h. nec 2.
i. set 2; *om.* 3.   k. potuerit 3.   l. eius 3.   m. usu 2. 3.   n. *om.* 3.   o. san-
ctivit 2, monstrat 3.   p. idem in proprietatem 2 *pro* eas.   q. acceperit 3.   r. restituat 3.   s. sciat 3.   t. incurrere 3.   u. ob id *add.* 2.   v. poenam subire 3.
w. *om.* 3.   x. patrum *add.* 3.   y. ab esu carnium, nisi maiori interveniente festivitate vel infirmitate impediente, salubriter ammonemus abstinere omnem, qui christianae
religionis particeps esse desiderat 3 *pro* salubriter — impediat.   z. vel 3.   a. auctoritate sancimus 3.

1. „Decimas — incurrere" sunt in Gratiani decr. P. II C. XVI qu. 7 c. 1.
2. „Quia dies — abstineat" sunt in Gratiani decr. P. III D. V c. 31.
3. „Nullus — subeat" sunt in Gratiani decr. P. II C. I qu. 1 c. 124.

vel interdictum sacerdotale officium, pretio interveniente, restituat. 1078
Quod[a] si fecerit, officii sui periculum subeat. Nov. 19

Si quis praedia beati Petri apostolorum principis, ubicunque posita, in proprietatem suam[b] usurpaverit vel sciens occultata non propalaverit vel[c] debitum servitium exinde beato Petro non exhibuerit, recognoscat, se iram Dei et sanctorum apostolorum velut sacrilegus[d] incurrere. Quicumque autem in hoc crimine[e] deprehensus fuerit, eandem hereditatem beati[f] Petri legitimę[g] restituat, et poenam quadrupli[h] de propriis bonis persolvat[i].

Si quis[1] episcopus fornicationem[k] presbyterorum diaconorum seu subdiaconorum vel[l] crimen incestus[m] in sua parroechia[n], precibus vel pretio interveniente[o], consenserit, vel commissum[p] sibique compertum auctoritate sui officii[q] non impugnaverit, ab officio suspendatur.

Ut omnis[2] christianus procuret[r] ad missarum sollemnia aliquid Deo offerre, et duci[s] ad memoriam, quod Deus per Moysen dixit: *Non apparebis in conspectu meo vacuus[3]*. Etenim in collectis[t] sanctorum patrum liquido[u] apparet, quod omnes christiani offerre aliquid Deo ex usu sanctorum patrum debent[v].

VI 6. *Cuniberti episcopi Taurinensis et Benedicti II abbatis S. Michaelis Clusini controversiam dirimit.*

Gregorius episcopus servus servorum Dei.   1078
Nov. 24
Notum tam praesentibus quam posteris fieri volumus, causam Cuniberti Taurinensis episcopi et abbatis[4] Sancti Michahelis[5] qualiter[w] finiendam esse, posuimus[x]. Venientes enim ante nostram praesentiam, post plura annorum curricula quibus con-

a. Idem 2.   b. in proprietate sua 3.   c. vel — exhibuerit om. 3.   d. sic cod. et 3, sacrilegum 2.   e. om. 3.   f. beato Petro 2; om. 3.   g. om. 2.   h. quadruplicem 2, quadrupliciter 3.   i. solvat 3.   k. fornicationi — crimini 2.   l. et 3. m. incesti 3.   n. in sua parroechia om. 3.   o. intervenientibus 2.   p. commissa 2, ubi om. sibique compertum.   q. sua 3 pro sui officii.   r. offerat 3 pro procuret offerre.   s. ducere 2, ducat 3.   t. missalibus add. 2.   u. om. 3.   v. debeant 3. w. an taliter?   x. an disposuimus?

1. „Si quis — suspendatur" recepit Gratianus in decr. P. I D. 83 c. 1. 2. „Omnis — debent" sunt in Gratiani decr. P. III D. I c. 69.   3. Exod. 23, 15.   4. Benedicti II.   5. Clusini.

1078
Nov. 24 questi sunt alter adversus alterum, ex voluntate acquiescentes et oboedientes nostro iussui, pacem inter se nobis praecipientibus fecerunt. Quibus ex auctoritate apostolica interdiximus: ne alter alteri occasionem discordie ulterius praeberet. Sed episcopus abbati et praedicto monasterio emendet, quae ei abstulit, nisi quantum abbas ei condonaverit; similiter et abbas episcopo faciat; et hoc in existimatione Astensis episcopi[1] et episcopi Aquensis[2] nec non et abbatis Fructuariensis[3]. Si autem episcopus voluerit et potuerit probare, illud monasterium in proprietate et allodio sui episcopii esse constructum, in sequenti synodo uterque se praesentent et in eo iustam et legalem diffinitionem accipiant. Si vero aliquo impedimento[a] cessaverint, legatos suos dirigant, quatenus eis ipsi reportent, qualiter et quando finem eorum negocio imponamus. Quodsi episcopus, cognita veritate, cognoverit, idem monasterium non esse constructum in alodio sui episcopatus, vel abbas perpenderit, quod episcopus circa hoc negocium iustam et veram habeat rationem, sine aliqua disceptatione[b] vel controversia ei, qui veritatem et iustitiam habuerit, acquiescat; procul dubio scientes, quia in eum, qui iniustam causam habens defendere temptaverit vel, aliquod patrocinium vel potentiam sperans, iniustum negocium agitare ausus fuerit, graviter et severissime puniemus. Data Romae 8 Kalendas Decembris, indictione 2.

VI 7. *Hugoni episcopo Diensi mandat, ut Robertum I comitem Flandrensem, si iniuste excommunicatus sit, absolvat.*

1078
Nov. 25 Gregorius episcopus servus servorum Dei Hugoni Diensi episcopo salutem et apostolicam benedictionem.

Quia ex pastoralis officii susceptione oportet nos magnam sollicitudinem habere de salute omnium filiorum ecclesiae, debemus quantotius emendare, si quid noverimus aliter gestum esse, quam convenit rectitudini ecclesiasticae. Proinde notificamus dilectioni tuae, nobis per aliquos, et maxime per Ingelran-

a. venire *excidisse videtur.*   b. disseptatione *cod.*

1. Ingonis.   2. Alberti.   3. Alberti II.

num Flandrensem clericum, innotuisse: Robertum[1] Flandrensem   1078
Nov. 25 comitem ab Huberto[2] legato nostro et Hugone Lingonensi[3] episcopo[3] per machinationes inimicorum suorum excommunicatum esse. Quod quia non debemus, si verum est, ferre, rogando mandamus fraternitati tuae: ut, si tibi molestum non est, ad illas partes festines accedere; et, si inveneris eum non canonice excommunicatum, absolvas eum ex beati Petri apostolorum principis et nostra parte; sin autem, quod non optamus, canonice, et tamen voluerit satisfacere, item[b] ne differas eum ovili dominico reconciliare; quia ipse summus pastor ovem perditam propriis humeris voluit ad gregem reportare[4]. Si autem tibi possibile non est id per temet ipsum agere, mitte personas religiosas pro te, quae praeordinata praedicto modo valeant finire. Data Rome 7 Kalendas Decembris, indictione 2.

VI 8. *Uberto archidiacono Tarvannensi et clericis ac comitibus S. Pauli praecipit, ut Kesecam villam clericis S. Mariae et S. Audomari restituant, aut apud Hugonem episcopum Diensem causam agant.*

Gregorius episcopus servus servorum Dei Uberto[5] et clericis et comitibus de castro Sancti Pauli[6], Guidoni et Ugoni, salutem et apostolicam benedictionem.   1078
Nov. 25

Clerici Sanctae Mariae et Sancti Audomari[7], adeuntes apostolicam sedem, conquesti sunt de vobis: quod iam multo tempore sibi et suae ecclesiae aufertis quamdam villam Keseca nominatam cum omnibus ad eam pertinentibus; atque cum multoties de hoc in provincialibus synodis coram episcopo vestro[8] et ad ultimum coram Hugone Diensi coepiscopo et confratre nostro apostolicae ecclesiae legato in Pictavensi concilio querelam fecissent atque ille ex auctoritate nostra praecepisset, ut

a. Lingonensis *cod.*   b. iterum *c.*

1. I.   2. subdiacono ecclesiae Romanae.   3. qui et Rainardus et Hugo vocatus est. V. Gall. Chr. IV 560.   4. V. Luc. 15, 4—6.   5. archidiacono Tarvannensi postea episcopo Tarvannensi. Cf. Lib. IV ep. 10 supra p. 255 et Lib. VII ep. 16 infra.   6. S. Pol, in Artesia.   7. S. Omer, in Artesia.   8. Drogone ep. Tarvannensi, qui obiit d. 21 Aug. 1078.

1078
Nov. 25
coram episcopo vestro aut proclamata ecclesiae praefatae et clericis redderetis aut, quod vestra iure esse debeant, rationem di-
ceretis, episcopusque vester tres terminos vobis et ad ultimum
provincialem synodum statuisset ut utrumlibet ageretis, vos
tamen neutrum, sicut nunquam, ita quoque nec tunc facere voluistis. Unde ex auctoritate Dei et sancti Petri apostolorum
principis praecipimus vobis: ut, si ita est, praedictas res praedictae ecclesiae et clericis eius sine dilatione canonice restituatis;
aut, si ita non est et iusta ratione pro certo scitis ad vestram
ecclesiam eas pertinere debere, infra quadraginta dies, postquam
litteras nostras videritis vel, si eas videre vitaveritis, postquam
eas missas vobis cognoveritis, Hugonem praefatum coepiscopum
et fratrem nostrum ad diem, Ingelranno[1] et fratribus eius a
vobis ante denominatum atque praenunciatum, adeatis; ut, utrisque partibus coram positis, ipse legitimum finem faciat huius
contentionis. Quodsi et[a] istud agere nolueritis infra praescriptos
dies, finitis eis, contradicimus vobis et Widoni Hugonique et
Eustachio comitibus, Oilardo quoque subdefensori praefatae possessionis omnibusque, vobis a modo auxilium et consensum ad
hoc sacrilegium praebituris, velut sacrilegis et raptoribus, omnem
penitus ecclesiae ingressum et christianam communionem atque
gratiam beati Petri apostolorum principis et in vita et in morte;
nisi forte poenitentiam egeritis, et iniuste rapta ecclesiae praefatae canonice restitueritis. Si autem, quod absit ab omnibus
christianis, post haec omnia, diabolica infecti malitia, in excommunicatione praescripta incorrigibiliter perseverare malue-
ritis, praecipimus defensoribus et patronis praedictae ecclesiae,
ut eidem et clericis eius praefatas res restituere omnibus modis
satagant. Data Romae 7 Kalendas Decembris, indictione 2.

VI. 9. *Ernolfo et Huberto clericos et comites S. Pauli, nisi obedierint, excommunicatos nuntiat. Moneant Mathildem, ut
ecclesiae S. Mariae tradat terram a marito relictam; aliosque, ut decimas ecclesiae praestent.*

1078
Nov. 25
Gregorius episcopus servus servorum Dei archidiaconibus

1. canonico S. Audomari, v. Recueil XIV 624 n. d.   a. Quod etsi *c*.

Tarvannensis ecclesiae Ernolfo et Huberto[1] et canonicis, si ca-   1078
nonice vixerint, salutem et apostolicam benedictionem.   Nov. 25

Clericos de castro Sancti Pauli, de quibus canonici Sanctae
Mariae et Sancti Audomari per Ingelrannum et alios fratres
eius nobis sunt conquesti, ad civitatem Tarvennam ex auctoritate nostra omnes convocate, et litteras nostras eis legite, quae
vobis dabuntur ex nostra parte. Quodsi noluerint venire vel
venientes litteris nostris non oboedire, omnem ecclesiae ingressum et, quod in litteris nostris eis contradicitur, contradicite,
et insuper quicquid de ecclesia Tarvannensi possident clericali
exhibitione. Laicis quoque in litteris nostris nominatis et, quicumque alii praefatis clericis, post litteras nostras visas vel notificatas non obedientibus, consensum auxiliumque, ut in rapina
et sacrilegio perseverent, praebuerint, notificate: quod in praescripta positi sint excommunicatione.   Mathildem viduam Arnulfi advocati, quae terram, quam maritus suus moriens dedit
ecclesiae sanctae Mariae et quam ipsa[a] promisit morienti se liberam facere, admonete adhuc, ut quod promisit perficiat; sin
autem, in praefata damnatione, quam diu non fecerit, maneat.
Rengerium, Adam, Berewoldum et caeteros, qui subtrahunt decimas novarum terrarum praefatae ecclesiae, admonete, ut reddant et satisfaciant; quod si noluerint, quo usque resipiscant,
praedictae damnationi subiaceant.   Et hoc etiam addimus, ut
nullus accipiat de manu omnium praelibatorum oblationem aliquam sive in vita sive in morte, quo usque canonice quod peccaverunt emendent.   Data Rome 7 Kalendas Decembris, indictione 2.

VI 10. *Ravennatibus Wibertum in synodo deiectum esse nuntiat.*

Gregorius episcopus servus servorum Dei omnibus Raven-   1078
natibus maioribus et minoribus, qui beatum Petrum eiusque   Nov. 25
filium, sanctum videlicet Apollinarem[b], salutem et apostolicam
benedictionem.

a. ipse *cod.*   b. venerantur *vel* diligunt *excidisse videtur.*

1. post episcopo Tarvannensi.

1078
Nov. 25
　　Quam fideliter quamque humiliter beato Petro, nempe apostolorum principi, Ravennas ecclesia semper adhaeserit quantamque matri suae, sanctae videlicet Romanae ecclesiae, oboedientiam in omnibus exhibuerit, vestra fraternitas optime novit. Ille[1]
autem, qui nunc ecclesiae Ravennatis episcopus esse dicitur,
quomodo eam, olim tam ditissimam quam etiam religiosissimam,
tyrannica depredatione devastaverit et inreligiosae vitae exemplo
corruperit, et vos patiendo videndoque sensistis et nos certo experimento didicimus. Sed quia, his malis aliisque quam pluribus
flagitiis irretitus atque pollutus, ne argui possit atque convinci,
superbiae fastu elatus, contra apostolorum principem calcaneum
erexit et in inoboedientia, quae sceleri comparatur idolatriae[2],
perseverat, eum sine spe recuperationis Spiritus sancti iudicio,
apostolicae sedis auctoritate, in sancta Romana synodo esse depositum, praesentium indiciis indubitanter cognoscite. Quapropter,
ut nullam ei deinceps, quae episcopo debetur, oboedientiam exhibeatis, omnibus vobis beati Petri apostolorum principis auctoritate praecipimus. Si qui vero, excommunicationis contagione
vulnerati, his salutiferis ausi fuerint repugnare praeceptis, eos
veluti putrida membra a toto corpore Christi, quod est ecclesia
catholica, anathematis gladio resecamus atque proicimus. Vobis
autem, Deum diligentibus et beato Petro oboedientibus, ex auctoritate eiusdem apostolorum principis omnium peccatorum remissionem largimur. Data Rome 7 Kalendas Decembris, indictione 2.

VI 11. *Clericis S. Mariae Lucensis interdicit ecclesiis intrandis,*
nisi aut in communione bonorum vivant aut ecclesiae
praebendam Anselmo II episcopo reddant.

1078
Nov. 28
　　Gregorius episcopus servus servorum Dei clericis Sancti Martini Lucensis ecclesiae salutem et apostolicam benedictionem.
　　Cum apud vos essemus[3], sepissime vos per nos et per confratres nostros ammonuimus: uti secundum privilegium antecessorum nostrorum, sancti videlicet Leonis papae et Victoris, quod
ipsorum tunc canonicorum vestrae ecclesiae rogatu ipsi ecclesiae

---

1. Wibertus.　　2. Cf. 1 Reg. 15, 23.　　3. Cf. Lib. V ep. 1 supra p. 288.

fecerunt, communem regularemque vitam duceretis. Sed vos, **1078**
quae vestra sunt quaerentes non quae Iesu Christi[1], nostras am-   Nov. 28
monitiones neglexistis. Cumque — tantae negligentiae et inoboedientiae, quae scelus idolatriae a sanctis patribus dicitur[2], merito
— iure vos sententia iudicialis ferire deberet, episcopi tamen
vestri[3] et quorumdam fratrum vestrorum precibus apostolica mansuetudo solita pietate ut filios usque ad festivitatem omnium
sanctorum[4], deinde etiam interventu eiusdem episcopi usque ad
synodum[5] clementer vos sustinuit. Ad quam praecepimus ut aliquos mitteretis de vobis, qui de vestra nobis oboedientia respon-
derent. Quod quia minime factum est[a], ut decuerat, iam nunc
aequitatis non possumus differre censuram.   Proinde per veram
oboedientiam moneo: ut communem vitam vivatis, sicut sanctus
Leo papa ecclesiae vestrae instituit et sicut Romana ecclesia intelligit — id est, ut omnia ecclesiae bona in communem utilitatem
redigantur et communiter, sicut supra dictum est, expendantur —
aut, si id facere recusatis, ecclesiae praebendam in manu episcopi ad ecclesiae utilitatem reddatis. Quodsi neutrum horum,
quod absit, facere curatis[b], ex auctoritate Dei omnipotentis et
sanctorum apostolorum Petri et Pauli omnium ecclesiarum introitum vobis usque ad emendationem congruam prohibemus.
Data Rome 4 Kalendas Decembris, indictione 2.

VI 12. *Ecclesiae Pisanae bona confirmat. Landulfum episcopum
et eius successores vicarios suos in Corsica constituit.*

Gregorius episcopus servus servorum Dei dilecto in Christo   **1078**
fratri Landulfo Pisano episcopo suisque successoribus.   Nov. 30

Supernae miserationis respectu ad hoc universalis ecclesiae
curam suscepimus et apostolici moderaminis sollicitudinem gerimus, ut iustis precantium votis attenta benignitate faveamus, et
libramine aequitatis omnibus in necessitate positis, quantum Deo
donante possumus, subvenire debeamus. Unde, postulante te,

a. est *addidi*.   b. recusatis *c*.

1. Philipp. 2, 21.   2. Cf. 1 Reg. 15, 23.   3. Anselmi II.   4. Nov. 1.
5. die 19 Nov. habitam. V. supra p. 330.

frater Landulfe, ut ecclesiam, cui Deo volente praeesse dinosceris, eiusque bona ab[a] adversariorum impetu et infestatione nostrae apostolicae auctoritatis munimine tueremur, inclinati iustis precibus tuis, concessione praesentis privilegii confirmamus tibi episcopatum praedictae Pisanae ecclesiae cum omni iure suisque pertinentiis. Et quia Pisana ecclesia, quae in praeficiendis[b] sibi pastoribus a constitutionibus sanctorum patrum deviaverat, tandem pro restitutione antiquae libertatis suae salubre consilium matris suae sanctae Romanae ecclesiae suscepit ita, ut te, non aliunde sed per ostium quod Christus est intrantem, gaudeat nobis ordinantibus habere pastorem; indulgemus concedimus atque firmamus sibi tam ea, quae ab antiquis temporibus iuste collata sunt, quam ea, quae divina pietas per serenissimam filiam nostram Mathildim pro remedio animae matris suae[1], in eadem ecclesia sepultae, concedere dignata est — videlicet locum, qui dicitur Scannellum cum castellis et pertinentiis suis — et alia, quae in futurum Deo auctore a fidelibus legaliter conferenda sunt. Preterea, fidei et religionis tuae gratum in te fructum exuberare cognoscentes, committimus tibi tuisque successoribus vicem nostram in Corsica insula — si tamen ipsi consensu Romani pontificis et electione[c] Pisani populi ita canonice intraverint, sicut te constat intrasse — ut, secundum quod Deus tibi tradidit, quae ad christianam religionem pertinere videntur, vigilanti studio episcopos clericos populumque eiusdem insulae doceas atque morum honestate confirmes, iuxta propheticum sermonem ut evellas et destruas, aedifices et plantes[2]. Quae nimirum insula, a iure et dominio sanctae Romanae ecclesiae per quorundam pravorum hominum invasionem subtracta, ut prudentiae tuae studio, exclusis invasoribus, secundum antiquum morem ad dominium eiusdem Romanae ecclesiae revocetur; concedimus tibi — per quem Pisana ecclesia ad antiquum sui decorem reducta est, et qui prius in restitutione praedictae insulae elaboraturus es — medietatem omnium reddituum, et totius pretii medietatem quae de

a. ab om. cod.   b. perficiendis cod.   c. electionē cod.
1. Beatricis.   2. Ierem. 1, 10.

placitis adquiretur; duobus vero successoribus tuis quartam par- 1078
tem reddituum et totius pretii, quae de placitis adquiretur; ita Nov. 30
tamen, ut arces et queque munita loca, per te adquirenda, in
potestate nostra et successorum nostrorum permaneant, eo tenore:
ut, si necessitas exegerit, custodes eorumdem locorum tibi suc-
cessoribusque tuis, salvo iure et honore Romanae ecclesiae, oboediant. Dignum quippe est, ut, si ad imperium et consensu
sanctae Romanae ecclesiae pastoralem[a] secundum Dominum susce-
perint[b] dignitatem, habeant ex largitione apostolicae sedis temporalium rerum sustentationem et decorem. Hoc etiam addendum
esse censuimus, ut in agendis placitis nuncius noster semper
intersit. Actum Romae 2 Kalendas Decembris, indictione 2.

VI 13. *Olavi III regis Norwegiae fidem confirmat. Iuvenes*
mittat, qui, praedicatores facti, ad eum revertantur. Ne
fratribus Haraldi Hein regis Daniae opem ferat.

Gregorius episcopus servus servorum Dei Olavo Norvechco- 1078
rum regi salutem et apostolicam benedictionem. Dec. 15

Licet ex universali cura sanctae et apostolicae sedis, cui
divina miseratione praesidemus, debitores simus omnibus, qui
Christi fidem colunt; de vobis tamen, qui quasi in extremo orbis
terrarum positi estis, tanto nos maioris sollicitudinis ratio neces-
sitasque circumstat, quanto vos eorum, qui in christiana religione
vos instruant, minorem copiam et necessaria minus solacia habere
cognoscimus. Quapropter, oblata oportunitate, scripsimus vobis
ad confortandam aliquo modo gloriam vestram in fide, quae est
in Christo Iesu. Qui secundum propositum voluntatis aeterni
patris Dei, cooperante Spiritu sancto, pro salute mundi homo
factus est, de intemerata virgine natus; mundum reconcilians
Deo per mortem suam; delens peccata nostra per redemptionem,
quae est in sanguine ipsius; et devicta morte, in semet ipso
convivificavit ac resuscitavit nos in spem vivam, in hereditatem
inmarcessibilem, incontaminatam, incorruptam[1]. In quo, sicut

a. pastorale *cod.*   b. susceperit *cod.*
1. 1 Petr. 1, 4.

1078
Dec. 15 confidimus in misericordia eius, vobis parata est aeterna salus et vita, si tamen in illo spem firmam usque ad finem tenueritis[1], credentes, sicut dicit apostolus Paulus, quoniam in ipso inhabitat omnis plenitudo divinitatis corporaliter[2]. Propter quod servite ei cum omni timore et humilitate, memores quod psalmista dicat: *Quoniam Domini est regnum, et ipse dominabitur gentium*[3]. Sitque semper in ore, sit semper in corde vestro, quod hunc versiculum paucis interpositis sequitur: *Et anima mea illi vivet, et semen meum serviet ipsi*[4].

Notum autem vobis esse volumus, quoniam desiderium nostrum est: si quo modo possemus, ad vos aliquos de fratribus mittere, qui fideles et docti essent ad erudiendum vos in omni scientia et doctrina in Christo Iesu; ut, secundum euangelicam et apostolicam doctrinam decenter instructi, in nullo vacillantes essetis; sed, radicati atque fundati super stabile fundamentum quod est Christus Iesus, abundantius atque perfectius in virtute Dei cresceretis, et secundum operationem fructum fidei, aeterna retributione dignum, redderetis. Quod quia nobis tum[a] propter longinquitatem terrarum, et maxime propter ignotas linguas valde difficile est, rogamus vos, sicut et regi Danorum[5] denunciavimus: ut de iunioribus et nobilibus terrae vestrae ad apostolicam aulam mittatis; quatenus, sub alis apostolorum Petri et Pauli sacris ac divinis legibus diligenter edocti, apostolicae sedis ad vos mandata referre non quasi ignoti sed cogniti, et quae christianae religionis ordo postulaverit, apud vos — non quasi rudes aut ignari sed lingua ac scientia moribusque prudentes — digne Deo praedicare et efficaciter ipso adiuvante excolere valeant.

Relatum quoque nobis est, fratres[6] regis Danorum[7] ad vestram se contulisse excellentiam, ut, vestris viribus copiisque nitentes, quatenus cum illis regnum dividat, fratrem cogere intendant. Quae quidem res quantum ad regni detrimentum, quantum ad confusionem populi christiani quantumque ad destructio-

a. *sic.*

1. Cf. Hebr. 3, 6.   2. Coloss. 2, 9.   3. Ps. 21, 29.   4. Ps. 21, 31.
5. Haraldo Hein.   6. S. Kanutus (postea IV rex Daniae); eiusque fratres.
7. Haraldi Hein.

nem ecclesiarum, quibus cotidie vicina paganorum crudelitas in-
hiat, et totius terrae desolationem attineat, per semet ipsam nos
veritas, quae Christus est, in euangelio docet; cum dicit: *Omne
regnum in se ipsum divisum desolabitur, et domus supra domum
cadet*[1]. Unde eminentiam vestram id summopere cavere monemus: ut nullius umquam persuasione in hac parte cuiquam assensum praebeatis vel adiutorium; ne peccatum hoc quod absit in
vos retorqueatur, neu de discidio regni illius contra vos et regnum
vestrum divina indignatio concitetur. Hoc autem vos procurare
libenter volumus atque consulimus: ut praefatus rex Danorum
fratres suos in regnum cum caritate suscipiat, et ita eis de reliquis bonis et honoribus, ubi potest, distribuat, ut nec illos indigna angustet necessitas nec regni status labefactetur aut dignitas.

De cetero semper cogitate de spe vocationis vestrae et —
attenti ad ea, quae Dominus in euangelio dicit: *Quia venient ab
oriente et occidente, et recumbent cum Abraham Ysahac et Iacob
in regno coelorum*[2] — nolite tardare, currite, festinate. De ultimis finibus estis; sed si curritis, si festinatis, primis patribus in
regno coelesti[a] sociati eritis. Sit cursus vester fides amor et
desiderium; sit iter vestrum: mundi gloriam assidue meditari
esse caducam, et ideo cum amaritudine potius quam delectatione
tenendam. Sit vestrae potentiae usus et exercitatio: subvenire
oppressis, defendere viduas, iudicare pupillis, iustitiam non solum
diligere sed etiam tota virtute defendere. His nanque vestigiis,
hoc thesauro, his opibus de terreno ad coeleste regnum, de fluxo
et fragili ad certum et perenne gaudium, de caduca et transitoria ad aeternam et semper permansuram pervenitur gloriam.
Deus autem omnipotens, qui dives et copiosus est in misericordia, meritis et auctoritate apostolorum Petri et Pauli et nostra,
per illos nobis licet indignis divinitus concessa, absolvat te et
omnes fideles tuos ab omnibus peccatis vestris; et dirigat vos in
omnem voluntatem suam, ut in hac vita vos promereri faciat,
quod in aeterna beatitudine multipliciter vobis adaucta corona[b]
retribuat. Data Romae 18 Kalendas Ianuarii, indictione 2.

1. Luc. 11, 17.   2. Matth. 8, 11.   a. coelesti *addidi.*   b. *sic cod.*

VI 14. *Welfonem ducem Bavariae (et episcopos quosdam) scribit contra se non esse murmuraturos, si respectum ad ea habeant, quae de regni perturbatione in huius anni synodis acta sint.*

1078
Dec. 30

Gregorius episcopus servus servorum Dei Welfoni[1] duci[2] salutem et apostolicam benedictionem.

Si diligenter secundum aequitatem pontificalis officii non secundum propriam voluntatem perpenditis, quae agimus, quae dicimus de communi negocio immo maxima perturbatione regni vestri, contra nos non[a] murmurabitis; sed, per viam patrum nostrorum nos incedere Deo duce meritis beati Petri apostoli, cognoscetis. Perpendite, quod sanctus Spiritus per nos licet indignos dignatus est in sancta synodo hoc in anno Rome in quadragesima celebrata statuere, et cognoscitis, quantum valeat, quantum possit auctoritas et potestas beati Petri. Agite itaque omnipotenti Deo et beato Petro semper grates et, non contra nos murmurando sed beato Petro gratias referendo, meliora sperate. Michi credite, fratres carissimi, quia, qui de falsitate et calliditate non de iustitia et simplicitate confidunt, omnino decident et hos beati Petri gladius devorando confundet. Quid autem sit actum in quadragesimali synodo, sive in ea, quam in mense Novembri fecimus, vestri fideles qui interfuerunt et nostrae litterae vobis missae indicare possunt. Vos autem, de iustitia confidentes et de beati Petri adiutorio praesumentes, confortamini in Domino et in potentia virtutis eius; quia, si fideli corde et stabili Deo adhaeseritis, cito vobis victoria et pax arridebit.

Omnipotens Deus meritis beatae Mariae coelorum reginae per auctoritatem beati Petri apostolorum principis, mihi valde indigno commissam, te tuosque omnes socios, qui iustitiam amatis et beati Petri sedem diligitis, a cunctis peccatis absolvat et ad vitam aeternam perducat. Data Rome 3 Kalendas Ianuarii, indictione 2.

a. non *om. cod.*

1. (IV) duci Bavariae.   2. episcoporum quorundam nomina hic excidisse liquet ex iis, quae sequuntur, verbis: „Si — secundum aequitatem pontificalis officii — perpenditis“; et ex his: „Michi credite, fratres carissimi“.

VI 15. Monachis Massiliensibus scribit de Bernardi abbatis summo erga se studio. Huius absentiam aequo animo ferant. Monasterium eorum cum Romano S. Pauli monasterio coniungi cupit.

Gregorius episcopus servus servorum Dei carissimis fratribus in monasterio Massiliensi commorantibus salutem et apostolicam benedictionem. 1079 Ian. 2

Contristavi vos, immo beatus Petrus commovit, turbavit. Et ipse sanabit. Filius namque illius, abbas vester[1], venit ad nos, et pro eius amore factus est obediens usque ad corporis captionem[2]. Et quia paratus fuit si oporteret mori, et ex hoc habebit retributionem. Sed, sicut scitis fratres mei, rari sunt boni, qui etiam Deo in pace serviant; sed rarissimi, qui pro illius amore persecutiones non timeant, vel qui se contra inimicos Dei indubitanter opponant. Proinde christiana relligio heu proh dolor pene deperiit et impiorum superbia nimis accrevit. Praedictus autem pater vester, re vera apostolorum principem diligens, in eius acie nobis adhaesit et adiutorium Christo gubernante nobis impendit, non surda aure intendens, quod dicit apostolus: *Si fuerimus socii passionum, erimus et consolationum*[3]. Sed quia caritas, licet ratio vos consoletur, ad dolorem vos impellit eo, quod tantum patrem tamque vobis dulcem quasi longo tempore amiseritis, rogamus vos ex parte omnipotentis Dei et amore beati Petri: patienter supportate nos; quia cito Deo adiuvante eum vobis laetum remittemus. Et ex hoc auctoritate beati Petri apostolorum principis, nobis valde indignis commissa, indulgentiam omnium peccatorum vestrorum promittimus et absolutionem cum benedictione concedimus. Confidimus namque de nimia pietate Altissimi et de ineffabili clementia reginae coelestis, quia beati Petrus et Paulus locum vestrum amplius solito custodient et tuebuntur, qui pro illorum servitio damnum et incommodum habere videtur. Desideramus enim locum beati Pauli[4] et ve-

1. Bernardus.   2. v. L. V ep. 7 supra p. 295 n. 6.   3. 2 Cor. 1, 7.
4. Romanum. Bernardum enim abbatem Massiliensem a Gregorio VII (quem scimus anno 1058 abbatem S. Pauli fuisse, v. Lamberti annales 1058, Mon.

1079
Ian. 2
strum ita unire, ut — sicut iam ex longo tempore Cluniacus — apostolicae sedi specialiter adhaereat et speciali ecclesiae huius adiutorio et benedictione congaudeat. Moveat vos, fratres carissimi, summa dilectio Christi, ut nos sicut vos ipsos diligatis, et manum adiutorii nobisᵃ in magna tempestate positis porrigatis, illud semper prae oculis habentes: *Alter alterius onera portate, et sic adimplebitis legem Christi*[1]. Quod autem minus scripsimus, horum portitori dicenda reliquimus. Omnipotens Deus, a quo bona cuncta procedunt, meritis et intercessione Dei genitricis et virginis per auctoritatem, beatis Petro et Paulo apostolorum principibus concessam, vos respiciat vosque semper innovet et custodiat vobisque, quod sit novum canticum[2], indicet, et in sancta iubilatione inflammetᵇ, ut perfecte sciatis humanam fragilitatem deflere et ineffabilem Dei benignitatem cognoscere; ut, in eius amore semper crescentes, ad eius certam notitiam et mirabilem letitiam coelesti matre ducente mereamini pervenire. Data 4 Nonas Ianuarii, indictione 2.

VI 16. *Berengario episcopo Gerundensi mandat, ut Raymundi Berengarii I comitis Barcinonensis filios in gratiam reconciliet. Addit de fratre eius Guifredo archiepiscopo Narbonensi ad virtutem reducendo.*

1079
Ian. 2
Gregorius episcopus servus servorum Dei dilecto in Christo fratri Berengario Gerundensi episcopo salutem et apostolicam benedictionem.

Sicut per filium nostrum Massiliensem abbatem[3] didicimus, paratum esse te dicis, in oboedientia et fidelitate beati Petri firmissimo animo et constanti persistere et secundum praeceptum nostrum vitam tuam deinceps moresque componere, cupisque et desideras prae ceteris, qui in partibus vestris sunt, nobis familiariter adhaerere. Sed et nos ad suscipiendum tantae devotionis

---

a. nobis *addidi.*   b. *sic cod.*

Germ. SS. V 159) „Romae sancti Pauli ecclesiae primicerium incardinatum esse", tradidit Bertholdus in annal. 1079, Mon. Germ. SS. V 324.

1. Galat. 6, 2.   2. Cf. Ps. 32, 3.   3. Bernardum.

affectum sinum paternae dilectionis extendimus et modis omni-   1079
bus pio circa nos amori tuo favemus, ita plane, ut et tu, sicut   Ian. 2
promittis, in amorem Petri et sollicitudinem ecclesiasticae religionis et pacis christianae semper excrescas dignumque te apostolica familiaritate ex oboedientia sincerissima reddas. Itaque
in primis negocium tibi, de quo multum curamus, iniungimus.

Comperimus enim, quod inter filios[1] Raimundi Berengarii[2]
per vanitatem et superbiam, et maxime per consilium impiorum, nimirum ex invidia diaboli, discordia oritur. Et ego inde
nimis contristor tum pro amore patris eorum, qui me satis ex
quo cognovit dilexit, tum etiam, quia super christianam gentem,
quae in partibus illis magno impiorum Sarracenorum odio laborare dinoscitur, grave sentio periculum imminere. Unde praecipimus tibi: ut — adiunctis tecum religiosis vicinis tuis abbatibus,
scilicet Tomeriense[3] Ripollense[4] et Sancti Cucufati[5], et quoscunque alios Deum timentes clericos vel laicos poteris invenire —
pacem inter illos reformare et componere studeas. Quodsi acquiescere monitis vestris fortasse noluerint, ostensis eis praesentibus litteris, ad tenendam eos treuvam firmissimam usque
ad determinatum tempus ex auctoritate nostra constringite; infra
quod nos tales illuc ex latere nostro nuncios dirigamus, qui
causam litis eorum ita iuste diffiniant, ut non se ad gratiam
alicuius nec pretio nec favore deflectant. Porro hoc illis debes
firmiter inculcare: quia — si nobis inoboedientes extiterint et
in fraterno odio remanere diabolo instigante maluerint — illi
quidem, ex cuius culpa vel superbia pax ista remanserit, gratiam sancti Petri auferemus[a] eumque sicut membrum diaboli et
desolatorem christianae religionis cum omnibus fautoribus suis
festinabimus a communione christianae societatis abscindere, ita
ut nullam deinceps victoriam in bello, nullam prosperitatem habere possit in saeculo; alteri vero, qui humiliter paci consenserit

a. auferimus *cod.*
1. Raimundum Berengarium II et Berengarium Raimundum II, comites
Barcinonenses.   2. I comitis Barcinonensis.   3. Frotardo abbate
S. Pontii Tomeriensis. V. L. IV ep. 28 supra p. 286 n. 1.   4. s. Rivipul-
lense (d. Ausonensis in Hispania).   5. coen. d. Barcinonensis.

1079
Ian. 2

debitamque oboedientiam apostolicae sedi exhibuerit, statuemus ex gratia sancti Petri inexpugnabile apostolici favoris auxilium, eumque, sicut filium sanctae Romanae ecclesiae condecet, ad obtinendam haereditatem dignitatemque paternam modis omnibus procurabimus adiuvare, et omnibus christianis in partibus illis, ut ei faveant eumque ad obtinendum principatum adiuvent, apostolica auctoritate praecipiemus.   Quicquid autem de hoc a te inter eos diffinitum fuerit, quantotius nobis litteris intimare, immo, si oportunum fuerit, te ipsum nobis repraesentare curabis.

Praeterea de fratre tuo Narbonensi[1] magis, quam hactenus fueris, volo te esse sollicitum. Quia ego satis de perditione illius doleo; et miror, si tu illum, cui gemina germanitate[2] cohaeres, ad salutem non studes reducere, cum scias, quia pro sola vel carnali vel spirituali affinitate alicuius christianus homo in tanti periculo articuli se ipsum debet opponere. Age ergo et, fraterna caritate succensus, illum ex nostrae fiducia admonitionis aggredere, commemorans illi et praeteritos longaevae aetatis excessus et propinquum iam sibi divinae ultionis imminere iudicium; si forte possis eum ab ipso mortis aeternae limine revocare, et de salute fratris non solum cordis gaudium, verum etiam maximum aeternae retributionis a divina largitate praemium promereri. Data Rome 4 Nonas Ianuarii, indictione 2.

VI 17. *Hugonem abbatem Cluniacensem reprehendit, quod Hugone I duce Burgundiae in monachorum numerum asciscendo ecclesiis, viduis, pupillis defensorem eripuerit.*

1079
Ian. 2

Gregorius episcopus servus servorum Dei H(ugoni) venerabili Cluniacensi abbati et carissimo fratri salutem et apostolicam benedictionem.

Si Romani ad vestras partes, sicut vestrates ad nos, saepe venirent, frequentius tibi litteris seu verbis, qualiter circa nos geruntur quae terrena sunt vel coelestia, indicaremus. Sed quia,

---

1. Guifredo archiepiscopo, quem in concilio a. 1078 die 3 mens. Mart. excommunicatum esse scimus. V. supra p. 306.   2. i. e. et iisdem parentibus natus et episcopali munere coniunctus.

dum satis intendis aulicos nutrire, de rusticis parum tibi est 1079
curae; inter haec debes ad memoriam reducere: quia pauper
noster et pius Redemptor sic in coelo angelos pascebat, ut in
terris peccatores non solum non despiceret sed etiam cum eis
cibum sumeret. Cur, frater carissime, non perpendis, non con-
sideras, in quanto periculo, in quanta miseria sancta versatur
ecclesia? Ubi sunt, qui se sponte pro amore Dei opponant periculis, resistant impiis et pro iustitia et veritate non timeant
mortem subire? Ecce, qui Deum videntur timere vel amare, de
bello Christi fugiunt, salutem fratrum postponunt et, se ipsos
tantum amantes, quietem requirunt. Fugiunt pastores, fugiunt
et canes, gregum defensores; invadunt oves Christi, nullo contra-
dicente, lupi, latrones. Tulisti vel recepisti ducem[1] in Cluniacensem quietem; et fecisti, ut centum milia christianorum careant
custode. Quodsi nostra exhortatio apud te parum valuit et apostolicae sedis praeceptum oboedientiam in te ut te decet non
invenit, cur gemitus pauperum, lacrimae viduarum, devastatio
ecclesiarum, clamor orfanorum, dolor et murmur sacerdotum et
monachorum te non terruerunt, ut illud[a] quod apostolus dicit
non postponeres, videlicet: *Caritas non, quae sua sunt, quaerit*[2],
et illud in corde, ut soles, haberes: *Qui diligit proximum, legem
implevit*[3]*?* Quid tibi dicent beatus Benedictus et Gregorius, quorum alter[4] praecipit, ut per annum probetur novitius, alter[5]
vero prohibet, ut ante triennium miles non efficiatur monachus?
Haec ideo dicimus, quia, quod vix aliquis princeps bonus invenitur, dolemus. Monachi vero Deo miserante, sacerdotes et
milites et non pauci pauperes per diversa loca, qui Deum timeant, repperiuntur; principes autem Deum timentes et amantes
vix in toto occidente aliqui inveniuntur. Omittimus iam de hac
re tibi scribere, quia confido de misericordia Dei: caritas Christi,

a. *sequitur in codice lacuna, radendo facta.*

1. Hugonem I ducem Burgundiae. V. Orderici Vitalis hist. eccl. ed.
Prevost T. V p. 34.   2. 1 Cor. 13, 5.   3. Rom. 13, 8.   4. S. Benedictus in regulae c. 58, ap. Holstenium Codex regularum, Parisiis 1663
p. 34.   5. S. Gregorius in Registri L. VIII ep. 5 (al. 11), Opp. ed. Benedictini T. II 898: „debent in suo habitu per triennium probari".

1079
Ian. 2 quae in te solet habitare, me vindicando, cor tuum transfodiet et, quantus michi dolor esse debeat de bono principe ablato matri suae, ostendet. Quodsi non illo peior ei successit[1] in regimine, possumus habere consolationem. Praeterea monemus fraternitatem tuam: ut in talibus cautius te habeas; omnibusque virtutibus dilectionem Dei et proximi praeponas. Haec etiam te compellant, ut manum orationis nobis porrigas omnesque fratres tibi creditos ad hoc provocare studeas, ut merearis de virtute in virtutem proficere et ad perfectionem summe caritatis pervenire. Data Romae 4 Nonas Ianuarii, indictione 2.

VI 17 a. *Acta synodi Romanae*[a].

1079
Febr. 11 Anno ab incarnatione sempiterni principii millesimo septuagesimo nono, mense Februarii, indictione secunda, pontificatus vero domni Gregorii universalis pontificis septimi anno sexto ad honorem Dei et hedificationem sanctae ecclesiae, salutem quoque tam corporum quam animarum, ex praecepto sedis apostolicae convenerunt finitimi et diversarum provinciarum archiepiscopi, episcopi religiosaeque personae, ut sanctam synodum celebrarent.

Omnibus igitur in ecclesia Salvatoris congregatis, habitus est sermo de corpore et sanguine domini nostri Iesu Christi, multis haec, nonnullis illa prius sentientibus. Maxima siquidem pars, panem et vinum per sacrae orationis verba et sacerdotis consecrationem, Spiritu sancto invisibiliter operante, converti substantialiter in corpus dominicum de virgine natum, quod et in cruce pependit, et in sanguinem, qui de eius latere militis effusus est lancea, asserebat atque auctoritatibus[b] orthodoxorum sanctorum patrum, tam Grecorum quam Latinorum, modis omnibus defendebat. Quidam vero, cecitate nimia et longa perculsi, figura[c] tantum[d] esse[e], se aliosque decipientes, quibusdam cavil-

---

a. *Leguntur maximam partem etiam* 2) *ap. Petrum Pisanum, Pont. Rom. vit. ed. Watterich I* 299 — 301; *cf.* 3) *Hugon. Flav., Mon. Germ. SS. VIII* 448.   b. auctoritatibus — Latinorum *in margine cod.; in textu:* rationibus tam Grecis quam Latinis.
c. figuram 3.   d. *sequuntur in cod.:* quae substantiale illud corpus in dextera patris sedens, *sed haec inducta sunt.*   e. *ante* esse *excidisse videtur:* intelligendum.
1. Odo I dux Burgundiae, frater Hugonis I.

lationibus conabantur astruere. Verum ubi cepit res agi, prius 1079
Febr. 11
etiam quam tertia die ventum fuerit in synodum, defecit contra
veritatem niti pars altera; nempe sancti Spiritus ignis, emoli-
mentaᵃ palearum consumens, et fulgore suo falsam lucem diver-
berando obtenebrans, noctis caliginem vertit in lucem. Denique
Berengarius, huius erroris magister, post longo tempore dogma-
tizatam impietatemᵇ, errasse se coram concilio frequenti confessus, veniamque postulans et orans ex apostolica clementia
meruit. Iuravitque sicut in consequentibus continetur:

Iusiurandum Berengarii Turonensis presbyteriᶜ.

*Ego Berengarius corde credo et ore confiteor: panem et
vinum, quae ponuntur in altari, per mysterium sacraeᵈ orationis
et verba nostri Redemptoris substantialiter converti in veram et
propriam ac vivificatricem carnem et sanguinem Iesu Christi
domini nostri; et post consecrationem esse verum Christi corpus,
quod natum est de virgine, et quod pro salute mundi oblatum
in cruce pependit, et quod sedet ad dexteram Patris; et verum
sanguinem Christi, qui de latere eius effusus est; non tantum per
signum et virtutem sacramenti, sed in proprietate naturae et
veritate substantiae, sicut in hoc brevi continetur et ego legi et
vos intelligitis. Sic credo, nec contra hanc fidem ulterius docebo;
sic me Deus adiuvet et haec sacra euangeliaᵉ.*

Tuncᶠ domnus papa praecepit Berengario ex auctoritate
Dei omnipotentis et sanctorum apostolorum Petri et Pauli: ut de
corpore et sanguine Domini nunquam ulterius cum aliquo disputare vel aliquem docere praesumeret; excepto causa reducendi
ad hanc fidem eos, qui per eius doctrinam ab ea recesserant.

His itaque pie et feliciter actis, inter multas proclamationes
conquesti sunt legati regis Rodulfi super Heinrico: quod, nulli
loco nullique personae parcens, regionemᵍ transalpinam conte-

a. emolumenta *c.*   b. *sic est in cod. correctum* facinus.   c. *Berengarii iusiurandum legitur in registri codice etiam post L. III ep.* 17.   d. sanctae 2.   e. *in
eo, quod post L. III ep.* 17 *legitur, huius iurisiurandi exemplo sequuntur haec:* excepto
causa reducendi ad viam veritatis eos, qui per meam doctrinam ab hac fide recesserunt,
aut exponendi fidem, quam hactenus tenui, his qui me interrogaverint.   f. Tunc —
recesserant *in margine inferiore posita sunt.*   g. religionem *cod. et* 2.

1079
Febr. 11
reret et conculcaret; neminem debitus honor vel reverentia vel
dignitas tueretur; et ceu vilia mancipia non modo sacerdotes sed
etiam episcopi et[a] archiepiscopi caperentur vinculisque mancipa-
rentur partimque[b] trucidarentur. Decreverunt ergo quam plures
concilii, in illius tyrannidem gladium apostolicum debere evagi-
nari; sed distulit apostolica mansuetudo. Iuraverunt igitur legati
Heinrici regis illud, quod in sequentibus scriptum repperitur:

Sacramentum nunciorum Henrici regis.

*Legati domini mei regis ad vos venient infra terminum
ascensionis Domini[1] — exceptis legitimis soniis[c][2], id est: morte
vel gravi infirmitate vel captione absque dolo — qui legatos Romanae sedis[d] secure ducent et reducent. Et domnus rex oboediens erit illis in omnibus secundum iustitiam et iudicium illorum. Et haec omnia observabit absque dolo, nisi quantum ex
iussione vestra remanserit. Et haec iuro ex praecepto domini
mei regis Heinrici.*

Item iusiurandum nunciorum Rodulfi regis, itidem-
que Rodulfi[e], quod sequitur.

*Si colloquium ex vestro praecepto constitutum fuerit in
partibus Teutonicis, loco et tempore a vobis definito ante praesentiam vestram vel legatorum vestrorum dominus noster rex
Rodulfus vel ipse veniet vel episcopos et fideles suos mittet; pa-
ratusque erit, iudicium, quod sancta Romana ecclesia decreverit
de causa regni, subire; nulloque malo ingenio conventum a vobis
sive legatis vestris constitutum impediet; et postquam certum inde
vestrum nuncium videbit de pace in regno constituenda[f] et confirmanda, studebit, ut legatio vestra provenire ad pacem regni
et concordiam possit. Haec omnia observabuntur, nisi quantum
ex vestra certa[g] licentia remanserit vel ex[g] impedimento legitimo,
scilicet morte vel gravi infirmitate vel captione sine dolo.*   .

Sacramentum archiepiscopi Aquileiensis.

Iuravit item eodem tempore archiepiscopus Aquileiensis

a. et *om. c.*   b. etiam *add.* 2.   c. excepta maiore causa 2.   d. ecclesiae 2.
e. *sic cod.*   f. statuenda 2.   g. *om.* 2.
    1. Mai. 2.   2. impedimentis. V. Ducange ad v. sunnis.

Heinricus secundum haec verba: *Ab hac hora et in antea fidelis* 1079
ero et oboediens beato Petro et papae Gregorio suisque successo-   Febr. 11
ribus, qui per meliores cardinales intraverint. Non ero[a] *in consilio*
neque in facto, ut vitam aut membra aut papatum perdant, aut
capti sint mala captione. Ad synodum, ad quam me vocabunt
vel per se vel per suos nuncios vel per suas litteras, veniam et
canonice oboediam; aut, si non potero, legatos meos mittam. Papa-
tum Romanum et regalia sancti Petri adiutor ero ad tenendum
et defendendum, salvo meo ordine. Consilium vero, quod michi
crediderint per se aut per nuncios suos sive per litteras, nulli pan-
dam me sciente ad eorum damnum. Legatum Romanum eundo
et redeundo honorifice tractabo et in necessitatibus suis adiuvabo.
His, quos nominatim excommunicaverint, scienter non communi-
cabo. Romanam ecclesiam per saecularem militiam fideliter ad-
iuvabo, cum invitatus fuero. Haec omnia observabo, nisi quan-
tum sua certa licentia remanserit.

Excommunicati sunt in eadem synodo sine spe recuperationis archiepiscopus Narbonensis[1], Tedaldus dictus archiepiscopus Mediolanensis, Sigifredus dictus episcopus Bononiensis, Ro-
landus Tarvisiensis, item episcopi Firmanus[2] et Camerinus[3]; hi
omnes cum sequacibus suis, tam clericis quam etiam laicis.

Sacramentum Regiensis episcopi.

Ego Gandulfus Regiensem episcopatum contra interdictum
vestrum aut vestri legati octo diebus non tenebo; neque aliquo
inveniam studio, quo vestre legationi resistatur; sic me Deus
adiuvet et haec sacra euangelia.

VI 18. *Evrardo episcopo Parmensi praecipit, ut, quem ceperit*
ad synodum iter facientem, Ecardum abbatem Augiensem
continuo perducendum ad Mathildem curet. Iubet eum
venire Romam, intereaque officio episcopali abstinere.

Gregorius episcopus servus servorum Dei Evrardo Parmensi .1079
episcopo.   Febr. 14

a. ergo *c.*

1. Guifredus.   2. Grisforanus.   3. Hugo I, de quo cf. Turchi Ca-
merinum sacrum p. 148 sq.

1079
Febr. 14
Diu est, quod te pura et sincera caritate dileximus. Sed quod abbatem[1], ad nos venientem et ad sanctam synodum properantem, cępisti, non aequam vicem dilectioni nostrae reddidisti. Magnum quidem facinus et officio tuo indignum, cuius nescio iussu vel instinctu, contra talem virum praesumpsisti. Qui, si quid tibi deberet, tamen, quia ad nos veniebat, teneri non meruit. Quapropter apostolica auctoritate praecipimus tibi: ut, si nondum dimisisti eum, acceptis his litteris, continuo cum honore perduci facias ad Mathildim. Interim vero ab episcopali officio propter hoc, quod illum remoratus es, abstineas, usque quo ad nos ipse venias. Sin autem, quod non speramus, neque his mandatis nostris, ut dimittas scilicet, obtemperare volueris, ecclesiae introitum omnino tibi ex parte beati Petri interdicimus. Data in synodo 16 Kalendas Martii, indictione 2.

VI 19. *Ecclesiae Bambergensis militibus praecipit, ut bona ecclesiastica, quae ab Herimanno deiecto episcopo et a rege, dum Rupertus episcopus esset in vinculis, acceperint, restituant.*

1079
Febr. 17
Gregorius episcopus servus servorum Dei Hirimanno, Udelrico, Frederico, Mazelino, Heroldo, Wirintoni, Goteboldo, militibus Babenbergensis ecclesiae.

Intelleximus iam diu, quod vos, scilicet Haremanne et Udelrice, accepistis bona ipsius ecclesiae pro introitu Babenbergensis episcopi He(rimanni) iam depositi; quodque vos, Frederice, Mazeline, Herolde, Wirinto, post illius excommunicationem ab hac sede[a], bona eiusdem ecclesiae ab eo similiter accepistis; intelleximus etiam, te Gotebolde, quando captus tenebatur episcopus[2], iam memoratae ecclesiae bona de manu regis accepisse. Sciatis igitur, in eo concilio, quod nuper celebravimus, ita diffinitum esse: ut, nisi infra terminum viginti dierum, postquam

a. factam *excidisse videtur.*

1. Ecardum abbatem Augiensem. V. Bertholdi annales 1079, Mon. Germ. SS. V 317. 2. Rupertus, quem a Welfone (IV) duce Bavariae spatio dierum 25 Dec. 1076 et 24 Augusti 1077 custoditum esse, docent Lamberti Annales 1077, Mon. Germ. SS. V 257.

haec legationis nostrae verba ad vestras aures pervenerint, res
iam dictae ecclesiae, quas iniuste detinetis, aut reddideritis aut
de manu episcopi acceperitis, periculo excommunicationis sub-
iaceatis; si vero resipiscentes ad episcopum veneritis et sepe
nominata bona restitueritis, liceat episcopo vos excommunicationis vinculo solvere. Data in synodo 13 Kalendas Martii, indictione 2.

1079
Febr. 17

VI 20. *Centullum comitem Bearnensem hortatur, ut scelus, quod*
commiserit Gisla consanguinea in matrimonium ducenda,
expiet.

Gregorius episcopus servus servorum Dei Centullo comiti[1]
salutem et apostolicam benedictionem.

1079
Febr. 25

Audivimus de te per tales, quibus fidem habemus, ea, quae
christianum principem bonis omnibus debeant commendare; quia
sis videlicet amator iustitiae, defensor pauperum et propagator
pacis. Unde te in dilectionem et gratiam sicut filium ecclesiae
Romanae suscipimus et, ut in bonis ceptis de die in diem proficere studeas, admonemus. Tamen reprehensibile quoddam in
te esse cognovimus; quia scilicet consanguineam tuam[2] habes
uxorem. Et inde nimis cavendum tibi est, ne ex occasione culpae istius caetera, quaecunque agis, bona dispereant. Age ergo,
et secundum consilium Amati episcopi Elorensis et Bernardi
Maxiliensis abbatis — si quidem ad vestras partes poterit pervenire — praedictum reatum emendare et penitentiam inde agere
stude; ne pro hoc animam tuam perdas et nobilem feminam,
quae sub tutela tua est commissa, confundas. Ante omnia ecclesiam Dei venerari semper et honorare atque defendere stude,
et episcopis quasi patribus tuis reverentiam et obedientiam ex-
hibe. Scias, pro hoc te et in hoc saeculo maiorem gloriam et
in futuro vitam promereri perpetuam. Si facultas tibi esset
veniendi ad nos, desideramus te videre ac plenius de animae
tuae salute instruere. Data Rome 5 Kalendas Martii, indictione 2.

1. Bearnensi.   2. Gislam.

VI 21. *Arelatenses hortatur, ut aut quem Hugo episcopus Dien-*
sis iis commendaverit, archiepiscopum eligant, aut pro-
mittant, se suscepturos eum, quem ipse miserit.

1079
Mart. 1
Gregorius episcopus servus servorum Dei universo clero et
populo Arelatensis ecclesiae salutem et apostolicam benedictionem.

Quoniam, sublata pastorali custodia, gregi non parva pericula imminere perpendimus, multa pro vobis sollicitudine angi-
mur, multo dolore compungimur, quod ecclesiam vestram tandiu
vigilantia pastoris et regimine idonei gubernatoris destitutam
esse cognoscimus. Quod in hac re minus quam oportet vos esse
sollicitos, immo, quasi propriae salutis oblitos, nulla pene cura
vel affectione permotos deprehendimus, maioris nobis tristitiae
causa consistit; quoniam pernitiosius fere nichil est, quam contra
mala urguentia nulla ratione consurgere et suae saluti in supremo
discrimine aut nescire aut nolle consulere. His itaque curis ac
tantae desolationis vestrae causa stimulante, misimus ad vos fratrem nostrum, videlicet Leodegarium[1] Wapincensem[a] episcopum;
quatenus cum illius consilio aut talem personam secundum Deum
eligatis, quam vicarius noster Hugo Diensis episcopus litteris
suis nobis commendet; aut, si apud vos, quod credimus, tanto
regimine[b] digna inveniri persona non potest, in manu fratris
nostri Leodegarii Wapincensis episcopi firmetis, illum vos suscipere in pastorem, quem consecratum et honore pallii insignitum
vobis ex parte sancti Petri miserimus. Cogitare enim debetis,
quoniam secundum electionem gratiae Dei de numero ovium
Christi estis; et nequaquam secure vivetis, nisi, qui eius vice
vobis praesit et contra incursus callidi insidiatoris assidua circumspectione auxiliante Deo vos muniat, habeatis. Agite ergo:
ne quis vos ad prospiciendum de honore ecclesiae vestrae et
communi salute[c] animarum vestrarum impedire valeat; et ne visi-
tatio legationis nostrae frustra ad vos facta esse videatur, per
quam vobis caritas nostra repraesentatur et auctoritas; scientes,
quoniam, quicquid ex utraque[d] Deo auctore debemus et possu-

a. Wapicensem *cod.*   b. regimini *cod.*   c. saluti *c.*   d. utroque *c.*
1. I.

mus, ad profectum vestrum vobis exhibere promptam et inde- 1079
fessam voluntatem gerimus.   Caetera, quae dicenda sunt, fratri _{Mart. 1}
nostro Leodegario iniunximus; cuius legationi, quantum ad hoc
pertinet negocium, ita volo ut credatis, ac si a nobis viva voce
in auribus vestris dicerentur. Data Romae Kalendis Martii, indictione 2.

VI 22. *Mathildi rescribit de Theoderici ducis Lotharingiae ma-*
trimonio; de pace cum rege componenda; de duce ex-
communicato.

Gregorius episcopus servus servorum Dei dilecte in Christo 1079
filiae Mathildi salutem et apostolicam benedictionem. _{Mart. 3}

Quoniam, animi nostri voluntatem super ea re scire cupiens,
misisti nobis, quod Theodoricus dux[1] optaret sibi coniugio copulare quondam uxorem marchionis Petroni[2], mandamus tibi:
ille non est adeo notus nobis, nec illa nobis ita commissa, ut
aliquid inde agere velimus.

De eodem duce item significasti, quod, si placeret nobis,
de componenda pace inter nos et Heinricum regem se intromitteret. Super hoc itaque respondemus: legatus regis in praesentia universalis synodi iuravit ex praecepto domini sui, eum
nostris mandatis per omnia obtemperaturum[3]. Ea quoque de
causa et spe nos iam misisse legatos nostros, credo tuam scientiam non latere.

Excommunicatum vero iam saepe dictum ducem ab episcopo
Mettensi[4] quia non ignoras, nos sententiae in illum prolatae noveris assensum dedisse et eam firmavisse, nisi infra viginti dies,
postquam mandata nostra resciverit, iussis nostris oboedierit et
nisi civitatem et bona sancti Stephani, quae iniuste invasit, libera dimiserit et ecclesiae satisfecerit. Data Romae 5 Nonas
Martii, indictione 2.

1. Lotharingiae superioris.   2. an Petroni comitis Lesinensis (in Apulia)? De quo v. Leonis chron. Casin. III 25 et Lup. Protospat. 1073 et 1079,
Mon. Germ. SS. VII 715, 716, V 60.   3. V. supra p. 354.   4. Herimanno. Cf. Bertholdi annales 1079, Mon. Germ. SS. V 317.

VI 23. *Aurelianensibus, ecclesiae praefici Sanzonem cupientibus,*
significat, se legatos missurum, qui inter eum et Rainerium
episcopum iudicent. Ne dissipari ecclesiae bona patiantur.

1079
Mart. 5

Gregorius episcopus servus servorum Dei clero et populo
Aurelianensis ecclesiae salutem et apostolicam benedictionem.

Sciatis incunctanter: quod de ecclesiae vestrae aerumnis et
angustiis — quam specialiter dileximus et quae una ex nobilis-
simis Galliae ecclesiis quondam fuit et adhuc erit Deo favente
— nos valde dolemus; et quia, illi qualiter subvenire debeamus,
solliciti sumus; et, ut ad pristinum decus et gloriam redeat, nos
impense operam damus. De Sanzone item* filio nostro, quem
vobis in episcopum optatis, noveritis, quia libenter eum suscepimus et paterno amore tractavimus. Sed quia Rainerius, dictus
episcopus et ecclesiae vestrae ut dicitur inutilis, nondum ex toto
constat ab ea separatus — ne videamur alicui praeiuditium facere, neu, ob alicuius amicitiam, forte quis suspicetur, nos contra
iustitiam facere velle — legatos nostros ad vos mittere disposuimus; qui, veritate discussa diligenter et probata, de eo possint ex auctoritate nostra immo beati Petri, prout iustitia dictaverit, sententiam dare. Postea vero electionem vestram secundum Deum confirmare et, quibus modis oportere videbitur,
corroborare secundum canonica instituta curabimus. Interim
vero res eiusdem ecclesiae tam vobis quam omnibus, apud quos
ubicunque reperiuntur, ex parte beati Petri monendo praecipimus, ut nemo distrahere vel demoliri praesumat; videlicet praedia et ornamenta, quae illi pertinere noscuntur. Quod si quis
contra haec nostra praecepta temerarię conari temptaverit, sciat
se gratiam beati Petri amissurum et anathematis gladium, nisi
resipuerit, incursurum. Datae Rome 3 Nonas Martii, indictione 2.

VI 24. *Amatum Elorensem et Hugonem Diensem episcopos iu-*
dices inter S. Crucis Burdigalense et S. Severi mona-
steria constituit.

1079
Mart. 8

Gregorius episcopus servus servorum Dei Amato Elorensi
episcopo in Wasconia salutem et apostolicam benedictionem.

a. *an* autem?

Iozelinus archiepiscopus Burdegalensis, confrater noster, veniens ad limina apostolorum, duxit nobis ad memoriam, qualiter olim actum sit de discordia monasterii sanctae Crucis[1] et sancti Severi[2], quidve diffinitionis in Romana ecclesia susceperit. Nam et litteras olim a nobis super hac re abbati[3] sancti Severi transmissas[4] invenimus; et abbatem secundum tenorem earum inoboedientem fuisse cognovimus. Unde, ne praeiudicium sibi aliqua pars fieri suspicetur, censuimus: causam illam ante te et confratrem nostrum Hugonem Diensem episcopum diligenter esse retractandam; ita, ut uterque auditores[a] legitimum Deo auxiliante huic negocio finem imponatis. Adiudicavimus etiam: ut illud, quod in lite est, ex integro abbatiae sanctae Crucis restituatur; quatenus, possessione sibi reddita, canonicum et legale sit, quod acturi estis, et in executione iudicii nostri irreprehensibiles appareatis. Quodsi ille inoboediens fuerit et memorate ecclesiae[5] investituram abbatiae sanctae Crucis non restituerit, illum sicut rebellem a communione corporis et sanguinis Domini merito separate. Data Rome 8 Idus Martii, indictione 2.

1079
Mart. 8

VI 25. *Arnaldo abbati S. Severi praecipit, ut Hugonis Diensis et Amati Elorensis episcoporum sententiae pareat, interimque ecclesiam S. Mariae Solacensem abbatiae S. Crucis restituat.*

Gregorius episcopus servus servorum Dei Arnaldo abbati Sancti Severi salutem et apostolicam benedictionem.

1079
Mart. 8

Post recessionem tuam proxime factam, scias, nos litteras quasdam repperisse, in quibus inoboedientiam tui liquido deprehendimus. Proinde notum tibi sit: nos eam causam, scilicet quae inter te et abbatem[6] Sanctae Crucis esse dinoscitur, diligentius discutiendam fratribus et coepiscopis Hugoni Diensi et Amato Elorensi, legatis nostris, commisisse; et quicquid ipsi de ea re statuerint, iudicantes, hoc deinceps vobis esse ratum firmumque

---

a. *an* ut utraque audita re?

1. Burdigalensis. 2. d. Adurensis. 3. Arnaldo. 4. L. I ep. 51 supra p. 71. 5. S. Mariae Solacensis. 6. Arnaldum.

1079
Mart. 8
tenendum. Attamen interim, ut illam possessionem, scilicet ecclesiam sanctae Mariae de Solaco de qua lis inter vos orta est,
abbatiae sanctae Crucis ex integro restituas, apostolica tibi auctoritate praecipimus; et ut[a] quiete, donec ad iudicium veniat, possidere permittas, ex parte beati Petri iubendo monemus. Indignum quippe esse et canonicis institutis nimis alienum ducimus:
causam[b], quae ventilanda est, ad examen debere deduci, nisi de
rebus in lite positis ille, qui vim patitur, prius fuerit revestitus.
Iuxta ergo quod et monuimus et praecepimus, iterum inculcare
curamus[c]; ne te ulterius super hac re sicut actenus inoboedientem
repperire valeamus. Quodsi inoboedientia tua auribus nostris iterum fuerit delata, scias indubitanter, te iram beati Petri et nostram
incurrisse et dignae animadversionis sententiam in periculum ordinis tui provocasse.　Data Rome 8 Idus Martii, indictione 2.

VI 26. *Fulcardo Insulanae congregationis praeposito et cano-*
nicis praecipit, ut Lambertum canonicum benigne exci-
piant eique ablata reddant.

1079
Mart. 14
Gregorius episcopus servus servorum Dei Fulcardo Insulanae
congregationis[1] praeposito caeterisque eiusdem congregationis canonicis tam minoribus quam maioribus — licet aliter meritis —
salutem et apostolicam benedictionem.

Non modicum offendistis nos super iniuria et expoliatione
rerum Lamberto filio nostro[d] a vobis illata, immo in persona
sua nobis facta; praecipue cum per Ingelrannum nostrum vobis
mandaverimus, ut ei nullam iniuriam inferretis propter oboedientiam, quam sibi iniunximus. Mandamus ergo vobis et apostolica
auctoritate praecipimus, sicut canonicis specialiter munitis privilegiis beati Petri: quatenus hunc filium nostrum Lambertum,
fratrem et concanonicum vestrum, cum omni benevolentia et dilectione suscipiatis et sua sibi integre restituatis; remittentes
vobis, ipso eodem interveniente, quicquid in eo et nobis deli-

---

a. eam *excidisse videtur.*　　b. causa *cod.*　　c. curavimus *cod.*　　d. Lamberti
filii nostri *cod.*

1. congregationis Insulae in Medulco pago, d. Burdigalensis.

quistis; eo videlicet tenore, ne deinceps contra nostra et sancto- 1079
rum canonum decreta agere praesumatis. Quod si facere neglexe- Mart. 14
ritis, quod absit, rursumque clamor ad nos seu ad vicarium nostrum, venerabilem virum Hugonem Diensem episcopum, venerit,
et gratiam beati Petri et nostram perdetis, et nos ulterius nullo
modo patiemur inultos, sed, sicut dignum fuerit, gladio beati
Petri contemptum nostrum vindicabimus. Data Romae 2 Idus
Martii, indictione 2.

VI 27. *Monachis Dolensibus scribit, Gualterio demoto, Wormun-*
dum archiepiscopum Viennensem a se abbatem ordinatum
esse. Inobedientiae luendae causa se Valentiam confe-
rant ad Hugonem episcopum Diensem.

Gregorius episcopus servus servorum Dei monachis Dolensis[1] 1079
monasterii. Mart. 20

Noveritis, Gualterium, quem vobis in abbatem contra excommunicationem apostolicae sedis constituistis, collaudatione
Romani concilii a nobis irrecuperabiliter esse depositum et, si de
administratione abbatiae vestrae se ulterius, cognitis his litteris,
intromiserit, omnino excommunicandum. Quapropter apostolica
vobis auctoritate praecipimus: ut confratrem nostrum Wormundum Viennensem archiepiscopum, quem vobis in abbatem Deo
annuente ordinavimus, sine omni contradictione suscipiatis et ei
sicut patri et abbati per omnia toto cordis affectu oboediatis.
Et quia non modicum pro inoboedientia vestra incurristis delictum, praecipimus vobis: ut dominica prima post pentecosten[2],
scilicet in octavis, coram vicario nostro Hugone Diensi episcopo
satisfacturi, Valentiae videlicet urbi, vos repraesentetis et, quod
ipse vobis praeceperit, oboedienter teneatis. Quodsi spiritu superbie his nostris litteris inoboedientes fueritis, excommunicationem,
a praefato vicario nostro super vos factam, ab illo die nos confirmasse, indubitanter sciatis. Data Rome 13 Kalendas Aprilis,
indictione 2.

1. s. Burgidolensis, d. Bituricensis.   2. Mai. 19.

VI 28. *Bituricae regionis principes hortatur, ut Wormundo abbati Dolensi obediant et opitulentur.*

1079
Mart. 20 Gregorius episcopus servus servorum Dei Rodulfo[1], Oddoni[2], Epponi[3], Humbaldo[4], Everardo, Bosoni, Giraldo[5], Adelardo[6] et caeteris principibus Bituricae regionis salutem et apostolicam benedictionem, si oboedierint.

Miramur temeritatem et insolentiam praesumptionis vestrae, quod — contra fas et excommunicationem apostolicam vobis delatam — abbatiam Dolensem, quam in tutelam hactenus habuistis .... immo etiam ad cumulum detrimenti tam animarum vestrarum quam corporum, abiecto eo[7], quem manibus propriis Deo volente vobis in abbatem consecravimus, ...
.....................................[a] Gualterium invasorem inrecuperabiliter deposuimus et ei res ecclesiae suisque fautoribus sub excommunicatione interdiximus; confratri autem nostro Wormundo Viennensi archiepiscopo abbatiam Dolensem concessimus, immo reddidimus. Vos ergo monemus et apostolica auctoritate praecipimus: ut, abiecto invasoris praedicti dominio, abbati vestro iure canonico, Wormundo Viennensi archiepiscopo, sincera mente et puro corde oboediatis. Quodsi rebelles Deo et beato Petro in his deinceps fueritis, a dominica prima post pentecosten[8], scilicet in octavis, cum Dolensibus monachis, nisi satisfecerint coram vicario nostro Hugone Diensi episcopo Valentiae, vos excommunicationi subiacebitis; si autem patri vestro spirituali, confratri nostro Wormundo Viennensi archiepiscopo, oboedientiam et auxilium exhibueritis, gratiam Dei et beati Petri percipietis. Te autem, Rodulfe, quia in his plus caeteris tibi a Deo concessa est potestas, rogamus te et praecipimus: ut eum in abbatiam sine simulatione et dolo restituas et, totius irae sive discordiae oblitus, ei ut filius karissimus adhaereas; quatenus gratiam Dei et peccatorum tuorum indulgentiam ab ipso, cui

a. *complura verba excidisse patet.*
1. Burgidolensi. Et huius et ceterorum principum sedes ostendit Brial in Recueil des historiens XIV 632. 2. Exoldunensi. 3. Carentonensi et de Castra. 4. Virzionensi, domino Magdunensi. 5. de Lineriis. 6. de Castro Mellano. 7. Wormundo archiepiscopo Viennensi. 8. Mai. 19.

data est potestas ligandi atque solvendi, percipias. Data Rome
13 Kalendas Aprilis, indictione 2.

VI 29. *Ladizlai I regis Ungarorum fidem collaudat. Comites
exsulantes commendat. Legatos mitti ad se cupit.*

Gregorius episcopus servus servorum Dei Ladizlao Ungarorum regi salutem et apostolicam benedictionem.

Sicut fidelium tuorum crebra relatione cognovimus itemque^a
ipsum nostris attestantibus ratum habemus, excellentia tua ad
serviendum beato Petro, quemadmodum religiosa potestas debet,
et ad oboediendum nobis, ut liberalem filium decet, toto affectu
et cordis intentione parata est. Unde nimirum devotionem mentis
tuae super hoc studio non indigne laudamus; eique sincere congratulamur, qui^b quidem, optimorum regum sequendo vestigia,
illustrat se^c, servando tam in moribus normam iustitiae quam etiam
lineam nobilitatis in sanguine. Igitur, quia de celsitudinis tuae
liberalitate et oboedientia satis confidimus, ad quiddam — nostrae
universali sollicitudini congruens, quod honori quoque tuo non
parum concordat — invitare te non dubitamus; quatinus in eo et
illa, quae de te verbis solis credita sunt, esse vera facti indicio
pateant, et nobis sit aperte firmior causa, qua te prae caeteris
regiae dignitatis amplius specialiusque diligere merito debeamus.

Itaque comites illos E...., videlicet Ou.... et C....., eorumque milites, quos beato Petro fideles iustitiaeque fautores iniusta
ut accepimus sententia in exilium expulit, tibi commendatos esse
ex parte nostra, optamus. Et quia hactenus illis subvenire ex
industria propria claritudo tua curavit, sentiant, sibi nunc ob fidelitatem beati Petri nostramque commendationem solacii auxiliique
munus copiosius accessisse. De caetero prudentiam tuam monemus: ut viam iustitiae semper studeas inreflexo calle tenere,
viduas et orphanos et peregrinos paterna pietate tueri, ecclesias non modo non laedere sed etiam ab arrogantium et invasorum petulantia et temeritate defendere, nec non et alia, quae
recte intelliges, procures diligenter servare.

a. idemque *c.*   b. quod *c.*   c. se *addidi.*

Illud quoque nichilominus scire te volumus: quosdam nomine tuo legatos ad nos olim venisse, quibus item nos istud
iniunximus, ut dilectioni tuae suggererent, quatinus alios destinare, quo certiores efficeremur, censeret. Verum nobis adhuc in
incerto manet: an ad te mandata nostra perlata sint, an aliquos
postea miseris. Liquet autem, neminem a te legatum ad nos post
inde venisse. Quare decrevimus, ad te iterum idem repetendo
scribere, itidemque de comitibus, quod iam postulavimus, iterando
inculcare; quo et nuncios, si nondum misisti, non ulterius mittere negligas, et praenominatis comitibus * praesidii manum familiarius proniusque in cunctis porrigere studeas.   Omnipotens
et misericors Deus, a quo bona cuncta procedunt, per merita
et intercessiones beatae Dei genitricis semperque virginis Mariae
et beatorum Petri et Pauli, gressus tuos per viam deducens
iustitiae constanter dirigat usque ad finem; et sic huius vitae
temporalia regni gubernacula faciat te[b] temperare, quatenus
aeterna promerendo valeas adipisci. Data Romae 12 Kalendas
Aprilis, indictione 2.

VI 30. *Lanfrancum archiepiscopum Cantuariensem reprehendit,*
quod Romam nondum adierit. Ne metu Wilhelmi I re-
gis, quominus veniat, impediatur. Regem, ne iniuriis
afficiat ecclesiam Romanam, admoneri vult.

Gregorius episcopus servus servorum Dei Lanfranco Cantuariorum archiepiscopo salutem et apostolicam benedictionem.
      Quod ex illo tempore, quo sacerdotale summae sedis iugum
cervici nostrae licet indigni suscepimus, venire ad nos non multum curavit fraternitas tua, quanto minus hoc de dilectione tua
sperare potuimus, eo amplius stupentes miramur. Et nisi apostolica mansuetudo nec non et amoris pignus antiquum nos huc
usque detinuisset, profecto, nos hoc graviter ferre, iam dudum tibi
constitisset. Verum, sicut certissime compertum habemus, adventum tuum vel metus regis[1] — eius scilicet, quem inter caeteros illius dignitatis specialius semper dileximus — vel maxime

1. Wilhelmi I regis Angliae.   a. omnibus *c*.   b. te *addidi.*

tua culpa nobis negavit. Et te quidem, si vel prisci amoris memoria superesset vel debita matri Romanae ecclesiae dilectio in mente remaneret, non debuit aliquis aut mundanae potestatis terror aut cuiusquam personae superstitiosus amor a conspectu nostro retrahere. Illum vero si contra apostolicam sedem novus arrogantiae tumor nunc erigit sive contra nos ulla libido seu procacitas iactat, tanto gravius feremus, quanto* eum dilectione nostra indignum se fecisse constiterit. Quod tamen ne illi accidat, religio tua poterit hoc modo vitare, si ei diligenter aperiendo et constanter admonendo consilium dederis: ne contra matrem omnium Romanam ecclesiam quid iniustum praesumat, neve quid a religiosa potestate alienum petulanter audeat, et neque tuam neque alicuius devotionem ab apostolicae sedis visitatione ulterius coercere attemptet. Igitur decet fraternitatem tuam: negligentiae suae excessus sapienter corrigere, atque ad apostolicam sedem quantotius properare teque ipsum nostris obtutibus, ut optamus utque saepe mandavimus, praesentare; quatinus nos de his et de aliis negociis praesentialiter conferre, atque utilitas ecclesiae de nostro colloquio augmentum valeat Deo favente percipere. **Data Romae 8 Kalendas Aprilis, indictione 2.**

VI 31. *Provinciae clericis et laicis praecipit, ut monasterio S. Petri in Monte-maiore ablata bona restituant.*

Gregorius episcopus servus servorum Dei omnibus archiepiscopis episcopis principibus clericis laicisque in Provincia commorantibus — exceptis his qui excommunicationi subiacent — salutem et apostolicam benedictionem.

Notum vobis omnibus esse putamus, quod monasterium sancti Petri, situm in loco qui Mons Maior[1] dicitur, sanctae Romanae ecclesiae speciali quodam iure subiectum est et apostolicae sedis privilegiis ex tempore longo munitum. Unde, quia nobis pro suscepti regiminis sollicitudine imminet ecclesiis omnibus providere, illis praecipue debemus vigilanter prospicere, quae Romanae apostolicaeque sedi quodammodo vicinius herent et eius

1. d. Arelatensis.   a. magis *excidisse videtur.*

1079
Mart. 25

1079
Mart. 31

1079
Mart. 31
tutela maxime sperant defendi. Quapropter, quoniam audivimus, aliquos vestrum bona memorati monasterii contra ius et honestum sacrilega manu invasisse distrahere atque diripere, paterno affectu monemus et apostolica auctoritate praecipimus: ut, quicunque res illius monasterii vi tenere invasas noscuntur, digna cum satisfactione emendare festinent, ac nemo deinceps contra animae suae salutem bona ipsius ecclesiae violenter attrectare praesumat. Quicunque ergo his salubribus mandatis nostris contraire[a] et bona ecclesiae, sicut dictum est, sacrilego ausu contra interdictum nostrum detinere temptaverit, admonitus semel atque iterum et tertio per convenientes indutias, si emendare contempserit, iram et furorem omnipotentis Dei contra se per excommunicationem apostolicam provocabit. Oboedientibus vero apostolica auctoritate et beati Petri nobis licet indignis concessa potestate peccatorum suorum veniam indulgemus. Data Rome 2 Kalendas Aprilis, indictione 2.

VI 32. *Isemberto episcopo Pictaviensi, mandat, ut, adhibito Guilielmo VI duce Aquitaniae, cogat Hugonem Lerziniacensem ablata Hugoni clerico restituere.*

1079
Apr. 13
Gregorius episcopus servus servorum Dei Isemberto[1] Pictavensi episcopo salutem et apostolicam benedictionem.

Pervenit ad aures nostras, quod bona Rorgonis de Coequo, quae mortuo ipso in potestatem germani, scilicet Ugonis, nostri fidelis et filii, iure debent concedere, Ugo de Lerziniaquo[2] iniuste praesumpsit invadere. Unde, quia praenominatum Ugonem clericum nostrum et res ipsius in tutelam apostolicae sedis suscepimus, fraternitati tuae invitando praecipimus: ut, super his curam vice nostra gerens, duci Guilgelmo[3] haec eadem significando suggeras, quatinus in hac etiam re, quantum beato Petro sit fidelis, ostendat. Verum in primis volumus: ut dilectio tua studeat memoratum Lerziniacensem ex parte nostra cum iam dicto duce convenire, nec non illum de temeritate sua redarguendo de

a. contrahire *c.*

1. II.   2. Lusignan.   3. VI duci Aquitaniae, comiti Pictavensi.

satisfactione monere. Quodsi, admonitus semel iterum ac tertio 1079
per competentes ·indutias, in pertinacia sua duraverit et man-Apr. 13
datis nostris inoboediens iustitiae parere contempserit, apostolica
auctoritate praecipimus, ut eum, quo usque resipiscens ablata restituat, vinculo anathematis illiges. Quod idem postmodum nos
firmaturos, non dubites. Data Rome Idibus Aprilis, indictione 2.

VI 33. *Hugoni abbati Cluniacensi praecipit, ut bona Landerico
episcopo Matisconensi restituat, aut litem componendam
Hugoni episcopo Diensi et abbati S. Pauli permittat*.

Gregorius episcopus servus servorum Dei Hugoni venera- 1079
bili ᵇ Cluniacensi abbati salutem et apostolicam benedictionem. Apr. 14

Landericus Matisconensis, frater et coepiscopus noster, ad
apostolorum limina veniens conquestus est apud nos: ecclesiae
suae iura a te sibi auferri, quae praedecessorum suorum temporibus, etiam symoniacorum, quiete visa est possidere ᶜ. Nos
ergo dignum esse et competens adiudicavimus: ut, quae bona
temporibus inreligiosorum ecclesia sine molestia tenuit, eisdem
sub pastore religioso, in Romana ecclesia ordinato, privari absque ratione non debeat. Quapropter dilectionem tuam monemus,
ut res illas, super quibus praedicta Matisconensis ecclesia queritur, si usque ad supra memorati fratris nostri tempus possedit,
deinceps quoque aut quiete retinere permittas aut concambium
competens reddére studeas. Quodsi inter vos hanc causam non
potestis ipsi componere, volumus fratrem nostrum Diensem episcopum ¹ et Sancti Pauli ² abbatem negocio huic interesse; quatenus, eorum adhibita diligentia, finem lis invenire rectum et
congruum valeat, ac ulterius inter vos dissensio nulla remaneat.
Sine concordia nanque neque religiositatem dicimus ᵈ quicquam
valere neque aliud opus, etsi bonum videatur, aliquid esse. Data ᵉ
Rome 18 Kalendas Maii, indictione 2.

a. *Legitur etiam* 2) *ap. Severtium Chronologia Lugdunensis archiepiscopatus II* 112,
ex ms. ecclesiae Matisconensis.   b. venerabili *addidi ex* 2.   c. gaudere 2.   d. *an*
ducimus? HARDUINUS.   e. Data — ind. 2 *om.* 2.

1. Hugonem.   2. Lugdunensis BRIAL.

VI 34. *Gebuino archiepiscopo Lugdunensi eiusque successoribus asserit primatum Lugdunensis, Rotomagensis, Turonensis, Senonensis provinciarum* [a].

1079
Apr. 19

Gregorius episcopus servus servorum Dei dilecto [b] in Christo fratri Gebuino Lugdunensi archiepiscopo.

Antiqua sanctorum patrum, quibus licet indigni et longe meritis impares in administratione huius sedis succedimus, vestigia, in quantum divina dignatio permittit, imitari desiderantes, ius, quod unicuique ecclesiarum pro merito et dignitate sui ipsi contulerunt, nos ex eorum successionis consideratione decet illesum et immutabile conservare et munimine decretorum nostrorum ad perpetuam stabilitatem corroborare. Quapropter, quia dilectissime in Christo frater Gebuine postulasti a nobis, quatenus dignitatem ab antecessoribus nostris concessam ecclesiae, cui Deo auctore praeesse dinosceris, confirmaremus et quaeque sua ab infestatione hostili apostolicae sedis defensione tueremur; inclinati precibus tuis, confirmamus primatum super quatuor provincias Lugdunensi ecclesiae tuae, et per eam tibi tuisque successoribus. His tantum, qui nullo interveniente munere electi vel promoti fuerint, videlicet a manu ab obsequio et a lingua; a manu: ut nullum pretium prorsus a se vel ab aliquo tribuatur; ab obsequio: ut nichil inde servitii faciat, sicut quidam intentione ecclesiasticae praelationis potentibus personis solent deferre; a lingua: ut neque per se neque per summissam personam preces effundat. Sed neque his, qui per saecularem potestatem ad hanc dignitatem pervenerint, videlicet dono vel confirmatione alicuius personae, quae sanctae religioni videatur obviare et contra puram et autenticam sanctorum patrum auctoritatem venire. Sed his nimirum hanc dignitatem concedendam esse sancimus, qui pura et sincera electione tibi successerint et ita per ostium intraverint, sicut fraternitatem tuam cognovimus intrasse. His vero, qui aliter intraverint, videlicet qui iuxta dominicam sententiam [1] non per ostium sed aliunde ut fures et latrones ascen-

---

a. *integram tabulam hanc e codice ms. S. Albini Andegavensis edidit Baluzius in: Petri de Marca dissertationes tres p. 343.*   b. dilecto — fratri *om. cod.*

1. Ioh. 10, 1.

derint, non solum primatum huius dignitatis° non concedimus, 1079
verum etiam omni honore ecclesiastici regiminis indignos et Apr. 19
alienos fore adiudicamus. Provincias autem illas, quas vobis
confirmamus, dicimus Lugdunensem Rotomagensem Turonensem
et Senonensem; ut hae videlicet provinciae condignam oboedientiam Lugdunensi ecclesiae exhibeant, et honorem, quem Romani
pontifices reddendum esse scriptis propriis praefixerunt, humiliter et devote persolvant; salva in omnibus apostolicae sedis reverentia et auctoritate. Praeterea iuxta tenorem postulationis
tuae ecclesiae tuae huiusmodi privilegia praesenti auctoritatis
nostrae decreto indulgemus concedimus atque firmamus, statuentes: nullum regem [vel[b] imperatorem, antistitem nullum quacunque dignitate praeditum vel quemquam alium audere de his,
quae eidem ecclesiae a quibuslibet hominibus de proprio iure
condonata sunt vel in futurum Deo miserante collata fuerint,
prius° de causis pro suae avaritiae excusatione concedere. Sed
cuncta, quae ibi oblata sunt vel offerri contigerit, tam a te quam
ab eis, qui in tuo officio locoque successerint, perenni tempore
illibata et sine inquietudine volumus possideri. Si quis vero
regum, imperatorum, sacerdotum, clericorum, iudicum ac secularium personarum, hanc constitutionis nostrae paginam agnoscens, contra eam temerario ausu venire temptaverit et, admonitus semel et iterum usque tertio per convenientes inducias, si
non resipuerit atque praedictae ecclesiae non satisfecerit, potestatis honorisque dignitate careat, reumque se existere de perpetrata iniquitate cognoscat et, nisi ea quae ab illo sunt male
facta restituerit vel digna poenitentia illicite acta defleverit, a
sacratissimo corpore ac sanguine domini redemptoris nostri Iesu
Christi alienus fiat atque in extremo examine districtae ultioni
subiaceat. Cunctis autem eidem loco iusta servantibus sit pax
domini nostri Iesu Christi; quatenus et hic fructum bonae actionis percipiant et apud districtum iudicem praemia aeternae pacis

a. huiusmodi *B*. b. vel — indictione 2 *assumpsi ex Baluzii editione*. *Pro quibus*
in codice leguntur haec: et reliqua usque in finem, sicut in privilegio constat, quod est in capite huius libelli. Data Rome 12 Kalendas Maias, indictione 2. c. *an piis?*

24*

1079
Apr. 19

inveniant. Datum Romae 13 Kal. Madii per manus Petri sanctae Romanae ecclesiae presbyteri cardinalis ac bibliothecarii, anno pontificatūs domni Gregorii VII papae sexto, indictione 2].

VI 35. *Iohannem II Rotomagensem, Radulfum Turonensem, Richerium Senonensem archiepiscopos hortatur, ut primati archiepiscopo Lugdunensi obediant.*

1079
Apr. 20

Gregorius episcopus servus servorum Dei fratribus et coepiscopis Rotomagensi[1] Turonensi[2] et Senonensi[3] salutem et apostolicam benedictionem.

Sicut novit fraternitas vestra, sedes apostolica, cui licet indigni Deo auctore praesidemus, divina gratia inspirante, Spiritu sancto edocta, per diversas provincias et regna praesules, archiepiscopos et primates, ordinavit. Cuius constitutione et auctoritate Lugdunensis ecclesia primatum super quatuor provincias, videlicet Lugdunensem Rotomagensem Turonensem et Senonensem, per annorum longa curricula obtinuisse cognoscitur. Sanctorum igitur patrum nos, in quantum Deo favente valemus, exempla sequi cupientes, ecclesiae memoratae primatum, quem ipsi decretis suis constituerunt atque sanxerunt, eorum freti potestate, subinde confirmare studemus. Ad hoc enim divinae dispensationis provisio gradus et diversos constituit ordines esse distinctos, ut, dum reverentiam minores potioribus exhiberent et potiores minoribus dilectionem impenderent, una concordia fieret ex diversitate, contextio[a] et recta[b] officiorum gigneretur administratio singulorum. Neque enim universitas alia poterat ratione subsistere, nisi huiusmodi magnus eam differentiae ordo servaret. Quia vero creatura in una eademque aequalitate gubernari vel vivere non potest, coelestium militiarum exemplar nos instruit; quia, dum sint angeli sint archangeli, liquet: quia non aequales sunt, sed in potestate et ordine, sicut nosti, differt alter ab altero. Si ergo inter hos, qui sine peccato sunt, ista constat esse distinctio, quis hominum abnuat huic se libenter dispositioni

a. contexio c.   b. recte cod.
1. Iohanni II.   2. Radulfo.   3. Richerio.

submittere? Hinc etenim pax et caritas mutua se vice complectuntur, et manet firma concordia[1] in alterna et Deo placita dilectione sinceritas; quia igitur unumquodque tunc salubriter completur officium, cum fuerit unus, ad quem possit recurri praepositus.

Provinciae[2] autem multo ante Christi adventum tempore divisae sunt maxima ex parte, et postea ab apostolis et beato Clemente praedecessore nostro ipsa divisio est renovata. Et in capite provinciarum — ubi dudum primates legis erant saeculi ac prima iudiciaria potestas; ad quos, qui per reliquas civitates commorabantur, quando eis necesse erat, qui ad aulam imperatorum vel regum confugere non poterant vel quibus permissum non erat, confugiebant pro oppressionibus vel iniustitiis suis ipsosque appellabant, quotiens opus erat, sicut in lege eorum praeceptum erat — ipsis quoque in[a] civitatibus vel locis celebrioribus[b] patriarchas vel primates, qui unam formam tenent licet diversa sint nomina, leges divinae et ecclesiasticae poni et esse iusserunt; ad quos episcopi si necesse fuerit confugerent eosque appellarent, et ipsi nomine primatum fruerentur et non alii; reliquae vero metropolitanae civitates, quae minores iudices habebant, licet maiorum comitum essent, haberent tamen metropolitanos suos, qui praedictis iuste oboedirent primatibus, sicut et in legibus saeculi olim ordinatum erat, qui non primatum, sed aut metropolitanorum aut archiepiscoporum nomine fruerentur; et licet singulae metropoles civitates suas provincias habeant et suos metropolitanos habere debeant episcopos, sicut prius metropolitanos iudices habebant seculares, primates tamen, ut praefixum est, tunc et nunc habere iusse sunt, ad quos post sedem apostolicam summa negocia conveniant, ut ibidem quibus necesse fuerit[c] releventur[d] et iuste restituantur, et hi qui iniuste opprimuntur iuste reformentur atque fulciantur, episcoporumque cau-

a. in *om. cod.*   b. nostris *ap. Anacletum.*   c. fuerit *om. cod.*   d. eleventur *cod.*

1. „firma concordia" in casu ablativo dicuntur.   2. „Provinciae — iustissime terminentur" ad verbum descripta sunt ex Pseudoisidoriana Anacleti epistola. V. Decretales Pseudoisidorianae ed. Hinschius p. 79. 80.

1079
Apr. 20

sae et summorum negociorum iudicia, salva apostolicae sedis auctoritate, iustissime terminentur.

Quapropter apostolica vobis auctoritate praecipimus: ut saepe dictae Lugdunensi ecclesiae honorem et reverentiam, a maioribus nostris de ecclesiis vestris praefixam, ita vos exhibere humiliter et devote procuretis, quemadmodum vobis a suffraganeis vestris reddi debere non dubitatis. Omnipotens et misericors Deus, pacis iustitiaeque serenus inspector, cordi vestro clementer inspirare dignetur, ut per viam aequitatis concordiaeque firmos gradus in hoc saeculo tendere taliter studeatis, quatenus, pro temporalibus aeterna sumpturi, ad coelestis Hierusalem fines mereamini pervenire. Data Romae 12 Kal. Maii, indictione 2.

VI 36. *Canonicis Lugdunensibus praecipit, ut munera, simoniace et contra Landerici episcopi Matisconensis interdictum suscepta, Gebuino archiepiscopo tradant.*

1079
Apr. 20

Gregorius episcopus servus servorum Dei canonicis Lugdunensis ecclesiae salutem et apostolicam benedictionem.

Quidam vestrum, ad nos cum archiepiscopo[1] suo venientes, postquam de ecclesiae vestrae statu et utilitate nos consuluerunt, sine apostolica benedictione recesserunt. Quod quidem licet merito indigne tulerimus, tamen apostolica mansuetudine dissimulamus et, dum cupimus saluti vestrae consulere, illorum excessus omittimus insequi. De filio vero nostro vestraeque decano ecclesiae B.[2] notificamus dilectioni vestrae: quod, prudenti ac salubri consilio ductus, oboedientias[3] ecclesiae caeteraque beneficia, quae sine communi consensu fratrum adquisiverat, in manus nostras sponte renunciavit, et se[a] ulterius non intromissurum promisit. Ad cuius formam tam his, qui furtim se subduxerunt, quam etiam abbatibus vel cuiuscunque clericalis ordinis omnibus ecclesiae vestrae, quicunque oboedientias vel ecclesiae dispensationes pretii pactione vel contra excommunicationem Landerici Matisconensis episcopi, quam in capitulo vestro fecit, adepti sunt,

a. de eis *excidisse videtur.*

1. Gebuino.   2. an Bladino? V. Gall. Chr. IV 200.   3. munera.

apostolica auctoritate praecipimus: ut eas* in manus fratris nostri
Gebuini archiepiscopi vestri refutare sine dilatione procurent.
Volumus siquidem: ut nobilitatem, qua inter omnes Gallicanas
ecclesias vestra huc usque resplenduit in religionis exemplo, nunc
quoque vigilanter custodiat; et ut gloriam, quam hactenus prae
caeteris illis habuit in dignitate, nunc augere incipiat in forma
religionis. Noverit autem dilectio vestra: quoniam, si nostris salubribus iussis obtemperantes hactenus male habita[b] censueritis
iuste dimittere, ita vobis providebimus in utroque, ut et temporalibus commodis non destituamini et erroris veniam de divina
misericordia consequi valeatis. Quodsi quis contra salutem propriam animo indurato, postquam ad notitiam eius haec nostra
praecepta pervenerint, ultra viginti dies eis inoboediens fuerit,
illi omnium ecclesiarum ingressum et corporis ac sanguinis Domini communionem, quo usque resipiscat, apostolica interdicimus
auctoritate. Data Rome 12 Kalendas Maii, indictione 2.

1079
Apr. 20

VI 37. *Iordanum I principem Capuanum monet, ut de noverca
ad contrahendum matrimonium coacta, de Dodone episcopo Rossellano expilato, de monasterio Casinensi di-
repto sibi satisfaciat.*

Gregorius episcopus servus servorum Dei Iordano[1] Capuano
principi.

1079
Apr. 21

Sicut nonnulli noverunt, olim te nos admodum dileximus;
et honorem tuum tam in praesenti saeculo adaugere quam et
in futuro servare studuimus hactenus. Existimavimus enim, te,
ut nobilem deceret filium, fidem beato Petro servaturum et decus ipsius in cunctis pro viribus tuis adaucturum. Verum longe
nos fefellit opinio; et qui de te nichil tale pridem quivimus credere, nunc advertimus, de hac perfidia tua multos non fuisse
mentitos. Ecce enim dudum novercam tuam et dominam contra ius et fas de ecclesia trahere invitam et reclamantem, eamque, nubere nolentem, nuptiis tradere violentissime praesumpsisti.

a. eas *addidi.*   b. *sic est in cod. correctum* debita.

1. I.

1079
Apr. 21 Episcopum[1] ad apostolorum limina venientem nuper ausus es impedire et, quod ferebat, more praedonum auferre. Novissime ecclesiam beati Benedicti[2] sacrilego ausu intrare depraedari et violare non timuisti; et qui bona ecclesiarum — quoniam fere cuncta, quae tenes, earum sunt — defendere debueras, tu potissimum temerator ipsarum et dilaniator existis. Quapropter ex parte beati Petri monemus te, ut, si ipsius iram et beati Benedicti indignationem non vis incurrere, super his omnibus nobis iustitiam facias. Quod si contempseris, ad Deum omnipotentem nos reclamabimus; de cuius misericordia confidimus, quod dabit nobis consilium, quid in tantam arrogantiam et immoderatam superbiam tuam facere debeamus. Rome 11 Kalendas Maii, indictione 2.

VI 38. *Heinrico patriarchae Aquileiensi ob Petrum Albanensem et Udalricum Patavinum episcopos legatos suos bene tractatos, et ob operam conciliandae paci datam, pallii usum concedit.*

1079
Iun. 16 Gregorius episcopus servus servorum Dei Heinrico karissimo in Christo fratri et coepiscopo Aquilegiensi salutem et apostolicam benedictionem.

Tuae dilectio fraternitatis per legatum suum humiliter exoravit, quatenus sibi praeter eas sollempnitates, quae in privilegio ecclesiae vestrae continentur, in beati Udalrici confessoris Christi atque pontificis[3] sed et in beatae Afrae martiris[4] festivitatibus usum pallii concederemus. Cuius ecclesiastici honoris excellentia, sicut pravis et inoboedientibus iuste denegatur, ita bonis et morum honestate praeditis apostolica moderatione pro meritis quandoque supererogando fore videtur. Proinde, quia te sincere dilectionis erga nos affectum habere confidimus, quia legatos nostros, Albanensem videlicet episcopum[5] et Paduensem[6], benigne tractasse et fideliter sicut oportuit adiuvisse dinosceris[7], postremo

1. Dodonem episcopum Rossellanum. V. Petri Chron. mon. Casin. L. III c. 46, Mon. Germ. SS. VII 736. 2. Casinensem. 3. Iul. 4. 4. Aug. 7. 5. Petrum. 6. Udalricum. 7. Cf. Bertholdi annales 1079, Mon. Germ. SS. V 318.

quia pro componenda pace multum desudasse probaris, petitio- 1079
nem tuam libenter accepimus. Huius igitur tibi praecepti aucto- Iun. 16
ritate concedimus, ut in sollempniis beati Udalrici confessoris
atque pontificis et beatae Afrae martiris in missarum celebritate
pallio utendi licentiam habeas. Quod tamen tibi in tua vita, non
loco tuo, concessum esse cognoscas. Data Romae 16 Kalendas
Iulii, indictione 2.

VI 39. *Rainaldo episcopo Comensi mandat, ut Arnulfum electum*
Bergomensem ad emendanda peccata adducat. Addit, qui
sine mercede ordinati a simoniacis sint, eos licere confirmari.

Gregorius episcopus servus servorum Dei Rainaldo Cumano[1] 1079
episcopo salutem et apostolicam benedictionem.   Iun. 21

Tua nobis, frater karissime, missis litteris curavit intimare
dilectio, Arnulfum, Pergamensis[2] ecclesiae electum, nostro libenter
et consilio credere et praecepto oboedire. Nos equidem vestrae
caritatis, sicut nostis, experientiae indubitanter credimus; verumtamen multa de praedicto viro ad nostram ex quorundam relatione pervenere notitiam, quae, si vera quod absit esse constiterit, nos valde contristant et in eo non levi sunt ultione ple-
ctenda. Conqueritur enim Gorzo[a], miles eius et signifer, cum
duobus fratribus atque coheredibus suis: castellum, quod dicitur
rocha de Glixione[3], quod hactenus utpote proprii iuris sine omni
contradictione tenuerunt atque possederunt, nunc tam sibi quam
consortibus suis a supra dicto Arnulfo violenter et, quod dictu
nefas est, fraudulenter esse subreptum. Cui tamen militi prius
cuiusdam quasi securitatis et foederis, tanquam ad tollendum
suspicionis metum, quaedam fertur callide sacramenta praebuisse;
et postposito Dei timore, cupiditatis perfidiam incurrisse.   Nec
tali contentus facinore, B. presbyterum, praefati Gorzi clericum,
depraedari et suis, ut asserit, omnibus spoliare non metuit.
Preterea pestiferas symoniacae heresis nundinas exercere, et

---

a. Goizo *legi vult Lupus Cod. dipl. Bergom. II* 719.

1. Comensi.   2. Bergomensis.   3. Clusone, a Bergomo inter
septemtriones et orientem.

1079
Iun. 21

inter cetera archidiaconatum Pergamensis ecclesiae quinquaginta librarum pretio vendidisse perhibetur. Huc accedit, quod servos Dei — quos, ut religiosum virum decet, tueri et in cunctis adiuvare deberet — e contrario infestare et molestare conatur. Tuae igitur fraternitatis sollicitudo corripiendo sive exhortando studeat atque provideat: quatenus saepe dictus electus haec omnia emendare festinet, et tam coram Deo quam coram hominibus bonum testimonium habere procuret. Si vero vel omnia haec vel quaedam fortasse negare voluerit, volumus atque praecipimus: ut apto tempore et loco nostrae vicis auctoritate eum de obiectis diligenti examinatione discutias, et remota omni occasione, quod iustitia dictaverit, modis omnibus exequaris.

Quod autem M. presbyter filius noster interrogare curavit, quid de his, qui a symoniacis nescienter et sine pretio ordinati sunt, apostolicae sedis misericors censura decernat, hoc observare te volumus: eos, qui ante tempus Nicolay papae sine venalitate a symoniacis ad aliquem gradum promoti sunt, si tamen vita eorum inreprehensibilis esse probatur, per manus impositionem confirmatos, in suis ordinibus permanere et ministrare posse. Data Romae 11 Kalendas Iulii, indictione 2.

VI 40. *Bosonem hortatur, ut ecclesiam S. Sepulchri de Novovico iniuriis afficere desinat, iusque suum in synodo episcopi Diensis persequatur. Alioquin fore ut excommunicatio eius confirmetur.*

1079
Iun. 28

Gregorius episcopus servus servorum Dei Bosoni[1].

Ecclesiam sancti Sepulcri de Novo Vico[2], quae iuris ecclesiae Hierosolimitanae et censualis eius esse dicitur, huic nostro clerico Symoni regendam commendavimus; quam ab omni molestia et calumniosa omnium hominum infestatione liberam esse volentes, sub tutela nostra esse decernimus. Quapropter, quo-

---

1. quem fuisse putat Brial (Recueil des historiens XIV 636 n. b) filium Audeberti comitis Marchiae Lemovicensis (de la Marche), postea III comitem Marchiae 1088—1091.   2. „Neuvic". Duo sunt eius nominis oppida, unum in Lemovicis, alterum apud Petragoricos. BRIAL.

niam te illam tyrannice invasisse audivimus, te praesenti pagina commonemus: ut, si Deum et sanctos apostolos tibi vis habere propitios, ab invasione praedictae ecclesiae de caetero cessare pęnitus debeas, nullamque ulterius praefato Symoni molestiam vel clericis ibi Deo servientibus inferre praesumas; sed, ut dictum est, libera ab omni perturbatione, secura sanctae Hierosolimitanae ecclesiae, cui fidelium illam devovit intentio, Deo propitio ex nostra auctoritate in perpetuum conservetur. Quodsi aliquid iustitiae in supra dicta ecclesia te habere confidis, ante legatum nostrum Diensem episcopum in concilio, quod proxime celebraturus est, te praesentare debebis; sciens hoc, quod in nullo contra iustitiam te volumus praegravare. Si autem, monita nostra immo Dei verba quod absit audire contemnens, ab illicita et interdicta invasione supra dictae ecclesiae te cohibere nolueris, excommunicationem, quam in te pro ipsa ecclesia legatus noster Hugo Diensis episcopus in concilio Pictavensi iaculatus est, auctoritate apostolica confirmamus. Data Lateranis 4 Kalendas Iulii, indictione 2.

1079
Iun. 28

EXPLICIT LIBER SEXTUS.

IN NOMINE DOMINI

INCIPIT LIBER SEPTIMUS

REGISTRI GREGORII PAPAE SEPTIMI

anno dominice incarnationis millesimo septuagesimo nono, pontificatus vero domni Gregorii anno septimo, indictione secunda.

VII 1. *Hubertum revocat. Teuzonem iniussu suo in regem Angliae verba fecisse. Wilhelmi I Rotomagensis promotionem improbat. De Rainardo Lingonensi. Episcopos Angliae et Normanniae ad synodum venire vult.*

Gregorius episcopus servus servorum Dei dilecto in Christo filio Huberto sanctae Romanae ecclesiae subdiacono salutem et apostolicam benedictionem.

1079
Sept. 23

1079
Sept. 28

Miramur nimium et nobis admodum displicere cognoveris, te tantas moras hactenus habuisse et ad apostolicam sedem tandiu distulisse reverti. Neque vero alicuius rei excusatio te satis reddere potest purgatum, excepto si vel causa infirmitatis, vel quod non patuerit aditus redeundi, dimiseris. Nam pecunias, sine honore tributas, quanti pretii habeam, tu ipse optime potuisti dudum perpendere. Quapropter, sciens quia propter multa volumus tuam praesentiam, reditum tuum quantum potes maturare procura.

Significasti autem nobis, Teuzonem, quasi ex parte nostra legatum, adversus Anglicum regem[1] verba fecisse. Quae noveris ex nobis mandata non esse. Verum multa sunt, unde sancta Romana ecclesia adversus eum queri potest. Nemo enim omnium regum, etiam paganorum, contra apostolicam sedem hoc praesumpsit temptare, quod is non erubuit facere; scilicet ut episcopos, archiepiscopos ab apostolorum liminibus ullus tam inreverentis et impudentis animi prohiberet. Unde volumus, ut eum nostra vice prudentia tua studeat admonere: quatinus honorem, quem sibi a subditis suis graviter ferret non exhiberi, sanctae Romanae ecclesiae non tantopere laboret imminuere; et[a] debitas gratias agendo, gratiam beati Petri procuret acquirere. Nos enim, amicitiae nostrae pristinae circa eum memores et apostolicam mansuetudinem, quantum Deo auctore possumus, imitantes, huc usque illius culpae pepercimus; qui, si his et similibus, quae tibi nota sunt, modum non imposuerit, omnino sciat se iram beati Petri in se graviter provocaturum.

Audivimus etiam, Rotomagensem archiepiscopum[2] sacerdotis[3] filium esse. Quod si verum deprehenditur, noveris: promotioni illius nos assensum nequaquam tribuere.

De eo autem, quod in Flandria cum Lingonense episcopo[4] — non ex monitis nostris — intelleximus te fecisse, scias: contra rationem et iniuste fuisse praesumptum; cum nos in partibus

a. *an* sed ei?

1. Wilhelmum I.   2. Wilhelmum I.   3. Ratbodi episcopi Sagiensis. V. Gallia Christ. XI 37.   4. Rainardo.

illis Diensi episcopo[1] praecipue sollicitudinis nostrae vicem de
omnibus commiserimus. Quam ob rem monemus te[a], ut ipsum
quantotius procures adire et cum eo rationem facti ponere, quatenus in ea re ipse quod corrigendum fuerit corrigat et quod
confirmandum corroboret.

1079
Sept. 23

Preterea monemus te, ut ex parte beati Petri praecipias et
invites tam Anglicos quam Normannicos — ex unoquoque archiepiscopatu vel duos — episcopos ad Romanam synodum, quam
in quadragesima Deo auctore sumus celebraturi, venire. Qui si
forte murmuraverint et ad eum terminum se dixerint interesse
non posse, vel post pascha[2] studeant apostolicae sedi se praesentare. Data Romae 9 Kalendas Octobris, indictione 3.

VII 2. *Lucensibus clericos S. Martini tum muneribus tum communione privatos nuntiat. Quibuscum ne communicent,
praecipit.*

1079
Oct. 1

Gregorius episcopus servus servorum Dei Lucensi clero et
populo, videlicet[b] his qui non communicant neque consentiunt
excommunicatis, salutem et apostolicam benedictionem.

Clericorum vestrae ecclesiae diligenter causam examinantes
diuque in ea laborantes, nullam in eis rationem atque veritatem,
sicut decet christianos, invenimus. Quorum mirabilem et inauditam superbiam licet sine audientia secundum synodalem sententiam, quam in se provocaverant, punire debuerimus, mansuetudinis tamen spiritu res eorum audiendas esse dignum duximus;
ut saltim confusos et convictos ad sanum consilium sensumque
humilitatis revocaremus. Nam si in eis aliquod humilitatis signum
mens nostra perpendisset, sine aliqua a nobis misericordia non
recessissent. Quibus in superbia sua perdurantibus, auctoritas
beatorum martyrum atque pontificum Fabiani et Stephani coram nobis allata est; quam nos per omnia huic negocio convenire cernentes, eos ut rebelles et inoboedientes eiusdem auctoritatis sententia damnavimus. Quam litteris nostris inserendam
esse existimavimus; ut, quantis sint facinoribus inretiti quantisve

---

1. Hugoni.   2. 1080 Apr. 12.   a. te *addidi*.   b. exceptis *cod.*

1079
Oct. 1

contumeliis digni, liquido pateat. **Fabianus:** *Statuimus*[1], *si aliquis clericorum suis episcopis infestus aut insidiator fuerit eosque*[a] *criminari temptaverit aut conspirator fuerit, ut, mox ante examinatum iudicium submotus, a clero curiae tradatur; cui diebus vitae suae deserviat, et infamis absque ulla restitutionis spe permaneat.* **Stephanus**[2] **papa:** *Clericus, qui episcopum suum accusaverit aut ei insidiator extiterit, non est recipiendus, quia infamis effectus est et a gradu debet recedere ac curiae tradi serviendus.* Hanc itaque in eos promulgantes sententiam, existimavimus, ut saltim terrore tantae auctoritatis ad humilitatem converterentur. Sed ipsi, dati in reprobum sensum[3] et demersi in diabolicae caecitatis puteum, a communione sanctae ecclesiae separati et excommunicati recesserunt. Unde nos, praedictorum sanctorum statuta firmantes, ex auctoritate beati Petri eos ab ordinibus et praebendis ecclesiae sancti Martini in perpetuum submovemus; et decernimus ita, ut nullum deinceps inter canonicos eiusdem ecclesiae locum teneant aut praebendarum aliquod solatium seu spem in posterum habeant. Vos itaque, dilectissimi filii, admonemus immo apostolica auctoritate interdicimus: ut scelerosis contumaciae actibus eorum non communicetis neque consilium aut auxilium contra Deum impendatis; sed, ut ipsi illesi et immunes a damnatione eorum permaneatis, illique ad penitentiam confundantur, infra ambitum civitatis vestrae eos cohabitare non permittatis; et, ut tota provincia eorum praesentia et contagione mundetur, operam detis. Quod nisi feceritis et eos magis quam iustitiam et salutem animarum vestrarum dilexeritis, totius excommunicationis eorum in vos periculum inducetis et iram Dei in praesenti et in futura vita sine dubio sentietis. Eos vero, qui illis, ne in superbia sua permaneant et confundantur, restiterint, gratia beati Petri remunerandos censemus et promittimus. Data Romae Kalendis Octobris, indictione 3.

a. eoque *cod.*

1. „Statuimus — permaneat" ex Fabiani epistola secunda; v. Decretales Pseudo-Isidorianas ed. Hinschius p. 165.   2. I in epistola secunda; Decretales Ps. Isid. ed. Hinschius p. 186.   3. Rom. 1, 28.

VII 3. *Fidelibus S. Petri in regno Teutonico scribit, se non esse usum seculari levitate. Angustias suas commemorat. Legatos suos dolet contra mandata sua egisse*[a].

Gregorius episcopus servus servorum Dei omnibus fidelibus sancti Petri in Teutonico regno commorantibus salutem et apostolicam benedictionem.

1079
Oct. 1

Pervenit ad nos, quod quidam ex vobis de me[b] dubitant, tamquam — in instanti modo necessitate — usus sim seculari levitate. Qua certe in causa nullus vestrum, praeter instantiam praeliorum, maiores me et patitur angustias et suffert iniurias. Quotquot enim laici[c] sunt, omnes causam Heinrici praeter admodum paucos laudant ac defendunt, et pernimiae duritiae ac impietatis circa[d] eum me redarguunt. Quibus Dei gratia omnibus sic restitimus hactenus, ut in neutram adhuc partem, nisi secundum iustitiam et aequitatem, secundum nostrum intellectum declinaremus. Nam si legati nostri aliquid contra, quod illis imposuimus, egerunt[e], dolemus. Quod ipsi tamen, sicut comperimus, tum violenter coacti tum dolo decepti, fecerunt. Nos vero iniunximus eis: ut locum ac terminum communiter statuerent oportunum, ad quem sapientes nostros et idoneos legatos propter discutiendam causam vestram dirigeremus; atque ut in sedes suas episcopos restituerent; et abstinere ab excommunicatis docerent. Si quid contra haec vel decepti vel coacti fecerunt, non laudo. Sciatis indubitanter, quoniam Deo gubernante nemo hominum sive amore sive timore aut per aliquam cupiditatem potuit me unquam aut a modo poterit seducere a recta semita iustitiae. Vos itaque, si re vera et in caritate non ficta fideles Dei atque sancti Petri estis, nolite in tribulationibus deficere; verum, ut boni emulatores, in incepta fidelitate[f] immobiles perdurate[g], quoniam: *Qui perseveraverit*[h] *usque in finem, hic salvus erit*[1]. In[i] praesentiarum modo[k] nichil vobis aliud de praedicto negocio mandare possumus; quia nuncii nostri[l] nondum sunt re-

---

a. *Legitur etiam 2) ap. Hugon. Flavin., Mon. Germ. SS. VIII* 451.   b. nobis 2.
c. latini *c*, laici 2.   d. in 2.   e. egerint 2.   f. in incepto fideliter 2.   g. perseverate 2.   h. perseverit *c*.   i. In *om. cod.*   k. modo *om.* 2.   l. vestri 2.
1. Matth. 11, 22.

1079
Oct. 1

versi. Quibus utique venientibus, secundum quod ab ipsis intellexerimus, vobis quantotius possumus[a] veraciter indicabimus.
Data[b] Rome Kalendis Octobris, indictione 3.

VII 4. *Wezelinum militem contra Suinimirum, apostolica aucto-*
ritate in Dalmatia regem constitutum, arma ferre vetat.

1079
Oct. 4

Gregorius episcopus servus servorum Dei Wezelino nobili
militi salutem et apostolicam benedictionem.

Scias, nos de prudentia tua multum mirari, ut, qui te esse
dudum beato Petro et nobis fidelem promiseris, contra eum,
quem in Dalmatia regem[1] auctoritas apostolica constituit[2], tu
modo coneris insurgere. Quapropter nobilitatem tuam monemus
et ex parte beati Petri praecipimus: ut adversum iam dictum
regem deinceps arma capere non praesumas; sciens, quicquid
in illum ausus fueris, procul dubio te in apostolicam sedem
facturum. Si vero adversus ipsum aliquid te forte dicis habere,
a nobis iudicium debes expetere, et expectare iustitiam potius,
quam contra eum ad iniuriam sedis apostolicae manus tuas armare. Quodsi te temeritatis tuae non poenituerit, sed contra
mandatum nostrum contumaciter ire temptaveris, scias indubitanter: quia gladium beati Petri in audaciam tuam evaginabimus
et eodem pertinaciam tuam et omnium, qui tibi in ea re fave-
rint, nisi resipiscas, multabimus. Sin vero oboediens, sicut christianum decet, prudenter extiteris, gratiam beati Petri et apostolicae sedis benedictionem, sicut obtemperans filius, consequeris.
Data Rome 4 Nonas Octobris, indictione 3.

VII 5. *Aconis (Haraldi Hein) regis Danorum fidem laudat. Cle-*
ricum mitti cupit, qui et Danorum mores sibi exponat,
et sua mandata ad eos perferat.

1079
Oct. 15

Gregorius episcopus servus servorum Dei Acono[3] regi Danorum salutem et apostolicam benedictionem.

---

a. possimus 2.   b. Data — 3 *om.* 2.

1. Suinimirum s. Demetrium.   2. De hac re v. Demetrii regis tabulam ap. Farlatum Illyric. sacr. III 146.   3. Araldo s. Haraldo Hein.

Sincero caritatis affectu dilectioni tuae congratulamur, quia, licet in ultimis terrarum finibus positus, ea tamen, quae ad christianae religionis cultum pertinere noscuntur, vigilanter studes inquirere; et quod, sanctam Romanam ecclesiam matrem tuam et universorum recognoscens, ipsius documenta tibi exoptas et exposcis. Volumus etiam atque monemus: ut in his studiis et desideriis devotio tua persistens et, quantum pietas divina praestiterit, crescens nullatenus a proposito recto deficiat; sed ad meliora cotidie, sicut prudentem virum et regiam decet constantiam, roboretur. Animadvertere siquidem debet excellentia tua, quod, quanto pluribus supereminet ac dominatur, tanto magis sibi subditos potest exemplo suo aut ad deterius quod absit inflectere aut ad sanum consilium ignavos etiam provocare. Intueri quoque prudentiam tuam necesse est: temporalis vite gaudia quam sint caduca, quam fugitiva; quae, etsi vita diu crederetur mansura, tamen, saepe multis adversis ex inproviso surgentibus, secura stare non possunt. Unde summopere curare oportet, ut ad illa, quae transire nesciunt et habentem deserere nequeunt, gressus tuos constanter dirigas et affectum mentis intendas. Cuperemus nimium: certe[a] de vestris aliquem prudentem clericum ad nos venire, qui et vestrae gentis mores seu concinentias[b] sciret nobis pleniter intimare, et apostolicae sedis documenta sive mandata plenius eruditus ad vos posset perferre. **Data Rome Idibus Octubris.**

1079
Oct. 15

VII 6. *Adefonsi VI regis Legionis et Castiliae studium erga b. Petrum laudat. Richardum cardinalem presbyterum iterum mittit; cui ut obediat, hortatur. Mittit reliquias.*

Gregorius episcopus servus servorum Dei carissimo in Christo filio, glorioso regi Hispaniarum[1], salutem et apostolicam benedictionem.

1079
Oct. 15

Omnipotenti Deo laudes et gratias agimus, qui gloriam vestram gratia suae visitationis illustrans, beato Petro apostolorum

a. *an* cito?   b. continentias *c.*

1. Adefonso VI regi Legionis et Castiliae (cf. L. VIII 2, 3 infra).

principi fide ac devotione coniunxit; cui omnes principatus et potestates orbis terrarum subiciens, ius ligandi atque solvendi in coelo et in terra contradidit. Qua de re et vobis merito gaudendum est. Quoniam eo ampliora vobis parata sunt praemia, quo* divina dignatio correctionem regni vestri, quod diu in errore[b] perstiterat, usque ad vestra reservavit tempora: ut veritatem Dei et iustitiam — qua illi, qui vos praecesserunt, rectores et principes et universus populus tot annis tum cecitate ignorantiae tum obstinata temeritate caruerant — vestra mereretur suscipere sublimis humilitas et fidelis oboedientia. Verum quia omne opus bonum non tam ab inceptu quam ex fine suo retributionis debitum spectat, excellentiam vestram paterna caritate monemus: ut, quod a legatis nostris de religione fidei et ecclesiastici ordinis accepistis et adhuc Deo auctore accepturi estis, firmiter teneatis. Quia, sicut certa spes salutis est his, qui in observatione fidei et doctrinae huius sanctae apostolicae sedis permanent, ita illis, qui ab eius concordia et unitate exorbitaverint[c], haut dubiae damnationis terror imminet. Et quidem de vobis bene speramus; quoniam relatione dilecti filii nostri Richardi cardinalis presbyteri sanctae Romanae ecclesiae, quem nunc secundo ad vos mittimus, bonam voluntatem vos habere intelleximus. Sed quoniam devota corda semper admonitione gaudent et ipsae etiam virtutes exercitio indigent, hortamur eminentiam vestram: ut ab hac terrena et caduca dignitate ad illam, quae caelestis et aeterna est, mentem levet; hac utatur sicut transitoria et cito peritura, illam appetat, quae aeternitatem pariter habet et gloriae plenitudinem. Attendere enim et sollicite pensare debetis: quoniam cotidie ad finem vitae volentes nolentesque properatis; et, quicquid divitiarum honoris potentiae nunc arridet, vicina mors, cum minime putatur, rapiet et omnia tenebris et amaritudine claudet. Quae ergo in illis spes, quae gloria, quae delectatio aut desiderium esse debet, quae se amantes decipiunt, sequentes fugiunt, habentes derelinquunt? Quanto autem in his quisque minus delectatur minusque elatione

a. clementius *excidisse videtur.*   b. herrore *c.*   c. exhorbitaverint *c.*

super se rapitur, tanto securius ad ea quae vera sunt bona deducitur. Cuius rei exemplum ipse dominus ac salvator noster Iesus Christus aperte monstravit, cum oblatum sibi ab hominibus regnum pia humilitate respuit; nec speciem quidem terrenae sublimitatis in oculis hominum gerere voluit, qui in hunc mundum, ut nos ad regnum caeleste reduceret, venit. Quapropter sicut carissimum filium vos admonemus: ut, haec sedulo vobiscum cogitantes, coram illo vos exhibeatis humilem, qui vos constituit valde sublimem; et inter omnia et prae omnibus Deo placere studentes, commissa vobis regni gubernacula ita administrare cum Dei adiutorio procuretis, quatenus vestra eminentia nullum futurae abiectionis aut infortunii casum sentiat, sed ad coronam incomparabilis regni et solium aeternae gloriae transeat.

Ut autem nostra exhortatio cordi vestro altius imprimatur, ex more sanctorum patrum[a1] misimus vobis claviculam auream, in qua de catenis beati Petri benedictio continetur; quatenus, per eius praesentia patrocinia, uberiora eius erga vos beneficia sentiatis, et in amore ipsius de die in diem ferventius[b] accendamini, promerentes, ut omnipotens Deus, qui illum admirabili potentia a nexibus ferreis liberavit, eius meritis et intercessionibus vos ab omnium peccatorum vestrorum vinculis absolvat et ad gaudia aeterna perducat.

Ad haec commendamus vobis hunc dilectum filium nostrum, quem, sicut supra diximus, nunc secundo ad vos mittimus, ut eum sicut nos audiatis et in omnibus sibi favorem exhibeatis; quatenus non fiat inanis cursus et labor illius apud vos, sed pro commissa sibi legatione ea, quae de ecclesiasticis causis tractanda invenerit, efficaciter exequi et ad statum rectitudinis Deo adiuvante perducere valeat. Caetera vero, quae hic minus continentur, in eius ore posuimus. Cui vos in nullo credere dubitetis; per quem nostram vobis auctoritatem repraesentari cognoscitis. Data Romae 18 Kalendas Novembris, indictione 3.

a. patrum *addidi.*   b. ferventes *c.*

1. Recharedo regi Wisigothorum misit anno 599 S. Gregorius I „clavem parvulam a b. Petri corpore, in qua inest ferrum de catenis eius inclusum". V. S. Gregorii Reg. IX 121, opp. ed. Ben. II 1031.

————————   25 *

VII 7. *Richardo cardinali significat, se eum monachis Massilien-*
sibus abbatem praeposuisse. Quorum coenobium cum b.
Pauli monasterio coniungi cupit. Praecipit, ut legationem
Hispanicam perficiat.

1079
Nov. 2

Gregorius episcopus servus servorum Dei Riccardo cardinali in legatione Hyspaniae constituto salutem et apostolicam
benedictionem.

Unanimitas fratrum Massiliensium, in litteris suis sanctae
memoriae fratris tui[1] memorans obitum, novo me dolore sau-
tiavit; petens insuper — contemplatione amoris sancti fratris tui,
teque velut ipsum alterum futurum sperans — uti sibi te conce-
derem in abbatem. Quod et feci. Volo ergo: ut fratres tuos
nullo modo, pertinaciter resistendo, contristes; sed voluntati Dei
et sanctorum fratrum facile acquiescas. Volumus etiam atque
monemus: ut, in quantum potes, spes tantorum fratrum de te
vana non fiat; sed spiritum sanctum fratris tui viriliter induas,
saecularia ac iuvenilia desideria ut mortem fugias, sanctae regulae medullitus te astringas; ne occasione tuae iuventutis monasterium sanctum, quod avertat Deus, patiatur aliquod detrimentum religionis.   Notum autem tibi facio, quia desiderium
mihi est, monasterium beati Pauli[2] apostoli et monasterium Massiliense tanta caritatis unione constringere, ut et illud semper
pro amore beatissimi Pauli ex apostolica auctoritate succrescat
et beatissimi Pauli monasterium ad sanctam religionem ex illius
monasterii religione proficiat.   Postquam autem Deo auctore
monasteria tua bene composueris, legationem tibi commissam
ad Hyspanias perficere non moreris. Data Romae 4 Nonas Novembris, indictione 3.

VII 8. *Monachos Massilienses de obitu Bernardi abbatis conso-*
latur; laudatque, quod Richardum presbyterum cardinalem
elegerint.

1079
Nov. 2

Gregorius episcopus servus· servorum Dei dilectis in Christo

1. Bernardi abbatis S. Victoris Massiliensis, qui obiit die 20 Iulii 1079.
V. Bernoldi necrologium et Bertholdi annales 1079, Mon. Germ. SS. V 392
et 324.   2. Romanum. Cf. supra p. 347 n. 4.

Massiliensis congregationis fratribus salutem et apostolicam bene- 1079
dictionem.   Nov. 2

Non dubitamus, fraternitatis vestrae dilectionem, meroris et
tristitiae plenam, super venerandi patris sui[1] excessu vehementi
dolore constringi. De cuius transitu profecto nemini maius incommodum quam nobis aut aeque magnum evenisse putamus,
qui talem tantumque adiutorem nobis e latere subductum sentimus. Intelleximus siquidem: in ipsius prudentia et consilio, si
vita aliquandiu comes maneret, plurimum utilitatis Deo favente
non solum in transalpinis verum etiam in Italiae partibus cum
multorum salute sanctae Romanae ecclesiae proventurum. Unde
nos quoque — tanti culminis onus quod ultra vires nostras[a] est
sustinentes, eiusmodi solatio sublato, cum neminem aut vix paucos suffragatores similes inveniamus — quanto mentis angore
teneamur, liquido quidem potestis et ipsi perpendere. Verum
quia omnipotentis Dei inaestimabilis providentia omnia iuste et
sapienter disponit, iudicia eius, nimirum recta consilia ipsius,
aequitatis et misericordiae plena, nobis sunt, fratres, aequanimiter
ferenda.   Et quoniam memoratus pater vester, quod vivendo
promeruit, obeundo incunctanter est Abrahae sinu receptus; nos,
dulci illius memoria vobis astricti[b], praecipue etiam divino amore
monente, locum vestrum specialiter diligere iuvare et ab omnibus violentiis, sicut ecclesiae Romanae specialiter herentem, defendere decrevimus. Et quemadmodum Cluniacense monasterium
longo iam tempore sedi apostolicae constat esse unitum, ita quoque vestrum deinceps ut eidem sedi similiter hereat in perpetuum, volumus atque sancimus.   Audivimus autem, quod caritas vestra filium nostrum et presbyterum cardinalem Riccardum
loco germani ipsius in abbatem velit eligere. Quam denique
electionem nos approbamus et apostolica auctoritate firmamus;
in hoc item vobis obnoxii et quasi vinculis geminatis annexi,
quod sanctae Romanae ecclesiae filium rectorem vobis appetitis.
Oportere igitur arbitramur, omnium bonorum dispensatorem ex-

a. nostras *addidi*.   b. a vobis stricti *cod*.
1. Bernardi abbatis.

1079
Nov. 2 orare, quatinus ipsum eum saluti vestrae ita vigilantem provi-
sorem efficiat, ut is pro salubri cura et talentis multiplicatis
aeternae hereditatis dona percipiat et, praemia beata reportans,
matrem suam laetificet. Data Romae 4 Nonas Novembris, indictione 3.

VII 9. *Astensi, Taurinensi, Aquensi episcopis mandat, ne a Bonifacio marchione patiantur Anselmi fratris defuncti sponsam in matrimonium duci.*

1079
Nov. 8 Gregorius episcopus servus servorum Dei fratribus et coepiscopis Astensi[1] Taurinensi[2] et electo Aquensi salutem et apostolicam benedictionem.

Pervenit ad nos, quod Bonifatius marchio[3], germanus Main-
fredi et Anselmi, nuper interemptorum, eiusdem Anselmi de-
sponsatam conatur sibi in coniugium copulare. Quod quam sit
flagitii plenum, quam a christianae religionis legibus alienum,
nemo, qui sacros canones novit, potest ambigere. Quapropter
dilectioni vestrae praecipimus, ut illum nostra vice convenientes
commoneatis, quatinus contra sanctorum patrum statuta tali tamque[a] nefario conubio desistat ulterius operam dare. Quodsi se
ad hoc perpetrandum iuramento putat astrictum teneri, perni-
tiosae obligationis stultum pactum non observandum sed in irritum devocandum esse censemus, et vobis taliter habendum
mandamus. Sin vero contra salutem suam animo indurato in
placito tam nefando perstiterit, et salubribus monitis, sicut christianum decet, obtemperare contempserit, vos in eum primi canonicam sententiam promulgate. Quam nos exinde Deo auctore
firmabimus et apostolica potestate roborabimus; ne ceteri, hoc
exemplo ducti, aut in deteriora labantur aut similia sibi licere
forte existiment. Data Romae 3 Nonas Novembris, indictione 3.

a. tamquam *c.*

1. Ingoni?   2. Cuniberto?   3. de quo cf. San Quintino Osserva-
zioni critiche, Torino 1851 p. 54 sq. et S. Giovanni Dei marchesi del Vasto,
Torino 1858 p. 37 sq.

VII 10. *Britannos iubet cum Amato episcopo Elorensi, legato suo, synodum celebrare, qua rem poenitentialem ad normam dirigant.*

Gregorius episcopus servus servorum Dei episcopis sacerdotibus principibus aliisque omnibus in Britannia commorantibus salutem et apostolicam benedictionem, si obedierint. 1079 Nov. 25

Sacerdotalis culminis dignitas tum imperitia tum negligentia sacerdotum, sicut vestra dilectio novit, ex longo iam tempore peccatis exigentibus fuit collapsa. Ex qua quidem re quasi ex pestifera radice innumera mala exorta[a] sunt; adeo ut usque ad haec nostra tempora, inter cetera quae male pullulant vitia, falsae nihilominus poenitentiae consuetudo inoleverit. Quapropter quia nobis pro officii nostri consideratione et sollicitudinis magnitudine imminet, haec et huiusmodi, quantum possumus, Domino largiente corrigere, volumus atque apostolica auctoritate praecipimus: ut legatum nostrum, Amatum videlicet Olorensem episcopum, cui vicem nostram in partibus vestris commisimus, studeat vestra fraternitas reverenter . . . . . convocare et . . . ., ut illo agente synodale concilium congregetur; ubi cum de aliis, quae ad salutem pertinent animarum, tum etiam de poenitentiae constitutione[b] diligentius pertractetur. Qua in re hoc summopere vos cavere oportet aliosque monere debetis: quia, si quis, in homicidium adulterium periurium vel aliquid huiusmodi lapsus, in aliquo talium criminum permanserit; aut negociationi, quae vix agi sine peccato potest, operam dederit; aut arma militaria portaverit — excepto si pro tuenda iustitia sua vel domini vel amici seu etiam pauperum nec non pro defendendis ecclesiis, nec tamen sine religiosorum virorum consilio sumpserit, qui aeterne salutis consilium dare sapienter noverunt — aut aliena bona iniuste possederit; aut in odium proximi sui exarserit; verae poenitentiae fructum facere nullatenus potest. Infructuosam enim poenitentiam dicimus, quae ita accipitur, ut in eadem culpa vel simili, deteriori vel parum minori, permaneatur. Unde quisquis digne vult poenitere, necesse est, ut ad fidei recurrat originem

a. exhorta *c*.   b. consultatione *c*.

1079
Nov. 25

et, quod in baptismo promisit — diabolo scilicet pompisque illius abrenunciare et in Deum credere, videlicet recta de eo sentiendo mandatis ipsius oboedire — sollicitus sit vigilanter custodire. Quicunque ergo taliter poenituerit — quoniam aliter, simulatio dici potest, non poenitentia — illi peccatorum suorum remissionem apostolica freti potestate largimur, insuper aeternae beatitudinis gaudia, de omnipotentis Dei misericordia confisi, promittimus. Data Romae 7 Kalendas Decembris, indictione 3.

VII 11. *Wratizlaum II ducem Bohemiae cum excommunicatis conversantem vituperat. Vetat linguam Sclavonicam in procurandis sacris adhiberi. De legatis ad se mittendis.*

1080
Ian. 2

Gregorius episcopus servus servorum Dei Wratizlao[1] Boemomorum duci salutem et apostolicam benedictionem.

Huiusmodi salutationis nostrae consuetudinem, scilicet apostolicae benedictionis, eam[2] tibi mittentes, non sine hesitatione modo servavimus; propterea quod videris excommunicatis ipse communicare. Quicunque enim bona ecclesiarum invadunt, id est sine certa licentia episcoporum vel abbatum diripiunt, vel ab aliqua persona accipiunt, non solum ab apostolica sede hoc tempore, verum etiam a multis sanctis patribus, sicut in scripturis eorum repperimus, ... Verum, utcunque se res habeat, saluti tuae internae[a] providere non modo ex antiqua tui dilectione movemur, verum etiam ex suscepti honoris immo laboris intuitu profecto compellimur eo magis, quod multorum profectui tua sublimitas esse potest exemplum. Neque enim hoc tibi relinquitur vel dicere vel cogitare: *Meum non est, alienam vitam vel mores in spiritualibus exquirere sive distringere;* procul dubio nanque tantorum reus existis, quantorum vias ab interitus praecipitio poteras nolens[b] reflectere. Illud quoque vigili mente pertractes oportet: ne honorem tuum divino honori, seu pecuniam praeponas iustitiae; neu, quod in te cinerem a subdito, tibi consimili, fieri non sine gravi animadversione patereris, in creatorem tuum et omnium praesumi aequanimiter feras. In-

1. II.   2. sc. salutationem.   a. *an* aeternae?   b. volens *cod.*

dubitanter etenim non Dei sed diaboli membra et falsi christiani 1080
convincuntur, qui suas iniurias persecuntur usque ad sanguinem Ian. 2
et Dei contumelias negligunt usque ad oblivionem.   Divitias
autem, potentia tua quas habet, non ob meritum datas sed ob
sollicitudinem putare debet sibi commissas. Denique non tantum
saecularibus oneri[a] videtur inopia, quantum spirituales viros gra-
vant divitiae, simul etiam diffusa potestas. Perpendunt quippe —
si ille, cui una ovis sub necis suae conditione committitur, non
solum centum eodem pacto non cuperet recipere, verum etiam,
illa ne aliquo casu dispereat, haud sine timore sollicitus est observare — quod sibi tanto sit inremissius vigilandum magisque
timendum, quanto super plures curam seu potestatem accipiunt.
His ita perspectis, ad maiorem te mentis vigilantiam praesentis
saeculi fugacitas invitat. Et cum illud, quod in hac luce magis
diligitur, vita scilicet praesens, ad occasum furtim festinet, profecto, quo magis ad districti examinis diem propinquas, eo amplius ad aeterna praemeditanda et adipiscenda te sana ratio mittit.
Haec itaque nostra monita sive mandata, volumus immo iubemus,
ut ante suae mentis oculos excellentia tua saepius ponat et cre-
brius legendo audiendo meditetur; non quod elegantius scripta
nequeas in sanctorum paginis invenire, sed quia haec ad te specialiter ex nobis immo ex beato Petro missa sunt et, ista frequentius recogitando, poteris Deo propitiante ad potiora cogno-
scenda exurgere.

Quia vero nobilitas tua postulavit: quod[b] secundum Sclavonicam linguam ápud vos divinum celebrari annueremus officium,
scias, nos huic petitioni tuae nequaquam posse favere. Ex hoc
nempe, saepe volventibus liquet, non immerito sacram scripturam omnipotenti Deo placuisse quibusdam locis esse occultam[1]:
ne, si ad liquidum cunctis pateret, forte vilesceret et subiaceret
despectui aut, prave intellecta a mediocribus, in errorem indu-
ceret. Neque enim ad excusationem iuvat, quod quidam religiosi
viri hoc, quod simpliciter populus querit, patienter tulerunt seu

a. honeri *cod.*   b. quo *c.*

1. Coniunge sic: „Ex hoc nempe scripturam occultam esse placuisse,
liquet".

1080
Ian. 2 incorrectum dimiserunt; cum primitiva ecclesia multa dissimu-laverit, quae a sanctis patribus postmodum, firmata christianitate et religione crescente, subtili examinatione correcta sunt. Unde, ne id fiat, quod a vestris imprudenter exposcitur, auctoritate beati Petri inhibemus; teque ad honorem omnipotentis Dei huic vane temeritati viribus totis resistere praecipimus.

De legato autem nostro, quem mitti ad se tua devotio po-poscit, noveris item, nos preces tuas ad praesens commodę effi-cere minime potuisse. Tamen in hoc anno, divina favente cle-mentia,, tales procurabimus invenire personas, quae et negociis vestris valeant utiliter deputari et necessitudines vestras plenius cognoscentes ad notitiam nostram deducere. Ut ergo tute pos-simus ad vos legatos nostros dirigere, necesse arbitramur et vo-lumus: ut filium nostrum Fredericum et hunc Felicem ad nos iterum studeas aut horum alterum mittere; quatinus ita possint, quo destinabimus, secure venire. Data Romae 4 Nonas Ianuarii, indictione 3.

VII 12. *Manassi I archiepiscopo Remensi praecipit, ut syno-dum Lugdunensem adeat.*

1080
Ian. 3 Gregorius episcopus servus servorum Dei Manasse[1] Remensi archiepiscopo salutem et apostolicam benedictionem.

Miramur, fraternitatis tuae prudentiam ad hoc tot occasiones invenire, ut in infamia sua et ecclesiae suae tempore longo per-maneat et, quoad[a] opinioni relinquitur, iudicium subterfugere videatur; cum magis ad hoc profecto eam decuerit laborare, ut suspicionem tanti reatus a se et ecclesia sua excluderet. In praeterito siquidem anno ad argumentum excusationis tuae quan-dam nobis obtulisti auctoritatem: te videlicet non alicuius legati[b] sed nostrae tantum praesentiae subdendum fore iudicio; unde etiam tunc, ut[c] apparet in litterarum nostrarum exemplaribus[2], dignissime reprehensus es. Nunc vero, immemor promissionis tuae, qua Romae te supra corpus beati Petri obligasti, aliam

a. quod *c.*   b. legati *addidi; cf. infra.*   c. etiam tunc, ut *scripsi pro* ut etiam nunc *c.*

1. I.   2. V. L. VI ep. 2 supra p. 322.

excusationem obtendis: te[a] timore videlicet dissidentis regni ad Lugdunense concilium, ad quod vocatus es, venire non posse. In qua re quantum excusatio tua nutet, liquido valet perpendi. Nam neque legatus Romanae ecclesiae in negocio tuo contemnendus fuit, qui — sicut noscit fraternitas tua — maximis et praecipuis conciliis, videlicet Niceno[1] et Chalcedonensi[2], aliisque multis praefuit et huiusmodi questionibus certum diffinitionis terminum dedit; neque illud nunc assumendum tibi fuit, te Lugdunum non posse venire, cum omnia viae illius pericula, si qua sunt, tutissimis et securissimis ductoribus posses transire: Lugdunensi scilicet archiepiscopo[3] et Lingonensi episcopo[4], qui fraterna te caritate tractarent et sine omni formidine ad praenominatum perducerent locum. Ad quem nimirum locum sponte et sine invitatione aliqua accedendum fuit; ut, si immunis es a culpa, collaudatione synodali infamiae tuae silentium daretur, et non solum per Diensem[5] sed etiam[b] per confratrem nostrum Albanensem episcopum[6] et per abbatem Cluniacensem[7], quem eidem synodo interesse speramus, res tua diligentius retractaretur. Qui[c], si aliqua nimis dura in te daretur sententia, iustitiae moderamine utentes, non solum contra te non agerent verum etiam, pro te laborantes, praepropere dictum vel factum corrigerent. Quodsi forte ad praedictum concilium non iveris, aurem debitae oboedientiae matri tuae Romanae ecclesiae diu te supportanti non inclinaveris, si quid contra te Diensis cum consensu religiosorum fratrum nostrorum egerit, non solum sententiam in te prolatam non immutabimus verum etiam apostolica auctoritate firmabimus. Quodsi fraternitati tuae videbitur, prolatae sententiae rationabiliter posse obviari, volumus: te magis coram vicario nostro, Diensi videlicet episcopo, aliisque religiosis in patria illa, ubi accusatorum et defensorum maior copia invenitur, rationes tuas exponere, quam Romam per tot labores et difficultates, ubi utrumque deest, frustra spe iudicii quaerere. Interea fraterni-

a. te *addidi.*   b. etiam *addidi.*   c. quod *cod.*

1. V. L. VI ep. 2 supra p. 323 n. 2.   2. anni 451. V. Concil. ap. Mansi VI 566.   3. Gebuino.   4. Rainardo.   5. ep. Hugonem. 6. Petrum.   7. Hugonem.

1080
Ian. 3 tatem tuam ex parte omnipotentis Dei per auctoritatem beati
Petri monemus, ut, si te in hac causa culpabilem cognoscis,
potius, quam aliquo seculari ingenio te excusandum existimes,
studeas animam tuam per dignos fructus penitentiae liberare.
Data Romae 3 Nonas Ianuarii, indictione 3.

VII 13. *Theoderico episcopo Virdunensi mandat, ut in synodo ad*
satisfactionem cogat Arnulphum comitem, qui Heinricum I
episcopum Leodiensem direptum coegerit ad iurandum, se
nec ablata repetiturum et veniam illi ab ipso impetraturum.

1080
Ian. 30 Gregorius episcopus servus servorum Dei Theoderico Virdunensi episcopo salutem et apostolicam benedictionem.

Pervenit ad nos fratris et coepiscopi nostri Heinrici[1] Leo-
dicensis gravis calamitas. Quem ad apostolorum limina venientem Arnulphus comes[2], rebus suis omnibus quas secum ferebat
expoliatum[3], ad augmentum nequitiae post suorum ereptionem
compulit gladiis iurare: quod ablata nunquam repeteret, et quod
a nobis super tali tantoque facinore sibi veniam impetraret. Quod
immane flagitium ut cognovimus, profecto vehementer doluimus,
cum propter impeditam fratris nostri devotionem tum propter
illius detestabilem audaciam. Quae nisi digna animadversione
vindicata fuerit, restat, ut ei suisque similibus, si qua deteriora
sunt et possunt, perpetrandi concedatur occasio. Verumtamen,
ne forte iudicemur potius irae consulere quam parere iustitiae,
volumus atque apostolica auctoritate praecipimus: ut fraternitas
tua quoscunque potest episcopos abbates sacerdotes et clericos
studeat adunare et, conventu habito super hac re, illum impro-
bum ad poenitentiam et satisfactionem invitare. Quodsi, in malitia sua perdurans, aut poenitentiam agere aut ablata noluerit
digna cum satisfactione restituere, ecclesiae introitum et corporis
et sanguinis dominici participationem tua ei fraternitas inter-

---

1. I.   2. de Chiny (a Virduno ad septemtriones). V. Friderici ep.
Leodiensis epistolam ap. Martene Coll. I 654.   3. die 24 Dec. 1079.
V. apologiam Manassis I archiepiscopi Remensis (ap. Mabillon Musaeum Italicum I 121, Tromby Storia del ordine Cartusiano I appendix p. 19): „in
episcopo Leodiensi, quem nuper in vigilia natalis Domini novimus captum".

dicat; datisque sibi quindecim dierum indutiis, si infra illud
spatium non poenituerit et ad emendationem sceleris sui non
venerit, anathematis eum gladio, fulta praecepto auctoritatis apostolicae, feriat. Quod certe nos exinde omnibus modis firmabimus; ac postmodum quidem volumus atque iubemus, ut in
illum dilectio tua quibus valebit modis insurgat. Quicumque
enim illius nefandae praesumptioni auxilium aut assensum dederit, sciat se gratiam Dei et beati Petri procul dubio amissurum. Quicumque vero praedicti confratris nostri immo beati
Petri iniurias pro viribus suis ulcisci contenderit, ei nos apostolicam benedictionem tribuimus et, de divinae pietatis munere
confisi, peccatorum suorum veniam pollicemur. Nolumus etiam
prudentiam tuam ignorare, nos saepe dictum coepiscopum ab
illius malitiose coacti iuramenti conditione absolvisse, sanctaeque
ecclesiae contumeliam vindicandi licentiam ipsi dedisse. Quem
ut in omnibus pro posse studeas adiuvare, iterum iterumque
monemus atque rogamus. Data Romae 3 Kalendas Februarii,
indictione 3.

1080
Ian. 30

VII 14. *Heinricum I episcopum Leodiensem extorto iureiurando
absolvit, monetque, ut ab Arnulpho comite poenas petat.
De superiore epistola significat.*

Gregorius episcopus servus servorum Dei Heinrico[1] Leodicensi episcopo salutem et apostolicam benedictionem.

1080
Ian. 30

Cognita tuae fraternitatis adversitate et contumelia, tibi
immo beato Petro illata, nimirum valde dolere sumus coacti.
De iuramenti[a] vero iniustissima obligatione dilectioni tuae sic[b]
respondemus: non debere existimari[c], eam[d] ullis iuramenti vinculis posse teneri, quae[e] tam nefandissime coacta[f] iuraverit. Unde
et apostolica te auctoritate absolvimus, ut non tuae vel alicuius
conscientiae ob hoc videaris innexus aut debitor esse. Insuper
etiam, eadem freti potestate, fraternitati tuae licentiam damus

a. De iuramenti — iuraverit *leguntur etiam in Friderici ep. Leod. epistola ap. Martene Coll. I* 655. b. Heinrice *pro* sic *M.* c. aestimari *M.* d. eam *c.,* eum *M.*
e. quae *c.,* qui *M.* f. nefandissima coacte *M.*

1. I.

1080
Ian. 30 immo hortamur: ut contra iniurias beato Petro illatas, nisi praesumptor ille penituerit digneque satisfecerit, quibus viribus potest, insurgat; atque illum omnibus modis infestet; et de eo tanti sceleris poenas, Deo opitulante, petat et sumat. Indignum nanque nobis videtur, exemplumque caeteris improbis audendi peiora futurum, si hoc flagitium iste impune susceperit. Unde etiam fratri nostro Virdunensi episcopo[1] aliisque beati Petri fidelibus summopere praecipimus: ut, dilectionem tuam unanimiter adiuvantes, eum ut tyrannum et christianae religionis conculcatorem impugnent et armis tam carnalibus quam spiritualibus undique et ubique, quantum possunt, insequentes coartent. Data Romae 3 Kalendas Februarii, indictione 3.

VII 14a. *Acta concilii Romani*[a].

1080
Mart. 7 Anno ab incarnatione Domini millesimo octuagesimo, pontificatus vero domni Gregorii VII papae anno septimo, indictione tertia, celebravit ipse domnus papa synodum Romae; ubi interfuerunt archiepiscopi et episcopi diversarum urbium, nec non et abbatum ac diversorum ordinum clericorum et laicorum innumerabilis multitudo. In qua, apostolica constituta corroborans, multa quae corrigenda erant correxit et quae corroboranda firmavit. Inter cetera nanque in fine synodalis absolutionis haec annexuit et perpetuae memoriae pro posteris scribenda mandavit, ita dicendo:

Sequentes statuta sanctorum patrum — sicut in prioribus conciliis, quae Deo miserante celebravimus, de ordinatione ecclesiasticarum dignitatum statuimus — ita et nunc apostolica auctoritate decernimus ac confirmamus: ut, si[2] quis deinceps episcopatum vel abbatiam de manu alicuius laicae personae susceperit, nullatenus inter episcopos vel abbates habeatur nec ulla ei ut episcopo seu abbati audientia concedatur. Insuper etiam ei gratiam sancti Petri et introitum ecclesiae interdicimus, quo usque

a. *Leguntur magna ex parte etiam* 2) *ap. Petrum Pisanum, Pont. Rom. Vit. ed. Watterich T. I* 301 — 305.

1. Theoderico. V. ep. 13 supra p. 396.　　2. „Si quis deinceps — sententiae vinculo se esse sciat obstrictum" sunt in Gratiani decr. P. II C. XVI qu. 7 c. 12.

locum, quem sub crimine tam ambitionis quam inobedientiae, 1080
quod est scelus idolatriae[1], cepit, resipiscendo non deserit. Simi- Mart. 7
liter etiam de inferioribus ecclesiasticis dignitatibus constituimus.

Item si quis imperatorum regum ducum marchionum comitum vel quilibet[a] saecularium potestatum aut personarum investituram episcopatuum vel alicuius ecclesiasticae dignitatis dare praesumpserit, eiusdem sententiae vinculo se obstrictum esse sciat.
Insuper[b] etiam, nisi resipiscat et ecclesiae propriam libertatem
dimittat, divinae animadversionis ultionem in hac praesenti vita
tam in corpore suo quam ceteris rebus suis sentiat; ut in adventu Domini spiritus salvus fiat.

Item sententiam depositionis et excommunicationis, iam plerumque datam in Tedaldum Mediolanensem dictum archiepiscopum et Guibertum Ravennatem et Rolandum Tarvisiensem, confirmamus et corroboramus.   Et Petrum, olim Rotonensem[c][2]
episcopum, nunc autem Narbonensis ecclesiae invasorem, pari
sententia damnamus.

Item si quis Normannorum terras sancti Petri, videlicet illam partem Firmanae marchiae, quae nondum pervasa est, et
ducatum Spoletanum et Campaniam nec non Maritimas atque
Sabinum et comitatum Tiburtinum nec non monasterium sancti
Benedicti Montis Cassini et terras sibi pertinentes, insuper etiam
Beneventum invadere vel depraedari praesumpserit, gratiam sancti
Petri et introitum ecclesiae ei usque ad satisfactionem interdicimus. Verumtamen, si quis illorum adversus habitatores harum
terrarum aliquam iustam causam habuerit, prius a nobis vel a
rectoribus[d] seu ministris inibi constitutis iustitiam requirat; quae
si ei denegata fuerit, concedimus: ut pro recuperatione suarum
rerum de terra illa accipiat; non tamen ultra modum nec more
praedonum, sed ut decet christianum et eum, qui sua magis
querit recipere, quam aliena diripere, et qui timet gratiam Dei
amittere et maledictionem beati Petri incurrere.

Preterea[e] admonemus omnes, qui aeternae damnationis poe-

a. om. 2.   b. Insuper — fiat om. 2.   c. Redonensem 2.   d. nostris add. 2.
e. Preterea — eligendi potestate privatur om. 2.

1. 1 Reg. 15, 23.   2. Ruthenensem.

1080
Mart. 7 *nas evadere et verae beatitudinis gloriam cupiunt intrare, ut a falsis sibi caveant poenitentiis. Sicut enim falsum baptisma non lavat originale peccatum, ita post baptismum falsa poenitentia non delet nefas commissum. Ideoque valde necessarium est, ut, qui se aliquod grave crimen commisisse cognoscit, animam suam prudentibus et religiosis viris committat, ut per veram poenitentiam certam peccatorum suorum consequatur veniam. Haec est enim vera penitentia: ut post commissum alicuius gravioris criminis — utpote meditati homicidii et sponte commissi; seu periurii pro cupiditate honoris aut pecuniae facti; vel aliorum his similium — ita se unusquisque ad Dominum convertat, ut, relictis omnibus iniquitatibus suis, deinde in fructibus bonae operationis permaneat. Sic enim Dominus per prophetam docet: „Si conversus fuerit impius ab omnibus iniquitatibus suis et custodierit universa mandata mea, vita vivet, et non morietur"[1]. In quibus verbis manifeste datur intelligi: quoniam, qui aliena bona diripuit et ea, cum possit, reddere vel emendare noluerit; vel qui arma contra iustitiam portaverit; aut odium in corde retinet; vel qui huiusmodi negociationibus aut officiis implicitus fuerit, quae sine fraude sine falsitate sine invidia sine deceptione fratrum exercere non possit; nec ad Deum conversus nec de perpetratis facinoribus veram poenitentiam facere credendus est. Unde inter omnia vos hortamur atque monemus: ut in accipiendis poenitentiis non ad illos curratis, in quibus nec religiosa vita nec est consulendi scientia, qui animas hominum magis ad interitum quam ad salutem ducunt, teste Veritate quae ait: „Si caecus caecum ducat, ambo in foveam cadunt"[2]; sed ad eos, qui, religione et scripturarum doctrina instructi, viam veritatis et salutis vobis ostendere valeant.*

Item de electione pontificum.

Quotiens, defuncto pastore alicuius ecclesiae, alius est ei canonice subrogandus, instantia visitatoris episcopi, qui ei ab apostolica vel metropolitana sede directus est, clerus et populus, remota omni saeculari ambitione timore atque gratia, apostolicae

1. Cf. Ezech. 18, 21.　　2. Matth. 15, 14.

sedis vel metropolitani sui consensu pastorem sibi secundum Deum   1080
eligat. Quodsi corruptus aliquo vitio aliter agere praesumpserit,   Mart. 7
electionis perperam factae omni fructu carebit; et de caetero nul-
lam electionis potestatem habebit; electionis vero potestas omnis
in deliberatione sedis apostolicae sive metropolitani sui consistat.
Si enim is, ad quem consecratio pertinet, non rite consecrando,
teste beato Leone, gratiam benedictionis amittit, consequenter is,
qui ad pravam electionem declinaverit, eligendi potestate privatur.

Item excommunicatio regis Heinrici.

Beate[a] Petre princeps apostolorum et tu beate Paule doctor
gentium, dignamini[b] queso aures vestras ad me inclinare meque
clementer exaudire. Quia veritatis estis discipuli[c] et amatores,
adiuvate, ut veritatem vobis dicam, omni remota falsitate quam
omnino detestamini; ut fratres mei melius michi adquiescant, et
sciant et intelligant: quia ex vestra fiducia post Deum et matrem
eius semper virginem Mariam pravis et iniquis resisto, vestris
autem fidelibus auxilium praesto. Vos enim scitis: quia non
libenter ad sacrum ordinem accessi; et invitus ultra montes cum
domino[d] papa Gregorio[1] abii, sed magis invitus cum domino meo   1047
papa Leone[2] ad vestram specialem ecclesiam redii, in qua ut-   1049
cunque vobis deservivi; deinde valde invitus cum multo dolore
et gemitu ac planctu in throno vestro valde indignus sum col-   1073
locatus. Hec[e] ideo dico, quia non ego vos, sed vos elegistis me
et gravissimum pondus vestrae ecclesiae supra[f] me posuistis. Et
quia super montem excelsum me iussistis ascendere et clamare
atque annunciare populo Dei scelera eorum et filiis ecclesiae pec-
cata eorum[3], membra diaboli contra me coeperunt insurgere et
usque ad sanguinem praesumpserunt in me manus suas[g] inicere.
Astiterunt enim[h] reges terrae et principes saeculares et ecclesia-
stici, aulici etiam et vulgares convenerunt in unum adversus Do-
minum et adversus vos christos eius, dicentes: „Dirumpamus

---

a. *abhinc legitur etiam* 3) *ap. Hugon. Flav., Mon. Germ. SS. VIII* 451, 4) *ap. Udalr. Babenberg. n.* 150, *Eccardi Corp. hist. II* 152.   b. dignemini 2.   c. apostoli 3. d. meo *add.* 2. 3.   e. Nec *c.*   f. super 2. 3.   g. suas *om.* 3. 4.   h. enim *om.* 3.

1. VI, anno 1047.   2. IX, anno 1049.   3. Cf. Isai. 58, 1.

vincula eorum et proiciamus a nobis iugum ipsorum" [1]*; et ut me omnino morte*[a] *vel exilio confunderent, multis modis conati sunt in me insurgere.*

Inter quos specialiter Heinricus, quem dicunt regem, Heinrici imperatoris filius[b], contra vestram calcaneum erexit ecclesiam, facta cum multis episcopis ultramontanis et Italicis conspiratione, annitens, me deiciendo eam sibi subiugare. Cuius superbiae vestra resistit[c] auctoritas, eamque[d] vestra[e] destruxit potestas. Qui, con-

1077 Ian. fusus et humiliatus ad me in Longobardiam veniens[f], absolutionem ab excommunicatione quesivit. Quem ego videns humiliatum, multis ab eo promissionibus acceptis de suae vitae emendatione[g], solam ei communionem reddidi; non tamen in regno, a quo eum in Romana synodo[2] deposueram, instauravi[h]; nec fidelitatem[i] omnium, qui sibi[k] iuraverant vel erant iuraturi, a qua[l] omnes absolvi in eadem synodo, ut sibi servaretur[m], praecepi. Et haec ideo detinui, ut inter eum et[n] episcopos vel principes ultramontanos, qui ei causa iussionis vestrae ecclesiae restiterant, iustitiam facerem vel pacem componerem; sicut[o] ipse Heinricus iuramento per duos episcopos[3] michi promisit. Praedicti autem episcopi et principes ultramontani, audientes, illum non servare mihi[p] quod promiserat, quasi desperati de eo, sine[q] meo consilio vobis testi-

Mart. 15 bus, elegerunt sibi Rodulfum ducem in regem. Qui rex Rodulfus festinanter ad me misso nuncio indicavit: se coactum regni gubernacula suscepisse tamen; sese paratum michi omnibus modis oboedire. Et ut[r] hoc verius credatur, semper ex eo tempore eundem mihi[s] misit sermonem, adiciens etiam filio[t] suo[t] obside et fidelis sui ducis Bertaldi[5] filio, quod promittebat, firmare. In-

a. morti traderent 4.   b. filium *cod.*   c. restitit 2. 4.   d. eumque 3. e. nostra *cod.*   f. venit 3.   g. melioratione 3.   h. restauravi 3.   i. *sic pro* fidelitas.   k. ei 3.   l. quo *c.*   m. servarent 4.   n. et episcopos *om.* 3. o. et *add.* 3.   p. *om.* 3.   q. sine — consilio *om.* 3.   r. ut — credatur *om.* 3. 4. s. *sequitur iterum* semper *in cod.*   t. filio suo dato obside et fidelis sui ducis Bertaldi, quod promittebat sacramento firmare 3, et filio suo dato obside et fidelis sui ducis Bertholdi filio, quod promittebat, confirmare 4.

1. Ps. 2, 3.   2. mensis Februarii a. 1076. V. supra p. 223.   3. per Eberhardum Numburgensem et Gregorium Vercellensem.   4. Bertholdo (duce Alamanniae).   5. I ducis de Zeringen.

terea Heinricus cepit me precari, ut illum contra predictum Ro- 1077
dulfum adiuvarem. Cui respondi: me libenter facere, audita utri-
usque partis ratione, ut scirem, cui iustitia magis faveret. Ille
vero putans, suis viribus eum posse devincere, meam contempsit
responsionem. Postquam autem persensit, se non posse sicut
speravit agere, duo episcopi, Verdunensis[1] videlicet[a] et Osen- 1078
burcgensis[2], de consentaneis suis, Romam venerunt[3] et in synodo Febr. Mart.
ex parte Heinrici me, ut ei iustitiam facerem, rogaverunt. Quod
et nuncii Rodulfi fieri laudaverunt. Tandem, aspirante Deo sicut
credo, statui in eadem synodo: in partibus ultramontanis fieri
colloquium, ut illic aut pax statueretur aut, cui amplius iustitia
faveret, cognosceretur[4]. Ego[b] enim, sicut vos mihi testes estis
patres et domini, usque hodie nullam partem disposui adiuvare
nisi eam, cui plus iustitia faveret. Et quia putabam, quod in-
iustior pars colloquium nollet fieri, ubi iustitia suum locum ser-
varet, excommunicavi et anathemate alligavi[c] omnes personas sive
regis sive ducis aut episcopi seu alicuius hominis, qui colloquium
aliquo ingenio impediret, ut[d] non fieret. Predictus autem Hein-
ricus cum suis fautoribus, non timens periculum inoboedientiae
quod est scelus idolatriae[5], colloquium impediendo excommuni-
cationem incurrit, et se ipsum anathematis vinculo alligavit,
magnamque multitudinem christianorum morti tradi[e] et ecclesias
fecit dissipari, et totum paene Teutonicorum regnum desolationi
dedit. Quapropter, confidens de iudicio et misericordia Dei 1080
eiusque piissime matris semper virginis Mariae, fultus vestra Mart. 7
auctoritate, saepe nominatum Heinricum, quem regem dicunt,
omnesque fautores eius excommunicationi subicio et[f] anathematis
vinculis alligo. Et iterum[g] regnum Teutonicorum et Italiae ex
parte omnipotentis Dei et vestra interdicens ei, omnem potestatem
et dignitatem illi regiam tollo; et, ut nullus christianorum[h] ei
sicut regi oboediat, interdico; omnesque[i], qui ei iuraverunt vel

a. Teodericus *add.* 3.   b. Ego — faveret *om.* 3. 4.   c. obligavi 3.   d. ne 3. 4
pro ut non.   e. tradidit 2, tradit 4.   f. et — alligo *om.* 3.   g. totum 4.
h. christianus 3. 4.   i. omnesque — absolvo *om.* 3.

1. Theodericus.   2. Benno II.   3. Cf. Bertholdi chron. 1078, Mon.
Germ. SS. V 306.   4. V. supra p. 306.   5. 1 Reg. 15, 23.

1080
Mart. 7 *iurabunt de regni dominatione, a iuramenti promissione absolvo. Ipse autem Heinricus cum suis fautoribus in omni congressione belli nullas vires nullamque in vita sua victoriam optineat. Ut autem Rodulfus regnum Teutonicorum regat et defendat, quem Teutonici elegerunt sibi in regem, ad vestram[a] fidelitatem ex parte vestra dono largior[b] et concedo; omnibus[c] sibi fideliter adhaerentibus absolutionem omnium peccatorum vestramque benedictionem in hac vita et in futura, vestra fretus fiducia, largior. Sicut enim Heinricus pro sua superbia inoboedientia et falsitate a regni dignitate iuste abicitur, ita Rodulfo pro sua humilitate oboedientia et veritate potestas et dignitas regni conceditur.*

Agite nunc queso, patres et principes sanctissimi, ut omnis mundus intelligat et cognoscat, quia, si potestis in coelo ligare et solvere, potestis in terra imperia regna principatus ducatus marchias comitatus et omnium hominum possessiones pro meritis tollere unicuique[d] et concedere[e]. Vos enim[d] patriarchatus primatus[f] archiepiscopatus episcopatus frequenter tulistis pravis et indignis, et religiosis viris dedistis. Si enim spiritualia iudicatis, quid de saecularibus vos[g] posse credendum est! Et si angelos, dominantes omnibus superbis principibus, iudicabitis[h], quid de illorum servis facere potestis! Addiscant nunc reges[i] et omnes saeculi principes, quanti vos estis, quid potestis; et timeant parvi pendere iussionem ecclesiae vestrae. Et in praedicto Heinrico tam[k] cito iudicium vestrum exercete, ut omnes sciant, quia non fortuitu[l] sed vestra potestate cadet. Confundetur[m]; utinam ad penitentiam, ut spiritus sit salvus in die Domini.

Acta[n] Rome Nonis Martii, indictione 3.

a. nostram 4.   b. largior *om.* 2.   c. omnibusque 3. 4.   d. *om.* 3.   e. possessiones tollere et meritis concedere 4.   f. primatus *om.* 2.   g. potestis 3 *pro* vos — est.   h. *om.* 3, iudicatis 4.   i. terrae *add.* 3.   k. tam *om.* 2.   l. fortuito 2. 4.   m. Confundatur 2, et confundetur 3. 4.   n. Actum 2, Data 3; Acta — ind. 3 *om.* 4.

VII 15. *Statutum in synodo Romana esse nuntiat, ut Dolensis et Turonensis ecclesiarum de iure metropolitano controversia a legatis apostolicis diiudicaretur*[a].

Diffinitio[b] synodalis inter archiepiscopum Turonensem et episcopum Dolensem de pallio.

1080
Mart. 8

Gregorius episcopus servus servorum Dei omnibus episcopis Brittanniae, clero et populo in Turonensi provincia constitutis.

Notum esse volumus: controversiam, inter ecclesiam vestram et Dolensem pestifere ortam, multum nobis in Romana synodo laborem ingessisse, sed tamen Deo miserante post longam discussionem, quam iustius potuimus, hanc quae subscribitur[c] diffinitionem invenisse. Archiepiscopus siquidem vester[1], ecclesiam Turonensem ius suum in Brittannia perdidisse conquerens, Romanorum pontificum auctoritatem in medium duxit; quae perspicue probat, Brittanniam Turonensi ecclesiae, quemadmodum spirituali matri et metropoli suae, subiectionem et[d] reverentiam debere. Dolensis vero episcopus[2] non solum auctoritatem audientiae nostrae non exhibuit, verum etiam ipsa verba sua, ad defensionem prolata, nulla certitudine cui fides danda esset fulta videbantur. Tamen, quia in patria sua quandam auctoritatem se reliquisse asserebat, visum nobis fuit: ut ad retractandum negocium illud indutiae darentur et pro hac aliisque causis legati apostolicae sedis dirigerentur; ut, auditis utriusque partis rationibus, si cognoverint, Brittannos auctoritatem autenticam apostolicae sedis — videlicet eorum pontificum, quorum ordinatio et vita digna et legalis fuerit — habere, per quam possint se a subiectione praedictae Turonensis ecclesiae subtrahere, quieti deinceps permaneant in sua libertate. Quodsi contigerit, eos huius auctoritatis, quam medo diximus, non posse habere defensionem, sopita deinceps et in aeternum omni controversia, Turonensem ecclesiam matrem et metropolim suam recognoscant

---

a. *Legitur etiam 2) ap. Martene Thes. anecd. III* 877 *et ap. Morice Mém. de Bretagne I* 450 *ex tabulario Turonensi.*   b. Diffinitio — pallio *om.* 2.   c. subsequitur 2.   d. et reverentiam *om.* 2.

1. Radulfus.   2. Rollandus.

1080
Mart. 8 et eam, quae decet metropolitanum, archiepiscopo vestro subiectionem et oboedientiam exhibeant; reservato Dolensi episcopo
pallii usu. Ita tamen, ut nullus successorum suorum aliquo in
tempore ad hanc dignitatem[1] aspiret; sed, sicut supra diximus,
tam ipsi, videlicet in ecclesia Dolensi constituendi, quam etiam
caeteri Brittanniae episcopi magisterio Turonensis archiepiscopi
in perpetuum subditi permaneant. Data Romae 8 Idus Martii,
indictione 3.

VII 16. *Huberti episcopi Tarvannensis contumaciam reprehendit.
Praecipit, ut vocatus ab Hugone episcopo Diensi ad eundem accedat. Canonicis castri S. Pauli divino officio interdicit, donec Kessecam villam canonicis S. Mariae et S.
Audomari restituerint.*

1080
Mart. 26 Gregorius episcopus servus servorum Dei Huberto Tarvan-
nensium[a] episcopo.

Quod salutem et apostolicam benedictionem tibi non mandamus, ea maxime causa est: quod in registro nostro legitur[2],
te ab Hu(berto) huius sanctae sedis legato apud Monasteriolum[3]
hereticum publice convictum; et postea, antequam esses ab hac
infamia expurgatus, audivimus symoniace te[b] episcopum factum.
Deinde, quod apostolicae sedis praecepta — super te et super
concanonicos tuos de castro Sancti Pauli promulgata pro quadam villa, Kesseca nominata, quam cum suis pertinentiis canonici Sanctae Mariae et Sancti Audomari saepe in praesentia
nostra conquesti sunt sibi et suae ecclesiae auferri — prout ipsi
iterum conqueruntur, penitus despexisti. Ac propterea excommunicationem, quae in nostro registro scripta est[4], tu cum eis
incurrendo, sine respectu Dei et apostolicae reverentiae divinum
officium, sicut audivimus, celebrare praesumpsisti. Pro quibus
et aliis pluribus a fratre nostro Hu(gone) Diensi episcopo semel
et iterum ad concilium vocatus et postea a nobis ad synodum

----

a. Tarvannentium *c.*   b. te *addidi.*

1. pallii gerendi.   2. Lib. IV ep. 10 supra p. 255.   3. Montreuil.
4. Lib. VI ep. 8 supra p. 337.

Romanam invitatus, ut te expurgares, quia non venisti nec ca- 1080
nonice te* excusasti, nisi apostolicae pietatis mansuetudo nos ^{Mart. 26}
dispensatorię ad tempus sustineret, sententiam iuste depositionis
tua inoboedientia, quae vere est idolatria[1], iam dudum suscepisset. Sed tamen adhuc tibi paterno parcentes affectu, quia
diutius tot et tanta, quae de te dicta sunt, ferre nullo modo honeste possumus, apostolica auctoritate praecipimus: ut, ubi et
quando praedictus frater noster Hu(go) Diensis episcopus te
vocaverit, de his vel aliis satisfacturus, omni occasione postposita ita paratus et circumspectus advenias, ut, si te innocentem et falso accusatum scis, cum Dei auxilio et conscientiae
puritate ab omnibus obiectis et obiciendis canonice expurgari
possis. Preterea omne divinum officium omnibus canonicis de
castro Sancti Pauli — te solo interim usque ad audientiam excepto — interdicimus et ipsis et locis eorum, quo usque prae-
phatam villam cum ecclesia et aliis suis pertinentiis canonicę
ecclesiae sanctae Mariae et sancti Audomari restituerint et coram
H(ugone) Diensi episcopo de inoboedientia et excommunicatione
satisfecerint. Et nisi tu statim, visa praeceptione nostra, praedictis canonicis tuis et omnibus locis eorum, et praecipue, ubi
canonici denominati sunt, omne divinum officium interdixeris,
omne officium tuum auctoritate apostolica tibi interdictum noveris. Data Romae 7 Kalendas Aprilis[b], indictione 3.

VII 17. *Monachis Dolensibus praecipit, ut Guidoni I episcopo
Lemovicensi monasteria duo restituant; sed permittit, ut
apud legatos suos lege agant.*

Gregorius episcopus servus servorum Dei Dolensibus mo- 1080
nachis salutem et apostolicam benedictionem. ^{Mart. 24}

Frater et coepiscopus noster Lemovicensis[2] conquestus est
nobis in synodo, quam nuper Romae Deo opitulante celebravimus, quod vestra fraternitas ecclesiae suae duo monasteria subtrahit. Testatus est etiam ipse frater et coepiscopus atque le-

a. te *addidi.* b. Aprelis *c.*
1. Cf. 1 Reg. 15, 23. 2. Guido I.

gatus noster H(ugo) Diensis episcopus: quod vos pro hac causa
ad duo concilia, scilicet ut inter vos et supra libatum episcopum
exinde iustitiae finem componeret, admonuit; sed, ut ipse asserit, nullam iustitiam seu obedientiam exhibere voluistis. Quapropter synodalis conventus decrevit, ut praefata monasteria in
potestatem[a] Lemovicensis ecclesiae redire debeant et sine contradictione vestra seu vestrorum usque ad adventum legati nostri
quiete ab ipsa ecclesia possideantur. Nos itaque, iuxta fratrum
nostrorum consensum atque consilium quod supra libatum[b] est
confirmantes, mandamus vobis atque praecipimus: ut usque ad
praefixum terminum permittatis praedictam ecclesiam Lemovi-
censem ipsa monasteria retinere. Si vero in eis aliquid iustitiae
vos habere confiditis, legati nostri adventum expectantes, causam
vestram illi oportuno loco et tempore, ubi possit Lemovicensis
episcopus interesse, repraesentate; ante cuius audientiam causa
vestra diligentius ventilata et plenius cognita iusticiae finem inveniat et, inter vos omni lite sopita, quisque vestrum suo iure
contentus[c] iniuriam facere desinat. Data Romae 9 Kalendas
Aprilis, indictione 3.

_____

VII 18. *Wilielmum I archiepiscopum Ausciensem de inobedientia*
obiurgat. Mandat, ut a Dodone abbate Pezanensi eccle-
siam S. Mariae Dalmairacensem Petro abbati Aureliacensi
restitui iubeat.

Gregorius episcopus servus servorum Dei Wilielmo[1] Auxiensi
archiepiscopo salutem et apostolicam benedictionem.

Miramur, prudentiam tuam ita se apostolicae sedi inoboedientem exhibuisse, ut negocium, quod tibi vicarii nostri commiserunt ad exequendum, tu, non curans[d] parere, contempseris
ad effectum perducere. Siquidem iniuncta tibi est ab eis cura
iustitiam faciendi Petro abbati Aureliacensis cenobii[2], iuris huius
sanctae Romanae ecclesiae, de Dodone abbate Pezanense[3]; qui

a. potestate *cod.* b. *sic scripsit Giesebrecht pro* liberatum *c.* c. alteri *ex-*
cidisse videtur. d. curas *c.*

1. I. 2. d. Claromontensis (post d. Sancti Flori). 3. coenobii
Pezanensis, d. Ausciensis.

ex longo tempore invasam detinet ecclesiam, iuris itidem beati 1080
Petri sed praefato monasterio Aureliacensi concessam, quae no- Apr. 12
minatur Sancta Maria Dalmairaci[1]. Qua in re quantam beato
Petro reverentiam habueris, in hoc evidenter apparet, quod et
invasor ecclesiam calumpniose adhuc occupare non desinit et
praedictus abbas Aureliacensis apostolicas aures ob id interpel-
lare compellitur; praesertim cum supra nominatus Pezanensis —
convictus et a legatis nostris Stephano cardinale et Gerardo
Hostiensi coepiscopo adiudicatus, debere illam ecclesiam reddere
— quia non fecerit, excommunicationem incurrerit. Quapropter
dilectionem tuam monemus et apostolica auctoritate praecipimus,
ut saepe dictum Pezanensem abbatem cogas, Aureliacensi praefixam ecclesiam, unde lis est, restituere et condigna satisfactione
ipsum sibi placabilem reddere. Quodsi forte spiritu superbiae
induratus acquiescere noluerit, et monasterio illi, quod invasum
est, officium divinum et invasori nostra auctoritate omnis ecclesiae interdicas introitum. Nam non solum non[a] inter religiosos
monachos sed nec inter laicos debet annumerari, qui sacrilegium
perpetrare non timet. Data Romae 2 Idus Aprilis, indictione 3.

VII 19. *Bituricensibus, Narbonensibus, Burdigalensibus signi-*
ficat, se monasterii Aureliacensis possessiones confirmasse,
ablatasque restitui iussisse.

Gregorius episcopus servus servorum Dei omnibus in Bitu- 1080
ricensi Narbonensi seu Burdegalensi provinciis constitutis — ex- Apr. 12
ceptis his, qui apostolica excommunicatione tenentur — salutem
et apostolicam benedictionem.

Clamor abbatis[2] Aureliacensis cenobii — quod proprii iuris
beati Petri concessione fundatoris, scilicet beati Geraldi[3], esse
dinoscitur — auribus nostris insonuit, videlicet super quibusdam
personis, qui iniuste detinent beneficia praedicti monasterii, a[b]
praedecessoribus suis[4] sub fidelitate et hominio pro defensione

---

a. solum non *addidi.*   b. apud *c.*

1. Almayrac, ab Albia ad septemtriones.   2. Petri.   3. comitis
Aureliacensis. Cf. Odonis vitam S. Geraldi cap. 4 § 55, Acta SS. Octobr.
T. VI p. 316.   4. abbatis.

1080
Apr. 12 ecclesiae sibi[1] et suis antecessoribus olim concessa. Praecipue conqueritur super Berengario Carlatensi[2] vicecomite; qui, propria cupiditate ductus, debitum servitium et fidelitatem abbati exhibere negat, nisi beneficium, quod immerito detinet, adhuc etiam de iure ecclesiae augeatur.   Proinde apostolica auctoritate praecipimus: quatenus omnis, qui beneficium praefatae ecclesiae ad hoc aliquando suscepisse cognoscitur, subiectionem et fidelitatem abbati persolvat, et servitium pro beneficio largiri non deneget, et ab exactione illicite augmentationis desistat; aliter enim invasor et sacrilegus esse comprobatur.   Nos vero, detrimentum supra dicti cenobii agnoscentes, abbatem sub promissione fidei suae in manu nostra obligavimus: ut nulli militum liceat illi ultra unum mansum de possessione ecclesiae dare sub hac vel alia occasione, neque alicui alteri personae, nisi communis utilitas fratrum regulariter degentium postulaverit et apostolicae aequitati renunciare ausus fuerit[a].   Monasterium autem Maurziacense[3] cum omnibus sibi adiacentiis et ecclesias, scilicet Dalmairaci[4] et Montis Salvii[5] et caeteras, nec non terras et possessiones, in quacunque supra scriptarum provinciarum ablatas seu malis consuetudinibus oppressas, monasterio Aureliacensi scriptis sive testibus olim iuste concessas, apostolica auctoritate praecipimus restitui et sine inquietudine aliqua permitti.   Monasterium quidem Viancense[6], in manu abbatis refutatum a principibus ipsius terrae consensu episcopi[7] et clericorum, sibi suisque successoribus concedimus et confirmamus; et fautoribus refutationis apostolicam benedictionem largimur, et eos, qui ecclesias sive praedia praefati monasterii iniuste detinent, absque ulla dilatione reddi iubemus.   Qui ergo his mandatis nostris spiritu superbie acquiescere noluerit, praecipueque Berengarius, si oboedire contempserit, gratiam beati Petri amittet et iram omnipotentis Dei

---

a. *sic cod.*

1. sc. invasoribus.   2. Carlat est a Rutena ad septemtriones. 3. Maurs, ab Aureliaco inter meridiem et occidentem.   4. Almayrac. 5. Montsalvy, ab Aureliaco ad meridiem.   6. Vieux, ab Albia inter septemtriones et occidentem.   7. Frotardi episcopi Albiensis. V. Notitiam de ecclesia S. Eugenii de Vianco in Recueil des historiens XIV 49.

incurret. Obtemperantibus autem gratiam Dei et apostolicam 1080
benedictionem, de misericordia divina confisi, largimur. Data Apr. 12
Rome 2 Idus Aprilis, indictione 3.

VII 20. *Manassi I archiepiscopo Remensi significat, deiectionis
sententiam, ab Hugone episcopo Diensi in eum prolatam,
sese in synodo confirmasse. Tamen permittit, ut usque ad
diem 29 Septembris noxam purget.*

Gregorius episcopus servus servorum Dei Manasse¹ Remensi. 1080
Sciat fraternitas tua, quod depositionis sententiam, a legato Apr. 17
nostro Diensi episcopo² in Lugdunensi concilio religiosorum virorum consilio in te* prolatam, et nos dictante iustitia in Romana synodo apostolica auctoritate firmavimus. Sed tamen contra
morem Romanae ecclesiae, nimia ut ita dixerim misericordia
ductus, adiunctis tibi Suessionensi³ Laudunensi⁴ Cameracensi⁵
Catalaunensi⁶ episcopis vel eorum similibus, cum aliis duobus
quorum testimonio aeque confidamus, si de iustitia confidis et
eos habere poteris, usque ad festivitatem sancti Michahelis⁷ pur-
gandi licentiam tibi indulgemus; ea videlicet condicione: ut —
Manasse⁸ et Brunoni⁹ et ceteris, qui pro iustitia contra te locuti
fuisse videntur, rebus suis in integrum restitutis — usque ad
ascensionem Domini proximam¹⁰ Remensem ecclesiam a tua occupatione ex toto liberam deseras, et Cluniacum aut Casam Dei¹¹
cum uno clerico et duobus laicis, tuis stipendiis religiose victu-
rus, secedas. Quod si facere volueris, praedicto Diensi episcopo
praenunciare procures, ut in eius praesentia sacramento confirmes: de rebus praedicte ecclesiae te nichil interim distracturum,
nisi quantum tibi et praedictis sociis competenter suffecerit. Clericos autem, qui tanto tempore pro iustitia exilium passi sunt,

a. in te *addidi.*
1. I.   2. Hugone.   3. Ursione.   4. Helinando.   5. Gerardo II.
6. Rogerio III.   7. Sept. 29.   8. praeposito Remensi, postea II archiepiscopo.   9. canonico S. Cuniberti Coloniensi et Remensi, qui ordinem
Carthusiensem postea condidit. V. Manassis I archiep. Remensis apologiam
ap. Mabillon Mus. Ital. I 121 et ap. Tromby Storia del ordine Cartus. I
app. p. 19.   10. Mai. 21.   11. Casam Dei coen. d. Claromontensis.

1080
Apr. 17 in ecclesia secure Deo servire permittas.   Et quoniam laboriosum tibi fuerit ad nos usque venire, concedimus: ut coram Diensi episcopo et abbate Cluniacensi[1] aut, si abbatem deesse contigerit, coram Amato episcopo Elorensi[a] praedicto modo cum praedictis testibus de infamia te expurges. Quodsi huic nostrae dispensationis praecepto oboedire contempseris, scias: quoniam iniquitatem tuam ulterius portare non possumus, et depositionis sententiam non solum immutabiliter permansuram, sed etiam nullam tibi audientiam in posterum relinquendam. Data Romae 15 Kalendas Maii, indictione 3.

VII 21. *Aconem (Haraldum Hein) regem Danorum hortatur, ut in devotione erga b. Petrum perseveret patrisque virtutes imitetur. Ecclesias defendat, sacerdotes colat, iustitia et misericordia utatur; caveatque, ne Dani naturae malorum culpam vel sacerdotibus vel mulieribus assignent.*

1080
Apr. 19 Gregorius episcopus servus servorum Dei Acono[2] regi Danorum, episcopis, principibus, clero et populo, salutem et apostolicam benedictionem.

Quoniam vestrae dilectionis amor Deo et beato Petro pronam oboedientiam debitamque reverentiam, in quantum potuimus intelligere, studuit hactenus propensius exhibere, non dubium habemus, quin idcirco vobis triumphum et gloriam prae ceteris gratia divina contulerit. Quodsi, in eodem studio perseverando, vestrae devotionis affectus in finem permanere curaverit, pro certo et eam, quam nunc habetis, gloriam retinere et ampliorem Domino auxiliante valebitis deinceps adipisci.

Te itaque specialiter, fili karissime, cui regni curam providentia divina commisit, paterno monemus affectu, ut excellentissimi parentis tui[3] regias probitates et virtutes egregias imitari satagas. Eius quidem praecipui mores in tantum caeteris regibus praenituerunt, ut — cunctis posthabitis, nec ipso etiam imperatore Heinrico[4], qui sanctae Romanae ecclesiae propinquius haesit,

a. episcopo Elorensi *addidi.*
1. Hugone.   2. Araldo s. Haraldo Hein.   3. Sueini II (Estrithson).
4. III.

excepto — singulari amore illum nobis amplectendum iudicave-
rimus. De cuius nos obitu[1] vehementer nimiumque dolentes, ut
ipsum tibi proponas exemplum, volumus hortamur iterumque
monemus; quatinus inde possis ornamenta virtutum propagando
educere, unde videris nobilissimi sanguinis lineam trahere.   Denique cogitare debes et vigilanter perpendere: haec terrena quam
caduca et frivola sint, quam incessanter ad occasum cuncta festinent, ut eis confidere nulla stabilitas suadeat, ut in illis habendis
timor horribilis lateat. Sicque fugitivis perspicaciter agnitis et
sapienter despectis, poteris ad illa stabilia et sempiterna mentis
acumen extendere, quae ad sese obtinenda animum tuum invi-
tent et ad quae concupiscenda bonorum te exempla accendant.
Inter caeteras ergo virtutes, quas animo tuo imitandas censueris,
ecclesiarum defensionem in mente tua volumus eminere, sacerdotalis ordinis reverentiam proximum locum tenere, ac deinde
iustitiam et misericordiam in cunctis te iudiciis discrete servare.

Illud interea non praetereundum, sed magnopere apostolica
interdictione prohibendum videtur, quod de gente vestra nobis
innotuit: scilicet vos intemperiem temporum, corruptiones aeris,
quascunque molestias corporum ad sacerdotum culpas transferre.
Quod quam grave peccatum sit, ex eo liquido potestis advertere:
quod Iudeis etiam sacerdotibus ipse salvator noster, lepra cura-
tos eis mittendo, honorem exhibuerit[2], ceterisque servandum esse,
quae illi dixissent, praecepit[3]; cum profecto vestri, qualescunque
habeantur, tamen illis longe sint meliores.   Quapropter apostolica auctoritate praecipimus: ut, hanc pestiferam consuetudinem
de regno vestro funditus extirpantes, presbyteris et clericis honore et reverentia dignis tantam contumeliam contra salutem
vestram ulterius non praesumatis inferre, volentes eis occultas
divini iudicii causas imponere.

Preterea in mulieres, ob eandem causam simili immanitate
barbari ritus damnatas, quicquam impietatis faciendi vobis fas
esse, nolite putare. Sed potius discite, divinae ultionis sententiam

---

1. Suein II obiit 1076 Apr. 28. V. Dahlmann Gesch. von Dännemark
I 190.   2. Matth. 8, 4; Marc. 1, 44.   3. Matth. 23, 3.

1080
Apr. 19 digne penitendo avertere, quam, in illas insontes frustra feraliter seviendo, iram Domini multo magis provocare.

Si enim in his flagitiis duraveritis, procul dubio vestra felicitas in calamitatem vertetur; et, quibus victis huc usque soliti fuistis dominari, eorum nimirum iugum ferre, superati nec resistere valentes, cogemini. Si vero nobis, immo beato Petro in his oboedientes fueritis, sicut de clementia divina confidimus, et peccatorum vestrorum veniam et apostolicam benedictionem poteritis consequi. Data Rome 13 Kalendas Maii, indictione 3.

VII 22. *Arnaldo episcopo Cenomannensi officium episcopale reddit. Rainaldum abbatem S. Petri pellat; Ioheli monasterium restituat.*

1080
Apr. 24 Gregorius episcopus servus servorum Dei Arnaldo Cenomanensi episcopo salutem et apostolicam benedictionem.

Episcopale officium, quod tibi legatus noster[1] interdixerat, iustitia dictante reddimus. Abbatem[2] Iohelem absolvimus; Rainaldum invasorem[3], quia per ambitionem periuravit, deponimus, ut nec in illo quod cupivit nec in alio monasterio ulterius abbas existat. Quapropter volumus: ut iam dictum Rainaldum cędere facias, et Iohelem in loco suo abbatem restituas. Data Rome 8 Kalendas Maii, indictione 3.

VII 23. *Guillelmo I regi Anglorum scribit de suo erga eum studio. Hortatur, ut sibi obediat. Legatis eius se plura mandasse scribit. Addit de Arnaldo episcopo Cenomannensi in integrum restituto.*

1080
Apr. 24 Gregorius episcopus servus servorum Dei Guillelmo regi Anglorum salutem et apostolicam benedictionem.

Notum esse tibi credo, excellentissime fili: priusquam ad pontificale culmen ascenderem, quanto semper te sincerae dilectionis affectu amavi; qualem etiam me tuis negociis et quam efficacem exhibui; insuper, ut ad regale fastigium cresceres, quanto

---

1. Amatus episcopus Elorensis, v. L. VII ep. 10 supra p. 391.
2. S. Petri de Cultura Cenomannensem.   3. eiusdem coenobii S. Petri.

studio laboravi. Qua pro re a quibusdam fratribus magnam pęne 1080
infamiam pertuli, submurmurantibus, quod ad tanta homicidia Apr. 24
perpetranda tanto favore meam operam impendissem. Deus vero
in mea conscientia testis erat, quam recto id animo feceram,
sperans per gratiam Dei et non inaniter confidens de virtutibus
bonis, quae in te erant: quia, quanto ad sublimiora proficeres,
tanto te apud Deum et sanctam ecclesiam — sicut et nunc Deo
gratias res est — ex bono meliorem exhiberes. Itaque nunc
tamquam dilectissimo filio et fideli sancti Petri et nostro, sicut
in familiari colloquio facerem, consilium nostrum, et quid te
postmodum facere deceat, paucis aperio. Quando enim compla-
cuit ei, qui exaltat humiles[1], ut sancta mater nostra ecclesia ad
regimen apostolicae sedis, invitum satis ac renitentem Deo teste,
me raperet, continuo nefanda mala, quae a pessimis filiis suis
patitur, officii mei — quo mihi clamare et nunquam cessare iniunctum est[2] — necessitate compulsus, amore quoque ac timore
devinctus, dissimulare non potui. Amore quidem: quia sanctus
Petrus a puero me[a] in domo sua dulciter nutrierat, et quia caritas domini Dei nostri me, quasi aliquid aestimans, tanti pastoris vicarium ad regendam sanctam matrem nostram elegerat;
timore autem: quia terribiliter divina lex intonat, dicens: *Maledictus homo qui parcit gladio suo a sanguine*[3], id est qui
doctrinam subtrahit ab occisione carnalis vitae[4]. Nunc igitur,
karissime et in Christo semper amplectende fili, cum et matrem
tuam nimium tribulari conspicias et inevitabilis nobis[b] succur-
rendi necessitas urgeat, talem te volo et multum pro honore tuo
et salute in vera et non ficta caritate moneo ad omnem . . . . .
obedientiam praebeas et, sicut cooperante Deo gemma principum
esse meruisti, ita regula iustitiae et oboedientiae forma cunctis
terrae principibus esse merearis; tot procul dubio in futura gloria
principum princeps futurus, quot usque in finem saeculi exemplo tuae oboedientiae principes salvabuntur; et si quidam illorum
salvari noluerint, tibi tamen retributio nullatenus minuetur; non

---

a. me *om. cod.*   b. nos *cod.*
   1. Luc. 1, 52.   2. Isai. 58, 1: „Clama, ne cesses".   3. Cf. Ierem.
48, 10.   4. V. supra p. 26 n. 4.

1080
Apr. 24 solum autem . . . .[a], sed et in hoc mundo tibi et haeredibus tuis victoria, honor, potentia, sublimitas amplius coelitus tribuetur. Exemplum tibi te ipsum propone. Sicut enim velles ab eo, quem ex misero et pauperrimo servo potentissimum regem fecisses, non immerito honorari; sic et tu, quem ex servo peccati misero et pauperculo — ita quippe omnes nascimur — potentissimum regem Deus gratis fecit, honoratorem tuum, protectorem atque adiutorem tuum omnipotentem Iesum honorare semper studiose festina. Nec ab hoc impediat te pessimorum principum turba; nequitia enim multorum est, virtus autem paucorum; gloriosius est probato militi, multis fugientibus, in praelio stare; pretiosior illa est gemma, quae rarius invenitur. Immo quanto magis potentes huius saeculi, superbia sua et impiis actibus excecati, corruunt in profundum, tanto magis te, qui prae illis multum Deo carus inventus es, pie humiliando decet erigi et oboediendo sublimari, ut sit, sicut scriptum est: *Impius impie agat adhuc, et qui in sordibus est sordescat adhuc, et iustus iustificetur adhuc*[1]. Plura tibi adhuc exhortando scriberem; sed quia tales misisti, qui me satis de tua prudentia honestate iustitia simul cum filio nostro Huberto[2] laetificaverunt, sapienti viro satis esse dictum iudicavi; sperans, quia omnipotens Deus, supra quam dicimus, in te et per te ad honorem suum dignabitur operari. Quae vero in litteris minus scripta[b] sunt, legatis tuis tibi voce dicenda commisimus. Ipse autem omnipotens Deus et pater noster hoc tuo cordi, karissime fili, ita inspirare atque plantare misericorditer dignetur, quatinus et in hoc saeculo merito virtutum tuarum regnum tuum et potentiam augeat, et in futuro cum sanctis regibus ad regna supercaelestia inexcogitabiliter meliora te[c] feliciter introducat. Amen.

Cenomannensi episcopo[3], tuis precibus iustitia dictante faventes, officium episcopale reddidimus. Abbatem[4] quoque monasterii Sancti Petri, quod est Cenomanni, absolvimus. Data Romae 8 Kalendas Maii, indictione 3.

a. aeterni regni gloria *excidisse videtur*.   b. scripta *addidi*.   c. te *addidi*.
1. Apocal. 22, 11.   2. subdiacono ecclesiae Romanae.   3. Arnaldo. V. ep. 22 supra p. 414.   4. Iohelem.

VII 24. *Willelmum abbatem Hirsaugiensem laudat, quod mona-*
sterii S. Salvatoris Schaffhusensis curam susceperit. Mona-
*sterii privilegia possessionesque confirmat*ᵃ.

Gregorius episcopus servus servorum Dei dilectoᵇ in Christo 1080
Willelmo abbati Hirsaugiensis monasteriiᶜ salutem et apostolicam   Mai. 8
benedictionem.

Quoniam pervenit ad nos, quod religio tua curam monasterii sanctiᵈ Salvatoris — iuris apostolicae sedis, cui etiam duodecim aurei, quorum viginti unciam faciunt, ex eodem monasterio
annis singulis persolvi debent — siti in villa Scaphusa in episcopatu Constantiensi, obsecrante comite Burchardoˡ virisque religiosis hortantibus, eo dumtaxat tenore susceperitᵉ: ut praedictus comes, qui sibi in praefato monasterio quasdam quasi
proprias conditiones vendicabat, dimissaᶠ atque renunciata omni
saeculari potestate, locum ipsum liberum esse permitteret; studium dilectionis tuae probantes, quod factum est, apostolica auctoritate firmamus. Et quia per te locus ille, sicut audivimus, ad
religionis statum Domino miserante coepit assurgere, nos, in
quantum valemus perpetuam illic sanctitatis stabilitatem providere cupientes, fraternitati tuae super cenobium illud nostrae
sollicitudinis vicem committimus; scilicetᵍ ut fratres ibi disciplinis regularibus instruere, mores eorum vitamque competenter
instituendo, ea quae ad animarum salutem pertinent vigilanter
providere, ac maxime, ut inibi abbas secundum Deum ordinetur,
procures. Preterea, ut saepe fati monasterii fratres sine inquietudine propositum suum valeant securius et propensius exequi
ac omnipotenti Domino debitae devotionis obsequium instanter
et gratanter exsolvere, volumus et apostolica auctoritate praecipimus: ut nullus sacerdotum regum velʰ ducum aut comitum
seu quelibet magnaⁱ aut parva persona praesumat, sibi in eo loco
aliquas proprietatis conditiones — non hereditarii iuris, nonᵏ

---

a. *Habetur haec tabula etiam* 2) *ap. Fickler Quellen u. Forschungen p.* 21, *ex arche-*
typo (?) *tracta.*   b. dilecto in Christo *recepi ex* 2.   c. coenobii 2.   d. sacrosancti 2.   e. suscepit 2.   f. demissa 2.   g. scilicet *om.* 2.   h. aut 2,   i. magna
aut parva *om.* 2.   k. nec 2.

1. Nellenburgensi.

1080
Mai. 8 advocatiae, non[a] investiturae, non[a] cuiuslibet potestatis, quae
libertati monasterii noceat — vendicare, non[a] ornamenta ecclesiae sive possessiones invadere minuere vel alienare; sed ita sit
ab omni saeculari potestate securus[b] et Romanae sedis libertate
quietus[c], sicut constat Cluniacense monasterium et Massiliense
manere. Abbas autem advocatum quem voluerit eligat; quodsi
is postmodum non fuerit utilis monasterio, eo remoto, alium
constituat. Privilegium autem, quod bonae memoriae praedecessor
noster Alexander contra sanctorum patrum statuta, aliqua sub-
reptione[d] vel deceptione inductus, eidem loco fecit, in quo He-
verardo comiti[1] eiusque posteris advocatiam et praeficiendi abbatis potestatem et totius rei administrationem concessit, nos[e],
canonice correctionis sententia per apostolicam functionem utentes,
infirmamus[f] infringimus atque cassamus et, ne per hoc alicuius
temeraria cupiditas in audaciam suae perditionis erumpat, apostolica auctoritate[g] in irritum devocamus. Si quis ergo contra
hoc salubre praeceptum nostrum pertinaciter ire temptaverit, gratiam beati Petri se non dubitet[h] amissurum; admonitusque semel
bis et tertio per competentes indutias, si non resipuerit et si
delictum suum emendare contempserit, sciat se divino anathemate innodatum et a corporis et sanguinis dominici communione
alienum. Illud etiam ad Romanae libertatis munus confirmandum
subiungentes adicimus: ut, si aliquo tempore Constantiensi ecclesiae praesidens ab apostolica sede discordaverit eique inoboediens fuerit — quod, confirmante Samuhele, peccatum ariolandi
et idolatriae scelus est[2], dicente quoque beato Ambrosio[3]: Ere-
ticum esse constat, qui Romanae ecclesiae non concordat —
liceat abbati, sibi suisque a quocunque religioso episcopo placuerit ordinationes consecrationes et, quae ad episcopale officium
pertinent, expetere atque suscipere, vel ad apostolicam sedem
recurrere. Observatores autem huius nostri praecepti remissio-

---

a. nec 2.   b. secura 2.   c. quieta 2.   d. surreptione 2.   e. hoc 2.
f. et *add.* 2.   g. potestate 2.   h. indubitanter 2 *pro* non dubitet.   i. in lib. epp.
add. op. 2.

1. Nellenburgensi.   2. 1 Reg. 15, 23.   3. Cf. S. Ambrosii epistolarum classis I 11, Opp. ed! Benedictini T. II 811.

nem omnium peccatorum suorum et gratiam bonam a Domino
consequantur. Actum Lateranis 8 Idus° Maii, indictione 3^b. 1080 Mai. 8

VII 25. *Guilielmum I regem Anglorum docet, ipsi obediat oportere.*

Gregorius episcopus servus servorum Dei Guilielmo regi
Anglorum salutem et apostolicam benedictionem. 1080 Mai. 8

Credimus, prudentiam vestram non latere: omnibus aliis ex-
cellentiores apostolicam et regiam dignitates huic mundo, ad eius
regimina, omnipotentem Deum distribuisse. Sicut enim, ad mundi
pulchritudinem oculis carneis diversis temporibus repraesentan-
dam, solem et lunam omnibus aliis eminentiora disposuit lumi-
naria; sic, ne creatura, quam sui benignitas ad imaginem suam
in hoc mundo creaverat, in erronea et mortifera traheretur pericula, providit, ut apostolica et regia dignitate per diversa re-
geretur officia. Qua tamen maioritatis et minoritatis distantia
religio sic se movet christiana, ut cura et dispensatione apostolica dignitas post Deum gubernetur regia. Quod licet, fili karissime, tua non ignoret vigilantia, tamen, ut pro salute tua indissolubiliter menti tuae sit alligatum, divina testatur scriptura,
apostolicam et pontificalem dignitatem reges christianos caeterosque omnes ante divinum tribunal repraesentaturam et pro eorum
delictis rationem Deo reddituram. Si ergo iusto iudici, et qui
mentiri nescit, creaturarum omnium creatori, in^c tremendo iudicio
te sum repraesentaturus, iudicet diligens sapientia tua: an de-
beam vel possim saluti tuae non diligentissime cavere, et tu
mihi ad salutem tuam, ut viventium possideas terram, debeas
vel possis sine mora non oboedire. Provideas ergo, ut per^d te
incessanter insistas, ut te diligis, Deum et^e honorem Dei tibi
tuoque praeponere honori, Deum munda mente, totis viribus,
integro corde diligere. Crede mihi, si Deum pura mente, ut
audis et ut scriptura praecipit, dilexeris, si Dei honorem, ut
debes, in omnibus tuo praeposueris, qui ficte nescit diligere,

---

a. V. N(on.) 2. b. anno dominicae incarnationis 1080, anno vero pontificatus domni
Gregorii papae septimi octavo *add.* 2. c. in *addidi.* d. pro *e.* e. et *addidi.*

1080
Mai. 8
qui potens est etiam te praeponere, hic et in futuro te amplexa-
bitur et regnum tuum omnipotenti suo brachio dilatabit*. Data
Romae 8 Idus Maii, indictione 3.

VII 26. *Mathildi reginae Anglorum promittenti munera respondet, se ab ea nihil poscere praeter castam vitam, egentium
curam, religionem, humanitatem.*

1080
Mai. 8
Gregorius episcopus servus servorum Dei Mathildi[1] regine
Anglorum salutem et apostolicam benedictionem.

Ingenuitatis vestrae lectis litteris, quam fideli mente Deo
oboedias, quanta dilectione fidelibus suis adhereas, intelleximus.
Nos quoque quomodo mentis tuae memoria praesentes contineat,
ex amplitudinis tuae promissionibus non minus percipimus; quibus designastis: ut, quicquid de vestris vellemus, si notum vobis
fieret, sine mora susciperemus. Quod, filia karissima, qua suscepimus dilectione et quae munera a te obtamus, sic intelligas.
Quod enim aurum, quae gemmae, quae mundi huius preciosa
mihi a te magis sunt expectanda, quam vita casta, rerum tuarum in pauperes distributio, Dei et proximi dilectio? Haec et
his similia a te munera obtamus. Ut integra et simplici[b] diligas
nobilitatem tuam precamur, dilecta obtineas, habita nonnunquam
derelinquas. His armis et similibus virum tuum armare, cum
Deus tibi oportunitatem dederit, ne desistas. Caetera, quae dimisimus, per Hubertum[2] filium[c] et fidelem communem mandamus.
Data Rome 8 Idus Maii, indictione 3.

VII 27. *Robertum Wilhelmi I regis Anglorum filium hortatur,
ut parentes veneretur et improborum consilia fugiat.*

1080
Mai. 8
Gregorius episcopus servus servorum Dei Roberto filio re-
gis[3] Anglorum salutem et apostolicam benedictionem.

Certi rumores tuorum morum et tuae prudentiae et liberali-
tatis, qui usque ad nos pervenere, partim dilectione parentum

a. dilatabitur *c*   b. mente *sive* anima *excidisse videtur; cf. Giesebrecht de
emend. p.* 41.   c. nostrum *excidisse videtur.*
    1. uxori Wilhelmi I regis Angliae.   2. subdiaconum ecclesiae Ro-
manae.   3. Wilhelmi I.

partim tua nos laetificaverunt. Qui vero e contra, quorumdam 1080
Mai. 8 pravorum consilio[a] . . . . aures nostras molestaverunt, ut priores hilarem, sic sinistri nos reddidere tristem. Nunc vero, quia per Hubertum filium nostrum audivimus, te paternis consiliis adquiescere, pravorum vero[b] . . . . . omnino dimittere, laetamur. Insuper monemus et paternę precamur: ut menti[c] tuae semper sit infixum, quam[d] forti manu, quam divulgata gloria, quicquid pater tuus possideat, ab ore inimicorum extraxerit; sciens tamen, se non in perpetuum vivere, sed ad hoc tam viriliter insistere, ut eredi alicui sua[e] dimitteret. Caveas ergo, fili dilectissime, admonemus, ne abhinc pravorum consiliis adquiescas, quibus patrem offendas et matrem contristeris. Sint tibi indissolubiliter infixa praecepta et monita divina: *Honora patrem et matrem, ut sis longevus super terram*[1]; et illud: *Qui maledixerit patri vel matri, morte moriatur*[2]. Si vero ex honore patris et matris longior tibi tribuitur vita, e contra si eos[f] dehonestas, quid tribuatur, liceat videas. Si autem ex maledictis mortem filio divina scriptura intonat, multo certius ex malefactis certiorem mortem insinuat. Quid ergo restat, si membrum Christi vis vivere et in mundo isto honeste conversari? Pravorum consilia ex officio nostro praecipimus penitus dimittas, patris voluntati in omnibus adquiescas. Data Rome 8 Idus Maii, indictione 3.

VII 28. *Roffredo archiepiscopo Beneventano mandat, ut in Macharium ex Armenia pulsum haeresisque a Gregorio archiepiscopo Simadensi accusatum, quaestionem habeat, eumque, nisi resipuerit, ex archiepiscopatu eiciat.*

Gregorius episcopus servus servorum Dei fratri et coepiscopo 1080 Beneventano R(offredo) salutem et apostolicam benedictionem.

Fraternitati tuae notum facimus, praesentium latorem Iohannem presbyterum, virum quidem sicut ex professione sua

---

a. te antea acquievisse nuntiantes, *excidisse videtur.*   b. societatem *excidisse videtur.*   c. mentis *cod.*   d. quia quam *cod.*   e. suo *cod.*   f. eos *addidi.*

1. Exod. 20, 12.   2. Exod. 21, 17.

1080 cognovimus orthodoxum, nobis ex parte Simadensis archiepiscopi Armenii[1] conquestum esse super quodam nefario — quem nos, ex ore suo convictum, hereticum adiudicavimus — quod is, ob hanc impietatem de Armenia expulsus, gravem contra Armeniam eiusdem heresis gignat Latinae apostolicae catholicaeque aecclesiae suspitionem, immo vero iudicium. Unde nos illius aecclesiae, Armeniorum scilicet, fidem — sicut ex huius verbis didicimus — comprobantes, dilectioni tuae monendo praecipimus: ut praefatum hereticum, qui manus nostras, iudicium suae perfidiae formidans, suffugit, diligenter exquiras et sollerter examines. Si igitur, illum resipuisse et ad catholicam fidem redisse, intelligentiae tuae constiterit, sane edoctum et confirmatum ac in nullo lesum dimittas incolumem; si vero nondum ad matris ecclesiae gremium et rectam fidem de sui erroris gravitate conversus est, ad sanae doctrinae consilium per penitentiae tramitem eum reducere commonendo procures. Quodsi veris rationibus et saluberrimis monitis tuis, diabolico spiritu induratus, acquiescere et sinceris intellectibus fidei consentire noluerit, ne rabies illius ignaros latere et sic incautos valeat ledere, iubemus: ut eum facias perfidiae nota in aperto signari; ac deinde, ex toto archiepiscopatu tuo ipsum expulsum, heresim eius cunctis detegendo ubique, quantum potes, ut apostatam et christianae unitatis inimicum non desinas persequi. Ut autem eum invenire repertumque citius possis agnoscere, nomen ipsius Macharum et loci, in quo moratur, Frigentum[2] subiungimus. Hoc etiam tibi praecipimus, ut, iunctus religioso abbati Montis Casini cunctisque tuis coepiscopis, praephati heretici causam discutias, discussamque diffinias. Insuper ferrum, quod nos sibi portare contradiximus, ulterius ferre interdicito, ne hac hypocrisi incautas mentes amplius decipiat. Pecuniam vero, quam tanta fraude acquisivit, nostro praecepto sibi auferas pauperibusque distribuas.

1. Gregorii III Vecaiaser. V. Galani Hist. Armena p. 285 sq. et Le Quien Oriens christianus I 1396. 2. Frigento, a Benevento inter meridiem et orientem.

EXPLICIT LIBER SEPTIMUS.

IN NOMINE DOMINI

INCIPIT LIBER OCTAVUS

REGISTRI DOMNI GREGORII VII PAPAE

anno dominicae incarnationis millesimo octuagesimo,
pontificatus vero domni Gregorii anno septimo,
indictione tertia.

VIII 1. *Gregorio archiepiscopo Simadensi scribit, cum dolore
se accepisse, Armenorum ecclesiam a Romana caerimoniis
et dogmatibus quibusdam dissentire. Litteras postulat.
Monet, ne Graecorum garrulitate moveatur.*

Gregorius episcopus servus servorum Dei G(regorio)[1] dilecto 1080
in Christo fratri Simadensi archiepiscopo salutem et apostolicam   Iun. 6
benedictionem.

Summe sedis specula, cui Deo auctore licet indigni praesidemus, ac universalis ecclesiae sollicitudo, quam ipsius disponente providentia gerimus, compellit nos: sicut de illorum, qui
se a Christi corpore separant, perditione vehementer dolere, ita
quoque de eorum, qui recta sentiunt et unitatem fidei servare
noscuntur, salutari consensu ineffabili laetitia congratulari. Proinde,
quoniam vestram, scilicet Armeniorum, ecclesiam a rectitudine
fidei, quam ab apostolis et sanctis patribus traditam universalis
ecclesia tenet, in quasdam pravas exorbitasse sententias nobis relatum est, profecto nimium paterni affectus compassione doluimus.

Quorumdam siquidem relatione didicimus: in celebrandis
sacrificiorum salutiferis sacramentis aquam vino penitus apud
vos non admisceri; cum nemo christianus, qui sacra novit euangelia, dubitet, e latere Domini aquam cum sanguine emanasse.
Audivimus etiam: quod contra morem sanctae ecclesiae vestra
non ex balsamo sanctum chrisma sed ex butyro conficiat; et
quod Dioscorum Alexandrinum heresiarcham, ob perfidiae suae
duritiam in concilio Chalcedonensi[2] depositum atque dampnatum,
veneretur et approbet.

1. Gregorio Vecaiaser. V. L. VII ep. 28 supra p. 422 n. 1.   2. a. 451.

1080
Iun. 6
Haec autem licet praesentium portitor, tuus legatus, ita esse coram nobis negaverit, tamen, ex fraternitate tua scire firmius cupientes, volumus: ut per hunc eundem Iohannem presbyterum, et de istis rebus quid sentias, et de caeteris sicubi hesitas, ad nos procures cum sigillo tuo rescribere; ac deinceps dilectionis tuae litteras ad apostolicam sedem frequenter dirigere. Volumus etiam, caritatem tuam litteris suis significare: utrum vestra recipiat, quod ecclesia universalis amplectitur, fidem scilicet quatuor conciliorum; quae, a sanctis patribus comprobata, a Romanis pontificibus Silvestro Leone aliisque apostolica sunt auctoritate firmata. Inter quos nichilo minus beatissimus Gregorius papa doctor egregius maioribus ecclesiae Alexandrinae Antiochenae aliisque in epistola sua[1], sese eam tenere, his verbis testatus est: *Quia corde creditur ad iustitiam, ore autem confessio fit ad salutem, sicut sancti euangelii quatuor libros, sic quatuor concilia suscipere et venerari me fateor. Nicenum scilicet, in quo perversum Arii dogma destruitur; Constantinopolitanum quoque, in quo Eunomii et Macedonii error convincitur; Efesinum etiam primum, in quo Nestorii impietas iudicatur; Chalcedonense vero, in quo Euthichis Dioscorique pravitas reprobatur, tota devotione complector, integerrima approbatione custodio. Quia in his velut in quadrato lapide sanctae fidei structura consurgit et cuiuslibet vitae atque actionis constitit, quisquis eorum soliditatem non tenet, etiamsi lapis esse cernitur, tamen extra aedificium iacet. Quintum quoque concilium pariter veneror, in quo epistola, quae Ibae dicitur, erroris plena reprobatur, Theodorus personam mediatoris Dei et hominum in duabus substantiis separans, ad impietatis perfidiam cecidisse convincitur, scripta quoque Theodoriti, per quae beati Cyrilli fides reprehenditur, ausu dementiae prolata refutantur. Cunctas vero quas praefata veneranda concilia personas respuunt respuo, quas venerantur amplector; quia, dum universali sunt consensu constituta, se et non illa destruit, quisquis praesumit aut solvere quos ligant, aut ligare quos solvunt. Quisquis ergo aliud sapit, anathema sit.*

1. Registri L. I ep. 25 (al. 24), Opp. ed. Benedictini T. II 515.

1080
Iun. 6

His itaque sanctissimi viri precipuique doctoris verbis diligenter declaratis, prudentiam tuam caritatis affectu commonendam censuimus: ut clausulam, quam in illa laude[1] subiungitis *Sanctus Deus, sanctus fortis, sanctus immortalis*, istam videlicet: *Qui crucifixus es pro nobis*[2], quoniam nulla orientalium praeter vestram sed nec sancta Romana habet ecclesia, vos, totius scandali occasionem pravique intellectus suspitionem vitantes, superaddere de caetero omittatis. Si enim vas electionis, beatissimus Paulus, de sumendis cibis melius sibi esse, non manducare neque bibere, quam ut frater scandalizaretur asseruit[3], considerare debetis, quam grave et periculosum sit, ubi saniori intellectu vitari potest, fratribus de fide scandalum generare. Quapropter fraternitas tua ecclesiae, cuius sibi cura commissa est, tenendum putet et credat sufficere, quod catholica in orbem terrarum diffusa ecclesia, Spiritu sancto illustrante edocta, sentire cognoscitur et tenere declaratur.

De reliquo, quia cognovimus, ecclesiam vestram azima sacrificare et ob hoc a Grecis dumtaxat imperitis quasi de heresi reprehendi, volumus: vos de temeraria garrulitate illorum non[a] multum mirari, sed nec ab instituto desistere; scientes, eorum procacitatem non modo vobis hanc velut calumniam obicere, verum etiam de simili causa, graviori vero iniuria, huc usque contra sanctam Romanam ecclesiam insurgere. Quae per beatum Petrum quasi quodam privilegio ab ipsis fidei primordiis a sanctis patribus omnium mater ecclesiarum astruitur, et ita usque in finem semper habebitur. In qua nullus unquam haereticus praefuisse dinoscitur, nec unquam praeficiendum, praesertim Domino promittente, confidimus; ait enim dominus Iesus: *Ego pro te ro-*

a. non *addidi*.

1. in trisagio cherubico, quod inter sollemnia feriae sextae parasceues a duobus choris cantatur hoc modo: Unus chorus: „Agios o theos"; alius chorus: „Sanctus deus"; primus chorus: „Agios ischyros"; secundus chorus: „Sanctus fortis"; primus chorus: „Agios athanatos, eleison imas"; secundus chorus: „Sanctus immortalis, miserere nobis". V. Missale Romanum ad feriam sextam parasceues.   2. Cf. Martene, Tractatus de antiqua ecclesiae disciplina p. 362 et Thomas Wegelinus De hymno trisagio, Francofurti 1609.   3. 1 Corinth. 8, 13.

1080
Iun. 6 *gavi, Petre, ut non deficiat fides tua*[1]. Et illi quidem, suum fermentatum commendantes, reprehensionis in nos levissima verba contumaciter iaculari non desinunt. Nos vero, azimum nostrum inexpugnabili secundum Dominum ratione defendentes, ipsorum fermentatum nec vituperamus nec reprobamus, sequentes apostolum dicentem, mundis esse omnia munda[2]. Sed ad detergendam[a] et contemnendam Grecorum temeritatem nunc ista sufficiant.

Dilectioni vero tuae iterum inculcando mandamus: ut de supra scriptis et de aliis, quae ad fidem pertinere cernuntur, qualiter teneas, per memoratum presbyterum aut per alium idoneum nuncium tuas ad nos litteras mittere studeas. Insuper etiam, licet sollertiam tuam bene doctam credamus, ex debito tamen eam caritatis affectu paucis monemus: quatinus, districti examinis diem semper prae oculis habens, commissae sibi sollicitudinis sarcinam cogitet, et quanto illum sine dilatione celerius[b] approximare considerat, tanto de reddenda pecuniae ratione propensius vigilare non negligat; quo severus foenerator idemque rigidus arbiter non de male infosso talento quid deputet poenis inveniat, sed, de multiplicato lucro arridens, vos ad fructum beate retributionis percipiendum invitet. Omnipotens Deus, cuius est quicquid recte sapimus sentimus et credimus, ipse mentem tuae fraternitatis uberius illuminando per sani intellectus tramitem dirigat et, te in concordi fidelium unitate conservans, ita gubernet atque custodiat: ut et subiectos tibi populos efficaciter de divina scientia possis instruere et cum ipsis sempiternam gloriam ingredi, pro eis vero valeas praemia summa percipere. Datum 8 Idus Iunii.

VIII 1 a. *Robertus Guiscardus dux iurat in obsequium Gregorii VII papae*[c].

1080
Iun. 29 Ego R(obertus), Dei gratia et sancti Petri Apuliae et Calabriae et Siciliae dux, ab hac hora et deinceps ero fidelis sanctae

---

a. detegendam *c.*   b. celeriter *c.*   c. *Legitur etiam* 2) *in Deusdedit cardinalis collectione canon., ap. Borgia Breve istoria del dominio temp., app. p.* 21.

1. Luc. 22, 32.   2. Tit. 1, 15.

Romanae ecclesiae et apostolice sedi et tibi domino meo Gregorio universali papae. In consilio velᵃ facto, unde vitam aut membrum perdas vel captus sis mala captione, non ero. Consiliumᵇ, quod mihi credideris, et contradixeris ne illud manifestem, non manifestabo ad tuum damnum me sciente. Sanctae Romanae aecclesiae tibique adiutor ero ad tenendumᶜ acquirendum etᵈ defendendum regalia sancti Petri eiusque possessiones pro meo posse contra omnes homines — excepta parte Firmanae marchiae et Salerno atque Amalfi, unde adhuc facta non est difinitio — et adiuvabo te, ut secure et honorifice teneas papatum Romanum. Terramᵉ sancti Petri, quam nunc tenes vel habiturus es, postquam scivero tuae esse potestatis, nec invadere nec adquirere quaeram nec etiam depraedari praesumam absque tua tuorumque successorum, · qui ad honorem sancti Petri ordinati fuerintᶠ, certa licentia, praeter illam quam tu michi concedes vel tui concessuri sunt successores. Pensionem de terra sancti Petri, quam ego teneo aut tenebo, sicut statutum est¹, recta fide studebo, ut illam annualiter sancta Romana habeat ecclesia. Omnes quoque aecclesias, quae in mea persistunt dominatione, cum earum possessionibus dimittam in tua potestateᵍ; et defensor ero illarum ad fidelitatem sanctae Romanae aecclesiae. Et si tu vel tui successores ante me ex hac vita migraveritis, secundum quod monitus fuero a melioribus cardinalibus, clericis Romanis et laicis, adiuvabo, ut papa eligatur et ordinetur ad honorem sancti Petri. Haec omnia supra scripta observabo sanctae Romanae aecclesiae et tibi cum recta fide. Et hanc fidelitatem observabo tuis successoribus, ad honorem sancti Petri ordinatis, qui michi, si meaʰ culpa non remanserit, firmaverint investituram a te mihi concessam. [Sicⁱ me Deus adiuvet et haec sancta euangelia.] Actumᵏ Ciperani² 3 Kalendas Iulii.

a. in *add.* 2.   b. consiliumque 2.   c. ad *add.* 2.   d. et defendendum *om.* 2.
e. terramque 2.   f. intraverit 2 *pro* ordinati fuerint.   g. tuam potestatem 2.
h. sine 2 *pro* mea.   i. Sic — euangelia *addidi ex* 2.   k. Actum — Iulii *om.* 2.

1. v. infra 1 c, p. 428.   2. Ceprano.

VIII 1 b. Investitura domni Gregorii papae, qua Robertum ducem investivit[a].

1080
Iun. 29
Ego Gregorius papa investio te, Roberte dux, de terra, quam tibi concesserunt antecessores mei sanctae[b] memoriae Nicolaus et Alexander. De illa autem[c] terra, quam iniuste tenes, sicut est Salernus et Amalfia[d] et pars marchiae Firmane, nunc te patienter sustineo in[e] confidentia Dei omnipotentis et tuae bonitatis: ut tu postea exinde ad honorem Dei et sancti Petri ita te habeas, sicut et te agere et me suscipere decet sine periculo animae tuae et meae. Actum[f], ut supra.

VIII 1 c. Constitutio reddendi census in die resurrectionis Domini, duodecim videlicet denariorum Papiensis monete, de tota Apulia Calabria et Sicilia.

1080
Iun. 29
Ego Robertus, Dei gratia et sancti Petri Apuliae et Calabriae et Siciliae dux, ad confirmationem traditionis et ad recognitionem fidelitatis de omni terra, quam ego teneo proprię sub dominio meo, et quam adhuc nulli ultramontanorum ita concessi ut teneat, promitto: me annualiter pro unoquoque iugo boum pensionem, duodecim scilicet denarios Papiensis monetae, persoluturum beato Petro et tibi domino meo Gregorio papae et omnibus successoribus tuis, aut tuis aut successorum tuorum nunciis. Huius autem pensionariae redditionis erit semper terminus, finito quoque anno, sanctae resurrectionis dies dominicus. Sub hac vero condicione huius persolvende pensionis obligo me et meos sive heredes sive successores tibi domino meo Gregorio papae et successoribus tuis.

VIII 2. *Hugoni abbati Cluniacensi scribit de Roberto monacho coercendo. Adefonsum VI regem Legionensem, qui ecclesiae Romanae legatum parum reverenter tractaverit, sanare culpam iubeat.*

1080
Iun. 27
Gregorius episcopus servus servorum Dei Ugoni venerabili Cluniacensi abbati salutem et apostolicam benedictionem.

a. *Legitur etiam 2) ap. Deusdedit cardinalem l. l.*   b. sanctae memoriae *om.* 2.
c. vero 2.   d. Malfia 2.   e. in Dei et tua confidentia 2 *pro* in — bonitatis.
f. Actum ut supra *om.* 2.

Quanta impietas a monasterio vestro per Roberti monachi 1080
vestri praesumptionem exierit, ex litteris Richardi legati nostri, Iun. 27
abbatis videlicet Massiliensis, potes cognoscere. Qui nimirum
Robertus, Symonis Magi imitator factus, quanta potuit maligni-
tatis astutia, adversus beati Petri auctoritatem non timuit insurgere et centum milia hominum, qui laboris nostri diligentia
ad viam veritatis redire ceperant, per suggestionem suam in
pristinum errorem reducere. Cuius iniquitati non solum te consensisse non credimus, verum etiam pro immanitate sceleris nobiscum tristari et ad exercendam debitam ultionem animum habere intelligimus; praesertim cum fidei nostrae antiquum praebeas experimentum: te[a] de honore sanctae Romanae ecclesiae
idem nobiscum sentire et ad executionem iustitiae, quae frige-
scente caritate iam pene terris excessit, ubertatem[b] rectitudinis
reservasse. Ab hac utique animi concepta certitudine nullus
rumor, nulla suggestio poterit nos divellere. Sed neque illi, qui
de multis adversum vos negociis murmurant, ante tempus fraternae collocutionis ad suspicandum aliud poterunt nobis scandalum generare. Nam, ut de aliis taceamus, pęne omnes qui
nobiscum sunt fratres, nisi freno rationis nostrae retinerentur,
amorem, ab eis loco vestro exhibitum, in gravem inimicitiam
convertissent. Quapropter, salutem vestram sicut nostram diligentes, monemus: ut, subditos vestros corrigentes, huiusmodi
murmurationis occasionem religionem vestram diligentibus nobis
non praebeatis. Specialiter autem admonemus: ut R(obertum)
illum — qui supra dicte iniquitatis auctor extitit, qui diabolica
suggestione Hispaniensi aecclesiae tantum periculum invexit —
ab introitu aecclesiae et ab omni ministerio rerum vestrarum
separetis, donec ad vos redeat et temeritatis suae dignam ultionem suscipiat. Regem[1] quoque, illius fraude deceptum, diligenter litteris tuis intelligere facias: beati Petri iram et indignationem atque, si non resipuerit, gravissimam adversum se et
regnum suum ultionem provocasse, quod legatum Romanae aec-

a. te *addidi*.   b. libertatem *cod*.
1. Adefonsum VI regem Legionis et Castiliae.

1080
Iun. 27 clesiae indecenter tractavit et falsitati potius quam veritati credidit; de quibus digne Deo et beato Petro satisfacturus, sicut
legatum nostrum dehonestavit, ita se sibi per debitam humilitatem et condignam reverentiam commendabilem faciat ac devotum. Significare etiam te sibi, dignum ducimus: nos eum, si
culpam suam non correxerit, esse excommunicaturos et, quotquot
sunt in partibus Hispaniae fideles sancti Petri, ad confusionem
suam sollicitaturos. Qui si minus praeceptioni nostrae obedirent,
non gravem existimaremus laborem: nos ad Hispaniam proficisci
et adversum eum, quemadmodum christianae religionis inimicum,
dura et aspera moliri.   Tui etiam studii sit, ut monachi, in
eisdem partibus iniuste dispersi, ad proprium redeant monasterium, et nulla ibidem ordinatio vires obtineat, nisi quae legati
nostri fuerit auctoritate probata. Volumus etiam, ut alteram
epistolam nostram[1] regi praedicto deferri praecipias. Datum
Ciperani 5 Kalendas Iulii, indictione 3.

VIII 3. *Adefonsum VI regem Legionis et Castiliae monet, ut
Robertum pseudomonachum, consiliarium fallacem, aman-
det; connubium cum Agnetis uxoris consanguinea initum
tollat; Richardi legati sui consilia sequatur.*

1080
c. Iun. 27 Gregorius episcopus servus servorum Dei dilectissimo in
Christo filio regi Adefonso[2] salutem et apostolicam benedictionem.
   Dici non potest, fili carissime, quantum nos, referente filio
nostro apostolice sedis legato Richardo, nobis cognita praeclara
tua obedientia laetificaverat. Tu enim coram Deo semper in visceribus nostris eras, tu apud homines maximum nobis exemplum egregiae virtutis eras, de te apud alios reges gloriabamur,
te vere christianum regem et ideo vere regem nos habere in
parte domini Iesu contra membra diaboli gaudebamus. Unde et
bona tua fragrantia[a] multas iam regiones asperserat et velut sol
quidam, in occiduis natus, orientem versus coelestis luminis ra-
dios emittebat.
   At nunc comperto, quod diabolus, tuae saluti et omnium

1. ep. 3 infra.   2. VI regi Legionis et Castiliae.   a. flagrantia *c*.

qui per te salvandi erant more suo invidens, per membrum
suum, quendam Rodbertum pseudomonachum[1], et per antiquam
adiutricem suam, perditam feminam, viriles animos tuos a recto
itinere deturbavit; quantum de te primo fueramus gavisi, tantum nunc confundimur erubescimus contristamur. Quapropter,
ut cognoscas, quantum circa te pie solliciti sumus, per bonitatem et gloriam Christi te paterna voce monemus et contesta-
mur: remove a te quantotius consiliarios falsitatis; corrumpunt
quippe mores bonos colloquia prava[2]. Acquiesce autem per
omnia legato nostro fratri Richardo; quem nisi prudentem et
religiosum cognovissem, nostras ei vices nullatenus commisissem.
Non te a salutaribus monitis atque institutis nostris inceste mulieris amor abripiat, quia mulieres apostatare faciunt sapientes[3].
Ipsum quippe regem sapientissimum Salomonem incestus mulierum turpiter amor deiecit et florentissimum regnum Israel
Dei iudicio pęne totum de manu posteritatis eius abrupit.   Proinde per dominum nostrum Iesum Christum et per potentiam
adventus eius nec non et ex auctoritate beatissimorum apostolorum Petri et Pauli iterum monemus atque praecipimus: ne te
ipsum despicias, ne in gloria tua maculam ponas, ne posteritatem carnis tuae inutilem et reprobam facias. Vires resume;
illicitum connubium, quod cum uxoris tuae[4] consanguinea inisti,
penitus respue. De tua emendatione nos et totam ecclesiam Dei
cito laetifica; ne, si inobediens quod avertat Deus esse malueris,
iram Dei omnipotentis incurras et nos — quod valde inviti do-
lentesque dicimus — beati Petri gladium super te evaginare cogamur.   Praedictum sane nefandissimum Robertum monachum,
seductorem tui et perturbatorem regni, ab introitu aecclesiae
separatum, intra claustra monasterii Cluniacensis in penitentiam
retrudi decernimus. Sed[a] abbas Cluniacensis[5], nos imitando, idem
faciet; eadem enim via, eodem sensu, eodem spiritu ambulamus.

.

a. et *excidisse videtur.*

  1. Cluniacensem, v. ep. 2 supra p. 429.   2. 1 Corinth. 15, 33.
3. Eccli. 19, 2.   4. Agnetis, filiae Guilielmi VI comitis Pictavensis VIII
ducis Aquitaniae, qui fuit frater Agnetis imperatricis.   5. Hugo.

1080
c. Iun. 27 Deus autem omnipotens nos de tua correctione cito exilarare dignetur, karissime fili.

VIII 4. *Richardum legatum suum, exsequendis mandatis impeditum, ad perseverantiam hortatur. Significat de litteris ad abbatem Cluniacensem missis.*

1080
c. Iun. 27 Gregorius episcopus servus servorum Dei Richardo[1] karissimo filio salutem et apostolicam benedictionem.

Quia missis litteris significasti nobis, antiquum hostem opus tuum, ad utilitatem christianam ex parte[a] directum, per membra sua non praeter solitum impedisse, ac per hoc fraternitatem tuam tristitiam nimiam incurrisse, nos quoque, tibi merito compatientes, eodem tecum afficimur merore. Sed cum memorie reducitur, quanta et qualia apostoli, successores etiam eorum, in edificatione fundamenti aecclesiae partim a paganis partim a falsis christianis sint passi, de misericordia Domini confisi, resumimus vires, victoriae triumphum plenissima fiducia de eodem hoste procul dubio ut nostri priores expectantes. Patientia atque perseverantia in praesentiarum religioni tuae omnino sunt necessariae[b], scienti dictum ab apostolo, non coronari nisi qui legitime certaverit[2], debita praemissa ortatione. Nos tamen studio tuo in nullo deerimus, Cluniacensi abbati mittendo querelae tuae litteras una cum nostris[3]: quatenus Rodbertum pseudomonachum[4] quam citius ad monasterium redire compellat, eundem ab ingressu aecclesiae coerceat et tam gravis penitentiae squalore diutino afficiat, quod in pravo contra te immo contra Deum commisso opere mulctationem sentiat penitentiae.

VIII 5. *Apuliae et Calabriae episcopis scribit, se sperare fore, ut Wibertus antipapa praecipitetur. Monet, sibi succurrant.*

1080
Iul. 21 Gregorius episcopus servus servorum Dei dilectis in Christo fratribus et coepiscopis, per principatus et Apuliam et Calabriam constitutis, salutem et apostolicam benedictionem.

---

a. nostra *excidisse videtur.*   b. necessaria *c.*

1. legato, abbati Massiliensi.   2. 2 Timoth. 2, 5.   3. ep. 2 supra p. 428.   4. Cluniacensem.

Fraternitatem vestram credimus non latere, quod plures sa- 1080
Iul. 21
tanae discipuli, qui falso nomine per diversas regiones censentur
episcopi, diabolica inflammati superbia, sanctam Romanam ecclesiam conati sunt confundere; sed per auxilium omnipotentis
Dei et auctoritatem beati Petri iniqua eorum praesumptio, sicut
eis verecundiam et confusionem, ita apostolice sedi gloriam contulit et exaltationem. Siquidem quisque[a] a minimo usque ad
maximum — videlicet H(einricum) regem, qui vertex et auctor
pestiferi consilii fuisse probatur — per plurima corporum et animarum pericula persensit, quantas beati Petri auctoritas ad ulciscendam eorum iniquitatem vires obtineat. Scitis enim[b]:
tempore domini nostri papae A(lexandri) quid idem H(einricus)
iniuriae aecclesiae beati Petri per Cadulum[1] inferre excogitaverit,
et in quantam quamque turpissimam mundo teste confusionis
foveam cum eodem Cadulo cadere meruerit[c], et quanto honore
quantisque triumphis in exercitatione illius certaminis res publica[d] nostra profecerit. Scitis etiam: quam detestandis con-
spirationibus ante annos tres[2] praecipue Longobardorum episcopi se adversum nos, eodem H(einrico) principante, armave-
runt, et quod per defensionem beati Petri illesi et incolumes
non sine magna nostra nostrorumque fidelium honoris exaltatione
remansimus. Illis vero, priorem arbitrantibus non sufficere sibi
confusionem, a planta pedis usque ad verticem apostolicae ultionis quantum ferverit gladius, adhuc plaga incurabilis praestat
indicium.

Sed in his omnibus obduratas meretricum more frontes gerentes et impudentia sua iram sibi iusti iudicii thesaurizantes,
qui respectu contumeliae suae ad sensum redire debuerant —
patrem suum[3] secuti, qui dixit: *Ponam sedem meam ab aqui-*
lone, et ero similis Altissimo[4] — pristinam conspirationem adversus Dominum et sanctam universalem aecclesiam conati sunt
innovare; et hominem sacrilegum et sanctae Romanae aecclesiae

---

a. quisque *addidi.*   b. *sequitur* quia *in cod.*   c. meruit *cod.*   d. R. P. *cod.*
1. antipapam 1061—1064.   2. a. 1077.   3. Luciferum.   4. Cf.
Isai. 14, 13. 14.

1080
Iul. 21 periurum nec non per universum Romanum^a orbem nefandissimis sceleribus denotatum, W(ibertum) dicimus sanctae Ravennatis aecclesiae devastatorem, antichristum sibi et heresiarcham
constituere[1]. In quo nimirum sathanae conventu illi interfuere,
quorum est vita detestabilis et ordinatio heretica^b immensitate
multimodi criminis. Siquidem ad hanc insaniam illa demum eos
desperatio traxit: quod neque precibus neque servitiorum aut
munerum promissionibus scelerum suorum veniam apud nos va-
luerint impetrare, nisi forte vellent iudicio aecclesiastico nostraeque censurae se, mediante misericordia sicut decet officium nostrum, submittere.

    Hos itaque, nullis rationibus fultos immo omnium criminum
conscientia perditissimos, tanto magis vili pendimus, quanto ipsi
se altiora conscendisse confidunt. Per misericordiam quippe Dei
et orationem beati Petri, quae Symonem Magum, eorum utique
magistrum, ad altiora tendentem mirabiliter deiecit, speramus
ruinam eorum non diu remoraturam, et quietem sanctae ecclesiae, victis et confusis hostibus suis, more solito gloriosissime
dilatandam. Vos itaque, dilectissimi fratres, innocentiam communis matris vestrae sanctae Romanae ecclesiae perpendentes
et, quantum diabolus membra sua ad inferendam praefatae Romanae aecclesiae inquietudinem exerceat, considerantes, sicut
decet et officii vestri debitum exigit, orationibus aliisque modis,
quibus laboranti matri succurrendum est, operam studiumque im-
pendite; quatinus appareat, vos legitimos eius filios esse, ipsiusque contumeliam, partita nobiscum laboris diligentia, ex corde
sentire. Quodsi fueritis socii compassionis, eritis auxiliante Deo
laetitiae participes et consolationis. Caetera, quae hic^c non in-
seruimus, legatis nostris, quibus sicut nobis credere potestis,
referenda commisimus. Data Cicani[2] 12 Kalendas Augusti.

    a. R. *cod.*   b. in *excidisse videtur.*   c. hic *addidi.*
    1. 1080 Iun. 25.   2. Ceccano, a Ferentino inter meridiem et occi-
dentem.

VIII 6. *Apuliae et Calabriae episcopis significat, placitum sibi esse, ut Michaeli VII imperatori iniuste deiecto a fidelibus S. Petri subveniatur. Mandat, hortentur milites, cum illo et cum Roberto duce transfretaturos, ut fidem iis praestent.*

Gregorius episcopus servus servorum Dei fratribus et coepiscopis in Apulia et Calabria commorantibus salutem et apostolicam benedictionem.   1080 Iul. 25

Notum esse prudentiae vestrae non dubitamus, gloriosissimum imperatorem Constantinopolitanum, Michahelem[1] videlicet, ab imperialis excellentiae culmine indigne potius et malitiose quam iuste aut rationabiliter esse deiectum[2]. Qui, auxilium beati Petri nec non filii nostri gloriosissimi ducis Roberti[3] flagitaturus, Italiam petiit[4]. Quapropter nos, licet indigni sedis ipsius[a] curam gerentes, compassionis visceribus moti, precibus illius nec non eiusdem ducis annuendum esse censuimus, et a fidelibus beati Petri subveniendum sibi fore putavimus. Igitur quia inter caetera multimoda suffragia istud non minus profuturum memorati principes exsistimant, scilicet ut milites auxiliatores recta fide, non dissimulantibus[b] animis, ire constanter in adiutorium et defensionem praefati imperatoris debeant; apostolica auctoritate praecipimus: quatinus illi, qui militiam ipsius intrare statuerint, in contrariam partem proditoria tergiversatione transire non audeant, verum — quod christianae religionis honor et debitum postulat — ei praesidium fideliter inpendant. Dilectioni quoque vestrae nichilominus praecipiendo mandamus: ut eos, qui cum eodem duce et predicto imperatore transfretaturi sunt, diligentissime, ut vestrum officium exigit, moneatis, condignam penitentiam agere et rectam fidem sicut decet christianos circa illos servare, in omnibus actibus suis timorem Dei et amorem prae oculis habere, et in bonis operibus perseverare. Sicque illos, fulti

a. b. Petri *excidisse videtur.*   b. dissimilibus *cod.*

1. VII, filium Constantini Ducae. V. L. I ep. 18 supra p. 31.   2. anno 1078.   3. Guiscardi.   4. Non ipsum Michaelem VII imperatorem, sed Raectorem monachum, Pseudomichaelem, cum Roberto duce colludentem, in Italiam venisse constat. V. Wilken Rer. a Comnenis gestarum libri IV p. 135—137.

1080
Iul. 25 nostra auctoritate immo beati Petri potestate, a peccatis absol-
vite. Data 8 Kalendas Augusti.

———————

VIII 7. *S. Petri fideles certiores facit de auxilio a principibus
sibi promisso. Nuntiat, se Ravennatis ecclesiae beato Petro
restituendae causa post diem 1 Septembris illo moturum.*

1080   Gregorius episcopus servus servorum Dei fratribus et coepiscopis christianam religionem defendentibus ceterisque clericalis
ac laicalis ordinis sancti Petri fidelibus salutem et apostolicam
benedictionem.

Notum sit dilectioni vestrae, nos tam per nos ipsos quam
et per legatos nostros cum duce R(oberto)[1] et Iordane[2] caeterisque potentioribus Normannorum principibus fuisse loquutos. Qui
profecto unanimiter promittunt, se, sicut iurati sunt, ad defensionem sanctae Romanae aecclesiae nostrique honoris contra
omnes mortales auxilium impensuros. Id ipsum quoque nobis
et, qui circa Urbem longe lateque sunt et in Tuscia caeterisque
regionibus, principes firmiter pollicentur. Unde post Kalendas
Septembris, postquam tempus frigescere coeperit — cupientes
sanctam Ravennatem ecclesiam de manibus impiis eripere et
patri suo beato Petro restituere — partes illas armata manu,
sicut de Domino speramus, petemus; ac per ipsius auxilium nos
eam liberaturos, haud dubie credimus. Quapropter nos, audaciam impiorum eorumque, qui in nos immo in beatum Petrum
se erexerunt, machinationes pro nichilo ducentes, volumus atque
hortamur vos, superbiam conatusque illorum aeque nobiscum
contempnere, tanto de ruina eorum certiores, quanto eos ad altiora niti ascendere cernitis. Talibus nanque propheta imprecans
ait: *Superbia eorum, qui te oderunt, ascendit semper*[3]; aperte
declarans, quia audax impietas eo magis casui vicinior extat,
quo amplius se ascendisse existimat. Vos ergo, qui Deum timetis
et beati Petri fidelitatem tenetis, de misericordia Domini nullatenus hesitantes, prorsus sperate et nefandorum perturbationem
merita ruina cito sedandam et sanctae aecclesiae pacem et se-

1. Guiscardo.   2. I principe Capuae.   3. Ps. 73, 23.

curitatem — sicut, de divina clementia confidentes, ꝓromitti- 1080
mus — proxime stabiliendam.

VIII 8. *Alfano archiepiscopo Salernitano de corpore b. Mat-*
thaei reperto gratulatur. Monet, ut Robertum ducem et
eius coniugem ad colendum sanctum adhortetur.

Gregorius episcopus servus servorum Dei fratri et coepi- 1080
scopo Salernitano Alfano salutem et apostolicam benedictionem. Sept. 18
Divinae pietatis respectui gratias ingentes referimus, cuius
dignatio thesaurum magnum totique mundo profuturum nostris
temporibus misericorditer revelavit. Non immerito tuae quoque
dilectioni gratulamur, quae tantae laetitiae, coelitus re vera
ostensae, participes nos efficere sollicite procuravit. Credimus
siquidem et incunctanter asserimus: de tanti corporis inventione
non solum ipsum beatum Matheum apostolum verum etiam caeteros coapostolos cum sanctis omnibus ipsisque celestibus spiri-
tibus et gloriosa Dei genitrice Maria mortalibus congaudere, atque ipsorum omnium studia circa humanum genus hoc tempore
quam aliis multo propensiora multumque esse exuberantiora. Si
enim caeteris temporibus sanctorum nos patrocinia pia non deserunt, certissime tunc potissimum speranda sunt eorum auxilia,
cum sanctissima ipsorum corpora nobis quasi rediviva divino
nutu manifestantur; et sicut per corporei aspectus intuitum tamquam fides cernitur, species animi ªtenetur, ita eorum beneficia tunc
erga devotos renovari uberiusque redundare credendum est. Unde
etiam sancta universalis aecclesia, dudum magnis turbinibus variisque tempestatum procellis impulsa, clamorem suum a Domino exauditum non dubitet; sed, ad quieti litoris securitatem
alacres oculos e vicino intendens, beati Mathei apostoli praesidium iuxta contempletur; quoniam iam nunc non dubie agit in
portu, cui suam praesentiam ostendit gubernator antiquus. Quapropter de tanti thesauri revelatione tua fraternitas exultet in
Domino; et, beatissimas reliquias debite venerationis obsequiis
dignis amplectens, gloriosum ducem R(obertum)[1] ipsiusque nobi-

1. Guiscardum.   a. species animi *scripsi pro* spes iam *c.*

1080
Sept. 18 lissimam coniugem[1] hortetur et moneat: quatinus, tam insigni
patrono, qui se eis demonstrare dignatus est, reverentiam et honorem decenter exhibentes, ipsius gratiam et auxilium sibi
suisque promereri, nisibus summae devotionis contendant. Datum
Rome 14 Kalendas Octobris.

VIII 9. *Teutonicos ecclesiae fideles hortatur, ne in officio clau-*
dicent. Inimicorum perniciem auguratur.

1080
Sept. 22   Gregorius episcopus servus servorum Dei omnibus archiepiscopis episcopis diversique ordinis ac potestatis clericis et laicis in Teutonico regno morantibus, illis dumtaxat qui sanctae
Romanae aecclesiae fideliter oboediunt, salutem et apostolicam
benedictionem.

Quoniam nichil in terra sine causa fit[a], sicut sapientis[2]
verba testantur; quod dudum sancta aecclesia fluctuum procel-
larumque mole concutitur quodque tyrannice persecutionis hactenus rabiem patitur, non nisi peccatis nostris exigentibus evenire
credendum est. Nam iudicia quidem Dei verissime omnia iusta
sunt. Sed inter haec omnia, karissimi, dispositionis divinae pa-
tientiae virtus habenda est, et spei certitudo ad coelestis misericordiae respectum firmiter est extendenda; cuius manus nec ad
exaltandam fidelium humilitatem imbecillis nec ad deiciendam
hostilis elationis superbiam invenitur invalida. Quodsi culparum
morbis penitentiae medicamen adhibuerimus et, excessus ac negligentias nostras ipsi districte corrigendo, ad iustitiae formam
mores nostros instituerimus, profecto, superna virtute auxiliante,
et inimicorum rabies cito peribit et diu desideratam pacem atque
securitatem aecclesia sancta recipiet. Quare vobis specialiter,
qui in sacerdotalis regiminis apice praesidetis, nunc loquimur,
ad quorum sollicitudinem subditorum vita pertinere dinoscitur
et quos de commissi gregis cura in venturo examine rationem
reddere convenit: ut subiectorum actus et conversationem, nulla
gratia vel timore praepediente, diligenter inspiciatis; et discrete
correctionis acie, quae amputanda sunt, resecare, secundum quod

1. Sikelgaitam.   2. Iob 5, 6.   a. fit *om. cod.*

a matre vestra sancta Romana aecclesia accepistis, non negligatis; illud propheticum in memoria semper habentes: *Sacrificate sacrificium iustitiae, et sperate in Domino*[1]. De cetero dilectionem omnium vestrum monemus atque hortamur: fiduciam vestram in Domino et in potentia virtutis eius constituite. Quoniam fini appropinquavit adversariorum malitia; ita ut, qui desperantes in Dominum et sanctam Romanam omnium matrem ecclesiam se extulerunt, temeritatis penas, haud multum tardante merita ruina, persolvant. Nonnulli tamen, quod de cunctis optaremus, per misericordiam Dei de errore suo et iniquitatis via penitentes ad gremium matris convertentur aecclesiae. Datum 10 Kalendas Octobris.

1080
Sept. 22

VIII 10. *Orzoccum iudicem Caralitanum laudat, quod Wilhelmum episcopum Populoniensem, legatum suum, reverenter tractaverit. Ne moleste ferat, quod Iacobum archiepiscopum coegerit, ut barbam Romano more raderet. Promittit, se regionis eius occupandae licentiam nemini daturum esse.*

Gregorius episcopus servus servorum Dei glorioso iudici Caralitano Orzocco salutem et apostolicam benedictionem.

1080
Oct. 5

Gratias omnipotenti Deo referimus, quod tua sublimitas, beatum Petrum recognoscens, debitum honorem et reverentiam legato nostro Populoniensi episcopo W(ilhelmo) exibuit. Ac proinde ita devotionem tuam in illo suscipimus, quasi nobis immo beato Petro praestiteris, dicente Domino: *Qui vos recipit, me recipit*[2]. Dilectionem ergo tuam monemus, ut ea, quae a praefato legato nostro atque Azone prudenti viro audivisti, alta memoria semper retineas, si et tui memoriam in nobis ante Deum iugiter inesse desideras. Nos enim memorati episcopi hortatu et precibus, qui se a te reverenter susceptum honorificeque tractatum testatur, apud illum, cuius vice licet indigni fungimur, te in mente specialiter deinceps habere optamus.

Nolumus autem prudentiam tuam moleste accipere, quod archiepiscopum vestrum[3] Iacobum consuetudini sanctae Romanae

1. Ps. 4, 6.   2. Matth. 10, 40.   3. Caralitanum.

1080
Oct. 5 aecclesiae, matris omnium ecclesiarum vestraeque specialiter, oboedire coegimus: scilicet ut, quemadmodum totius occidentalis aecclesiae clerus ab ipsis fidei christianae primordiis barbam radendi morem tenuit, ita et ipse frater noster, vester archiepiscopus, raderet. Unde eminentiae quoque tuae praecipimus: ut, ipsum ceu pastorem et spiritualem patrem suscipiens et auscultans, cum consilio eius omnem tuae potestatis clerum barbas radere facias atque compellas; res quoque omnino rennuentium, nisi demum consenserint, publices, id est iuri Caralitanae aecclesiae tradas, et ne ulterius inde se intromittant constringas; nec non ipsum ad honorem ecclesiarum defendendum promtissime adiuves.

Praeterea nolumus, scientiam tuam latere: e[a] nobis terram vestram a multis gentibus esse petitam; maxima servitia, si eam permitteremus invadi, fuisse promissa, ita ut medietatem totius terrae nostro usui vellent relinquere partemque alteram ad fidelitatem nostram sibi habere. Cumque hoc non solum a Normannis et a Tuscis ac Longobardis sed etiam a quibusdam ultramontanis crebro ex nobis esset postulatum, nemini in ea re unquam assensum dare decrevimus, donec, ad vos legatum nostrum mittentes, animum vestrum deprehenderemus. Igitur, quia devotionem beato Petro te habere in legato suo monstrasti, si eam, sicut oportet, servare volueris, non solum per nos nulli terram vestram vi ingrediendi licentia dabitur, sed etiam, si quis attemptaverit, et saeculariter et spiritualiter prohibebitur a nobis ac repulsabitur. Auxilium denique beati Petri, si in ipsius fidelitate perseveraveritis, procul dubio, quod non deerit vobis et hic et in futurum, promittimus. Datum 3 Nonas Octobris.

VIII 11. *Inge regi Sueonum scribit, gaudere se, quod sacerdotes Gallicani regnum eius ingressi sint. Episcopum aut clericum mitti ad se cupit, qui mandata apostolica suscipiat.*

1080
Oct. 4 Gregorius episcopus servus servorum Dei I(nge) glorioso Suetonum regi salutem et apostolicam benedictionem.

a. e *addidi; cf. infra:* a Normannis — ex nobis esset postulatum.

Quoniam regni tui terram quosdam sacri verbi ministros **1080** fuisse ingressos audivimus, noverit excellentia tua, nos in Domino **Oct. 4** multum laetari; deinceps quoque de salutis vestrae reparatione plurimum spei indubitanter habere. Gallicana siquidem aecclesia non vos alienis documentis instruxit, sed, quod de thesauris matris suae sanctae Romanae aecclesiae accepit, salubri vobis eruditione contradidit. Quapropter, ut christianae religionis et doctrinae gratiam obtineatis uberiorem, volumus: celsitudinem tuam aliquem vel episcopum vel idoneum clericum ad apostolicam sedem dirigere, qui et terrae vestrae habitudines gentisque mores nobis suggerere, et apostolica mandata, de cunctis pleniter instructus, ad vos certius queat referre. Interim vero monemus: ut prudentia tua commissum sibi regnum in concordiae iustitiaeque custodia dirigat atque disponat; ac ita circa subiectos pacis iura et aequitatis districtionem servare inter caetera virtutum studia satagat, quatinus per temporalis regiminis sollicitudinem mereatur aeterni percipere securitatem, et cum iustis vocem, totius iocunditatis plenam, in extremo examine digne possit audire: *Venite, benedicti patris mei, percipite regnum, quod vobis paratum est ab origine mundi*[1]. Data 4 Nonas Octobris.

VIII 12. *Tuscanos, Firmanos, Ravennates hortatur, quaerant, qui sufficiatur in locum Wiberti archiepiscopi Ravennatis iam diu anathematizati.*

Gregorius episcopus servus servorum Dei omnibus episcopis **1080** abbatibus clericis atque laicis in marchia Tuscana, Firmana et **Oct. 15** in exarchatu Ravennati constitutis, qui sanctae Romanae aecclesiae sicut christianos oportet oboediunt, salutem et apostolicam benedictionem.

Prudentiae vestrae notum esse non dubitamus: quanto religionis cultu sancta Ravennas aecclesia pollere quantisque rerum necessariarum copiis solita sit praeteritis annis affluere, quodque magis illius interest, quam speciali dilectione matri suae sanctae Romanae aecclesiae ab ipso fidei christianae principio semper

1. Cf. Matth. 25, 34.

1080
Oct. 15
adheserit. Cuius antiquum decus in spiritualibus et saecularibus profecto cum reminiscimur, non sine gravi merore eam in tanta devastatione laborantem nunc cernimus; et, ut apertius intelligatis*, certe, pervasorem destructoremque ipsius W(ibertum) dictum archiepiscopum ita religionem eius disperdidisse et bona dilapidasse, non minori fere dolore sufferimus, quam si idem sancte Romanae aecclesiae pro audacia sua fecisset. Verum cum caetera facta illius perpenduntur, haec non tantopere miranda videntur. Quippe qui periurium de inoboedientia et infidelitate committere non timuit; quique contra ipsam apostolicam sedem, cui peieraverat, conspirare pro minimo habuit, eamque invadere cogitans, eodem modo dissipare vehementissime cupiit. Homo superbissimus, nefandorum scelerum sibi conscius, cui mirum debet videri, si, adepta potestate, ubi licuit, ita se habuit? Sed illius facinora commemorare supersedeo, quae per totum fere Romanum orbem se prodiderunt; pro quibus ipse in sancta synodo, Romae celebrata, omnium episcoporum qui aderant consona sententia iam ex triennio gladio anathematis sine spe recuperationis percussus est[1]; ea non praeterierunt notitiam vestram. Prephatam igitur Ravennatem ecclesiam de manibus violentis eripere et ad pristinum statum pro officio, quod licet indigni gerimus, reducere cupientes, talem personam eligendam atque in ea praeficiendam fore censuimus, cuius religio nec non prudentia Deo favente et interius lumen in ea sanctitatis reformare et exteriorum rerum damna norit studeatque reficere. Quam ob rem nos, in huius nostrae necessariae dispositionis effectu vestro plurimum egentes auxilio, invitamus rogamus atque apostolica auctoritate vobis praecipimus: ut, in restauratione illius antiquitus sanctae aecclesiae omnes unanimiter consensum et pro posse adiutorium tribuentes, eam de servili oppressione immo tyrannica servitute eripere et priscae libertati restituere nobiscum procuretis, ac in reperiendo idoneam illi regimini personam summopere laborantes invigiletis. Quicunque enim in hac re studium devotionis impenderint, non dubie credimus eos et apo-

1. V. supra p. 305.   a. *sic cod.*

stolicam gratiam promerituros et apud divinam clementiam pa- 1080
tronum sibi beatum Apolinarem, si in bonis perseveraverint, Oct. 15
certissime acquisituros. Datum Idus Octobris.

VIII 13. *Ravennates monet, ut novum archiepiscopum in Wiberti
locum subrogent.*

Gregorius episcopus servus servorum Dei omnibus clericis 1080
et laicis Ravennae morantibus, qui beatum A(polinarem) diligunt Oct. 15
et sanctae Romanae aecclesiae sicut christianos oportet oboediunt,
salutem et apostolicam benedictionem.

Credimus non latere vestram scientiam: Ravennatem ecclesiam sedi apostolicae prae caeteris vicinius herere solitam fuisse,
eamque, specialiter ab ipsa dilectam, quicquid dignitatis et honoris antiquitus per beatum A(polinarem) tenuit, munere scilicet
praefate sedis concessum habuisse. Postquam vero superbiae auctor
et discordiae seminator diabolus per membra sua eandem ecclesiam, contumacia interveniente, a Romana divisit, quae dampna,
quae detrimenta non modo religionis sed etiam bonorum suorum vestra pertulerit, maximeque per tyrannidem W(iberti) dicti
archiepiscopi quantam in utraque re destructionem perpessa sit,
satis vos ipsi novistis. Et huius quidem tanto vesaniorem dila-
cerationis morsum sustinuit, quanto eum desperantiorem inpurior
conscientia retrorsum abire[1] subegit. Denique scelerosus sacrilegus atque periurus, postquam ob huiusmodi nefaria in universali synodo, cunctis qui aderant episcopis consentientibus atque
laudantibus, digna suis moribus dampnationis animadversione
mulctatus est, non confestim resipiscens ad sani cordis consilium
rediit, sed, patrem suum diabolum imitans sibique iram in die
irae thesaurizans[2], quicquid gravius cogitare, quicquid superbis-
simum potuit audere, molitus est. Et quia, se unam ex nobilis-
simis aecclesiam vestram ex maxima parte destruxisse, parum
existimabat, sanctam Romanam sedem, sicut omnes aperte no-
runt, invadere secumque eam in ruinam et praecipitium trahere
est meditatus.   Proinde, quoniam nos pro eminentia loci, cui

1. Ierem. 15, 6.   2. Rom. 2, 5.

Deo auctore quamvis indigni praesidemus, cum sollicitudinem nostram monemur universa extendere tum circa quodammodo nobis coniunctiores diligentius compellimur invigilare, aecclesiae vestrae devastationem non alienam putantes sed quasi nostrae cuius specialis filia est condolentes, cum consilio atque auxilio omnium vestrum, qui Deum timetis, volumus et desideramus ad antiquum specimen et religionis statum, in quantum Domino largiente poterimus, eam reducere. Igitur illo putrido membro gladio excommunicationis exciso atque ita, ut inter sacerdotes etiam in aeternum non debeat conumerari, deposito, dilectionem vestram monemus ac pro salute vestra rogamus: ut toto affectu mentisque intentione talem personam una cum confratribus nostris episcopis et archidiacono caeterisque diaconis, quos propterea ad vos nostra vice direximus, studeatis eligere, quae tanto honori, scilicet vestri archiepiscopatus regimini, secundum Deum videatur competere. Non ulterius ecclesiam vestram ancillari, servitute opprimi ab impiis manibus patiamini; sed sicut boni filii eam nobiscum in maternam, hoc est Romanae aecclesiae, libertatem vendicare satagite; quatinus et honorem Dei, dum sponse eius sanctae aecclesiae libertatem diligitis, vos ostendatis amare, et aeternae beatitudinis hereditatem quasi liberi filii merito possitis et debeatis sperare. Datum Idus Octobris.

VIII 14. *Ravennates, Pentapolenses, Firmanos, Spoletanos hortatur, ut Richardo archiepiscopo Ravennati opem ferant contra Wibertum.*

Gregorius episcopus servus servorum Dei omnibus episcopis abbatibus comitibus atque militibus in parroechia Ravennati et in Pentapoli nec non et in marchia Firmana et in ducatu Spoletino commorantibus, illis videlicet qui beatum Petrum diligunt neque vinculis excommunicationis tenentur, salutem et apostolicam benedictionem.

Notum vobis esse credimus, fratres karissimi: quia ubique terrarum religiosi viri clerici et laici per gratiam Dei nos diligunt, et ea, quae dicimus sive praecipimus, libenter approbant

et oboedienter suscipiunt, illi videlicet, qui iustitiam discernunt 1080
et intentionem nostram cognoscunt; inimici autem crucis Christi, Dec. 11
immo hostes animarum suarum, in nos insurgere et, dementiae
caecitate perculsi, contra salutem suam sanctam aecclesiam conculcare conantur. Quod multum profecto gaudemus intuentes,
illos qui Deum diligunt rebus nostris favere; et non hos, sed
illos dumtaxat, qui animam suam oderunt[1], inimicos nobis existere. Quorum quidem odium hac maxime de causa, sicut vos
scitis, incurrimus, quia ipsos de laqueis diaboli eruere et ad
sinum matris ecclesiae reducere curavimus. Vos itaque, quos
ab illorum perfidia remotos et alienos existimamus, oportere nunc
credimus, ut qualem habeatis animum circa nos immo beatum
Petrum, cuius vice licet indigni fungimur, demonstretis, et si,
quemadmodum arbitramur, vos fideliter geritis, manifestis indiciis, cum tempus adest et res expostulat, declaretis. Est autem,
in quo devotionem vestram egregie potestis ostendere: si decreta
atque statuta sedis apostolicae pro posse vestro studetis atque
satagitis adiuvare. Igitur Ravennatem archiepiscopum fratrem
nostrum R(ichardum), quem post longas 'et innumeras pervaso-
rum occupationes nuperrime, sicut olim a beato Petro Apollinarem, ita hunc Ravennas ab ecclesia Romana meruit accipere,
studium vobis sit, tum propter amorem sanctissimi martyris cuius sede et reliquiis illa decoratur ecclesia tum propter apostolicae sedis debitam reverentiam, consiliis et auxiliis vestris confirmare, atque ei contra illius sancti loci sacrilegum damnatumque
devastatorem W(ibertum) modis omnibus subvenire. Precipimus
namque, ut iuxta consilium legati nostri, qui defert has litteras,
predicto fratri nostro archiepiscopo consilium et auxilium vestrum
ita firmiter promittatis, ut, dum inimici audierint, rebus suis
cogantur et iure possint timere, cum vero amici et fideles nostri
cognoverint, una nobiscum de promissis vestris certissime queant
sperare. Datum 3 Idus Decembris.

1. Ps. 10, 6.

VIII 15. *Valvensibus praecipit, ut Transmundum episcopum pro invasore habeant. Iohannem subdiaconum, legatum suum, commendat.*

1080
Dec. 12

Gregorius episcopus servus servorum Dei omnibus in episcopatu Valvensi habitantibus, maioribus atque minoribus sive potestatem in eo habentibus, qui gratiam beati Petri cupiunt, salutem et apostolicam benedictionem.

Transmundus, vester dictus episcopus, ad nos venit; quem nimirum nos duris verbis increpuimus, propterea quod episcopatum sine ratione dimiserat. Precepimus etiam illi propter istam stultitiam: ut de episcopatu se deinde non intromitteret; set iret ad Montem Casinum, ibique tandiu esset, donec cum ipso praefati loci abbate[1] aliisque religiosis et prudentibus viris consilium caperemus, quid de illo et vestra ecclesia esset faciendum. Quod nostrum praeceptum, sicut audivimus, contempnens et per inobedientiam idolatriae scelus incurrens[2], ausus est ecclesiam interdictam ad augmentum malitiae suae pervadere, eamque nunc pertinaciter non metuit occupare. Proinde apostolica auctoritate praecipimus vobis: ut, si gratiam Dei et beati Petri diligitis animarumque vestrarum periculum timetis, nullus vestrum episcopalem reverentiam illi exhibeat; sed, bona ecclesiae de manibus illius eripientes, eum sicut invasorem habeatis et res ecclesiae, ne distraere valeat, a potestate ipsius defendatis. Nichilominus quoque mandamus: ut huic legato nostro Iohanni subdiacono, quem ad hoc vobis direximus, auxilium in his quae necessaria fuerint praebeatis; quatinus ipse una vobiscum, quae in hac re facienda sunt, melius possit implere. Datum 2 Idus Decembris.

VIII 16. *Raimundum et Bertrandum comites S. Egidii hortatur, ut Dalmatio archiepiscopo Narbonensi opitulentur contra Petrum ecclesiae invasorem.*

1080
Dec. 23

Gregorius episcopus servus servorum Dei R(aimundo)[3] et B(ertrando)[4] nobilibus comitibus salutem et apostolicam benedictionem.

1. Desiderio. comiti Tolosano.   2. 1 Reg. 15, 23.   3. comiti S. Egidii, post IV   4. filio Raimundi comitis S. Egidii.

Quantum domus vestra beatum Petrum iam dudum dilexerit 1080
quantumque ipsi fidelis extiterit, profecto non modo apud vos Dec. 28
scitur, sed etiam in pluribus diversarum gentium partibus notum habetur; unde et de inimicis victoriam et pre ceteris paribus suis honorem et gloriam hactenus obtinuisse longe lateque
dinoscitur. Quia vero parentum vestrorum sicut nobilitatis lineam ita quoque probitatum studia vos imitari cognovimus, pro
certo valde laetamur et, ut devotum animum circa beatum Petrum et matrem omnium sanctam Romanam ecclesiam semper
geratis, salubriter hortamur atque monemus. Cuius vos dilectionem tenere, procul dubio in nullo melius potestis ostendere, quam
si, inter caetera bona quae debetis agere, sanctam ecclesiam procuratis iuvare atque defendere. Itaque saluti vestrae praecipue
providentes, rogamus et ex parte beati Petri praecipimus vobis:
ut, Narbonensi ecclesiae, iam ex longo tempore a membris diaboli pervasae, prompte subvenientes, fratrem nostrum Dalmatium
archiepiscopum, quem tandem canonice et secundum Deum electum et ordinatum meruit accipere, modis omnibus studeatis
adiuvare; illi vero pervasori[1], qui, non per ostium ut pastor sed
aliunde ut fur et latro ingressus[2], oves Christi mactat et perdit[3]
immo diabolo tradit, modis quibus potestis resistite, si gratiam
omnipotentis Dei desideratis obtinere. Agite ergo et omnino procurate, beatum Petrum apostolorum principem vobis adiutorem immo
debitorem facere; qui potest vobis huius vitae et futurae salutem
et honorem dare vel tollere, quique nescit fideles suos relinquere,
sed potius novit superbis resistere et confundere, humilibus autem
gratiam dare[4] eosque exaltare. Data 10 Kalendas Ianuarii.

VIII 17. *Remenses hortatur, ut, adhibito Hugone episcopo Diensi,
in locum Manassis I archiepiscopi damnati alium eligant.*

Gregorius episcopus servus servorum Dei universo Remensis 1080
ecclesiae clero et populo salutem et apostolicam benedictionem. Dec. 27

Non dubitamus, ad notitiam vestram pervenisse, quod Ma-
nases[5], olim dictus archiepiscopus vester, synodalem dampnationis

1. Petro. V. supra p. 399.   2. Ioh. 10, 1.   3. Ioh. 10, 10.
4. Iac. 4, 6.   5. I.

1080
Dec. 27 suae sententiam, exigentibus culpis suis, adiudicante confratre nostro Diensi episcopo[1], sanctae Romanae ecclesiae legato, subierit. Quam utique diligenter perscrutantes et pro magnitudine iniquitatum eius iustissimam fuisse approbantes, eo tenore in Romana synodo confirmavimus rogatu multorum fratrum: ut, concessis sibi induciis, si posset, ad expurgandum se de obiectis veniendi licentiam haberet ac liberam de se agendi facultatem; ita tamen, ut interim regimini ipsius ecclesiae cederet et in Cluniacensi vel in aliquo religioso monasterio degeret; ut, cuius obedientiae quantaeque humilitatis esset, probaretur. Verum, sicut ipsi scitis, non solum huic diffinitioni non obedivit, sed ad contemptum interdictionis nostrae ecclesiam vestram invadere ac impudenti devastatione confundere praesumpsit, utpote quam non per hostium ut pastor, sed aliunde ut fur et sevissimus praedo intravit[2], ad hoc scilicet, ut gregem dominicum mactet et perdat[3], non ut vigilantia pastoris protegat et defendat. Siquidem adeo in immensum actuum suorum tetendit iniquitas, ut dignissimę dampnationi atque excommunicationi subiaceat, ita ut in perpetuum nullam restitutionis suae spem concipere debeat. Quapropter apostolica vos auctoritate monemus, ut perversis actibus eius in nullo communicetis, immo, ut tollatur de medio vestrum et in interitum carnis suae tradatur sathanae, ut spiritus salvus sit[4], sibi modis omnibus resistatis. Detis etiam operam, ut communi consilio parique voto, assentiente vobis praedicto confratre nostro Diensi episcopo, patrem vobis secundum Dominum eligatis, qui ecclesiae vestrae, diutina pseudopastorum improbitate laboranti, valeat subvenire et antiquam sui libertatem Christo auxiliante vobiscum reparare. Datum 6 Kalendas Ianuarii.

VIII 18. *Ebolo II comiti de Roceio praecipit, ut Manassi I deiecto archiepiscopo Remensi obsistat successorique eligendo auxilium ferat.*

1080
Dec. 27 Gregorius episcopus servus servorum Dei Ebolo[5] nobili et glorioso comiti salutem et apostolicam benedictionem.

1. Hugone.   2. Ioh. 10, 1.   3. Ioh. 10, 10.   4. 1 Corinth. 5, 5.
5. II comiti de Roceio. V. supra p. 15 n. 1 et 2.

Sicut prudentia tua meminisse potest, nos longo tempore praeter voluntatem tuam virorumque religiosorum, qui ipsum noverant, Manassem[1] dictum Remensem archiepiscopum dissimulavimus, eumque putantes correctionis suae curam habere, diu profecto portavimus. Verum ille, patientia nostra abusus et, quod evidenter apparet, ex conscientia prava in desperationis foveam lapsus, non solum se praetensae mansuetudini ingratum exhibuit, sed etiam in reliquum misericordia sancti Petri indignum se fecit; scilicet ut, cuius in depositione sententiam vicarii nostri Hugonis Diensis episcopi in concilio Lugdunensi prolatam approbatamque ad terminum nos distulerimus, deinceps in perpetuum firmam esse et ratam ipsumque sine spe recuperationis depositum adiudicemus. Quapropter eum inrevocabili iudicio episcopalis sedis regimine privatum esse tuae celsitudini denunciantes, monemus atque ex parte beati Petri praecipimus: ut tam te ipsum a pestifera amicitia illius a modo retrahas, quam et alios quos potes ab eo custodire se doceas. Ut autem gratiam Dei et beati Petri largius merito queas sperare, studium sollertiae tuae non desit: tam per te ipsum quam et per quoscumque vales praefato deposito pro magnitudine tua resistere; illumque archiepiscopum, quem saniori consilio pars cleri melior cum consensu praedicti legati nostri, Hugonis videlicet episcopi Diensis, illi sedi elegerit, modis omnibus adiuvare. In hac igitur re ita te devotum et obsequentem mandatis apostolicis aperte demonstres, quemadmodum tuis in necessitatibus fideles tuos existere cuperes. Et sicut a fidelibus tuis non impune tergiversationem tibi fieri summis in negociis ferres, ita procures respectu beati Petri, ad quem spectat totius ecclesiae causa, rem hanc ex animo gerere; quatenus et hic eum protectorem et in futuro patronum ex debito merearis habere. Data 6 Kalendas Ianuarii.

1080
Dec. 27

VIII 19. *Ecclesiae Remensis suffraganeos obedientia Manassis I archiepiscopi solvit. Mandat, ut successorem eligendum curent.*

Gregorius episcopus servus servorum Dei omnibus episcopis 1. I.

1080
Dec. 27

1080
Dec. 27 suffraganeis videlicet sanctae Remensis ecclesiae, his tamen, qui se ab excommunicatis custodiunt, salutem et apostolicam benedictionem.

Notum esse fraternitati vestrae credimus, quod nos iniquitates Manasse, dicti Remensis archiepiscopi, longo tempore supportavimus, eumque sperantes de malitia sua converti, diu nimiumque dissimulavimus. Sed quoniam beata Maria, cuius ille sedem perditus occupabat, noluit ecclesiam suam sceleribus illius diutius pollui; quae de eo graviora dudum latuerant, ad notitiam multorum eruperunt in lucem. Pro quibus ipse in Lugdunensi concilio, cui frater et vicarius noster Hugo Diensis episcopus praeerat, eodem dictante cunctisque fratribus religiosis qui aderant assentientibus, depositionis sententiam meruit. Eam itaque praefati conventus censuram, quam nos, apostolica mansuetudine utentes, subiuncto tenore temperaveramus, quoniam ille conscientia desperante in duritia sua inoboedientiaeque contemptu voluit manere potius quam ad sani sensus consilium animum flectere, iam nunc ex apostolica auctoritate firmamus; atque inrecuperabiliter depositum esse in reliquum adiudicamus. Proinde fraternitatem vestram, ne ulterius illi episcopalem reverentiam debeat, absolvimus; immo apostolica auctoritate praecipimus, ut nemo ei quasi pastori obediat, sed quisque pro officio suo et viribus sicut invasori resistat. Quod nostrum, potius vero Spiritus sancti iudicium dilectio vestra studeat subditis sibi cunctisque quibus valet populis denunciare; et, ut ab eius participatione sibi caveant ipsumque modis quibus possunt coartent, non negligat caritas vestra monere. De cetero volumus et ex parte beati Petri iubemus: quatenus, adhibitis illius ecclesiae clericis, talis persona cum consensu praefati legati nostri Diensis episcopi ut eligatur procuretis, quae tanto regimini digne competere videatur. Nos enim eam electionem, quam pars cleri et populi melior et religiosior consentiente praedicto nostro vicario fecerit, Deo favente firmantes apostolica auctoritate roboramus. Diligentia igitur vestra ita se in hac re pronam nobisque immo beato Petro obedientem exhibeat, ut, cognito studio

et vigilantia vestra, si quid in praeterito negligenter aut inobe- 1080
dienter deliquistis, merito propter hoc debeamus sufferre. Datum Dec. 27
6 Kalendas Ianuarii.

VIII 20. *Philippi I Francorum regis iuventuti peccata condonat.*
Ne Manassi I remoto archiepiscopo Remensi favorem prae-
stet neu successoris electionem impediri patiatur.

Gregorius episcopus servus servorum Dei Philippo glorioso 1080
regi Francorum salutem et apostolicam benedictionem. Dec. 27

Saepe per nuncios tuae celsitudinis audivimus, te gratiam
beati Petri nostramque amicitiam cupere; quod et tunc nos libenter accepisse et adhuc, si eum animum geris, noveris admodum nobis placere. In hoc enim te tuae salutis amicum solleci-
tumque esse demonstras, si apostolicam benevolentiam, sicut
christianum regem decet, assequi et obtinere desideras. Quam
quidem hoc pacto adipisci multo facilius ac dignius poteris, si
te in ecclesiasticis negociis diligentem devotumque reverenter exhibueris. Qua in re procul dubio minus vigilanter multumque
negligentius, quam sanum fuerit, olim habuisse te cerneris. Sed
nos, adolescentiae tuae praeterita[a] delicta spe correctionis tuae
portantes, ut deinceps castigatis moribus ad ea quae oportet in-
vigiles, ex debito officii nostri monemus. Igitur inter caetera
virtutum studia regiae excellentiae convenientia, quae tibi inesse
optamus — cum, te iustitiae amatorem misericordiaeque custodem
existere, ecclesias defendere, pupillos viduasque protegere, sit
necessarium — non minus ad internae salutis custodiam tibi
esse pravorum consilia spernenda, maximeque excommunicatorum
familiaritates detestandas, arbitramur atque asserimus. Unde
sublimitati tuae ex parte beati Petri praecipimus ac ex nostra
rogamus: ut Manasse, Remensi[b] archiepiscopo dicto, sed propter
suas iniquitates, quae non praetereunt scientiam tuam, inrecuperabiliter deposito, nullum ulterius favoris tui solacium praebeas;
sed eum ita ab amicitia tua rescindas atque a conspectu praesentiae tuae contemptum repellas, ut te pateat, inimicos sanctae

a. praeterea *cod.*   b. Ramensi *c.*

29 *

1080
Dec. 27

ecclesiae videlicet excommunicatione induratos respuendo, Deum diligere, apostolicisque mandatis morem gerendo, gratiam beati Petri veraciter desiderare. Preterea volumus et ex parte apostolica iubemus: ut electionem, quam praefatae Remensis ecclesiae clerus et populus Deo annuente facturus est, nullo ingenio aut studio, quominus canonice fiat, inpedias; sed et, si quis inpedire aliquo studio saeculari temptaverit, illi omni modo contradicas; atque illi, quem pars fidelior et religiosior elegerit, adiutorium tuum impendas. Age igitur et, iam aetate vir factus, in hac re procura, ut non frustra tuae iuventutis culpis pepercisse nec in vanum te ad emendationem expectasse videamur. Ac maxime enitere: ut beatum Petrum, in cuius potestate est tuum regnum et anima tua, qui te potest in coelo et in terra ligare et absolvere, tibi facias debitorem; et non pro negligentia aut veritatis dissimulatione iudicium, sed pro diligentia iustitiaeque executione ipsius gratia eternum digne merearis auxilium. Datum 6 Kalendas Ianuarii.

VIII 20 a. *De synodo Romana.*

Concilium.

1081
Febr.

Anno ab incarnatione Domini millesimo octuagesimo primo, pontificatus vero domni Gregorii septimi papae anno octavo, presidente eodem apostolico, celebrata est synodus Rome in basilica eiusdem salvatoris et redemptoris nostri Iesu Christi. In qua inter caetera sententiam depositionis archiepiscoporum Arelatensis[1] et Narbonensis[a][2] atque excommunicationis, per legatos apostolicae sedis promulgatam, domnus papa, his qui aderant collaudantibus, firmavit.

Heinricum quoque, omnes fautores eius, qui in praeterita excommunicatione animum induraverant, iterum excommunicavit.

Anathematizavit item Ildimundum et Landum Campaninos omnesque adiutores eorum.

Preterea suspendit ab[b] officio quosdam episcopos, qui, ad concilium invitati, neque ipsi neque nuncii eorum pro ipsis venerunt.

1. Aicardi.　　2. Petri.　　a. Nabornensis *c.*　　b. ab *om. c.*

VIII 21. *Herimanno episcopo Metensi respondet de iis, qui sedem apostolicam Heinrici IV regis excommunicandi ius habuisse negent*[a].

Contra[b] illos, qui stulte dicunt, imperatorem excom-   1081
      municari non posse a Romano pontifice.   Mart. 15

Gregorius episcopus servus servorum Dei dilecto in Christo fratri Herimanno[c] Metensi[d] episcopo salutem et apostolicam benedictionem.

Quod ad perferendos labores ac pericula pro defensione veritatis te paratum intelligimus[e], divini muneris esse non dubitamus. Cuius haec est[f] ineffabilis gratia et mira clementia[g], quod nunquam electos suos penitus aberrare permittit, nunquam funditus labefactari[h] aut deici sinit; dum eos, persecutionis tempore quadam utili probatione discussos, etiam post trepidationem aliquam semet ipsis[i] fortiores facit. Quoniam autem — sicut inter ignavos alium, quo turpius alio fugiat, timor exanimat — ita etiam inter strenuos alium, quo fortius alio agat quo[k] ardentius prorumpat, virile pectus inflammat, hoc caritati tuae exhortationis voce curavimus commendare[l]: ut eo magis in acie christianae religionis stare te delectet inter primos, quo eos non dubitas victori Deo proximos atque dignissimos.

Quod autem postulasti, te quasi nostris scriptis iuvari ac praemuniri contra illorum insaniam, qui nefando ore garriunt: auctoritatem sanctae et[m] apostolicae sedis non potuisse regem Henricum, hominem christianae legis contemptorem, ecclesiarum[n] videlicet et imperii destructorem atque hereticorum auctorem et consentaneum, excommunicare, nec quemquam a sacramento fidelitatis eius absolvere, non adeo necessarium nobis videtur; cum huius rei tam multa ac certissima documenta in sacrarum scripturarum paginis reperiantur. Neque enim[o] credimus, eos, qui ad

---

a. *Legitur etiam* 2) *ap. Hugonem Flaviniac., Mon. Germ. SS. VIII* 458, 3) *ap. Udal ricum Babenberg.* n. 156, *Eccardi Corp. hist II* 158, 4) *ap. Brunonem de bello Sax., Mon. Germ. SS. V* 356.   b. Contra — pontifice *om.* 2. 3. 4.   c. *om.* 2, *N.* 4. d. *om.* 4.   e. intelleximus 3.   f. et *add.* 3.   g. *om.* 2.   h. labefactori *cod.* i. ipsos *cod.*   k. quo — prorumpat *om.* 3.   l. intonare 2.   m. et *om.* 4. n. ecclesiarum — destructorem *om.* 2.   o. autem 3.

cumulum suae dampnationis veritati impudenter detrahunt et
contradicunt[a], haec ad suae defensionis audaciam tam ignorantia,
quam miserae desperationis vecordia[b], coaptasse[c]. Nec mirum.
Mos est enim[d] reproborum, ob suae nequitiae protectionem niti[e],
consimiles sibi defendere; quia pro nichilo habent, mendatii[f] perditionem incurrere.

Nam, ut de multis pauca dicamus, quis ignorat vocem domini ac salvatoris nostri[g] Iesu Christi dicentis in euangelio: *Tu
es Petrus, et super hanc petram aedificabo ecclesiam meam, et
portae inferi non praevalebunt adversus eam; et tibi dabo claves
regni coelorum; et quodcunque ligaveris super terram, erit ligatum et in coelis, et quodcunque solveris super terram, erit solutum et in coelis*[1]. Nunquid sunt hic reges excepti? aut non
sunt de ovibus, quas filius Dei beato Petro commisit[2]? Quis,
rogo, in hac universali concessione ligandi atque solvendi a potestate Petri se exclusum esse[h] existimat, nisi forte infelix ille,
qui, iugum Domini portare[i] nolens, diaboli se subicit oneri, et
in numero ovium Christi esse recusat? Cui tamen hoc ad mi-
seram libertatem minimę[k] proficit[l], quod potestatem Petri, divinitus sibi[m] concessam, a superba cervice excutit; quoniam[n], quanto
eam quisque per elationem ferre abnegat, tanto durius ad damna-
tionem suam in iudicio portat.

Hanc itaque divinae voluntatis institutionem, hoc firmamentum dispensationis ecclesiae[o], hoc privilegium, beato Petro apostolorum principi coelesti decreto principaliter traditum atque
firmatum, sancti patres cum magna veneratione suscipientes atque servantes[p], sanctam Romanam aecclesiam tam in generalibus
conciliis quam etiam in[q] ceteris scriptis et gestis suis universalem[i] matrem appellaverunt. Et sicut eius documenta in confirmatione fidei et[r] eruditione sacrae religionis, ita etiam iudicia
susceperunt; in hoc consentientes et quasi uno spiritu et una

a. Deo *add.* 3.   b. verecundia 2.   c. captasse 3.   d. autem 3.   e. *om.* 4.
f. mendacio 2.   g. nostri — Christi *om.* 2. 3.   h. *om.* 3.   i. ferre 3.   k. pro
minimo 3.   l. sufficit 2.   m. *om.* 2.   n. quum 2, quam 3.   o. divinae 3.
p. susceperunt et servaverunt et 3.   q. *om.* 2.   r. et — religionis *om.* 3.

1. Matth. 16, 18. 19.   2. Ioh. 21, 17.   3. Cf. Matth. 11, 30.

voce concordantes: omnes maiores res et praecipua negocia nec non[a] omnium ecclesiarum iudicia ad eam quasi ad matrem et caput[b] debere referri; ab ea[c] nusquam appellari, iudicia eius a nemine retractari aut[d] refelli debere vel posse. Unde beatus Gelasius papa Anastasio imperatori scribens [1], divina fultus auctoritate, quid et qualiter de principatu sanctae et apostolicae sedis sentire[e] deberet, hoc modo eum instruxit: *Etsi* inquit *cunctis generaliter sacerdotibus recte divina tractantibus fidelium convenit colla[f] submitti, quanto potius sedis illius praesuli consensus est adhibendus, quem cunctis sacerdotibus et divinitas summa voluit praeminere, et subsequens ecclesiae generalis iugiter pietas celebravit. Ubi prudentia[g] tua evidenter advertit, nunquam quolibet penitus humano consilio aequare se quemquam posse illius privilegio vel confessioni, quem Christi vox praetulit universis, quem ecclesia veneranda confessa semper est et habet devota primatem.* Item Iulius papa, orientalibus episcopis scribens, de potestate eiusdem sanctae et apostolicae sedis ait [2]: *Decuerat vos, fratres, adversus sanctam Romanam et apostolicam ecclesiam limate et non yronice loqui; quoniam et ipse dominus noster Iesus Christus, eam decenter allocutus, ait: „Tu es Petrus, et super hanc petram aedificabo aecclesiam meam, et portae inferi non prevalebunt adversus eam; et tibi dabo claves regni coelorum".* Habet enim potestatem singulari privilegio concessam, aperire et claudere ianuas regni coelestis, quibus voluerit. Cui ergo aperiendi claudendique coeli data potestas est, de terra iudicare non licet? Absit. Num[h] retinetis, quod ait beatissimus[i] Paulus apostolus[k]: *Nescitis, quia angelos iudicabimus? quanto magis saecularia* [3]. Beatus quoque Gregorius papa reges a sua dignitate cadere statuit, qui apostolicae sedis decreta violare praesumpserint, scribens[l] ad quendam Senatorem abbatem his verbis [4]:

1081
Mart. 15

a. et *add.* 2.   b. omnium *add.* 3.   c. eam 2 *pro* ab ea.   d. aut — posse *om.* 2.   e. se dissentire 2 *pro* sentire.   f. corda *ap. Mansi.*   g. pietas *ap. Mansi.* h. Non 3.   i. beatus 4.   k. *om* 3.   l. scribens — temptaverit *om.* 3.

1. Regesta pont. Rom. n. 387, Mansi VIII 31.   2. in epist. Pseudo-isidoriana. V. Decretales Pseudo-isidorianae ed. Hinschius p. 464.   3. 1 Cor. 6, 3.   4. S. Greg. registri L. XIII ep. 8, Opp. ed. Benedictini T. II 1223.

1081
Mart. 15 *Si quis vero regum sacerdotum iudicum atque saecularium personarum hanc constitutionis nostrae paginam agnoscens, contra
eam venire temptaverit, potestatis honorisque sui dignitate careat, reumque se divino iudicio existere de perpetrata iniquitate
cognoscat; et nisi ea, quae ab illo sunt male ablata, restituerit,
vel digna poenitentia illicite acta defleverit, a sacratissimo corpore ac sanguine domini redemptoris nostri Iesu Christi alienus
fiat atque in aeterno examine districtae ultioni subiaceat.*

Quodsi[a] beatus Gregorius, doctor utique mitissimus, reges,
qui statuta sua[b] super unum[c] xenodochium violarent, non modo
deponi sed etiam excommunicari atque in aeterno examine
dampnari decrevit, quis nos H(enricum)[d], non solum apostoli-
corum iudiciorum contemptorem verum etiam ipsius matris ecclesiae, quantum in ipso est, conculcatorem totiusque regni et ecclesiarum[e] improbissimum praedonem et atrocissimum destructorem, deposuisse et excommunicasse reprehendat[f], nisi forte similis eius? Sicut beato Petro[g] docente cognovimus in epistola[1]
de ordinatione Clementis, in qua sic ait: *Si quis amicus fuerit
iis, quibus ipse* — de eodem Clemente dicens — *non loquitur,
unus est et ipse ex illis, qui exterminare Dei ecclesiam volunt;
et cum corpore nobiscum esse videatur, mente et animo contra
nos est, et est multo nequior hostis hic, quam illi, qui foris sunt
et evidenter inimici. Hic enim per amicitiarum speciem, quae
inimica sunt, gerit; et ecclesiam dispergit ac vastat.* Nota ergo,
carissime[h], si[i] eum, qui[k] amicitia vel colloquio iis, quibus papa
pro actibus suis aversus est, sociatur[l], tam graviter iudicat,
quanta illum ipsum, cui pro actibus suis aversus est, animadversione dampnat.

Sed ut ad rem redeamus; itane dignitas, a saecularibus —
etiam[m] Deum ignorantibus — inventa, non subicietur ei dignitati,
quam omnipotentis[n] Dei providentia[o] ad honorem suum invenit

---

a. Quare 3.   b. non modo *add.* 2.   c. etiam *add.* 3.   d. hunc 2.   e. ecclesiae 3.   f. reprehendit 3.   g. hoc *add.* 3.   h. dilectissime 3.   i. quod 3.
k. quem *cod.*   l. coniungitur 3, associatur 4.   m. etiam — ignorantibus *om.* 2.
n. omnipotens 2.   o. prudentia 3.

1. Pseudo-isidoriana Clementis, l. l. p. 36.

mundoque misericorditer tribuit? cuius filius — sicut deus et   1081
homo indubitanter creditur — ita summus sacerdos, caput omnium Mart. 15
sacerdotum, ad dexteram Patris sedens et pro nobis semper inter-
pellans[1], habetur; qui saeculare regnum, unde filii saeculi tument,
despexit et ad sacerdotium crucis spontaneus venit. Quis nesciat:
reges et[a] duces ab iis habuisse principium, qui, Deum ignorantes,
superbia rapinis perfidia homicidiis, postremo universis pene sceleribus, mundi principe diabolo videlicet agitante, super pares,
scilicet homines, dominari caeca cupidine et intolerabili praesumptione affectaverunt[b]. Qui videlicet, dum sacerdotes Domini
ad vestigia sua inclinare contendunt, cui rectius comparentur[c]
quam ei, qui est caput super omnes filios superbiae[2]? qui ipsum
summum pontificem, sacerdotum caput, Altissimi[d] filium, temptans et omnia illi mundi regna promittens, ait: *Haec omnia
tibi dabo, si procidens adoraveris me*[3]. Quis[e] dubitet: sacerdotes
Christi[f] regum et principum omniumque fidelium patres et magistros censeri. Nonne miserabilis insaniae esse cognoscitur: si
filius patrem, discipulus magistrum sibi conetur subiugare, et iniquis obligationibus illum suae potestati subicere, a quo credit
non solum in terra sed etiam in coelis se ligari posse et solvi.
Haec, sicut beatus Gregorius in epistola ad Mauritium imperatorem directa[4] commemorat, Constantinus Magnus[g] imperator,
omnium regum et principum fere totius orbis dominus, evidenter
intelligens, in sancta Nycena synodo post omnes episcopos ulti-
mus residens, nullam iudicii sententiam super eos dare praesumpsit; sed illos etiam deos vocans, non suo[h] debere subesse
iudicio, verum se ad[i] illorum pendere arbitrium[k] iudicavit. Supra
dicto quoque Anastasio imperatori praelibatus papa Gelasius per-
suadens, ne ille intimatam suis sensibus veritatem arbitraretur
iniuriam, subintulit dicens[5]: *Duo sunt quippe, imperator auguste,*

a. et duces *om.* 2.   b. affectaverint 3.   c. comparantur 4.   d. scilicet *add.* 2.
e. Quis — posse et solvi *legitur in Gratiani decr. P. I, Dist.* 96*, can.* 9.   f. vel 3
pro Christi.   g. *om.* 2.   h. eos *add.* 2.   i. ab 3. 4.   k. iudicio 3. 4.

1. Rom. 8, 34.   2. Iob 41, 25.   3. Matth. 4, 9.   4. L. V ep. 40
al. L. IV ep. 31. Opp. ed. Benedictini II 767.   5. in epistola ap. Mansi
VIII 31.

1081
Mart. 15
quibus principaliter mundus hic regitur, auctoritas sacrata pon-
tificum et regalis potestas; in quibus tanto gravius pondus est
sacerdotum, quanto etiam pro ipsis regibus hominum[a] *in divino*
reddituri sunt examine rationem. Et paucis interpositis, inquit:
Nosti itaque inter hec, ex[b] *illorum te pendere iudicio, non illos*
ad tuam velle redigi voluntatem.

Talibus ergo institutis talibusque fulti auctoritatibus, plerique pontificum, alii reges, alii imperatores excommunicaverunt.
Nam, si speciale aliquod de personis principum requiratur exemplum, beatus[c] Innocentius papa Archadium imperatorem, quia[d]
consensit, ut sanctus Iohannes Chrisostomus a sede sua[e] pelleretur, excommunicavit[1]. Alius[f] item Romanus pontifex, Zacharias[g] videlicet, regem Francorum, non tam pro suis iniquitatibus
quam pro eo, quod tantae potestati non erat utilis, a regno deposuit; et Pipinum Caroli Magni imperatoris patrem in eius loco
substituit; omnesque Francigenas a iuramento fidelitatis, quod[h]
illi fecerant, absolvit. Quod etiam ex frequenti auctoritate saepe
agit sancta ecclesia, cum milites absolvit a vinculo iuramenti,
quod factum est his episcopis, qui apostolica auctoritate a pontificali gradu deponuntur. Et beatus Ambrosius, licet sanctus
non tamen universalis ecclesiae episcopus, pro culpa, quae ab aliis
sacerdotibus non adeo gravis videbatur, Theodosium Magnum imperatorem excommunicans ab aecclesia exclusit. Qui[i] etiam in
suis scriptis ostendit, quod aurum non tam pretiosius sit plumbo,
quam regia potestate[k] sit altior dignitas sacerdotalis, hoc modo
circa principium sui pastoralis[2] scribens: *Honor, fratres, et*
sublimitas episcopalis nullis poterit comparationibus adaequari.
Si regum fulgori compares et principum diademati, longe erit

a. hoūm *cod.* Domino *ap.* *Mansi.*   b. ex *addidi;* ad — iudicium 2.   c. *om.* 2.
d. quod 3.   e. de ecclesia 2, de sua sede 3.   f. Alius — gradu deponuntur *sunt*
in Gratiani decret. II C. 15, *qu.* 6, *can.* 8.   g. Zacharias videlicet *addidit in cod.*
manus posterior; Stephanus 2; *om.* 4.   h. illius 2 *pro* quod — fecerant.   i. Quod 4.
k. dignitate 2. 3.

1. V. spuriam Innocentii I epistolam ap. Nicephorum Callistum Hist.
eccl. L. XIII c. 34, Coustant Epist. pont. Rom. appendix p. 905.   2. sive
„De dignitate sacerdotali" libri, S. Ambrosio suppositi. V. S. Ambrosii Opp.
ed. Benedictini T. II appendix p. 359.

inferius, quam si plumbi metallum ad auri fulgorem compares;   1081
quippe cum videas regum colla et principum submitti genibus   Mart. 15
sacerdotum et, exosculata eorum dextera, orationibus eorum cre-
dant se communiri; et post pauca: *Haec cuncta, fratres, ideo nos*
praemisisse debetis cognoscere, ut ostenderemus: nichil esse in hoc
saeculo excellentius sacerdotibus, nichil sublimius episcopis reperiri.

Meminisse etiam[a] debet fraternitas tua: quia maior potestas
exorcistae[1] conceditur[b], cum s p i r i t u a l i s   i m p e r a t o r   ad abiciendos demones constituitur[2], quam alicui laicorum causa saecularis dominationis tribui possit. Omnibus nempe[c] regibus et
principibus terrae, qui religiose non vivunt et in actibus suis
Deum ut oportet[d] non metuunt, demones heu proh dolor domi-
nantur et misera eos[e] servitute confundunt. Tales enim[f], non
divino ducti amore sicut religiosi sacerdotes ad honorem Dei
et utilitatem[g] animarum, praeesse cupiunt; sed ut intolerabilem
superbiam suam ostentent[h] animique libidinem expleant, ceteris
dominari affectant. De quibus beatus Augustinus in libro primo
de doctrina christiana[3] dicit: *Cum vero etiam eis, qui sibi natu-*
raliter pares sunt, hoc est hominibus, quilibet dominari affectat,
intolerabilis omnino superbia est. Porro[i] exorcistae, ut diximus,
super demones a Deo i m p e r i u m habent[k][4]; quanto igitur magis[l]
super eos, qui demonibus subiecti et membra sunt demonum. Si
ergo his tantum praeeminent exorcistae, quanto amplius sacerdotes.

Praeterea omnis rex christianus ad exitum veniens, ut inferni carcerem evadat, ut de tenebris in lucem tendat, ut de

---

a. enim 2.   b. committitur 3.   c. quippe 2.   d. opinor 3.   e. eos *addidi*
ex 3.   f. igitur 3.   g. salutem 2.   h. ostendant 2.   i. Porro autem cum exor-
cista 3.   k. habeat 3.   l. magis — exorcistae, quanto *om.* 2.

1. exorcistae ordo est tertius ex quatuor minoribus ordinibus ecclesiasticis (sc. ostiarii, lectoris, exorcistae, acolythi).   2. pontifex enim
exorcistas ordinans: „Deum patrem" inquit „deprecemur, ut hos famulos
suos benedicere dignetur in officium exorcistarum, ut sint s p i r i t u a l e s
i m p e r a t o r e s ad abiciendos daemones". V. Pontificale Romanum, de ordinatione exorcistarum.   3. Lib. I c. 23. Opp. S. Augustini ed. Caillau
IV 435.   4. pontificis exorcistas ordinantis haec etiam verba sunt:
„Domine — benedicere dignare hos famulos tuos — ut i m p e r i u m ha-
b e a n t spiritus immundos coercendi". V. Pontificale Romanum l. l.

1081
Mart. 15 peccatorum vinculis[a] in Dei iudicio absolutus appareat, sacerdotis opem supplex ac miserandus requirit. Quis autem non modo sacerdotum verum etiam laicorum, in extremis positus, pro suae[b] animae salute terreni regis imploravit auxilium? Quis vero regum vel imperatorum aliquem christianum ex imposito sibi officio valet sacro babtismate ex diaboli potestate eripere et inter filios Dei connumerare sanctoque chrismate praemunire[c]? Et quod maximum est in christiana religione, quis eorum valet proprio[d] ore corpus et sanguinem Domini conficere? Vel[e] cui eorum data est potestas ligandi solvendique in coelo et in terra? Ex quibus aperte colligitur, quanta potestate praecellat dignitas sacerdotum. Aut quis eorum potest aliquem clericum in sancta aecclesia[f] ordinare? quanto minus pro aliqua culpa eum deponere. Namque in aecclesiasticis ordinibus maioris est potestatis, deponere quam ordinare. Episcopi enim[g] possunt alios episcopos ordinare, sed nullo modo sine auctoritate apostolicae sedis deponere. Quis igitur, vel[h] tenuiter sciolus, sacerdotes[i] dubitet regibus anteferri[k]? Quodsi reges pro peccatis suis a sacerdotibus sunt iudicandi, a quo rectius quam a Romano pontifice iudicari debent[l]?

Ad summam, quoslibet bonos christianos multo convenientius, quam malos principes, reges intelligi decet. Isti enim[m], gloriam Dei querendo, se[n] ipsos strenue regunt; at illi, non quae Dei sunt sed sua quaerentes[1], sibimet hostes, alios tyrannice opprimunt. Hi veri[o] regis Christi, illi vero diaboli corpus sunt[2]. Isti ad hoc sibi imperant, ut cum summo imperatore aeternaliter regnent; illorum vero id potestas agit, ut cum tenebrarum principe, qui rex est super omnes filios superbie[3], aeterna dampnatione dispereant[p].

Nec valde sane mirandum est[q], quod mali pontifices iniquo regi — quem, adeptis male per eum honoribus, diligunt me-

---

a. vinculo 2.   b. sui *cod.;* om. 3.   c. communire 3.   d. christiano 2. e. *om.* 3.   f. in sanctam ecclesiam 2.   g. *om.* 2, nunc 3.   h. *om.* 2.   i. episcopos vel sacerdotes 3.   k. anteferre 4.   l. sunt indicandi 4 *pro* indicari debent. m. igitur 3.   n. semet 3. 4.   o. vero *cod.*   p. pereant 3.   q. *om.* 2.

1. Cf. Philipp. 2, 21.   2. Cf. 1 Corinth. 12, 27.   3. Iob 41, 25.

1081
Mart. 15

tuuntque — consentiunt; qui, symoniace quoslibet ordinando,
Deum pro vili etiam pretio vendunt. Nam, sicut electi insolu-
biliter suo capiti uniuntur[a], ita et reprobi, maxime contra bonos,
ei, qui malitiae caput est, pertinaciter foederantur. Contra quos
profecto non tam disserendum quam pro eis est lacrimosis plancti-
bus ingemendum[b]: ut omnipotens Deus illos a laqueis sathanae,
quibus captivi tenentur, eripiat et, vel post pericula, ad agnitionem veritatis tandem aliquando perducat.

Haec de regibus et imperatoribus, qui[c], saeculari gloria[d]
nimium tumidi, non Deo sed sibi regnant.   Sed quia nostri
est officii, unicuique secundum ordinem vel dignitatem, qua videtur vigere, exortationem distribuere, imperatoribus et regibus
ceterisque principibus, ut elationes maris[1] et superbiae fluctus
comprimere[e] valeant, arma humilitatis Deo auctore providere
curamus. Scimus enim: quia mundana gloria et saecularis cura
eos permaxime[f], qui praesunt, ad elationem trahere[g] solet; qua[h]
semper, neglecta humilitate, propriam querendo gloriam, fratribus
cupiant[i] praeminere. Proinde[k] videtur utile maxime imperatoribus et regibus: ut, cum mens illorum se ad alta erigere et pro
singulari vult gloria oblectare[l], inveniat, quibus se modis humi-
liet, atque unde gaudebat, sentiat plus timendum. Perspiciat[m]
ergo diligenter: quam periculosa quamve timenda[n] sit imperatoria vel regia dignitas; in qua paucissimi salvantur, et illi, qui
Deo miserante ad salutem veniunt, non aeque ut multi pauperum iudicio sancti Spiritus[o] in[p] sancta ecclesia clarificantur[q].
A mundi enim[r] principio usque ad haec nostra tempora in tota
autentica scriptura non invenimus septem[s] imperatores vel[t] reges,
quorum vita adeo fuerit religione praecipua[u] et virtute signorum
decorata, sicut innumerabilis[v] multitudinis[w] saeculi contemptorum;

a. innituntur 3.   b. ingemiscendum 3.   c. quia 4.   d. potentia 3.   e. opprimere 3.   f. maxime 2.   g. pertrahere 3.   h. quod 3.   i. cupiunt 2. 3.
k. Deinde 4.   l. dilatare 2.   m. perspiciant 4.   n. tumida 2.   o. episcopi 3.
p. in — ecclesia *om.* 2.   q. glorificantur 4.   r. igitur 3.   s. septem *addidi
ex* 2. 3. 4. (*Cf. infra:* a mundi principio paucissimi reges sancti reperiuntur).   t. vel
reges *om.* 2.   u. religione et praecipuarum virtutum signis decorata 3.   v. universalis 4.   w. multitudo 2.

1. Ps. 92, 4.

1081
Mart. 15 licet plures eorum credamus° apud omnipotentem Deum misericordiae salutem invenisse.   Namque, ut de apostolis et martyribus taceamus[b], quis imperatorum vel regum aeque ut beatus[c] Martinus, Antonius et Benedictus miraculis claruit? Quis[d] enim[e] imperator aut rex mortuos suscitavit, leprosos mundavit, cecos illuminavit? Ecce Constantinum piae memoriae imperatorem, Theodosium et Honorium, Carolum et Lodoicum, iustitiae amatores, christianae religionis propagatores[f], ecclesiarum defensores, sancta quidem ecclesia laudat et veneratur; non tamen eos fulsisse[g] tanta miraculorum gloria indicat.   Praeterea ad quot[h] nomina regum vel imperatorum basilicas seu altaria dedicari, vel[i] ad eorum honorem[k] sancta ecclesia missas statuit celebrari? Timeant reges aliique principes: ne, quanto se ceteris hominibus in hac vita praeferri gaudent, tanto amplius aeternis incendiis subiciantur. Unde scriptum est: *Potentes potenter tormenta patientur*[1].   De tot enim hominibus Deo reddituri sunt rationem, quot suae dominationi subditos habuerunt.   Quodsi alicui religioso privato non parvus labor est, unam[l] suam animam custodire, quantus labor imminet principibus super multis milibus animarum.   Praeterea, si iudicium sanctae ecclesiae valde constringit[m] peccatorem pro unius hominis interfectione, quod erit de iis[n], qui multa milia morti tradunt[o] pro huius mundi honore? Qui, licet ore aliquando dicant: *Mea culpa* pro multorum occisione, tamen[p] corde gaudent in sui quasi honoris extensione; noluntque[q] non fecisse, quod egerunt; neque dolent, quod fratres suos in Tartarum compulerunt. Cumque ex toto corde eos non penitet neque volunt humano sanguine adquisita vel[r] detenta omittere, illorum penitentia apud Deum sine digno penitentiae fructu manet.   Unde profecto valde est timendum; atque ad memoriam eorum crebro revocandum: quod, sicut praefati sumus, a mundi principio paucissimi per diversa terrarum regna reges

a. credantur 2.   b. taceam 2.   c. *om.* 2. 3.   d. Quis — illuminavit *om.* 2; Quis imperatorum vel regum 3.   e. *om.* 4.   f. cultores 3.   g. *om.* 3.   h. quae 2. 3. i. seu 2.   k. honores 2.   l. *om.* 2.   m. hominem *add.* 3.   n. hoc 3. o. tradet 3.   p. in *add.* 4.   q. nollentque 3.   r. vel detenta *om.* 2.

1. Sap. 6, 7.

sancti ex innumerabili eorum multitudine reperiuntur; cum in
una tantum* pontificum seriatim succedentium[b] sede, videlicet[c]
Romana, a tempore beati Petri apostoli ferme centum inter
sanctissimos computentur. Cur autem hoc, nisi[d] quia reges
terrae et principes, vana gloria illecti*, sicut praelibatum est,
quae sua sunt spiritualibus rebus[f] praeferunt; religiosi autem
pontifices, vanam gloriam despicientes, quae Dei sunt carnalibus
rebus[g] praeponunt. Illi in se delinquentes facile puniunt, in
Deum peccantes aequo animo ferunt; isti in se peccantibus cito[h]
ignoscunt, Deum offendentibus non leviter parcunt. Illi, terrenis
actibus nimium dediti, spiritualia parvi pendunt; isti, coelestia
sedulo[i] meditantes, quae sunt terrena, contemnunt.

Admonendi ergo sunt omnes christiani, qui cum Christo
regnare cupiunt: ne ambitione saecularis potestatis regnare af-
fectent; sed potius prae oculis habeant, quod beatus Gregorius
papa sanctissimus in libro pastorali[1] admonet, dicens: *Inter haec
itaque quid sequendum est, quid tenendum, nisi ut virtutibus
pollens coactus ad regimen veniat, virtutibus vacuus nec coactus
accedat.* Quodsi ad apostolicam sedem, in qua rite ordinati meritis beati Petri apostoli meliores efficiuntur, qui Deum timent
coacti cum magno timore veniunt; ad regni solium cum quanto
timore ac tremore accedendum est: in quo etiam boni et humiles — sicut in Saul et David cognoscitur — deteriores fiunt.
Nam quod de apostolica sede praelibavimus, in decretis beati
Symachi papae[2] — licet experimento sciamus — sic continetur:
Ille scilicet beatus P(etrus) *perennem meritorum dotem cum hae-
reditate innocentiae misit ad posteros;* et post pauca: *Quis enim
sanctum esse dubitet, quem apex tantae dignitatis attollit; in quo,
si desint bona adquisita per meritum, sufficiunt, quae a loci decessore praestantur. Aut enim claros ad haec fastigia erigit, aut
eos qui eriguntur illustrat.*

a. Romanorum *add.* 2.   b. *om.* 4.   c. videlicet Romana *om.* 2.   d. non 2,
nonne 3.   e. delectati 4.   f. *om.* 2. 3. 4.   g. *om.* 3.   h. facile 2.   i. *om.* 3.

1. in Regulae past. P. I c. 9, S. Greg. opp. ed. Bened. II 10.   2. in
Ennodii libello pro synodo IV, a Pseudoisidoriana Symmachi synodo V
approbata. V. Decret. Pseudoisid. ed. Hinschius p. 666. Cf. supra p. 175.

1081
Mart. 15 Quapropter, quos sancta ecclesia sua sponte ad regimen vel imperium deliberato consilio advocat, non[a] pro transitoria gloria, sed pro multorum salute, humiliter oboediant; et semper caveant[b], quod beatus Gregorius in eodem libro pastorali[1] testatur: *Apostatae quippe angelo similis efficitur, dum homo hominibus esse similis dedignatur. Sic Saul post humilitatis meritum in tumorem superbiae culmine potestatis excrevit. Per humilitatem quippe praelatus est, per superbiam reprobatus, Domino attestante, qui ait:* „*Nonne cum esses parvulus in oculis tuis, caput te constitui in tribubus Israel?*"[2] et paulo inferius: *Miro autem modo cum apud se parvulus, apud Dominum magnus, cum vero apud se magnus apparuit, apud Dominum parvulus fuit.* Vigilanter quoque retineant[c], quod Dominus in euangelio dicit: *Ego[d] gloriam meam non quaero*[3], et: *Qui vult inter vos esse primus, sit omnium servus*[4]. Honorem Dei semper suo praeponant; iustitiam, unicuique suum servando ius, amplectantur atque[e] custodiant; non eant in consilio impiorum[5], sed religiosis semper adquiescendo corde adhaereant. Sanctam ecclesiam non quaerant sicut ancillam sibi subicere vel subiugare; sed permaxime oculos illius, videlicet Domini sacerdotes, magistros et patres recognoscendo, decenter studeant honorare. Nam, si carnales patres et matres honorare iubemur, quanto magis spirituales? Et[f] si ille, qui carnali patri vel matri maledixerit, morte mulctandus est, quid ille, qui maledicit spirituali patri vel matri, meretur? Non, carnali amore illecti, studeant filium suum gregi, pro quo Christus sanguinem suum[g] fudit, praeponere, si meliorem illo et utiliorem possunt invenire; ne, plus Deo diligendo filium, maximum sanctae ecclesiae inferant detrimentum. Patenter enim[h] Deum et proximum, sicut christianum[g] oportet[i], non amare convincitur, qui tantae utilitati[k] tamque necessariae sanctae matri ecclesiae, prout melius potest, negligit providere.

a. iis non 3.   b. cavebit 2.   c. retinendum 4.   d. Ego — quaero, et *om.* 2. e. atque custodiant *om.* 2.   f. Et *om.* 4.   g. *om.* 2.   h. itaque 3.   i. *om.* 3. k. voluntati 3.

1. in Regulae pastoralis parte II c. 6, l. l. p. 21.   2. 1 Reg. 15, 17. 3. Ioh. 8, 50.   4. Marc. 10, 44.   5. Ps. 1, 1.

Hac namque virtute id est caritate neglecta, quicquid boni aliquis fęcerit, omni salutis fructu carebit. Haec itaque humiliter agendo et amorem Dei et proximi sicut oportet servando, praesumant de illius misericordia, qui dixit: *Discite a me, quia mitis sum et humilis corde*[1]. Quem si humiliter imitati fuerint, de regno servili et transituro[a] ad regnum vere libertatis et aeternitatis transibunt[b].

in cod. Bruxell. membr. saec. XII, n. 11196 (B), in cod. Musei Brit. saec. XI Arundell. n. 77[1] (A), ap. Udalricum Babenberg. l. l. (U) sequuntur haec:

[His igitur armis rationis, quibus se reges aliique[c] principes contra superbiam et vanam gloriam muniant, comparatis, fraternitatem tuam et eos[d], qui predicationis locum in sancta aecclesia tenent, paucis commonere[e] censuimus; ut inter alia, que debentur, veritatem fere ab omnibus neglectam, cuius propugnatores et defensores vix paucissimi reperiuntur, firmiter tenere et constanter denunciare studeatis; perpendentes, quod beatus Gregorius in libro Moralium VII[3] dicit, exponens capitulum[f] illud: *Qui timent pruinam, irruet super*

ap. Brunonem de bello Sax. sequuntur haec:

[Ammonemus vos fratres et coepiscopos nostros, ne, faciem principum trepidantes, veritatem eis dicere timeatis; incurrentes illud Gregorii[2]: *Cum in terra hominem contra veritatem quilibet pavet, eiusdem veritatis iram coelitus sustinet.*]

eos nix[4]: „*Sepe* inquit *nonnulli, dum temporalia adversa pertimescunt, districtioni se eterne animadversionis obiciunt*".

in cod. Arundell. n. 77 (A) sequuntur haec:

Ex parte omnipotentis Dei et auctoritate beati Petri apostolorum principis concedo et largior tibi potestatem, frater H(erimanne): in omni regno

in cod. Bruxell. (B) et ap. Udalr. Babenb. (U) sequuntur haec:

„*De quibus bene per psalmistam dicitur: „„Illic trepidaverunt timore, ubi non erat timor"*"[5]. *Iste*[g] *namque veritatem iam libere defendere appetit, sed tamen*[h] *in*

a. transitorio 4.   b. Amen *add.* 4.   c. ceterique *A.*   d. eorum *A.*
e. communē *B.*   f. capitulo *B.*   g. isti *B.*   h. tantum *B,* om. *U.*
    1. Matth. 11, 29.   2. de quo cf. Mon. Germ. SS. VIII 458 n. 96.
3. L. VII c. 26, Opp. S. Gregorii ed. Benedictini T. I 225.   4. Iob 6, 16.
5. Ps. 13, 5.

Lotharii faciendi ea, que ad episcopatum pertinent in his episcopatibus, in quibus sunt episcopi excommunicati, participando Henrico, quondam regi dicto; quo usque idem episcopi manserint in excommunicatione et non fuerint a nobis absoluti seu legali nostro successore.]

ipso suo appetitu trepidus indignationem potestatis humanae pertimescit; cumque in terra hominem contra veritatem pavet, eiusdem veritatis iram coelitus sustinet.“ Item in Pastorali[1] de eo, quod per Salemonem dicitur: *Qui abscondit frumenta, maledicetur in populis[2]: „Frumenta abscondere est, predicationis verba apud se retinere; in populis autem talis quisque maledicitur, quia in solius culpa silentii pro multorum, quos corrigere potuit, poena dampnatur. Si medicinalis artis minime ignari secandum vulnus cernerent et secare recusarent, profecto peccatum fraterne mortis ex solo torpore committerent. Quanta ergo culpa involvantur, aspiciant, qui, dum cognoscunt vulnera mentium, curare negligunt sectione verborum. Unde et bene per prophetam dicitur: „„Maledictus, qui prohibet gladium suum a sanguine“ “[3]. Gladium quippe a sanguine prohibere est, predicationis verbum a carnalis vitae interfectione retinere“*. Et post paulo inferius[4]: *„Si ergo ille Dei dicitur, qui ad ferienda vicia zelo divini amoris excitatur, profecto esse se Dei denegat, qui, quantum sufficit, increpare vitam carnalium recusat“*. Cum ergo periculum nostrum[a], sicut ex his colligitis, vos oporteat sollicite cogitare maximeque vigilanter cavere, tunc etiam[b] subditos et proximos vestros[c], qui corrigendi sunt, admonere eisque ipsorum[d] periculum, si obedire contempnant, diligenter debetis[e] ostendere. Unde idem beatus Gregorius super illo capitulo: *Melior est obedientia quam victimae et auscultare magis quam offerre adipem arietum; quoniam quasi peccatum ariolandi est repugnare, et quasi scelus idolatriae nolle acquiescere[5]*, sic

a. vestrum *U.*   b. tum et *U.*   c. nostros *B.*   d. eos eorum *B pro* eisque ipsorum.   e. debetis *om. B.*

1. L. III c. 25, Opp. S. Greg. ed. Benedictini T. II 74. 75.   2. Prov. 11, 26.   3. Ierem. 48, 10.   4. l. l. T. II 76.   5. 1 Reg. 15, 22. 23.

demum in ultimo libro Moralium[1] argumentatur: „*Si enim* 1081
quasi peccatum ariolandi est repugnare, sola est obedientia, Mart. 15
quae fidei meritum possidet, sine qua infidelis quisque
cognoscitur, etiamsi fidelis esse videatur".

Pensate ergo, karissimi[a], pensate, quae superius digesta
sunt, et, si non quia peccator Gregorius vobis scribit, vel
quia Gregorius ille[b] sanctissimus olim disseruit, in memoria
semper habete[c]. Ac maxime, ne vos veritatis occultatio
dampnet, procurate[d], vel[e] proximos inobedientia — quam
perniciosa sit ignorantes — interimat; set et vos aperta
confessio veritatis et constans testificatio iusticiaeque defensio
comprobet esse pastores, et proximi, per vos edocti et am-
moniti, viam salutis tenere valeant obedientes.]
Data[f] Idibus Martii.

VIII 22. *A. reginam hortatur, ut coelestia petat regemque ad virtutem inducat.*

Gregorius episcopus servus servorum Dei A. dilectissimae 1081
in Christo filiae salutem et apostolicam benedictionem.

Quia ob reverentiam beati Petri apostolorum principis rogasti, ut litteras manu nostra scriptas excellentiae tuae mittamus,
devotioni tuae acquievimus. His etiam te monemus, ut summopere procures, quae sunt terrena et transitoria, despicere et coelestia aeternaque semper appetere. Scribe in corde tuo: quia
summa regina coeli — quae super omnes choros angelorum exaltata esse creditur, quae est decus et gloria omnium mulierum
immo salus et nobilitas omnium electorum, quia illa sola meruit
virgo et mater edere naturaliter deum et hominem, caput et
vitam[g] omnium bonorum — in terris non dedignata est pauperem
vitam gerere et in omni sancta humilitate se custodire. Quanto[h]
enim huius vitae gloria queritur, tanto minus futurae desideratur.
Illa enim mulier vere apud Deum regina dicitur, quae mores

---

a. dilectissimi *U*.   b. illo *B*.   c. habere *U*.   d. procurare *B et U*.   e. in *B*.
f. Data — Martii om. 2. 3. 4.   g. vita *c*.   h. diligentius *excidisse videtur*.
1. L. 35 c. 28, Opp. ed. Benedictini T. I 1156.

1081 suos in timore et amore Christi moderatur. Inde fit, ut sanctae mulieres, licet in hac vita fuerint pauperculae, in coelo et in terra glorificentur[a]; et multe saeculares, etiam reginae vel imperatrices, apud Deum et homines nec bonam famam habere mereantur. Rogamus ergo te atque praecipimus: ut semper studeas animum domini tui regis carissimi filii nostri ad timorem et amorem Dei attrahere; sanctaeque ecclesiae pro tuo posse prodesse; pauperes, orfanos, viduas omnesque iniuste oppressos defendere; omnibus clericis et monachis, maxime religiosis, reverentiam exibere; mortem carnis prae oculis tuis semper habere, ut tumorem[b] animae merearis evadere. Helemosinis et orationibus studium impende; et admonitionem libenter accipe; et illud semper in corde tuo revolve: *Quanto magnus es, humilia te in omnibus*[1], et: *Omnis qui se exaltat, humiliabitur; et qui se humiliat, exaltabitur*[2]. Omnipotens et misericors Deus, a quo cuncta bona procedunt, meritis beatae Mariae genitricis Dei per auctoritatem, quam dedit beato Petro apostolorum principi, te a cunctis peccatis tuis absolvat, mentem tuam semper custodiat, eamque vera caritate repleat et ad vitam perducat aeternam.

VIII 23. *Petro episcopo Albanensi et Gisulfo principi Salernitano, legatis suis, mandat, agant, ut in Gallia quaeque domus saltem unum denarium b. Petro quotannis solvat[c].*

1081　　Gregorius episcopus servus servorum Dei dilectis filiis nostris P(etro) Albanensi episcopo et G(isulfo)[3] principi Salernitano, legatis nostrae apostolicae sedis in Gallias, salutem et apostolicam benedictionem.

Vobis[d] commissa negocia non latent. Et iam vos ita, acsi nostra immo quia nostra ibi in vobis praesentia est, cuncta digne peragite. Dicendum autem est omnibus Gallis et per veram oboedientiam praecipiendum: ut unaquaeque domus saltem unum denarium annuatim solvat beato Petro, si eum recognoscunt pa-

a. glorificantur *cod.*　　b. timorem *cod.*　　c. *Legitur fere omnino etiam* 2) *ap Deusdedit cardin. coll. can., Borgia Breve istoria del dominio temp., app. p.* 18. d. Vobis — peragite *om.* 2.

1. Eccli. 3, 20.　　2. Luc. 14, 11.　　3. II.

trem et pastorem suum, more antiquo. Nam Karolus imperator 1081
— sicut legitur in thomo eius, qui in archivio ecclesiae beati
Petri habetur — in tribus locis annuatim colligebat mille et du-
centas libras ad servitium apostolicae sedis, id est Aquisgrani,
apud Podium Sanctae Mariae[1] et apud Sanctum Egidium; excepto hoc, quod unusquisque propria devotione offerebat. Idem
vero magnus imperator Saxoniam obtulit beato Petro, cuius eam
devicit adiutorio, et posuit signum devotionis et libertatis; sicut
ipsi Saxones habent scriptum et prudentes illorum satis sciunt.

VIII 24[a] **(IX 1).** *Willelmum I archiepiscopum Rotomagensem re-*
prehendit, quod nondum ad se venerit nec legatos suos
adierit. Praecipit, ne aut episcopos aut ecclesias ante
consecret, quam pallium impetraverit.

Gregorius episcopus servus servorum Dei W(illelmo)[2] Roto- 1081
magensi archiepiscopo salutem et apostolicam benedictionem.

Litterae, quas nobis misisti, satis devotionis praetendunt;
sed ad earum fidem rei penitus testimonium deest. Si enim ita
se res haberet, non, quemadmodum suffraganei tui, etiam tu ipse
apostolorum limina visere tanto tempore parvi pendisses. Ex
quo enim nos licet indignos ad huius sedis curam dignatio divina provexit, neminem vestrum nos vidisse recordamur. Quod
tamen ideo[b] minus mirandum videtur, quia legatos nostros, qui
propius vos sunt, adire non multum curatis. Qui vero labor
aut quae difficultas prae aliis dissuasit vobis: per tantum spatii
beatum Petrum negligere? cum ab ipsis mundi finibus etiam
gentes noviter ad fidem conversae studeant annue, tam mulieres
quam viri, ad eum venire. Illud quoque, nisi nos apostolica
mansuetudo detineret, profecto severius in te iam animadversum
sensisses: quod huc usque praeclarius tuae dignitatis insigne,
videlicet pallium, ab apostolica sede pro more acquirere post-
posuisti. Te ipsum nanque non ignorare putamus, quam districte

---

a. *manus posterior huic epistolae praescripsit:* Ex libro VIIII registri eiusdem Gregorii papae VII.   **b.** ideo *scripsi pro* in eo *c*.

1. Puy en Velai.   2. I.

1081 sanctorum patrum censura in eos iudicandum statuerit, qui post consecrationem suam per tres continuos menses pallium, quod sui sit officii, obtinere tepuerint[1]. Proinde apostolica tibi praecipimus auctoritate: ut, quia sanctorum patrum statuta parvi pendisti, nullum deinceps episcopum vel sacerdotem ordinare seu ecclesias praesumas consecrare, donec honoris tui supplementum, pallii videlicet usum, ab hac sede impetraveris. De caetero tam te quam et suffraganeos tuos monemus: ut praefatam culpam summopere emendare procuretis; ne, si negligentes ut hactenus in hoc exstiteritis, potestatem beati Petri per nos quanto dilatiorem tanto severiorem pro contemptu experiamini.

VIII 25 (IX 2). *Adefonso VI regi Legionis et Castiliae scribit de suis detractoribus; de ritu Romano in ecclesiis regni eius recepto; de Constantia uxore eius; de abbatia S. Facundi; de archiepiscopo eligendo; ne Iudaeos sinat in christianos dominari. De munere misso gratias agit.*

1081 Gregorius episcopus servus servorum Dei A(defonso)[2] glorioso regi Hispaniae salutem et apostolicam benedictionem.

Non ignorat prudentia tua: mentiri peccatum esse, si et de ocioso verbo in districto examine exigenda est ratio[3]. Sed ne quidem mendacium ipsum, quod fit pia intentione pro pace, a culpa penitus immune esse, probari potest. Haec idcirco praelibavimus: ut, cum in ceteris illud peccatum esse non dubitaveris, in sacerdotibus quasi sacrilegium conicias; et, quod tibi dirigimus, ita in re esse, teste veritate cognoscas.

Non nos latet: multa de nostris factis ac dictis tuis auribus sinistra interpretatione deferri. Unde et, pro nobis in notitiam dilectionis tuae obtrectantibus respondere, non alienum putavimus. Peccatorem me esse, sicut verum est, confiteri minime piget. Verum si causa odii vel detractionis eorum, qui in nos fremunt, subtiliter investigetur, profecto, non tam alicuius ini-

---

1. V. Burchardi decr. I c. 25 (cf. Gratiani decr. I. D. 100 c. 1). 2. VI regi Legionis et Castiliae. 3. Matth. 12, 36: „omne verbum otiosum, quod locuti fuerint homines, reddent rationem de eo in die iudicii".

quitatis meae intuitu quam ex veritatis assertione iniustitiaeque 1081
contradictione illos in nos exarsisse, patebit.   Quorum quidem
servitia et largissima munera nos satis abundantius multis antecessoribus nostris habere potuimus, si, ad periculum illorum et
nostrum, veritatem silere malitiamque ipsorum dissimulare ma-
luissemus.   At nos certe, ex huius vitae termino et temporalium
commodorum qualitate perpendentes, nunquam melius quemquam
posse esse episcopum, quam cum persecutionem patitur propter
iustitiam [1], decrevimus potius, divinis mandatis obtemperando, pravorum inimicitias incurrere, quam, illis male placendo, iram
Domini provocare.

Nunc ad industriam tuam sermonem vertimus, carissime
fili. Noverit excellentia tua, dilectissime, illud unum admodum
nobis immo clementiae divinae placere: quod in ecclesiis regni
tui matris omnium sanctae Romanae ecclesiae ordinem recipi
et ex antiquo more celebrari effeceris.   Denique in illo, quem
hactenus tenuisse videmini, sicut suggerentibus religiosis viris
didicimus, quaedam contra catholicam fidem inserta esse patulo
convincuntur. Quae cum relinquere et ad priscam consuetudinem,
scilicet huius ecclesiae, reverti deliberasti, non dubie te beatum
Petrum patronum optare et subditorum tuorum salutem, coelesti
gratia inspirante, sicut regem decet, curare monstrasti. Quod tamen gaudium de sapientia tua multo cumulatius referimus, cum
tuae humilitatis illustrem famam memoriae interdum reducimus,
et eam virtutem, quae cum regia potentia vix aut rarissime capi
sub uno domicilio consuevit, in corde tuo moderari consideramus.

Ceterum, quod de uxore tua [2] et de abbatia sancti Secundi [3]
postulasti, competentius responderi per filium nostrum R(ichardum), sanctae Romanae ecclesiae cardinalem et legatum, et fratrem Symeonem episcopum [4] arbitrati sumus.

De illa autem persona, quae in archiepiscopum [5] fuerat eli-

---

1. Matth. 5, 10.   2. Constantia.   3. immo sancti Facundi (Saha-
gunensis) dioec. Legionensis; cuius abbatiae tutelam postea suscepit Gregorius VII. V. Reg. pont. Rom. n. 3967.   4. Burgensem, antea Ocensem.
5. Toletanum.

1081 genda, dicimus: licet satis prudens et liberalis videatur, tamen
— quemadmodum nobis notum est et litterae tuae non negant
— disciplinae fundamento, videlicet litteralis scientiae peritia,
indiget. Quae virtus quam sit non modo episcopis verum etiam
sacerdotibus necessaria, ipse satis intelligis; cum nullus sine ea
aut alios docere aut sese possit defendere. Quapropter serenitatem tuam studere oportet: ut cum consilio praefati legati nostri
R(ichardi) Massiliensis abbatis aliorumque religiosorum virorum
eligatur inde, si inveniri potest, sin autem, aliunde expetatur
talis persona, cuius religio et doctrina ecclesiae vestrae et regno
decorem conferat et salutem. Neque vero te pigeat aut pudeat,
extraneum forte vel humilis sanguinis virum, dummodo idoneus
sit, ad ecclesiae tuae regimen, quod proprie bonos exoptat, as-
scire; cum Romana res publica ut paganorum tempore sic et
sub christianitatis titulis inde maxime Deo favente excreverit,
quod non tam generis aut patriae nobilitatem quam animi et
corporis virtutes perpendendas adiudicavit.

Quoniam autem, sicut de bonis gloriae tuae[a] merito congratulari, ita et de his, quae non conveniunt a te fieri, dolere
ac ea[b] merito inhibere compellimur, dilectionem tuam monemus:
ut in terra tua Iudeos christianis dominari vel supra eos potestatem exercere ulterius nullatenus sinas. Quid enim est Iudeis
christianos supponere atque hos illorum iudicio subicere nisi ecclesiam Dei opprimere et sathanae synagogam exaltare et, dum
inimicis Christi velis placere, ipsum Christum contemnere? Caveas itaque, fili, hoc facere domino et creatori tuo, quod non
impune fieri tibi sustineres a servo tuo. Memento honoris et
gloriae, quam tibi super omnes Hispaniae reges misericordia Christi
concessit; atque illius voluntatem tuis actibus quasi formam ad-
hibendo, mutuam vicem in cunctis ei rependere stude; immo,
ut hic et in futuro exaltari merearis, te in omnibus illi submittere semper memineris. Valde quippe indignum est, ei unum
hominem, videlicet te ipsum, perfecte non subicere, qui tibi ultra
mille hominum milia subiecit et iudicio tuo commisit.

a. factis *sive* operibus *excidisse videtur.*   b. ex *cod.*

De cetero regiae munificentiae tuae gratulamur, cuius animi 1081 devotionem in eo plane satis agnoscimus atque agnoscentes amplectimur, quod: quanti beatum Petrum fecerit, ex dono patenter ostendere voluit. Et certe, cum tui cordis amorem munus illud per se satis sufficienter ostendat, tum etiam tuae fidei meritum illud ipsum mutua vice longe vero magis commendat multisque gentibus, e cunctis mundi partibus ad gremium matris sanctae Romanae ecclesiae venientibus, ad honorem tuum clare manifestat. Et quidem, licet illud munus tam amplum et magnificum fuerit, ut et te regem dare et beatum Petrum recipere convenienter decuerit, tamen in illo animi tui devotionem multo magis amplectimur, quae, quanti beatum Petrum fecerit, ostendit patenter ex dono. Eo igitur ut dignum est decenter suscepto, donum, quod Domino largiente sedes habet apostolica, sincerae tuae devotioni remittit:

Omnipotens Deus, omnium rerum creator et rector omniumque dignitatum ineffabilis dispositor, qui dat salutem regibus[1], meritis altissimae dominae genitricis Dei Mariae omniumque sanctorum, auctoritate beatorum apostolorum Petri et Pauli, nobis licet indignis per eos qualicunque commissa, te tuosque fideles in Christo ab omnibus peccatis absolvat; detque tibi victoriam de inimicis visibilibus et invisibilibus. Mentem tuam semper illuminet, ut, eius bonitatem et humanam fragilitatem diligenter perspiciendo, mundi gloriam despicias et ad aeternam beato Petro duce pervenias.

———————

VIII 26 (IX 3). *Altmanno episcopo Pataviensi et Willelmo abbati Hirsaugiensi nuntiat, mortuo Rodulfo rege se admoneri, ut Heinricum in gratiam recipiat. De subsidiis Mathildi mittendis; de Welfone duce ad b. Petri fidem adhortando; de novo rege eligendo; de sacerdotibus hoc tempore indulgentia tractandis; de synodo nuper habita.*

Gregorius episcopus servus servorum Dei dilecto in Christo 1081 fratri et coepiscopo Pataviensi A(ltmanno) et venerabili Hirsaugiensi abbati W(illelmo) salutem et apostolicam benedictionem.

1. Ps. 143, 10.

1081 Prudentiae vestrae ex hoc satis gratulamur, quia, sicut oportebat, nunciare nobis vera summopere studuistis; praesertim cum multa et varia ex partibus vestris apud nos referantur.

Notificamus autem dilectioni vestrae: pene omnes nostros fideles audita morte Rodulfi beatae memoriae regis[1] niti, ad hoc nos crebris adhortationibus flectere, ut Heinricum, iam pridem sicut scitis plura facere nobis paratum, cui ferme omnes Italici favent, in gratiam nostram recipiamus; adicientes, si ille in Italiam pro velle et conatu suo, non valens nobiscum habere pacem, contra sanctam ecclesiam venerit, ex vobis frustra sperandum fore auxilium. Quod quidem si nobis, qui illius superbiam parvi pendimus, deficiat, non adeo grave videtur. Si vero filiae nostrae M(athildi), cuius militum animos ipsi perpenditis, a vobis suffragatum non fuerit, quid aliud restat, nisi ut — cum sui resistere recusaverint, quam utique hac in re pro insana habent — ipsa vel coacta paci illius acquiescat aut, quicquid possidere videtur, amittat? Quam ob rem summopere niti vos oportet, eam certam reddere: an ex vobis praesidium expectare firmiter debeat.

Si H(einricus) forte Longobardiam intraverit[2], admonere etiam te, karissime frater, volumus ducem Welfonem[3]: ut fidelitatem beato Petro faciat; sicut coram imperatrice A(gnete) et episcopo Cumano[4] mecum disposuit, concesso sibi — post mortem[5] patris[6] — eius beneficio. Illum enim totum in gremio beati Petri desideramus collocare et ad eius servitium specialiter provocare. Quam voluntatem si in eo vel etiam in aliis potentibus viris, amore beati Petri pro suorum peccatorum absolutione ductis, cognoveris, ut perficiant elabora; nosque certos reddere diligenter procura. Hac enim fiducia, ut Italici, remoti ab H(einrico), nobis immo beato Petro fideliter adhereant, Deo adiuvante efficere credimus.

1. qui obiit die 16 Oct. 1080.   2. Heinricus a. 1081 „intrante Martio intravit Italiam“. V. Bruno de bello Saxon., Mon. Germ. SS. V 383. 3. IV, ducem Bavariae.   4. Rainaldo (1061—1084).   5. futuram. 6. Azzonis II marchionis, quem obiisse a. 1097 docet Bernoldi chron., Mon. Germ. SS. V 465.

Preterea admonendi sunt omnes in partibus vestris Deum 1081
timentes ac sponsae Christi libertatem diligentes: ut non, aliqua
gratia suadente aut ullo metu cogente, properent eam temere
personam eligere, cuius mores et cetera, quae regi oportet inesse, a suscipienda christianae religionis defensione et cura dis-
cordent. Melius quippe fore arbitramur, ut aliqua mora secundum Deum ad honorem sanctae ecclesiae rex provideatur idoneus,
quam nimium festinando in regem aliquis ordinetur indignus.
Scimus quidem, quod fratres nostri longo certamine diversisque
perturbationibus fatigantur. Nobilius tamen esse dinoscitur, multo
tempore pro libertate sanctae ecclesiae decertare quam miserae
ac diabolicae servituti subiacere. Certant namque miseri, scilicet membra diaboli, ut eiusdem misera servitute opprimantur;
certant e contra membra Christi, ut eosdem miseros ad christianam libertatem reducant.

Quapropter fundendae sunt frequentissimae orationes et lar-
gissimae dandae elemosinae omnibusque modis redemptor noster
exorandus: ut inimici nostri, quos suo praecepto diligimus, resipiscant et ad gremium sanctae ecclesiae redeant; suaeque
sponsae, pro qua mori dignatus est, defensorem et rectorem,
sicut eam decet, clementer tribuat. Nisi enim ita oboediens et
sanctae ecclesiae humiliter devotus ac utilis, quemadmodum christianum regem oportet et sicut de R(odulfo) speravimus, fuerit,
procul dubio ei non modo sancta ecclesia non favebit sed etiam
contradicet. De praedicto enim R(odulfo) rege quid sancta Romana ecclesia speraverit et quid ille promittebat, tu ipse, frater
karissime, satis cognoscis. Providendum est ergo: ut non minus
ab eo, qui est eligendus in regem, inter tot pericula et labores
sperare debeamus. Qua de re quid promissionis iuramento sancta
Romana ecclesia ab illo requirat, in sequenti significamus:

Ab hac hora et deinceps fidelis ero per rectam fidem beato Iuramentum
Petro apostolo eiusque vicario pape Gregorio, qui nunc in carne regis
*vivit. Et quodcumque mihi ipse papa praeceperit, sub his vide-
licet verbis: per veram oboedientiam, fideliter, sicut oportet
christianum, observabo. De ordinatione vero ecclesiarum et de*

1081 *terris vel censu, quae Constantinus imperator vel Carolus sancto Petro dederunt, et de omnibus ecclesiis vel praediis, quae apostolicae sedi ab aliquibus viris vel mulieribus aliquo tempore sunt oblata vel concessa et in mea sunt vel fuerint potestate, ita conveniam cum papa, ut periculum sacrilegii et perditionem animae meae non incurram. Et Deo sanctoque Petro, adiuvante Christo, dignum honorem et utilitatem impendam. Et eo die, quando illum primitus videro, fideliter per manus meas miles sancti Petri et illius efficiar.*

Verum, quoniam religionem tuam apostolicae sedi fidelem et promissis tenemus et experimentis non dubitamus, de his si quid minuendum vel augendum censueris — non tamen praetermisso integro fidelitatis modo et oboedientiae promissione — potestati tuae et fidei, quam beato Petro debes, committimus.

Quod vero de sacerdotibus interrogastis, placet nobis: ut in praesentiarum — tum propter populorum turbationes tum etiam propter bonorum inopiam, scilicet quia paucissimi sunt qui fidelibus christianis officia religionis persolvant — pro tempore rigorem canonicum temperando, debeatis sufferre. De his nanque pacis et tranquillitatis tempore, quod Domino miserante cito futurum credimus, convenientius tractari pleniusque poterit canonicus ordo servari.

Ceterum de Buggone, cuius malitiam significastis, nedum tantam potestatem, videlicet absolvendi, sibi tam temere commisisse, nec etiam recordamur nos aliquando eum vel sermone vel visu notum habuisse.

Febr. In sancta quidem synodo[1], quam nuper Deo auctore celebravimus, omnes excommunicatos usque ad condignam satisfactionem rursus excommunicavimus; et fratrum multitudinem qui aderant rogavimus: ut misericordiam Dei cotidie exorent, quatinus illos per veram penitentiam ad gremium sanctae matris ecclesiae reducat eisque in bono perseverantiam tribuat. Nullius enim hominis perditionem quaerimus, sed omnium salutem in Christo desideramus.

1. V. supra p. 452. _____

VIII 27 (IX 4). *Desiderio abbati Casinensi scribit de ope sibi ferenda a Roberto duce; quem admoneri vult, ut Robertum de Loritello invadendis sedis Romanae possessionibus prohibeat. De Henrico rege addit.*

Gregorius episcopus servus servorum Dei venerabili abbati 1081 Casinensi D(esiderio) salutem et apostolicam benedictionem.

Satis novit dilectio tua, quantum commodi de pacatione ducis Roberti sancta Romana ecclesia speraverit, quantumve ex hoc inimici eius timuerint; neque etiam te latere putamus, huic apostolicae sedi ex parte illius quid utilitatis accesserit. Unde, quia plurimorum fidelium super eo spes, sicut palam cernitur, huc usque non processit, volumus: ut de cetero animum ipsius, qualiter se circa Romanam aecclesiam habeat, veraciter intelligere studeas. Praecipue autem eius voluntatem in his agnoscere diligenter te cupimus: scilicet, si necessaria nobis expeditio fuerit post pascha[1], an per se vel per filium suum se decenter succursurum fiducialiter polliceatur; si vero hoc non oportuerit, quot milites post paschale festum, ut in familiari militia beati Petri sint, se destinaturum indubitanter promittat. Hoc etiam sollerter procures advertere: an illos dies, videlicet quadragesimales — quibus Normanni solent pugna vacare — praefatus dux assentiat hoc pacto Deo offerre, ut una vel nobiscum vel cum nostro legato ad aliquas terras beati Petri, quo invitatus fuerit, competenter instructus accedat; quatinus hoc sui obsequii studio et bonos in apostolica fidelitate confirmet, et rebelles ac contumaces ad debitam sanctae Romanae ecclesiae reverentiam atque servitium vel terrore revocet vel vi; talique modo suae Deo militiae munus gratuitum offerat.

Preterea de nepote suo Roberto de Loritello ad ipsius ducis memoriam revoces, qualiter de illo nobis promisit: videlicet quod idem comes, se terras apostolicae sedis, preter quas habebat, ulterius non invasurum, spopondit; quas tamen pro posse suo invadere, sicut audivimus, adhuc non desistit. Suadens igitur admoneas eum: ut memorati nepotis sui sacrilegam compescat

1. post 4 Apr. 1081.

1081 audaciam, atque hortetur illum, et praeterita corrigendo et in
futuro se abstinendo, beatum Petrum propitium sibi facere; in
cuius irritatione ruinam, et in gratia vitam et felicitatem possit
obtinere perpetuam.

De novis ultramontanis nichil certi habemus; excepto quod,
Henricum nunquam se infelicius habuisse, pene omnes illinc ad-
venientes affirmant.

_____

VIII 28 (IX 5). *Hugoni Diensi et Amato Elorensi episcopis
mandat, ut Normannorum pontifices, a munerum administratione remotos, in integrum restituant et milites quosdam excommunicatos absolvant.*

1081   Gregorius episcopus servus servorum Dei dilectis in Christo
fratribus H(ugoni) Diensi episcopo et A(mato)[1] salutem et apostolicam benedictionem.

Perlatum nobis est, quod religio vestra omnes Normannorum pontifices, praeter Rotomagensem[2], ipsumque Culturensem
abbatem[3], quem nos restituimus[4], ad concilium invitatos suspendit. Quos tamen, sicut nobis suggestum est, non tam inoboedientia quam metus regis[5] Francorum, scilicet quia secure venire nequibant, subtraxit. Qua in re prudentia tua, quid nobis
videatur, advertat:

Rex[6] Anglorum, licet in quibusdam non ita religiose sicut
optamus se habeat, tamen in hoc: — quod ecclesias Dei non
destruit neque vendit; et pacem iustitiamque in subditis suis
moderari procurat; et quia contra apostolicam sedem, rogatus a
quibusdam inimicis crucis Christi pactum inire, consentire noluit;
presbyteros uxores, laicos decimas, quas detinebant, etiam iuramento dimittere compulit — ceteris regibus se satis probabilio-
rem ac magis honorandum ostendit. Unde non indignum debet
existimari: potestatem illius mitius esse tractandam, atque respectu
probitatis ipsius subditorum et eorum, quos diligit, negligentias

1. episcopo Elorensi. Cf. L. VII ep. 10 et 22 supra p. 391 et 414.
2. Willelmum I.   3. Iohelem abbatem S. Petri de Cultura Cenomannensem.
4. V. Lib. VII ep. 22 supra p. 414.   5. Philippi I.   6. Willelmus I.

ex parte fore portandas. Denique meminisse potest dilectio 1081
vestra: qualiter et beatus Leo papa neophitos et beatus Gregorius Venantium expatricium, quem suus episcopus iniuste corri-
puerat, sustinuit[1]; et quemadmodum clementia Domini Iosaphat
regi Iuda, qui impio Achab auxilium praebens iram divinam
meruerat, indulsit[2]. Quare volumus: ut fraternitas vestra supra
memoratis episcopis et abbatibus, non praetermisso Culturensi
abbate, quos suspendistis, per praesentium portitorem restitutionis
litteras mittat; et praefatum regem in talibus ulterius sine assensu
nostro non exasperet. Videtur enim nobis multo melius atque
facilius, lenitatis dulcedine ac rationis ostensione quam austeritate vel rigore iustitiae illum Deo lucrari et ad perpetuum beati
Petri amorem posse provocari.

Praeterea innotuit nobis: quod multos milites, qui prius ad
presbyteros fornicarios et symoniacos coercendos favorem et
auxilium vobis impenderant, propterea quod decimas dimittere
nolebant, excommunicando turbaveritis; quales nos adhuc anathematis vinculis alligare synodali iudicio, per discretionem distulimus. Super his igitur consulimus atque hortamur: ut nunc
pro tempore canonicum rigorem vestra sapientia temperet atque,
hac turbationis tempestate quaedam parcendo nonnulla dissimulando, ita studeat moderari, ut non ex severitate iustitiae dete-
riorandi occasionem sumant; sed, suspenso nunc iudicio, spatium
recognoscendi equitatem habentes, postmodum facilius adquiescant;
aut demum in eos tranquillitatis tempore, quod, Deo annuente,
cito futurum speramus, id quod nunc apostolicae sedis discretio
patienter differt, iustitia dirimens ad statum suum restauret.

VIII 29 (IX 6). *Richardo cardinali sacerdoti, abbati Massiliensi, et eius successoribus curam monasteriorum Montis-
maioris et S. Mariae Crassensis demandat.*

Gregorius episcopus servus servorum Dei dilecto in Christo 1081
filio R(ichardo) sanctae Romanae ecclesiae cardinali sacerdoti Apr. 18

1. S. Gregorii registri L. VI ep. 43 et 44, Opp. ed. Benedictini T. II
824, 825.   2. V. 2 Paralip. 19, 2. 3.

1081
Apr. 18

atque abbati Massiliensi suisque successoribus regulariter promovendis in perpetuum.

Licet apostolici nos apicis cura pro cunctis generaliter ecclesiis vigilare ac pro omnium statu vel reparatione sollicitos esse admoneat, illis tamen praecipue locis nostram curam specialius exhibendam perpendimus, quae, sub Romanae tutela sedis constituta, scimus status sui confirmationem augmentum vel restitutionem ab hac potissimum aecclesia, cuius iuris sunt, expectare. Quia ergo quaedam monasteria, alterum in Provincia, videlicet sancti Petri quod dicitur ad Montem Maiorem[1], et alterum in Narbonensi archiepiscopatu sanctae Mariae de Crassa, quae ad huius sedis defensionem pertinere propriique iuris eius esse noscuntur, iam dudum saecularium monachorum culpa a religionis tramite deviasse intelleximus, ea reformare ad lapsi decoris specimen, valde esse necessarium duximus. Scitis enim: decentius atque convenientius esse decernitur, destructa restruere et ad gradum suum collapsa reducere, quam in dilatandis vel noviter aedificandis operam dare. Quapropter, ad praedictorum locorum restaurationem religionis tuae prudentiam perutilem arbitrantes, licet tu, quorumdam proborum virorum precibus adhortatus, absque licentia nostra de eorum cura te nolueris intromittere, nos tamen censuimus, per tuam successorumque tuorum sollertiam fratribus in eisdem cenobiis deinceps mansuris perpetuam regularis vitae circumspectionem providere. Proinde circa praefata monasteria sollicitudinis nostrae vicem dilectioni vestrae committentes, volumus atque praecipimus: ut in eis quae amputanda sunt amputetis quaeque corrigenda sunt corrigatis et, quae illis de disciplinae tenore defuerint, vestra vigilantia et labore conferantur. Praeterea, quotiens eorum rectores obierint, vestri sit studii: alios cum consensu probabiliorum fratrum de eadem congregatione, si fieri potest, sin autem, aliunde secundum Deum et regulam sancti Benedicti abbates eligere ibique substituere. Quos ab illo episcopo in cuius diocesi fuerint, si ab hac sede excommunicatus vel symo-

1. d. Arelatensis.

niacae hereseos infamia notatus non erit, ordinandos decrevimus; 1081
si vero alterum horum obstiterit, abbas a Romano pontifice sui Apr. 18
consecrationem expetat, aut ad quemcumque episcopum ille praeceperit pergere pro sui ordinatione licentiam habeat. Cuius nihilo minus abbatis mores et vitam sicut et subditorum suorum
discutere excessusque corrigere, vestrae potissimum providentiae
attinebit. Quodsi forte in aliquod crimen depositione dignum
fuerit lapsus, vestrum erit, ad apostolicam audientiam deferre;
quatinus aut hic damnationis suae sententiam per Romanum pontificem excipiat, aut per apostolicum legatum, ad id peragendum
serio missum, dignum suis meritis iudicium subeat.   Statuimus
etiam, ut quicquid ad eadem monasteria pertinere cognoscitur,
si ab aliquibus irrationabiliter detinetur, ex hac nostra auctoritate repetendi exigendique atque vendicandi habeatis per omnia
Deo iuvante licentiam; quia dignum est, ut, quorum curam geritis, rebus nullo modo defraudemini.   Prefato igitur modo
nostrae providentiae ac dispositionis vicissitudinem circa saepe
dicta monasteria tibi tuisque successoribus, ut praelibavimus,
regulariter promovendis concedentes, interdicimus : ut nullus successorum nostrorum vel archiepiscoporum aut episcoporum et
nemo clericalis seu laicalis ordinis audeat hanc potestatem, praesentis decreti auctoritate firmatam, vobis auferre vel perturbare.
Sed ea, sicut praefixum est, in vestra salubri ordinatione ac
dispositione in perpetuum inconvulsa permaneant. [Datum* Rome
14 Kalendas Maii per manus Petri sancte Romane ecclesie presbyteri cardinalis ac bibliothecarii, anno 8 pontificatus domni VII
Gregorii pape, indictione 3.]

VIII 30 (IX 7). *Ecclesiam S. Petri, in villa Maskarans sitam,
tuendam suscipit.*

Gregorius episcopus servus servorum Dei omnibus Deo et 1081
beato Petro fidelibus salutem et apostolicam benedictionem.

a. Datum — indictione 3 *addidi ex Chartulario S. Victoris Massiliensi (Collection
des cartulaires de France II p.* 214 *n.* 842). *Mabilio quoque (Annal. ord. S. Benedicti
V* 155) *ex codice Montis maioris hanc epistolae clausulam affert:* Datum Romae 14 Kal.
Maii, pontificatus nostri anno 8.

1081   Notum sit vobis, nos ecclesiam sancti Petri sitam in villa, quae dicitur Maskarans[1], sub ius et defensionem apostolicae sedis ab ipsius fundatoribus sponte traditam suscepisse. Ob cuius donationis memoriam perpetuo retinendam constituerunt et devoverunt se illi, qui circa eumdem locum propter amorem et tutelam beati Petri sibi aedificant, pro unaquaque domo censum annualiter octo nummorum[a] Pictavensium persoluturos. Quapropter apostolica auctoritate praecipimus, ut nemo praefatum locum, apostolica tuitione munitum, deinceps infestare praesumat; sed sub defensione beati Petri, cuius iuris est, quietus et securus ab omni perturbatione permaneat. Si quis ergo contra haec nostra mandata memoratum locum vexaverit, admonitus semel iterum usque tertio per convenientes indutias, si non resipuerit, sciat se a gratia beati Petri separatum et, nisi satisfecerit, anathematis vinculis innodandum. Quicumque vero propter apostolicam reverentiam ab infestatione ipsius loci et lesione, sicut christianum decet, se continuerit eumque adiuvare studuerit, veniam peccatorum suorum et gratiam beati Petri, si in bonis perseveraverit, se promeriturum non dubitet.

VIII 31 (IX 8). *Dominicum Silvium ducem et gentem Venetorum laudat, quod sedem apostolicam venerari incipiant. Hortatur, ut excommunicatos caveant. Negat se eorum optata explere hoc tempore posse.*

1081
Apr. 8

Gregorius episcopus servus servorum Dei glorioso duci[2] et genti Venetorum, his tamen, qui non communicant excommunicatis, salutem et apostolicam benedictionem.

Quantum nos ex longo tempore vos et patriam vestram dilexerimus, non existimamus scientiam vestram latere. Verum postquam nos omnipotentis Dei dignatio ad id provexit officii, non dilectionem ex vobis, qualem oportebat, agnovimus. Sed licet antehac res ita sese habuerit, tamen, quia sanae mentis

---

a. nummos c.

1. in episcopatu Pictavensi, ut docet Deusdedit card. in coll. can. ap. Borgia Breve istoria del dominio temp., app. p. 12.   2. Dominico Silvio.

consilio matrem vestram, apostolicam videlicet sedem, recogno- 1081
scentes, eam incipitis quaerere et venerari, nos, qui huius sedis Apr. 8
quamvis indigni sollicitudinem gerimus, honorem vestrum tam
in praesenti quam in futuro secundum Deum diligere et servare
haud secus optamus. Unde paterno vos affectu adhortantes ex
parte beati Petri monemus atque praecipimus: ut summa diligentia et cautela vos ab excommunicatis custodire curetis, ac permaxime caveatis, amicitiam forte vel gratiam illorum captando,
iisdem vos laqueis damnationis innectere. Quod autem petitioni
vestrae ad praesens in adimplendo eam non videmur annuere,
non tam nostrae velut incuriae quam temporis incommoditati
velitis asscribere. Denique cum tempus oportunum — quod,
Domino favente, cito futurum speramus — advenerit, postulationem vestram recte efficere ac honorem vestrum salva iustitia
servare opitulante clementia divina non pigritabimur. Sicut enim
in sancta ecclesia caritas circa omnes generaliter tenenda dinoscitur, ita suum quibusque, iustitia dictante, honorem specialiter non denegandum fore sed habendum perpendimus. Data
6 Idus Aprilis.

VIII 32 (IX 9). *T. comitis erga sedem apostolicam studium
laudat. Monet, ut excommunicatos fugiat.*

Gregorius episcopus servus servorum Dei T. nobilissimo 1081
comiti salutem et apostolicam benedictionem. Apr. 28

Quoniam devotionem tuam erga communem matrem, Romanam videlicet aecclesiam, fidissimam in omnibus, multis et probatis viris attestantibus et maxime karissimo fratre nostro U(gone)
Diensi episcopo referente, cognoscimus, valde letamur et omnipotentis Dei supernae clementiae grates referimus. Oramus etiam,
ut divina preeunte clementia sic ceptum bonum ad finem usque
perducas, quatenus ille, cuius iudicio fidelium ecclesia Christi
commissa est, peccatorum nexibus absolutum, in electorum te
faciat sorte conscribi. Te itaque karissime fili hortamur, ut tuae
mentis oculos in aeterni regis amore et spe indesinenter figas;
ne nobilitas tua, ab illius divinitate prae caeteris exaltata, ter-

renis sollicitudinibus et voluptatibus emollita, vim spiritalis desiderii amittat.   Dignum namque est, ut, qui tuo nutui tantam
hominum multitudinem supposuit, hanc ei vicissitudinem recom-
penses, ut unum hominem, videlicet te ipsum, pura semper mente
sibi et corde conserves.   De causa videlicet excommunicatorum,
super qua consuluisti, nichil tibi, praeter quod sacri canones
praecipiunt, respondere possumus; scilicet ut abstineatis vos a
communione ipsorum, prout Deus concesserit et vestra prudentia poterit. Nec enim parum te, a talibus abstinendo, existimes
agere; immo credas certissimę: quoniam in futura beatitudine
geminam a Domino coronam, oboedientiae scilicet ac sanctae
praedicationis, accipies. Bona namque est vox praedicationis cum
opere, sed non parva est bona actio sine voce. Neque nos alicui licentiam peccandi dare possumus aut debemus, cum nos ipsi
hanc licentiam non habeamus; sed peccantibus apostolica auctoritate subvenire non denegamus et manum salutaris consilii porrigere desideramus. Illud quoque prudentiam tuam animadvertere volumus: quodsi quisquam illorum excommunicatorum te
graviter offenderet, ab illorum amicitia usque ad satisfactionem
te submoveres. Quodsi hoc pro tuo honore faceres, quid pro Deo
facere debes, animadverte. Quapropter monemus te, karissime
fili, ut, quod a subiectis tibi vis fieri, non negligas pro illius
amore agere, qui te ad suam imaginem creavit et suo pretioso
sanguine redemit. Data Lateranis 4 Kalendas Maii, indictione 4.

VIII 33 (IX 10). *Altmanno episcopo Pataviensi mandat, ut
Heinrici regis socios ad virtutem revocet; Bennonem II
episcopum Osnabrugensem benigne suscipiat, litemque componat inter eundem et abbatem Corbeiensem.*

Gregorius episcopus servus servorum Dei dilecto in Christo
fratri A(ltmanno) Pataviensi episcopo salutem et apostolicam
benedictionem.

Quia vicem nostram in Teutonicis partibus prudentiae tuae
commisimus, discretionem tuam diligenter monemus, sicut iam
aliis litteris ad te destinatis, si pervenerint, fecimus: ut consilio

fratris nostri Salseburgensis archiepiscopi[1] et aliorum confratrum 1081
nostrorum episcoporum eos, quos adherendo H(einrico) a proposito veritatis errasse cognoscitis, studiose revocetis et, qui
redire voluerint, fraterne suscipiatis. Et maxime Osnanbrugensem
episcopum[2], quem nobis velle fideliter adherere audivimus, benigne suscipiatis, et fraterno auxilio contra quamlibet iniuriam
inferendam ei occurrere, ubi oportunum fuerit, non haesitetis.
Et litem[3], quam de decimatione ecclesiae suae habet cum Corbe-
gense abbate[4], vel iuste ante vos terminate; aut, absque laesione
suae ecclesiae, certum tempus ipsius ante nos terminandae ex
utraque parte statuite. Vale.

VIII 34 (IX 11). *Desiderio cardinali et abbati Casinensi nuntiat,*
Heinricum regem Ravennae morantem circiter die 23 Maii
Romam venturum esse. Mandat, cognoscat de regis cum
Roberto duce actionibus.

Gregorius episcopus servus servorum Dei D(esiderio) vene- 1081
rabili cardinali sancti Petri et abbati Casinensi salutem et apostolicam benedictionem.

Fraternitatem tuam dilectissime cognoscere volumus: quod,
sicut pro certo didicimus, Heinricus dictus rex in suburbanis
Ravenne moratur, disponens, si poterit, Romam circa pentecosten[5] venire. Quem certissime scimus ex ultramontanis et
Longobardis parvam manum habere. Audivimus autem: quod
ex his, qui circa Ravennam vel in marchia[6] morantur, putet
exercitum, cum quo veniat, colligere. Quod fieri minime credimus; quoniam nec etiam fotrum[7] ab his, per quos transitum
habet, habere potest. Tu vero ipse amande frater cognoscis,
quia, si nos amor iustitiae et honoris sanctae ecclesiae non teneret tamque pravae voluntati ac nequitiae regis et suorum vellemus favere, nullus aliquando praedecessorum nostrorum ab
antecessoribus regibus seu etiam archiepiscopis tam amplum et

---

1. Gebehardi.   2. Bennonem II.   3. de qua cf. Vitam Bennonis,
Mon. Germ. SS. XII 70 seq. et Wibaldi ep. 464 supra I 597.   4. Frithe-
rico.   5. Mai. 23.   6. Firmana.   7. commeatum.

1081 devotum servitium, sicut nos ab hoc rege et ab archiepiscopo[1], habere potuerunt. Verum, quoniam et illorum minas et servitia pro nichilo ducimus, magis, si necesse fuerit, mortem suscipere parati erimus, quam impietatibus eorum assensum praebere aut iustitiam relinquere. Quapropter rogamus atque monemus, ut, quemadmodum te decet, ita nobis adhereas, quatenus sanctae matris tuae Romanae ecclesiae honor, quae de te multum confidit, nunc et semper robur optineat.

Hoc etiam te scire volumus: quod comitissa Matildis litteras ad nos direxit, quibus continetur hoc, quod, quemadmodum a familiaribus ipsius pro certo cognovit, praefatus rex placitum cum R(oberto)[2] duce habeat, videlicet hoc, ut filius[3] regis filiam[4] ipsius ducis accipiat et rex duci marchiam tribuat. Quod Romani facile credent, si viderint, ducem adiutorium — sicut iuramento fidelitatis nobis promisit — subtrahere. Sed prudentia tua sollicite invigilet et, quid super hac re actum sit, diligenti examinatione cognoscat. Tu ipse etiam quantotius ad nos propera. Scias praeterea, quod Romani et, qui circa nos sunt, fide et prompto animo Dei et nostro servitio parati per omnia existunt[a].

VIII 35 (IX 12). *Bertramni II comitis Provinciae iusiurandum eiusque patrimonii donatio.*

1081   Ego Bertrannus[5] Dei gratia comes Provinciae ab hac hora et deinceps tibi domino meo pape Gregorio et cunctis successoribus tuis, qui per meliores cardinales sanctae Romanae ecclesiae fuerint .... credideritis, in dampnum vestrum me sciente non manifestabo. Sic me Deus adiuvet et haec sancta euangelia.

1081
Aug. 25   Ego Bertramnus Dei gratia comes Provinciae pro remissione peccatorum meorum et parentum meorum offero concedo dono omnem honorem meum, quantum ad me iure parentum

---

a. *sequitur in cod. epistola* 15 *libri VIII* (*supra p.* 446); *in margine scripsit manus saec. XV:* Ista epistola est superius posita libro.

    1. Wiberto Ravennate, antipapa Clemente III.   2. Wiscardo.   3. Conradus.   4. Roberto duae filiae fuerunt: Helena et Mathildis.   5. II.

pertinet, omnipotenti Deo et sanctis apostolis Petro et Paulo et
domino meo Gregorio papae septimo et omnibus successoribus
eius, ita ut, quicquid placuerit deinceps domno papae Gregorio
de me et de toto honore meo, sine ullo contradicto faciat. Ecclesias autem omnes, quae in mea potestate sunt, praefato domino
meo Gregorio papae omnino dimitto et omnibus successoribus
eius; et ad ordinandas eas iuste et secundum Deum pro posse
meo fideliter adiuvabo. [Acta carta 8 Kal. Septembris anno incarnationis dominicae 1081ᵃ.]

1081
Aug. 25

VIII 36 (IX 13). *Roberto I comiti Flandrensium scribit, Hu-*
gonem archiepiscopum Lugdunensem inter ecclesiae Tar-
vannensis partes arbitrum datum esse. Hortatur, ne clericis
*Romam profectis obsit*ᵇ.

Gregorius episcopus servus servorum Dei R(oberto)¹ nobili
Flandrensium comiti salutem et apostolicam benedictionem.

Perlatum nobis est, quod Tervannensis archidiaconus, qui
prius cum quadam parte cleri R. contra Lambertum invasorem
elegerat, nunc sibi, ipsi contrarius, mutato consilio, alterum²
supposuerit. Quam causam fratri nostro Lugdunensi archiepiscopo H(ugoni)³ diligenter procurandam litteris nostris commisimus: ut, nisi prior electio canonice fuerit improbata, nullum
illi sedi alterum subroget. Quicquid ergo ipse super hoc negocio
fuerit exsecutus, quia certi sumus, eum a iustitia non reces-
surum, nobilitati tuae praecipimus, ut ratum firmumque tenere
nullatenus rennuat; sed, quod ille statuerit, quasi nostrum vos
observate, ceterisque, ne contradicere audeant, pro vestri magnitudine imminete. Insuper volumus atque monemus, ut clericis,
qui propter hoc negocium sedem apostolicam petiverunt, nullam
exinde lesionem faciatis vel fieri permittatis.

1082?

---

a. Acta — *1081 addidi e Vaissette, Hist. de Languedoc II Preuves col. 313, qui*
usus est tabulario S. Victoris Massiliensi.   b. *manus saec. XIII in margine scripsit*
haec: Hec epistola, hic errore scriptoris posita, debuit inferius scribi.

1. I.   2. Gerardum.   3. de quo cf. infra ep. 41 p. 492.

VIII 37 (IX 14). *Inge et Alstano Sueonum regibus de gente*
eorum ad Christi fidem nuper adducta gratulatur. Virtuti
studeant; decumas praestent; frequentes legatos mittant.

1081? Gregorius episcopus servus servorum Dei Wisigothorum[1]
gloriosis regibus I(nge) et A(lstano) et populis salutem et apostolicam benedictionem.

Frater noster episcopus vester, ad apostolorum limina veniens, suggessit nobis de nova gentis vestrae conversione; scilicet qualiter, relicto gentilitatis errore, ad christianae fidei veritatem pervenerit. Unde, plurimum in Domino letati, miseratori
omnium intimo corde gratias agimus, qui mentes vestras lumine
suo visitare, et de tenebris ad lucem de morte ad vitam dignatus est vos aeterna sua benignitate reducere. Simul etiam ipsius
ineffabilem misericordiam deprecati sumus assidueque postulare
optamus, ut vos tam fidei gratia quam et bonorum operum fructibus et in hac vita vigere et in futura sanctorum cetibus faciat
annumerari.

Proinde, carissimi filii, auctoritate sanctae Romanae aecclesiae, vice beatorum apostolorum Petri et Pauli nobis licet indignis concessa, vos admonemus: ut huius fugitivae vitae incer-
titudinem ac temporalium rerum et gaudiorum instabilitatem
perpendentes contemnere, et ad illa, quae sine fine mansura sunt
quaeque humani sensus ac desiderii angustias amplitudine sua
excedunt, memineritis aciem mentis semper extendere; concordiam et dilectionem studeatis ad invicem indeficienter habere;
ecclesiis honorem, pauperibus vel afflictis compassionem, sacerdotibus praecipueque episcopis reverentiam et oboedientiam quasi
patribus procuretis inpendere; nec non et decimas, quae ad usum
tam ipsorum quam ecclesiarum et pauperum proficiant, dare
totique regno indicere. Quod quidem nulli debet grave videri:
pro meliori parte, videlicet semper victura anima, quemque de-
cimam Deo offerre; cum pro morituro corpore plurime gentes
coniugibus suis tertiam rerum legibus compellantur exolvere.
Preterea ad hoc summis animi viribus enitimini: ut, qui velut

1. Sueonum.

in fine orbis ita et saeculorum ad laborandum in vineam domi- 1081?
nicam introistis, inter primos remunerandi eumdem denarium,
undecimae operatores, percipere debeatis[1].   Agite etiam, ut,
quemadmodum de praedecessoris vestri[2] laudabili fama valde
sumus gavisi, ita quoque studiorum probitatumque vestrarum
opinio nos de se, sicut optamus, letificet.

Quia vero, noviter ad Christum conversos, nondum christianae fidei et religionis doctrinam sufficienter vos sumpsisse
putamus, volumus: ut frequenter ad hanc sedem clericos vestros
mittatis; talesque personas provideatis ad nos destinare, qui et
sanctae Romanae ecclesiae moribus plenius instrui et instructi[a]
valeant ad vos docte salubriterque, quae sunt agenda, referre.

VIII 38 (IX 15). *Hugoni episcopo Diensi significat, Gosfridum
    Parisiensem et Gosfridum Carnotensem episcopos ad se
    venisse querentes, quod posterior ab eo iniuste deiectus sit.
    Aut ipse accedat, aut nuntium cum litteris mittat.*

Gregorius episcopus servus servorum Dei dilecto in Christo 1081
filio H(ugoni) Diensi episcopo salutem et apostolicam bene- Dec. 4
dictionem.

Frater et coepiscopus noster Parisiensis[3] cum Carnotensi[4]
ad apostolicam sedem venerunt, non sine multa quidem, sicut
ipsi referebant, et sui fatigatione et rerum suarum iactura, in
quibusdam locis etiam capti nec sine redemptione sui dimissi.
Clamorem itaque ad audientiam nostram tulerunt: quod in alterum eorum, videlicet Carnotensem episcopum, tua fraternitas
praeiudicium fecerit, et non canonice accusatum excommunicationis ac depositionis sententiae subdiderit. At hoc etiam maximum gravamen factum esse conquesti sunt: quod — cum talis
esset accusatio, et in defensione illius praedictus Parisiensis episcopus, qui rem omnem constitutionis eius novit et fecit, et Belvacensis[5] absolute, duo vero archiepiscopi aliique duo episcopi,

a. instructę *cod.*

1. Cf. Matth. 20, 9. 10.   2. Stenkil.   3. Gosfridus.   4. episcopo
Gosfrido.   5. Guido.

1081
Dec. 4

qui non interfuerant, condicionaliter, videlicet se scientibus, iurare voluerint — propter hoc tamen solum, quod conditionem isti quatuor apponebant, defensionis recipere iuramentum nolueris. Verum, cum de prudentia tua nichil incongruum temere credendum nobis esse putemus — praesertim quia tam viva voce quam litteris ex nobis te super hac re commonitum esse meminimus: ut, quicquid in synodis ageres, diligenter conscriptum nobis dirigeres — quamquam se adventum suum tibi notificasse memorarent, nos tamen, nuncium tuum expectantes aut litteras, illos, ut causae suae diffinitionem perciperent, per dies aliquantos detinuimus; ac post ingressum Urbis sub ea spe plures quam viginti dies sunt demorati. Ubi vero, illis et labore itineris et rerum dispendiis magnisque sumptibus fatigatis, nec nuncium nec litteras vestras accepimus, fratribus quoque nostris valde compatientibus atque adiudicantibus, nimis indignum esse apostolica mansuetudine, ut illi sine consolatione recederent, praecepimus eis: ut tandiu adhuc expectarent, donec ex vobis responsum reciperemus. Fraternitati itaque tuae iubemus, ut aut tu ipse, quod magis optamus, de hoc et de aliis maioribus negociis nobiscum tractaturus, advenias, aut idoneum nuncium cum litteris super hac re compositis, qui eas, si sit necessarium, iuramento comprobet, dirigas. Data Lateranis 2 Nonas Decembris.

VIII 39 (IX 16). *Carnotensibus Gosfridum episcopum de simomia ceterisque criminibus purgatum remittit. Quem ut reverenter tractent, monet.*

1082

Gregorius episcopus servus servorum Dei clero et populo Carnotensis ecclesiae salutem et apostolicam benedictionem.

Quod episcopum vestrum[1] tam diu apud nos detinuimus, sciatis, nos idcirco egisse, ut causam ipsius pleniter discutientes irretractabili fine concluderemus. Inde etiam litteris nostris ad .legatum nostrum episcopum Diensem directis[2] mandavimus, ut aut ipse ad nos veniret aut nuncium suum cum litteris, huius negocii seriem continentibus, nobis transmitteret. Verum, api-

1. Gosfridum.   2. supra ep. 38.

cibus illius susceptis, reperimus, eum aliquantulum a verbis 1082
avunculi huius, scilicet Parisiensis episcopi[1], dissentire. Sed di-
versitatem ipsam diligentissime perspicientes, cognovimus: praelibatum negocium inviolata iustitia non incongrue cum misericordia posse tractari. Quapropter, divino freti auxilio, censuimus:
ne ulterius hunc falsi criminis tanta dilaniaret infamia, ut praesentialiter per se et avunculum suum, dato supra sacratissimum
corpus beati Petri apostolorum principis iuramento, sese pur-
garet. Non enim aut cuiuslibet personae gratiam aut lucri temporalis ardorem tantum valere credidimus, ut aliquis sane mentis
vir, praesertim episcopus, spreto divini horrore iudicii, ultro
periurium tam grave velit patrare.   Quocirca, dilectionem vestram monentes, ex parte beati Petri vobis praecipimus: ut praefatum episcopum vestrum paterna cum veneratione suscipiatis
eique debitum honorem deferentes sicut pastori oboediatis.
Preterea apostolica interdictione inhibemus: ne eum super illo
symoniace infamationis, quo se purgavit, aliisve falsis criminibus
deinceps agitari, neve ipsum — sicut mos est quorumdam, praelatos criminosis suspicionibus commaculare — ulterius iniuste
sollicitari permittatis; sed eum, ut praesignavimus, sicut patrem
spiritualem venerantes, ostendatis vos et apostolicis iussis obedientiam gerere et, ut christianos oportet, animarum vestrarum
curam habere.

VIII 40 (IX 17). *Robertum Wiscardum ducem hortatur, ut, cuius auxilio victoriam adeptus sit, b. Petro opituletur contra
Heinricum IV regem.*

Gregorius episcopus servus servorum Dei R(oberto)[2] glo- 1082?
rioso duci salutem et apostolicam benedictionem.

Quod gesti belli proventum et adeptae victoriae palmam
nobis et Romanis notificasti, id, quod decuit, prudenti consilio
usus egisti; ut res, quam ex voto amicorum gloriose obtinueras,
ipsorum congratulationibus gloriosior tibi redderetur atque iocun-
dior. Oportet interea te illum alta memoria figere, cuius favore

---

1. Gosfridi.   2. Wiscardo.

1082? et auxilio non ambigis res tuas iam dudum procedere. Nam sicut ingratitudo provocat indignationem, ita devotio incunctanter accumulat gratiam. Quapropter beatum Petrum, cuius tibi adesse patrocinium grandia facta testantur, prae oculis habere semper memineris, eiusque beneficiis cum necesse est gratam vicem rependens, ipsum de cetero velut debitorem efficere tibi procurato; de quo nimirum eo magis praesumere poteris, quo amplius obsequiis illum tibi quasi obnoxium astrinxeris. Memento itaque matris tuae sanctae Romanae ecclesiae, quae de te inter ceteros principes specialiter confidit, ut te* peculiariter diligit. Memento, quod sibi promisisti. Et quod pollicitus es — cui, etiam non promittens, ex iure christianitatis debes — adimplere, cum promiseris, non ulterius differas. Non enim ignoras: quanta perturbatio contra eam per Heinricum dictum regem sit orta; quantumque tuo, qui suus es filius, auxilio indigeat. Age ergo, ut, quantum studet filius iniquitatis adversari, non minus debeat de tuae devotionis opitulatione mater ecclesia gratulari.

Dubitavimus hic sigillum plumbeum ponere, ne, si illud inimici caperent, de eo falsitatem aliquam facerent.

VIII 41 (IX 18). *Hugoni episcopo Diensi praecipit, ut archiepiscopum Lugdunensem quam primum eligendum curet, · neve, si vir idoneus nequeat inveniri, oblatum archiepiscopatum suscipere dubitet.*

1081
Oct. 24
Gregorius episcopus servus servorum Dei Hu(goni)[1] dilecto in Christo fratri et coepiscopo salutem et apostolicam benedictionem.

Summopere procurandum tibi est: ut in magna sede Lugdunensi non diu differatur ordinari archiepiscopus, qui re vera sit miles Christi et defensor iustitiae, pro qua non solum laborare sed etiam pro ea desideret mortem carnis subire. Quodsi cito non potest reperiri, ex apostolica tibi praecipimus auctoritate: ut, rogatus a fratribus tuis et electus ab eiusdem ecclesiae filiis, indubitanter praesumens de adiutorio coelesti, ad regimen praedictae Lugdunensis accedas sanctae ecclesiae, imitando dominum

1. episcopo Diensi.   a. te *addidi.*

et patrem nostrum beatum Petrum apostolum, qui de minori ecclesia Antiocena translatus est in Romanam. Datum 9 Kalendas Novembris.

VIII 42 (IX 19). *Hugoni archiepiscopo Lugdunensi praecipit, ut cui abbati interdixerit munere administrando, in eum misericordia utatur. Aboleri privilegia iubet, monachis contra eundem abbatem ab Alexandro II concessa.*

Gregorius episcopus servus servorum Dei dilecto in Christo fratri H(ugoni) Lugdunensi archiepiscopo salutem et apostolicam benedictionem.

Abbas, praesentium lator, rettulit nobis, officium sibi ecclesieque suae a fraternitate tua esse interdictum, propterea quod loco, ad iustitiam inter ipsum et abbatem¹ de Casa Dei² discernendam constituto, admonitus non interfuit. Ad quem, sicut ipse dicit, venire non contempsit, sed propter discordiam, quae inter comites illius patriae fuit, non ausus est. Proinde, quia nos illius causam nec pleniter scimus nec absente altera parte iudicare debemus, eam fraternitati tuae remittimus, ut, statuto utrique parti congruo loco et termino, ad finem, quem iustitia dictaverit, eorum causam perducas. Volumus tamen: ut pro amore beati Petri, a quo sine misericordia nemo regredi debet, in quantum cum iustitia poteris, istum misericorditer tractes, atque in mansuetudine tua is sentiat, se non frustra tantum laborem ad apostolicam sedem sumpsisse. Interim etiam dignum videtur et volumus, ut, nisi hoc ad iustitiam exequendam impediturum esse pro certo cognoveris, officium sibi sueque ecclesiae reddas; quatinus in hoc quoque apostolicae sedis auxilium petiisse non eum peniteat.

Preterea idem iste frater retulit nobis, se causam, quam cum quibusdam monachis habebat, ad audientiam tuam detulisse; cuius rei examinationem, quoniam praefati monachi privilegium venerandae memoriae Alexandri praedecessoris nostri praetendebant, nolueris facere. Quapropter, quia praephato antecessori

---

1. Siguinum.　　2. coen. d. Claromontensis.

1082? nostro a malitia quorumdam, sicut ipse nosti, nonnunquam subreptum est, religioni tuae praecipimus: ut nihilo minus causam
ipsam discutias et, si privilegium contra iustitiam factum esse
deprehenderis, eo cassato, quicquid aequitas postulaverit, exequi
nostra auctoritate fultus non dubites. Quicquid autem super his
diffiniveris, nostrae intelligentiae studeas indicare.

VIII 43 (IX 20). *In Lanfrancum archiepiscopum Cantuariensem
invehitur, quod ad sese non venerit. Proposita muneris
interdictione, praecipit, ut die 1 m. Novembris Romae
praesto sit.*

1082?   Gregorius episcopus servus servorum Dei L(anfranco) Cantuariorum archiepiscopo salutem et apostolicam benedictionem.
     Saepe fraternitatem tuam apostolica legatione invitavimus
Romam venire, etiam pro fidei et religionis christianae compro-
batione. Quod huc usque, sicut apparet aut superbe aut negligenter nostra abutens patientia, distulisti; cum nec etiam canonicam excusationem praetenderis. Non enim labor aut difficultas
itineris te sufficienter excusat; cum satis notum sit, multos longe
remotos, licet corpore invalidos et infirmos et a lectulis vix valentes surgere, tamen, beati Petri amore flagrantes, ad eius limina vehiculis properare. Quare apostolica tibi auctoritate praecipimus: ut, postposita occasione vel inani formidine, datis indutiis quatuor mensium postquam haec nostra mandata ad
notitiam tuam pervenerint, in praesentis anni festo omnium
sanctorum [1] Romae adesse procures et satagas, et inobedientiae
tuae reatum per tantum temporis supportatus emendare non ulterius negligas. Quodsi nec adhuc te mandata apostolica move-
rint, sed ea dissimulans in contemptu durare malueris, et periculum inoboedientiae incurrere non erubueris quod est quasi
scelus idolatriae testante beato Samuhele [2], a beati Petri gratia
scias te procul dubio removendum et eius auctoritate omnino
feriendum; ita videlicet, ut, si infra praefixum spatium ad nos
non veneris, ab omni sis officio episcopali suspensus.

     1. Nov. 1.   2. 1 Reg. 15, 23.

VIII 44 (IX 21). *Omnes apostolicae sedis fideles ad patientiam, fortitudinem, spem excitat.*

Gregorius episcopus servus servorum Dei omnibus episcopis 1082? abbatibus clericis et laicis, apostolice sedi fidelibus, salutem et apostolicam benedictionem.

Scimus, fratres carissimi, quia tribulationibus et angustiis nostris compatimini et in vestris orationibus ante Dominum memoriam nostri habetis. Quod idem nos erga vos agere non dubitetis; et merito, nam apostolus dicit: *Si patitur unum membrum, compatiuntur et cetera membra*[1]. In hoc etiam credimus caritatem Dei diffusam in cordibus nostris, quia omnes unum volumus, unum desideramus et ad unum tendimus. Unum volumus: videlicet ut omnes impii resipiscant et ad creatorem suum revertantur. Unum desideramus: scilicet ut sancta ecclesia, per totum orbem conculcata et confusa et per diversas partes discissa, ad pristinum decorem et soliditatem redeat. Ad unum tendimus: quia, ut Deus glorificetur in nobis et nos cum fratribus nostris, etiam cum his qui nos persecuntur, ad vitam aeternam pervenire mereamur, exoptamus. Nolite mirari, fratres carissimi, si odit vos mundus[2]; quia et nos ipsi eum contra nos irritamus, qui, illius desiderio valde contradicentes, opera illius condemnamus. Quid autem mirum, si principes mundi et potentes saeculi nos pauperes Christi, pravitatibus illorum obviantes, odiunt et quadam indignatione contra nos deseviunt, cum aliqui subiecti vel etiam servi, iussi suas iniquitates relinquere, conantur praepositorum suorum vitam auferre. Et tamen adhuc usque ad sanguinem rari ex nostris impiis restiterunt et, quod omnino erat optandum, paucissimi nostrum pro Christo mortem subierunt. Pensate, carissimi, pensate: quot quotidie milites saeculares pro dominis suis, vili mercede inducti, morti se tradunt. Et nos quid pro summo rege et sempiterna gloria patimur aut agimus? Quale dedecus et quale improperium qualisque derisio oculis nostris obicitur: quod illi velut pro vili alga[3] mortem subire non metuunt, et nos pro coelesti thesauro et

1. 1 Corinth. 12, 26.   2. 1 Ioh. 3, 13.   3. Cf. Hor. Satir. II 5, 8.

1082? aeterna beatitudine etiam persecutionem pati devitamus. Erigite ergo animos in vires, spem vivam concipite, illud vexillum prae oculis habentes ducis nostri, scilicet regis aeterni, unde ipse dicit: *In patientia vestra possidebitis animas vestras*[1]. Et si volumus divina suffragante gratia hostem antiquum cito et fortiter confringere omnesque versutias eius parvi pendere, studeamus: persecutiones ab eo inmissas et mortem pro iustitia non solum non devitare, sed etiam pro amore Dei et christianae religionis defensione appetere. In hoc enim omnes elationes maris et superbiam saeculi conculcabimus et pro nihilo ducemus et ei, qui est caput nostrum sedens in dextera Dei patris, ipso largiente, iungemur et conregnabimus. Clamat enim magister noster: *Si compatimur, et conregnabimus*[2]. Interea vobis, fratres mei, qui mecum minus valentes estis ad fortiora bella certaminis, annunciamus: quia pius redemptor noster cito faciet in tentationibus nostris etiam proventum; ne, nimia fragilitate devicti, non possimus sustinere, sed, inter qualescumque suorum fidelium positi, addiscamus vel in prosperitate sibi servire[a].

VIII.45 (IX 22). *C. comitem, episcopo inimicitias inferentem, hortatur, ut et eidem ablata restituat et in Hugonis episcopi Diensis et Richardi, legatorum suorum, synodo se sistat. Munera missa non accipit*[b].

1082? Gregorius episcopus servus servorum Dei C. glorioso comiti.

Dolemus satis, quod adversus gloriosam famam tuam, per Galliarum partes diffusam et usque ad apostolicae sedis notitiam perlatam, astutia diaboli potuit praevalere. Sicut enim de te laetabamur et quodammodo unice de bonis studiis tuis in sermonibus nostris praesumebamus, asserentes, te non solum principes sed et ipsos reges iustitia et morum honestate superare, sic nobis gemendum videtur, prudentiam tuam a tanta gratia

a. *Sequitur in cod. ep.* 16 *libri VIII supra p.* 446. *Cui manus saec. XV addidit haec:* Ista eadem epistola et sub eadem Data de verbo ad verbum conscripta posita lib. VIII ep. 16.   b. *manus saec. XIII adscripsit:* Haec similiter epistola debuit in superioribus scribi.

1. Luc. 21, 19.   2. Cf. 2 Tim. 2, 12.

et a tanto virtutum culmine decidisse. Qua in re antiquam hostis 1082?
generis[a] humani fraudem recognoscimus nequissime elaborasse,
ut, qui Adam per mulierem de paradyso expulit, te per eumdem
sexum eadem gloria et huius vitae laudabili fama privaret et
multa bona tua isto deceptionis suae genere confunderet. Cuius
rei gratia ab episcopo tuo correctus et excommunicatus, ut a
tanto periculo te et coniunctam tibi erueres et domum tuam a
perpetua infamia liberares, non solum Deo et iustitiae de per-
petrato crimine non satisfecisti, sed et ipsum episcopum — cui,
etiamsi iniustam sententiam super te dedisset, oboedire debueras
— contra morem aequitatis tuae tyrannice insecutus es; cum
constet aliquem amorem Dei non posse habere, qui spiritualis
patris pro culpa inoboedientiae suae gratiam et dilectionem probatur amisisse. Quod nos audientes, victi amore tuo, memores
etiam virtutum tuarum, quae a religiosis viris nobis insinuatae
fuerant, usque modo te portavimus; sperantes, ut divina tactus
miseratione ad sanum consilium redires, et aeterno regi, cuius
iudicio cotidie propinquas, te purgatum praesentare contenderes.
Et quia in hoc amorem saeculi magis quam animae tuae salutem perpendisti, veremur, ne divina indignatio diu protractum et
inemendatum facinus acriter puniat. Unde paterna te caritate
monemus, ut ab hac iniquitate, quae bonorum tuorum fructus
universaliter dissipat, sapienti usus consilio, surgas et tam te
quam tibi coniunctam de catena diaboli eruas. Quodsi innocentiam tuam super hoc negocio confidis posse probari, videtur
nobis perutile: ut synodus constituatur, cui legati nostri H(ugo)
Diensis episcopus et Ricardus vel alter eorum intersit: ut in
audientia religiosorum virorum possit perquiri, quid in te vel
sententia super te promulgata debeat emendari. Deus scit et
conscientia nostra testis est, quia mens nostra multum gauderet
de te, utpote quem iam pridem sincero et pleno amore dileximus, si ab hac infamia quoquo modo te liberares et aditum
ledendi te per fructum correctionis hosti antiquo concluderes.
Munera tua ideo recipienda non esse arbitrati sumus, quia di-

a. generis *addidi.*

1082? vinis oculis oblatio tua non acceptabilis esse probatur, quandiu
a peccato isto immunem te non reddideris et ad gratiam omnipotentis Dei, sicut catholicum principem decet, non redieris.
Licet munera tua propter illud peccatum non receperimus, tamen Dei misericordiam pro te exorare non desistemus. De
cetero nobilitatem tuam monemus atque praecipimus, ut, praefato episcopo tuo res quas sibi abstulisti restituens, digne satisfaciendo eum placare procures ac deinceps eum nullatenus inquietare presumas.

VIII 46 (IX 23). *Turonensibus et Andegavensibus praecipit, ut
Fulconis comitis Andegavensis, qui excommunicatus Rodulfum archiepiscopum Turonensem expulerit, societate
abstineant et archiepiscopo obediant.*

1082?   Gregorius episcopus servus servorum Dei[a] abbatibus clericis
et laicis Turonensis archiepiscopatus et episcopatus Andegavensis,
qui Deo et beato Petro atque sedis apostolicae legatis obediunt,
salutem et apostolicam benedictionem.

   Notum vobis esse non dubitamus, Andegavensem comitem[1]
ob nequitiam suam esse excommunicatum; quam etiam in eos,
qui sibi adhaerent et favent, extendi, cunctis sacram scripturam
scientibus liquet. Qui, iam diu expectatus, non solum de via
sua pessima ad Deum, sicut christianum oportet, non est conversus, sed insuper ad augmentum malitiae suae, aliis item excommunicatis coniunctus, fratrem nostrum Turonensem archiepiscopum[2] de sede sua expulit[3] bonisque ecclesiae penitus expoliavit.
Proinde apostolica vobis auctoritate praecipimus, ut tam a praefato comite quam ab omnibus sequacibus vel complicibus eius
vobis summopere caveatis, omnino vos abstinentes a familiaritate
et participatione ipsorum. De praedicto vero fratre nostro archiepiscopo, qui propter iustitiam pulsus[b] et persecutionem perpessus est[4], vobis nihilo minus praecipientes mandamus, ut ei
sicut patri vestro fideliter devoteque obediatis ac necessitatibus

a. clericis S. Mauricii *addit cod. ms. bibl. Paris.* 1458. BRIAL.   b. pulsas *c.*
1. Fulconem.   2. Rodulfum.   3. anno 1081.   4. Matth. 5, 10.

ipsius sicut boni filii studeatis opitulari libenter. Quemadmodum 1082?
namque saepe dicto comiti faventes in se Dei odium procul
dubio provocant, ita et huic fratri nostro, in quibus necesse est,
suffragantes non dubie gratiam beati Petri suorumque peccatorum absolutionem merentur.   Praeterea praecipimus nominatim B. venerabili abbati Sanctae M.ᵃ, ut litteras nostras canonicis Sancti Martiniᵇ, quas eis dirigimus, ferat.

VIII 47 (IX 24). *Rogerio I comiti Siciliae et Calabriae respondet, quod petierit, fieri non posse, antequam perspectum
sit, episcopi Miletensis consecrationem non pertinere ad
archiepiscopum Rheginum. Electum Troinensem, ut consecretur, mitti ad se concedit.*

Gregorius episcopus servus servorum Dei R(ogerio) nobili 1082?
comiti¹ salutem et apostolicam benedictionem.

Non dubitet prudentia tua, nos libenter petitioni suae favere, in quantum cum Deo et sine fratrum nostrorum scandalo
fieri potest. Non est enim aliqua saecularis apicis persona, cui
salva iustitia pronius assensum nostrum praebere velimus.

De eo autem, quod super electo Melitensi² postulasti, noverit nobilitas tua, nobis esse intimatum, ad ius ecclesiae Regitanae pertinere. Unde non aliter annuendum postulationi tuae
perpendimus, nisi, diligenter examinata iustitia, Melitensem .ecclesiam ad praefatae Regitanae parroechiae consecrationem non
attinere constiterit. Ad cuius rei indagationem, quia te diligimus, sine temporum molesta dilatione copiam tibi providimus;
videlicet ut, accersitis fratribus nostris Barensi archiepiscopo
U(rso) et W. Firmano episcopo et legato nostro W., si fieri potest cum his tribusᶜ, alioquin vel horum duobus praesentibus,
causa in commune discutiatur. Si ergo, causa sollerter eventilata, ab illius potestate inventa fuerit libera, tunc nos, sicut

a. Bartholomeo abbati Maioris-monasterii *cod. ms. bibl. Paris.* 1458. BRIAL.
b. Mauritii *cod. ms. bibl. Paris.* 1458. BRIAL.   c. his tribus *in cod. posita sunt
super omnibus.*

1. Siciliae et Calabriae (cf. Meo Annali di Napoli VIII 208).   2. Diosphoro, de quo v. Meo l. l. 211.

1082? oportebit, effectum dare precibus tuis non pigritabimur. Sin autem, decet atque necesse est: ut sic tua devotio in his praecipue, quae Dei sunt, sese aequaliter habeat, quatenus fraternae caritatis et concordiae vinculum rumpere et dilectionis unitatem in invicem scindere caveat; in mente habens, quod scriptum est: *Si recte offeras et recte non dividas, peccasti*[1].

De cetero, quia Traianensem[2] electum[3] a nobis consecrari postulas, licet electioni eius hoc defuerit quod legatus apostolicae sedis et consensus noster non affuit, tamen — monentes, ne de futuro id fiat — tuae dilectioni ipsiusque personae laudabili testimonio id ad presens annuimus, ut veniens Deo favente per nos consecretur.

VIII 48 (IX 25). *Herveum archiepiscopum Capuanum ceterosque principatuum episcopos iubet forti animo esse. Hortatur, ne excommunicatis communicent. Permittit, ut de ecclesiis decedant.*

1082? Gregorius episcopus servus servorum Dei dilecto in Christo fratri H(erveo) Capuano archiepiscopo ceterisque principatuum episcopis, qui beato Petro obedientes christianam religionem constanter defendunt, salutem et apostolicam benedictionem.

Congratulamur dilectioni vestrae, fratres carissimi, quoniam digni inventi estis, qui pro christianae religionis integra virtute fortique constantia inimicitias odium et contumelias patiamini. Ac optamus, ut et de reliquo immobili robore perseveretis, non modo vos ab illicita et nefaria excommunicatorum participatione abstinentes sed et ceteros sacerdotes ab eorum communione interdicentes. Si qui vero fuerint, qui contra interdictum vestrum et nostrum contumaciter missas et officia illis divina celebrare subinde praesumpserint, pro certo habeant tales: annuente Deo, sacris se ministeriis, quae indigne usurpare non metuunt, in perpetuum abdicandos et sine spe recuperationis amovendos.

---

1. Genes. 4, 7 in versione antiqua ap. Sabatier Bibliorum sacrorum latinae versiones antiquae, Remis 1743, T. I p. 21.   2. Troinensem in Sicilia, de quo v. Pirri Sic. sacr. I 494.   3. Robertum.

De cetero, si quis vestrum, impiorum pressuram ferre non va-   1082?
lens, cupit secedere, nobis non displicet. Huiusmodi ergo vel in
potestatem ducis[1] gloriosi vel fratris eius[2] poterit ire; aut si ad
nos venire maluerit, nos caritate qua debemus eum libenter susci-
piemus. Qui vero, aliis exemplum factus, fortiter inter impios
perseveraverit, ille procul dubio virtutis coronam gloriaeque
triumphum merito maiorem Domino largiente percipiet.

VIII 49 (IX 26). *Iohanni archiepiscopo Neapolitano mandat, ut
Sergium magistrum militum ceterosque Neapolitanos a Iordani principis Capuani societate avertat.*

Gregorius episcopus servus servorum Dei I(ohanni) Neapo-   1082?
litano archiepiscopo salutem et apostolicam benedictionem.

Non ignorat prudentia tua, nobis imminere: ut omnibus et
ubique salutaria consilia provideamus, et monita vel interdicta,
prout res postulare videtur, cunctis exhibere debeamus. Praeterea non latere te volumus: ex quo carissimus noster Salerni-
tanus princeps[3] noviter rediit[4], nos et nobilissimum magistrum
militum[5] et maiores atque minores vestrae urbis quodammodo
specialiter cepisse diligere. Unde modo valde magis dolemus,
quia eos auxilium dare hominibus pravis et ab ecclesia atque a
Deo separatis audivimus. Nam relatum est nobis, quod Iordani[6],
qui scienter periurus beato Petro et nobis et ob hoc anathematis
nodis ligatus est, adiutorium faciant. Quae res illos procul dubio
et a gratia beati Petri alienos et dilectione nostra indignos ef-
ficit et, nisi resipiscentes desinant, aeternis poenis obnoxios
reddet. Proinde fraternitati tuae praecipimus: ut praefatum magistrum militum omnesque tibi commissos admoneas et pontificalis censurae disciplina prohibeas et interdicas, ut tam a praefato Iordane quam et ceteris illius complicibus sese abstineant
illique nullum prorsus auxilium tribuant, donec beato Petro
satisfecerit, quem periurio abnegavit. Si quis ergo, nec con-

---

1. Roberti Wiscardi.   2. Rogerii I comitis Siciliae et Calabriae.
3. Gisulfus II.   4. Cf. L. VIII ep. 23 supra p. 468.   5. Neapolitanum,
Sergium VI.   6. I principi Capuano.

1082? siliis tuis nec praeceptis nostris nec auctoritati beati Petri obtemperans, in fidelitate vel adiutorio illius mortuus fuerit, pro illo certum est non esse orandum; et nos etiam iubemus, ut nec sepulturae christiano more commendetur. Timendum quoque est, ne, si ab illo animum non revocaverint, divinae ultionis iram ipse locus vester experiatur.

VIII 50 (IX 27). *Hermanno cardinali mandat, ut de electo Corsicano, consecrationem petente, renuntiet.*

1082?   Gregorius episcopus servus servorum Dei Hermanno dilecto in Christo fratri, sanctae Romanae ecclesiae cardinali, salutem et apostolicam benedictionem.

Gratias omnipotenti Deo, bonorum omnium largitori, referimus, qui te illorum consortio annumerare dignatus est, de quibus scriptum est: *Quoniam digni habiti sunt pro nomine Iesu contumeliam pati*[1]. Hoc est, dilectissime frater, quod saepe legeras: *Vasa figuli probat fornax*[2]; et illud[3]: *Innocentiam Abel habere non potest, quem malitia Cain non exercet.* Haec denique et alia huiusmodi nunc in manibus geri, patenter intelligit prudentia tua; perpendit etiam, quod ab ea exigitur, nec ignorat, quid sibi pro talibus in fine debetur. Quapropter, ut sollertiae tuae breviter loqui sit multa dixisse, admonemus id quod memoriae tuae semper adesse putamus, videlicet ut veritatis sententiam quasi signaculum sub cor tuum ponas: *In patientia vestra possidebitis animas vestras*[4]. Ea est enim iustitiae consolidatio, fidei stabilimentum, spei securitas, caritatis indissolubile vinculum, consummatio nempe virtutum.

De cetero, quoniam Corsicanus electus ad consecrandum nuper advenit, fraternitatis tuae testimonio, quae rem illius, ut arbitramur, clarius novit, super eo indigemus. Cum enim nobis electio illius incognita sit et persona, oportet profecto non ei

1. Act. apost. 5, 41.   2. Eccli. 27, 6.   3. Gregorii Magni in Moral. lib. 20, 75 et In euangelia libr. 2 homilia 38, 7 (Opp. ed. Benedictini I 673 et 1638): „Abel quippe (enim) esse renuit, quem Cain malicia non exercet“; et In Ezechiel. libr. 1 homil. 9, 22 (ibid. p. 1259): „Abel fieri non valet, quem Cain malicia non exercet“.   4. Luc. 21, 19.

temere manum imponi. Proinde, frater, ut de eo quid facien- 1082?
dum sit scire valeamus, volumus et iubemus, quatinus veritatis
iudicium super ipso nobis destinare procures. Esto memor memoris. Ora pro nobis.

VIII 51 (IX 28). *Clericos et laicos hortatur, dent operam, ut
     generalis synodus a sese congregetur, in qua pontificatus
     et regni pax componatur. Rodulfum negat quondam se
     auctore regnum suscepisse.*

Gregorius episcopus servus servorum Dei clericis et laicis, 1082?
qui non tenentur excommunicatione, salutem et apostolicam benedictionem.

Notum facimus vobis, carissimi fratres et filii, nos admodum
desiderare et apostolica auctoritate velle sancire: ut generalis
synodus congregetur in loco tuto et securo sicque oportuno, ut
ad eum possint undique terrarum clericalis ordinis et laicalis
amici vel inimici sine timore convenire. Disponimus enim tractare et diligenti discussione detectum in faciem orbis ex occultis
tergiversationum suarum antris extrahere, quicumque ille est, qui
tantorum malorum, quae iam pridem in christianam religionem
crassantur et saeviunt, causa et auctor existit; cuius etiam in-
pietas et inaudita temeritas hactenus obstitit et proturbavit, ne
inter pontificatum et regnum divina pax et recta concordia fieret.
Quam pacem opitulante Domino, sicut christiana devotio cupit
et postulat, in eodem concilio instaurare et confirmare optamus.
In qua synodo praeterea Deo auctore ad honorem beati Petri
secundum sanctorum patrum decreta parati erimus: quod iustum
est facere; et, iniquorum nequitiam revelantes, de his, quae apostolicae sedi obiciuntur et unde quidam fratrum submurmurant,
ipsius innocentiam evidenter ostendere; ita tamen, ut ante omnia
res sanctae Romanae ecclesiae, quibus expoliata cognoscitur, sicut*
dignum est, restituantur.

Verum illud admodum vestrae dilectioni notificare non de-
dignamur: Deo teste Rodulfum, qui rex ab ultramontanis ordi-

a. si *c.*

1082? natus est, non nostro praecepto sive consilio regnum tunc suscepisse; insuper etiam nos in synodo decernentes firmavisse, nisi
archiepiscopi et episcopi, qui illum ordinaverant, hoc factum
suum recte defendere potuissent, tam ipsos a dignitatibus suis
quam et praefatum Rodulfum a regno deponere. Enimvero interim quis hanc nostram dispositionem interturbaverit, et multi
vestrum sciunt et nostram scientiam nequaquam fugere potest.
Si enim Heinricus, rex dictus, et pars eius obedientiam, quam
promiserat nobis immo beato Petro, servasset, confidenter dico,
Deo iuvante non tot mala, videlicet homicidia periuria sacrilegia simoniacae heresis pestilentiae ac proditiones, evenissent.

Vos itaque, quos aut tantae calamitates movent aut divini
timoris respectus ad Deo dignam pacem et concordiam animat,
nitimini et summopere laborate: ut synodus, qualem supra memoravimus, fieri possit; quatinus sanctae ecclesiae caput totumque
corpus, quod impiorum procellosis fraudibus et machinationibus
fluctuat nimirum et titubat, communi omnium bonorum consensu
et robore quiescat de cetero et stabiliter consolidetur.

VIII 52 (IX 29). *Ricardum cardinalem et abbatem Massiliensem
ad tuendam canonicam S. Saturnini Tolosanam hortatur.*

1082?   Gregorius episcopus servus servorum Dei R(icardo) sanctae
Romanae ecclesiae cardinali et abbati Massiliensi salutem et
apostolicam benedictionem.

Non ignorat prudentia tua, canonicam sancti Saturnini, sitam iuxta Tolosanam urbem, apostolicae sedi esse commissam.
Cui licet ex generali omnium ecclesiarum cura conveniat nos
tuitionis auxilium providere, specialiter tamen oportet nos eo
magis illi loco nostrae protectionis munimen impendere, quo amplius constat eius vel iniurias vel negocia ad Romanam sedem,
cuius iuris est, attinere. Praefata igitur ecclesia, quamquam
noviter, decenter tamen canonicam vitam instituit; atque hactenus,
sicut tua sollertia novit, ex tunc regulariter vixisse dinoscitur.
Verum quoniam antiqui hostis mos est, eo magis dolere invi-
diaeque facibus uri, quo amplius videt christianam religionem

crescere et de bonorum provectibus lucra vel potius rapinas suas 1082?
diminui, contra memoratum locum iam coepit saecularium exa-
gitatio et, quod magis mirandum ac dolendum est, ecclesiasti-
corum odia suboriri.

Unde et canonici querimoniam ad nos direxerunt super clericis Sancti Stephani[1]. Quorum suggestione per quemdam fugitivum clericum sibi privilegium, quod eis indulseramus, subreptum
est. Quique cimiterium, quod ante regularem ordinationem suam
locus ille quiete per longa temporum curricula tenuit, modo
auferre, atque ecclesias ad eum pertinentes in potestatem suam
illicitis conditionibus redigere conantur.

Conqueruntur et super monachis Moisiacensibus[a][2]. Qui quandam ecclesiam — unde interpositis sacrosanctis euangeliis secundum iudicium legati nostri A(mati) Ellorensis episcopi, collaudantibus aliis episcopis qui aderant, lis inter eos determinata
fuerat — iterata deterius iniuria, per vim comitis W(illelmi)[3]
datis ut fertur muneribus occupatam, detinere nituntur.

Quapropter experientiae tuae praecipimus: ut praelibatos
tam clericos quam et monachos atque ipsum comitem litteris et
quibus modis vales commonere procures, quatinus ea, quae contra saepe dictam aecclesiam inique vel odiose gessisse noscuntur,
Deo et iustitiae satisfacientes, sicut oportet, emendent; ac de
cetero, debitam apostolicis privilegiis reverentiam exhibentes,
iram Dei provocare et maledictionem supra se temerariis ausibus
inducere caveant. Episcopum[4] quoque diocesis ipsius admoneas,
ut eamdem canonicam tam ipse non inquietet quam et alios,
quos prohibere valet, inquietare non sinat. De monachis tamen,
quoniam Cluniacensi abbatiae pertinent, ipsi venerabili abbati[5]
in primis notificandum censemus, ut ipse insolentiam subditorum
suorum compescat et iustitiae adquiescere, si forte noluerint[b],
compellat. Ad ultimum vero, si qui illorum monitis tuis immo
beati Petri obtemperare contempserint, quamcumque in eorum

a. Moiacensibus *cod.*   b. noluerit *cod.*

1. Tolosanis.   2. dioec. Cadurcensis.   3. IV comitis Tolosani.
4. Isarnum episcopum Tolosanum.   5. Hugoni.

1082? audaciam sententiam protuleris, scias auctoritate nostra firmandam. Volumus siquidem et iubemus: ut circa praenominatam canonicam studium sollicitudinis tuae invigilet, et negociis ac necessitatibus eius facilem te pronumque exhibeas; quatinus, Romanae libertatis securitate fulta, sicut caeterae ecclesiae apostolicae sedi adherentes, in sanctae conversationis obtentu et religionis amore, favente Domino, magis magisque proficere valeat.

VIII 53 (IX 30). *O. et Eustachio militibus Tarvannensibus, praecipit, ut Hugoni archiepiscopo Lugdunensi et Hugoni abbati Cluniacensi, suis legatis, se sistant.*

1082?   Gregorius episcopus servus servorum Dei O. et E(ustachio)[a][1].

Intolerabilis audaciae horribilisque facinoris super vos ad nos relatio venit, quod, quanto nostris saeculis inusitatum nec a tempore paganorum persecutorum praesumptum esse vel legitur vel auditur, tanto ad iustitiam de se exequendam apostolicae mansuetudinis zelum movet et incitat. Denique conquestus est nobis Lambertus, dictus Tervannensis episcopus: quod — post tot tantaque sacrilegia, quibus eandem ecclesiam depraedati fuistis — ianuas eius infringentes, serica argentea aureaque diversi generis et innumera ornamenta diripientes ac, sacris crucibus comminutis, tam ipsas quam et duas cappellas et reliquias auferentes, abstrahentes eumdem episcopum ab altari, ubi prostratus orabat, linguam ei dextraeque articulos ad acervum tantorum scelerum detruncastis. Qua in re nullam excusationem temptetis obtendere quasi de ipsius vel vita reproba vel ordinatione iniusta seu depositione irrogata. Sicut enim supra notavimus, nemo adhuc tale aliquid praesumpsisse dinoscitur, nisi forte qui, Deum non timens et christianam reverentiam abiciens, pro nihilo duxit, manum in sacros ordines mittere. Quapropter monemus et ex parte beati Petri praecipimus: ut, tantam nequitiam vestram recognoscentes, aut ante legatos nostros Lugdunensem archiepisco-

---

a. *in margine posita haec sunt:* A. et E. militibus Tervannensibus.

1. advocato Morinensi, de quo cf. Iperii chron. in Recueil des historiens XIII 457.

pum¹ et abbatem Cluniacensem² satisfacturi veniatis, aut secundum 1082? consilium vel mandatum ipsorum satisfacere Deo et sanctae ecclesiae nullatenus detrectetis. Volumus siquidem et aequum esse decernimus, ut, quod nequiter commisistis, humiliter emendetis. Quodsi, diabolico spiritu indurati nostrisque praeceptis salutaribus inoboedientes, nec poenitentiam dignam agere volueritis, procul dubio sciatis, vos esse excommunicandos et, quodcumque in vos iudicium legatus noster dictaverit, auctoritate nostra firmandum.

VIII 54 (IX 31). *Hugonem episcopum Diensem inter clericos Augustodunenses et monachos Floriacenses iudicem constituit. Gosfridum episcopum Carnotensem quare in pristinum restituerit, ostendit.*

Gregorius episcopus servus servorum Dei dilectissimo fratri 1082 et coepiscopo H(ugoni)³ salutem et apostolicam benedictionem.

Clerici quidam Augustidunenses his diebus ad nos venerunt, adversus Floriacenses⁴ monachos super quodam monasterio, sancti videlicet Symphoriani⁵, causam habentes. Quam, a te ante ventilatam et definitam, nos retractasse dicebant tuaeque fraternitati aliter, quam eis videretur et ratio postulasset, scripsisse. Quod a nobis factum nequaquam recolimus; nec in registro nostro huius causae litteras repperire potuimus. Noverit itaque prudentia tua, quia multa tamquam a nobis deferuntur et scripta et dicta, nobis nescientibus. Multa etiam subripi possunt minus ad singula intentis, utpote divisis ad plurima et intentis ad maxima, quibus vehementer artamur. Unde in hac causa, quod profecto minime recordamur, si quid forte surreptum fuit, obtato magis amamus corrigere quam ab aequitate et rationis tramite deviare vel aliis corrigenda relinquere. Ad quem ergo iustae decisionis terminum negocii huius questio, fraternitatis tuae considerata actione, pervenit, immo, si minus adhuc satisfactum est, pervenire poterit, non solum non mutamus verum auctore Deo annuimus et laudamus; quippe cum magis rationi

---

1. Hugonem.   2. Hugonem.   3. episcopo Diensi, deinde archiepiscopo Lugdunensi.   4. dioec. Aurelianensis.   5. Augustodunensi.

1082 consentaneum videatur: ut clerici, si canonice vivere volunt et in eo persistere quod voverunt, suo, quod antiquitus possedere, non debeant carere monasterio, quod et ipsi interventu pecuniae obtinuisse monachi infamantur. Super hoc ergo indubitanter cognoscas; quia perperam acta sive subrepta dampnamus, iuste acta et diffinita firmamus et a te firmanda et statuenda mandamus.

De Carnotensi autem episcopo[1], unde fraternitas tua submurmurare videtur, nosti, quod dilectionis tuae intuitu longo eum tempore una cum Parisiensi[2] Romae tenuimus[3], ut aut ipse venires aut ad comprobanda obiecta in eum capitula legatos et testes idoneos delegares. Quod cum minime feceris, iustitiae necessitate coacti, de eius restitutione sanctae Romanae ecclesiae iudicio acquievimus. Cui si superna pietas aliquando respirare concesserit, liquido tua beatitudo intelligere poterit, eam multo irreprehensibilius hoc egisse, quam te in matris tuae iudicialem censuram manum reprehensionis extendisse. Decuerat quidem vos et dignius videretur: hac potius tempestate et has inter, quas patitur, angustias, Dei utique emulatione et conscientia bona, tamquam filios suos, consolationum sibi dulcia ministrare, quam, talia mandando et talibus eam neniis implicando, dolorem super dolorem apponere, multiplicare pondera, non communicare ponderibus. Vale.

_____

VIII 55 (IX 32). *Hugoni archiepiscopo Lugdunensi Lambertum episcopum Tarvannensem excommunicatione liberatum nuntiat. Concilium agat, in quo, num restituendus eidem episcopatus sit, iudicetur.*

1082? Gregorius episcopus servus servorum Dei venerabili H(ugoni) Lugdunensi archiepiscopo salutem et apostolicam benedictionem.

Quoniam causa Lamberti dicti Tervanensis episcopi partim nota partim incognita nobis est, praesertim cum Robertus[4] comes Flandriensis longe alia verba in litteris suis nobis direxerit, quam prius Ingelrannus[5] praesentialiter retulisset, eam fraterni-

1. Gosfrido.   2. Gosfrido.   3. cf. ep. 38 supra p. 489.   4. I.
5. canonicus S. Audomari. V. supra p. 338 n. 1.

tati vestrae plenius eventilandam destinamus.   Negat siquidem 1082?
praefatus episcopus sibi notum esse: quod eum synodalis per
te sententia damnaverit vel excommunicaverit seu ad synodum
ullam vocaverit.   Unde nos ante agnitum litterarum tuarum tenorem, compassi multis laboribus ipsius, eum absolvimus; accepto tamen ab eo prius iuramento: quod super episcopatu Ter-
vannensi sedis apostolicae vel legatorum nostrorum iudicium
non exibit.   Itaque, quia res grandis est et diligentioris eget in-
quisitionis, praecipimus, ut episcoporum et abbatum aliorumque
religiosorum virorum concilium congreges.   Et quoniam memo-
rato episcopo propter regem Francorum[1], qui a te dissidet,
suspectus es, associato tibi venerabili abbate Cluniacensi[2], idem
negocium uberius ac sollertius tractes.   Qua de re nos ita iam
nunc censemus: si depositionis illius certissime causa iusta comprobatur et peremptoria in eum sententia data cognoscitur, ipse,
ab episcopatu cessans, sanctae ecclesiae iudicium ferat; sin autem
se vel iniuste depositum fuisse vel synodalem vocationem nesci-
visse defendere potuerit, integre suis et rebus et dignitati restituatur, sicque deinceps canonice, si qua fuerint obiecta sibi,
respondeat.   Quocunque tamen dignitatis eius sententia cesserit,
hoc omnino iubemus: ut de illis, qui eum tam male tractaverunt,
quod iustitia postulat, sibi per vestram instantiam fiat; id est,
si satisfacere contempserint, excommunicationis in eos eorumque
perfidiae fautores gladius exeratur.   Istud vero in hoc negocio
maxime servare vos volumus tum pro labore, quem memoratus
episcopus ad apostolicam sedem subivit, cum etiam pro amore
nobilissimi comitis R(oberti), qui nobis super eo petitorias litteras misit: ut cum misericordia tractetur et, quantum salva
iustitia potest, canonum rigor compassionis respectu temperetur.
Denique ita se fraternitatis vestrae sagacitas habeat, ut nec in
dextram nec in levam declinet, sed, ex utroque unum faciens,
temperamentum medium salubriter teneat.

   1. Philippum I.   2. Hugone.

VIII 56 (IX 33). *Roberto I comiti Flandrensi ignoscit litteras parum reverenter scriptas. De superiore epistola significat.*

1082?   Gregorius episcopus servus servorum Dei R(oberto)[1] glorioso comiti Flandrensi salutem et apostolicam benedictionem.

Locuta est prudentia tua in litteris suis apostolicae sedi quaedam, sicut non decuit. Que nos, sane cupientes in sancta ecclesia te conservare, supportamus adhuc et libenter ignoscimus; de misericordia divina sperantes, quod et eorum, qui tibi talia persuaserunt, imperitiam et sanctae Romanae ecclesiae auctoritatem et discretionem quandoque praesentaneis affatibus ostendemus.

Proinde super causa L(amberti), dicti Tervannensis episcopi, licet multo aliter se verba Tervannensium clericorum quam litterae tuae nobilitatis habuerint, tamen, quia non dubium est, posse interdum surrepi, eam secundum votum tuum retractationi delegamus. Quod quidem, ut quantum decenter possumus tuo desiderio annueremus, sic peragendum providimus: Quoniam Lugdunensis archiepiscopus[2] — quamvis de eo satis confidam — vobis suspectus est, ne suspicio prorsus ordinem rerum utiliter gerendarum impediat, gravem et illustrem virum Cluniacensem abbatem[3] sibi associare censuimus. Itaque praecipimus: ut congregato concilio causam ipsius episcopi diligentius eventilare procurent; et, si quidem iuste depositus fuisse comprobatus fuerit, acquiescens saniori consilio, cesset; sin autem vel omnino iniuste vel praepropere[a] addictus esse patuerit, rebus et honore suo recepto instauretur, ac deinde canonice, si qua sibi fuerint obiecta, respondeat. Quocumque tamen modo synodalis erga dignitatem ipsius sententia provenerit, iussimus: ut illi, qui diabolico furore succensi rem tam gravem et nefariam in eius personam patraverunt, quam primum commoneantur, ut satisfaciant. Si vero ad cumulum iniquitatum suarum rennuerint, mandamus, tam in eos quam et in fautores contumaciae ipsorum anathematis gladio animadverti. Quod cum fuerit ea cura qua decet impletum, tunc deinde oportebit excellentiam tuam ecclesiam adiuvare et

1. I.   2. Hugo.   3. Hugonem.   a. depositioni *deesse videtur.*

ipsius iniuriam, sicut decet christianum principem, defendere. 1082?
Sicut autem volumus industriam tuam in hoc negocio iustitiae
amorem habere, ita quoque et in causa ceterorum clericorum et
laicorum, qui membra sunt eiusdem ecclesiae, te aequitatem servare monemus et rogamus; ut, rebus eorum redditis, deinceps,
si quid de eis statuendum est, secundum iustitiam diffiniatur.

VIII 57 (IX 34). *Gerardo Cameracensi, Ratbodo Noviomensi,
Roriconi Ambianensi episcopis mandat, hortentur Robertum I comitem Flandriae, ne Lambertum Tarvannensem
excommunicatum defendat utque eiectos clericos restituat.
Comitem, nisi obedierit, anathematizatum iri.*

Gregorius episcopus servus servorum Dei G(erardo)[1] Came- 1083?
racensi episcopo, R(atbodo)[2] Noviomensi, R(oriconi) Ambianensi
et omnibus ecclesiarum rectoribus atque principibus in Flandria
sub R(oberto)[3] comite nobilissimo militantibus salutem et apostolicam benedictionem, si oboedierint.

Noverit caritas omnium vestrum, fratres et filii carissimi,
quoniam, licet peccatores et ad tantum onus portandum impares
simus, tamen cura et sollicitudo omnium ecclesiarum parvitati
nostrae a Deo commissa est. Dominus enim Iesus Christus beatum Petrum constituit principem apostolorum, dans ei claves
regni coelorum et potestatem ligandi et solvendi in coelo et in
terra[4]; super quem etiam ecclesiam suam edificavit[5], commen-
dans ei oves suas pascendas[6]. Ex quo tempore principatus ille
et potestas per beatum Petrum successit omnibus, suam cathedram suscipientibus vel usque in finem mundi suscepturis, divino
privilegio et iure haereditario. Ex cuius sedis successione imminet nobis inevitabili necessitate: ut omnibus oppressis debeamus opem ferre, et contra inimicos Dei pro defendenda iusticia,
quo usque convertantur, Spiritus sancti gladio, quod est verbum
Dei[7], eciam usque ad mortem si oportuerit, pugnare.

Unde volumus omnes vos scire, A(rnulfum) archidiaconem

1. II.   2. II.   3. I.   4. Matth. 16, 19.   5. Matth. 16, 18.
6. Ioh. 21, 17.   7. Ephes. 6, 17.

1083? Tarvannensem et M. abbatem et L.[a] diaconem, et per eos multos clericorum illius ecclesiae nobis lacrimabilem querimoniam fecisse super comite R(oberto), quem antehac pro bona fama, quam sepe de eo audivimus, sicut filium nostrum carissimum et dileximus et — si monita salutis suae non spreverit — diligere volumus, dicendo: quod eos, omnibus bonis suis nudatos, de terra sua eiecerit pro eo, quod praeceptis apostolicis oboediendo noluerunt communicare[b] cuidam Lanberto pseudoepiscopo, a nobis et a legatis nostris H(ugone) Lugdunensi archiepiscopo et A(mato) episcopo[1] in Meldensi concilio excommunicato tum pro aliis nefariis tum pro eo, quod quinque clericos, ad Romanam synodum ire et de malitia eius querimoniam volentes facere, captione pessima afflixit et quod de ecclesia sua, canonicam disciplinam evitans, sine licencia fugitivus evasit. In qua excommunicatione, heretica pravitate se fecit ab episcopis, officio suo suspensis, consecrari immo potius execrari diaconem, presbyterum, episcopum. Deinde hostiliter et armata manu, comite R(oberto) cum exercitu secum eunte, ad ipsam civitatem pergens, portas ecclesiae, quas ei clerus et populus obcluserat, in securi et ascia et aliis violenciis incidit atque confregit. Crucem quoque et imaginem Salvatoris, libellum contradictorium ante ipsas portas clausas manu dextera sibi quasi porrigentis et velut ore proprio ingressum ecclesiae sibi contradicentis, ita diabolice a portis abstraxit, ut dexteram manum — quod nunquam antea legimus aut audivimus factum — illi evulserit. Sicque cum lanceis et gladiis evaginatis fur et latro inrumpens, alios clericorum vulneravit alios semivivos fugavit omniumque sibi communicare nolentium domos diripuit atque distraxit. Ipsum vero comitem in tantum seduxit, ut omnes clericos, sibi oboedire nolentes, omnibus bonis privatos de tota terra sua eiecerit, et duas epistolas nostras tam superbe spreverit, ut portitoribus earum contumeliosa verba et tanto principi multum indigna protulerit.

Quae omnia quantum apostolicae sedis reverenciae sint intolerabilia et christianae religioni contraria, si Deum timetis

1. Elorensi.   a. *sive* I.   b. communicare *addidi*.

eique hominem non praeponitis, satis intelligit industria vestra. 1083?
Pro quibus omnibus praefato comiti exhortatorias et depreca-
torias nunc tercio scripsimus litteras: ut antichristi membrum
amplius non sustentaret neque foveret, sed magis de ecclesia
oppressa cicius propelleret; et clericis pro iustitia exulatis omnia
sibi ablata in integrum restitueret; et, omnia haec mala corrigendo,
dignos poenitenciae fructus faceret infra terminum quadraginta
dierum post litteras nostras sibi ostensas sive notificatas. Sin
autem, quod absit et quod Deus procul ab eo avertat, nollet —
secundum apostolum qui ait: *In promptu habentes ulcisci omnem
inoboedienciam*[1], et alibi: *Si quis non oboedierit verbo nostro,
per epistolam hunc notate, et non commisceamini cum illo, ut
confundatur*[2], et alio loco: *Auferte malum ex vobismet ipsis*[3],
quia modicum fermentum totam massam corrumpit[4] — si nollet,
inquam, oboedire, segregatus et excommunicatus foret a corpore
et a communione sanctae ecclesiae — auctoritate Dei et iudicio
sancti Spiritus, quem quodammodo blasfemat, inimicum eius
contra eum scienter sustentando, qui tociens excommunicatus
carismata virtutum et dona gratiarum eius cotidie adhuc pro-
phanare non timet — donec satisfatiendo poeniteat.

Omnipotens Deus cordibus omnium vestrum et cordi illius
indicet, ex quanto dolore cordis haec dico; quoniam omnes Deum
diligentes diligo et illum quadam speciali dilectione, sicut iam
praefatus sum, dilexi, quia bona multociens de eo audivi. Sed
dissimulare hec nequeo sine animae meae magno periculo propter
illud prophetae: *Si non annunciaveris iniquo iniquitatem eius,
sanguinem eius de manu tua requiram*[5], et illud apostoli: *Non
solum qui faciunt, sed et qui consentiunt, digni sunt morte*[6]. Et
beatus Gregorius ait: *Mala, quae ad nos pervenerunt, dissimulare non audemus, quia, qui emendare potest et negligit, delicti
participem procul dubio se constituit*, et alibi: *Quisquis contra
neophitos et symoniacos pro officii sui consideratione vehementer*

---

1. 2 Corinth. 10, 6.   2. 2 Thess. 3, 14.   3. 1 Corinth. 5, 13.
4. 1 Corinth. 5, 6.   5. Cf. Ezech. 3, 18.   6. Rom. 1, 32.

1083? *non arserit, cum eo non dubitet se habere portionem, a quo hoc piaculare flagitium sumpsit exordium*[1].

Unde, dilectissimi fratres et filii, vos omnes rogamus et per veram oboedientiam ex parte beati Petri apostolorum principis praecipimus: ut eum persuasibiliter et honorifice, sicut decet talem et tam nobilem virum, Deum tamen sibi semper praeponentes, unusquisque vestrum oportuno tempore adeatis rogetis et increpetis, ne se ipsum et totum populum illum perdat, apostatam illum defendendo; sed quantocius a perditione eripiat, longius a se expellendo. Vos quoque, fratres G(erarde) et Ra(tbode) et Ro(rico), separatim et prae ceteris rogo et praecipio: ut vos tres, simul vel semotim, cum litteris nostris et litterarum portitoribus praefatum principem adeatis, et litteras ei legatis, et constanter arguatis, quare[a] tantopere defendit illum, qui, quando Deum pro se et populo exorat, magis illum offendit et ad iracundiam provocat. An non de talibus dicit Esayas: *Ne offeratis ultra sacrificium frustra; incensum abhominatio est mihi*[2]; *et cum extenderitis manus vestras ad me, avertam oculos meos a vobis, et cum multiplicaveritis orationes, non exaudiam*[3]; et Malachias: *Et nunc ad vos mandatum hoc, o sacerdotes, ait dominus Deus: Si nolueritis audire, et ponere super cor, ut detis gloriam nomini meo, maledicam benedictionibus vestris*[4]. *Vos enim recessistis a me, et scandalizastis plurimos in lege*[5], *offerentes super altare meum panem pollutum*[6]; et beatus Gregorius: *Maxima metuenda est in illis locis fore calamitas, ubi tales intercessores ad locum regiminis adducuntur, qui Dei iracundiam magis in se concitant, quam per semet ipsos placare debuerant*[7]. *Cuncti liquido novimus, quia, cum is, qui Deo displicet, ad intercedendum pro populo mittitur, cicius irati animus ad deteriora provocatur. Et alio loco: Malis subesse pastoribus, quid est aliud, nisi ut plebs populanda praedonibus permaneat, et inde sumat*

a. q̄r c.

1. Cf. Decr. Gratiani II c. I q. 1, 5; et S. Greg. Registri L. XII ep. 29, Opp. ed. Benedictini T. II 1200.   2. Isai. 1, 13.   3. Isai. 1, 15. 4. Malach. 2, 1. 2.   5. Malach. 2, 8.   6. Malach. 1, 7.   7. S. Gregorii Registri L. IX ep. 110, Opp. ed. Benedictini T. II 1017.

interitum, unde protectionis debuit habere subsidium? Sacerdotes 1083?
enim mali causa sunt ruinae populi. Item alibi: *Qui improbe
ad inanem gloriam locum festinat sanctitatis arripere, eo ipso,
quo honorem quaerit, indignus est. Sicut enim is, qui invitatus
renuit, quaesitus refugit, sacris est altaribus admovendus, sic, qui
ultro ambit vel inportunum se ingerit, procul dubio est repellen-
dus. Nam qui sic nititur ad alciora conscendere, quid agit, nisi
ut crescendo decrescat et, ascendendo exterius, interius ad pro-
funda descendat?*[1] et paulo post: *Templum dominus et salvator
noster ingressus, cepit eicere omnes vendentes et ementes in illo,
et cathedras vendentium columbas evertit. Qui sunt isti vendentes
et ementes, quorum cathedrae eversae sunt, nisi qui vendunt et
emunt sacerdocium et Spiritum sanctum, quorum sacerdocium
ante oculos Dei cecidisse, cathedrarum eversione patenter signatum est? Et cum liqueat hanc heresim ante omnes alias radice
pestifera in ecclesia surrepsisse, atque in ipso ortu apostolicae
maledictionis telo esse damnatam*[a], *cur non cavetur, cur non
perpenditur, quia benedictio illi in maledictionem convertitur,
qui ad hoc, ut fiat hereticus, promovetur?*[2] Haec omnia et horum similia sibi, quia virum litteratum eum audivimus, dicite;
considerantes diligenter et cum timore, quia inoboedientes, Samuhele propheta testante, scelus incurrunt idolatriae[3]; *sine qua,*
videlicet oboediencia, sicut beatus Gregorius in ultimo Moralium
libro[4] declarat, *infidelis quisque convincitur, eciam si fidelis esse
videatur.*

Plurima sibi in epistolis, sicut et modo vobis, dixi, quia
et plurimum eum dilexi. Nisi enim eum multum dilexissem,
non tam multa sibi vel de eo dixissem; quia non est consuetudinis nostrae, alicui tam prolixam epistolam facere, nisi res
magna sit valde. Quod ideo feci, quia desideramus eum ad gremium universalis matris sanctae Romanae ecclesiae reducere et
sub alis beati Petri sicut carissimum filium nostrum fovere.

a. damnata c.
1. S. Greg. Regist. L. IX ep. 106, Opp. ed. Benedict. T. II 1007.
2. cf. ibid.   3. 1 Reg. 15, 23.   4. Lib. 35 cap. 28, Opp. ed. Benedictini
T. I 1156.[a]

1083?   Quodsi litteras apostolicae sedis infra praescriptum terminum aliqua fraude aut superbia suscipere vel audire contempserit,
non solum sibi non proderit, sed eciam pro maioris inoboedien-
ciae culpa divino iudicio anathematis vinculis alligatum arcius
indubitanter sciatis, et non solum eum, sed et omnes, quicumque ei postea scienter in ecclesiasticis officiis communicaverit
vel in milicia saeculari servierit.

        Quapropter rogo vos iterum et ex parte Dei et beati Petri
apostolorum principis praecipio: ut vobis ab eo caveatis; et nullum divinum officium intra vestras provincias agatur, ubi vel
ipse vel aliquis scienter sibi communicancium affuerit, quo usque
per Dei pietatem satisfecerit. Rursum quoque monemus, quod
prudenciae vestrae vigilanter observandum esse cognoscimus: ne
aliqua dissimulatione praeceptis apostolicis obtemperare negligatis, sed, sollicite considerantes ac iugi memoria beati Gregorii
verba super inoboedientia in Samuhelis sermonibus habita retinen-
tes, procuretis, quatenus, oboediendo sicut oportet, videamini cum
saluti vestrae prospicere tum illius etiam consulendo providere.

VIII 58ᵃ (X. XI 1). *De concilio Romano.*

1083
Nov. 20   Anno ab incarnatione Domini millesimo octuagesimo quarto,
pontificatus vero domni Gregorii papae septimi anno undecimo,
12 Kalendas Decembris, praesidente eodem apostolico, celebrata
est tribus diebus in Lateranensi basilica synodus. In qua fuerunt
archiepiscopi episcopi et abbates Campani et de principatibus
atque Apulia; pauci quoque Gallicani.

        Nam plurimos Heinrici tyranni perfidia iter retro vertere
compulit. Qui Hostiensem episcopum[1], de apostolica legatione
redeuntem, contra fas et iuramenti fidem capi iussit sive permisit.

        Tres autem synodos quadragesimales eiusdem H(einrici) per-
secutio prepedivit. Qui, semel Beatum Paulum, bis Beatum Petrum aggressus, demum post multum fusi sanguinis, non tam

-----

a. *huic capiti manus posterior praeposuit lemma hoc:* Incipit liber X, *posteaque
correxit* X *in* XI, *ut legeretur:* Incipit liber XI.

    1. Ottonem (postea papam Urbanum II).

suorum fortitudine quam negligentia civium, Porticus[1] muros sur-   1083
ripuit[2]. Romanum siquidem vulgus, pars videlicet copiosior civi-   Iun. 2
tatis, biennii bello fatigatum, acri inedia laborabat, cum nec
ipsis ad vicina oppida vel castra liceret exire, nec illi iurati
H(einrici) in[a] Urbem vellent negociatum venire; multi quoque
fame abacti Urbem reliquerant; proinde ceteri, bello remissius
attenti, rem ex animo minus gerebant et a custodiis, prout cuique libebat, sine timore negligentius aberant. Haec super H(einrici) tyrannide, quia se occasio praebuit, perstrinxisse sufficiat.

Ceterum domnus apostolicus, in eadem synodo de fidei forma   Nov. 20
et christianae religionis conversatione sed et robore animique
constantia, ad praesentem pressuram necessaria, ore non humano
sed angelico patenter edisserens, die tertia totum fere conventum in gemitus et lacrimas compulit. Sicque concilium, apostolica benedictione laetificatum, in pace dimisit.

VIII 59 (X. XI 1*). *Robertum I comitem Flandrensem horta-*
   tur, ne diutius faciat cum Lamberto, ecclesiae Tarvannen-
   sis invasore, sed Gerardo episcopo canonice electo faveat.

Gregorius episcopus servus servorum Dei R(oberto) glorioso   1083?
comiti salutem et apostolicam benedictionem.

Pervenit ad aures nostras, quod L(ambertus), inimicus Dei
et invasor Tervanensis aecclesiae, ope et sustentatione tua adhuc sibi iram Dei thesaurizet. Qui cum traditus sit satanae,
non miramur, si eius consiliis ducitur et in iniquitate perdurat.
De te autem non solum miramur sed ex corde dolemus, quod
virum, quem bona fama passim commendaverat, mala nunc intentio ad commune periculum illius patriae retorqueret. Unde
de anima tua multum timentes, monemus: ut, ab hac praevari-
catione ad cor rediens, Deum in praedicti hominis sustentatione

a. in *om. c.*
   1. civitatis Leoninae. Cf. Bonithonis Decreti L. IV 106 ap. Mai Nov.
patr. bibl. VII. III 44: „Et de quarto Leone, qui Karolum filium Lodoici
coronavit imperatorem quique etiam aedificavit civitatem, quae hodie Porticus nominatur, quam Leoninam suo nomine appellavit". 2. 1083 Iun. 2.
V. Ekkehardi chron. 1083, Mon. Germ. SS. VI 205.

1083? non offendas, sed ab eo sicut a pessimo homine et excommunicato te custodias; qui nimirum, audientiam pro amore tuo a
nobis sibi concessam declinans, totum se a planta pedis usque
ad verticem anathemate W(iberti) Ravennatis commaculavit. Pro
quo scelere aliisque culpis praecedentibus sancta universalis ecclesia irrecuperabiliter depositum maledixit et anathematizavit,
et extorrem omnino a communione totius aecclesiae esse adiudicavit. Quapropter nobilitatem tuam monemus: ut non solum
adiutorium sibi non impendas, verum etiam, dominici gregis multitudinem feditate sua commaculans, de medio vestrum ut putridum
et inutile membrum studio tuo evellatur. Iniungimus etiam nobilitati tuae, ut G(erardum), canonice electum et ecclesiam Terva-
nensem per ostium id est per Christum ingredientem, honeste et
sicut decet suscipiatis et ei, pastoralem exhibentes reverentiam, consilium et auxilium impendatis; ut, qui in altero Deum offendistis,
per hunc ipsi Deo et beato Petro iustitiam vestram commendetis.

VIII 60 (X. XI 2). *Guilielmo I regi Anglorum scribit de mutuo
inter se amore.   Dolet, quod germanum suum Odonem I
episcopum Baiocensem in custodiam tradiderit.*

1083?   Gregorius episcopus servus servorum Dei Gilielmo[1] regi
Anglorum salutem et apostolicam benedictionem.

Communis amor et sincera devotio, quam erga beatum Petrum apostolum gerimus, ex longo iam tempore inter nos amicitiam iunxit; atque adeo invicem inde magis convaluit, quia
et ego te prae ceteris tui ordinis apostolicae sedi devotum animadverti, et tua me claritudo inter aliquos praedecessores meos[a]
circa honorem apostolicae sedis credidit amplius desudasse. Denique, cum in malis moribus idem velle et nolle pernitiosam sepe
factionem conficiat, consequens videtur, ut in bonis rebus idem
studium animique desiderium diverso quamlibet spatio terrarum
disiunctos in unum dilectionis glutino copulet. Verum, licet quidam regiae potestatis non modicum doleant et in nos sepissimę
murmurent, se quodammodo contemni, cum[b] querantur, se non sic

1. I.   a. tuos c.   b. con c.

ab apostolica sede diligi nec ita factis aut sermonibus per nos 1083?
honorari, minime tamen nos poenitet nec deinceps Deo favente
poenitebit. Speramus etenim celsitudinis tuae industriam in eadem sanctae ecclesiae devotione iustitiaeque studio semper man-
suram ac in melius etiam, opitulante Domino, de cetero dilatandam. Unde merito nos oportet in eiusdem dilectionis tenore
perseverare, immo per diuturnitatem temporum, crescentibus
meritis, magis ac magis excrescere.

Unum tamen interea nos tangit et tangendo angustat, atque
inter regalium tuarum virtutum insignia monimenta laetitiam
in amico corde violenter obnubilat, videlicet quod in capiendo
germanum tuum episcopum[1], non sicut decuit propriae honestati
prospitiens sed secularem cautelam et rationem divinae legi
praeponens, sacerdotalem reverentiam minus vigilanter attendisti.
Et quidem non latere tuam prudentiam credimus, scriptum esse,
quod de sacerdotibus maxime oportet intelligi: *Qui vos tangit,
tangit pupillam oculi mei*[2], et alibi: *Nolite tangere christos meos*[3];
et quod Dominus ipse sacerdotibus, licet pravis et valde indignis,
honorem deferre non sit dedignatus. Quam rem piae memoriae
Constantinus praecipuus videlicet imperator intelligens, in Nicena
sinodo nullam in episcopos ab ipsis etiam episcopis accusationem
voluit suscipere, nullumque contra eos iudicium praesumpsit inferre, dicens: *Vos dii estis, a vero Deo constituti; ideo non oportet, ut nos homines deos praesumamus iudicare*[4]. Quanta etiam
sit sacerdotii dignitas quantaque sublimitas episcopalis, beatus
Ambrosius, doctor scilicet eximius, vestram doceat magnitudinem
vestramque instruat prudentiam, in Pastorali[5] suo sic ponens:
*Honor igitur, fratres, et sublimitas episcopalis nullis poterit com-
parationibus adaequari. Si regum fulgori compares et principum
diademati, longe erit inferius, quam si plumbi metallum ad auri
fulgorem compares ......*

1. Odonem I episcopum Baiocensem.   2. Zachar. 2, 8.   3. 1 Paral.
16, 22.   4. V. S. Gregorii I registri L. V ep. 40, Opp. ed. Benedictini
II 767.   5. sive „De dignitate sacerdotali" libro, quem S. Ambrosio supposuerunt. V. Opp. ed. Benedictini T. II app. p. 359.

GREGORII VII EPISTOLAE COLLECTAE.

Extra registrum quae dispersim inveniuntur Gregorii VII epistolae, eas, reiectis nimirum litteris adulterinis[1], hunc in locum conduci placuit. Sunt autem omni numero quinquaginta una, in his fragmenta litterarum septem (22, 44, 47, 48, 49, 50, 51). Quae quidem monumenta universa iam lucem viderant praeter tria. Epistolam enim 19 ex codice Parisiensi descriptam mihi paratissime misit Leopoldus Delisle; e Monacensis vero bibliothecae regiae codicibus excepi epistolas 3 et 4.

Berolini Kal. Decembribus a. 1864.

1. *Lanfranco archiepiscopo Cantuariensi scribit, narraturum nuntium esse, qui factum sit, ut pontificatus ad se deferretur quaeque angustiae ipsum urgeant. Monet, ne a Scotis patiatur uxores aut deseri aut vendi*[a].

1073
(Iul. — Nov.)

Gregorius episcopus servus servorum Dei carissimo fratri in Christo Lanfranco venerabili Cantuariorum archiepiscopo salutem et apostolicam benedictionem.

Qualiter nobis apostolici regiminis honor et onus impositum sit et quantis undique stringamur angustiis, praesentium tibi portitor indicabit. Cui respectu tuae dilectionis etiam nonnulla, nostris adhuc familiaribus occulta, aperuimus. De caetero in primis fraternitatem tuam rogamus, ut Deum pro nobis iugiter

a. *Ediderunt* 1) *Baronius Annal. ecclesiast. Romae* 1605, *T. XI* 427, 2) *Giles Lanfranci opp. Oxonii* 1844, *T. I* 58.

1. Inter quas annumerandae sunt propter perscriptionem alienam eae etiam epistolae, quas in Regestis pontificum Romanorum p. 416 signavi numeris 3675 et 3676. De ep. 3627 cf. Delisle, Examen de treize chartes de l'ordre de Grammont, Caen 1854 p. 4.

exorare non pigeat et subditos sibi vel coniunctos fratres[a] suis 1073
nos orationibus apud Deum iuvare commoneat.   Quanto enim
in maiore periculo positi sumus, tanto amplius tuis et bonorum
omnium suffragiis indigemus.   Nos etenim, si divinae vindictae
iudicium effugere volumus, contra multos insurgere et eos in
animam nostram provocare compellimur.   Nam, dum omnes fere,
sicut ait apostolus, quae sua sunt non quae Iesu Christi quaerunt[1], regnorum principes et huius mundi potentes, ut cupiditates suas expleant, legem Dei et iustitiam non iam negligenter
deserunt, sed summis conatibus impugnant; ut illud prophetae
nunc sub oculis videamus impletum: *Astiterunt reges terrae, et
principes convenerunt in unum adversus Dominum et adversus
christum eius*[2].   Episcopi vero et, qui pastores animarum esse
deberent, mundi gloriam et delicias carnis insatiabili desiderio
prosequentes, non solum in semet ipsis, quae sancta quaeque
sunt religiosa, confundunt, sed[b] etiam[c] subditos suos ad omne
nefas operum suorum exemplo pertrahunt.   Quibus non contraire quam nobis periculosum, resistere autem et eorum nequitiam refrenare quam difficile sit, tua prudentia novit.   Sed quoniam, quos dolores inter has patiamur angustias, ut supra diximus, huic communi filio nostro[3] tibi referendum exseruimus,
plura de his dicere supersedemus.

Tuam vero fraternitatem, etsi monitore non egeat, impellente tamen nos sollicitudine, admonemus: quatinus graviora
usque quaque resecare vitia studeat; et inter omnia et prae
omnibus nefas, quod de Scotis audivimus — videlicet quod plerique proprias uxores non solum deserunt sed etiam vendunt —
omnibus modis prohibere contendat.   Ad haec enim apostolica
te auctoritate fultum esse volumus: ut non solum in Scotis hoc
scelus sed etiam in aliis, si quos in Anglorum insula tales esse
cognoveris, dura animadversione punias, et radicem tanti mali
prudenti sarculo correctionis penitus extirpare non differas.

a. fraternis 1, fratres 2.   b. et 1, sed 2.   c. etiam *addidi*.
1. Philipp. 2, 21.   2. Ps. 2, 2.   3. epistolam perferenti.

2. *Clericos et monachos Vallumbrosanos hortatur, servent Ioannis Gualberti abbatis disciplinam. Deum precentur, ut satis virium ad gerendum pontificatum sibi concedat*[a].

1073   Gregorius episcopus servus servorum Dei clericis, monachis[b], disciplinam sanctae recordationis Ioannis Gualberti abbatis[1] imitantibus, salutem et apostolicam benedictionem.

Licet venerandae memoriae eumdem Ioannem, patrem vestrum, corporeis oculis non viderimus, quia tamen fidei eius puritas in Tusciae partibus mirabiliter resplenduit, multum eum amore dileximus. Cuius[c] sanctae conversationis[d] quamvis vos imitatores esse non ambigimus[e], ut vigor rectitudinis vestrae ad extirpandam de agro dominico zizaniam sollicitius invigilet attentiusque ferveat, paternae vobis exhortationis verba impendimus. Vos itaque dilectissimi, in quantum humana possibilitas permittit, vitam illius sequentes et vere filios eius et[f] haeredes simili vos conversatione probantes, viriliter agite[2], et confortamini in Domino et in potentia[g] virtutis eius[3]. Documenta sanctarum scripturarum, quibus haereticorum argumenta destruuntur et fides sanctae ecclesiae defenditur contra membra diaboli, quae diversis machinationibus christianam religionem conantur evertere, mens vestra quotidie meditetur, et ea qua solet libertate in malorum confusione erigatur. Eos vero, qui in vobis confidunt et consilium religionis vestrae sequi disponunt, more praedicti patris vestri suscipite et de his, quae ad salutem eorum pertinere videntur, sanctis exhortationibus instruite; ut, non solum vestra sed et vos sequentium circumpositi populi considerantes sancta opera, glorificent patrem vestrum, qui in coelis est. Nos autem ipsum amorem, quem patri vestro et vobis olim impendimus, donec nostros spiritus rexerit artus[4], exhibere desideramus; et tanto quidem deinceps maiori vos caritate fovebimus, quanto

a. *Legitur* 1) *in Act. Sanct. Iulii T. III* 329, 2) *ap. Baronium Annal. eccl. Romae* 1605 *T. XI* 437.   b. ac religiosis laicis *add.* 2.   c. ad cuius 1.   d. *delevi* studium 1. 2.   e. *sic.*   f. et *om.* 1.   g. patientia 1. 2.

1. qui Vallumbrosanae congregationis institutor obiit d. 12 Iulii 1073. 2. 1 Corinth. 16, 13.   3. Ephes. 6, 10.   4. Virgil. Aen. IV 336: „Dum memor ipse mei, dum spiritus hos regit artus“.

vos in divinis negotiis ferventiores esse probabimus, quibus non 1073
solum spirituale sed et saeculare, si necesse fuerit, auxilium Deo
adiuvante ministrabimus. Vos igitur omnipotentem Dominum exo-
rate, ut ipse vires et facultates nobis tribuat, quatenus suscepti
regiminis importabile pondus possimus tolerare et sanctam ecclesiam in statum antiquae religionis reducere. Valete.

3. *Sigefrido I archiepiscopo Moguntino scribit, in synodo de
simoniacis et fornicatoribus quid statutum sit*.

G(regorius) episcopus servus servorum Dei Mogontino archi- 1074
episcopo¹ salutem et apostolicam benedictionem.   Mart.

Cum, apostolica auctoritate et veridicis sanctorum patrum
sentenciis incitati, ad eliminandam simoniacam heresim et precipiendam clericorum castitatem pro nostri officii debito exarsimus, tibi, cui est clerus et populus amplissime dilatatus, cui
preterea plures et late dispersi suffraganei sunt, hoc obedientie
munus iniungere decrevimus: ut tam per te quam per coadiutores tuos hoc Romanae aecclesiae decretum universo clero studiosius inculcares et inviolabiliter tenendum proponeres.   Qua
de re tibi etiam speciales litteras cudere bulla nostra impressas
collibuit; quarum fultus auctoritate, tucius animosiusque preceptis
nostris obtemperes et de sanctuario Domini simoniacam heresim
et fedam libidinosae contagionis pollutionem expellas.

Unde non ab re tibi scribendum fore arbitrati sumus, nos
iuxta auctoritatem sanctorum patrum in nostra synodo sententiam dedisse: ut hi, qui per symoniacam heresim, hoc est interventu precii, ad aliquem sacrorum ordinum gradum vel officium
promoti sunt, nullum in sancta ecclesia ulterius locum ministrandi habeant; illi quoque, qui ecclesias datione peccuniae obtinent, omnino eas perdant, ne deinceps vendere aut emere alicui liceat; sed nec illi, qui in crimine fornicationis iacent, missas
celebrare aut secundum inferiores ordines ministrare altari debeant.   Statuimus etiam: ut, si ipsi contemptores fuerint no-

a. *Ex cod. bibliothecae Monacensis, Frising. 36 fol. 166.*

1. Sigefrido I.

1074
Mart.

strarum immo sanctorum patrum constitutionum, populus nullo modo eorum officia recipiat; ut, qui pro amore Dei et officii dignitate non corriguntur, verecundia seculi et obiurgatione populi resipiscant.   Studeat igitur fraternitas tua sic se in his rebus nobis cooperatricem exhibere, sic crimina ista de aecclesiis tuis radicitus evellere, quatinus boni pastoris meritum apud Deum valeas obtinere et Romana aecclesia de te sicut de karissimo fratre et studioso cooperatore debeat gaudere.

---

4. *Wezelino archiepiscopo Magdeburgensi significat, in synodo de simoniacis et fornicatoribus quid statutum sit*[a].

1074
Mart.

Gregorius episcopus servus servorum Dei Madeburgensi archiepiscopo[1] salutem et apostolicam benedictionem.

Cum, apostolica auctoritate et veridicis sanctorum patrum sententiis incitati, ad eliminandam symoniacam heresim et precipiendam clericorum castitatem pro nostri officii debito exarsimus, tibi, cui est clerus et populus amplissime dilatatus, cui preterea plures et late dispersi suffraganei sunt, hoc obedientie munus iniungere decrevimus: ut tam per te quam per coadiutores tuos hoc Romane ecclesie decretum universo clero studiosius inculcares et inviolabiliter tenendum proponeres. Qua de re etiam tibi speciales litteras cudere bulla nostra impressas collibuit; quarum fultus auctoritate, tutius animosiusque preceptis nostris obtemperares et de sanctuario Domini symoniacam heresim et fedam libidinose contagionis pollutionem expellas.

Unde non ab re tibi scribendum fore arbitrati sumus, nos iuxta auctoritatem sanctorum patrum in nostra synodo sententiam dedisse: ut hi, qui per simoniacam heresim, hoc est interventu precii, ad aliquem sanctorum ordinum gradum vel officium promoti sunt, nullum in sancta ecclesia ulterius ministrandi locum habeant; illi quoque, qui ecclesias datione pecunie obtinent, omnino eas perdant, ne deinceps vendere vel emere alicui liceat; sed nec illi, qui in crimine fornicationis iacent, missas celebrare

a. *Ex cod. bibliothecae Monacensis, Tegerns.* 1411 *fol.* 254.
1. Wezelino.

aut secundum inferiores ordines ministrare altari debeant.   Statuimus etiam: ut, si ipsi contemptores fuerint nostrarum[a] immo sanctorum patrum constitutionum, populus nullo modo eorum officia recipiat; ut, qui pro amore dei et officii dignitate non corriguntur, verecundia seculi et obiurgatione populi resipiscant. Studeat ergo fraternitas tua sic se in his rebus nobis cooperatricem exhibere, sic crimina ista de ecclesiis tuis radicitus evellere, quatinus boni pastoris meritum apud Deum valeas obtinere et Romana ecclesia de te sicut de bono fratre et studioso cooperatore debeat gaudere.

----

5. *Ottoni I episcopo Constantiensi per nuntios eius redire festinantes significat, in synodo de simoniacis et fornicatoribus quid statutum sit[b].*

Gregorius episcopus servus servorum Dei dilecto in Christo fratri Ottoni[1] Constantiensi episcopo salutem et apostolicam benedictionem.

Instantia nunciorum tuorum festinanter redire volentium non permisit, nos fraternitati tuae, quae in Romana synodo constituta sunt, seriatim intimare. Haec tamen necessario tibi scribenda fore arbitrati sumus, nos iuxta auctoritatem sanctorum patrum in eadem synodo sententiam dedisse: ut hi, qui per simoniacam haeresim, hoc est interventu precii[c], ad aliquem sacrorum ordinum gradum et officium promoti sunt, nullum in sancta ecclesia ulterius ministrandi locum habeant; illi quoque, qui ecclesias datione pecuniae obtinent, omnino eas perdant, nec deinceps vendere vel emere alicui liceat; sed nec illi, qui in crimine fornicationis iacent, missas celebrare aut secundum inferiores ordines ministrare altari debeant.   Statuimus etiam: ut, si ipsi contemptores fuerint nostrarum immo sanctorum patrum constitutionum, populus nullo modo eorum officia recipiat; ut, qui pro amore Dei et officii dignitate non corriguntur, verecundia

----

a. nostrarum *om. c.*   b. *Legitur* 1) *ap. Paulum Bernrid. c.* 36, *Pont. Rom. Vit. ed. Watterich I* 490, 2) *ap. Mansi Conc XX* 404.   c. pecuniae 1.

1. I.

1074
Mart.

saeculi et obiurgatione populi resipiscant.   Studeat igitur fraternitas tua sic* se in his nobis cooperatricem exhibere, sic crimina ista de ecclesiis tuis radicitus evellere, quatenus boni pastoris meritum apud Deum valeas obtinere et Romana ecclesia de te sicut de carissimo fratre et studioso cooperatore debeat gaudere.

———————

6. *Abbates et praelatos Galliae hortatur, ut ecclesiarum b. Petro*
stipendiariarum census pensitent Hugoni episcopo Diensi, suo
vicario b.

1074
c. Mart. 23

Gregorius episcopus servus servorum Dei omnibus abbatibus et praelatis tam monachorum quam et canonicorum per Gallias constitutis salutem et apostolicam benedictionem.

Fraternitatem vestram, dilectissimi fratres, latere minime credimus: quasdam aecclesiarum vestrarum beato Petro et nobis annuos census persolvere ex praecedentium patrum institutionibus debere.   Sed quia quidam vestrum partim negligentia partim vero tenaci induratione haec hactenus minus plene quam oporteret egerunt, hos, ut emendari et de(bita sol)vere studeant, omnes autem, ut apostolico praecepto: *Cui vectigal vectigal, cui tributum tributum*[1] optemperetis, commonemus.   Unusquisque enim non quod suum est sed quod alterius querat[2]; quoniam, si digne redarguitur, qui prout oportet propria non largitur, qua sententia dignus est, qui nec aliena rapere nec debita metuit retinere, dicente Domino: *Quae vultis ut faciant vobis, haec facite et vos illis*[3], et: *Quod tibi non vis, alii non feceris.*   Nunc igitur, quia dilectum filium nostrum Hugonem Diensem episcopum ob aecclesiasticae utilitatis diversa negocia in Gallias, vices nostras exequuturum, mittimus et quia nemini potius credere debemus, quem in omnibus a nobis sibi iniunctis fideliter egisse comperimus, quae nobis ex ecclesiis vestris specialiter debetis, vos illi ad nos perferenda persolvere ac de retentis satisfacere iubemus.

a. sic om. 1.   b. *Traxi hanc epistolam ex Pertziana editione chron. Hugonis*
Flaviniac., Mon. Germ. SS. VIII 412.

1. Rom. 13, 7.   2. 1 Cor. 10, 24.   3. Matth. 7, 12.

———————

7. *Matisconensibus Landricum episcopum a sese consecratum*
commendat[a].

Gregorius episcopus servus servorum Dei clero et populo 1074
Matisconensis ecclesiae salutem et apostolicam benedictionem. (Apr.)

Quanta sit erga vos et locum vestrum apostolicae sedis
benevolentia, ex amore, quem in episcopum vestrum[1] habemus,
cognoscere datur, qui[b] episcopalis officii benedictionem ac dignitatem per impositionem manuum nostrarum, auctore Domino,
suscepisse dignoscitur. Caeterum, ut ordinationis suae certa demonstrare posset[c] indicia, sicut oportere cognovimus, cum litteris
nostris[d] et apostolico sigillo eum ad vos remisimus; ammonentes
vos et apostolica auctoritate praecipientes[e], ut cum[f] omni dilectione et gaudio eum recipientes unanimiter honoretis, et reverentiam, quae patri debetur et episcopo, fideli obedientia devota-
que subiectione sibi exhibeatis, attendentes dominica verba: *Qui*
vos audit, me audit; et qui vos spernit, me spernit[2]. Tanto enim
laetioribus animis hunc suscipere venerari tuerique[g] debetis ac
diligere, quanto eum ab omni simoniaca ambitione purum et
incontaminatum, nec aliunde sed[h] per ostium[3] ad custodiam animarum vestrarum in ecclesiam introisse et ad[i] episcopalis vigilantiae speculam constat ascendisse. Proinde nos, multum vobis
congaudentes, rogamus et ammonemus dilectionem vestram: quatenus ad regendam sibi commissam ecclesiam eiusque iura conservanda et ubi opus fuerit recuperanda, quantum valetis, consilium sibi et adiutorium praebeatis; et in omnibus, quae ad
christianam religionem pertinent, eius admonitionibus acquiescatis; scientes, sibi et vobis ac ecclesiae, cuius in Christo speciales[k]
filii estis, apostolica suffragia, quantum Domino praestante possumus, ad libertatem fidei vestrae et animarum curam[l] pro-
fectumque salutis ubique prompta atque parata[m] fore.

a. *Legitur* 1) *ap. Severtium Chronologia hist. Lugdunensis archiepiscopatus II* 113,
2) *in Gallia Christ. IV instr. p.* 282.   b. quoniam 1.   c. possit 2.   d. om. 1.
e. mandamus *add.* 1.   f. cum *om.* 2.   g. timere 2.   h. quam 2.   i. ad *om.* 2.
k. spiritales 2.   l. nostram 2 *pro* animarum curam.   m. pacata 1.

1. Landricum.   2. Luc. 10, 16.   3. Cf. Ioh. 10, 1.

8. *Ottonem I episcopum Constantiensem ad synodum vocat*[a].

1074
Dec.

Gregorius episcopus[b] servus servorum Dei Ottoni[1] Constantiensi episcopo salutem et apostolicam benedictionem.

Perlatum est ad nos de fraternitate tua, quod satis invitus et mestus audivi, quodque, si vel de extremo christianae plebis menbro ad audientiam nostram deferretur, severiore[c] districtioris[d] disciplinae censura esset procul dubio castigandum. Cum enim, apostolica auctoritate et veridicis sanctorum patrum sententiis incitati, ad eliminandam symoniacam heresim et praecipiendam clericorum castitatem pro nostri officii debito exarsimus, Mogontino venerabili archiepiscopo[2] confratri nostro, cui plures et late dispersi suffraganei sunt, hoc obedientiae munus iniunximus: ut tam per se quam per coadiutores suos hoc Romanae ecclesiae decretum universo clero studiosius inculcaret et inviolabiliter tenendum proponeret. Tibi quoque, cui est plurimus Constantiensis ecclesiae[e] clerus et populus amplissime dilatatus, ob eamdem causam speciales litteras[3] cudere[f], bulla nostra inpressas, collibuit; quarum[g] fultus auctoritate, tutius animosiusque praeceptis nostris obtemperares et de sanctuario Domini heresim symoniacam et fedam libidinosae contagionis pollutionem expelleres. Apostolica namque beati Pauli praepollet auctoritas, qua, fornicatores et adulteros cum ceteris sceleratis[h] connumerans, diffinitam suae iussionis sententiam subicit: *cum eiusmodi nec cibum sumere*[i][4]. Preterea universus catholicae ecclesiae coetus aut virgines sunt aut continentes aut coniuges. Quicumque ergo extra hos tres ordines reperitur, inter filios ecclesiae sive intra[k] christianae religionis limites[l] non numeratur. Unde et nos[m], si vel extremum laicum pellicatui adherentem liquido cognoverimus, hunc velut praecisum a corpore dominico menbrum, donec peni-

---

a. Legitur haec epistola 1) ap. Hugonem Flaviniacensem, Mon. Germ. SS. VIII 426, 2) in Pauli Bernriedensis vita Greg. VII c. 37, ap. Watterich Pont. Rom. Vit. I 490, 3) in Udalrici Babenberg. cod. ap. Eccard Corp. hist. II 141. b. VII 1; episcopus om. 2. c. severioris 1. d. districtionis 1, districtionis et 3. e. episcopii 2. f. credere 1. g. quali 1. h. excommunicatis 1. i. capere 2. 3. k. inter 1. l. terminos 3. m. et nos om. 1.

1. I. 2. Sigefrido I. V. supra p. 523. 3. supra p. 525. 4. 1 Corinth. 5, 11.

teat, condigne a sacramentis altaris arcemus. Quomodo ergo sanctorum sacramentorum distributor vel[a] minister esse debet[b], qui nulla ratione potest esse vel particeps? Sed et[c] illa beati papae Leonis nos impulit auctoritas, qui subdiaconis ineundi conubii licentiam prorsus abstulit[1]; quod decretum beati papae Leonis posteriores sanctae Romanae ecclesiae pontifices, maxime[d] doctor eximius Gregorius, ita pro lege sanxerunt, ut deinceps tribus his ordinibus ecclesiasticis, sacerdotibus levitis et subdiaconis, omnino vincula coniugalia sint[e] prohibita. Cum autem hec omnia tibi[f] observanda pastorali providentia transmitteremus, tu, non sursum cor sed deorsum in terra ponens[2], praedictis ordinibus frena libidinis sic, ut accepimus, laxasti: ut, qui mulierculis se iunxerunt[g], in flagitio persisterent et[h], qui necdum duxerunt[h], tua interdicta non timerent. O impudentiam, o audaciam singularem, videlicet episcopum sedis apostolicae decreta contempnere[i], praecepta sanctorum patrum convellere[k], immo vero praeceptis contraria ac fidei christianae repugnantia de superiori[l] loco et de cathedra pontificali subiectis ingerere. Quapropter tibi apostolica auctoritate praecipimus: ut ad proximam synodum nostram prima ebdomada quadragesimae[3] te praesentem exibeas, tam de hac inobedientia et sedis apostolicae contemptu quam de omnibus, quae tibi obiciuntur, canonice responsurus.

1074
Dec.

---

9. *Constantiensibus Ottonem I episcopum ad synodum vocatum nuntiat; cui quidem ne obediant, quamdiu sibi non obedierit[m].*

Gregorius episcopus servus servorum Dei clericis et laicis, maioribus et minoribus, in Constantiensi episcopatu consistentibus, christianam legem diligentibus, salutem et apostolicam benedictionem.

1074
Dec.

a. et 1.   b. potest 1.   c. et *om*. 1.   d. et maxime 3.   e. essent 2. f. tibi *om*. 1.   g. iunxerant 1.   h. duxerant 1.   i. convellere 1.   k. contempnere 1.   l. sacratiore 2.   m. *Legitur* 1) *in Pauli Bernrid. vita Greg. VII c.* 88, *ap. Watterich Pont. Rom. Vit. I* 492, 2) *ap. Hug. Flaviniac., Mon. Germ. SS. VIII* 427, 8) *in Udalrici Bab. cod. ap. Eccardum Corp. hist. II* 143.
     1. Leo I ad Anastasium ep. 14 c. 4 (Opp. ed. Ballerinii T. I 687): „nec subdiaconis quidem connubium carnale conceditur". Cf. Gratiani Decr. I D. 32 c. 1.   2. Cf. Coloss. 3, 2.   3. 1075 Febr. 22—28.

1074
Dec.

Misimus fratri nostro, episcopo vestro, Ottoni litteras exhortatorias[a], per quas pro nostri necessitate officii[b] apostolica
illi auctoritate iniunximus, ut simoniacam haeresim de ecclesia
sua penitus excluderet et castitatem clericorum studiose praedicandam susciperet et firmiter tenendam[c] episcopali vigilantia
inculcaret. Nam sic eam nobis euangelicae et apostolicae litterae,
autenticarum synodorum decreta et eximiorum doctorum praecepta insinuant, ut eam dissimulare et negligere sine magno
animae nostrae et populi christiani detrimento[d] non possimus.
Sed episcopus vester neque reverentia praecepti beati Petri neque officii sui sollicitudine attractus, ut nobis relatum est, quae
paterne suaseramus, perficere curavit; et, ut non solum inobedientiae verum etiam[e] rebellionis offensam contraheret, quemadmodum accepimus, palam clericis suis iussioni nostrae immo
beati Petri omnino[f] contraria permisit ita: ut, qui mulierculas
habuerant[g], retinerent, et qui non habebant, illicita temeritate
subintroducerent. Quod ut audivimus, moleste ferentes, secundam
ei scripsimus epistolam, indignationis ei nostrae motus ostend-
dentes et idem praeceptum[h] iterato acrius inculcantes; quin[i]
etiam ipsum ad synodum Romanam, quae prima proximae quadragesimae hebdomada[1] futura est, advocavimus, ut pro se rationem reddat et inobedientiae causas, si rationabiles habuerit,
in audientia totius conventus exponat.

Haec ideo, filii[k] carissimi, vobis innotescimus, ut animae
vestrae saluti consulamus. Si enim beato Petro et sanctae sedi
apostolicae fronte aperta repugnans et contumax esse voluerit,
liquido manifestum est, quod, qui patrem vel matrem inhonorat,
nullam a fidelibus patris et matris filiis[l] iure obedientiam exi-
gere aut quaerere debeat. Indignum[m] est enim, ut, qui magistro
detrectat subesse, magister auditoribus postulet praeesse. Quapropter omnibus, sicut praediximus, maioribus atque minoribus
Deo et beato Petro adhaerentibus apostolica auctoritate prae-

a. commonitorias 2.　　b. et *add.* 3.　　c. tenenda 2.　　d. periculo 3.
e. et 2.　　f. omnino *om.* 2.　　g. habent 2.　　h. praeceptum *om.* 2.　　i. tum 1.
k. fratres 1.　　l. filiis *om.* 1.　　m. Indignum — praeesse *om.* 2.
　　1. 1075 Febr. 22—28.

cipimus, si in obduratione sua persistere voluerit, nullam ei
obedientiae reverentiam exhibeatis. Neque id animae vestrae
perniciem esse putetis. Nam[a] si, ut totiens iam praediximus,
praeceptis apostolicis voluerit esse contrarius, ab omni illius
subiectionis iugo beati Petri auctoritate absolvimus ita universos,
ut, etiam[b] sacramenti obligatione quilibet ei fuerit obstrictus[c],
quam diu Deo omnipotenti et sedi apostolicae rebellis extiterit,
nulla ei fidelitatis exhibitione fiat obnoxius. Non enim cuilibet
personae contra creatorem suum, qui cunctis praeponendus est,
aliquis debet obedire; sed debemus contra Deum superbienti
resistere, ut, saltem hac necessitate coactus[d], ad viam iustitiae
addiscat[e] redire. Quanti enim periculi quantaeque a[f] christiana
lege sit alienationis, obedientiam, maxime apostolicae sedi, non
exhibere, ex dictis beati Samuelis prophetae potestis cognoscere,
quae sanctissimus papa Gregorius in ultimo[g] libro Moralium[1]
procuravit exponere[h]. Ut autem ea sint vobis in promptu, scripta
transmisimus, quatenus indubitanter sciatis, nos vobis nova non
dicere, sed antiquam sanctorum patrum doctrinam propalare:
Hinc Samuel ait: „Melior est obedientia quam victimae, et
auscultare magis quam offerre adipem arietum; quoniam quasi
peccatum ariolandi est repugnare, et quasi scelus idolatriae nolle
acquiescere"[2]. Obedientia quippe victimis iure praeponitur, quia
per victimas aliena caro, per obedientiam vero propria voluntas
mactatur. Tanto igitur quisque Deum citius placat, quanto ante
eius oculos, repressa arbitrii sui superbia, gladio praecepti se
immolat. Quo contra ariolandi peccatum inobedientia dicitur, ut,
quanta sit virtus obedientia, demonstretur. Ex adverso igitur
melius ostenditur, quid de eius laude sentiatur. Si enim quasi[i]
ariolandi peccatum est repugnare et quasi scelus idolatriae nolle
acquiescere, sola obedientia[k] *est, quae fidei meritum possidet,*
sine qua quisque convincitur infidelis, etiamsi[l] *fidelis esse videatur.*

a. namque 2. 3.   b. auctoritate vos absolvimus, ita ut si etiam 2. 3.   c. ad-
strictus 2. 3.   d. compulsus 2.   e. discat 2. 3.   f. a *om.* 2.   g. ultimo *om.* 2.
h. explanare 2. 3.   i. quasi *om.* 1.   k. obedientia *om.* 2.   l. etsi 1.
    1. L. 35 cap. 28, Opp. ed. Benedictini T. I 1155—1156.   2. 1 Reg.
15, 22. 23.

10. *Teutonicis scribit, ne obediant episcopis, sacerdotes et dia-*
    conos et subdiaconos mulieribus uti permittentibus[a].

1074
Dec.

Gregorius episcopus servus servorum Dei omnibus clericis
et laicis in regno Teutonicorum constitutis salutem et apostolicam benedictionem.

Audivimus, quod quidam episcoporum apud vos commoran-
tium, ut sacerdotes et diaconi[b] et subdiaconi mulieribus com-
misceantur, aut consentiant aut negligant. His praecipimus vos
nullo modo obedire vel illorum praeceptis consentire, sicut ipsi
apostolicae sedis praeceptis non obediunt neque auctoritati sanctorum patrum consentiunt. Testante divina[c] scriptura[1], facientes
et consentientes par poena complectitur. Omnipotens et misericors Deus, qui ultra spem, qui[d] ultra meritum miseretur et consolatur nos in omni tribulatione nostra, aperiat cor vestrum in
lege sua[e] et confirmet vos in praeceptis suis, ut, auctoritate beati
Petri apostoli[f] a cunctis peccatis absolutos, vos ad coeleste regnum
perducat regnaturos. Amen.

---

11. *Mathildi comitissae scribit, Agnetem imperatricem una se-*
    cum christianis ultramarinis ferre opem velle. Ipsane se
    comitatura sit[g].

1074
(Dec. 16)

Quanta sit mihi meditatio quantumque desiderium mare
transeundi, ut christianis, qui more pecudum a paganis occi-
duntur, Christo favente valeam succurrere, erubesco quibusdam
dicere, ne videar aliqua duci levitate. Sed tibi, o carissima plena
dilectione filia, nil horum dubito indicare; de cuius prudentiae
studio quantum possum presumere, tu ipsa vix poteris expri-
mere. Quapropter, visis super hac re nostris litteris, quas mitto
ultramontanis[2], si quod[h] potes adhibere consilium immo crea-

---

a. *Legitur* 1) *in Pauli Bernr. vit. Greg. ap. Watterich Pont. Rom. vit. I* 495;
2) *ap. Hugon. Flav., Mon. Germ. SS.* 428. *Quam epistolam edidit Baluzius Miscell. VII*
(*Lutetiae* 1715) *p.* 125, *ea conglutinata est e fragmentis et huius epistolae et registri*
L. II ep. 45 *supra p.* 158.   b. diacones et subdiacones 2.   c. sancta 2.   d. qui
om. 2.   e. sua *om.* 1.   f. apostoli *om.* 1.   g. *Ex cod. bibliothecae Hannoveranae*
edidit Sudendorf Registrum II p. 24.   h. quid *ed.*

1. Rom. 1, 32.   2. Reg. II 37, supra p. 150.

tori tuo adiutorium, summopere procura. Quia, si pulchrum est,   1074
ut quidam dicunt, pro patria mori [1], pulcherrimum est ac valde .(Dec. 16)
gloriosum, carnem morticinam pro Christo dare, qui est aeterna vita.

Credo enim: multos milites in tali labore nobis favere;
ipsam etiam nostram imperatricem [2] nobiscum ad illas partes
velle venire, teque secum ducere, matre tua [3] in partibus his
relicta pro tuendis rebus communibus; quia sic tute [a], Christo
iuvante, possemus abire [b].

Proinde predicta imperatrix, causa orationis veniens, multos ad hoc opus una tecum posset animare. Ego autem, talibus
ornatus sororibus, libentissime mare transirem, ut animam meam,
si oporteret, vobiscum pro Christo ponerem; quas mihi semper
cupio in aeterna patria adherere.

Quid super hac re et de tuo adventu Romam tibi videatur,
citissime procura rescribere; quam Dominus omnipotens de virtute in virtutem ducendo dignetur benedicere, ut universalis
mater longo tempore de te [c] possit gaudere.

---

12. *Liprandum sacerdotem Mediolanensem, naso et auribus trun-*
catum, consolatur eiusque protectionem suscipit [d].

Gregorius episcopus servus servorum Dei Liprando sacer-   1075
doti [4] salutem et apostolicam benedictionem.

Si sanctorum memoriam veneramur, de quorum legimus
morte et abscisione [e] membrorum; si patientiam laudamus eorum,
quos a Christi fide nec [f] gladius nec ulla poena divisit; tu quoque, absciso naso et auribus pro Christi nomine, laudabilior es,
qui ad eam gratiam pertingere meruisti, quae ab omnibus de-
sideranda est, qua a sanctis, si perseveraveris in finem, non
discrepas. Integritas quidem corporis tui diminuta est, sed interior homo, qui renovatur de die in diem, magnum sanctitatis

a. sic tute *scripsi pro* sancte *ed.*   b. adire *ed.*   c. dote *ed.*   d. *Ex Lan-*
dulfi de S. Paulo historia Mediolanensi, ap. Muratorium Rer. It. SS. V 477.   e. ab-
scissione *ed.*   f. nec *addidi.*

1. Horatii carm. L. III od. II 13: „Dulce et decorum est pro patria
mori". 　2. Agnetem. 　3. Beatrice. 　4. Mediolanensi.

1075 suscepit incrementum; forma visibilis turpior, sed imago Dei, quae est forma iustitiae, facta est in diminutione iucundior, ni turpitudine pulchrior. Unde in canticis canticorum gloriatur ecclesia dicens: *Nigra sum, filiae Hierusalem*[1]. Quodsi interior species nihil passa est detrimenti, iis abscisionibus non est abscisum a te sacerdotale officium, quod proprium est sanctitatis et non tantum consideratur in integritate membrorum quantum[a] in integritate virtutum. Unde imperator Constantinus Hierosolymitani episcopi cuiusdam oculum, pro nomine Christi erutum, saepe osculabatur. Et exemplo patrum atque documento maiorum didicimus, non auferri sacrum officium martyribus pro huiusmodi caesura membrorum. Proinde, martyr Christi, confortare in Domino. Magis credas in te nunc esse presbyteratus officium; quod prius olei unctione, nunc vero tibi est sanguinis tinctione commissum. Et quanto minus habes quod possit auferri, tanto minus timeas praedicare quae recta sunt, seminare quae centuplicata reddentur. Scimus quidem, te ab inimicis sanctae ecclesiae semper inimicari atque affligi. Sed tu ne eos timeas neque perterrearis; quia nos tam te quam tua omnia sub nostra et sub apostolicae sedis tutela cum magna caritate tenemus; et si in aliquibus tibi necessarium fuerit apostolicam sedem appellare, concedimus; et si ad nos et ad sedem nostram veneris, cum gaudio et magno honore te[b] suscipere parati sumus.

────────

13. *Heinricum I episcopum Tridentinum miratur ad suas litteras non respondisse. Heinricum regem iuste excommunicatum esse, ante diem 1 m. Augusti perspectum iri. Hortatur, ut milites sibi per Mathildam auxilio mittat*[c].

1076
(Mart. - Iul.)

Gregorius episcopus servus servorum Dei fratri et coepiscopo Tridentino Heinrico[d] salutem et apostolicam benedictionem.

Miramur, fraternitatis tuae prudentiam verba nostra neglexisse, ut secundum ea nullum decreveris dare responsum, maxime

a. quam *ed.*   b. te *addidi.*   c. *Legitur* 1) *in Udalrici Babenb. cod. ap. Eccardum Corp. hist. II* 155, 2) *ap. Hahnium Coll. mon. I* 116.   d. Heinrico *om.* 1.

1. Cant. 1, 4.

cum post synodalem sententiam in Heinricum regem prolatam
dilectio tua minime differre debuerit. Ad cuius nimirum sententiae promulgationem nos, iustitiae zelo impulsos et non aliqua commotione[a] iniuriae concitatos, manum exeruisse[b], neque
sollertiam tuam ignorare neque aliquem sanae mentis hominem
putamus posse ambigere. Quod tamen si in dubium cuiquam
deveniret, constat, eius rei rationes prius ex nobis fore scrutan-
das[c] quam in illum praeiudicium factum temere esse credendum.
Verum, utcunque opinio sese habeat factumve interpretentur[d],
illud procul dubio de divina clementia sperantes promittimus:
festum beati Petri[1] non prius transeundum, quam in cunctorum
notitia certissime clareat, illum iustissime esse excommunicatum.
Et interea[e] fraternitatem tuam monemus[f], ut certos nos studeat
facere, utrum[g] Deo obedire an hominibus magis elegerit utrumve
iustitiae obtemperando fidem Deo et sanctae Romanae ecclesiae
observare, quam filiis iniquitatis adhaerendo[h] conculcare censuerit.

Rogamus etiam[i] atque invitamus: ut ad servitium beati Petri
pro posse tuo milites mittere studeas; eosque si decreveris mittere, Mathildae[k] filiae nostrae notificare procures, cuius ope con-
ducti secure possint ad nos et sine impedimento, favente Domino,
pervenire.

---

14. *Omnibus fidelibus in regno Teutonico scribit, se audiisse,
num iuste Heinricus rex excommunicatus sit, quosdam dubitare. Causas igitur excommunicationis explicat[l].*

Gregorius episcopus servus servorum Dei omnibus episcopis
ducibus comitibus caeterisque fidelibus, in regno Teutonicorum[m]
christianam fidem defendentibus, salutem et apostolicam benedictionem.

Audivimus, quosdam inter vos de excommunicatione, quam

---

a. promotione 2.   b. exercuisse 2.   c. rationem — scrutandam 2.   d. inter-
pretetur 2.   e. inde 2.   f. volumus atque monemus 2.   g. utrumque 2.   h. hae-
rendo 2.   i. ergo 2.   k. Mecthildae 1.   l. *Legitur* 1) *ap. Paulum Bernrid., in
Pontif. Rom. vit. ed. Watterich T. I* 517 *sq.,* 2) *ap. Annalistam Saxonem et ap. Brunonem de bello Sax., Mon. Germ. SS. VI* 708, *V* 354, 3) *ap. Hugonem Flavin., ibid.
VIII* 439.   m. Teutonico 2.

1. Aug. 1.

1076 in regem fecimus, dubitare ac quaerere: utrum iuste excommunicatus sit et si nostra sententia ex auctoritate legalis censurae
ea, qua debuit, deliberatione progressa sit[a]. Quapropter, qualiter ad excommunicandum illum adducti simus, prout verius
potuimus[b] teste conscientia nostra, oculis et intellectibus omnium
patefacere curavimus; non tam ut singulas causas, quae heu nimium notae sunt, quasi nostro[c] clamore proiciamus in publicum,
quam ut eorum opinionibus[d] satisfaciamus, qui putant, nos spiritalem gladium temere et magis motu animi nostri quam divino
metu et iustitiae zelo arripuisse.

Cum adhuc in diaconatus officio positi essemus, perlata ad
nos de regis actionibus sinistra et multum inhonesta fama, propter imperialem dignitatem et reverentiam patris ac matris eius
nec non propter spem ac desiderium correctionis suae saepe eum
per litteras et nuncios admonuimus: ut a pravitate sua desisteret
et, memor clarissimi generis ac dignitatis suae, vitam suam moribus, quibus regem et futurum Deo donante deceret imperatorem, institueret. Postquam autem ad pontificatus apicem[e] licet
1073 indigni venimus, cum[f] illius aetas pariter cresceret[g] et iniquitas
— intelligentes, Deum omnipotentem tanto districtius de manu
nostra animam illius requisiturum, quanto nobis ad increpandum
illum prae cunctis[h] libertas data fuisset et auctoritas — multo
sollicitius eum modis omnibus arguendo obsecrando increpando
ad emendationem vitae suae hortati sumus. Qui cum saepe nobis
devotas salutationes et litteras mitteret — excusans se cum ex
aetate, quod fluxa esset et fragilis, tum quod ab his, in quorum
manibus curia erat, multoties male sibi suasum atque consultum
sit — monita nostra de die in diem se promptissime suscepturum, verbis quidem promisit, caeterum re et exaggeratione culparum penitus conculcavit.

Inter haec quosdam familiares suos, quorum consiliis et
machinationibus episcopatus et multa monasteria, inductis per
pretium lupis pro pastoribus, simoniaca haeresi foedaverat, ad

a. processerit 1.   b. possumus 3.   c. novo 1.   d. opinioni 2.   e. officium 1, pontificatum 3.   f. et 1. 3.   g. crevit 3.   h. ceteris 2.

poenitentiam vocavimus: quatenus et bona ecclesiarum, quae per interventum tam scelerati commercii sacrilega manu susceperant, venerabilibus locis, ad quae pertinerent, dum[a] adhuc locus esset emendandi, redderent, et ipsi de[b] perpetrata iniquitate per lamenta poenitudinis Deo satisfacerent. Quos dum ad haec exequenda datas inducias spernere et in consueta nequitia pertinaciter stare cognovimus, sicut dignum erat, sacrilegos et ministros ac membra diaboli a communione et corpore totius ecclesiae separavimus, et regem, ut eos a domo sua, a consiliis et omni communione sua sicut excommunicatos expelleret, admonuimus. 1073

Interim vero, aggravescente[c] contra regem Saxonum causa, cum vires et praesidia regni ex maxima parte a se deficere velle conspiceret[d], iterum nobis direxit epistolam supplicem et omni humilitate plenam[1]. In qua, omnipotenti Deo ac beato Petro ac nobis valde se culpabilem reddens, preces etiam obtulit, ut, quod ex sua culpa in ecclesiasticis causis contra canonicam iustitiam[e] et decreta sanctorum patrum deliquisset[f], nostra apostolica providentia et auctoritate corrigere studeremus; atque in eo[g] suam nobis per omnia obedientiam consensum et fidele promisit adiutorium. Hoc idem etiam postea — a confratribus et legatis nostris Humberto Praenestino episcopo et Geraldo Ostiensi episcopo, quos ad illum misimus, ad poenitentiam susceptus — in illorum manus per sacratas stolas, quas in collo tenebant, repromittendo confirmavit. 1074

Deinde post aliquod tempus commisso cum Saxonibus proelio[2], rex pro victoria, quam adeptus est, tales Deo grates et victimas obtulit: ut vota, quae de emendatione sua fecerat, continuo frangeret, et nihil eorum, quae promiserat, attendens, excommunicatos in suam familiaritatem et communionem reciperet, et ecclesias in eam quam consueverat confusionem traheret. 1075 Iun. 9

Qua de re gravi dolore perculsi, quamquam post contempta coelestis regis beneficia pene omnis spes correctionis eius nobis

a. cum 1.   b. pro 2.   c. ingravescente 3.   d. videret 2.   e. institutionem scripsit Pertzius Mon. Germ. SS. V 355.   f. factum esset 2.   g. ea 2.

1. Reg. I 29a, supra p. 46.   2. prope Unstrut fl.

1075 ablata sit, adhuc tamen animum eius temptandum fore decrevimus, magis cupientes, eum apostolicam mansuetudinem audire, quam experiri severitatem. Itaque misimus ei epistolas commonitorias: ut meminerit, quid et cui promiserit; ne credat, se posse fallere Deum, cuius quanto prolixior est patientia, tanto severior est, cum iudicare coeperit, ira; ne inhonoret Deum honorantem se, nec potentiam suam ad Dei contemptum et apostolicam temptet extendere contumeliam; sciens, quoniam[a] superbis Deus resistit, humilibus autem dat gratiam. Praeterea misimus ad eum tres religiosos viros, suos utique fideles, per quos eum secreto monuimus: ut poenitentiam ageret de sceleribus suis — quae quidem horrenda dictu sunt, pluribus autem nota et in multis partibus divulgata, propter quae eum non excommunicari solum usque ad condignam satisfactionem, sed ab omni honore regni absque spe recuperationis debere destitui, divinarum et humanarum legum testatur et iubet auctoritas —; postremo, nisi excommunicatos a sua participatione divideret, nos nihil aliud de eo iudicare aut decernere posse, nisi ut, separatus ab ecclesia, in excommunicatorum consortio foret, cum quibus ipse[b] potius quam cum Christo habere partem dèlegit[c]; sane, si nostra monita suscipere et vitam suam corrigere vellet, Deum testem invocavimus — et invocamus — quantum nos de eius salute et honore gauderemus, et[d] quanta caritate eum in gremium sanctae ecclesiae amplecteremur, utpote eum, qui, princeps populi constitutus et amplissimi regni gubernacula tenens, catholicae pacis et iustitiae defensor esse deberet.

Verum quanti ipse aut scripta aut per legatos missa nostra verba fecerit, eius facta declarant. Qui, indigne ferens, se a quoquam reprehendi aut corripi, non solum a perpetratis ad emendationem revocari non potuit, sed, ampliori conscientiae suae furore arreptus, non prius cessavit, donec episcopos, pene[e] omnes in Italia, in Teutonicis vero partibus quotquot potuit, circa fidem Christi naufragare fecit, dum[f] eos debitam beato Petro et

a. quod 2.   b. ipse *om*. 1.   c. deligeret 1, elegit 2, delegit 3.   d. cum *add*. 2.   e. fere 1.   f. dum — subegit *om*. 3.

apostolicae sedi obedientiam et honorem, a domino nostro Iesu 1075
Christo concessum, abnegare subegit.

Cum igitur iniquitatem eius ad summum prodiisse vidimus,
pro his causis — videlicet primum, quod ab eorum communione,
qui pro sacrilegio et reatu simoniacae haeresis excommunicati
sunt, se abstinere noluit; deinde quod pro criminosis actibus
vitae suae poenitentiam non dico suscipere sed nec promittere
voluit, mentita ea poenitentia*, quam in manus legatorum nostrorum promiserat; nec non quod corpus Christi id est unitatem
sanctae ecclesiae scindere non expavit — pro his, inquam, culpis synodali iudicio eum excommunicavimus; ut, quem mites 1076
non potuimus, vel severi ad viam salutis Deo adiuvante revo-   Febr.
care valeamus, aut, si quod absit neᵇ districtionis quidem censuram pertimuerit, nostra saltem anima negligentiae aut timoris
discrimini non succumbat.

Si quis igitur hanc sententiam iniuste vel irrationabiliter
prolatam esse putaverit, si talis est, ut sacris regulis intelligentiae sensum praebere velit, nobiscum indeᶜ agat et — non quid
nos, sed quidᵈ divina auctoritas doceat, quid decernat, quid consona
vox sanctorum patrum iudicetᵉ, patienter audiens — acquiescat.
Nos tamen non aestimamus, quemquam fidelium qui ecclesiastica
statuta noverit hoc errore teneri, ut non hoc, etsi publice affir-
mare non audeat, vel in corde suo recte factum esse perhibeat.
Quamquam, etsi nos, quod Deus avertat, non satis gravi de
causa aut minus ordinate eum huiusmodi vinculo ligaverimus,
sicut sancti patres asserunt, non idcirco spernenda esset sententia,
sed absolutio cum omni humilitate quaerenda.

Vos autem, dilectissimi, qui iustitiam Dei non pro regia
indignatione nec pro aliquo periculo deserere voluistis, fatui-
tatem eorum, qui de execratione et mendacio annuntiabuntur in
consummatione¹, parvi pendentes, viriliter state et confortamini
in Domino; scientes, quod illius partem defenditis, qui insupe-

a. fide 2.   b. nec 2.   c. inde *om.* 3.   d. quid *om.* 1.   e. voce — indicetur 3.

1. Ps. 58, 13. 14: „Et de execratione et mendacio annuntiabuntur in
consummatione".

1076 rabilis rex et magnificus triumphator iudicaturus est vivos et mortuos[1], reddens unicuique secundum opus suum[2]. De cuius multimoda retributione et vos certi esse poteritis, si usque in finem fideles et inconcussi in eius veritate perstiteritis. Propter quod et nos incessanter pro vobis rogamus Deum, ut det vobis virtutem corroborari per Spiritum sanctum[3] in nomine eius; et convertat cor regis ad poenitentiam, ut et ipse aliquando cognoscat, nos et vos multo verius amare eum, quam qui nunc suis iniquitatibus obsequuntur et favent. Quodsi Deo inspirante voluerit resipiscere, quidquid contra nos moliatur, semper tamen nos ad recipiendum eum in sanctam communionem, prout vestra caritas nobis consuluerit, paratos inveniet.

---

15. *Omnibus in Christo fratribus scribit, allatum nuntium esse, Heinricum regem concitandae inter eos seque discordiae studere. Praecipit, ne quis se inscio illum anathemate absolvat*[a].

1076
Aug. 29

Gregorius episcopus servus servorum Dei omnibus in Christo fratribus, episcopis abbatibus sacerdotibus ducibus et principibus atque militibus, omnibusque christianam fidem et beati Petri honorem re vera diligentibus, in Romano imperio habitantibus, salutem et apostolicam benedictionem.

Postquam fraternitati vestrae epistolam direximus, quae ita incipit: *Gratias agimus omnipotenti Deo*[4], a fidelibus sanctae ecclesiae accepimus, quod rex summopere procuret nos ab invicem seiungere suaque fraude decipere, modo per spirituales modo per seculares personas. Proinde dubitamus, ne forte ex nostris fratribus minus cauti pro licentia quam dedimus decipiantur. Et ideo ex parte beati Petri apostolorum principis praecipimus: ut nullus eum praesumat a vinculo anathematis absolvere, quo usque illius satisfactio et penitentia per idoneos vestros nobis fuerit renunciata; ut simul decernentes per legatos nostros, quod aequum fuerit ac Deo placitum, omni fraude remota, apostolica auctoritate statuamus. Vos autem diligenter studete eam

---

a. *Legitur ap. Hugonem Flav., Mon. Germ. SS. VIII* 442.
1. 2 Tim. 4, 1.   2. Cf. Apoc. 2, 23.   3. Ephes. 3, 16.   4. Registri L. IV ep. 1 supra p. 238.

promissionem eamque securitatem ab illo accipere, ut non vi- **1076**
deamur pro columbae simplicitate serpentis prudentiam[1] negli- **Aug. 29**
gere. Quodsi inter hec, quod non optamus, morte praeventus
fuerit, non dubitet vestra fraternitas, quam vera penitentia veraque satisfactio promeretur, absolutionis medicinam impendere.
Data Tiburis[a] 4 Kal. Septembris.

---

16. *Willelmum I regem Anglorum hortatur, ne adiuvet Iuhellum
episcopum Dolensem varia ob crimina deiectum. Ivonem
abbatem a se episcopum Dolensem consecratum commendat*[b].

Gregorius episcopus servus servorum Dei excellentissimo   **1076**
filio W(illelmo) glorioso regi Anglorum salutem et apostolicam   **(Sept. 27)**
benedictionem.

Compertum esse celsitudini tuae non dubitamus, quod dictus
episcopus[2] Dolensis ecclesiae, quae Britannicae provinciae prin-
cipalis est sedes, suae salutis immemor et sanctorum canonum
decreta conculcans, eamdem ecclesiam per simoniacam haeresim
impudenter invaserit et prolixo iam tempore oppresserit violenter. Datis namque comiti Alano[3] copiosis muneribus, quae
usque hodie ad probamentum prius[c] nequitiae in propatulo exstant, non per ostium in ovile Christi, sed ut fur et latro aliunde
irrepsit. Qui etiam, nec hoc scelere contentus, iniquitatem super
iniquitatem apposuit et, quasi simoniacum esse parum et pro
nihilo deputaret, Nicolaita quoque fieri festinavit. Nam in ipso
tam perniciose adepto episcopatu, nuptiis publice celebratis, scor-
tum potius quam sponsam ducere non erubuit; ex qua et filios
procreavit; ut, qui iam spiritum suum animarum corruptori per
simoniaca commercia prostituerat, per foedae libidinis incestum
corpus suum ita in contumeliam diabolo consecraret; et sic in
eo nullus locus superesset Conditori, quem, intus exteriusque
obligatum, totum sibi adversarius non vendicasset. Nec tamen

---

a. Triburis *ed.*   b. *Legitur ap. Martene Thes. anecd. III* 871, *Morice Mémoires
de Bretagne I* 442 *ex tabulario Turonensi; et in Recueil des historiens XIV* 596.
c. *an* prioris? BRIAL.

1. Cf. Matth. 10, 16.   2. Iuhellus.   3. III comiti Redonensi et
Britanniae duci, qui obiit a. 1040. BRIAL.

1076
(Sept. 27) huc usque malitiae conatus substitit; sed atrocissimum facinus turpissimumque flagitium horrendo etiam sacrilegio cumulavit. Nam adultas ex illicito matrimonio filias, praediis ecclesiae et reditibus nomine dotis collatis atque alienatis scelere immanissimo, maritavit. His iniquitatibus coopertus, eamdem tamen ecclesiam dilaceratam dissipatamque, si liceat, incubare molitur. Quibus de causis celsitudo tua noverit illum iam beati Petri apostoli spiculo perfossum, et, nisi sceleris* resipuerit, anathemate mortifero esse damnatum. Quapropter paterna caritate te ammonere et causam breviter exponere studuimus, ne fortasse per ignorantiam tam scelesto homini, tam diu in tenebris suis iacenti, ulterius auxilium praebeas neve scelerum eius te participem facias; sed, sedi apostolicae nostrisque monitis modeste parendo, illum a te repellas, vel etiam, ut tandem aliquando sibi consulat atque ad remedium poenitentiae confugiat, blande suadendo, si poteris, inducas. Nam tales in malo perseverantes fovere et adiuvare nihil est aliud, quam iram Domini contra se provocare. Nos vero supra dictae ecclesiae afflictionem diutius non ferentes, Deo inspirante, virum vita probabilem et compertae religionis inibi ordinavimus et consecravimus, videlicet S. Melanii[1] abbatem[2]; qui, cum ob alias causas, quas explicare prolixum est, ad nos venisset, pontificatus onus ex insperato subire compulsus est. De quo confidimus in Domino: quia, si — ut desideramus litterisque nostris multipliciter implorare curavimus — principum terrae et bonorum virorum gratiam et studia habere meruerit, Domino cooperante, sub beati Petri patrocinio ecclesiam in melius restaurabit.

---

17. *Teutonicis significat, se adeo accelerare ad eos iter statuisse, ut possit die 8 Ianuarii anni 1077 Mantuae esse. Mandat curent, ut bene recipiatur[b].*

1076
Nov. Dec. Gregorius episcopus servus servorum Dei archiepiscopis episcopis ducibus comitibus nec non maioribus atque minoribus in

a. *an celerius?* BRIAL.   b. *Legitur* 1) *ap. Paulum Bernrid.,* Pont. Rom. *vitae* ed. *Watterich T. I* 528, 2) *in Udalrici Babenb. cod. ap. Eccardum Corp. hist. II* 149.
1. Redonensis.   2. Ivonem.

regno Teutonicorum constitutis salutem et apostolicam benedi- 1076
Nov. Dec.
ctionem.

Nos, et indigni et inutiles principis apostolorum servi, statuimus ad vos divina auxiliante clementia venire et, postponentes
paene* omnium fidelium nostrorum consilium, ita profectionem
nostram maturare, ut 6 Idus Ianuarii[1] velimus Mantuae esse;
ea[b] quidem voluntate et desiderio, ut fiducia probatae fidei vestrae[c] quaeque[d] aspera et, si necesse[e] fuerit, ipsam sanguinis
effusionem pro libertate sanctae ecclesiae et salute imperii pura
et sincera intentione subire non dubitemus.   Vestri igitur studii
sit, de susceptione[f] et servitio nostro praemonere eos, quos prudentia vestra id posse et nobis debere cognoverit.   Sit etiam
studii vestri, per partes vestras pacem firmare, ut intentionis
nostrae propositum nihil possit impedire.   Quot et quantas
collucttationes cum nunciis regis[g] habuerimus, et quibus rationibus dictis eorum[h] obviaverimus, quidquid his[i] litteris deesse videtur, latores earum plenius indicabunt. Quibus, sicut de his,
quae per eos[k] beato Petro et nobis promisistis, indubitanter credimus, ita vos de his, quae ex nostra vobis[l] parte dixerint, credere volumus.

---

18. *Teutonicis nuntiat, se invitis Romanis iter ad eos habere.*
Hortatur, dent operam, ut ad eos perveniat[m].

Gregorius episcopus[n] servus servorum Dei omnibus archi- 1076
Nov. Dec.
episcopis episcopis abbatibus ducibus marchionibus comitibus[o]
omnibusque christianam et beati Petri apostolorum principis[p]
fidem et doctrinam defendentibus et observantibus in[q] omni regno
Teutonicorum[r] salutem et beatorum[s] apostolorum Petri et Pauli
benedictionem omniumque[t] peccatorum absolutionem.

a. paene *om.* 2.   b. vestra 2.   c. vestrae *om.* 2.   d. quaecunque 2.   e. necessarium 2.   f. exceptione 2.   g. regiis 2.   h. eis 1.   i. his *om.* 2.   k. per
eos *om.* 2.   l. vobis *om.* 2.   m. *Legitur* 1) *ap. Paulum Bernrid., Pont. Rom. vit. ed.*
Watterich I 524, 2) *ap. Hugon. Flav., Mon. Germ. SS. VIII* 444, 3) *in Udalr. Babenb.*
cod. ap. Eccardum Corp. hist. II 149.   n. episcopus *om.* 1.   o. comitibus *om.* 1.
p. apostolorum principis *om.* 1. 2.   q. in — Teutonicorum *om.* 1.   r. habitantibus
add. 2.   s. et per beatorum 2.   t. omnium 2.

1. 8 Ian. 1077.

1076
Nov. Dec.
Ego qualiscumque sacerdos, apostolorum principis servus[a], contra voluntatem et consilium Romanorum, confidens de misericordia omnipotentis Dei et vestra[b] fide catholica, venio ad vos; paratus propter honorem Dei et salutem animarum vestrarum mortem subire, sicut Christus pro nobis[c] animam suam posuit. In hoc enim positi sumus, ut per multas tribulationes tendamus et perveniamus ad regnum Dei[d]. Vos autem, fratres mei[e] carissimi[f] et desideratissimi, summopere curate, ut vos possim Deo adiuvante[g] adire vobisque in omnibus prodesse. Benedicat vos ille[h], ex cuius gratia[i] mihi dictum est ad corpus beati Petri in die ordinationis meae[1]: *Quodcumque benedixeris, benedictum erit, et quodcumque[k] solveris super terram[l], erit solutum et in coelis.* Amen[m][2].

---

19. *Monachis S. Aegidii scribit, eorum monasterium Hugoni abbati Cluniacensi hoc tantum tempore delatum esse, ut disciplinam corrigeret et abbatem institueret[n].*

1076? Gregorius episcopus servus servorum Dei fratribus omnibus in monasterio Sancti Egydii commorantibus salutem et apostolicam benedictionem.

Notum esse volumus dilectioni vestre, fratres karissimi, quod nos abbati Cluniacensi[3] non dedimus locum Sancti Egydii, qui iuris sancti Petri est, nisi ad ponendum ordinem et religionem, et ad eligendum abbatem[4] vice nostra. Vos autem nolite contristari. Quia ego precepi illi, ut dulciter tractet vos et honeste, sicuti suos karissimos filios. Quodsi ipse aliquam contra iusticiam vobis intulerit oppressionem, recurrite ad nos; quoniam nos emendabimus. Electum autem abbatem liberum et sine

a. servus *om.* 2.   b. vera 3.   c. pro nobis *om.* 1.   d. ad requiem 3. e. mei *om.* 2.   f. dilectissimi 3.   g. auxiliante 3.   h. ille *om.* 2.   i. parte 2. k. quod 2.   l. in terra 3.   m. Amen *om.* 2.   n. *Ex chartulario S. Aegidii saec. XII, bibliothecae imp. Parisiensis codice latino 11018 fol. 18. Misit Leopoldus Delisle.*
1. 1073 Iun. 30.   2. secundum Cencium camerarium (ap. Watterich Pont. Rom. vit. I 16) episcopus Ostiensis, papam consecrans, inter alia: „Da ei“ inquit „Domine, claves regni coelorum, ut quodcunque ligaverit super terram, sit ligatum et in coelis, et quodcunque solverit super terram, sit solutum et in coelis“.   3. Hugoni.   4. Cf. Reg. III 10a supra p. 223.

alicuius impedimento vel inquietudine vobis preesse volumus et, 1076?
quam diu inreprehensibiliter et iuxta regule sue honestatem
vixerit, nullius preter sancte Romane ecclesiae subiacere dominio.   Post hanc vero primam electionem, liberam deinceps
habeatis abbatem eligendi licentiam.

---

20. *Teutonicis scribit, se ad eos ante venturum fuisse, si comi-*
tatum in tempore sibi misissent. Eo quod remorari in Ita-
lia ipse cogeretur, factum esse, ut rex a sese communionem
reciperet. Addit de episcoporum Langobardorum malitia.
De rege non multum laetatur. Se vel nolente rege ad eos
accedere velle[a].

Gregorius episcopus servus servorum Dei dilectissimis in   1076
Christo fratribus et filiis, archiepiscopis episcopis ducibus comi-   Febr. Mart.
tibus caeterisque principibus cum omni populo regni Theuthoni-
corum, christianam fidem et religionem defendentibus, salutem
et apostolicam benedictionem.

Sicut in prioribus litteris et legatorum verbis vobis significavimus — intelligentes, quod digne Deo defensores iustitiae
vos in vera oboedientia et apostolici principatus reverentia exi-
buistis, in vestra fide et consiliis fiducialiter spem ponentes —
contra voluntatem pene omnium fidelium nostrorum, excepta carissima et fidelissima beati Petri filia, videlicet Mathilde, iter
ad vos non solum inter multa incommoda sed et pericula ag-
gressi sumus. Et pervenisse quidem potuissemus, si ducatum eo
tempore, eo loco, quo constitutum erat, ex vestra parte habuis-
semus. Cum autem ex ipsa suspensione nostrae profectionis regi,
in Italiam properanti, ad nos perveniendi daretur occasio, victi
eius humilitate et multimodae penitudinis exhibitione, ab anathematis vinculo absolutum, in gratiam communionis eum recepimus; de cetero nichil secum statuentes, nisi quod ad cautelam
et honorem omnium vestrum fore putavimus.

Cumque Langobardorum episcopi, totius negocii summam
ad communem conventum et prudentiae vestrae consultationem

a. *Legitur ap Hugon. Flavin., Mon. Germ. SS. VIII* 445 — 446.

1076
Febr. Mart.
reservatam esse, cognoscerent, nec de suis culpis ea quam spe-
rabant impunitate absolutionem consequi potuissent, quantam
superbiam quantosque maliciae conatus contra nos adorsi sint,
ad dicendum quidem triste, ad audiendum est abhominabile;
cum illi, qui in aecclesia Dei columpnae esse debuerunt, non
modo in compage corporis Christi nullum locum teneant, sed
pertinaciter impugnatores et, quantum ad se, destructores existant.

De rege vero, ut in his, quae nobis promisit, simpliciter
aut obedienter ambulaverit, non multum laetari possumus; praesertim cum ex eius praesentia pessimi quique contra nos et
apostolicam sedem plus audaciae, quam terroris pro perpetrata
iniquitate, habeant.

Inter hec vestra consilia expectantes, tandem per filium
nostrum Rapotonem, quem ad vos misimus, hoc vos velle et
postulare cognovimus: si quo modo ad partes vestras transire
possimus; atque id, ut cautius fieri possit, cum regis consilio et
adiutorio agere studeamus. Nos itaque, sicut vobis mandavimus,
vestrae voluntati atque consiliis in omnibus secundum beneplacitum Dei satisfacere cupientes, id ipsum per nuncios nostros
cum rege statuere atque coaptare operam damus. Verum quo
animo ipse nobis et vobis in hac causa consentire debeat, ante
missionem huius legationis, quoniam rex a nobis longe distabat,
praenoscere non potuimus; sed mox ut cognoverimus, vobis intimare non tardabimus.

Scitote igitur, quoniam haec est voluntas et desiderium nostrum: ut, vel consensu regis vel si eo nolente fieri possit, ad
vos pro communi utilitate et salute omnium vestrum pertransea-
mus. Quod si, peccatis et pravorum studiis obstantibus, fieri
nequiverit, absens tamen omnipotentem Deum obnixis semper
orabo precibus: ut corda vestra et fidem in omni gratia et virtute confirmet, et ita in omnibus vestra consilia et facta dirigat,
ut libertatem christianae religionis indefessa virtute defendere,
et ea, quae ad statum et gloriam nobilissimi regni vestri Deo
dignissima et vobis utilissima sunt, providere possitis et exequi.
Vos autem in proposito defendendae iustitiae, quod pro nomine

Christi et aeterna retributione incepistis, ita persistite, ut ad coronam tam sancti tam Deo placiti certaminis, Deo donante, pertingere valeatis.

Plura vobis per scripta misissemus, nisi quod tales ad vos nuncios direximus, quibus indubitanter credere potestis; in quorum ore, quidquid in epistola minus continetur et pro vobis vel ad vos cor nostrum habet, posuimus. Amen.

----

21. *Narbonensis Galliae, Guasconiae, Hispaniae incolis legatum suum, Amatum episcopum Elorensem, commendat*[a].

Gregorius episcopus servus servorum Dei omnibus archi- episcopis episcopis abbatibus regibus principibus, clericis quoque ac laicis, in Narbonensi Gallia, Guasconia, Hispaniaque regione constitutis, salutem et apostolicam benedictionem.

Dilectissimi fratres et filii, prudentiae vestrae manifestissime notum est: quod Romana ecclesia hanc consuetudinem habuit ab ipsis suae fundationis primordiis, ut ad omnes partes, quae christianae religionis titulo praenotantur, suos legatos mitteret; quatinus ea, quae gubernator et rector eiusdem Romanae ecclesiae per suam praesentiam expedire non praevalet, vice sua legatis concessa, monita salutis ac morum honestatem per eos cunctis per orbem terrarum constitutis ecclesiis nunciaret, easque apostolica doctrina in omnibus, quae sacrae religioni conveniunt, diligenter instrueret. Proinde horum praesentium portitorem, venerabilem confratrem nostrum Amatum episcopum[1], ad partes vestras dirigimus: ut, quae ibi vitia eradicanda sunt a fundamento evulsis, plantaria virtutum, Deo auctore, sollerti vigilantia plantare procuret. Quem sicut nostram immo beati Petri praesentiam vos suscipere, apostolica auctoritate iubemus; ac sic pro reverentia apostolicae sedis, cuius nuncius est, vos in omnibus sibi obedire atque eum audire mandamus ut propriam faciem nostram seu nostrae vivae vocis oracula. Scriptum est enim: *Qui vos audit, me audit*[2]. Agite itaque prudenter ac

a. *Edidit ex cod. S. Albini Adegavensi Baluzius ap. Marca De concordia II* 185.

1. Elorensem.   2. Luc. 10, 16.

1077
(Iun. 28)

religiose; et sic vos obedientes Deo et sancto Petro in omnibus exhibete, quatinus, ipso apostolorum principe interveniente, utriusque vitae gloriam et felicitatem consequi mereamini.

---

22. *Hildolphum archiepiscopum Coloniensem hortatur, ut ecclesiae Brunwilarensi ablatum Cloteno praedium restituat* [a].

1077
(Ian. - Iun.)

..... Non eget, o fili, Deus, offerri quicquam ex iniustitia sibi; quia, ut legimus [1], sic ei fiunt victimae ex rapina, quomodo si mactet quis filium in patris praesentia. Patratorem quidem multorum bonorum agnovimus fratrem nostrum Annonem archiepiscopum. Sed tamen in hac parte minime defendendus est, non errasse: dum, quod beato Nicolao praeripuit, sanctae genitrici Dei gratum holocaustum aestimavit; dicente Domino per prophetam: *Quia ego Dominus diligens iudicium, et odio habens rapinam in holocausto* [2]. Nec fas est, a fidelibus credi, matrem discrepare a voluntate filii; dum id prorsus constet utrisque proprium atque commune, eadem velle et eadem nolle. At tu, ne defendendo iniustitiam videaris offendere Deum, tolle de medio, quod, alias licet bonus, hic male consultus commisit episcopus Anno; ne et illius detrimentum sit coronae et tibi occasio culpae.....

---

23. *Archiepiscopos, episcopos, abbates Galliae reprehendit, quod sibi maximis difficultatibus conflictato non sint auxilio. Mandat, ad synodum veniant medio mense Novembri gerendam* [b].

1078

G(regorius) episcopus [c] servus servorum Dei archiepiscopis episcopis abbatibus in Gallia constitutis, qui in gremio sanctae Romanae ecclesiae permanere videntur, salutem et apostolicam benedictionem.

Quantas tribulationum angustias et persecutionum procellas ac pondera periculorum universalis mater sancta Romana eccle-

---

a. *Huius epistolae fragmentum istud servavit Conradus in vita Wolfhelmi abbatis Brunwilarensis ap. Mabillon Acta SS. ord. Ben. VI P. II 684 et in Mon. Germ. SS. XII 187, eamque tradidit in confinibus Alpium datam esse.*   b. *Legitur ap. Udalricum Babenberg., Eccardi Corp. hist. II 157.*   c. episcopus *addidi.*

1. Cf. Eccli. 34, 24.   2. Isai. 61, 8.

sia perpessa sit temporibus istis, credi vix potest, quod[a] ex ma- 1078
iori parte latet scientiam vestram.   Ad haec quoque quid consilii quidve suffragii per vos, filios suos,[b] debitae compassionis
perceperit, vos ipsi agnoscitis. Quod itaque sine dolore vix possumus vel reminisci, ita caritas multorum circa eam refrigescit,
ut haec ipsa per euangelium praesignata quodammodo specialiter
videantur, ut dicitur: *Quando habundaverit iniquitas, refrigescet
cor multorum*[1]. Unde quid aliud dixerim, nisi quod vos, qui
aut segniter neglexistis aut[c] pavide refugistis matri vestrae in
tanta pressura solaciari, nomine filiorum indignos et caritatis
visceribus alienos vos ostenditis? Quem vero pudorem vel potius quantum dolorem, quisquis est sanae mentis, non sentiat,
cum consideret: persecutores christianae relligionis tanta factio-
nis conspiratione sicut omnimodis annisibus, non solum res suas
profundendo sed etiam se ipsos morti tradendo, ad explendam
animi atrocitatem huc usque desudasse; neminem autem vel vix
paucissimos iustitiae fautores aut corporum laborem subire, aut
rerum dispendia pati, aut de bonis suis opem matri suae ecclesiae ferre curavisse. Verum, utcunque fraternitas vestra sese
habuerit, benedictus Deus et domini nostri Iesu Christi pater;
qui, nos ab adversariorum manibus et persecutorum violentia
protegens, hactenus in manu nostra iustitiam secundum testimonium conscientiae nostrae defendit atque, potentiae suae vigore
humanae infirmitatis inbecillitatem nostram corroborans, ad iniquitatem converti nullis nos promissionum blanditiis, nullis
vexantium terroribus sinit. Ipsi ergo gratias immensas referimus, qui nos, infractos huc usque in pressurae tempestate conservans, ad quandam spem tranquillitatis sic[d] liberis incessibus
duxit, ut non nos contra principalem iustitiae intentionem egisse,
aut propria conscientia aut religiosorum, qui noverunt, exami-
natio reprehendat.

De caetero, fratres, ut causa iurgiorum et discordia, quae

a. quod credi vix potest, ex *ed.*   b. ex officio *deesse videtur.*   c. ac *ed.*
d. sicut *ed.*

1. Matth. 24, 12.

1078 inter regnum et apostolicam sedem iam dudum agitatur, annuente Domino congruum valeat finem sortiri, vos ad synodum, quam in medio Novembri celebrare disponimus, praesentium litterarum vocatione ex parte beati Petri apostolorum principis praecipientes invitamus.   Hoc etiam fraternitatem vestram scire volumus: quia, ut secure ad nos venire et in vestram patriam Deo protegente possitis redire, fideles nostri a maioribus, qui sunt in curia Heinrici dicti regis, iuramento securitatem receperunt. Desideramus igitur una vobiscum tractare, divino fulti auxilio, qualiter possimus pacem confirmare atque ad gremium matris ecclesiae sanctae schismaticos Deo auxiliante revocare.

---

24. *Qui Berengarium Turonensem iniuriis affecerint quique eum haereticum vocaverint, eos anathematizat[a].*

1079
(Febr.)   Gregorius episcopus[b] servus servorum Dei omnibus beato Petro fidelibus salutem et apostolicam benedictionem.

Notum vobis omnibus facimus, nos anathema fecisse ex auctoritate Dei omnipotentis Patris et Filii et Spiritus sancti et beatorum apostolorum Petri et Pauli omnibus, qui iniuriam aliquam facere praesumpserint Berengario, Romanae ecclesiae filio, vel in persona vel in omni possessione sua, vel qui eum vocabit haereticum. Quem post multas, quas apud nos quantas voluimus fecit moras, domum suam remittimus, et cum eo fidelem nostrum, Fulconem[1] nomine.

---

25. *Teutonicis significat, se per concilii decretum legatos missurum, qui aut pacem componant aut dissidii auctores puniant. Statuit, ne quis legatis obsistat, obstiturisque anathema minatur[c].*

1079
(Febr.)   Gregorius episcopus servus servorum Dei omnibus archiepiscopis et episcopis in Teutonico atque in Saxonico regno com-

a. *Edidit Dachery Spicil. Parisiis 1657 **T. II** 508, Parisiis 1723 **T. III** 413.*
b. episcopus *addidi.*   c. *Legitur 1) ap. Paulum Bernrid. c. 105, in Pont. Rom. Vit. ed. Watterich I 537, 2) ap. Brunonem de bello Sax., Mon Germ. SS. **V** 378, 3) ap. Hugon. Flavin., Mon. Germ. SS. VIII 449.*

1. Fulconem vocat Berengarius „transmontanum clericum et domini papae convictorem" ap. Marten. Anecdot. IV 103. BRIAL.

morantibus^a, omnibusque principibus^b, cunctis etiam maioribus 1079
(Febr.) atque minoribus, qui non sunt excommunicati et obedire voluerint, salutem et apostolicam benedictionem.

Quoniam ex lite et dissensione, quae tam diu inter vos sunt, maximum in sancta ecclesia periculum, maximum undique inter vos detrimentum fieri cottidie^c cognoscimus, idcirco visum est nobis, visum est^d et fratribus nostris in concilio congregatis, summo desiderio aestuare, summa ope elaborare pro viribus, quatenus idonei legati^e tam religione quam scientia pollentes e latere apostolicae sedis ad partes vestras mitterentur; qui religiosos episcopos, laicos etiam pacis et iustitiae amatores, in partibus vestris commorantes, ad hoc opus idoneos congregarent: qui, Domini gratia praeeunte, die et loco ab illis statuto tam ipsi quam, quos ipsis adhuc^f iungere^g debemus, aut pacem componant, aut veritate praecognita super illos, qui sunt tanti dissidii causa, canonicam censuram exerceant. Verum quoniam nonnullos, diabolico instinctu confectos et iniquitatis suae facibus ignitos cupiditateque inductos, discordiam potius quam pacem fieri et videre desiderantes fore non ignoramus, statuimus in hac synodo ad hanc eamdem formam, sicut et in praeterita: ut nulla umquam persona alicuius potentiae vel dignitatis, sive magna sive parva, sive princeps sive subiectus, aliqua praesumptione praesumat legatis nostris obsistere, et postquam ad vos pervenerint, de componenda pace contraire, nec postea contra interdictum illorum alter in alterum audeat insurgere; sed usque ad diem ab illis statutum firmam pacem omnes sine ulla occasione et fraude observent. Quicumque autem haec nostra statuta ulla praesumptione violare temptaverit, anathematis eum vinculo ligamus et non solum in spiritu verum etiam in corpore et in omni prosperitate huius vitae apostolica auctoritate innodamus et victoriam eis^h in armis auferimus; ut sic saltem confundanturⁱ et duplici contritione conterantur.

a. commanentibus 2.   b. omnibusque principibus om. 1.   c. cottidie om. 1. d. visum est om. 1.   e. nuntii 2.   f. ad hoc 1.   g. coniungere 3.   h. eis om. 1. 2.   i. confundatur — conteratur 1.

26. *Rodulfo regi scribit de Heinrici regis legationibus ad se missis. Addit de eligendo archiepiscopo Magdeburgensi*[a].

1079
(Febr.)
Gregorius episcopus servus servorum Dei Rodulfo regi et omnibus secum christianam religionem defendentibus salutem et apostolicam benedictionem.

Quod regnum Theutonicorum, hactenus inter omnia mundi regna nobilissimum, iam video incendiis caedibus et rapinis devastari confundi et annullari, quam magnus exinde cordi meo dolor insideat, quam continuus in visceribus meis me gemitus afficiat, testis est ille solus, qui omnium hominum corda scrutatur et probat. Deferuntur enim michi iam saepius legationes Heinrici, cum per proprios nuntios tum per cognatos et aliarum terrarum principes et affines, modo omnem oboedientiam promittendo, modo per varia ingenia sollicitando; id a me summo conamine cupientes efficere, quo me ad votum suum suis partibus valeant inclinare. Verum quia hinc inde et Romana gravitas et apostolica mansuetudo me per mediam iustitiae viam incedere cogit, omnibus quibus possum modis hoc oportet intendere, quomodo veram a falsa iustitiam, perfectam a ficta oboedientiam iudicio sancti Spiritus valeam discernere et rato ordine ad finem usque perducere. Haec vero et alia, si propitio Deo ad vos sani perveniunt, legati mei melius quam hae litterae viva voce testificabuntur et docebunt.

Audivi quidem a legato meo B., metropolim Magedeburgensem iam diu esse viduatam[1] et adhuc perversa quorundam contentione, ne desponsari possit, fuisse turbatam. His modis omnibus ex praecepto Dei omnipotentis et sancti Petri et meo, ne praevaleant, resistite; et domus Dei dignum dispensatorem per ostium introducere, cum communi omnium religiosorum tam archiepiscoporum quam episcoporum nec non etiam clericorum et laicorum consensu et electione procurate. Quodsi meis vultis adquiescere consiliis[b], audio enim inter vos esse quosdam boni

a. *Edidit Pertzius in Brunonis bello Saxon. c.* 119, *Mon. Germ. SS. V* 378 *et* 379 *n.* 55.   b. *sic.*

1. interfecto Werinhario archiepiscopo d. 7 Aug. 1078.

testimonii viros, A. scilicet Goslariensem decanum, G(ebehardum)[1] **1079**
Bertaldi ducis[2] filium, H. Sigifridi comitis filium, quorum unum (Febr.)
me praecipiente et consentiente eligite et in archiepiscopum
praenominatae aecclesiae ordinate. Si vero in his tribus qui
dignus sit non poterit inveniri, in contritione cordis orando et
ieiunando ad Deum convertimini, rogantes, ut, sua revelante
gratia, persona, quae huic negotio sit conveniens, possit ostendi;
hoc procul dubio scientes, quia sicut illum, qui ambitu secularis
potentiae inordinate intraverit, vinculo excommunicationis alli-
gabo, ita quoque eum, qui canonice intronizatus fuerit, a peccatis absolvo et apostolica benedictione benedico.

---

27. *Rudolfum regem et Saxones ad perseverantiam cohortatur.*
     De synodo addit[a].

Gregorius episcopus servus servorum Dei Rodulfo regi omni- **1079**
busque secum in regno Saxonum commanentibus, tam episcopis (Febr.)
quam ducibus et comitibus nec non maioribus et minoribus, peccatorum absolutionem et apostolicam benedictionem.

Cum Veritas ipsa dicat: omnium, qui propter iustitiam persecutionem patiuntur, regnum esse coelorum[3], et apostolus clamet: neminem, nisi qui legitime certaverit, posse coronari[4], nolite, filii mei, in hoc, qui vos iam multo tempore exagitat, bel-
lico furore deficere; nolite per ullius fallentis personae mendacia
de nostro fideli adiutorio dubitare. Sed magis magisque, pro
tuenda veritate ecclesiastica, pro defendenda vestrae nobilitatis
libertate, labori iam citius finiendo incumbite, et ex adverso
ascendendo vos et corpora vestra quasi murum pro domo Israel
opponere[5] satagite. Quid[b] iam in duabus sinodi nostrae con-
ventionibus de rege Rodulfo et de Heinrico statutum quidque
ibi de pace et concordia regni etiam iuramentis sit diffinitum,
per nostras litteras et per vestros[c] legatos, nisi forte capti sint,
apertissime potestis agnoscere. Et si quid adhuc remanserit, per

a. *Legitur* 1) *ap. Brunonem de bello Sax., Mon. Germ. SS. V* 379, 2) *in Udalrici
Babenb. cod. ap. Eccardum Corp. hist. II* 156.   b. Quidquid 2.   c. nostros 2.
     1. postea III ep. Constantiensem (1084—1110).   2. I ducis Zarin-
giae.   3. Matth. 5, 10.   4. 2 Timoth. 2, 5.   5. Ezech. 13, 5.

1079
(Febr.)
episcopos Metensem [1] et Pataviensem [a][2] et abbatem Augiensem [b][3], qui nobiscum finem rei praestolando morantur, cum ad vos ipsi pervenerint, quasi in promptu habetis audire. Postremo hoc vos ignorare nolumus, quia omni qua oportet instantia, cum orationis nostrae assiduitate tum officii nostri gravitate, et prospiciendo consulere et consulendo prospicere vestrae [c] necessitati non dubitamus.

Audivimus [d] de vestro archiepiscopatu Magdeburgensi, indisciplinatam [e] quorundam eiusdem ecclesiae filiorum pro acquirendo seculari habitu et honore obortam fuisse contentionem. Quos modis omnibus ex praecepto Dei omnipotentis et sancti Petri et nostro, ne sibi locum in dampnationis culmen arripiant [f] regiminis, prohibere, et Deo dignum dispensatorem, prout ius postulat et ordo, cum nostra voluntate et apostolica benedictione et communi omnium bonorum tam clericorum quam laicorum electione disponere [g]. Vos tamen ipsi nostis, quod in constituendis episcopis neglecta sanctorum patrum instituta hunc, qui modo funditur, sanguinem genuerunt; et adhuc, nisi provideantur, peiores prioribus errores fovendo parturiunt.

----

28. *Italicis et Teutonicis scribit contra sacerdotes fornicatores* [h].

1079
Gregorius episcopus servus servorum Dei per totum Italicum regnum et Teutonicorum debitam sancto Petro obedientiam exhibentibus apostolicam benedictionem.

Si qui sunt presbiteri vel [i] diaconi vel subdiaconi, qui iaceant in crimine fornicationis, interdicimus eis ex parte omnipotentis Dei et auctoritate sancti Petri introitum ecclesiae, usque dum peniteant et emendent. Si qui vero in peccato suo perseverare maluerint, nullus vestrum officium eorum auscultare presumat; quia benedictio illius vertitur [k] in maledictionem [l], et

a. Papiensem 2.   b. Augustensem 2.   c. verae 2.   d. Audivimus — parturiunt *om.* 1.   e. in disciplinam *ed.*   f. arripiat *ed.*   g. satagite *excidisse videtur.* h. *Leguntur fragmenta* 1) *ap. Gerhohum Reichersperg. in psalmum X ap. Pez Thesaur. anecd. V* 157 (Si qui sunt — contemnit), 2) *ap. Marian. Scottum in chron.* 1079, *Mon. Germ. SS. V* 561 (Gregorius — benedictionibus vestris), 3) *in Bertholdi Annal.* 1079, *Mon. Germ. SS. V* 317 (Si qui sunt — oratio in peccatum).   i. *om.* 3.   k. vertetur 3.   l. maledictum 3.

1. Hermannum.   2. Altmannum.   3. Ecardum.

oratio in peccatum, testante Domino per prophetam: *Maledicam* 1079 inquit *benedictionibus vestris*[1]. Qui vero huic saluberrimo praecepto obedire noluerint, idolatriae peccatum incurrunt, Samuele teste et beato Gregorio instruente: *Peccatum ariolandi est non obedire, et scelus idolatriae nolle acquiescere*[2]. Peccatum igitur paganitatis incurrit, quisquis, dum christianum se asserit, sedi apostolicae obedire contemnit.

---

29. *Monachos Casinenses reprehendit, quod a Iordani I principis Capuani hominibus deposita apud eos bona auferri passi sint. Sacra ab eis procurari vetat*[a].

Gregorius episcopus servus servorum Dei dilectis in Christo 1079 filiis Sancti Benedicti monachis salutem et apostolicam bene- (Apr.) dictionem.

Audivimus, quod sine gravissimo dolore dicere non possumus, quosdam homines, a Iordano principe[3] suggestione diaboli missos, secretarium vestrum intrasse et quaedam commissa vobis inaudita temeritate detulisse[4]. In quo facto nimiae negligenciae et acriter ulciscendae timiditatis vos et abbatem vestrum[5] arguere possumus. Et gravius adversum vos commoveri deberemus, nisi ea, qua vos semper caritate dileximus, detineremur. Siquidem tolerabilius nobis videretur, villas et castella Sancti Benedicti in praedam et direpcionem dari, quam ut sanctus locus

a. *Ex Petri diac. registr. fol.* 21 *n.* 84 *edidit* 1) *Gattula Hist. abbatiae Casin. p.* 149, 2) *Tosti Storia di Monte Cass. I* 427.

1. Malach. 2, 2.   2. Cf. 1 Reg. 15, 23.   3. Capuano.   4. De hac re in registro Petri diaconi addita sunt, quae edidit Gattula Hist. Cas. p. 149, verba haec: „Hoc autem accidit pro[a] Rosellano episcopo[1]. Nam idem episcopus non parvam pecuniam huic commendaverat loco. Iordanus autem princeps missis militibus praecepit, ut eandem sibi deferrent pecuniam. Fratres autem ad haec: „„Pecuniam, quae sancto Benedicto credita est, nos alicui vivencium minime damus, sed eam super corpus eius ponimus; inde qui praesumpserit auferat““. Milites autem, tollentes thesaurum de altario, ad principem deferunt. Quo accepto, statim idem princeps, tanti auctor sceleris, lumen amisit; et usque ad mortem ita permansit“[2]. 5. Desiderium.

a. per *ed.*
1. Dodone. Vid. Reg. L. VI ep. 37 supra p. 375.   2. De hac narratione cf. Chron. Cas. III 46, Mon. Germ. SS. VII 736.

1079
(Apr.) et per totam, ut credimus, christianitatem famosus et venerabilis tantae ignominiae periculo subiaceret. Quapropter, huius temeritatis noxam inultam esse non ferentes — praesertim cum, locum vestrum violatum esse et exemplo huius facinoris deteriora posse vobis contingere, perpendamus — admonemus: ut divinum officium in ecclesia beati Benedicti non faciatis; sed, altaria omnia quae intus sunt detegentes, quantum sit huiusmodi violacionis periculum, quosque cognoscere faciatis. Si enim in ecclesia sancti Petri, humano sanguine respersa, divinum officium non sine diligenti reconciliatione celebratur, multo magis istud, quod in ecclesia beati Benedicti perniciosius commissum est, competenti indiget expiatione. Vos itaque omnipotentem Dominum instanter deprecamini, ut tristiciae mentis nostrae dignetur super hac re nobis consolacionem impendere et ad reparandam in omni vestram[a] dignitatem, modis quibus decet, nos instruere.

---

30. *Monachos Casinenses interdicto nuper in eos irrogato ob instantem ascensionis festum absolvit*[b].

1079
(Apr.) Gregorius episcopus servus servorum Dei venerabili congregationi Cassinensis coenobii salutem et apostolicam benedictionem.

Nuper, dilectissimi fratres, nos, violencia sacrilegii huic reverentissimo loco illata compulsi, vestrae ecclesiae officium ob tantum facinus irrogatum interdiximus. Verum quia ascensionis Domini sollempnitas[1] toto venerabilis orbi nunc imminet, nolentes iam propter alicuius scelus in tanto festo tam religiosum locum officio pietatis carere, decrevimus, et vos et eundem locum ab interdicto absolvere. Quapropter, apostolica mansuetudine ducti, reddimus et ecclesiae ministerium et cultum religionis[c] et devotioni vestrae licentiam celebrandi. Volumus eciam atque rogamus caritatem vestram, ut nostri memores pro nobis preces fundatis ad Dominum, pro statu quoque sanctae Romanae ec-

a. vestre 2.   b. *Ex Petri diac. registr. fol.* 21 *n.* 35 *edidit* 1) *Gattula Hist. abbatiae Casin. p.* 149, 2) *Tosti Storia di Montecass. I* 428.   c. ministerium cultumque religiosis 2.
1. Mai. 2.

clesiae rectori rerum cotidie supplicetis, nec non tam pro ini-   1079
(Apr.)
micis quam etiam pro amicis dilectionis affectu omnipotentem
Dominum deprecari sedulo memineritis et studeatis. Nec non et
pro illo[1], qui tam sanctissimum locum toto mundo famosum
violavit, preces effundite: ut Deus det illi cor poenitens, et sic
eum ad se convertat, ut in hac vita et futura mereatur gratiam
Dei obtinere.

---

31. *Petro Albanensi et Odelrico Pataviensi episcopis scribit,*
multos queri de legatione ab iis secus administrata. Man-
dat de regibus, de episcopis investitis, de colloquio statuendo,
de pace firmanda, de Ecardo abbate Augiensi, de Adalberto
episcopo Wormatiensi[a].

Gregorius episcopus servus servorum Dei dilectis in Christo   1079
c. Oct. 1
fratribus et coepiscopis Petro Albanensi et Odelrico Pataviensi[2]
salutem et apostolicam benedictionem.

Sunt multi, quibus tamen non credimus, qui de legatione
vestra murmurare incipiunt, suspicantes, vos aliter velle incedere,
quam a nobis praeceptum est; et, alterum vestrum nimis simpliciter, alterum vero non adeo simpliciter acturum esse, cau-
santur. Quapropter diligentissima circumspectione cavendum est
vobis, ut utramque suspitionem possitis extinguere. Quod ita
facile cum Dei adiutorio proveniet, si praecepta nostra ante
mentis oculos semper teneatis, et nichil aliud praesumatis efficere, nisi quod nos vobis noscimur non modo nudis verbis verum etiam litteris inculcando mandasse.

Volumus autem: ut de causa regum vel regni, sive etiam
de Trevirensi[3] vel Coloniensi[4] et Augustensi[5] electis, vel de
omnibus istis, qui investituram per manum laicam acceperunt,
nullum praesumatis exercere iudicium; summumque vobis studium sit, si rex adquieverit vobis de statuendo colloquio et pace
firmanda in regno et de restituendis episcopis in sedibus suis,

---

a. *Legitur haec epistola ap. Hugonem Flaviniacensem, Mon. Germ. SS. VIII* 450.

1. Iordano I principe Capuano.   2. prov. Aquileiensis.   3. Egil-
berto.   4. Sigewino.   5. Sigefrido II.

1079
c. Oct. 1

et hec eadem cito ad nos aut per vos ipsos aut per certos legatos annunciare; ut tot et tales personas possimus illuc ad
constitutum tempus dirigere, qui ad tantum negocium determi-
nandum valeant una vobiscum Deo auxiliante sufficere.

Interim vero sic [a] vos utrique parti communes et ab omni
suspicionis nevo, quantum in vobis est, cum divinae gratiae adiutorio exibete immunes, ut iustitiae semper et nullo modo partibus faveatis, sicut habetis formam nostram; qui videlicet, postquam iudicium tanti huius negotii in manu beati Petri commissum est, nichil aliud vobis testibus intendimus, nisi ut per
iustitiae semitam incedamus. Ad nullam partem sinceritatem
apostolicae discretionis infleximus, nullis promissionibus aut terroribus cessimus; nec aliud umquam Deo protegente acturos nos
esse confidimus.

Preterea specialiter vobis de abbate Augiense [1] iniungimus,
qui nuper, ad apostolorum limina veniens, non solum captus
est [2], sed etiam in loco eius quidam [3] est tyrannice subrogatus:
ut ea bona sua, quibus exspoliatus est, expulso invasore illo,
restitui faciatis. Qui tamen, postquam de his quae perdidit
fuerit pleniter investitus, si quid contra illum habet aliquis,
paratus erit in nostro iudicio respondere. Non enim debet ab
alio aliquo iudicari, qui in apostolica sede scitur a memet consecratus [4]. Et certe gravis fuit praesumptio, manum in eum
ponere, qui tanto erat privilegio munitus. Quodsi invasor ille
contra interdictum nostrum praedicto fratri sua restituere contempserit, confestim in eum velut in rebellem et invasorem ex
auctoritate apostolica sententiam excommunicationis intendite.
Quidquid autem agitis vel quidquid vobis contigerit, litteris semper mandare et frequenter ad nos mittere procurate. Omnipotens et misericors Deus, a quo bona cuncta procedunt, meritis

a. sic — acturos nos esse confidimus *leguntur etiam ap. Paulum Bernrid. c.* 103,
Pont. Rom. vit. ed. Watterich I 536.

1. Ecardo.   2. „in oppido Sancti Domnini martiris“ (Borgo San
Donnino). Casus S. Galli, Mon. Germ. SS. II 157.   3. Udalricus III
abbas S. Galli, postea I patriarcha Aquileiensis (1086—1121). V. Casus
S. Galli l. l.   4. V. L. I ep. 82 supra p. 102.

beatae Dei genitricis Mariae dominae nostrae et beatorum apo-   1079
stolorum suorum Petri et Pauli, ab omni malo vos defendere   c. Oct. 1
et in omnem veritatem inducere dignetur, quatinus, quidquid
agitis, secundum timorem Dei et utilitatem sanctae ecclesiae
feliciter peragatis.

Inter omnia studiosissime Wormaciensis episcopi[1] mementote; qui, cum esset diu ab ecclesia sua expulsus et ob id Romam veniret, ut auxilium apostolicae sedis adquireret, non solum nichil sibi profuit, sed modo etiam peius incurrit.   Interim
vos salutamus et rogamus, ut sitis memores nostri, memoris
vestri apud Deum.

32. *Hugoni episcopo Diensi gratulatur de pace ecclesiae eius
restituta.   Mandat de concordia inter Gebuinum archiepiscopum Lugdunensem et Hugonem abbatem Cluniacensem
constituenda; de Manassi I archiepiscopo Remensi; de Frot-
gerio ecclesiae Cabilonensis invasore; de ecclesia Lingonensi*[a].*

Gregorius episcopus servus servorum Dei dilecto in Christo   1079
fratri Hugoni Diensi episcopo salutem et apostolicam benedictionem.

Quod divina clementia pacem ecclesiae tuae restituit, sciat
fraternitas tua, nos haud aliter quam de nostra aut sanctae Romanae ecclesiae tranquillitate et profectu gaudere.   Et hoc in
mente tua semper maneat fixum, quod omnipotens Deus, cui
fideliter famulari toto cordis affectu anniteris, et temporalem tibi
pacem competenter conciliabit et sempiternam meritis tuis bonus
remunerator retribuet.

De discordia vero, quam inter Lugdunensem archiepiscopum[2]
et abbatem Cluniacensem[3] significasti, noverit dilectio tua, nos
non parum gravari, sed, quoniam inter religiosos iurgia sunt,
multum profecto dolere. Quippe quorum concordia multis prodesse
poterat et debuerat, non dubium est, quin de eorum dissensione
plurimis oriatur et futura sit gravis pernicies. Unde fraternita-

<hr>

a. *Edidit Pertzius in Hugonis Flav. chron., Mon. Germ. SS. VIII 421.*
1. Adalberti.   2. Gebuinum.   3. Hugonem:

1079 tem tuam vigilare oportet et curare necesse est, religiosos tibi viros adhibere et ita praefatos ex parte nostra super concordia convenire. Denique quicumque illorum iustitiae secundum consilia vestra non adquieverit, nulli sit ambiguum, quod nos in eum graviter, omnis personae acceptione postposita, commovebimur.

Quia vero in partibus praeordinatis concilium celebrare non potuistis utiliter, competens arbitramur, ut aptum locum diligentia vestra inveniat, ubi synodo congregata Remensis archiepiscopi [1] causa diligenter examinetur. Et quidem, si idonei accusatores et testes inventi fuerint, quod obicitur ei, canonice comprobantes, quam iustitia dictaverit, sententiam dare absque hesitatione vos volumus. Alioquin si tales personae fuerint, quae recipi rationabiliter nequeant — quoniam turpis de eo fama non solum Galliam verum etiam fere totam replevit Italiam — sex episcopis, quorum vita non notetur infamia, assumptis sibi, si potest, excuset se, et sic purgatus cum pace in ecclesia sua et propria dignitate remaneat.

Preterea eum [2], quem per secularem potestatem, id est regiam investituram, Cabilonensem ecclesiam intrasse significastis, ab omni regimine et spe ipsius aecclesiae alienum esse, apostolica auctoritate decernimus. Quodsi post huius nostrae interdictionis sententiam ad huius regiminis dignitatem aspiraverit, quid beati Petri gladius valeat, sine dubio experietur, et in perpetuum nulla sibi aecclesiastici regiminis fiducia relinquetur. Ad comprimendum etiam multorum conatus illicitos, qui obstinatis animis non timent Deum postponere et superbiam suam propalare — diabolum imitantes, qui, non contentus sibi concessis, dum illicite nititur ad altiora, et quod habebat iuste amisit — volumus: vos in omnibus conciliis vestris vice nostra omnes illos excommunicare, quicumque apostolicae sedis decreto super hac re synodaliter constituto obviare praesumpserit et de manu alicuius layci investituram aecclesiarum susceperit; ut, his saltim terroribus a spe ambitionis suae reducti, non aliunde ut fures et latrones ad ovile dominicum ascendant, sed ex habita-

1. Manassis I.   2. Frotgerium.

tione* religiosorum virorum invitati, ut boni et idonei pastores 1079
per ostium ingrediantur.

Admonemus etiam: ut viscera pietatis tuae dolor et calamitas Linguonensis aecclesiae penetret, et una cum fratre nostro
Lugdunensi archiepiscopo, modis quibus valetis, tantis eius periculis consulatis; illud principaliter perficientes, ut in decanum,
qui fere omnia illius aecclesiae officia pessimis studiis arripuit,
iustam sententiam detis, et officia illa per religiosos et competentes viros pure deinceps administrentur.

---

33. *Anselmi abbatis Beccensis famam bonam laudat, deumque
orari ab eo vult, ut ecclesiam tueatur. Peregrino cuidam
reddi ius iubet*[b].

Gregorius episcopus servus servorum Dei Anselmo venera-   c. 1079
bili abbati Beccensi[1] salutem et apostolicam benedictionem.

Quoniam fructuum tuorum bonus odor ad nos usque redo-
luit, condignas* grates Deo referimus et te in Christi dilectione
ex corde amplectimur; credentes pro certo: tuorum studiorum
exemplis ecclesiam Dei in melius promoveri et tuis similiumque
tibi precibus etiam ab instantibus periculis, Christi subveniente
misericordia, posse eripi. Nosti, frater, si iusti apud Deum
praevaluit oratio[2], quid iustorum praevalebit equidem; immo im-
petrabit sine dubio, quod petierit. Ipsius etiam Veritatis auctoritate cogimur hoc confiteri. *Pulsate* inquit *et aperietur vobis,
petite et accipietis*[3]. Pulsate simpliciter, petite simpliciter, haec
etiam, quae sibi placeant. Simplex est ostium, simplex dator
vult, peti simplicia et quae sibi conveniant; hoc modo aperietur,
hoc modo accipietis, hoc modo iustorum exaudietur oratio. Unde
volumus, tuam tuorumque fraternitatem assidue Deum orare: ut
ecclesiam suam et nos, qui ei licet indigni praesidemus, ab instantibus haereticorum oppressionibus eripiat, et illos, errore di-
misso, ad viam veritatis reducat.

a. *an* existimatione?   b. *Edidit Gerberon in Anselmi epist. L. II* 31, *Opp. p.* 353.
c. quam dignas *ed.*

1. coen. dioec. Rotomagensis.   2. cf. Iac. 5, 16.   3. Matth. 7, 7.

c. 1079   Querimoniam apud nos fecit quidam peregrinus de quodam converso tuo. *Iustus Dominus iustitiam dilexit, aequitatem vidit vultus eius*[1]. Imitare Dominum tuum, imitare magistrum, a quo habes doctrinam vitae. Praecipimus etiam et nos, ut ei iustitiam facias coram Huberto[2] dilecto filio nostro et, ut intelleximus, amico tuo.

---

34. *Heinricum I episcopum Leodiensem extorto iuramento absolvit*[a][3].

1080
(Ian. 80)   Pervenit ad nos, te fratrem et coepiscopum nostrum Henricum Leodicensem episcopum, ad apostolorum limina venientem, ab Arnulpho comite[4] rebus tuis esse[b] expoliatum, et ad nequitiae augmentum gladiis iurare compulsum: quod ablata nunquam repeteres, et huius tanti sceleris a nobis sibi veniam impetrares. Cognita itaque contumelia tibi immo beato Petro illata, valde doluimus; asserentes, fraternitatem tuam nullis iuramenti vinculis posse teneri, quae tam nefandissime coacta iuraverit. Unde et apostolica te auctoritate absolvimus, ut non tuae vel alicuius conscientiae ob[c] hoc videaris innexus.   Insuper etiam, eadem freti potestate, ne hoc in exemplum caeteris improbis audendi peiora sit futurum, fratri nostro Virdunensi episcopo[5] et aliis illius patriae beati Petri fidelibus summopere praecepimus: ut eum ut tyrannum et christianae religionis conculcatorem impugnent et armis tam carnalibus quam spiritualibus undique et ubique, quantum possunt, nisi digne satisfecerit, insequantur. Volumus itaque: ut praefatus episcopus prius quoscunque potest episcopos et reliquos sacerdotes sibi adiungat et illum Dei inimicum ad dignam satisfactionem convocet. Quodsi digne poenitere et ablata restituere noluerit, datis sibi 15 dierum induciis, introitu ecclesiae privetur. Et praefato modo iniuria beati Petri vindicetur usque ad satisfactionem.

a. *Edidit Baluzius Miscell. VII (Latetiae 1715) p. 126.*   b. *esse scripsi pro te ed.*   c. *sic correxit Baluzius ab cod.*

1. Ps. 10, 8.   2. subdiacono ecclesiae Romanae.   3. Cf. Reg. VII 13, 14 supra p. 396, 397.   4. de Chiny.   5. Theoderico.

35. *Aymerico vicecomiti clero et populo Narbonensi Dalmatium archiepiscopum commendat*[a][1].

Gregorius episcopus servus servorum Dei clero, vicecomiti Aymerico, nec non universo populo Narbonensi. 1080 (Dec. 23)

Apostolicam benedictionem libenter vobis[b] mandaremus, si, in apostolicae sedis reatum incurrisse vos, non cognosceremus. Verum, ubi ab eadem vos resipuisse excommunicatione cognoverimus et archiepiscopalem patri vestro Dalmatio obedientiam exhibere, benedictionem beati Petri mandabimus[c]. Sicut novit prudentia vestra, inimicus humani generis ecclesiam vestram malis et simoniacis pastoribus invasam quasi ius proprium longo tempore possedit. Sed condolentes necessitati et periculo vestro, bonum et legalem pastorem vobis praeficiendum censuimus, non aliunde sed per ostium id est per Christum intrantem[2]. Qui enim aliter, id est sine Christo, ingrediuntur, fures sunt et latrones, ad hoc constituti, ut gregem dominicum mactent et perdant[3]. Hic itaque, apostolicae sedis benedictione et auctoritate confirmatus, per exemplum laudandae conversationis suae et documentum praedicationis, quidquid culpa et iniuria malorum pontificum inter vos commissum est, Domino[d] auxiliante, poterit corrigere vosque bonus pastor summo Pastori devotissime commendare. Admonemus itaque prudentiam vestram, ut eum, quem Romana ecclesia vobis legaliter constituit, honeste et cum[e] benevolentia recipiatis et[f] ei sicut spirituali patri et archiepiscopo obedientiam et reverentiam impendatis, memores dominici sermonis fideles suos commendantis: *Qui vos audit, me audit; et qui vos spernit, me spernit*[4]. Neque enim vos ignorare volumus[g], quod, si quis vestrum, quod non speramus, obedientiam sibi contradixerit, iram Dei et vindictam beati Petri ad periculum suum provocabit; et sententiam excommunicationis, in Tolosana synodo a legatis nostris promulgatam, apostolica auctoritate con-

a. *Edidit* 1) *Labbeus Conc. X* 410, 2) *Catel Mém. de Languedoc p.* 782. b. om. 2. c. mandavimus 1. d. Deo 2. e. etiam 2 pro et cum. f. ut 2. g. voluimus 2.

1. Cf. Reg. VIII 16 supra p. 446. 2. Ioh. 10, 1. 3. Ioh. 10, 10. 4. Luc. 10, 16.

1080
(Dec. 28)

firmabimus. Qui vero obediens fuerit, gratia et benedictione eiusdem apostolicae sedis gaudebit.

---

36. *Rodulfo archiepiscopo Turonensi et Eusebio episcopo Andegavensi mandat, ut Berengarium sacerdotem defendant*[a].

c. 1080   Gregorius episcopus servus servorum Dei R(odulfo) Turonensium archiepiscopo et E(usebio) Andegavorum pontifici salutem et apostolicam benedictionem.

Audivimus, F(ulconem) comitem Andegavensem quorumdam instinctu, qui filio nostro carissimo B(erengario) sacerdoti inimicantur, in eius odium exarsisse. Quapropter fraternitati vestrae mandamus, quatinus ipsi comiti nostra vice praecipiatis, ut non ulterius supra dictum virum inquietare praesumat. Nec solum .... sed etiam contra omnes inimicos et perturbatores rerum ipsius vicem nostram ad ferenda illi auxilia suscipiatis, praecipiendo praecipimus ex auctoritate beatorum apostolorum Petri et Pauli. Valete. Et nulla ratione, quae praecipio, contemnite.

---

37. *Landrico episcopo Matisconensi praecipit, ut Cluniacensium privilegium confirmet et cum Hugone abbate pacem servet*[b].

c. 1081   Gregorius episcopus servus servorum Dei dilecto in Christo fratri Landrico Matisconensi episcopo salutem et apostolicam benedictionem.

Mirari valde compellimur, quomodo fraternitas[c] tua, persuasione clericorum sicut audivimus, in confirmatione privilegiorum Cluniensis ecclesiae episcopo Albanensi[1] legationem nostram ferenti inobediens extiterit; praesertim cum, etiamsi aliquid, quod non credimus, inconsultius tibi irrogare voluisset, quicquid esset, pro reverentia apostolicae sedis ferre decuisset. Itaque, propter bonam vitam et pastoralem vigilantiam, qua circa ecclesiam tibi commissam desudas, hanc culpam suppor-

a. *Edidit ex ms. cod. 152 bibl. Paris. fol. 39 Brial in Recueil des hist. XIV 637.*
b. *Legitur 1) in Bullario Cluniacensi p. 21, 2) ap. Severtium Chronologia Lugdunensis archiepiscopatus II 113.*   c. firmitas 2.
     1. Petro.

tantes, praecipimus tibi: quatenus, vocatis de melioribus mo- c. 1081
nachis Cluniensis ecclesiae, ad communem locum inter Matis-
conem et Cluniacum venias, ut in praesentia illorum praedictum
privilegium confirmes; et sic, in episcopali officio restitutus, adiuvante Domino populum tuum valeas consolari.   De caetero
fraternitatem tuam paterno affectu, quo eam amplectimur, admonemus: ne improbitati vel levitati clericorum tuorum ulterius
credulus existas; sed meis, qui te non tua diligo, potius quam
illorum consiliis acquiescas. Quod si feceris, scias profecto, quod
nos, ecclesiam tibi commissam praeiudicium sustinere, nullatenus
patiemur.   Interim autem sine omni inquietudine et discordia
vos et abbas Cluniensis[1] pacifice maneatis, donec coram vicario
nostro[a] Diensi episcopo[2] huiusmodi lis religiosarum personarum
consilio terminetur; aut, si illud non potuerit[b] fieri, nos, utraque parte vocata et causa diligenter discussa, auxiliante gratia
Dei, ei[c] finem congruum imponere valeamus.   Clerici autem,
qui spiritu superbiae ducti contra legatum nostrum Albanensem
episcopum turbam fecerunt, et archiepiscopum Viennensem[3], a
Cluniaco revertentem, ablatis rebus suis contumeliose invaserunt,
apud Cluniacum nudis pedibus ante altare sancti Petri satisfaciant; et sic, emendatis moribus, absolvantur.

38. *Canonicos S. Martini Turonenses hortatur, ut ad Rodulfi*
  archiepiscopi obsequium redeant, legatis suis obediant, Ful-
  conis comitis Andegavensis societatem vitent[d].

Gregorius episcopus servus servorum Dei canonicis Sancti 1082?
Martini Turonensis.

Quia legatis nostris et archiepiscopo vestro[4] vos[e] non obedire, sed insuper eum expulisse[5] audivimus, et ab eis vos esse
excommunicatos ob culpam vestram didicimus, idcirco salutem et
apostolicam benedictionem vobis[f] mittere ausi non fuimus. Cuius
rei indignos vos existere, profecto plus vobis ipsi dolemus. Nam,
si animarum vestrarum curam gereretis, omnino nec illud prae-

a. *om.* 2.   b. poterit 2.   c. ei *addidi.*   d. *Edidit ex cod. S. Albini Mabilio*
Annal. ord. S. Benedicti V 176 (*al.* 165).   e. vos *addidi.*   f. vobis *addidi.*
  1. Hugo.   2. Hugone.   3. Warmundum.   4. Rodulfo.   5. a. 1081.

1082? sumere nec post flagitium tam diu in impoenitudine manere consilium haberetis. Quapropter, paterna vos allocutione monentes, ex parte beati Petri praecipimus: ut, de tanto facinore digne satisfacientes, praedictum fratrem nostrum archiepiscopum ad ecclesiam suam cum honore reducere procuretis; ac deinceps ei, paternalem sicut decet obedientiam et reverentiam exhibentes, obedire nullatenus detrectetis. Praecipimus etiam vobis: ut res tam ipsius archiepiscopi quam canonicorum Sancti Mauricii[1] in integrum restituatis; atque legatis nostris de cetero debitam obedientiam exhibentes, et ab ipso comite excommunicato Fulcone[2] et ab omnibus excommunicatis vos custodire vigilanter studeatis. Quodsi nec his etiam mandatis salubriter obedire volueritis, sententiam anathematis in vos confirmantes, apostolicae ultioni vos subiacere decernimus.

39. *Richardo cardinali et abbati Massiliensi praecipit, ut excommunicatos monachos Moissiacenses absolvat*[a].

1082?   Gregorius episcopus servus servorum Dei R(ichardo) venerabili sanctae Romanae ecclesiae cardinali et abbati Massiliensi salutem et apostolicam benedictionem.

Pervenit ad nos, quod monachos illos[3], qui ecclesiam sancti Saturnini[4] non sine licentia proprii abbatis[5] acceperant ac deinde, compellente eos iussu maioris abbatis Cluniacensis[6], eandem dimiserant, tua fraternitas illos, posteaquam satisfacientes exierint, excommunicavit. Quod si ita est, non parum de prudentia tua miramur. Unde volumus atque praecipimus: ut tam illos ab excommunicationis vinculo solvas, quam et de caetero, ne tam leviter in religiosos viros huiusmodi sententiam feras, summopere cavere procures. Quid est enim aliud, quam auctoritati derogari, indiscrete vel temere in quasque honestas personas auctoritatis licentia uti? Quod ut de futuro vigilanter attendas solliciteque provideas, iterum iterumque monemus.

a. *Edidit Baluzius Miscell. VII (Lutetiae* 1715) *p.* 127.
1. Turonensium.   2. comite Andegavensi.   3. Moissiacenses.
4. Tolosanam.   5. Hunaldi abbatis Moissiacensis.   6. Hugonis.

40. *Robertum I comitem Flandriae monet, ne Lamberto ecclesiae Tarvannensis invasori opem ferat*[a].

G(regorius) episcopus servus servorum Dei R(oberto) glorioso Flandrensium comiti salutem et apostolicam benedictionem.   1082?

Notum tibi esse non dubitamus, quantum nos hactenus nobilitatem tuam dilexerimus, cuius[b] industriam inter ceteros Franciae principes satis honesta fama commendabat. Unde, quia bonis studiis tuis congratulamur, cum contraria de te referuntur, multum profecto dolemus.   Audivimus nuper: te cuidam clerico sacrilego Lamberto, qui publice Tarvanensem episcopatum mercatus est, contra voluntatem clericorum illi ecclesiae imposito immo ab eis omnino iam pridem repudiato, assensisse; eique adiutorium et potestatem ecclesiam invadendi praestitisse. De qualibus ipsa Veritas dicit: *Qui non intrat per ostium in ovile ovium sed ascendit aliunde, ille fur est et latro*[1]; et beatus papa Leo[2]: *Non habeatur inter episcopos, qui non fuerit a clero electus et a populo expetitus.* Oportet ergo prudentiam tuam, divinae maiestatis omnipotentiam et districtionem prae oculis incessanter habere, nulliusque mortalium gratiam vel timorem illi praeferre, cui et vitam et salutem et honorem tuum non ambigis te debere.   Ergo, quia te audivimus admonitu fidelitatis, quam regi Philippo feceras, ad id periculose esse inductum, ex parte omnipotentis Dei praecipimus: ut, si predictus Lambertus tam nefariis modis ad episcopatum prorupit, nullatenus ei sacerdotalem obedientiam vel reverentiam exhibeas; sed a male mercata et invasa sede alienum et extorrem facere, praefatis clericis amminiculando, procures. Non enim te decet aestimare, illa te adiuratione ad tam gravissimum scelus adstringi; quia perniciosius est, illum per quem iuratur quam cui iuratur, et Deum quam hominem offendere. Simul ipse satis perpendis, quia plus debetur animae quam corpori; et tunc profecto fidelitas perspicue magis servatur iubenti, quando salus animae eius,

---

a. *Legitur in Galliae Christian. T. X instr. p.* 393 *ex schedis Martenii.*   b. cui *ed.*
1. Ioh. 10, 1.   2. I in ep. ad Rusticum, Regesta pont. Rom. n. 320; cf. Gratiani Decr. P. I D. 62 c. 1: „Nulla ratio sinit, ut inter episcopos habeantur, qui nec a clericis sunt electi nec a plebibus expetiti".

1082? corporeis commodis et iniquis praelata iussis, magis attenditur. Age ergo: ut non pro homine supplicium, sed pro Dei timore expectare debeas praemium. Atque sic praedictis clericis, qui promotioni illius libere ex parte Dei contradixerunt, opitulari eosque defendere procures, ut, quanto te gratia divina altius sublimavit, tanto magis et bonis fiduciam et pravis terrorem praebeas, ceterisque principibus te imitabilem reddas.

Plumbeo sigillo idcirco signari litteras istas noluimus, ne, si forte caperentur ab impiis, eodem sigillo posset falsitatis quippiam fieri.

---

41. *Tarvannenses et Robertum I comitem Flandriae hortatur, ut Lambertum Tarvannensem pro invasore habeant*[a].

1082? G(regorius) episcopus servus servorum Dei clero et populo Tarvanensis ecclesiae, praecipueque nobili comiti R(oberto), salutem et apostolicam benedictionem, si obedierint[b].

Sicut aliis litteris misimus, non ignorat sollertia tua, nos iam dudum te satis diligere, propterea quod te bonis studiis inter ceteros Franciae principes, fama ferente, audivimus eminere. Nam potioris erga te dilectionis habendae causa nobis haec extitit, quia te christianae religionis amatorem ecclesiasticaeque disciplinae et honoris suffragatorem ac defensorem in quibusdam cognovimus. Unde, cum a solita probitate contraria forte audivimus, quantum doleamus, prudentia tua satis perpendit. Nuper vero de te quoddam nobis innotuit, quod, sicut a priscis moribus tuis alienum, ita quoque penitus credere visum fuit indignum; videlicet quod, contradicentibus Tarvanensis ecclesiae clericis renitentibusque, tua protectione auxilioque fretus quidam Lambertus illius ecclesiae sedem invaserit. Qui publice simoniacus, aperte[c] divini muneris emptor, quanto se in tali negotio turpiorem et impudentiorem ostendit, tanto tuum non favorem, sed zelum, non opem, sed repulsionem experiri debuit. Verum quia obstante rege[1], sub specie timoris ne peierares, ad id mali in-

---

a. *Legitur in Galliae Christ. T. X instr. p. 895.*　　b. obierint *ed.*　　c. a parte *ed.*

1. Philippo I.

ductus fuisse diceris, idcirco iam pridem et nunc litteris te ad- 1082?
monere censuimus: quatinus, vanum timorem abiciendo, quod
iure metuendum videtur, attenderes. Noverit ergo prudentia tua,
fidelitatem terreno domino tunc non recte servari, cum coelestis
Domini et creatoris gratia per illam probatur offendi; et, si
corpori, multo amplius animae, si mortali homini, multo maxime
sempiterno Deo fidem et devotionem deberi. Proinde tam nobilitati tuae quam et praefatae ecclesiae clero et populo ex parte
beati Petri praecipimus: ut praedicto Lamberto nullam episcopalem reverentiam exhibeatis; sed ipsum, velut furem et latro-
nem existimantes, ab invasa sede propellere, fautoresque ipsius,
donec resipuerint, cohibere procuretis. Quodsi se praedictus invasor ferre praeiudicium dixerit et, de re sua non ita esse[a], ut
dicitur, se posse probare existimaverit, audientiam legati nostri
Diensis immo Lugdunensis archiepiscopi[1] petat; quatenus — per
competentem illius discussionem iustumque iudicium — obtinere,
quod postulat aequitas, valeat.

---

42. *Roberto I comiti Flandriae praecipit, ut Lambertum ab ecclesia Tarvannensi amoveat, clericosque de exsilio revocet[b].*

G(regorius) episcopus servus servorum Dei R(oberto) glorioso 1082?
Flandrensium comiti, dilecto in Christo filio, salutem et apostolicam benedictionem.

Iam saepius excellentiae tuae scripsimus super causa clericorum Tarvanensis ecclesiae E(rnulfi) praepositi, S. decani, I.
diaconi et reliquorum, quos — malignorum mortiferis suggestionibus — bonis propriis privatos, in exilium pro obedientia apostolica detrusisti: ut eos ad integrum, sicut iustum est, restau-
rares; et illum haereticum L(ambertum) depositum et excommunicatum amplius non sustentares, sed magis ecclesiam captivatam
de eius tyrannide et oppressione liberares. Quod quia, sicut illi
adhuc lacrimabiliter conqueruntur, nondum pleniter peregisti,
crebris querimoniis eorum fatigati, adhuc nobilitati tuae man-

---

a. esset *ed.*   b. *Legitur in Galliae Christ. T. X instr. p.* 395.
1. Hugonis.

1082? damus et ex parte Dei et apostolorum principis praecipimus: ut ecclesiam de praedicto antichristi membro eripias, clericisque praefatis sua omnia clementer restituas, et gratiam tuam pristinam eis habere permittas; ut Deus omnipotens tibi suam gratiam hic et in futuro saeculo tribuat, et beatus Petrus, ad cuius praesentiam confugium fecerunt, ianuas coeli post huius vitae felicem terminum tibi aperiat.

---

43. *Ugoni episcopo Diensi et Richardo abbati Massiliensi mandat, iudicent inter ecclesiam Aquensem et eius adversarios* [a].

1082?   G(regorius) episcopus servus servorum Dei U(goni) Diensi episcopo et R(ichardo) cardinali et abbati [1] salutem et apostolicam benedictionem.

Aquensis archidiaconus A(rnaldus) queritur: quod archiepiscopus W(illelmus) [2] et A(matus) [3] legatus noster nec non episcopus Vasatensis [4] insurgunt adversus ecclesiam suam, et ecclesias quasdam eiusdem episcopatus sui auferunt et violenter invadunt. Ausciensis quoque archiepiscopus et Amatus episcopus litteris suis nobis significavere [b] ab Aquensibus, easdem ecclesias proprietati Olorensis ecclesiae ab antiquo tempore pertinuisse. Unde fraternitati vestrae iniungimus: ut, si potestis ambo, sin autem, unus in competenti loco eorum negotium audiat atque, canonicis rationibus diligenter utrimque perscrutatis, Deo placentem et iustitiae congruum finem imponat.

---

44. *Hugoni archiepiscopo Lugdunensi scribit de Odonis I episcopi Baiocensis captivitate* [c].

1083   Gregorius episcopus servus servorum Dei dilecto in Christo fratri H(ugoni) Lugdunensi archiepiscopo salutem et apostolicam benedictionem.

Ad notitiam tuam pervenisse non dubitamus, qualiter Anglorum rex [5] in fratrem et coepiscopum nostrum Baiocensem [6] contra

a. *Edidit Brial in Recueil des historiens XIV* 186.   b. diverse *excidisse videtur.*
c. *Edidit e ms. cod. bibliothecae Paris.* 1458 *Brial in Recueil des historiens XIV* 666 n. c.
1. Massiliensi.   2. Ausciensis.   3. ep. Elorensis.   4. Raimundus II.
5. Willelmus I.   6. Odonem I.

fas et honestum ausus est manum mittere[1] eumque contra re- 1083
giam modestiam reverentiamque sacerdotalem impudenter captum
et impudentius adhuc in custodia ......

---

45. *De Figiacensi et Conchensi monasteriis decernit, ut, uter ab-*
batum superstes fuerit, utrique monasterio praesit[a].

Gregorius episcopus servus servorum Dei dilectis in Christo 1084
fratribus in Conchensi[2] et Figiacensi[3] monasterio habitantibus Ian. 7
salutem et apostolicam benedictionem.

In discussione negotii vestri diu multumque laborantes, intelleximus, Figiacensem locum subesse debere monasterio Conchensi et cohaerere sibi sicut capiti membrum, secundum dispositionem eorum, qui eadem loca construxerunt. Verum, quia
uterque abbas auctoritate et praecepto apostolicae sedis ordinationem suscepit, paci et concordiae utrinque providentes, adiudicavimus: ut ambo loca illa his rite ordinatis regantur abbatibus; eo videlicet pacto, ut, si Stephanus abbas Conchensis prius
obierit, Ayraldus Figiacensis sibi succedat, et tam ipse quam
monachi Figiacenses caput suum Conchense monasterium deinceps recognoscant; et, sicut uni abbati subdendi sunt, ita uni
professionem monasterio, videlicet Conchensi, faciant. Quodsi
Figiacensis prius decesserit, nihilominus adiudicavimus, Figiacensem ecclesiam Conchensi monasterio in perpetuum uniri, atque,
sopita omni lite et controversia, uni dumtaxat abbati, scilicet
Conchensi, per omnia subdi; sitque hoc perpetua stabilitate firmum et inconvulsum: ut, eo defuncto, videlicet qui nunc est
Figiacensis, Conchensis abbas a communi congregatione eligatur,
et utrique loco praesit secundum regulam sancti Benedicti. Admonemus itaque et apostolica auctoritate interdicimus: ut contra
huius definitionis tenorem nullus agat seu in aliquo contraire
praesumat; et sicut salubriter ac discrete provisum est, permanere permittat. Si vero aliquis, quod non speramus, definitioni

---

a. *Legitur in Gallia Christ. II* 241.

1. Cf. Registri L. VIII ep. 60 supra p. 518.   2. d. Ruthenensis.
3. d. Cadurcensis.

1084
Ian. 7
nostrae contraire tentaverit, si abbas vel episcopus est, proprii
ordinis periculo subiacebit; si vero monachus laicusve fuerit,
absque dubio excommunicabitur. Datum Romae 7 Idus Ianuarii,
anno 11 pontificatus domni papae Gregorii VII, anno videlicet
dominicae incarnationis 1084, indictione 7.

---

46. *Omnibus fidelibus demonstrat, in malis ideo se versari, quod
ecclesiam nolit in servitutem redigi. Auxilium poscit. Legatos suos commendat*[a].

1084
Gregorius episcopus servus servorum Dei omnibus in Christo
fidelibus apostolicam sedem re vera diligentibus salutem et apostolicam benedictionem.

Pervenit, fratres karissimi, pervenit ut estimamus ad notitiam vestram, quia nostro tempore innovatum est, quod in psalmis inquirendo dicitur: *Quare fremuerunt gentes, et populi meditati sunt inania? Astiterunt reges terrae, et principes convenerunt in unum adversus Dominum et adversus christum eius*[1].
Principes enim gentium et principes sacerdotum cum magna
multitudine convenerunt in unum adversus Christum, omnipotentis Dei filium, et adversus apostolum eius Petrum, ut christianam religionem extinguerent et hereticam pravitatem pro-
pagarent. Sed Deo miserante illos, qui confidunt in Domino,
nullo terrore nullaque crudelitate[b] vel mundanae gloriae promissione ad suam potuerunt deflectere impietatem. Pro nulla quippe
alia qualibet ratione contra nos inique conspirantes manus erexerunt, nisi quia periculum sanctae ecclesiae noluimus silentio
praeterire et his . . . . . ., qui eandem sponsam Dei non erubescunt in servitutem redigere. In omnibus enim terris licet etiam
pauperculis mulierculis, suae patriae lege suaque voluntate virum
accipere legitime; sanctae vero aecclesiae, quae est sponsa Dei
et mater nostra, non licet secundum impiorum votum et detestabilem consuetudinem, divina lege propriaque voluntate suo sponso
legaliter in terris adherere. Non enim pati debemus, ut filii san-

a. *Legitur ap. Hugonem Flaviniac., Mon. Germ. SS. VIII 464.* b. credulitate *ed.*
1. Ps. 2, 1. 2.

ctae ecclesiae hereticis adulteris et invasoribus quasi patribus 1084
subiciantur atque ab eis velut adulterina infamia notentur. Hinc
multa mala, diversa pericula et inaudita crudelitatis scelera qualiter sint exorta, a nostris legatis luce clarius veraque relatione
potestis addiscere; et si re vera doletis et contristamini de ruina
christianae religionis et confusione eique vultis manum praebere
adiutorii, intrinsecus certo tacti dolore, ab eisdem instrui satis
potestis. Sunt enim beato Petro fidelissimi et inter primos domus eius unusquisque in suo ordine adnumerati, qui nullo terrore
nullaque temporalium rerum promissione potuerunt in aliquo ab
eius fidelitate et defensione avelli et a gremio sanctae matris
aecclesiae separari.

Sed quia, sicut novit vestra fraternitas, licet indigno et
peccatori divinitus per prophetam dicitur: *Super montem excelsum*[1] et reliqua, et iterum: *Clama, ne cesses*[2], velim nolim,
omni postposita verecundia, timore quoque vel alicuius terreno
amore, euangelizo; clamo clamo et iterum clamo, et adnuncio
vobis: quia christiana religio et vera fides, quam filius Dei de
coelo veniens per patres nostros nos docuit, in secularem versa
pravam consuetudinem, heu proh dolor ad nichilum pene devenit
et, inmutato antiquo colore, cecidit non solum in diaboli verum
etiam in Iudeorum Sarracenorum atque paganorum derisionem.
Illi enim leges suas — licet hoc tempore ad nullam animarum
salutem utiles, nullisque miraculis, sicut lex nostra aeterni regis
frequenti attestatione, clarificatas et corroboratas — prout credunt, observant. Nos autem, seculi inebriati amore et vana decepti ambitione, omni religione et honestate cupiditati atque superbiae postpositis, exleges et quasi fatui videmur; quia praesentis
vitae et futurae salutem et honorem sicut patres nostri non habemus nec etiam, sicut oportet, speramus. Et si sunt aliqui,
licet rarissimi, qui Deum timeant, pro se utcumque non pro
communi fratrum salute decertant promta voluntate. Qui vel
quot sunt qui pro timore vel amore omnipotentis Dei, in quo
vivimus movemur et sumus[3], tantum desudent vel usque ad

1. Isai. 57, 7.   2. Isai. 58, 1.   3. Act. 17, 28.

1084 mortem laborent, quantum seculares milites pro dominis suis vel etiam pro amicis et subditis? Ecce multa milia hominum secularium pro dominis suis cotidie currunt in mortem; pro coelesti vero Deo et redemptore nostro non solum in mortem non currunt, verum etiam quorumdam hominum inimicitias subire contempnunt. Et si sunt aliqui, — immo Deo miserante sunt, licet perpaucissimi — qui in faciem impiis usque ad mortem resistere pro amore christianae legis contendunt, non solum a fratribus, ut dignum est, non adiuvantur, sed etiam inprudentes et minus discreti ut dementes habentur. Sed quia hec et his similia specialiter inminent nobis ut vobis indicemus, quatenus Deo largiente vicia possimus a cordibus fratrum avellere et virtutes in eis plantare, rogamus et obsecramus in domino Iesu, qui nos sua morte redemit: ut tribulationes et angustias, quas patimur ab inimicis christianae religionis, cur et qualiter patiamur, diligenter investigando intelligatis. Ex quo enim dispositione divina mater aecclesia in trono apostolico me valde indignum et Deo teste invitum collocavit, summopere procuravi, ut sancta aecclesia sponsa Dei, domina et mater nostra, ad proprium rediens decus, libera casta et catholica permaneret. Sed quia hosti antiquo hec omnino displicent, armavit contra nos membra sua, ut omnia in contrarium verteret. Ideo in nos immo in apostolicam sedem tanta fecit, quanta facere a tempore Constantini Magni imperatoris nequivit. Nec valde mirum; quia, quanto plus antichristi tempus appropinquat, tanto amplius christianam religionem extinguere decertat.

Nunc autem, fratres mei karissimi, diligenter quae vobis dico audite. Omnes, qui in toto orbe christiano censentur nomine et christianam fidem vere cognoscunt, sciunt et credunt: beatum Petrum, apostolorum principem, esse omnium christianorum patrem et primum post Christum pastorem, sanctamque Romanam aecclesiam omnium aecclesiarum matrem et magistram. Si ergo hoc creditis et indubitanter tenetis, rogo vos et praecipio ego, qualiscumque frater et indignus magister vester, per omnipotentem Deum: adiuvate et succurrite praedicto patri vestro

et matri, si per eos absolutionem omnium peccatorum et bene-   1084
dictionem atque gratiam in hoc seculo et in futuro habere desideratis.   Omnipotens Deus, a quo bona cuncta procedunt,
mentem vestram semper illuminet eamque sua dilectione ac
proximi fecundet; ut mereamini, praefatum patrem vestrum et
matrem certa devotione debitores vobis facere et ad eorum societatem sine verecundia pervenire.   Amen.

47. *Altmanno episcopo Pataviensi „concedit, ut presbyteros in*
     fornicationem lapsos, si vere penituerint, in pristinum gra-
     dum restituat; si negligentes et inutiles fuerint, eos penitus
     abiciat" [a].

Gregorius episcopus servus servorum Dei dilecto in Christo   1073
fratri Altmanno Pataviensi episcopo salutem et apostolicam bene- |
dictionem.   1085

Interrogavit nos religio vestra de sacerdotibus in fornicationem lapsis aliisque criminibus irretitis, consulens, quidnam
de illorum gradu foret censendum . . . .

48. *Altmanno episcopo Pataviensi „epistolam pro tuenda ec-*
     clesiae libertate mittit" [b].

Gregorius episcopus servus servorum Dei dilecto in Christo   1073
fratri Altmanno Pataviensi episcopo salutem et apostolicam bene- |
dictionem.   1085

Quia te credo sincero corde amare pro Deo sanctae ecclesiae honorem et libertatem, volo et praecipio, ut summopere cum
clericis his vel laicis, qui ad hoc apti videntur, procures, ut
sponsa Christi amplius non habeatur ancilla . . . . . .

49. *Episcopum Rotomagensem et Gallicos omnes ad destruen-*
     dam simoniam hortatur [c].

. . . . Si quis dator vel acceptor Dei ecclesias vel ecclesia-   1073
stica beneficia, quae quidem praebendas vocant, sub pecuniae |
    1085

    a. *Hoc epistolae fragmentum legitur in Altmanni ep. Pataviensis vita ed. Watten-*
bach in Mon. Germ. SS. XII 238.   **b.** *Legitur hoc fragmentum in Altmanni ep. Pat.*
vit. ed. Wattenbach in Mon. Germ. SS. XII 238.   **c.** *Fragmentum hoc habetur in Gra-*
tiani Decr. P. II C. I q. 3 c. 2.

1073
|
1085
interventu susceperit, sive dando emerit, sive accipiendo vendiderit, a Simonis non excluditur perditione; sed si perseverans fuerit, perpetua mulctetur damnatione. Nam qui sub religionis obtentu Deo famulari voluerit, si quid accipit, et meritum perdit et beneficio accepto frustratur. Rationis ergo vigore cogitur, quod iniuste receperit, restituere et, quidquid turpis lucri gratia receperat, non tenere. ....

50. *Wimundo episcopo Aversano scribit, consuetudinem veritati postponendam esse*[a] [1].

1073
|
1085
.... Si consuetudinem fortassis opponas, advertendum est, quod Dominus dicit: *Ego sum veritas et vita*[2]. Non dixit: *Ego sum consuetudo*, sed: *veritas*. Et certe, ut beati Cypriani utamur sententia, quaelibet consuetudo, quantumvis vetusta, quantumvis vulgata, veritati omnino est postponenda; et usus, qui veritati est contrarius, abolendus. ....

51. *Altmanno episcopo Pataviensi „rigorem canonum pro tempore flecti permittit"*[b].

1081
|
1085
Gregorius episcopus servus servorum Dei dilecto in Christo fratri Altmanno Pataviensi episcopo salutem et apostolicam benedictionem.

Ex quo a nobis discessisti, frater karissime, aliquotiens legatos ex tuo nomine ad nos venisse meminimus. ....

a. *Legitur hoc fragmentum in Gratiani Decr. P. I D. 8 c. 5.*   b. *Est fragmentum hoc in Altmanni vita ed. Wattenbach, Mon. Germ. SS. XII* 238.

1. De hoc fragmento cf. Berardum, Gratiani canones T. II π 344.
2. Ioh. 14, 6.

BONITHONIS EPISCOPI SUTRINI LIBER
AD AMICUM.

Bonitho sive Bonizo, unus sectatorum Gregorii VII papae ardentissimus, Italus fuit certe; sed quo loco ortus, quando natus sit, quem vitae cursum confecerit ante annum 1078, paene omnino obscurum est. Tantum quod tenemus, eum ecclesiae Sutrinae praefectum episcopum esse; inscii, hoc munus gerere quo tempore coeperit[1]. Misit autem anno 1078 episcopum papa in 1078 *Langobardiam, tum discordiarum Paterinarum tempestate iactatam; qua fungens legatione, Bonitho Cremonae translata ossa sanctorum Petri et Marcellini die 12 m. Maii sacravit in eccle-* Mai. 12 *sia S. Thomae[2]. Unde regressus Romam, episcoporum conventui, in quo de formanda Berengarii Turonensis professione a Gre-* Nov. 1

1. Varii Bonizones ante annum 1078 comparent: B o n i z o p r e s b y t e r et s a c r i s t a (Placentinus) in tabula Dionysii episcopi Placentini, d. 1056 Dec. 3, ap. Campi Hist. di Piac. I 514—515; B o n i z o a b a s S. P e t r i d e C a m p o in tabula Mathildis comitissae d. 1072 Iun. 7 ap. Muratori Ant. It. med. aevi II 955; B o n i z o c a n o n i c u s e t s u b d i a c o n u s (A r e t i n u s) in tabula d. 1073 Iunio, ap. Mittarelli Annal. Camaldul. II app. p. 244; B o n i z o s u b d i a c o n u s (P l a c e n t i n u s), quem cum Dionysio episcopo Placentino litigavisse exeunte anno 1074, docet Gregorii VII Reg. II 26 supra p. 139. Ex quibus quidem Bonizonibus aliquem putare eundem ac Bonizonem episcopum Sutrinum, fidentius est quam tutius; cum praesertim ne id quidem compertum sit, quo anno Bonitho susceperit episcopatum.

2. Haec refert Cavitellius (Cremonenses annales, Cremonae 1588 p. 34 ᵇ) verbis his: „Et anno 1078 die duodecima Maii opera ac sumptu Gulielmi abbatis et Guidonis prioris monachorum divi Benedicti Cremonam (ibi praesule Arnulpho ac Odone abbate S. Laurentii) ossa divorum Petri et Marcellini translata fuerunt et reposita in aede divi Thomae — ac sacrata per Bonitium episcopum Sutrinum ac legatum apostolicum“. Nec sine erroribus hac relatione usus est Ughelli IV 598.

1078
Nov. 1

gorio agebatur, die 1 m. Novembris interfuit[1]. *Neque vero rursus de rebus ab eo exinde gestis memoriae proditum quidquam est usque ad fatalem eius annum 1082.*

1082

Etenim paschali anni huius ieiunio cum Romam Heinricus IV oppugnatione premeret, Bonitho, e Sutria excussus ab adversa

c. Apr. 24

factione[2], *in regis manus incidit circiter die 24 m. Aprilis*[3]. *Elapsus quidem postea vinculis est, sed Sutrina sua sede amissa in omnem vitam*[4], *conflictatus valetudine infirma*[5], *varia exsilii mala sustinuit. Et propter egestatem haud paucos episcopos adiisse frustra videtur. Namque „de susceptione episcopi a sede sua pro catholica fide expulsi" agens in uno ex suis operibus*[6]: *„Scio" inquit stomachosius „quosdam ex fratribus, qui — antequam amicus dicere valeat — se pauperes esse et sub magno foenore iacere conqueruntur; ut audiens amicus ab eis aliquid petere desistat. Hi solent dicere infirmis confratribus: „„Argentum et aurum non est meum; quod autem habeo, hoc tibi non do" "*[7].

At maxime verisimile est, eum Mathildis comitissae, studiosissimae rei papalis defenstricis, hospitio fruitum esse. Huic

---

1. V. Berengarii relationem ap. Martene Thesaur. IV 103 (Mansi Conc. XIX 761): „Scriptum istud, cum Romae apud papam moram facerem, in conventu episcoporum, quem habuit in festivitate omnium sanctorum (1078 Nov. 1), vociferatione multa omnibus pronunciari fecit .... mecum sentientibus in eis, qui cum papa erant, episcopo Portuensi, episcopo Sucirensi" (lege: „Sutriensi") ....   2. Bernoldi chron. 1089 (Mon. Germ. SS. V 449): „Bonizo piae memoriae Sutriensis episcopus, set inde pro fidelitate sancti Petri iam dudum expulsus, tandem post multas captiones, tribulationes et exilia a Placentinis catholicis pro episcopo recipitur" cet.   3. Bernoldi chron. 1082 (l. l. p. 437): „Igitur Heinricus, capto venerabili episcopo de Sutria aliisque nonnullis, suoque apostata Guiberto in Tiburtina urbe ad infestandos Romanos derelicto, ipse Longobardiam (post Apr. 24) revertitur".   4. V. Bernoldi chron. 1089 l. l. Cf. supra n. 2.   5. V. Bonithonis Decreti L. V c. 120 (ap. Mai Novae patrum bibl. T. VII III p. 54): „Fortissimum enim ieiunium est validis: panis et aqua; minus validis: panis et virentes herbae et poma, cum modica vini potione; debilibus vero panis et vini et cocta pulmentaria; infirmis vero, de quorum numero ego sum, non est lex posita".   6. in Decreti L. II c. 22 (l. l. p. 11).   7. Cf. Act. apost. 3, 6: „Petrus autem dixit: „„Argentum et aurum non est mihi; quod autem habeo, hoc tibi do" ".

enim feminae destinatus ab eo liber est, quem, formatum paulo
post Gregorii VII mortem (1085 Mai. 25) A d a m i c u m in-
scripsit; de quo accuratius infra dicendum est. Praeterea retulit
Ughellius[1]*, Bonithonis „honorificam mentionem exstare in quo-*
dam comitissae Mathildis privilegio anno 1086; a qua illum 1086
ob egregias animi dotes magno in honore habitum esse“. Quin
etiam Mantuae eodem anno apud Mathildem fuisse Bonithonem,
definite traditum est.

Nam cum Anselmus II episcopus Lucensis Mantuae gra-
viter aegrotaret pluresque episcopi eo convenissent, die 17 m. Mart. 17
Martii Bonitho ex urbe casu discessisse narratur. Mortuo autem
homine postridie, reversus celeriter[2]*, in sepulturae loco deligendo* Mart. 18
momentum fecit. Anselmus enim, in quo non solum animi verum
etiam vestimentorum modestia ab ipso Bonithone praedicata est[3]*,*
vota saepe fecerat, ut in Padolironensi S. Benedicti coenobio,
in Padi ripa sito, conderetur. Itaque iam egrediebatur ad mo-
nasterium pompa funebris, cum repente Bonitho intercedit: ne
episcopus humetur usquam nisi in episcopali sede; non decere
abstrudi tantam lucem; qui se ipse demiserit, eum merito ex-
tollant superstites oportere. Quae quidem admonitio id effecit,
ut omnium assensu Anselmus sepeliretur in cathedrali ecclesia
Mantuana[4]*.*

Omnino autem post iacturam sedis episcopalis Bonithonem

1. Ughelli I 1275. 2. Bardonis vita Anselmi ep. Luc. c. 41 (Mon.
Germ. SS. XII 25): „Sutriensis quoque pridie (Mart. 17) recesserat, sed
mox post transmigrationem ipsius (Anselmi, Mart. 18) eodem die affuit
opportunus“. 3. in Decreti L. II c. 9 (l. l. p. 9) ubi agit „de iis, qui
ex monachis fiunt episcopi“: „Scio“ inquit „nostris temporibus sanctum
Anselmum Lucensem episcopum, quem Deus post mortem multis et variis
et magnis glorificavit miraculis, humilitatem, quam gestabat in corde, usque
dum vixit, vestium propalasse in habitu“. 4. Bardonis vita Anselmi
c. 40 (l. l. p. 24): „Et cum concedentibus episcopo (Ubaldo Mantuano) atque
comitissa (Mathildi) — iam deferretur ad monasterium corpus, affuit subito
reverendissimus Sutriensis episcopus domnus Bonizo, quem Spiritus sanctus
suscitavit, ut clamaret, dignum esse, ut in episcopio episcopus sepeliretur.
„„Tanta““ inquit „„lucerna non decet ut abscondatur; ipse adhuc vivens
tamquam indignum se humiliavit, nos autem ut vere dignum exaltare
oportet hominem, quem fuisse scimus sanctissimum““.

videmus et litteras non indiligenter tractasse et in multitudine concitanda operam navasse eximiam.

Librum enim, qui Ad amicum inscribitur quemque iam ante attigi, subsecutus est is, qui evanuisse videtur, in Hugonem schismaticum[1] editus. In quo opere cum „de Urbani II actis et de eius victoria" sese egisse tradiderit ipse Bonitho[2],

1089 *id aut anno 1089 aut paulo post eum annum expeditum est, propterea quod non posse dubitari videtur, quin Urbani illa victoria significet Wiberti antipapae e Roma expulsionem post d. 8 Iunii a. 1089 factam[3].*

Absolvit etiam postea[4] libros duos. Quorum alterum perpaucarum pagellarum libellum de sacramentis, dedicatum Gualterio monacho et priori coenobii Lenensis[5], in dioecesi Brixiensi siti, edidit Muratorius in Antiquitatum Italicarum dissertatione 37 (Mediolani 1740) T. III 599 — 604. Amplius graviusque opus alterum est de iure canonico, flagitante Gregorio sacerdote conscriptum[6]; quod cum in codicibus certo titulo non sit notatum, Maius, excerpta eius edens in Novae patrum

---

1. Hugonem Candidum. 2. in Decreti L. IV c. 109 (l. l. p. 46) verbis his: „Urbani vero pontificis acta et de eius victoria si quis scire voluerit, legat librum quem scripsi in Hugonem schismaticum; et ibi inveniet ad plenum lucidata, quae voluerit". De eodem opere in libro de sacramentis (ap. Muratori Antiqu. Ital. dissert. 37, T. III 602) dicit Bonitho ad hunc modum: „Qualiter vero (Clemens) primus sit per electionem Petri et tertius in gradu, si quis gnarus esse voluerit, legat librum, quem scripsi in Ugonem schismaticum; et ibi inveniet ad plenum dilucidatum". 3. Id iam animadverterunt Ballerinii in Leonis Magni Opp. T. III p. cccvii. De tempore autem expulsi Wiberti v. Regesta pont. Rom. p. 445. 4. Iu utroque enim iam commemoratur liber in Hugonem scriptus, ut docet adnot. 2 supra. 5. Et in fronte et in calce libelli leguntur haec: „Incipit (Explicit) libellus de sacramentis a Bonizone Sutrino episcopo editus, ad Gualterium Leonensis coenobii monachum et priorem missus". Neque vero Gualterium hunc aliunde novit aut Lucchi Monumenta monasterii Leonensis, Romae 1759, aut Zaccaria Dell' antichissima badia di Leno, Venezia 1767. 6. Nam in epilogo operis p. 74 sunt haec: „Cum a me exegisses, sacerdos venerande Gregori, ut brevem ac compendiosam dictatiunculam ex sanctorum patrum autenticis canonibus tibi componerem, dum flagranti tuo desiderio deservire cupio, metas brevitatis excessi".

bibliothecae T. VII P. III p. 1—75, Decretum inscribi iussit[1].
*Divisum hoc opus est in libros decem. In eorum quarto, „qui
est de excellentia Romanae ecclesiae" catalogus inest pontificum
Romanorum, quem ipsum cum esse peculiarem librum arbitra-
rentur, eidem catalogo varios titulos imposuerunt: „Epitome
historiae Romanorum pontificum", „Chronica Romanorum pontificum edita a Bonithone Sutrino episcopo, viro per omnia
doctissimo"*[2], *„Chronica Bonisii episcopi Sutrini de gestis pontificum"*[3], *„Historia pontificia"*[4].

*Ab eodem Bonithone fortasse est etiam Paradisus i. e.
breviarium sententiarum sancti Augustini, quod „Bonizon in
familia Dei minimus Iohanni*[5] *reverendissimo abbati" dedicavit,
cuiusque codicem, in bibliotheca Caesarea Vindobonensi servatum,
adumbravit Lambecius in Commentariorum de bibliotheca Vindob.
T. II p. 605.*

*Agitando autem populo adversus Heinrici IV Wibertique
antipapae partes Bonithonem studuisse Placentiae constat. In
panegyrico enim ad regem misso*[6] *Benzo episcopus Albensis, qui
Bonithonem deformato nomine appellat Bonizellum quique eundem, cum esset in carcere, non truncatum caecatumque esse luget,*

---

1. De hoc libro mentionem saeculo XII Anonymus Mellicensis (Pez
Bibliotheca Benedictina p. 489) c. 112 fecit hoc modo: „Ponizo Sutriensis
presbyter (lege: Gregorii) septimi temporibus scribit excerpta de canonibus". Albinus scholaris, in collectaneis conscribendis isto libro Bo-
nithoniano usus, eum librum de vita christiana vocavit; v. Mai Spicilegium Romanum VI 273, 277.   2. in Decreti codice Vindobonensi;
de quo cf. Lambecii Comment. T. II c. 8.   3. Hoc titulo utitur Martinus Polonus in praefatione, ubi de libris a se adhibitis docet.   4. ap.
Maium, Spicilegium Romanum VI 273. — Notato opus est, in Decreti
L. II c. 39 (ap. Maium, Novae patrum bibl. T. VII P. III 19) inveniri haec:
„Qui (excommunicati) — qualiter ab episcopo recipi debeant qualiterve
redintegrari, in novo libro, si vita comes fuerit, plenius enarrabo"; a
Maioque editore adiectum hoc esse: „Animadvertamus promissum novum
a Bonizone librum, qui certe non apparet". At apparuit apud ipsum
Maium. In eiusdem enim Decreti libro nono c. 142 p. 66 expositum
est: „Qualiter excommunicati debeant reconciliari".   5. quem Iohannem
Gualberti, abbatem Vallumbrosanum (qui obiit a. 1073), fuisse coniecerunt
audacter.   6. L. I c. 21, Mon. Germ. SS. XI 607. 608.

„Non est dicere" inquit *„quanta praestigia agat Bonizellus, et in Placentina urbe atque in eiusdem plebibus insistens diabolicis praedicationibus, reprobandis quoque ecclesiarum consecrationibus".*

Qui quidem motus periculosi in acerrima civium Placentinorum discordia Bonithoni tam novo honori quam exitio fuerunt. 1089 *Ecclesiastica enim Placentiae pars eum anno 1089 episcopum delegit[1]. Schismatici autem urbis eiusdem parant episcopo id ipsum, quod quondam a rege captus devitaverat, eumque crudelissime „effossis oculis, truncatis omnibus pene membris, martyrio coronant".*

Haec de interitu Bonithonis attulit Bernoldus in chronico ad annum 1089. Sed cum episcopum intellexerimus post eiusdem anni diem 8 Iunii tria composuisse opera[2] et mors eius in sepulcri carmine ad diem 14 Iulii referatur, eundem iam 1089 Iul. 14 obiisse nullo modo probabile est[3]. Nec decernam, utrum anno 1090 an anno 1091 perierit[4]. Titulus supremus vero, Cremonae in ecclesia S. Laurentii repertus, qui Bonithonem ibidem sepultum esse testatur, hic est:

Nobile depositum tibi, clara Placentia, gessit

Antistes Bonizo; Christi pro nomine martyr.

Septima bis Iulii hunc lux collegit in urna[5].

1. Bernoldi chronicon 1089 (Mon. Germ. SS. V 449): „Bonizo piae memoriae Sutriensis episcopus — a Placentinis catholicis pro episcopo recipitur; set a scismaticis eiusdem loci, effossis oculis, truncatis omnibus pene menbris martirio, coronatur".   2. librum in Hugonem schismaticum, libellum de sacramentis, Decretum.   3. ut iam Ballerinii viderunt in Leonis M. opp. III p. cccvii.   4. „Winricum Placentinum episcopum" iam die 10 Aprilis 1092 fuisse, invenit Campi (Hist. di Piac. I 364) in tabula ecclesiae S. Antonii.   5. Fabricius de Marliano, episcopus Placentinus, circiter anno 1476 in Chronica episcoporum Placentinorum (ap. Muratori Rer. It. SS. XVI 630. 631) non sine perturbatione rerum de Bonithone narravit haec: „Bonizo, Italus natione, eligitur in pontificatu Placentino anno Domini 1114. Hic vir sanctus et bonus fuit; praedicabat enim contra haereticos. Fuit autem a populo Placentino exoculatus. Adversabatur ei, quod accepisset consecrationem suam ab archiepiscopo Ravennatensi. Sedit solum mensibus sex. Deinde vituperose expellitur, Cremonam se transferens, ubi die 14 Iulii diem clausit extremum sepeliturque in ecclesia sancti

Sed postquam de vita Bonithonis dixi, quod propositurus sum, opus eius separatim considerabo.

Liber enim, qui ad amicum inscribitur[1]*, quasi historia ecclesiastica est, ad Gregorii VII interitum usque adducta; quae cum saeculi undecimi res accuratius nec sine proprietate persequatur, inter utilissimas temporis illius memorias annumerari solita est. Perfectum opus est vacante post Gregorii VII obitum sede Romana, spatio dierum 25 m. Maii a. 1085 et 24 m. Maii a. 1086; quemadmodum inde suspicari licet, quod Gregorii mortui quidem neque vero Victoris III electi mentio illata est. Cui quidem tempestati convenit occasio quoque, quam scribendi libri ab eo, quem alloquitur aliquoties, amico praebitam sibi esse, ostendit Bonitho. Eundem enim a se percontatum esse profert in exordio libri, non modo num christiano pro fide contendere armis liceat, sed quid etiam sit causae, cur illa aetate ecclesia, scilicet pars Gregoriana, prostrata sit.*

Laurentii. Et super eius tumulum sunt isti versus: Nobile depositum" cet. — Locatus (De Placentinae urbis origine, Cremonae 1564), relatione Fabricii de Marliano usus, iam prodidit, a quibus hominibus quoque loco caecatus Bonitho sit: „ab illis" inquit enim „de Vidalta, de Bardo, de Bonifacio, de Torricellis et de Porta Nova apud ecclesiam divi Donini (Placentiae) super petram Aghinonum exoculatus, extra civitatem turpiter eiectus est". — Campi denique (Dell' historia ecclesiastica di Piacenza, Piacenza 1651, T. I 359) multo etiam accuratius, quomodo res gesta sit, narrat; ita ut scriptores, quanto sint posteriores, tanto uberius referant singula.

1. Haec est vera libri inscriptio ab ipso Bonithone facta: Ad amicum. In Decreti enim L. IV c. 109 (ap. Mai Nov. patr. bibl. T. VII P. III p. 46): „Ceterum" inquit Bonitho „si quis de Theophylacto Tusculano, qualiter Iohanni sacerdoti vendiderit papatum, et quomodo uno eodemque tempore Theophylactus et Gregorius et Silvester Romanum non regebant sed vastabant pontificatum, et qualiter Henricus rex, Conradi filius, Romanam ecclesiam a talibus pestibus liberavit, gnarus esse voluerit, legat librum, quem dictavi, qui inscribitur: Ad amicum". In unico etiam operis codice, de quo dicam infra, eadem qua omnis est liber exaratus manu saeculi XII impositus ei est titulus hic: „Incipit liber Bonithonis Sutriensis episcopi, qui inscribitur: Ad amicum". Posuit autem in anteriore codicis eiusdem tegmine manus saeculi XIV verba haec: „Historia Bonithonis Sutriensis episcopi de persecucione ecclesie"; facile ut appareat, hanc serius inventam libri appellationem ab ipso Bonithone non esse.

Atque hic quidem amicus merum artificium est, cum pateat abunde, omnino Mathildis comitissae gratia scriptum librum esse. Licet enim prae uberrimis quas tractat rebus non nimis amplum opus sit, tamen temperare sibi nequit Bonitho, quominus maiores et propinquos comitissae singulatim producat et aspergat luminibus secundis; velut Ottonem sive Attonem proavum Mathildis (L. IV, sub imperatore Ottone I), Tedaldum ducem et marchionem, comitissae avum (L. IV, sub Heinrico II), „inclitum ducem et marchionem Bonifacium“, eiusdem comitissae patrem (L. V ad a. 1047 et 1052, L. VI ad a. 1067), „virum magnificum et in bellicis rebus strennuissimum, magnum ducem Gotefridum“, Mathildis vitricum (L. V bis ad a. 1054 et 1055, L. VI ad a. 1058, 1059, 1062, 1064, 1066, 1067, L. VII ad a. 1073); „excellentissimam ducem, beatissimam Beatricem“, matrem Mathildis (L. V ad a. 1054, 1055, L. VI ad a. 1062, L. VII ad a. 1073, 1074 c. Iun. 15, 1075), „praeclarum ducem Gotefridum, nobilissimae Mathilde coniugem“ (L. VII ad a. 1075, L. VIII ad a. 1076), ipsam etiam „excellentissimam comitissam“, „nobilissimam“, „excellentissimam Bonifacii filiam“, „gloriosam“ Mathildem (L. V ad a. 1055, L. VI ad a. 1067, L. VII ad a. 1074 saepius, ad 1075, L. VIII ad a. 1076, 1077, L. IX ad a. 1080 bis). Atque eandem Mathildem in extremo opere omnibus militibus ad imitandum proponit hoc pacto: „Emulentur in bonum excellentissimam comitissam Matildam, filiam beati Petri, que virili animo, omnibus mundanis rebus posthabitis, mori parata est potius, quam legem Dei infringere, et contra heresim, que nunc sevit in ecclesia, prout vires suppetunt, omnibus modis impugnare. In manu cuius credimus quia tradetur Sisara“ (i. e. Heinricus IV).

Quae cum sint eiusmodi, et exeunte saeculo XIII Iacobus de Voragine in extremo sermone tertio de sancta trinitate librum Bonithonianum commemoret his verbis: „Sicut enim refert Boniso in libro, quem scripsit ad comitissam Mechtildem“[1]*, atque*

---

1. „Sicut enim refert Boniso (al. Bonifacius) in libro, quem scripsit ad comitissam Mechtildem, cum archiepiscopus Eburdunensis (al. Ebrudicensis)

*inito saeculo XIV Ricobaldus Ferrariensis eundem librum in
historia imperatorum*[1] *bis inducat hoc modo:* „*In libro tamen
Deoniti (al. Bonici), quem misit ad comitissam Mathildam*"[2] *et:*
„*Hoc miraculum refert Bonizo in libro ad comitissam Mathildam*"[3], *intelligi necesse est, opus, quod est inscriptum: Ad
amicum, a Bonithone Mathildi comitissae diserte quoque destinatum esse, fuisseque etiam saeculis XIII et XIV exempla
operis dedicationem ipsam continentia.*

*Ita, quo animo litteris res gestas consignaverit Bonitho,
existimatio facillima erit. Et totam sane memoriam adeo Gregoriana penitus mente proposuit, ut saeculo XII Boso presbyter
cardinalis S. Pudentianae tituli Pastoris in vitis ipsorum pontificum Romanorum a Leone IX ad Gregorium VII conscribendis
vestigia Bonithonis paene usque quaque persecutus sit*[4].

*Fieri vero potest, ut quis, quantumvis inclinatus sit in fa-
vorem suae partis, tamen in historiis scribendis veritatem sequatur nec propter benevolentiam vel odium aut commenticias res*

---

symoniacus esset et omnes testes pecunia corrupisset, quidam legatus, vir
sanctus, ei precepit, ut versum sancte trinitatis, scilicet: „„Gloria Patri
et Filio et Spiritui sancto"" diceret; rogans Deum, ut, si symoniacus
esset, Spiritum sanctum, cui iniuriam fecerat, nominare non posset. Quod
et factum est. Et sic ille deprehensus peccatum suum humiliter confessus
fuit et poenitentiam egit". Cf. infra L. VI sub Stephano X papa.
    1. ap. Eccardum Corp. hist. I 1163 et 1164 et ap. Muratorium Rer.
It. SS. IX p. 121 et 122.   2. „In libro tamen Deoniti" (alia manu
superscriptum est „Bonici"), „quem misit ad comitissam Mathildam, dicitur,
quod, cum dictus presbyter (Gregorius VI) simplicitate ductus pontificatum
per pecuniam acquisivisset, ut schismati obviaret, ipse, mox errorem suum
cognoscens, suadente imperatore se abdicavit officio". Cf. infra L. VI. —
Campi (Hist. di Piac. ad a. 1044 T. I p. 326) videtur libri Ricobaldani codicem vidisse Romae; refert enim haec: „io lessi in Roma, notato in certo
pergameno antichissimo et estratto da un libro di Bonizone vescovo
di Sutri, mandato allhora alla contessa Matilda, come il detto
Gregorio (VI) alla fine rinunciò da se stesso il papato, il quale per sem-
plicità sola e con ottima intentione di ovviare alli disordini accettato
haveva".   3. „Hic (Ildebrandus) ante papatum apostolicae sedis legatus
apud Lugdunum archiepiscopum Ebroniensem de symonia miraculose con-
vicit" cet.   „Hoc miraculum refert Bonizo in libro ad comitissam Mathildam".   4. V. Watterich Pontif. Roman. vitae T. I p. LXXXI et p. 100 sq.

afferat aut facta corrumpat. Nec multo secus de Bonithone rerum explicatore senserunt adhuc viri docti. Prorsus quidem intellexerunt[1], veterem memoriam[2] negligenter, inepte, perverse ab eo tractatam esse, at inde ab Heinrici III temporibus quamvis non ex omni vituperatione eum liberaverint, tamen et eam quam offert rerum silvam magni aestimabant et omnino eum ad libidinem descivisse a vero negabant[3]; ut eos sileam, qui totum Bonithonem in praestantissimorum et maxime veracium scriptorum numero referri voluerunt.

Sed mihi opus eius edituro, cum, quantum in me situm est, et universum librum et singulas eius partes accurate perquirerem, mirifice perspicua nihilque prorsus dubitanda occurrebant indicia, Bonithone historico fuisse neminem fere mendaciorem. Praetermitto res minutas, in quibus quidem exponendis vel de industria vel per incuriam saepissime lapsus est, quemadmodum ex adnotationibus a me factis perspici fere potest. Verum quae cum gravissimis aetatis Gregorianae rationibus res coniunctae erant, quae quidem ad papatus imperiique dissidium pertinere videbantur, eas reperio partis causa unice adulteratas esse. Quo in genere sunt Ottonis I iuramentum, Gregorii VI abdicatio, paparum electio. De quarum rerum unaquaque iam singillatim dicere necesse est.

De Ottonis I iuramento.

Erat in vetere more positum, ut regum promissa maxime sollemnia, quae iureiurando affirmanda videbantur, non ab ipsis regibus, sed eorum nomine, vel ut tum dicebant: „in eorum anima", ab aliis hominibus iurarentur. Idque consuetudinis

---

1. V. Stenzel Geschichte Deutschlands unter den fränkischen Kaisern II 70—72, Giesebrecht Geschichte der deutschen Kaiserzeit (ed. tertia) II 573, Wattenbach Deutschlands Geschichtsquellen p. 327.   2. in ea referenda adhibuit Bonitho biblia, bibliorum glossas, S. Augustini et S. Ambrosii epistolas, S. Gregorii librum dialogorum, historiam tripartitam, pontificum Romanorum vitas, Iustiniani codicem, Ansegisi et Benedicti levitae capitularia.   3. Iulius Schirmer (De Hildebrando subdiacono ecclesiae Romanae, Berolini 1860) haud ambigue quidem fidem abrogavit Bonithoni, neque vero argumenta ad rem penitus comprobandam idonea attulit.

quantopere maiestati regiae convenire illo tempore existimaverint, infelices Heinrici IV regis dies Canusini testimonio sunt. Nam cum ea, quae ab eodem desponderentur, concepta essent, papaque Gregorius VII novum id postulasset, ut rex proprio ore verba iuramenti efferret, tamen in tanta regis humilitate intolerabilis haec condicio obtineri non potuit[1]. Itaque factum est die 28 Ianuarii a. 1077, ut rex manum iungeret cum Hugone abbate Cluniacensi[2], isque „quoniam iurare monasticae religionis obtentu detrectabat, fidem suam interponeret"[3], episcopi autem duo, Eberhardus Numburgensis et Gregorius Vercellensis, atque Azo marchio aliique principes sacramentum dicerent[4].

Eundem fere iurandi modum a Friderico I rege anno 1153 in pace cum Eugenio III papa concilianda observatum esse reperimus. Etenim in foederis tabula, mense Ianuario vel Februario Romae formata[5], sic statutum erat: „Domnus siquidem rex iurare faciet unum de ministerialibus regni in anima regis, et ipse idem, manu propria data fide in manu legati domni papae, promittet, quod" cet. Et proinde secundum „confirmationem regiam"[6] die 23 Martii 1153 „dominus siquidem rex unum de maioribus ministerialibus regni fecit in animam regis iurare et ipsi (l. ipse) idem manu data propria fide (l. manu

1. Bertholdi annales 1077 (Mon. Germ. SS. V 289): „Tandem vero, ne ipse (rex) iuraret, vix apud papam interventum est". In Gregorii VII quidem Reg. IV 12a supra p. 258 iurisiurandi formulae praescriptum est lemma hoc: „Iusiurandum Henrici regis Teutonicorum", at ipse Gregorius testatur, non propria voce iurasse regem. Vid. annotationes, quae subsequuntur 2 et 4.　　2. Gregorii VII Reg. V 7 supra p. 295: „Misimus etiam vobis sacramentum, quod rex Heinricus nobis per fideles suos quosdam fecit, data quidem propria manu sua in manum abbatis Cluniacensis".　3. Lamberti annales 1077, Mon. Germ. SS. V 259.　　4. Gregorii VII Reg. VII 14a supra p. 402: „sicut ipse Heinricus iuramento per duos episcopos michi promisit". Lamberti annales 1077 l. l.: „episcopus quoque Citicensis et episcopus Vercellensis et Azo marchio et alii principes sub iureiurando confirmaverunt" cet. Bertholdi annales 1077 (Mon. Germ. SS. V 289): „duo autem episcopi, Neapolitanus (i. e. Numburgensis sive Citicensis) et Vercellensis praeter alios familiares — ad sacramentum pro eo faciendum electi sunt".　　5. V. huius Bibliothecae T. I p. 546 et 547 n. 1.　　6. Mon. Germ. LL. II 93.

propria data fide) promisit in manu legati domini papae quod" cet.

Similis ratio fuit in Ottonis I iuramento, quod Iohanni XII papae praestitum est.

Codici[1] enim 47 bibliothecae Bambergensis membranaceo, Pseudoisidori decreta pontificum Romanorum comprehendenti, quatuor folia ceteris paulo minora insuta sunt, in quibus cum manus saec. XI donationem Constantinianam sic posuisset, ut in extremo folio quarto spatium vacuum relinqueretur, illuc alia eiusdem saeculi XI, a reliquis codicis totius manibus manus prorsus diversa[2] intulit id, de quo memoravi, iuramentum Ottonianum. Cuius quidem tabulae ex ipso codice, qui liberalissime huc missus est, post editionem Pertzianam[3] denuo a me exceptae verba haec sunt:

IURAMENTUM QUOD FACERE FECIT SUOS FIDELES OTTO AUGUSTUS ANTEQUAM ROMAM ADIRET.

Tibi domno Iohanni papae ego rex Otto promittere et iurare facio per Patrem et Filium et Spiritum sanctum et per hoc lignum vivificae crucis et per has reliquias sanctorum: ut, si permittente Deo Romam venero, sanctam Romanam aeclesiam et te, rectorem ipsius, exaltabo secundum meum posse. Et numquam vitam aut membra neque ipsum honorem, quem nunc habes et per me habiturus eris, mea voluntate aut meo consensu aut meo consilio aut exortatione perdes. Et in Roma nullum placitum neque ordinationem faciam de omnibus, quae ad te vel ad tuos Romanos pertinent, sine tuo consilio. Et quicquid de terra sancti Petri ad nostram potestatem venerit, tibi reddam. Cuicumque autem regnum Italicum commisero, iurare tibi faciam illum: ut adiutor tui sit ad defendendam terram sancti Petri secundum suum posse.

1. quondam Mediolanensi; nam in limine eius scripsit manus saec. XI praeter catalogum pontificum Romanorum, in Stephano IX (a. 942) desinentem, etiam seriem archiepiscoporum Mediolanensium usque ad Arnulfi II obitum (a. 1018). 2. Alioquin etiam nec decreta Pseudoisidoriana nec Constantini donationem ulla ratione ad iuramenti Ottoniani auctoritatem attinere patet. 3. in Mon. Germ. LL. II 29.

Nihil autem est, cur fides huic iuramento abrogetur. Meminit enim promissionis Iohanni XII factae ipse Otto apud Liudprandum De rebus gestis Ottonis magni imperatoris cap. 6[1], et partem quidem eiusdem promissionis convenienter iuramento inducit ita: „Omnem terram sancti Petri, quae nostrae potestati proveniret, promisimus reddere"[2]. Neque quidquam alieni a dignitate regia in iuramento inesse video, quod signo sit, ab ecclesiasticae partis socio factum esse.

Nam illud: „Et numquam vitam aut membra neque ipsum honorem — mea voluntate aut meo consensu aut meo consilio aut exortatione perdes" ne umbram quidem „sacramenti fidelitatis" continet.

Deinde errat totus, qui de placitis omnino nullis Romae habendis iuramento arbitratur promissum esse hoc pacto: „Et in Roma nullum placitum neque ordinationem faciam de omnibus, quae ad te vel ad tuos Romanos pertinent, sine tuo consilio". Namque de illis modo placitis et ordinationibus statutum est, quae ipsum papam et eius Romanos spectabant. Ac ne talia placita quidem negavit Otto a se Romae habitum iri; sed sic pollicitus est, eadem non habitum iri „sine papae consilio". Qua quidem voce c o n s i l i i quid significetur, praeclare intellexerunt ii, a quibus in formando iuramento singulorum verborum pondera subtilissime examinata esse liquet. Paulo ante enim c o n s i l i u m dedita opera discretum esse videmus a v o l u n t a t e et c o n s e n s u et e x h o r t a t i o n e[3]. In omni summa igitur promisit Otto, in placitis et ordinationibus Romae habendis de

---

1. Mon. Germ. SS. III 341.   2. Quibus quidem verbis congruunt haec iuramenti verba: „Et quicquid de terra sancti Petri ad nostram potestatem venerit, tibi reddam". Suspicatur quidem Dönniges (Jahrbücher des deutschen Reichs unter Otto I p. 203) verba Liudprandana in confingendo iuramento adhibita esse. Id vero quoad dilucide demonstratum sit, consensus ille non labefactat fidem iuramenti sed corroborat.   3. Clementi V autem anno 1311 legati Heinrici VII praestiterunt idem iuramentum, sed sapientissime post „sine vestro consilio" adauctum ita: „et consensu"; ut dicerent: „Et in Roma nullum placitum aut ordinationem faciet de omnibus, que ad vos pertinent sive Romanos, sine vestro consilio et consensu". V. Acta Henrici VII ed. Dönniges II p. 45.

omnibus rebus, quae pertinerent ad papam et ad eius Romanos, consilium papae a sese adhibitum iri. Quae condicio quam non fuerit accommodata ad coercendum regis arbitrium, nemo est quin perspiciat.

Rursus istum iuramenti locum: „honorem, quem nunc habes et per me habiturus eris, mea voluntate — non perdes" quis crederet a pontificiae rei studioso positum esse? Quin immo sunt haec verba tantopere regia vel imperatoria, ut non esset quod mirareris, si propter hanc causam ecclesiasticus homo iuramentum ab adversario ecclesiae excogitatum esse vellet.

Regalem denique iurandi ritum, cuius supra feci mentionem, in summa rei prorsus custoditum esse apparet. Nam qui: „Tibi" inquit „promittere et iurare facio", non ipse iuravit. Et a fidelibus regis quidem iuramentum dictum esse, lemma postea adiectum docet ita: „Iuramentum quod facere fecit suos fideles Otto" cet.[1]

Gregorii VII autem tempore, cum is et omnino sacerdotes multo superiores principibus esse doceret et praesertim regium illum iurandi morem removere tentasset Canusii, haec duo potissimum in iuramento Ottoniano moleste ferri coeperunt: quod verba iurisiurandi non ab ipso rege dicta erant, et quod in eo sic legebatur: „honorem, quem nunc habes et per me habiturus eris". Et tres quidem novimus aetatis illius viros doctos, ex quibus, quidquid offensionis habebat iuramentum, suo quisque Marte sanare conatus est. Qui sunt: Anselmus II episcopus Lucensis, Deusdedit presbyter cardinalis tituli apostolorum in Eudoxia, Bonitho episcopus Sutrinus.

Maiore ceteris moderatione usus est Anselmus (Collectio canonum L. I c. 90), cuius formulam a Gratiano postea in decretum (P. I D. 63 can. 33) receptam esse videmus. Imposuit

1. Cum nec fideles haec ipsa iuramenti verba „promittere et iurare facio" pronuntiasse manifestum sit, totam iuramenti formulam, quemadmodum ad nos pervenit, ideo litteris mandatam esse puto, ut Iohannes papa, quid regis fideles iurare iussi essent, intelligeret. Sed idem iuramentum, mutatum necessario pro personis iurantium, reapse a fidelibus dictum esse, ex lemmate perspicuum est.

quidem inscriptionem hanc: „Sacramentum regis Ottonis factum domno papae Ioanni" [1], *neque vero tetigit haec: „promittere et iurare facio". At pro „honorem, quem nunc habes et per me habiturus eris", facere non potuit quin scriberet tantummodo: „honorem quem habes". Formula Anselmana igitur, quam, ex Parisiensi codice collectionis canonum Anselmi (cod. chart. S. Germani 1665) tractam, Gustavus Haenel mihi summa benignitate misit, haec est:*

Sacramentum regis Ottonis factum domno papae Ioanni.

Formula Anselmana

Tibi domno Ioanni papae ego rex Otto promittere et iurare facio per Patrem et Filium et Spiritum sanctum et per hoc lignum vivificae crucis et per has reliquias sanctorum: quod, si permittente Deo[a] Romam venero, sanctam Romanam ecclesiam et te, rectorem ipsius, exaltabo secundum meum posse. Et nunquam vitam aut membra neque ipsum honorem, quem habes, mea voluntate aut meo consensu vel consilio aut mea exhortatione perdes. Et in Roma[b] nullum placitum aut ordinationem faciam de omnibus, quae ad te aut ad Romanos pertinent, sine tuo consilio. Et quidquid de terra sancti Petri ad nostram potestatem venerit, tibi reddam. Cuicumque regnum Italiae commisero, iurare faciam illum: ut adiutor tui[c] sit ad defendendam terram sancti Petri secundum suum posse.

Violenter autem et inficete egit Deusdedit. Is enim cum animadvertisset, eam quae tradita est iuramenti formulam neque ab ipso Ottone neque non mutatam ab eius fidelibus dici potuisse [2], *non infitiatus, alios iuravisse pro rege, sic commutavit verba, ut a legatis nomine regis pronuntiata esse viderentur; quod genus: „Domno Iohanni papae rex Otto per nos mittit et iurat" pro: „Tibi domno Iohanni papae ego rex Otto promittere et iurare facio"; et: „si permittente Deo Romam venerit" pro: „si per-*

---

a. Deo om. cod. Paris.; legitur in cod. Vaticano, ut in margine codicis Paris. adnotatum est.   b. urbe add. Grat. Decr.   c. tuus cod. Paris., tui Vat.

1. in Gratiani Decreto l. l.: „Iuramentum Ottonis, quod fecit domino papae Ioanni".   2. V. supra p. 590 n. 1.

mittente Deo Romam venero" cet. Et haec quidem mutatio quantumvis sit in tam gravi monumento vituperanda, excusationis tamen causis non caruerit. At contra ista iuramenti verba: „honorem, quem nunc habes et per me habiturus eris" pravissime deformata ab eo sunt. Nam cum ex eo, quem secutus est Deusdedit, dicendi more sic ei scribendum fuisset: „honorem, quem nunc habet[1] et per eum[2] habiturus erit", neglecta prorsus lege grammatica posuit: „honorem, quem habet[3] et qui eum[4] habiturus est"[5]. Itaque, quo imperatoriae auctoritatis summa contineri videbatur, id callide quamvis barbare adeo mutatum est, ut non modo Iohanni papae sed eius successoribus etiam obligaretur Otto. Nec sibi temperare potuit Deusdedit, quominus de eisdem Iohannis papae successoribus etiam expressius identidem in suo iuramento loqueretur. Quoque magis pro vero adulterinum opus haberetur, in margine summe necessarium hoc testimonium additum est: „Hoc sacramentum invenit scriptor huius libri in Saxonia in monasterio quod dicitur Luineburg". Omnis autem formula Deusdeditana, quam Pertzius ex bibliothecae Vaticanae codice membranaceo ineuntis saeculi XII, canonum collectionem a Deusdedit cardinali factam comprehendente, fol. 139 exscripsit et in Monum. Germaniae Legum T. II 29 edidit, haec est:

Iuramentum futuri imperatoris.

(margin note: Formula Deusdeditana)

Domno Iohanni pape duodecimo rex Otto per nos mittit et iurat per Patrem et Filium et Spiritum sanctum et per hoc lignum vivifice crucis et has reliquias sanctorum: quod, si permittente Deo Romam venerit, sanctam Romanam aecclesiam et eundem domnum Iohannem papam, rectorem ipsius, exaltabit secundum suum posse, si vivum invenerit; sin autem, eum qui legabiliter illi succedet. Et nunquam vitam aut membra neque ipsum honorem quem habet, et qui eum habiturus est, sua voluntate aut suo consensu aut suo consilio aut sua exhortatione perdet, neque ipse neque aliquis

(margin note: Hoc sacramentum invenit scriptor huius libri in Saxonia in monasterio quod dicitur Luineburg)

1. Iohannes papa.   2. Ottonem.   3. Iohannes.   4. honorem.
5. sc. post Iohannem papam.

successorum eius.   Et in Roma nullum[a] placitum aut ordinationem faciet de omnibus, quae pape et Romanis pertinent[b],
sine consilio domni pape.   Et quicquid de terra sancti Petri
ad eius potestatem venit vel veniet, Romane aecclesiae resti-
tuet.   Cuicumque autem regnum Italicum committet, iurare
faciet illum: ut adiutor sit domno pape et successoribus
eius ad defendendam terram sancti Petri secundum suum posse.
Sic adiuvet Deus eundem domnum regem Ottonem et
hec sancta euangelia et hec sacrosancta sanctuaria.

*Ad ultimum Bonitho, cum Anselmi verecundiam tum Deus-
dediti rusticitatem devitans, utroque victo et confidentia et constantia, omnes difficultates funditus sustulit. Pro „honorem, quem
nunc habes et per me habiturus eris" scripsit nimirum ita: „honorem, quem habes". Odiosa verba „promittere et iurare facio"
exornavit simplici hoc modo: „promitto et iuro". Cumulum
vero artificii, gravissimam rem in contrariam convertentis, attulit isto lemmate: „Otto — dedit corporale sacramentum[1]
in hunc modum". Formulam Bonithonianam, quae legitur infra in libro IV, exeunte saeculo XII in librum de cen-
sibus ecclesiae Romanae recepit Cencius camerarius[2]. Et eius
formulae quidem verba haec sunt:*

Otto — dedit corporale sacramentum in hunc modum[3].

Tibi domno Iohanni papae ego rex Otto promitto et iuro
per Patrem et Filium et Spiritum sanctum et per hoc[c] lignum
vivificae crucis et per has reliquias sanctorum: quod, si permittente Deo Romam venero, sanctam Romanam aecclesiam et
te, rectorem ipsius, exaltabo secundum meum posse.   Et nunquam vitam aut membra neque ipsum honorem, quem habes,
mea voluntate aut consensu aut meo consilio aut mea exhorta-

Formula Bonithonia-na

---

a. Romanum *c*.   b. pertinet *ed.*   c. hoc *om. cod. Bonith.; est ap. Cencium.*

1. sacramentum corporale vocabatur id, quod ab ipso iurante, tactis
corporaliter euangeliis cruce reliquiis sanctorum, praestitum est.   2. Inde
eam edidit Pertzius Mon. Germ. LL. II 29.   3. apud Cencium legitur hoc
lemma: „Iuramentum corporaliter praestitum".

tione perdes.　　Et in Roma[a] nullum placitum aut ordinationem faciam de omnibus, quae ad te aut ad Romanos pertinent, sine tuo consilio.　　Et quicquid de terra sancti Petri ad nostram potestatem venerit, tibi reddam.　　Cuicunque autem[b] regnum Italicum commisero, iurare faciam illum: ut adiutor tui sit ad defendendam terram sancti Petri secundum suum posse.

De Gregorii VI abdicatione.

Quis est, qui nesciat, tres simul papas fuisse Benedictum IX (s. Theophilactum), Silvestrum III, Gregorium VI (s. Iohannem s. Gratianum), cum eorum tertius a primo dignitatem emisset pecunia; totumque hoc schisma ab Heinrico III rege Sutrii et Romae mense Decembri anni 1046 sublatum esse. De quibus quidem rebus non omnem Bonithonis relationem hoc loco examinaturus sum, sed ea tantum perpendam, quae de decessu Gregorii VI tradidit.

Hunc enim non voluntate abiisse pontificatu sed reapse deiectum esse, demonstrant testimonia multa eaque fidissima. Quorum aliis omnes tres papas exauctoratos esse docemur, alia de Benedicto IX quidem et Silvestro III inter se differunt, sed unum idemque habent de Gregorio VI.

Omnium trium autem remotionem ostendunt annales Corbeienses 1046[1], Hildesheimenses 1046[2], Laubienses et Leodienses 1046[3], annales Lamberti 1047[4], Romani[5], chronicon S. Benigni

---

a. Roma**m** *C.*　　　b. autem *om. C.*

1. in huius Bibliothecae T. I 39: „Synodus — secunda Sutriae, in qua in praesentia regis secundum instituta canonum depositi sunt papae duo (Silvester III et Gregorius VI); tercia Romae — in qua canonice et synodice depositus est papa Benedictus".　　　2. Mon. Germ. SS. III 104: „Heinricus rex — papas tres non digne constitutos synodaliter deposuit". 3. Mon. Germ. SS. V 19: „Heinricus — fit imperator, et tres papae ab eo deponuntur".　　　4. Mon. Germ. SS. V 154: „tribus depositis, qui sedem apostolicam contra ecclesiasticas regulas invaserant".　　　5. Mon. Germ. SS. V 469: „In sancta igitur Sutrina ecclesia mirabile sinodum inesse decrevit (Heinricus). Et Iohannem Savinensem episcopum, cui imposuerunt nomen Silvestri; et Iohannem archipresbyterum, cui imposuerunt nomen Gregorius; et Benedictum — pontificem canonice et iuste iudicando, sacris et religiosis hec per canones ostendendo, perpetue anathematem obligavit".

Divionense[1], *Benzo episcopus Albensis*[2], *Adamus in Gestis Ham-maburgensium pontificum*[3], *is tandem, qui, post illos tres papa constitutus, de his rebus dignissimus fide testis est, ipse Clemens II in epistola die 24 m. Septembris a. 1047 ad Bambergenses data*[4]. *Ubi sic est:* „*explosis tribus illis, quibus idem nomen papatus rapina dederat, inter tot agmina sanctorum qui aderant patrum, dignatio coelestis gratiae nostram indignissimam mediocritatem voluit eligi*“.

   Praeterea nominatim Gregorio VI ademptum pontificatum esse, narrant annales Augustani 1046[5], *Herimanni Augiensis annales 1046*[6], *catalogus pontificum Romanorum*[7]. *Wazonem quoque episcopum Leodiensem scimus post Clementis II obitum exeunte anno 1047 ab Heinrico III imperatore petiisse, ut Gregorius VI ad papatum revocaretur, propterea quod esset* „*depositus a quibus non oportuisset*“[8]. *Sed scrupuli nihil prorsus retineri sinit Petrus Damiani, gravissimus auctor, qui in opusculi XIX capite 11*[9] *memoriae haec prodidit:* „*Benedictus papa — apostolici se culminis administratione privavit, successoremque sibi Gregorium, qui Gratianus dicebatur, in Romana sede constituit. Super quibus, praesente Henrico imperatore, cum disce-*

---

   1. Mon. Germ. SS. VII 237: „fecit deponi Iohannem (Gregorium VI) qui tunc cathedrae praesidebat, et Benedictum atque Silvestrum“.   2. L. VII c. 2 (Mon. Germ. SS. XI 670): „Dominus noster cesar — audivit, tres diabolos usurpasse cathedram apostolicae sessionis. Quibus praecipiendo mandavit, ut sibi occurrerent Sutrio. Sed non venerunt nisi duo. Facta est autem ibi synodus, ubi — uterque eorum iusto iudicio est condemnatus; tertius vero, qui aufugit, anathematis facula fulminatus“.   3. L. VIII c. 7 (Mon. Germ. SS. VII 337): „— depositis, qui pro apostolica sede certaverunt: Benedicto, Gratiano et Silvestro scismaticis“.   4. Regesta pont. Rom. n. 3154.   5. Mon. Germ. SS. III 126: „Rex Italiam perrexit, Gratianum papam deposuit“.   6. Mon. Germ. SS. V 126: „apud Sutriam synodo acta — Gratianum papam convictum pastorali baculo privavit (Heinricus III)“.   7. ap. Watterich, Pont. Rom. vitae T. I 70: „Gregorius, qui vocatur Gratianus qui etiam tenuit pontificatum —, per imperatorem legaliter perdidit illum“.   8. Anselmi gesta episcop. Leod. c. 65 (Mon. Germ. SS. VII 228): „Recogitet serenitas vestra, ne forte summi pontificis sedes, depositi a quibus non oportuit, ipsi divinitus sit reservata; cum is, quem vice eius ordinari iussistis, defunctus cessisse videatur eidem adhuc superstiti“.   9. Opp. ed. Caietanus T. III 220.

*ptaret postmodum synodale concilium, quia venalitas intervenerat,
deposit us est qui suscep it".*

*Tam multi tamque diversi eiusdem rei testes reperiuntur et
in Italia et in Germania; nec quemquam aequalium, qui in sexti
Gregorii commemoratione versati sunt, ante septimi Gregorii
pontificatum adversari videmus.*

*Fuit autem cur, septimo Gregorio ad summum sacerdotium
perducto, etiam sexti Gregorii iam dudum mortui observantia
glisceret. Nihil enim apertius est, quam Hildebrandum artissimo
vinculo coniunctum cum Gregorio VI fuisse. Praetermitto, quae
de ea re Beno cardinalis, Gregorio VII inimicissimus, litteris
mandavit[1]; sed apud Bonithonem infra in L. V relatum legimus,
Gregorii VI capellanum fuisse Hildebrandum. Et is quidem
ruinae Gregorii VI usque adeo implicatus est, ut una cum deiecto papa ab Heinrico III invitus exsul in Germaniam abdu-
ceretur[2]. Ac postea quoque tantum abfuit, ut memoriam Gregorii VI aspernaretur, ut suscepto pontificatu ipse sibi nomen
Gregorio imponeret; et cum sextus Gregorius e catalogo pontificum remotus esset, sese cogitate non sextum sed septimum diceret[3].*

*Quid igitur mirum, quare pars Gregorii VII maluerit, ab-
dicavisse se pontificatu sextum Gregorium, quam summotum esse.*

1. ap. Goldastium, Apologiae pro Henrico IV p. 11. 12.   2. Id ipse
Gregorius VII in Reg. VII 14a supra p. 401 retulit sic: „et invitus ultra
montes cum domino papa Gregorio abii". Itaque Beno cardinalis l. l. p. 12
a vero non deflectit, tradens haec: „sextum Gregorium cum Hildebrando
discipulo eius in Teutonicas partes deportacione dampnavit". Bonitho vero
L. V ad a. 1047: „imperator" inquit „Heinricus patriam remeavit, ducens
secum venerabilem Iohannem (i. e. Gregorium VI). Quem secutus est Deo
amabilis Hildebrandus, volens erga dominum suum exhibere reverentiam;
nam antea fuerat suus capellanus".   3. Otto Frising. chron. L. VI c. 32:
„Hunc Gratianum Alpes transcendentem secutum fuisse tradunt Hildebrandum. Qui, postmodum summus pontifex factus, ob eius amorem — quia
de catalogo pontificum semotus fuerat — se Gregorium VII vocari voluit.
Et sicut in Lucano habes:

> Victrix causa diis placuit, sed victa Catoni,

ita et huic Hildebrando, qui semper in ecclesiastico rigore constantissimus
fuit, causa ista, in qua sententia principis et episcoporum praevaluit, semper displicuit".

Servatur Monachii archetypon annalium anno 1073 scribi coeptorum a Bernoldo Constantiensi, quem videmus, cum de rebus anno 1046 gestis narrationem Herimanni Augiensis in usum suum convertisset, posterius demum, ab auctore suo desciscentem, commutasse textum. Herimannus [1] *enim scripsit ita:* „Rex Heinricus — Placentiam veniens, Gratianum, quem expulsis prioribus Romani papam statuerant, ad se venientem honorifice suscepit; — apud Sutriam synodo acta Gratianum papam* convictum pastorali baculo privavit". *Bernoldus* [2] *vero cum haec posuisset:* „Heinrico regi — Gratianus papa, quem Romani expulsis prioribus statuerant, Placentiae obvians, honorifice suscipitur; qui tamen postmodum apud Sutriam in synodo", *addidissetque sine ulla dubitatione:* „convictus pastorali baculo privatur", *quae addiderat ea erasit, et in litura collocavit haec:* „non invitus pastorale officium deposuit". *Ad haec de successore Gregorii VI, de Clemente II, cuius* „omnium consensu electi" *in textu meminerat, haec postea aperuit in margine:* „In tempore huius apostolici (Clementis II) innumerabiles terrae motus et maximi in Italia facti sunt; et hoc fortasse ideo, quia idem apostolicus non canonice subrogatus est antecessori suo (Gregorio VI) non canonice deposito; videlicet quem nulla culpa deposuit set simplex humilitas ab officio cessare persuasit". *Neque vidit, quam haec essent contraria. Nam si Gregorius VI vere se abdicaverat pontificatu, haec ipsa causa interponi minime potest, quapropter illi* „non canonice" *datus successor esse videatur Clemens II* „omnium consensu electus".*

Desiderius quoque abbas Casinensis (qui postea a d. 24 Maii a. 1086 ad d. 16 Sept. 1087 ecclesiae Romanae praefuit Victor III) in dialogorum L. III [3] *de abdicatione illa egit. Gregorium VI*

---

1. Mon. Germ. SS. V 126.   2. Mon. Germ. SS. V 425.   3. ap. Mabillon Acta SS. ord. Bened. saec. IV P. II p. 452: „in Sutrina urbe concilio congregato, Iohannem, qui Gregorius dictus est, missis ad eum episcopis, ut — de Romana tunc ecclesia, quae tres simul habere pontifices videbatur, ipso praesidente tractaretur, venire rogavit (Heinricus III). Sed haec de industria agebantur. Iam enim dudum regio animo insederat, ut tres illos, qui iniuste apostolicam sedem invaserant, cum consilio et aucto-

igitur, ad synodum Sutrinam vocatum, eo se contulisse, propterea quod sperasset fore, ut, reliquis duobus pontificibus remotis, ipse confirmaretur. Sed deliberatum ac constitutum fuisse Heinrico III regi, una simul pellere pontificatu omnes tres. Itaque in synodo, cum iam initium actionis factum esset, dignitati renuntiavisse Gregorium. At haec si omnino vera essent, etiam inde liqueret profecto, non quam non invitus sed quam contra voluntatem ille cesserit.

Perfectum autem mentiendi artificem in hac re quoque se praebet Bonitho. Et tam copiose quidem tantaque specie probabilitatis singulas res persecutus est, ut fere omnes quicunque de synodo Sutrina egerunt adhuc, seu vellent seu nollent, narratione eius usi sint. Quem enim pontificem immenso pretio dignitatem emisse constat inter omnes, quique etiam post abrogatam auctoritatem tantum valere videbatur Heinrico III, ut is captivum illum in Germaniam deduci iuberet, eundem Gregorium VI „idiotam et mirae simplicitatis virum“ perhibet Bonitho. Quippe; sic enim veri similius videtur, malam pontificatus emptionem mente bona factam esse. Ceterum acta synodi Sutrinae diligenter perscripsit. Auscultamus disceptationem. Ecce ipsa verba, quae episcopi fecerunt, et ea quae fecit Gregorius; neque abest formula, quam pontifex in abdicanda dignitate adhibuit.

Utinam ne tota res ficta esset.

De Marcellino enim, qui ab a. 296 ad a. 304 ecclesiae Romanae praefuit, exstant adulterina acta synodi Suessanae, in qua is pontifex, ideo quod turificasset diis, abdicavisse fertur[1]. *Et hanc quidem synodum Bonitho, temeritatem suam ipse de-*ritate totius concilii iuste depelleret. — Praedictus itaque pontifex — Sutrium, ubi synodus congregata erat, allectus spe, quod aliis duobus depositis, sibi soli pontificatus confirmaretur, gratanter perrexit. Sed postquam eo ventum est et res agitari ac discuti a synodo coepta est, agnoscens, se non posse iuste honorem tanti sacerdotii administrare, e pontificali sella exsiliens ac semet ipsum pontificalia indumenta exuens, postulata venia, summi sacerdotii dignitatem deposuit“. — Desiderii relationem adhibuit Leo in Chronica Casinensi L. II c. 77, Mon. Germ. SS. VII 682.

1. Leguntur acta ap. Mansi I 1249—1257. Cf. Vit. pont. Rom. ap. Muratori Rer. It. SS. III 102, et ibid. annot. 5.

nudans, in Decreti L. IV c. 90[1] *ad eosdem ac Sutrinam scaenarum actus composuit, ut, et inito saeculo quarto et medio saeculo undecimo eadem fere cum facta tum dicta esse, crederet cui liberet.*

　　Quod quo facilius intelligatur, quae in duabus fabulis congruunt, ea unum sub aspectum subicio:

Bonitho de Marcellini abdicatione[2].	*Bonitho de Gregorii VI abdicatione.*
Marcellinus — terrore territus simulque quorumdam suasu deceptus, thurificavit idolis.	
Quam ob rem convenere episcopi Romae ex diversis provinciis — numero 115. Qui cum lacrimis et gemitu celebrantes concilium sciscitabantur cum reverentia episcopum, si ita res se haberet, ut fama retulerat.	Igitur collecta sinodo, sedit, qui vicem Romani pontificis habebat. Cui cum ab episcopis supplicatum fuisset, ut causam electionis suae promeret,
Marcellinus vero rem omnem seriatim confessus est et, se peccasse et reum esse, professus est; adiciens etiam, se paratum obedire, quicquid illi sibi voluissent imponere.	ut erat idiota, omnem suae electionis puritatem aperuit — his verbis episcopos allocutus est: — „quia antiqui hostis nunc cognosco versutias, quid michi sit faciendum, in medium consulite".
Ad haec illi: „Absit, ut summus pontifex ab aliquo iudicetur. Negasti tu. Negavit et beatus Petrus magister tuus; et quis apostolorum ausus fuit eum exinde	Cui illi respondentes dixerunt: „Tu in sinu tuo collige causam tuam; tu proprio ore te iudica. Melius est enim tibi, cum beato Petro, cuius amore

　　1. ap. Mai Novae patrum bibliothecae T. VII P. III p. 37. 38.　　2. Hanc Bonithonis de Marcellini abdicatione relationem recepit Martinus Polonus (cf. supra p. 581 n. 3); ex cuius libro transiit in Ricobaldi Ferrariensis hist. pont. Rom. ap. Eccard Corp. hist. I 1194 et ap. Muratori Rer. It. SS. IX 152. 153.

iudicare? Sed egressus foras, flevit amare. Tu in sinu tuo tolle (l. collige) causam tuam; tu proprio ore te iudica".

Audiens haec, Marcellinus dictavit in se sententiam, dicens: „Ego Marcellinus ob scelus idolatriae, quod infelix commisi, iudico me deponendum".

haec fecisti, pauperem hic vivere — quam cum Symone mago — in aeternum perire".

Quibus auditis, sententiam in se protulit, hoc modo dicens: „Ego Gregorius — propter turpissimam venalitatem —, quae meae electioni irrepsit, a Romano episcopatu iudico me submovendum".

De electione paparum.

Hoc nimirum studiis partis Gregorianae omnino consentaneum fuit, tollere quamlibet regum sive imperatorum cum in creandis pontificibus tum in eorundem potestate terminanda auctoritatem. In quo quanta historiae corrumpendae ementiendaeque audacia Bonitho usus sit, profecto mirari licet.

Et de Ambrosii quidem episcopi Mediolanensis electione quae habentur in ea, qua utitur, historia tripartita (L. VII c. 8[1]), depravavit hoc pacto. Reperimus etenim in hist. trip., Valentinianum I imperatorem, defuncto Auxentio episcopo Mediolanensi, successoris deligendi causa „evocasse episcopos". Bonitho autem refert[2], mortuo Auxentio „accidisse, ut Mediolanum convenirent episcopi Italiae, ut sibi eligerent episcopum". Deinde in hist. trip. relatum est, episcopi, ab imperatore ut bonum virum crearent moniti, cum „petiissent, ut magis ipse (imperator) decerneret", hunc respondisse: „Super vos est talis electio; vos — melius poteritis eligere"; postea autem „iussisse Ambrosium baptizari et tamquam dignum virum ordinari pontificem". Quae quidem a Bonithone non modo sic mansuefacta esse reperimus, ut imperatorem scriberet, cum synodum in eligendo episcopo suam „praesentiam" tantummodo exspectare audiisset, id „modis omni-

---

1. Cassiodori Opp. ed. Garetius I 305. Cf. Gratiani decr. P. I D. 63 c. 3.
2. L. II infra.

*bus interdixisse"; sed amplificata etiam confidentissime mendacio
hoc, ilico imperatorem sanxisse „lege": „ut nemo laicorum
principum vel potentum audeat se inserere electioni patriarchae
vel metropolite vel episcopi; quod si factum fuerit, inordinata
erit talis electio".*

*Affinxit Valentiniano I imperatori legem fabulosam, qua
laici ab eligendis episcopis penitus removerentur, Nicolai II papae de Romanis pontificibus eligendis decretum anno 1059 pro-
mulgatum[1], quo regis auctoritas confirmabatur, in „figmentorum"
numerum retulit[2]. Et quo magis res obscuraretur, ex aliis eiusdem Nicolai litteris (ex „decreto contra simoniacos"[3] et ex eius
ad omnes episcopos epistola[4]) centonem consuit[5], neque erubuit,
sincerae legi legem fucatam supponens, eandem ita clamitare:
„in hac synodo hec lex de electione pontificis definita est".*

*Verum prodigii simile est, quod in Carolo Magno peregit[6].
Quidquid enim de eodem conscripsit, id omne fere ad litteram
ex libri pontificalis vita Hadriani I translatum esse apparet.
In eiusdem ipsius vero libri pontificalis vita Leonis III cum
legisset, Romae anno 800 Carolum, antequam diadema impera-
torium accepisset, iudicium fecisse et apud eundem iureiurando
Leonem papam se de criminibus purgavisse, indignabundus non
modo iudicium illud texit silentio, verum etiam caeco quodam
odio incitatus fecit id, quod vix credendum est, ut rem unam
omnium saeculorum gravissimam universisque passeribus notam*

---

1. Eius exempla duo eaque inter se differentia exstant. Quorum alterum e codice Vaticano 1984 tractum legitur in Mon. Germ. LL. II ɪɪ 176,
alterum in Gratiani Decr. P. I D. 23 c. 1 et ap. Hugonem Flaviniacensem,
Mon. Germ. SS. VIII 408. Cf. Waitz Ueber das decret des papstes Nicolaus II, in Forschungen zur deutschen Geschichte IV 105 sq.   2. L. VI
et IX. — Aliam rationem iniit Deusdedit contra invasores L. I c. 11 (ap.
Mai Novae patr. bibl. T. VII P. III p. 82), ubi sic est: „Guibertus aut sui —
quaedam in eodem decreto (Nicolai II) addendo, quaedam mutando, ita
illud reddiderunt a se dissidens, ut aut pauca aut nulla exemplaria sibi
concordantia valeant inveniri. Quale autem decretum est, quod a se ita
discrepare videtur, ut, quid in eo potissimum credi debeat, ignoretur".
3. ap. Mansi XIX 899.   4. ap. Mansi XIX 897.   5. L. VI ad 1059 Apr.
6. in L. III et V infra.

*negaret, negaret inquam, Carolum Magnum factum impera-
torem esse*[1].

*Sed haec satis multa, ut ne mininum quidem lateat, falsarii
huius quae sit in potissimarum rerum gestarum memoria auctoritas et fides.*

*Nihilominus de simplicibus minoribusque rebus, quibus ipsae
summae temporis illius non continentur, aequalis quam affert
Bonitho aetatis suae memoria non omnino contemnenda erit,
sed, caute quidem, adhiberi tamen non sine fructu poterit.*

*Editionum libri ad amicum duarum antehac factarum prio-
rem paravit anno 1763 Oefele in Rerum Boicarum scriptorum
tomo secundo p. 794—821, posteriorem anno 1862 Watterich,
qui quidem opusculum per Pontificum Romanorum vitarum tomum primum dispersit frustatim. Manavit autem editio utraque ex uno qui exstat bibliothecae Monacensis codice latino 618
membranaceo, forma quadrata, saeculi XII, Bonithonis librum
in fol. 1—27 continente; qui quondam fuit doctoris Hartmanni
Schedel Nurenbergensis*[2], *iamque anno 1618 in bibliotheca ducum Bavariae servabatur*[3]. *Eodem codice, qui longum tempus
mihi permittebatur singulari benevolentia, in hac editione accu-
randa attente usus sum.*

Berolini 4 Idus Ianuarias a. 1865.

---

1. filium enim eius Ludovicum asseverat L. III „primum omnium
Francorum regem imperiali sublimatum esse dignitate". Et in libro V
scripsit haec: „Sic enim legitur: „„Karolus rex Francorum et Longobardorum et patritius Romanorum"". Nunquam enim eum imperiali legimus
auctum fuisse potestate". De cogitato hoc mendacio excellenter disseruit
Döllinger in Münchner historisches Iahrbuch für 1865 p. 387 sq.   2. in
charta enim tegmini anteriori agglutinata minio scripta haec sunt: LIBER.
DOCTORIS. HARTMANNI. SCHEDEL. DENVREB'GA.   3. item ante-
rius codicis tegmen particulas praebet scedulae, in qua ita legimus: „Ex
bibliotheca serenissimorum utriusque Bavariae ducum 1618".

INCIPIT

LIBER BONITHONIS SUTRIENSIS EPISCOPI
QUI INSCRIBITUR AD AMICUM.

Queris a me, unicum a tribulatione quae circumdedit me[1] presidium: Quid est, quod hac tempestate mater aecclesia in terris posita gemens clamat ad Deum nec exauditur ad votum, premitur nec liberatur; filiique obedientie et pacis iacent prostrati, filii autem Belial exultant cum rege[2] suo; presertim cum, qui dispensat omnia, ipse sit, qui iudicat aequitatem.

Est et aliud, unde de veteribus sanctorum patrum exemplis á me petis auctoritatem: Si licuit vel licet christiano, pro dogmate armis decertare.

Quibus tuae mentis fluctuationibus, si aurem sani cordis adhibueris, facile respondebitur; tum quia in promptu nobis est, tum quia hoc tempore mihi scribere hoc valde visum est pernecessarium. Igitur, de Dei misericordia confisi, qui linguas infantum disertas facit[3], adhoriamur sermonem.

Mater aecclesia, quae sursum est[4] nec servit cum filiis suis[5], tum maxime liberatur, cum premitur, tunc maxime crescit, cum minuitur. Nemo enim celestis regni Abel concivis esse merebitur[6], nisi quem in presenti Cain malicia ad purum limaverit[7]. Sic Enoch, probatus repertus, raptus est, ne malicia mutaret cor suum[8]. Sic Noe[9], humani generis reparator — post[a] sexcentos ferme annos[10], quibus ab his, qui se iniusta maculaverant commixtione[b], multa perpessus est[c] — cum domo sua, mundo vindice aqua pereunte, liber evasit. Quod si filii Ierusalem aliquando captivi detinentur, tamen non serviunt; quod et si supra flumina quidem sedent, set flentes[11] irriguis[d] non delectantur; in

a. per *cod.*   b. commutatione *cod. (Cf. Genes.* 6, 4).   c. est *addidi.*
d. irriguas *cod.*

1. Ps. 31, 7.   2. Heinrico IV.   3. Sap. 10, 21.   4. Galat. 4, 26.
5. Galat. 4, 25.   6. Cf. Hebr. 11, 4.   7. V. supra p. 502 n. 3.   8. Cf. Hebr. 11, 5.   9. Cf. Hebr. 11, 7.   10. Genes. 7, 11: „Anno sexcentesimo vitae Noe — rupti sunt omnes fontes“ cet.   11. Ps. 136, 1.

salicibus suspendunt organa[1] et non cantant canticum in terra aliena[2], set ad Ierusalem suspirant; et ideo beati, qui allidunt parvulos ad petram[3], filia autem Babylonis misera[4]. Sic Hebreus ille[5], quem Hur[6] non tenuit Chaldeorum, Babylonio non servivit fastui; ad Ierusalem vero tetendit, Melchisedech vidit et, ab eo benedictus, ab Omnipotente pater multarum gentium appellatus est[7]. Quid[a] vero scriptum est? Duos filios habuit, unum de ancilla et unum de libera, set[b] qui de ancilla secundum carnem, qui autem de libera per repromissionem[8]; qui sunt duo populi, unus catholicorum, alter vero hereticorum. Set sicut tunc, qui secundum carnem, persequebatur eum, qui secundum spiritum; ita et nunc. Set quid dicit scriptura? *Eice ancillam et filium eius, non enim heres erit filius ancillae cum filio liberae*[9]; itaque, Sara clamante ad Abraham, angelo intercedente, Hismael ex persecutione exheredatur, Ysaac vero hereditate donatur. Est alia persecutio, quam Ysaac sustinet patienter. Fodit puteos, quos ante foderat pater eius, invenit aquam, pro qua rixati sunt allophili[10]; non repugnavit, patienter sustinuit, quandiu invenit Habundantiam et per Habundantiam veniret ad Bersabe[11], quae „puteus septimus"[12] id est requies interpretatur; luce clarius demonstrans: cum persecutio ab his qui foris sunt nobis infertur, tolerando devincendam, cum vero ab his qui intus sunt, euangelica falce prius succidendam et postea omnibus viribus et armis debellandam. Quod melius ostendemus exemplis.

Set quid nobis cum allegoria? Veniamus iam ad euangelicam veritatem; veniamus ad lucem, quae illuminat omnem hominem venientem in hunc mundum; veniamus ad verba celo terraque durabiliora, et inveniemus nichil nobis cum mundo amicum nilve commune. Et ideo non dolendum est nobis, cum

a. Quod *c*.   b. S; *c*.

1. Ps. 136, 2.   2. Ps. 136, 4.   3. Ps. 136, 9.   4. Ps. 136, 8. 5. Abraham.   6. Ur.   7. V. Genes. 14. 15.   8. V. Rom. 9, 8. Cf. Augustinum de Genesi (Biblia sacra cum glossa, Antwerpiae 1634 T. I p. 261).   9. Genes. 21, 10.   10. V. Biblia cum glossa I p. 311 ad Genes. 26, 14. 18.   11. V. Genes. 26, 33.   12. In biblia cum glossa I p. 263 super „Bersabee (Genes. 21, 31) posita haec sunt: „puteus septimus".

premimur, set potius gaudendum. Sic enim Salvator ait: *Nolite mirari, si odit vos mundus*[1]; *scitote, quia me priorem vobis odio habuit*[2]; et iterum: *Pacem meam do vobis, pacem relinquo vobis; non quomodo hic mundus dat, ego do vobis*[3]. O quanta dignitas, mundum cum filio Dei sentire inimicum, ut patrem, qui in celis est, una habere possimus amicum. Qui postea, nos invitans ad passionem, sic ait: *Nolite timere eos, qui occidunt corpus, animam autem non possunt occidere*[4]; et post pauca: *Si quis venit post me, abneget semet ipsum et tollat crucem suam et sequatur me*[5]. Quodsi membra summi capitis sumus[6], debemus, eum imitando eique inherendo, illuc tendere, quo eum pervenisse pro certo cognovimus. Per probra et flagella et irrisiones et turpissimam mortem crucis ad gloriam pervenit resurrectionis; et consummatus factus[7], gloria et honore coronatus, sedet ad dexteram Dei patris omnipotentis. Sic et nos, si filii summi patris sumus, per mundanas passiones debemus commori secum, ut conresurgentes simul conregnare possimus. Quod illi matris nostrae, non habentis maculam neque rugam[8], primi fundatores et documentis docuere et exemplis[a] monstravere. Quid enim aliud princeps ovilis et vas electionis[9] et filii Boanarges[b][10] et fratres Domini ceterique dominici gregis arietes aliud nos docuerunt, quam, mundum cum pompis suis relinquentes, quae sursum sunt, sapiamus, non quae super terram[11]? Quod et exemplis monstravere, cum irent gaudentes á conspectu concilii, quoniam digni habiti erant pro nomine Iesu contumelias pati[12]. Igitur postquam in omnem terram exivit sonus eorum[13], consummati facti, constituti sunt principes super omnem terram. Hos secutus est martirum candidatus exercitus, qui, per varia

---

a. ēplis *c.*   b. boarges *c.*

1. 1 Ioh. 3, 13.   2. Ioh. 15, 18.   3. Ioh. 14, 27.   4. Matth. 10, 28. 5. Matth. 16, 24.   6. Cf. 1 Corinth. 6, 15.   7. Hebr. 5, 9.   8. Ephes. 5, 27.   9. S. Paulus. V. Act. ap. 9, 15.   10. Marc. 3, 17: „et imposuit eis nomina Boanerges, quod est filii tonitrui".   11. Coloss. 3, 2. 12. Actus apost. 5, 41: „Et illi quidem ibant gaudentes a conspectu concilii, quoniam digni habiti sunt pro nomine Iesu contumeliam pati". 13. Rom. 10, 18.

penarum genera mortem invenientes, aeternam vitam lucrati sunt.
Quorum alii stipitibus suspensi, alii variis cruciatibus perempti,
alii capite truncati, alii vivi excoriati, alii flammis concremati,
alii fluminibus necati, alii vectibus perforati, alii vivi defossi,
alii luminibus privati, alii membris ceteris debilitati, alii secti,
alii lapidati, alii vincula et verbera experti, insuper et carceres,
circuierunt in melotis et in pellibus caprinis[1]. Hos ad tam pre-
claram gloriam perduxit pontificalis apex. Qui quamvis, pene
toto orbe iam diffusus, quod verbis predicabat, ostendebat exemplis, tamen precipue Romanus christianorum episcopatus[a]. Qui,
á beato Petro[b] apostolorum principe sumens exordium, per trecen-
tos[c] ferme annos usque ad pii Constantini tempora continuis bellorum successibus diebus noctibusque cum antiquo hoste decertans,
triginta tribus vicibus[2] de eodem veternoso serpente[3] triumphans,
non ante desiit tolerando certare, subiciens sibi principatus et
potestates, quam ipsum Romani imperii ducem[4] christianae sub-
iceret religioni.

EXPLICIT LIBER PRIMUS

INCIPIT SECUNDUS.

306—337   Igitur Constantino á Silvestro sanctae Romanae aecclesiae
episcopo baptizato[5] et ab eodem imperiali diademate sublimato,
clausa sunt templa, reseratae sunt aecclesiae, cepit in[d] parietibus
depingi imago Salvatoris et é publico deici imago Iovis, ceperunt altaria erigi et simulacra deici, reddita est pax in toto orbe
aecclesiis; quamvis non longo tempore duratura.

Nam eiusdem pii principis tempore surrexit Arrius, maxi-

a. episcopatus (ē͞patus) *scripsi pro* senatus *cod.*   b. Petro *addidi.*   c. du-
centos *cod.*   d. in *addidi.*

1. Hebr. 11, 37: „circuierunt — caprinis“.   2. Silvester I enim
(314—335) in pontificum Romanorum serie fuit tricesimus tertius. Cf. Bonithonis Decreti L. III 55 (ap. Mai Novae patrum bibliothecae VII III p. 28):
„Romanorum pontificum exempla, qui a beato Petro usque ad pii Constantini tempora 33 numero vicibus sibi invicem succedentes mori non timuerunt, quam diu ipsum Romani nominis principem christianae submisere
religioni“.   3. diabolo.   4. Constantinum Magnum.   5. Cf. Bonithonis
Decret. L. IV c. 94 ap. Mai Novae patrum bibliothecae T. VII III p. 39.

mus aecclesiae devastator, á quo Arriana heresis exorta est et 306—337 ab eo mille hereseos novitates; contra quas omni christiano pugnandum pro officii[a] sui consideratione, nulli dubium est. Nam veternosus serpens, dolens, imperialia vasa[1], per que christianam persequebatur religionem, sibi esse sublata, omnem[b] se collegit in iram[c]; et per quosdam suae artis viros, falsa iusticia debriatos, non cessavit nec cessat nec ad usque illius, qui extollitur supra omne quod dicitur aut colitur deus[2], tempora cessabit aecclesiae maculare puritatem.

Set cum á Constantino ceperimus, Constantini laudes prosequamur. Hic est Constantinus, qui legem posuit euangelicae doctrinae consonantem: ut omnes episcopi Romanum pontificem haberent caput, sicut omnes iudices regem[3]. Hic est dominicae crucis inventor, Christi nominis maximus propagator, almae novae Romae[4] fundator, basilicarum precipuus fabricator. Hic est, qui nobis sanctam Nicenam synodum congregavit; in qua omnium episcoporum subsellia ipse composuit, et ipse subpedaneo sedit scabello[5], indignum iudicans, imperialem sedem thronis illorum admisceri, quorum sedes iudicaturae sunt duodecim tribus Israel[6]. Cui cum quadam die libelli accusationum ab episcopis porrigerentur, fertur dixisse: *Absit, ut ego iudicem deos. De vobis enim dictum est: „Ego dixi, dii estis"*[7]. *Neque enim rectum est, ut maior á minore iudicetur*[8]. Hic est, de quo legitur, dixisse: *quia si invenirem aliquem religioso habitu cir-*

---

a. officio *cod.*   b. oīem *c.*   c. Cf. *Virgilii Georg. II* 154: Squameus in spiram tractu se colligit anguis.

1. Cf. Marc. 3, 27: „Nemo potest vasa fortis, ingressus in domum, diripere, nisi cet."; et Biblia cum glossa (Antwerpiae 1634) V 518, ubi super „vasa" positum est: „homines a diabolo deceptos", et super „fortis" invenitur: „diaboli".   2. 2 Thess. 2, 4: „qui — extollitur supra omne, quod dicitur deus aut quod colitur".   3. ex vita Silvestri I (ap. Muratori SS. III 104 n. 4): „Hic Constantinus — privilegium ecclesiae Romanae contulit pontifici: ut in toto orbe Romani sacerdotes hunc itaque habeant, sicut omnes iudices regem".   4. Constantinopolis.   5. Cf. Histor. Tripart. II 5, Cassiodori Opp. ed. Garetius I 226.   6. Matth. 19, 28: „sedebitis et vos super sedes duodecim, iudicantes duodecim tribus Israel". 7. Ps. 81, 6.   8. Cf. Hist. Tripartita II 2, Cassiodori opp. I 225.

306—337 *cuamictum turpitudinem operantem, pallio meo cooperuissem eum,*
ne dignitas tanti nominis infamaretur[1]. Hic reliquit filios, heredes quidem regni, set non religionis.

337—361   Nam filius eius Constantius, qui, defunctis fratribus, imperii
post eum suscepit monarchiam, Arrianae hereseos zelo mirabiliter vastavit aecclesiam. Nam episcopos exilio relegavit, quos-
342 dam vero gladio truncavit.   Hic cum per Ermogenem prefectum Paulum episcopum Constantinopolim expellere niteretur,
populus katholicorum, divinae legis zelo armatus, in tantum pro
veritate decertavit, ut ipsum prefectum cum omni domo sua et
familia igne concremaret[2]. Quod factum non est á sapientibus
inprobatum, set potius laudatum[3].   Quid referam de Alexandrinis; quanta pro sancto Athanasio[a] perpessi sunt quantasve
laudabiles pugnas contra Arrianos zelo orthodoxae fidei exercuere[4]. Quid de Mediolanensibus; qualiter ipsi Constantio, volenti episcopos in aecclesia latitantes capere, armis restitere eosque ab illius cruentis manibus vi rapuere.   Set quoniam prefatus Constantius, non patri aequipparando, set quasi paganorum
more episcopos, quamvis zelo Dei set non secundum scientiam[5],
persecutus est, eius temporibus res publica multum vexata est.
Nam et Persae Romanos terminos transiere[6]; et Francorum valida gens ripas Reni invasit, quae usque hodie christianae quidem, set ´non Romanae subiecta est ditioni.

361—363   Quo mortuo, Iulianus ei successit in regnum, vir apostata
et Deo odibilis; qui per triennium, quibus non Romanum gubernavit set vastavit imperium, quantas sacerdotum strages dederit
quantosve christianos diversis penis affecerit, non est facile dictu.
Set eodem tempore fuerunt non solum sacerdotalis set etiam
militaris ordinis[b], qui eius vesaniae aperte resisterent, ut Iovianus, qui eius successit inperio; qui, cum esset millenarius, cin-

---

a. *sequitur* episcopo *in cod. sed inductum.*   b. viri *excidisse videtur.*
    1. Cf. Theodoreti hist. eccl. L. I c. 11.   2. V. Hist. Tripart. IV 13,
Cassiodori Opp. I 247.   3. immo „irrationabiliter" hoc factum esse, legimus in Hist. Trip. l. l.   4. V. ibid. IV 17 sq., Cass. Opp. I 248 sq.
5. Rom. 10, 2: „quod aemulationem Dei habent, sed non secundum scientiam".   6. V. Hist. Tripart. IV 35, l. l. p. 256.

gulo ante renunciavit quam dogmati[1].   Set et Valentiniani 361—363
divini amoris fervorem non pretermittam. Hic cum quodam die
ex officio — erat enim princeps cohortis legionum — regem
intraturum templum Fortunae anteiret, cumque sacerdos ut moris
erat aqua aspersionis intrantes aspergeret, accidit, ut vir christianissimus guttam aquae in clamide sua aspiceret. Mox, ve, christiani nominis zelo succensus, ante sevissimi imperatoris presentiam in ipso introitu templi sacerdotem pugno percussum
prostravit, clamans, se christianissimum pro hac aspersione potius maculatum quam purgatum. Quod factum in tantum Deo
placuit, quod ante anni curriculum[2] totius Romani imperii monarchiam ei tradidit gubernandam. Nam Iuliano turpiter apud Persas vitam finiente, cum Iovianus ei successisset in imperium, 363—364
ante anni curriculum in pace sepultus est; quo mortuo, Valentinianus[3] ei successit in regnum, vir urbanus[4] et christianissimus. 364—375
Qui in primordio ordinationis suae fratrem suum nomine Valen-
tem consortem effecit imperii, pro dolor tradens ei totius iura
orientis, ipse occidentales gubernavit regiones.

Hic Mediolanum sedem legit imperii. Mortuo vero Auxentio
heretico, et in pace sepulto sancto Dionisio, accidit, ut illuc convenirent episcopi Italiae, ut sibi in commune eligerent episcopum. Ad quod faciendum summopere expectabant regis presentiam. Quod ut audivit, ipse modis omnibus interdixit, dans legem
cum[a] euangelica veritate concordantem: ut nemo laicorum principum vel potentum audeat se inserere electioni patriarchae vel
metropolitae vel episcopi; quod si factum fuerit, inordinata erit
talis electio[5]; adiciens: *Talem secundum decreta canonum eligite,
qui nostris possit mederi vulneribus.* Quam piissimi principis
humilitatem Deus ex alto respiciens exaudivit, et sibi et aecclesiae donavit Ambrosium episcopum.   Qui, quam diu vixit,
erga sacerdotes Dei devotissimus, pacifice imperium Romanum
gubernavit.

a. cum *addidi.*
    1. V. Hist. Tripart. VII 1, l. l. p. 300.   2. „cum annus et pauci
transissent menses“ Hist. Tripart. VI 35, l. l. p. 295.   3. I.   4. Hist.
Trip. VII 7, l. l. p. 304. 305.   5. de ementita hac lege v. supra p. 601.

364—375   Set a pii Constantini usque ad Longobardorum crudelia regna, quiqui[a] Romani imperii principes secundum Dei timorem et episcoporum consilia et precipue sub Romano episcopo obedientes extitere, aecclesias colendo, clericos diligendo, sacerdotes honorando, dum vixere, alta pace rem publicam gubernavere et mortem vita aeterna commutavere. Qui vero inobe-

364—378 dientes fuere, malo fine periere; ut Valens, Valentiniani frater. Qui, Valentiniano mortuo — cum ei successisset Valentinianus[1] eius filius cum Iustina, matre sua heretica — assumens tyrannidem, totus Arrianus aecclesias orientales vastavit episcoposque exilio relegavit. Huius quoque tempore Gothi et Masagetes Hystrum transeunt et Ylliricum occupant Epirumque invadunt, deinde venientes Calcedonam, ipsum scelestum interficiunt, Constantinopolim obsident. Set mirabile dictu, Dominica, eius relicta, quod vir non potuit, civitatem á barbaris liberavit[2].

    Fuere etiam alii pestilentes: ut quidam Zeno[3]; et Constantinus; et Anastasius[4], qui proterve loquens de papa[5], divino fulmine interemptus est; et Valentinianus[6], qui cum matre sua Iustina regno suo expulsus est, set per Theodosium pium principem recuperatus est[7]; et Basilius; et quidam Leo; et Mauritius[b8], qui cum uxore et filiis suis á Foca[9] morte dampnatus est; et alii quam plures, qui, sacerdotes Dei inhonorantes, privilegia Romanae aecclesiae auferre molientes, et in presenti vita non quievere et in aeternum periere. Quorum temporibus et Persarum exercitus Mesopotamiam invasit; et Sarracenorum pessima gens omnem Affricam et Marmaricam et Lybiam et Aegyptum et Arabiam et Iudeam et Fenicem á Romana subtraxit ditione. Ab aquilone vero Hunorum feritas et Gothica tempestas et Guandalorum procella omnem vastavit occidentem, quandiu decimum cornu bestiae[10], Longobardica scilicet rabies, de vagina furoris Domini extracta, Italicas invasit regiones. De qua persecutione melius est silere quam pauca dicere.

    a. ḋq; *cod.*   b. Maritius *c.*

    1. II.   2. V. Hist. Tripart. IX 1, Cass. opp. I 331.   3. 474—491. 4. I, 491—518.   5. Hormisda. V. Hist. misc. p. 102.   6. II 375—392. 7. anno 388.   8. 582—602.   9. imp. 602—610.   10. Apocal. 17, 16.

Fuere et preterea religiosissimi imperatores, ut Theodosius[1]; 364—378 et Honorius[2]; et item Theodosius[3]; et Martiani[4] et Valentiniani[5] pia dualitas; et Constantinus[6] et Hyrene[7]; et Leo[8]; et Iustinianus[9] et quidam alii; qui, ut superius prelibavimus, et alta pace rem publicam gubernavere et mortem vita aeterna commutavere.

Imperante autem Theodosio primo, temporalem carpebant 379—395 vitam Ambrosius et Augustinus et Ieronimus, qui salutifera vivendi multa nobis reliquere precepta. Quorum Ambrosius, ne ab aecclesia iussu Valentiniani et Iustinae pelleretur, armis populorum defensatus est; nec vituperavit Dei sacerdos divinum populi fervorem, set potius laudavit[10]. Eodem quoque tempore venerabilis Augustinus Bonifacium principem, ut Donatistas et Circumcelliones depredetur et vastet, hortatur[11].

Sed quoniam religiosorum principum superius mentio facta est, aliquid de vita eorum et legibus ab eis promulgatis huic opusculo necessarium duxi inserere. Nunc autem ab ipso Theodosio ordiamur. Hic, suscepto regni gubernaculo, barbaros mirabiliter vicit et sedavit[12]; et Arrianos ab ecclesiis expulit et eas orthodoxis reddidit[13]; Persas intra fines suos stare coegit[14]; Maximum tyrannum regno expulit[15]. Interea pacificato regno Thesalonicam veniens, regia licentia populum inconsulte iussit interfici. Qui dum Mediolanum venisset, á liminibus aecclesiae á beato Ambrosio prohibitus est. Sicque cognoscens peccatum suum, tam diu flevit extra aecclesiam publice, quamdiu veniam meruit; data lege: ut sententiae principum, sub animadversione · prolatae, usque ad 40 dies non obtineant firmitatem[16].

Quantam vero reverentiam erga sacerdotes Dei Archadius 395—408

---

1. I, 379—395.   2. 395—423.   3. II, 408—450.   4. 450—457. 5. III, 424—455.   6. V, 780—797.   7. mater Constantini V, 780—802. 8. I, 457—474.   9. I, 527—565.   10. Cf. Ambrosii epist. class. I ep. 22, Opp. ed. Benedictini II 876.   11. in libro de correctione Donatistarum seu ep. 185, Augustini Opp. ed. Caillau T. XL p. 440 sq. 12. Hist. Trip. IX 4, p. 333.   13. Hist. Trip. IX 19, p. 338.   14. Cf. Hist. Trip. IX 21, p. 340.   15. Hist. Trip. IX 23, l. l.   16. Hist. Trip. IX 30, p. 343.

395—408 et Honorius filii eius habuerunt, leges ab eis promulgatae testantur in hunc modum: *Imperatores*[1] *Archadius et Honorius augusti Theodoro*[a] *presidi prefecto. Si quis in hoc genus sacrilegii incurrerit, ut, in aecclesia catholica irruens, sacerdotibus et ministris vel ipsi cultui locoque aliquid importet iniuriae, quod geritur, á provincie rectoribus animadvertatur; atque ita provinciae moderator, sacerdotum et catholicae aecclesiae ministrorum, loci quoque ipsius et divini cultus iniuriam capitali in convictos sive confessos sententia noverit esse vindicandum.* Et post pauca: *Sitque cunctis laudabile, factas atroces sacerdotibus iniurias velut publicum crimen insequi et de talibus ultionem mereri* etc.[b]

450—455   Quid vero Martiani et Valentiniani pia dualitas ad beatum papam Leonem scripserit, audiamus: *et tuam*[2] inquiens *sanctitatem, principatum in episcopatu*[c] *fidei possidentem, sacris litteris in principio iustum credimus alloquendam, invitantes atque rogantes, ut pro firmitate nostri imperii et statu aeternam divinitatem tua sanctitas deprecetur.*

Qualiter autem Constantinus, non ille primus, set alter cognomine pius[d] imperator scripserit domno pape advertite: *Per Deum* inquiens *omnipotentem non est apud nos partis cuiuslibet favor, set equalitatem utrisque partibus observabimus, nullatenus necessitatem facientes in quocunque capitulo eis, qui á vobis diliguntur quoquo modo, set omni honore competenti et munificentia et susceptione dignos eos habebimus. Et si quidem utrique convenerint, ecce bene; sin autem minime convenerint, iterum*[e] *cum omni humanitate eos ad vos dirigemus.* Et post pauca: *Invitare enim et rogare possumus ad omnem emendationem et unitatem omnium christianorum, necessitatem vero inferre nullatenus volumus.*

a. *sequitur in cod.* p̄p̄ presidi prefecto.   b. E. c. *c.*   c. divinae *om. cod.* d. p̄us *c.*   e. 1tū *c.*

1. „Imperatores — esse vindicandum“ et „Sitque — ultionem mereri“ ex Iustiniani Cod. L. I tit. 3, l. 10.   2. „Tuam — deprecetur“ ex Valentiniani et Marciani epistola in Opp. S. Leonis Magni ed. Ballerinii T. I 1017—1019.

Quid vero alter Constantinus[1] et Hyrene augusti ad Adria- 787
num[2] papam scribant, adtendite: *Rogamus*[3] *vestram paternam
beatitudinem, magis quidem dominus Deus rogat, qui vult omnes
salvos fieri et ad agnitionem veritatis venire, ut det se ipsam*[a]
et nullam tarditatem faciat et accedat huc.

Quid Iustinianus sancto pape Iohanni[4] promulgatis legibus 533
scribat, audite: *Petimus*[5] *vestrum paternum affectum, ut vestris ad
nos destinatis litteris manifestum nobis faciatis, quod omnes, qui
predicta recte confitentur, suscipit vestra sanctitas, et eorum, qui
Iudaice ausi sunt rectam denegare fidem, condempnat perfidiam*[b].

Set postquam, ut supra retulimus, Longobardica rabies
Italiae invasit regiones, per triennium, quo[c] paganitate detenti 568
sunt, quanta penarum genera quantasve amaras et crudelissimas
neces christianis intulerint, non est facile dictu. At postquam in
Arriana heresi baptisma perceperunt, paulo minus; set ita crudelissime per 140 annos, quibus non gubernavere set vastavere
Italiam, tyrannide usi sunt, ut, si quis harum calamitatum gnarus esse voluerit, legat dialogorum librum[6] et pontificalium[d]
gesta sanctorum[7], et inveniet calamitates calamitatum et miserias miseriarum.

EXPLICIT LIBER SECUNDUS

INCIPIT LIBER TERTIUS.

Temporibus autem Adriani summi pontificis, cum se pre- 772
fatus papa videret oppressum multis miseriis, direxit[8] marino
itinere suas apostolicas litteras Karolo excellentissimo regi Francorum; deprecans, ut, sicut suus pater sanctae memoriae Pippi-
nus, et ipse succurreret sanctae Dei aecclesiae[8] adversus inso-

---

a. ipsum *c.*   b. perfidiam *om. c.*   c. qua *c.*   d. pontificalia *cod.*

1. V.   2. I.   3. „Rogamus — et accedat huc" ex Constantini et
Irenes ep. in Anastasii bibliothecarii praefatione in septimam synodum, ap.
Mansi Concil. coll. XII 984. 985.   4. II.   5. „Petimus — condempnat
(perfidiam)" ex Iustiniani Cod. L. I tit. 1, 1. 7, epistola Iustiniani § 5.
6. S. Gregorii I papae (Opp. ed. Benedictini T. II).   7. i. e. vitas pontificum Romanorum.   8. „Direxit — aecclesiae" ex Vita Hadriani I ap.
Muratori RR. It. SS. III 183.

772 lentiam et tirannidem Desiderii regis Langobardorum. ·Tunc ipse
á Deo protectus Karolus rex, adgregans universam regni sui
773 exercitus multitudinem, per sex menses obsedit eundem Desi-
774 derium in civitate Papia[1]. Adveniente[2] vero paschali festivitate,
magno desiderio ad apostolorum limina properavit. Cui pontifex venerandas cruces, id est signa, obviam misit et universas
scolas militiae et pueros portantes ramos olivarum sive palmarum. Ipse vero excellentissimus rex, qua hora easdem sacratis-
simas cruces et signa conspexit, statim de equo descendens, cum
suis ad beatum Petrum pedestris perrexit. Quem venerandus
Apr. 2 pontifex in sabbato sancto paschae in gradibus ipsius apostolicae
aulae cum clero et populo Romano prestolatus est. Qui dum ad-
venisset, omnibus gradibus beati Petri deosculatis, ad prenomi-
natum pervenit pontificem[2]. Cum[3] se mutuo amplexati fuissent,
tenuit idem christianissimus rex manum ipsius pontificis; et ita
ad beati Petri confessionem cum omnibus suis properans, terrae prostratus, Deo et sancto eius apostolo vota persolvit. Tunc·
rex obnixe precatus est pontificem, ut illi licentiam tribueret
Romam ingrediendi, orandi gratia per diversas aecclesias. Et
descendentes pariter ad corpus beati Petri cum iudicibus Romanorum et Francorum, seseque mutuo per sacramenta munientes,
Apr. 3 ingressi sunt continuo Romam. Celebrata vero paschali festivi-
Apr. 6 tate, quarta feria, oblatis magnis donis beato Petro[3], ad obsidionem[4] Papiae reversus est; et auxiliante Deo et eodem apostolo Desiderium Langobardorum regem cum coniuge sua secum
deportavit et sibi omne regnum eius subiugavit[4].

814   Quo mortuo, Ludoicus ei successit, eius filius, vir mitissimus, qui primus[5] omnium Francorum regum imperiali sublimatus est dignitate. Hic offerens beato Petro multa donaria, re-
staurans antiquitus facta privilegia, legem sancivit in posterum
in hunc modum continentem: *In electione[6] Romanorum ponti-*

1. V. Vita Hadriani p. 185.   2. „Adveniente — pontificem" ex
Vita Hadriani l. l.   3. „Cum se — magnis donis beato Petro" ex Vita
Hadriani p. 186.   4. „ad obsidionem — subiugavit" ex Vita Hadriani
p. 187.   5. immo secundus. Cf. supra p. 601.   6. in Lotharii I
lege anno 824 facta (Mon. Germ. Legg. I 240) reperiuntur haec: „Volumus,

ficum neque servus neque liber ad hoc venire presumat, ut illis 814
*Romanis, quos ad hanc electionem per constitutionem sanctorum
patrum antiqua admisit consuetudo, aliquod faciat impedimentum. Quod si quis contra hanc nostram constitutionem presum-
pserit, exilio tradatur.*   *Insuper*[1] *etiam, ut nullus missorum
nostrorum cuiusque inpeditionis argumentum componere in prefata electione audeat, prohibemus.*

Post cuius obitum per multa succedentium temporum curri- 840
cula — usque ad pestifera Lotharii[2] tempora — qui ab eo suscepere originem, decentissime gubernavere[a] imperium. Quod si
quis studiosus voluerit cognoscere, legat leges ab eis promulgatas, videat sepulturas martirum auro gemmisque decoratas, ba-
silicasque eorum mira pulcritudine exornatas, monasteria quoque religiosa utriusque sexus ab eis constituta, cohabitacula clericorum regulariter viventium ab eisdem primitus ordinata; et
per reliquias, quae nostris supersunt temporibus, satis poterit
advertere, quam christianissimi quamque Deo amabiles extitere.

Leges vero ab eis promulgatae heae sunt.   Ex edictis[b]
Karoli et Ludoici imperatorum: *Sacrorum*[3] *canonum non ignari,
ut in Dei nomine sancta aecclesia suo liberius potiatur honore,
assensum aecclesiastico ordini prebemus: ut scilicet episcopi*[c] *per
electionem cleri et populi secundum statuta canonum de propria
diocesi, remota personarum et munerum acceptione, ob vitae meritum et sapientiae donum eligantur, ut exemplo et verbo sibi
subiectis usquequaque prodesse valeant.*   Item constitutio K(a-
roli) imperatoris: *Volumus*[4] *atque precipimus, ut omnes nostrae*

---

a. gubernare *cod.*   b. dictis *cod.*   c. episcopi *om. cod.*

ut in electione pontificis nullus praesumat venire, neque liber neque servus, qui aliquod impedimentum faciat illis solummodo Romanis, quibus
antiquitus fuit consuetudo concessa per constitutionem sanctorum patrum
eligendi pontificem. Quod si quis contra hanc iussionem nostram facere
praesumpserit, exilio tradatur[a].

1. „Insuper — prohibemus" non sunt in Lotharii I lege, v. supra
p. 614 n. 6.   2. II, 855—869.   3. „Sacrorum — prodesse valeant" ex
Ansegisi capitularium L. I 78, Capitularia ed. Baluzius I 718, Mon. Germ.
LL. I 282.   4. „Volumus — tenendum censemus" ex Benedicti levitae
capitularium L. II 366, Capitularia ed. Baluzius I 985, Mon. Germ. LL. II ɪɪ 91.

840 *ditioni auxiliante Deo subiecti, tam Romani quam Franci, Ala-*
manni, Bauguerii, Saxones, Lothoringi[a]*, Rixones*[b]*, Galli, Bur-*
gundiones, Brittones, Longobardi, Guascones, Beneventani, Gothi,
Hyspani ceterique omnes subiecti nobis, quocunque legis vin-
culo constricti vel consuetudinario more connexi, hanc senten-
tiam, quam ex sexto decimo Theodosii imperatoris libro, capi-
tulo videlicet 11, ad interrogata Ablavii ducis, quam illi[c] *et*
omnibus prescriptam misimus[d]*, et intra nostra capitula pro lege*
tenendam consultu omnium nostrorum fidelium posuimus, lege
cuncti perpetua teneant: „ut quicunque litem habens, sive pos-
sessor sive[e] *petitor fuerit, vel in initio litis vel decursis tempo-*
rum curriculis, sive cum negocium perhoratur[f] *sive cum iam*
ceperit promi sententia, si iudicium elegerit sacrosanctae legis
antistitis, ilico sine aliqua dubitatione, etiamsi alia[g] *pars refra-*
gatur, ad episcoporum iudicium cum sermone litigantium diri-
gatur. Multa enim, quae in iudicio captiosae[h] *prescriptionis*
vincula promi non patiuntur, investigat et promit sacrosanctae
religionis auctoritas. Omnes itaque causae, quae vel pretorio
iure vel civili tractantur, episcoporum sententiis terminatae, per-
petuo stabilitatis iure firmentur; nec liceat ulterius retractari[i]
negocium, quod episcoporum sententiis deciderit. Testimonium
etiam, licet ab uno episcopo perhibitum, omnes iudices indubi-
tanter accipiant, nec alius audiatur, cum testimonium episcopi
a qualibet parte fuerit repromissum. Illud enim veritatis aucto-
ritate firmatum, illud incorrupte, quod á sacrosancto viro con-
scientia mentis illibatae protulerit, hoc edicto salubri firmamus
et perpetua lege tenendum censemus.   Hee sunt leges christianis imperatoribus digne, qui non, ut mos est Grecorum imperatorum, per spadonum astutiam, set per sacerdotum prudentiam regnum gubernavere; et ideo beati, quia, quo usque in
presenti vixere, alta pace quievere, et in futuro cum Christo
regnabunt sine fine.

---

a. *sic cod. pro* Thuringii.   b. *sic cod. pro* Fresones.   c. ill' *c.*   d. *sic cod.*
pro: Ablavii ducis, illi et omnibus rescriptam sumpsimus.   e. possessor sive *om. cod.*
f. perhortatur *c.*   g. aliqua *c.*   h. copiosae *c.*   i. tractari *c.*

Sed cum prenominatus Lotharius sepe á papa Nicolao esset 862—869
ammonitus, ut Gualdradam pelicem suam dimitteret, et nollet
acquiescere, sententiam meruit excommunicationis. Infelix autem,
non resipiscens set adiciens peccatum peccato, ausus est infamare domnum papam senioris Romae; et ideo non solum excommunicatur, set etiam imperiali dignitate et omni Francorum
potestate depositus est[1].   Quantas vero calamitates Romanis 869
hic intulerit, et qualiter domnum papam[2] iniuriaverit eumque
sibi rationem pretendentem spreverit, et quomodo aecclesiam
sancti Petri militari manu possederit, et quam turpissima morte
periërit, testantur et Francorum hystoriae[3] et ipsorum regnum
usque hodie divisum.

Interea, Francorum regno per superbiam exterminato, Italicum regnum varias patiebatur calamitates. Nam nunc quidem
per Longobardorum tyrannidem, aliquando vero per Burgundionum violentiam, plerumque vero per Sarracenorum[a] superbiam non regebatur, set potius vastabatur.

Eodem quoque tempore Romana aecclesia periculosis sub-
iacebat cladibus. Nam Romanis auxilium imperatoribus ferre
non valentibus propter Sarracenorum[b] frequentissimos incursus,
Francis ut superius diximus divisis et ab aecclesia sequestratis,
urbis Romae capitanei, nomen sibi inane inponentes patriciatus,
Romanam aecclesiam validissime devastaverunt.

Quod nomen ideo inane: quia in Romanis fastibus[c] nec
paganorum tempore nec christianorum usquam invenitur. Si
enim dignitas esset aliqua, aut per hanc tempora invenirentur
signata, aut leges promulgatae, aut tabulae insignitae. Set in
Romanis legibus nusquam tale aliquid invenitur. Verum esto
aliqua dignitas ad constituendum forsan imperatorem habilis,

---

a. *sic scripsit Watterich pro* Salicorum *cod.*   b. *sic correxit Stenzel (Geschichte
Deutschlands unter den Fränkischen Kaisern II* 79) senatorum *cod.*   c. fascibus *c.*

1. Lotharium II regem neque „imperiali dignitate" usum, neque aut
rite excommunicatum aut omnino deiectum esse, constat. V. Stenzel Gesch.
der Fränk. Kaiser II 7, Dümmler Gesch. des ostfränkischen Reichs I 613.
614.   2. Hadrianum II.   3. ex Hincmari annalibus ad a. 869 intelligimus, quantopere de Lotharii II rebus Romae gestis alucinetur Bonitho.

869 ordinationi vero summi pontificis nullatenus oportuna. Unde vero haec substitutio[a] sumpserit exordium, paucis, si potero, explanabo.   Gothica tempestate et Guandalorum gladio et Longobardica rabie dum Roma premeretur, non ferentes impetum barbarorum, Romani ab imperatoribus patrocinium militum inplorabant. Quod illi, prout tempus concesserat, libentissime faciebant. Nam ex latere suo mittentes spadones, viros probatissimos, veluti Narsum et Belisiarium et alios complures, magistros militum creabant. Qui venientes Italiam, plerumque barbaros fugabant, aliquando vero solos muros urbis tuebantur. Hos Romana popularis simplicitas velut patres urbis „patricios" appellabat, eo more, quo usque hodie Romanae civitatis magnates „protectores" appellat.   Set rei ordinem prosequamur.

     Hii vero, quos supra memoravimus, urbis capitanei, accepta tyrannide, licenter cuncta faciebant. Nam non solum cardinalatus et abbatias et episcopatus turpissima venalitate fedabant, set ipsum etiam Romanae aecclesiae pontificatum, non spectata aliqua morum dignitate nec aliqua tantae aecclesiae prerogativa, solummodo ad libitum, cui placebat vel qui plus manus eorum implebat, donabant; et non solum clericis set etiam laicis, ita ut uno eodemque die plerumque et laicus esset et pontifex. Sicque languescente capite, infirmabantur et cetera membra in tantum, ut non solum altaris ministri secundi ordinis, sacerdotes et levitae, set ipsi pontifices passim concubinati haberentur: ut ipse usus iam aboleret[b] infamiam et consuetudo turpissimae venalitatis quodammodo videretur levigare[c] delictum. Et non tantum in partibus Romanae ecclesiae[d] set per totius occidentis climata haec agebantur. Quippe, tacente pastore, magis autem fugiente[1], immo vero ipso lupo facto custode, quis staret pro ovibus?

     Dum haec agerentur, Sarracenorum vilissima gens omnes maritimas[e] Italiae depopulata est; dehinc partem Calabriae et

---

a. substitio c.   b. adoleret cod.   c. leviare cod.   d. ecclesiae addidi. e. partes sive regiones excidisse videtur.

1. v. Iohan. 10, 12.

omnem Siciliam invadit. Ab aquilone vero Ungarorum valida 869 gens, transiens Ystrum, omnes coherentes sibi regiones devastans, insuper omnem Germaniam et Gallias usque ad mare Britanicum depopulans, ad ultimum per Burgundionum regna Italiam veniens, ita eam depopulata est, ut pene, captivis ductis ruricolis, redigeretur in solitudinem.

EXPLICIT LIBER TERTIUS

INCIPIT QUARTUS.

Ungarorum igitur bachante sevitia, surrexit quidam Saxonum et Francorum rex nomine Otto, qui bis eos bello vicit, 938 tercio bello pene consumptos inter fines suos eos habitare coegit. 955 Set quoniam tanti regis mentio facta est, quis maioribus ortus, vel qualiter ad Romani regni venisset fastigia, michi scribere visum est opere precium.

Is enim, Saxo genere, Heinrici magni Saxonum et Francorum regis fuit filius; qui[1] primitus dux Saxonum, postea vero, defuncto Chuonrado rege Francorum, per Hewurardum[a][2] eius[3] 918 germanum regni suscepit insignia. Hic, susceptis regalibus signis, 919 Francia citissime sedata, Saxoniam ab Ungarica servitute com- 933 misso bello liberavit. Deinde Bavariam, expulso rege Arnulfo[4], suae subiecit ditioni, eamque post Heinrico suo filio tradidit in ducatum[5]. Brocardum[6] vero Suevorum ducem in deditionem suscepit[7]. Dehinc occidentalem Franciam[8] per Cunibertum[9] suum generum Saxonum coniunxit imperio. Alteram[10] quoque suam filiam Ludoico Latinorum et Francorum regi tradidit in coniugium. Sicque sedatis omnibus rebus, filio suo Ottone rege pro

a. Hemurardum c.

1. sc. Heinricus I. 2. ducem Francorum. 3. Conradi I regis. 4. Arnolfum Bavariae ducem a Conrado I rege expulsum esse a. 916, constat. V. quae de ea re attuli in Mon. Germ. SS. XVII 570 n. 14. 5. Heinrico, Heinrici I filio, Bavariae ducatum a. 946 tradidit Otto I. 6. I. 7. anno ut videtur 919, v. Waitz Jahrbücher des deutschen Reichs unter Heinrich I (Berlin 1863) p. 48. 8. Lotharingiam. 9. Gisilbertum, ducem Lotharingiae, qui Gerbergam duxit, Heinrici I regis filiam. 10. immo eandem Gerbergam, viduam Gisilberti ducis, tribus annis post mortem Heinrici regis, anno 939 in matrimonium duxit Ludovicus IV rex Francorum.

933 se iam designato, aecclesiarum Dei maximus fabricator et chri-
936 stianae religionis propagator beato fine quievit.

Cui successit filius eius Otto, vir magnificus et totus chri-
955 stianissimus. Hic primum, ut superius diximus, Ungaros debel-
lavit et non solum omne suum regnum set etiam omnem occidentem ab eorum servitute liberavit.   Hic Ludoicum[1], cogna-
tum[2] suum, per Hugonis[3] tyrannidem paterno solio pulsum,
946 regno restituit. Nam militari manu intravit Franciam, Remorum
civitatem obsedit et cepit, Parisium intravit, Hugonem auctorem
tyrannidis usque ad Brittanicum mare persecutus est.   Inde
Aquisgrani veniens, aquilam, Romanorum signum, quod contra
Germanos multis temporibus alis extensis stabat, Francigenis
usque hodie prominere precepit.   Hinc Maguntiam veniens,
Ruodolfum[4] Burgundionum regem, bella sibi inferentem, vita
privavit et regno; cuius lancea, insigne scilicet imperii, ante
nostras usque hodie portatur imperiales potestates.

His ita transactis, dum talis ac tantus rex priore sua con-
946 iuge[5] orbatus esset audissetque famam nobilissimae atque pru-
dentissimae Adaletae[a], quondam Lotharii Longobardorum regis[6]
coniugis, quam simul cum Attone[b][7] comite Belingarius[8] tyrannus
intra Canusium per multos annos obsederat, tantae reginae compatiens miseriis, simul et tanti comitis ammirans fidem, delibe-
951 ravit ferre auxilium. Qui, citissime congregans exercitus sui
multitudinem, Belingario extincto[9] filiisque eius á regno expulsis,
regnum sibi Attonis[b][7] consilio comitis pacatissime suscepit et
coniugem.

Dehinc, eiusdem Attonis[b][7] consilio cupiens Romam videre,

a. *eadem manus super* Adaletae *scripsit* Adalheidae.   b. *Huius nominis ter positi*
(Ottone, Ottonis, Ottonis) *litteram primam* (O) *ter in litura callocatam esse video; ut
pro explorato habeam, ipsum Bonithonem non* Ottone, Ottonis *sed* Attone, Attonis *scripsisse.*

1. IV regem Francorum.   2. sororis virum, Ital. „cognato".   3. Magni,
ducis Franciae.   4. Rudolfum II Burgundiae regem, anno 937 mortuum,
ab Ottone I nec vita nec regno privatum esse constat.   5. Editha,
mortua a. 946.   6. qui obiit 950 Nov. 22.   7. de Attone comite, pro-
avo Mathildae comitissae, cf. Donizonis Vit. Mathildis, Mon. Germ. SS.
XII 357.   8. rex Italiae.   9. Berengarium II demum anno 966 Bam-
bergae mortuum esse scimus.

ad Iohannem[1] papam urbis Romae sacramentum[2] dedit corporale 962
in hunc modum: *Tibi domno Iohanni papae ego rex Otto pro-*
mitto et iuro per Patrem et Filium et Spiritum sanctum et per
lignum vivificae crucis et per has reliquias sanctorum: quod,
si permittente Deo Romam venero, sanctam Romanam aecclesiam
et te, rectorem ipsius, exaltabo secundum meum posse. Et nun-
quam vitam aut membra neque ipsum honorem, quem habes,
mea voluntate aut consensu aut meo consilio aut mea exhortatione
perdes. Et in Roma nullum placitum aut ordinationem faciam
de omnibus, quae ad te aut ad Romanos pertinent, sine tuo
consilio. Et quicquid de terra sancti Petri ad nostram pote-
statem venerit, tibi reddam. Cuicunque autem regnum Italicum
commisero, iurare faciam illum: ut adiutor tui sit ad defen-
dendam terram sancti Petri secundum suum posse. Dehinc Romam tendens, honorifice á Romanis susceptus et á domno papa
benedictione imperiali est sublimatus, primusque omnium Ger- Febr. 2
manorum regum appellatus est imperator.

Hic, pacata Italia, Saxoniam cum uxore repedavit. Ex
qua suscepit filium, et nominis successorem[a] et regni; cui Ro- 955
mani sanguinis dedit uxorem, Constantinopolitani scilicet impe- 972
ratoris filiam[3]. Idem, cum Mainburc[4] aecclesiam mirae pulcri-
tudinis fabricasset multosque gentilium populorum ad viam veritatis revocasset, languore correptus, vitae terminum sortitus est. 973
Cuius corpus in prefata aecclesia condecenti honore humatum est.

Cuius filius cum suscepisset imperium, patri per omnia
equiparans, circa cultum aecclesiarum cepit esse studiosissimus
et erga christianam religionem devotissimus. Hic, regni rebus
bene compositis, Romam properavit, benedictionem suscepit im- 967
perialem[5]. Dehinc Apuliam tendens cum Constantinopolitano
bellum commisit, et uno eodemque die bis victus, victor appa- 982
                                                        Iul. 13

a. successione *c.*

    1. XII.   2. de hoc sacramento cf. supra p. 593.   3. Theophaniam,
Romani II imp. Graecorum filiam.   4. Magdeburgi.   5. Iam anno 967
Dec. 25 Ottonem II, praesente patre, a Iohanne XIII coronam imperato-
riam accepisse notum est.

983 ruit tercio[1].　　Qui, Romam rediens, vi febrium correptus, ad limina apostolorum occubuit; ibique in pace sepultus quiescit, vere beatus terque quaterque beatus, qui ex tanto numero inperatorum et regum solus meruit inter pontifices[a] cum apostolorum principe consortium habere sepulturae.

Hic filium quidem reliquit, ut heredem quidem regni et nominis, utinam et pietatis.　　Qui, cum puer regnare cepisset et ad adultam iam pervenisset aetatem, suasu matris[2] Iohannem[3] quendam Placentinum episcopum, Grecum genere, ad trans-

995 marinas partes legavit[4], ut sibi Romani sanguinis adscisceret[b] uxorem.　　Ea tempestate Crescentius, quidam urbis Romae capitaneus, qui sibi inane nomen patriciatus vendicaverat, assumens tyrannidem, domnum papam[5], qui secundum Ottonem, pa-

996 trem scilicet huius adolescentis, coronaverat[6], pontificatu expulit. Qui, veritus regis vicinitatem — nam Alpes iam transierat — illudque valde formidans, quod papa Ravennae eius iam expectabat adventum, secum mente pertractans, se hoc modo furorem regis et reginae posse placare, si Iohannem episcopum, de quo superius retulimus, amicissimum regis, conlectaneum[c][7]

997 c. Mai. reginae, pontificem ordinaret.　　Set non est scientia neque con-

998 silium contra Dominum[8].　　Nam veniens prefatus rex Romam,

Apr. 29 Crescentium diu obsessum cepit et capite truncavit, invasorem vero summi pontificii[d], zelo quidem iusticiae set plus iusto suc-

c. Mart. census, lumine privavit ceterisque membris dehonestavit. Quod factum in tantum Deo et beato Petro apostolorum[e] principi

a. pontifices c.　　b. adscisseret c.　　c. conlacteneum c.　　d. pontificis cod. e. apostolorum addidi.

1. immo, cum iam vicisset, victus est.　　2. Theophania iam obierat a. 991 Iun. 15.　　3. Philagathum, archiepiscopum Placentinum.　　4. anno 995; v. Annal. Hildesheim., Mon. Germ. SS. III 91.　　5. Gregorium V. 6. Ottonem II coronaverat a. 967 Iohannes XIII.　　7. In codice est „conlacteneum“, ut Bonithonem pateat aut „conlactaneum“ aut „conlectaneum“ scripsisse. Nec dubito, quin „conlectaneum“ posuerit, ut idem intelligeretur, quod de eodem antipapa protulit Petrus Damiani (epp. L. I ep. 21, opp. ed. Parisiis 1743 T. I 24) verbis his: „qui etiam cum imperatrice, quae tunc erat, obscoeni negotii dicebatur habere mysterium“.　　8. Cf. Proverb. 21, 30.

displicuit, ut, antequam imperiali potiretur benedictione [1], priusquam Cinthia ter exactum conderet orbem [2], Deo odibilis sine viatico vitam finivit [3]. Et quamvis in suburbio [4] non triginta miliariis ab urbe distante mortuus esset, communi consilio omnes Romani eius aspernati sunt sepulturam. Cuius corpus, incisum cultris et medicorum arte conditum, Saxoniam dum fertur, translatum est [5].

1002
Ian. 23

Quo mortuo et in infernum sepulto [6], omnis Saxonum et Francorum et Bavariorum et Suevorum potentatus, in simul conveniens, elegit sibi in regem Heinricum eiusdem sanguinis virum, christianissimum, moribus decenter ornatum. Interea Langobardi nacti [7], se tempus invenisse oportunum, Papiam convenientes Arduinum eligunt in regem [8], virum, armis quidem strennum, set consilio inprovidum. Tedaldus vero dux et marchio [9] ab ea se subtraxit conspiratione, seque et sua Teutonico contulit regi. Cuius consilio et auxilio post multa bellorum varia discrimina Heinricus rex, Italia potitus, Romam veniens, á domno Benedicto [10] papa imperiali auctus est dignitate. Quid plura? Principatus Apuliae in pace possedit, Romanae aecclesiae privilegia multa concessit et dona amplissima dedit; deinde Papiam veniens, cum eam, sibi tunc non repugnantem, magis

Apr. 5

Febr. 15

1014
Febr. 14

1. Ottonem III iam d. 21 Maii 996 imperatorem a Gregorio V papa consecratum esse scimus. 2. Lucani Phars. II 577: „Ante bis exactum quam Cynthia conderet orbem". 3. Otto III obiit non tribus mensibus sed quatuor paene annis post mutilatum Iohannem antipapam. 4. Paterni („Castellaccio Paterno", a Roma ad septemtriones, prope Civitatem Castellanam, meridiem versus). 5. a diabolo. Id enim intelligi velle scriptorem, probant etiam ea quae sequuntur verba: „Quo mortuo et in infernum sepulto". Et merito quidem has poenas luisse Ottonem III vult Bonitho; quippe qui in Decreti L. IV c. 108 (Mai Novae patrum bibliothecae T. VII III p. 46) imperatorem tradat „ipsum pontificem (antipapam) oculis orbatum ceterisque membris debilitatum, ad dedecus et ignominiam sacerdotalis ordinis per plateas Leoninae civitatis circumduci iussisse".

6. Aquisgrani Otto III sepultus est d. 5 Apr. 1002 (Thietmari chron. IV 33, Mon. Germ. SS. III 783: „die dominica (post palmas)". 7. Cf. infra L. VI: „Interea Longobardi episcopi nacti, se tempus invenisse oportunum". 8. qui Papiae coronatus est „die dominico, — 15 die mensis Februarii (1002)". V. catalogum regum ex cod. Ambrosiano, Mon. Germ. SS. III 217. 9. avus Mathildae comitissae. 10. VIII.

1004 dolo quam armis cepisset ignique dedisset[1], trans montes abiit.
Pabenbargensem episcopatum, cum non haberet filios, ex suo
proprio constituit, eumque per cartulam offertionis[2] beato Petro
tradidit; ibique aecclesiam beatorum apostolorum principum mirifice ornatam fabricavit.   Huius temporibus Stephanus Ungarorum rex sacramenta suscepit baptismatis et per eum omnis
populus sibi subiectus[3].   Prefatus vero Heinricus, cum filios
non haberet, apostolos elegit heredes; et terminum vitae susci-
1024 piens, beato fine quievit. Cuius corpus in aecclesia beatorum apo-
Iul. 18 stolorum, quam ipse dedicavit, decentissime humatum est.

EXPLICIT QUARTUS

INCIPIT QUINTUS.

1024   Cui successit in regnum Cuonradus Francus genere, vir
Sept. 8 bellicosissimus.   Qui et post mortem imperatoris Heinrici Boe-
mios, signa regalia ferentes, bello prostravit et signa reduxit;
Franciam vero tumultuantem citissime sedavit: Canonem[4] quendam Bawariorum ducem, aliquid de regni fastigio sibi vendi-
cantem, et ducatu expulit et patrimonio nudavit et in Ungariam
fugere coegit. Dehinc Saxoniam intravit et, omnibus regni ne-
1035 gociis sibi rite pacatis, Luticios adgressus[a] bello prostravit[b] et
usque ad Bellagrast fugere coegit.

His ita gestis, misit legatos suos honestos, ut decuit, ad
domnum papam, et supplicans: ut ei vexillum ex beati Petri
parte mitteretur, quo munitus posset Ungaricum regnum suo
subicere dominatui. Quod ut audivit papa, libenter concessit. Et
mittens nobiles viros ex latere suo, episcopum scilicet Portuen-
sem et Belinzonem, nobilissimum Romanum de Marmorato, eis
haec tradidit precepta: ut, si regi non displiceret, ipsi in prima
acie vexilla portarent; quod si regi displiceret, haec ei intimarent: *Victoriam quidem tibi spopondimus; vide, hoc ne tibi ascri-*

a. adgresus c.   b. patravit c.
1. Papiam iam a. 1004 igne vastatam esse constat.   2. oblationis.
3. Cf. Büdinger Oesterreichische Geschichte I 397 n. 6.   4. Conradum
ducem Bavariae scimus ab Heinrico III (non a Conrado II) deiectum esse
anno 1053.

bas set apostolis. Quod et factum est; nam bello commisso[1] 1044
fugerunt Ungari. Capta est et Ungarici regis[2] lancea[3]; quae per
eosdem nuncios Romae delata est[4] et usque hodie ob signum
victoriae ante confessionem[5] beati Petri apostoli apparet.

Interea, Ungarica potitus victoria, Italiam intravit, Ariber- 1037
tum vero archiepiscopum Mediolanensem cepit; set fuga lapsus
est. Dehinc Romam veniens, imperialem meruit benedictio- 1027
nem. Dehinc Mediolanum rediens, cum quedam suburbana   Mart. 26
depopulasset, ab urbe repulsus est[6]; sicque infecto negocio Alpes 1037
transiens, vi febrium correptus occubuit. Cuius corpus Spire 1039
decenti cum honore sepultum est.   Iun. 4

Huic successit filius eius Heinricus, vir sapientissimus et
totus christianissimus. Hic in primordio sui regni Ungaros 1042-1044
tumultuantes vicit et citissime sedavit. Qui, rite omnibus
regni pacatis negociis, dum ad Italiam tendere destinaret, nuncii 1046
á Romana urbe venientes eumque retardantes mirabiliter reddiderunt sollicitum.

Nam, ut superius memoravimus, urbis Romae capitanei, et
maxime Tusculani, per patriciatus inania nomina Romanam vastabant aecclesiam, ita ut quodam hereditario iure viderentur
sibi possidere pontificatum. Enimvero, mortuo Iohanne[7], Bene- 1033
dicti[8] pape fratre[a], qui uno[b] eodemque die et prefectus fuit et   Ian.
papa[9], cum successisset ei Theophylatus[c][10], qui Alberici[d][11] fuit
filius, Gregorius frater eius nomen sibi vendicabat patriciatus.
Hac occasione Theophylatus, neque Deum timens neque homi-

---

a. fratris *c.*   b. uno — papa *in litura.*   c. Thophylatus *c.*   d. Aberici *cod.*

1. Totum hoc bellum non a Conrado II sed ab Heinrico III gestum
est.   2. Ovonis.   3. de lancea v. Strehlke de Heinrici III bellis Unga-
ricis p. 44 n. 181.   4. v. supra Gregorii VII Registri II 13 p. 128.
5. i. e. ante sepulcrum b. Petri, in eiusdem apostoli ecclesia Romana.
Postea suspensa erat lancea supra eiusdem ecclesiae ianua, quae „porta
Guidonea" sive „porta Veronicae" sive „porta Sudarii" appellabatur.
V. Ciampini De sacris aedificiis, Romae 1693, cap. 4 sect. 10 n. 126, p. 79.
6. anno 1037.   7. XIX, anni 1033 mense Ianuar.   8. VIII, 1012—1024.
9. in Decreti L. IV c. 108 (Mai Novae patrum bibl. T. VII III p. 46) scripsit Bonitho haec: „qui uno eodemque die et laicus fuit et pontifex".
10. Benedictus IX.   11. consulis.

1033 nem reveritus, qui cata antifrasin vocabatur Benedictus[a], post
Ian. multa turpia adulteria et homicidia manibus suis perpetrata,
postremo — cum vellet consobrinam accipere coniugem, filiam
scilicet Girardi de Saxo, et ille diceret: nullo modo se daturum,
nisi renunciaret pontificatui — ad quendam sacerdotem Iohannem[1], qui tunc magni meriti putabatur, se contulit eiusque con-
1045 silio semet ipsum dampnavit pontificatuique renunciavit[2]. Quod
Mai. 1 consilium valde esset laudabile, nisi turpissimum post esset secutum peccatum.

Nam idem sacerdos, de quo supra retulimus, accepta hac
occasione, nefando ambitu, seductus[3] . . . . per turpissimam venalitatem, omnemque Romanum populum pecuniis ingen-
tibus datis sibi iurare coegit; sicque ad pontificalem ascendit
dignitatem. Quem verso nomine Gregorium[4] vocaverunt.

His ita gestis[5], Gerardus de Saxo cum aliis capitaneis quen-
1044 dam Sabinorum episcopum[6] sibi eligunt pontificem, quem verso
c. Febr. 22 nomine vocaverunt Silvestrum[7].

Quod audientes Gregorius patricius et Petrus germani Theo-
Apr. 10 phylatum, spe coniugis deceptum, ad pontificalia iterum suble-
vant[8] fastigia.

Set quis pro tantis calamitatibus nobis locus remedii, nisi
vox illa euangelica, quae confortat apostolum dicens: *Ego pro
te rogavi, Petre, ut non deficiat fides tua*[9]. Set certe et vere
non defecit fides Petri, nec deficiet fides Romanae aecclesiae in
aeternum. Nam in tanta et tam valida tempestate suscitavit
Deus spiritum cuiusdam Petri, Romani archidiaconi. Qui, convocans episcopos cardinales clericos ac monachos, viros ac mulieres, quos timor Dei aliquantum tetigerat, subtraxit se á pre-

---

a. *sequitur* cū *in cod.*

1. archipresbyterum S. Iohannis ante portam Latinam.   2. die 1
Mai 1045. V. Regesta pont. Rom. p. 361.   3. excidisse videntur haec:
„a diabolo, comparavit a Theophylacto pontificatum". In Decreto enim
(L. IV c. 109 ap. Mai Nov. patr. bibl. T. VII III 46) significat Bonitho, se hoc
libri ad amicum loco narrasse „de Theophylacto Tusculano, qualiter Iohanni
sacerdoti vendiderit papatum".   4. VI.   5. immo iam c. 22 Febr.
a. 1044.   6. Iohannem.   7. III.   8. 1044 Apr. 10.   9. Luc. 22, 32.

fatorum invasorum communione. Et zelo Dei ductus, ut quon- 1046
dam ille Onias[a] Hebraicus sacerdos[1], Alpes transivit, regem adiit,
non causa accusationis set pro communi utilitate aecclesiae;
eiusque pedibus advolutus, flens obsecrabat: ut matri suae de-
solatae quantotius subveniret. Convocatisque episcopis, qui tunc
aderant, precepit eis, ut Romam cum rege tenderent et sinodum
congregarent. Quod et sine mora factum est.

    Abusivus vero ille Gregorius, qui Romanae aecclesiae ca-
thedram regere videbatur, rogatus á rege, ut ei obviam veniret
— nichil mali conscius apud se, ut res postea declaravit —
usque Placentiam venit regemque ibi invenit. Qui ab eodem, Nov.
ut decuit papam[b], honorifice susceptus est; non enim putabant
qui tunc aderant episcopi, fore religiosum, sine iudicio aliquem
dampnare episcopum, nedum tantae sedis, qui videbatur, pontificem.

    Sicque pergentes simul venerunt ad Sutrium. Quo ubi per- Dec.
ventum est, rogavit prefatus rex qui tunc videbatur pontificem:
sinodum congregari. Quod concessit et decreto firmavit; erat
enim idiota et mirae simplicitatis vir.

    Igitur collecta sinodo, sedit, qui vicem Romani pontificis Dec. 20
habebat; et ex precepto eius sederunt patriarchae et metropolitani et episcopi per sedes suas. Inter quos tunc forte aderat
Poppo Aquileiensis patriarcha[2], vir eloquentissimus, et Bruno
Augustensis episcopus[3], et Rembaldus[c] Arelatensis archiepiscopus
et alii quam plures. Et questione orta, de Silvestro invasore
ab omnibus iudicatum est, episcopatu et presbiteratu nudatum
in monasterio diebus vitae suae tradi. De Theophylato vero
supersedendum fore iudicaverunt, maxime cum ipse Romanus
pontifex se iudicaverit deponendum.

    De tercio vero quid facerent, quo se verterent, quibus ac-
cusandi et testificandi adversus iudicem non dabatur licentia?
Cui cum ab episcopis supplicatum fuisset, ut causam electionis

---

a. Omas *c.*   b. papia *c.*   c. Rēbaldus *c.*

    1. 2 Maccab. 4, 4.   2. Poppo patriarcha Aquileiensis iam anno 1042
obierat.   3. Bruno episcopus Augustensis iam erat anno 1029 mortuus.

1046
Dec. 20 suae promeret, ut erat idiota, omnem suae electionis puritatem[1] aperuit. Dixit, se Dei misericordia sacerdotem fuisse boni testimonii et famae, et casto corpore á puericia semper vixisse; quod non tantum laudabile, set etiam quasi angelicum tunc temporis videbatur apud Romanos. Huius rei causa multas acquisisse pecunias dicebat. Quas servabat, ut sarta tecta aecclesiae restauraret[a] vel aliquid novi magnique[b] faceret in urbe Roma. Cumque cepisset[c] tyrannidem patriciorum secum tractare[d] et qualiter sine ulla cleri et populi electione pontifices constituerent, nichil melius putabat, quam electionem, clero et populo per tyrannidem iniuste sublatam, his pecuniis restaurare.

Quod vero ut audierunt viri religiosi, ceperunt summa cum reverentia calliditates antiqui hostis ei insinuare; et, nichil quod venale sanctum esse, dicebant.

His et aliis ammonitionibus illectus, Spiritum sanctum cepit iam mente concipere, et zelum Dei, quem non secundum scientiam habuerat[2], ipse cognoscens, his verbis episcopos allocutus est: *Testem Deum invoco in animam meam, viri fratres: me ex hoc facto remissionem peccatorum et Dei credidi promereri gratiam. Set quia antiqui hostis nunc cognosco versutias, quid michi sit faciendum, in medium consulite.* Cui illi respondentes dixerunt: *Tu in sinu tuo collige causam tuam; tu proprio ore te iudica. Melius est enim tibi, cum beato Petro, cuius amore haec fecisti, pauperem hic vivere, ut dives sis in aeternum, quam cum Symone mago, qui te decepit, in presenti divitiis nitescere et in aeternum perire.* Quibus auditis, sententiam in se protulit, hoc modo dicens: *Ego Gregorius episcopus, servus servorum Dei, propter turpissimam venalitatem symoniacae hereseos, quae antiqui hostis versutia meae electioni irrepsit, d Romano episcopatu iudico me submovendum[3].* Et adiecit: *Placet vobis hoc?* Et responderunt: *Quod tibi placet, et nos firmamus.*

---

a. restauret *c.* b. magnique *scripsi pro* magnum quid *cod.* c. cepisset *scripsi pro* sepissime *c.* d. tractari *c.*

1. suppurationem (non munditiam). 2. Rom. 10, 2. 3. de hac Gregorii VI abdicatione v. quae disserui supra p. 594.

Celebrata regulariter sinodo, in magna estuatione venerunt 1046
Romam[a] rex pariter et episcopi; tum quia non habebant pontificem, qui regem imperiali donaret potestate, tum quia in eligendo alio cleri[b] quidem habebant electionem, populi autem sub-
sequentis laudem minime habebant. Sacramento enim populum[c]
perstrinxerat prefatus Iohannes[1]: nunquam, se vivente, eos alium
laudaturos pontificem.

Interea cum non haberent de propria diocesi, — ut enim
superius memoravimus, languescente capite, in tantum languida
erant cetera membra, ut in tanta aecclesia vix unus posset reperiri, qui non vel illiteratus vel symoniacus vel esset concubinatus — hac necessitate eligunt sibi Sicherium Pabenbariensem Dec. 24
episcopum[2], canonibus interdicentibus, neminem ad Romanum
debere ascendere pontificatum, qui in eadem aecclesia presbiter
vel diaconus non fuerit ordinatus[3]. In cuius laude pauci quidem
laici, scilicet[d] qui non Iohanni iuraverant, consenserunt. Primusque omnium post beatum apostolorum principem in tanta serie
Romanorum pontificum alias consecratus [episcopus[e]] Romanus
pontifex [factus et Clemens[f]] appellatus est. Set secundum decreta beati pape Innocentii[4]: *quod necessitas pro remedio re-
perit, cessante necessitate, debet utique cessare pariter quod urguebat; quia alius est ordo legitimus, alia usurpatio, quam ad
presens fieri tempus impellit.* Set iam ad proposita redeamus.

Igitur postquam imperiali est rex auctus dignitate[g], calami- Dec. 25
tatibus rei publicae compatiens, civitatem a patritiorum liberavit
tyrannide. Quod valde esset laudabile, nisi subsequens post ma-
cularet commissum. Nam rumoribus populi illectus — quibus
credi non oportere maxima propositio est — tirannidem patri-

---

a. Romam *addidi.*   b. clerici *c.*   c. populum *addidi.*   d. s; *cod.*
e. episcopus *addidi.*   f. factus et Clemens *addidi.*

1. Gregorius VI.   2. Clementem II.   3. V. Decret. Gratiani P. I
Dist. 79 c. 3: „Ex concilio Stephani papae III: „„Oportebat, ut — in apo-
stolatus culmen unus de cardinalibus presbyteris aut diaconis ordina-
retur"".   4. V. Decret. Gratiani P. II C. I Q. 1 c. 41: „Quod pro necessitate temporis statutum est, cessante necessitate — impellit".   5. d. 25
Dec. 1046.

1046
Dec. 25 tiatus arripuit; quasi aliqua esset in laicali ordine dignitas constituta, quae privilegii possideret plus imperatoria maiestate. Set quid hac calamitate acerbius quidve crudelius, quam, qui paulo ante Tusculanos punierat pro tirannide[a], eisdem damnatis vellet esse consimilis. Quid namque est, quod mentem tanti viri ad tantum traxit delictum, nisi quod credidit: per patriciatus ordinem se Romanum posse ordinare pontificem. Set, proh dolor, ubi tot episcoporum prudentia, ubi tot iuris peritorum scientia, ut, quod non licuit dominis, crederent licere servis[b]. Non licuit alicui imperatori, summa tenenti, in electione sé alicuius Romani pontificis inserere; licebit homini sub potestate constituto? Set dicent: *Legimus et magnum Karolum patritiatus nomine designatum.* Quod si legerunt, quare non intellexerunt? Temporibus enim magni Karoli Constantinus[1] et Irene[2] Romanum gùbernabant imperium; et ideo excellentissimo regi Francorum quid amplius his temporibus conferri potuit, quam patrem Romane urbis vel protectorem vocitari? Sic enim legitur: *Karolus rex Francorum et Longobardorum et patritius Romanorum.* Nunquam enim eum imperiali legimus auctum fuisse potestate. Set post eius obitum Ludowicus eius filius primus[3] omnium regum, a Romano sanguine extraneorum, imperialem meruit benedictionem; et ideo, qui habuit summa, non quesivit infima. Set iam ad narrationem redeamus.

1047 　　Igitur Italicis rebus rite compositis, imperator Heinricus patriam remeavit, ducens secum venerabilem Iohannem[4], quem supra memoravimus. Quem secutus est Deo amabilis Hildebrandus, volens erga dominum suum exhibere reverentiam[5]; nam antea fuerat suus capellanus. Non longo post tempore cum ad ripas Reni prefatus venisset Iohannes, morbo correptus interiit. Quo mortuo et in pace sepulto, venerabilis Hildeprandus, Clu-

---

a. tirannidē *c.*　　b. suis *c.*

1. V 780—797.　　2. mater Constantini V, 780—802.　　3. V. supra p. 614 n. 5.　　4. Gregorium VI.　　5. „et invitus“ inquit ipse Gregorius VII in Registri L. VII 14a, supra p. 401: „ultra montes cum domno papa Gregorio abii“.

niacum tendens, ibi monachus effectus est et inter religiosos   1047
viros adprimę phylosophatus est.

Mortuo interea Clemente Romano pontifice, Romani ad im-   Oct. 9
peratorem tendunt, rogantes, dari sibi pontificem. Qui et consensit. Nam patriciali tirannide dedit eis ex latere suo quen-   Dec. 25
dam episcopum [1], virum omni superbia plenum; mandans inclito
duci Bonifacio [2], ut eum Romam duceret et ex parte sua intronizaret. Quod et factum est. Quem et alio nomine Damasum [3]   1048
vocaverunt. Is, postquam sedem Petri invasit [4], antequam bis   Iul. 17
deni dies [5] volverentur, corpore et anima mortuus est. Cuius   Aug. 9
tam celerem mortem audientes, ultramontani episcopi de cetero
timuerunt illo venire.

Interea Romani, tam celeri morte pontificis perterriti, tamen,
quia diutius sine pontifice non esse poterant, versus aquilonem
tendunt, Alpes transeunt, Saxoniam pergunt, regem ibi inve-
niunt, orant sibi dari pontificem. Set quia hoc non poterat ad
presens leviter fieri, episcopis quippe nolentibus Romam tendere,
deliberavit, Reni Franciam visere; credens, ex Lothariorum
regno posse invenire episcopum, quem Romanis daret pontificem. Quod et factum est. Nam multis precibus et rogatu Ro-   Dec.
manorum vix persuasum est Brunoni nobilissimo, moribus decenter ornato, Tolano [6] scilicet episcopo [7] . . . .

Veniente itaque eo Vesuntium, venerabilis abbas Cluniacen-   1049
sis [8] obviam ei processit, ducens secum in comitatu venerabilem,   Ian.
de quo supra retulimus, Hildebrandum. Qui cum causas itineris
a quodam narrante audisset, cepit rogare patrem [9], ne illo ten-
deret; dicens eum non apostolicum set apostaticum, qui iussu
imperatoris Romanum conaretur arripere pontificatum. Quod ut

1. Popponem episcopum Brixinensem.   2. marchioni Tusciae, patri
Mathildae comitissae.   3. II.   4. consecratus Damasus II est d. 17 Iul.
1048, v. Regesta pont. Rom. p. 366.   5. Damasus II sedebat dies 24.
6. Tullensi.   7. „Brunonem — in tantum seduxit, ut papatum Romanum
per ipsius investituram susciperet et cum Romanis ad Urbem ipsum transmitteret“. Sic est in Leonis IX vita (ap. Watterich Pont. Rom. vit. T. I 101),
in qua conscribenda Bonithonis liber adhibitus est.   8. Hugo.   9. abbatem.

1049
Ian. audivit venerabilis pater, tacuit quidem, set Vesuntium venit acceptaque occasione quantocius hec venerabili episcopo intimavit; adiciens simul et morum probitatem et integerrime eius[1] vitae conversationem. Quid plura? Rogavit pontifex, ut eius potiretur colloquio. Quod et factum est; congregatisque tribus in nomine Domini, secundum euangelicum verbum ibi* fuit Deus in medio eorum[2].

Nam eius[3] consilio acquiescens, papalia deposuit insignia, que gestabat; sumensque scarsellam[4], usque ad apostolorum li-
Febr. mina properavit. Veniensque in ecclesiam apostolorum principis, sic clerum et populum Romanum allocutus est: *Viri fratres, audivi legationem vestram, cui me contradicere non oportuit; et huc ad vos descendi, primum orationis voto, dein vestris volens obtemperare iussionibus.* Cui cum episcopi et cardinales hoc ei respondentes dicerent: *Hec fuit causa te vocandi, ut te nobis eligeremus pontificem*; et archidiaconus ex more clamaret: *domnum Leonem pontificem sanctus Petrus elegit*; populusque subsequens vocibus iteratis hoc concreparet; cardinales et episcopi,
Febr. 12 ut moris est, beatorum apostolorum principis cathedrae eum[b] intronizarunt[c].

Postquam papalem adeptus est dignitatem, venerabilem Hildebrandum, donatorem tam salubris consilii, quem ab abbate[5] multis precibus vix impetraverat[6], ad subdiaconatus provexit

---

a. ubi *c.*   b. eum *om. c.*   c. intronizaret *c.*

1. Hildebrandi.   2. Matth. 18, 20: „Ubi enim sunt duo vel tres congregati in nomine meo, ibi sum in medio eorum". 3. Hildebrandi. 4. peram.   5. Cluniacensi, Hugone.   6. Docet igitur Bonitho, Hildebrandum cum Leone IX anno 1049 Romam reversum esse. At sunt qui scriptorem dicant a vero aberrare, propterea quod ipse Gregorius VII in Registri L. II epistola 49 die 22 Ianuarii 1075 data supra p. 164: „Romae" inquit „in qua — iam a viginti annis inhabitavi"; quibus verbis papam professum esse volunt, se mense Ianuario a. 1075 iam per viginti annos fuisse Romae, reversum post Gregorii VI mortem. Quo quidem nihil est perversius. Die enim 22 Ianuarii 1055 (i. e. viginti annis ante diem 22 Ianuarii 1075) iam plus quam novem menses decesserat Leo IX (mortuus d. 19 Apr. 1054), quocum tamen sese Romam revenisse, in synodo Romana a. 1080 (Reg. VII 14a, supra p. 401) Gregorius testatur sic: „cum domino meo papa Leone ad vestram specialem ecclesiam redii". Sed

honorem[1]. Quem et economum sanctae Romanae ecclesiae con-   1049
stituit.   Cuius consilio synodum mox congregavit, in qua diver-   Apr. 9—15
sarum regionum episcopi convenerunt. In qua etiam sub anathemate interdictum est: non licere alicui episcopo archidiaconatus et preposituras vel abbacias seu beneficia aecclesiarum vel
prebendas vel ecclesiarum vel altarium commendationes vendere;
et ut sacerdotes et levitae et subdiaconi cum uxoribus non coeant.
Quae res magnam veternosum serpentem[2] concitavit in iram.
Quod audientes episcopi, primo quidem, veritati non valentes
resistere, tacuere; postea vero, suadente humani generis inimico,
inobedientes celavere.

     Interea Romae episcopi et cardinales et abbates, per symo-
niacam heresim ordinati, deponebantur. Et ibi ex diversis pro-

verbis illis: „in qua iam a viginti annis inhabitavi" nihil aliud osten-
disse Gregorium liquet, nisi se viginti annos natum coepisse Romae habitare; neque video huic rei contrarium esse, quod Gregorius et in commen-
tario electionis supra p. 10 fertur „in gremio huius matris ecclesiae
(Romanae) a pueritia educatus et doctus esse" et in Reg. VII 23 supra
p. 415: „sanctus Petrus" inquit ipse „a puero me in domo sua dulciter
nutrierat". Ex iure enim canonico pueritia ad aetatis annum vicesimum
quintum adducitur, teste Gratiani decr. P. I D. 77, c. 7.   Quo autem
regnante pontifice Gregorius primum Romam venerit, in „Micrologo de ecclesiasticis observationibus", conscripto sub ipso Gregorio papa (Maxima
bibliotheca patrum, Lugduni 1677, XVIII 475), cap. 14 indicatur hoc modo:
„Nam et illi sedi (apostolicae) nostro tempore talem Deus gubernatorem,
reverendae inquam memoriae Gregorium papam, imposuit, qui sub decem
suis antecessoribus a puero Romae nutritus et eruditus omnes
apostolicas traditiones diligentissime investigavit". Decem illi autem Gregorii antecessores (omissis nimirum iis, quos non agnoverunt Gregoriani,
Benedicto X et Cadalo) hi sunt: 1. Benedictus IX (1033—1048), 2. Silvester III (1044—1046), 3. Gregorius VI, 4. Clemens II, 5. Damasus II,
6. Leo IX, 7. Victor II, 8. Stephanus X, 9. Nicolaus II, 10. Alexander II.
Idcirco cum Gregorius sub Benedicto IX ante pontificatum Silvestri III,
i. e. spatio annorum 1033—1044 esse Romae coeperit viginti annos natus,
cogimur ut existimemus, eum annorum 1013 et 1024 intervallo in vitam
venisse; annoque 1073, cum annorum minimum 49, summum 60 annorum
esset, pontificatum suscepisse; et anno 1085 obiisse annos saltem 61,
maxime 72 annos agentem.
     1. Cf. Desiderii abbatis Casinensis Miracula S. Benedicti L. III ap.
Mabillon Acta SS. ord. Bened. IV 2 p. 453: „Gregorii itaque pontificis, qui
ab eo (Leone IX) educatus ac subdiaconus ordinatus".   2. diabolum.

1049 vinciis alii ordinabantur, ut ex Lugdunensi Gallia[1] Ubertus[2]
Silve Candide episcopus[3]; et ex Burgundionum genere Stephanus[4] abbas et cardinalis; et ex Romerici Monte[5] Hugo Candidus, qui postea apostata est effectus; et Fridericus[6] ducis Gottefridi[7] germanus; et ex Compendio[8] quidam Azelinus Sutrinus
episcopus[9]; et ex Ravennatium partibus Petrus Damiani[a][10] vir
eloquentissimus, et alii quam plures. Tunc fortis armatus[11], qui
in multa pace custodierat atrium suum[12], sensit se alligatum[b][13].

a. Damini *cod.*   b. alligatum *scripsi pro* obligatum *cod.*

1. Cf. Lanfranci librum adversus Berengarium c. 2 (Opp. ed. d'Achery
p. 232): „Humbertum — non de Burgundia sed de Lotharingia sanctus
Leo Romam traduxit". Fuit Humbertus Mediani monasterii (Moyen-mou-
tier d. Tullensis) monachus, ut docet Iohannes a Bayono in Chronico Me-
diani-mon. ap. Belhomme Hist. Med. mon. p. 246. Sigebertus Gemblacensis
de scriptoribus ecclesiasticis cap. 150 (ap. Fabricium Bibliotheca ecclesiastica II p. 111) Humbertum a dioecesi „monachum Tullensem" vocat,
qua re commoti posteriores eum monasterii S. Mansueti Tullensis fratrem
fuisse perperam putabant; velut Frizon Gallia purpurata p. 89. Cf. Histoire
liter. VII 527.   2. sive Umbertus.   3. Cf. Othloni libr. visionum
(Mon. Germ. SS. XI 384): „Humperto episcopo — qui beati Leonis nuperrime papae comes iugis consiliariusque acceptissimus extitit".   4. de quo
v. Histoire lit. VIII 1.   5. Remiremont, d. Tullensis.   6. diaconus,
bibliothecarius, cancellarius sedis apostolicae inde a d. 12 Mart. 1051, deinde
abbas Casinensis (1057) postremo papa Stephanus X.   7. Barbati, ducis
Lotharingiae.   8. d. Suessionensis.   9. assumptus post m. Apr. 1049.
De synodo enim a Leone IX m. Aprili 1049 celebrata, Wibertus in Leonis IX vitae L. II c. 4 (Pontif. Roman. vit. ed. Watterich T. I 154) narrat
haec: „Nam episcopus de Sutrio — voluit iniuste se excusare, falsis pro-
latis testibus; sed — non longo post tempore humanis rebus est exemtus".
Ceterum „Azelinum Sutrinum episcopum" eundem fuisse confido ac „Su-
triensem episcopum Kilinum", qui die 3 Oct. 1050 Vesontione fuit cum
Leone IX, ut docent Regesta pont. Rom. p. 373.   10. V. Iohannis Vita
Petri Damiani c. 1 (in Petri opp. ed. Caietanus Parisiis 1743 T. I p. II):
„Vir itaque Dei Petrus — famosissimae Ravennae urbis civis".   11. diabolus. V. infra n. 12 et 13.   12. Luc. 11, 21: „Cum fortis armatus custodit
atrium suum, in pace sunt ea, quae possidet". Hic versus in „Biblia cum
glossa" (Antwerpiae 1634) T. V 843 ita explanatus est: Cum „diabolus"
fortis „ad nocendum" armatus — atrium suum „id est mundum" cet.
13. Marc. 3, 27: „Nemo potest vasa fortis — diripere, nisi prius fortem
alliget". V. Biblia cum glossa T. V 518, ubi super „fortis" positum est
„diaboli", et super „fortem" legitur „diabolum". Cf. Matth. 12, 29 et Biblia
cum glossa V 223.

Sequenti vero anno prefatus pontifex sinodum congregavit, 1050
in qua omnibus tam clericis quam laicis auctoritate sancti Petri
et Romanae ecclesiae preceptum est: ut abstinerent se a fornicatorum sacerdotum et levitarum communione. Haec sinodus
gladium in viscera mersit inimici[1]. Nam non solum Romae incontinentes sacerdotes et levitae ab altaris prohibebantur officio,
set etiam per vicinas circumquaque regiones et per omnem Tusciam; adiuvantibus monachis, viris religiosis et verbo predicationis insudantibus.

Et hic beatus pontifex legatos suos misit Constantinopolim, 1054
Ian.
habens super aliquibus causis adversus Grecos episcopos que-
stiones; ex quorum[2] numero fuit prefatus Fridericus, magni
ducis Gottefridi germanus. Qui, venientes Constantinopolim, a
Monomacho[a][3] imperatore honorifice sunt suscepti. Dehinc episcoporum negocio, propter quod venerant, citissime sedato, am-
plissimis donis donati portantesque beato Petro permaxima donaria, ad propria repedabant.

Interea Normannorum fortissima gens, que Apuliam et Calabriam a Grecorum regni subtraxerat dicione, Beneventanos invadit. Qua tempestate Beneventani compulsi Romam tendunt, 1051
Beneventumque per cartulam offertionis beato Petro tradentes,
a domno papa implorant auxilium. Quo facto, non solum pro
terris sanctae Romanae ecclesiae invasis verum etiam pro acer-
bissimis penis, quas christianis inferebant, commotus, primum
quidem gladio excommunicationis eos percussit, moxque eos materiali gladio feriendos iudicavit. Set quia consilia Dei abyssus
multa[4], Dei ineffabili providentia, bello commisso, Normanni vi- 1053
Iun. 18
ctores extitere. Captumque papam, set ut decuit honorifice tractatum, per mediam stragem interfectorum usque Beneventum Iun. 23
perduxerunt. Set quid plura? Qui pro iusticia dimicantes bello
prostrati fuerunt, hos Deus signis et miraculis sibi valde placuisse demonstravit, magnam pro iusticia posteris dimicandi

a. monomocha c.

1. diaboli.   2. legatorum.   3. Constantino IX Monomacho.
4. Ps. 35, 7.

1053 dans fiduciam, quando hos in numero sanctorum connumerare dignatus est.

1054
Apr.

His ita gestis, beatissimus papa Romam rediit. Cumque ad ecclesiam apostolorum principis pervenisset, languore correptus, ante confessionem eiusdem apostoli delatus et coram omni clero et Romano populo tradens Deo amabili Hildebrando eiusdem Apr. 19 ecclesiae curam[1], celo spiritum reddidit. Cuius corpus in eadem ecclesia cum honore magno humatum est. Ad cuius tumulum egri veniunt et sanantur et infirmi variis languoribus detenti usque hodie[a] liberantur.

Set cum persensisset venerabilis Hildebrandus, Romanum clerum et populum in eius consensisse electione, vix multis lacrimis et suplicationibus potuit impetrare, ut eius in[b] electione pontificis sequerentur consilium. Moxque cum religiosis viris Alpes transiens, imperatorem adiit; eique in tanta amicicia iunctus est, ut crebris collocutionibus, quantum peccati in largitione pontificis fecisset, ostenderet. Qui, eius salubri acquiescens consilio, tyrannidem patriciatus deposuit cleroque Romano et populo secundum antiqua privilegia electionem summi pontifica-
1055 tus concessit. Moxque quendam Astensem[c] episcopum[2], prefati imperatoris economum, contra voluntatem eiusdem imperatoris Apr. 13 Romam secum ducunt invitum. Cunque in ecclesia beati Petri secundum morem antiquum clerus elegisset, populusque laudasset, statim cardinales, ut moris est, eum intronizantes, alio nomine vocaverunt Victorem[3].

1052
Mai. 6

Huius pontificis tempore[4] moritur inclitus dux et marchio Bonifacius, parvulos relinquens heredes. Set non longo post
1054 tempore Gotefridus dux[5], vir magnificus et in bellicis rebus

---

a. hodie *addidi; cf. infra de Gregorii VII obitu.*   b. eius in *scripsi pro* in eius *cod.*   c. *sic pro* Aistetensem

1. At Hildebrandum constat eo tempore in Gallia fuisse. V. Berengarii de sacra coena adversus Lanfrancum librum, ed. Vischer p. 53: „nunciatum illi (Hildebrando in Gallia moranti) est, papam Leonem rebus decessisse humanis". 2. Gebehardum I ep. Eistetensem. 3. II. 4. immo iam d. 6 Maii 1052. V. Donizonis vit. Mathildis v. 1124, Mon. Germ. SS. XII 373. 5. Lotharingiae.

strennuissimus Italiam veniens, eius relictam[1] accepit in con- 1055
iugem.

Quod audiens, imperator Italiam venit, eumque in Longobar- Apr.
dico regno non invenit.   Prefatus itaque rex Longobardiam veniens, in primis Ottonis[2] filiam[3] et Adalheide adhuc infantulam suo
accepit filio[4] in coniugem[5].   Sicque sedatis omnibus[a] Longo-
bardici regni negociis, invitatus a papa, Florentiae synodum me- Iun. 4
diavit; in qua synodo consilio venerabilis Hildebrandi symoniaca
heresis et turpissima fornicatio sacerdotum divino mucrone per-
cussa est. Nam in eadem synodo multi episcoporum per symoniacam heresim[b] depositi sunt et quam plures per fornicationis
crimen; inter quos et episcopus eiusdem civitatis depositus est[6].
Quid multis moror? Celebrato rite concilio, benedictione auctus
pontificali, imperator Longobardiam remeavit.   Cunque eó ventum fuisset, Beatricem cum unica filia Bonefacii nomine Mathildam — nam paulo ante eius filius[7] et maior filia[8] maleficio nescio cuius obierant — dolo captas, secum duxit ultra montes,
Bonefacii ambiens hereditatem; nesciens, quid suprema dies in
proximo sibi pararet. Nam vi febrium exagitatus, mox ut Reni
Franciam intravit, evocavit ad se magnificum ducem Gotefridum;
redditaque sibi uxore cum Bonefacii filia omnibusque ad eam 1056
pertinentibus possessionibus — multum suplicans, ut filio suo iam
regi[c] designato portaret fidelitatem — post paucos dies mortuus Oct. 5
est. Cuius corpus Spire honorifice cum patre sepultum est; su-
scepitque filius eius cum matre[9] regni gubernacula.

Post paucos vero dies moritur et papa. Post cuius mortem 1057
convenientes in unum clerici Romanae aecclesiae simul cum Iul. 28
laude populi eligunt sibi Fridericum, Cassinensis monasterii ab- Aug. 2
batem, de quo supra memoravimus; quem alio nomine vocave-

a. omibus _c._   b. heresim _addidi._   c. rege _c._
1. Beatricem.   2. marchionis Taurinensis.   3. Bertham.   4. Heinrico (IV).   5. At haec sponsalia d. 25 Dec. 1055 Turegi, reverso ex
Italia imperatore, facta esse scimus. V. Bertholdi annales ad 1056, Mon.
Germ. SS. V 269.   6. Minime quidem. Fuit enim tum episcopus Floren-
tinus Gerardus, quem iam sub Leone IX anno 1050 hac dignitate usum
esse docent Regesta pont. Rom. n. 3216, quique postea papa constitutus est
Nicolaus II (1059—1061).   7. Fridericus.   8. Beatrix.   9. Agnete.

1057
Aug. 3
runt Stephanum[1]; quem secundum antiquum morem ad altare
beati Petri consecraverunt Romanum pontificem. Is venerabilem
Hildebrandum ad diaconatus promovit ordinem et eum sanctae
Romanae ecclesiae ordinavit archidiaconem[2].

EXPLICIT QUINTUS

INCIPIT SEXTUS.

Eodem tempore Mediolanensis aecclesia, que fere per 200 annos superbiae fastu a Romanae ecclesiae se subtraxerat dicione,
primum se inter alias ecclesias subiectam esse cognovit. Quod
quando[a] evenerit, quoniam posteris credo scire[b] necessarium,
huic opusculo inserere deliberavi.

Mediolanensis igitur civitas, totius Longobardiae metropolis,
temporibus Romanorum imperatorum sedes erat augustalis, in
374—397 qua multi religiosi floruere episcopi; inter quos et beatus Ambrosius, gemma sacerdotum, cuius flores eloquiorum usque hodie
in ecclesia redolent. Hic, secutus orientales, primum antiphonam
in ecclesia decantare constituit[3]. Set longo post tempore beatus
590—604 Gregorius cantandi officium tribuit occidentalibus; qui — cognoscens, quia in unitate cantus tantum non est regnum Dei, set
in obedientia et pace — Mediolanensem ecclesiam, in omnibus
sacramentis sancte Romanae ecclesiae unitam, per reverentiam
beati Ambrosii doctoris, quem in hoc secutus est intermiscens
illius antiphonas suis cantibus, secundum antiquum morem can-
tare permisit.

Post multum vero temporis, cum se prefata aecclesia symoniacae tota servituti manciparet[c] hereseos, episcopi, veriti
Romanum iudicium, hoc proverbium seminavere in populo: *Am-
brosiana aecclesia in suo statu permaneat;* falsitatis arguentes
Ambrosium: sepissime in suis scriptis hoc intonantem, hereticum
esse, qui se a Romanae ecclesiae in aliquo subtraxerit dicione.

a. qñ c.　　b. scire *addidi.*　　c. servituti manciparet *scripsi pro* serviret c.
1. X.　　2. Landulfus quoque in Hist. Mediol. III 13 (Mon. Germ. SS.
VIII 82) Hildebrandum a Stephano X archidiaconem factum esse narrat.
Constat tamen, eum anno 1059 demum a Nicolao II hoc munus accepisse.
3. Cf. Gerbert de musica sacra I p. 45.

Prefati vero Romani pontificis tempore Gwido Mediolanen- 1045-1075
sem vastabat ecclesiam, vir illiteratus et concubinatus et absque
ulla verecundia symoniacus. Huius Guidonis tempore fuere
duo clerici in prefata civitate; quorum alter nomine Landulfus
ex maiorum prosapia ortus, vir urbanus et facundissimus; alter
vero vocabatur Arialdus, ex equestri progenie trahens ortum,
vir liberalibus studiis adprime eruditus, qui postea martirio coronatus est. Hii cum sepissime sacris incumberent libris et precipue beati Ambrosii, invenere[a], quantum crimen sit, talentum
creditum abscondere[1]. Huius rei gratia se Deo et beato apostolorum principi committentes, quadam die divina iuvante gratia c. 1056
verbum predicationis faciunt ad populum; in qua fraudes symoniace venalitatis populo propalavere; et, quam turpissimum esset,
sacerdotes et levitas concubinatos sacramenta celebrare, luce
clarius demonstravere; et, quia hereticum esset Romanae ecclesie
non obedire, beato Ambrosio teste, declaravere. Quod audientes,
qui predestinati erant ad vitam, libenter accepere; et maxime
pauperes, quos elegit Deus, ut confundat fortia[2]. Multitudo
vero clericorum, que in eadem aecclesia est innumerabilis ut
harena maris, concitaverunt capitaneos et varvassores, ecclesiarum venditores, et consanguineos et concubinarum suarum propinquos; et sedicione exorta, silentium eis imponere satagebant.
Set spe sua frustrati sunt. Nam cum crescente cottidie numero
fidelium mirifici Dei athletae acrius verbo insudabant predicationis; et, propalata eorum nequicia, cottidie Dei inimici in-
pingebantur et minuebantur[3] in tantum: ut ipsum eiusdem ecclesiae dictum pontificem ab ecclesia quadam die expellerent.   1057

Quod videntes symoniaci, non valentes tamen veritati et
tante multitudini resistere, confundebantur; eisque paupertatem
improperantes, paterinos, id est pannosos[4], vocabant. Et illi

---

a. invenire c.

1. Matth. 25, 25.   2. 1 Corinth. 1, 27: „et infirma mundi elegit deus,
ut confundat fortia“.   3. 2 Macc. 13, 19: „sed fugabatur, impingebat,
minorabatur“.   4. Mediolanenses hodie etiam pannos scrutaque „pattaria“
vocant; v. Cherubini Vocabolario Milanese-Italiano: Pattaria „ciarpe, cen-
ceria, sferre vecchie“. Cf. quae in Mon. Germ. SS. VIII 20 n. 17 ex Giulini

1057 quidem, dicentes fratri: racha, rei erant iudicio [1] — rachos [2] enim Grece, Latine pannus dicitur — hii vero beati, qui pro nomine Iesu digni erant contumelias pati [3]. Quid plura? Crescebat cottidie gloriosum genus Paterinorum in tantum, ut destinarent, mittere honestos viros Romam, qui beatum Stephanum papam rogarent, ut secum mitteret religiosos episcopos, qui illorum ecclesiam a fundamentis reedificarent. In tanta enim ac innumerabili turba clericorum vix ex mille quinque poterant inveniri, qui non symoniacae hereseos maculis [a] essent irretiti. Quod ut audivit papa, gavisus est; et confestim misit a latere suo episcopos [4] et cum eis Deo [b] amabilem Hildebrandum archidiaconem. Qui venientes Mediolanum, archiepiscopum ibi non invenerunt; fugerat enim conscientia accusante eorum presentiam. Set a populo honorificentissime, ut decuit, suscepti sunt. Qui per aliquantos dies, confortantes plebem, verbo predicationis insistebant.

His ita gestis, Deo amabilis Hildebrandus ad Lugdunensem 1055-1057 Galliam usque pervenit, ibique magno celebrato concilio [5], symoniacam heresim et detestabilem clericorum fornicationem usque ad Pyreneos montes et ad Britannicum mare persecutus est. In quo concilio satis magnum miraculum et evidens per pre-

a. *sequitur iterum* non *in cod.*   b. Dei *c.*

Mem. di Milano IV 98 attulit Wattenbach: „la contrada de' rivenduglioli di panni vecchi, detti da noi patari". (Arnulfus, Gest. archiep. Med. L. IV c. 11, Mon. Germ. SS. VIII 28, de origine vocis sic alucinatus est: „Unde Patarinum processit primo vocabulum, non quidem industria, sed casu prolatum. Cuius idioma nominis, dum in quodam etymologiarum tomo nuper plura revolverem, ita scriptum reperio: „„Pathos Graece, Latine dicitur perturbatio"". Unde iuxta meae parvitatis ingeniolum statim conitio, quod Patarini possunt perturbatores rite nuncupari".)

1. Matth. 5, 22: „Qui autem dixerit fratri suo: raca, reus erit concilio".   2. τὸ ῥάκος.   3. Act. apost. 5, 41: „digni habiti sunt pro nomine Iesu contumeliam pati".   4. Anselmum I episcopum Lucensem (qui postea papa creatus est Alexander II). V. Landulfi Hist. Med. III 13, l. l. p. 82.   5. Concilium hoc et miraculum in eo factum sese, non a Stephano X sed a Victore II in Galliam missum, egisse, ipse Hildebrandus retulit et Desiderio abbati Casinensi, postea papae Victori III (v. Desiderii miracula S. Benedicti ap. Mabillon Acta SS. IV ɪɪ 458) et Petro Damiani (v. Petri de abdicatione episcopatus c. 6, opp. ed. Caietanus T. III 216).

fatum archidiaconum Deus ostendit. Forte in eadem sinodo ad- 1055-1057
erat Hebroniensis archiepiscopus [1], vir valde eloquentissimus. Hic
cum ab aliquibus de symoniaca heresi esset accusatus, sequenti
nocte omnes accusatores pecunia fecit amicos; maneque facto
insultabat iudici, dicens: *Ubi sunt, qui me accusabant? Nemo
me condemnabit* [a]. Quod audiens archidiaconus prefatus ait ad
episcopum: *Credis, o episcope, Spiritum sanctum unius cum Patre
et Filio esse substantiae et deitatis?* Quo respondente: *Credo;*
Dic inquit: „*Gloria Patri et Filio et Spiritui sancto*“. Cunque
hunc versiculum fiducialiter cepisset, *Gloria Patri et Filio* dicebat, set Spiritum sanctum nominare non valebat. Quem cum
sepe cepisset et nihil profecisset, pedibus eius obvolutus, symoniacum se esse professus est. Qui, mox ut ab episcopatu depositus est, *Gloria Patri et Filio et Spiritui sancto* clara voce
confessus est. Quod factum magnum terrorem intulit symoniacis in tantum, ut in eodem die decem et octo episcopi se
professi sint symoniacos esse; sedibusque episcopalibus renuncia-
vere. Celebrata itaque tam sancta sinodo, ecclesiasticis rebus
rite compositis, Romae ad summum pontificem citissime remeant.

Prefatus vero beatus Stephanus papa spiritum dicitur habuisse prophetiae. Nam paucis diebus transactis antequam obiret, 1058
vocans episcopos et cardinales et levitas, his verbis eos allocutus Mart.
est: *Scio fratres, quia post mortem meam exsurgent viri ex vobis,*
amantes semet ipsos, qui non per decreta sanctorum patrum,
set per laicas personas hanc sedem arripient. Quo audito, omnes
pariter negavere, et sacramento dato in manu papae sese mutuo
ligavere: nunquam se aliter, quam decreta sanctorum patrum
exigunt, ad pontificalem ascendere sedem, vel ascendentibus consentire. Post paucos vero dies in partibus Tusciae veniens, Mart. 29
languore correptus, spiritum coelo reddidit.

Post cuius obitum Romae capitanei, et maxime Gregorius

a. condemnavit *c.*

1. Qui videtur Hugo archiepiscopus Ebredunensis fuisse. V. Gall. Chr.
III 1069. Pro „Hebroniensis“ est „Eburdunensis“ al. „Ebrudicensis“ ap. Iacobum de Voragine, „Ebroniensis“ ap. Ricobaldum Ferrar.; quorum uterque
hoc Bonithonis opere usus est. V. supra p. 584 n. 1 et p. 585 n. 3.

1058
Mart. 29

Tusculanus, qui patricialem sibi inanem quondam vendicaverat dignitatem[a], assumentes tirannidem, quendam Velliterensem episcopum cardinalem[1] contra hoc, quod papae dudum in manu ipsemet iuraverat, ad papalem evehunt dignitatem; quem verso nomine Benedictum[2] vocavere.

Apr. 5

Dum hec ita gererentur, Heinrici imperatoris coniunx cum filio parvulo, ut supra retulimus, regni tenebat gubernacula. Que multa contra ius feminea faciebat audacia. Haec in primordio regni sui eiusdem omnes[b] Italici regni curas cuidam Guiberto commisit Parmensi, nobili orto genere; eumque cancellarium appellavit.

Interea Deo amabilis Hildebrandus, cum cardinalibus episcopis et levitis et sacerdotibus Senam conveniens, elegit sibi Gerardum, Florentinae civitatis episcopum, quem alio nomine appellavit Nicholaum[3]. Hic idem prefatum Guibertum, Italici regni cancellarium, ex parte beati Petri et per veram obedientiam invitavit ad synodum, et cum eo magnificum virum Gotefridum, et non solum Tusciae set et Longobardiae episcopos: ut, venientes Sutrium, de periuro et invasore[4] tractarent consilium.

1059
Ian.

Quos ubi Sutrium adventantes audivit prefatus Benedictus, conscientia accusante, sedem quam invaserat deseruit, et ad propriam domum se contulit. Hoc postquam Sutrio nunciatum est, venerabilis Nicholaus sine aliqua congressione[c] victor Romam intravit; et ab omni clero et populo honorifice susceptus est, et

Ian. 24

a cardinalibus in beati Petri intronizatus est sede. Non multo

Apr.

post tempore veniens prefatus Benedictus, qui alio nomine Mincius vocabatur, ad genua papae provolvitur, clamans se vim perpessum; tamen periurium et crimen invasionis non negavit. Qui ex propria confessione episcopali et sacerdotali ordine depositus est. Quo facto, magnificus dux Gotefridus una cum cancellario et episcopis domum remearunt.

Venerabilis vero a Deo protectus pontifex, Apuliam tendens,

Iul.

Normannos vinculo excommunicationis absolvit. Tradensque eis per investituram omnem Apuliam et Calabriam et terras beati

---

a. dignatatem *c*.   b. omnes eiusdem *c*.   c. venerabilis sine aliqua congressione Nicholaus *c*.

1. Iohannem.   2. X.   3. II.   4. Benedicto X.

Petri, ab eis olim invasas, excepto Benevento, omnes inde di- 1059
ciones accepit et eos sibi iurare coegit. Et per eos citissime Iul.
Romanam urbem a capitaneorum tirannide liberavit.

Nam non solum Tusculanorum et Prenestineorum et Nu- Febr.
mentanorum superbiam calcavere set et, Romam transeuntes, Ga-
leriam et omnia castra comitis Gerardi usque Sutrium vastavere.
Que res Romanam urbem a capitaneorum liberavit dominatu.

His ita gestis, Normannis Apuliam remeantibus, legati
Mediolanensium orant papam, ut eorum ecclesiae funditus de-
solatae misereretur. Huius rei gratia confestim venerabilis pontifex misit Petrum Damiani Hostiensem episcopum, virum omni
scientia preditum, qui prefatam Mediolanensem visitaret ecclesiam. Qui, eo veniens, magna cum discretione ea, que destructa
invenerat, reedificabat. Nam sumens sacerdotes et levitas, quos
invenire poterat religiosiores, castae vitae et bonae famae, qui
non per venalitatem susceperant ordinationem, etsi a symoniaco
essent ordinati, reconciliabat eisque ecclesiam tradidit gubernandam; ex quorum numero multi religiosi usque ad nostra tempora extitere. Quod aliquibus visum est culpabile, sapientibus
valde laudabile. Quid enim laudabilius ea tempestate poterat
inveniri, quam ut talis ecclesia sacerdotio* non deperiret?

Set non longo post tempore congregavit prefatus pontifex Apr.
synodum. In qua Guido Mediolanensis episcopus volens nolens
sedisse, cogentibus Paterinis, cognoscitur; ducens secum cervicosos
tauros, Longobardos episcopos, id est Cunibertum Taurinensem
et Giselmum Astensem et Benzonem Albensem et Gregorium
Vercellensem et Ottonem[1] Novariensem et Opizonem Laudensem
et Aldemannum Brixiensem[b]. Quibus omnibus in eadem synodo
preceptum est, ut sacerdotes et levitas concubinatos ab altaris
arcerent officio. Erga symoniacos vero nullam[c] misericordiam
habendam esse decreverunt[2].

---

a. *an* sine sacerdotio?   b. Brixinensem *c*.   c. *sequitur* habere *in cod.*

1. II.   2. „Erga simoniacos nullam misericordiam in dignitate servanda habendam esse decernimus". V. Nicolai II „decretum contra simoniacos" ap. Mansi XIX 899; cf. Regesta pont. Rom. p. 386.

1059
Apr. Et communi omnium episcoporum consilio in hac synodo hec lex de electione pontificis definita est; cui legi 113 episcopi subscripsere: *Si quis[1] apostolicae sedi sine concordi[a] et canonica electione cardinalium et sequentium religiosorum clericorum fuerit intronizatus, non apostolicus set apostaticus habeatur; liceatque[2] cardinalibus cum aliis Deum timentibus clericis et laicis: invasorem et anathematizare et humano auxilio et studio a sede apostolica pellere, et quem dignum iudicaverint[b] preponere[c]. Quodsi intra Urbem hoc perficere nequiverint, auctoritate apostolica extra Urbem congregati in loco, qui eis placuerit, electionem faciant; concessa electo[d] auctoritate regendi et disponendi res ad utilitatem sanctae Romanae ecclesiae iuxta qualitatem temporis, quasi iam intronizatus sit[3].*

Concilio igitur rite celebrato, episcopi Longobardi domum remeantes, cum magnas a concubinatis sacerdotibus et levitis accepissent pecunias, decreta papae celaverunt; preter unum, Brixiensem scilicet episcopum. Qui veniens Brixiam, cum decreta papae puplice recitasset, a clericis verberatus, fere occisus est. Quod factum non mediocre Patariae dedit incrementum. Nam non solum Brixiae set et Cremone et Placentie et per omnes alias provincias multi se a concubinatorum abstinebant communione.

Huius quoque prefati pontificis tempore Hugo Candidus, cardinalis Romanus, quem superius[4] a beato Leone papa ordinatum esse retulimus, a Romanae ecclesiae recessit societate. De cuius morum perversitate melius est silere quam pauca dicere. Set ut brevius cuncta perstringam: qualis fuit oculis, talis fuit factis; ut enim habuit retortos oculos, ita eius retorta fuerunt acta.

Interea crescebat non solum per Italiam set et per omnes

---

a. concordia *c.*　　　b. dicaverint *cod. pro* d i(gnum iudi)caverint.　　　c. reponere *c.*　　　d. electa *c.*

1. „Si quis — apostaticus habeatur" ex Nicolai II epistola ap. Mansi XIX 897. Cf. Gratiani Decr. P. I D. 79 c. 1. Ex eadem Nicolai II epistola, episcopos 113 in synodo fuisse, intellexit Bonitho, ut iam vidit Waitz Forschungen zur deutschen Geschichte IV 112.　　　2. „liceatque — intronizatus sit" ex „decreto contra simoniacos", v. supra p. 643 n. 2. Cf. Gratiani Decr. P. I D. 79 c. 9.　　　3. de hac lege v. supra p. 601.　　　4. p. 634.

Gallias numerus fidelium; symoniaci de die in diem propala- 1059
bantur, sacerdotes concubinati aspernabantur. Apr.

Venerabilis vero Nicholaus papa, cum paucos in papatu 1061
vixisset annos, beato fine quievit. Post cuius obitum secundum Iul. 27
maiorum decreta clerus et populus R(omanus) elegit sibi Anshel- Oct. 1
mum[1] Lucensem episcopum, Mediolanensem genere, nobili prosapia ortum, virum utraque scientia pollentem; quem alio nomine
vocaverunt Alexandrum[2].

Interea Longobardi episcopi nacti[3], se tempus invenisse
oportunum, in simul conveniunt, auctore Guiberto quem superius
diximus cancellarium, et concilium celebrant malignantium[4], in
quo deliberant: non aliunde se habere papam nisi ex paradiso
Italiae, talemque, qui sciat compati infirmitatibus eorum. Dehinc ultra montes pergunt animumque imperatricis utpote femi-
neum alliciunt, figmenta quedam componentes quasi veri similia.
Nam dicebant: eorum dominum[5], ut heredem regni, ita heredem
fore patriciatus; et beatum Nicolaum decreto firmasse, ut nullus
in pontificum numero deinceps haberetur, qui non ex consensu
regis eligeretur. His et talibus machinationibus decepta, imperatrix feminea licentia assensum dedit operi nefario, quale
non fuit a die, qua gentes[a] esse ceperunt: ut, ubi nullus clericorum Romanorum vel laicorum interfuit papae electioni, ibi[6]
pontifex eligeretur a consimilibus fornicatoribus et symoniacis;
qui, ve, accipiens per manus regis et reginae crucem et papalia
insignia, ab aquilone veniret Romam, unde secundum Ieremiam
pandetur malum super universos habitatores terre[7]. Quid plura?
Eligunt sibi Parmensem Cadolum, virum divitiis locupletem, vir- Oct. 28
tutibus egenum. Qui, stipatus multis militibus, intravit Longo- 1062
bardiam, habens secum in comitatu cervicosos episcopos Longobardiae, nescientes suave iugum Domini ferre[8]. Tunc symoniaci
letabantur; concubinati vero sacerdotes ingenti exultabant tri-

a. g̅s̅ c.

1. I.   2. II.   3. Cf. supra p. 623 n. 7.   4. Ps. 21, 17.   5. Heinricum IV.   6. Basileae.   7. Ierem. 1, 14: „Ab aquilone pandetur malum super omnes habitatores terrae".   8. Matth. 12, 30.

1062 pudio. Set quid plura? Secundum euangelicum verbum omnis exultatio istorum unius mulieris contradictione terrae prostrata est, tantusque superborum potentatus, sola Beatrice interdicente, velut fumus evanuit.

Sed non longo post tempore prefatus Cadolus furtim Bononiam venit, in qua suos expectavit milites. Quibus receptis, Apr. Romam tendit, portans secum ingentia auri et argenti pondera. Set tunc non defuere Romae viri pestilentes, amantes semet ipsos, avari et cupidi, qui ei se coniunxere; inter quos et Romani capitanei, volentes Romanam urbem opprimere et sub potestate sua ut antiquitus redigere. Interea Deo odibilis ille in prato Neronis castra metatus est; occultoque Dei iudicio, bello Apr. 14 commisso, victor apparuit. Set o ineffabilis Dei providentia, o mira Dei clementia! Qui victor extitit, antequam mensis esset Mai. transactus, veniente duce Gotefrido Romam, multis precibus et magnificis donis eidem duci collatis, vix, ut victus discederet, impetravit.

Qui, veniens Parmam, ad officinam scilicet^a iniquitatis, col-
1063 legit pecuniam. Et transacto anno, occulte quasi fur Romaniam venit. Ibique, data magna pecunia, collegit multitudinem equitum, adiuvantibus capitaneis et quibusdam pestiferis Romanis, noctu civitatem Leonianam intravit et ecclesiam sancti Petri invadit. Maneque facto, tantus terror celitus milites, qui secum venerant, invadit, ut omnes, nemine cogente, solo eo relicto in ecclesia, fugam arriperent. Qui consilio Cencii[1], cuiusdam pestiferi Romani, castrum sancti Angeli intravit ibique se tutatus est. Quo^b in eodem castro per duos annos^c obsesso, post^d multas et varias 1064 calamitates, quas inibi passus est, non ante datum est ei inde exire, quam ab eodem Cencio trecentis libris argenti se comparavit. Unoque clientulo contentus, unius iumenti adiumento inter oratores Bercetum[2] egre pervenit.

---

a. scli *cod.* (*i. e.* seculi) *pro* scil (*i. e.* scilicet). *Cf. infra L. VII:* ex officina iniquitatis, scilicet Parmensi civitate.   b. Cui *c.*   c. *sic cod.*   d. per *c.*

1. filii Stephani praefecti; cf. libr. VII infra.   2. Berceto, a Pontremoli inter septemtriones et orientem.

Dum haec ita se haberent, Mediolani[a] canonica cohabitatio 1064
primum exorta est; que res magnam movit inimicis invidiam.
Post paucos vero dies, postquam haec gesta sunt, moritur Landulfus Mediolanensis clericus, de quo supra retulimus, et in pace
sepultus est.

Interea Teutonicorum archiepiscopi et episcopi abbates duces 1062
et comites curiam sibi constituunt, in qua deliberaverunt: imperatricem dehinc privato scemate vivere; indignum iudicantes,
regnum muliebri regi arbitrio, tum quia monacha erat et curis
eam non decebat servire secularibus, tum quia eorum dominus
adultam iam videbatur ascendisse etatem. Communique consilio
decrevere: venerabilem Annonem Coloniensem[b] archiepiscopum
regis et reginae tenere gubernacula. Deponentesque Guibertum,
Italici regni Gregorium Vercellensem constituere cancellarium.

Prefatus vero Anno, nil melius cogitans, quam ut regnum 1064
sacerdotio uniretur, Italiam veniens, Romam tendit papamque
convenit: cur absque iussu regis ausus sit Romanum accipere
pontificatum. Cui cum Deo amabilis Hildebrandus dixisset, in
electione Romanorum pontificum secundum decreta sanctorum
patrum nil regibus esse concessum; et ille respondisset, ex patriciatus hoc licere sibi dignitate; mox venerabilis archidiaconus
has sinodales obiecit propositiones ex Symachi sinodo[1], in qua
interfuere 150 episcopi: *Laurentius Mediolanensis episcopus dixit:*
„*Non placuit laico statuendum, in ecclesia habere aliquam potestatem; cui subsequendi maneat necessitas, non auctoritas imperandi*"[2]. *Eulalius episcopus Siracusanae ecclesiae dixit:* „*Laicis quamvis religiosis[c] nulla de ecclesiasticis aliquid disponendi
legitur unquam attributa facultas*"[3]. Cunque ille decreta papae
Nicholai[4] obiecisset; eique citissime per decretum[5] eiusdem papae
Nicholai, in quo 113[d] episcopi subscripsere, obviatum fuisset;

---

a. Mediolanio *c.*   b. Colonensem *c.*   c. Laici — religiosi *c.*   d. CXIIII *cod.*
1. d. 6 Nov. 502.   2. ex actis ap. Mansi VIII 267. Cf. Gratiani Decr.
P. II C. XVI qu. 7 c. 23.   3. indidem, ap. Mansi VIII 268. Cf. Gratiani Decr. P. II C. XVI qu. 7 c. 24.   4. quibus Heinrico III et eius filio
Heinrico IV de constituendo papa privilegium concessum erat.   5. id intelligi vult Bonitho, quod legitur supra p. 644.

1064 rogavit prefatus archiepiscopus domnum papam: ut dignaretur sinodum congregare et racionem de se reddere. Quod ut ille audivit, licet a Romanorum pontificum hoc esset alienum dignitate, tamen, quia necessitas urguebat, facere promisit.

Moxque apud Mantuam sinodum evocavere, in qua Cadolus cum Longobardorum episcopis posset convenire. Set Longobardorum episcopi una cum eorum metropolitano omnes illo convenere, preter Cadolum, qui conscientia accusante venire timuit. Venerabilis vero papa, veniens Mantuam et racionem de se reddens, citissime omnes inimicos fecit amicos. Nam mox omnes Longobardi episcopi, pedibus suis advoluti, reos se esse confessi, veniam petiere et impetravere. Sicque regno et sacerdotio unito, papa cum honore Romam remeavit; quique vero episcopi cum alacritate tendunt ad propria. Huic tanto concilio interfuerunt dux[1] Gotefridus[2] et Otto[3] Saxo dux Baioariorum.

Mai. 31 (marginal)

1066
Iul. 13 His ita transactis, rex accepit coniugem Deo dilectam Bertam, filiam Ottonis et Adalheide[a], quam pater suus infantulam sibi dederat[4] infantulo. Qui, rite celebratis nuptiis, per se regni cepit tenere gubernacula.

Moxque, rogatus a Guidone Mediolanensi archiepiscopo, Cremonensem episcopatum suo nepoti donavit Arnulfo. Qui qualiter Cremonensibus, antequam eligeretur, sacramento iuraverit, quamque in primordio levis moribus apparuerit[b], quia multis credo notissima, omitto narrare.

Set venditores ecclesiarum, Mediolanenses capitanei et varvassores, cum viderent se pecuniis nudari, contristabantur. Occasioneque accepta cuiusdam predicationis, quam venerabilis Arialdus fecerat in populo dicens: non licere ieiunare in diebus
Iun. 4 pentecostes, sedicionem movent in populo, quasi hoc esset contra beati Ambrosii letanias; domum clericorum simul viventium diripiunt, ipsumque post paucos dies a civitate expellunt. Cum peregre proficiscens ...... coniunxit se cum eo quidam, solo

---

a. *sic est in cod. correctum* Adalete.   b. apparuit *c.*

1. Lotharingiae.   2. Barbatus.   3. de Nordheim.   4. 1055
Dec. 25. V. supra p. 637 n. 5.

nomine sacerdos[1], et eum propinquis archiepiscopi tradidit. Quem 1066
accipientes et eum omnibus menbris debilitantes, postremo in Iun. 27
lacum[2] mittentes[a] necaverunt[b][3]. Cuius corpus, postquam decem
menses sub aqua iacuit, revelatum est[4]. Quod ut audivit Her- 1067
limbardus, supradicti Landulfi germanus, colligens omnem mul- Mai. 3
titudinem Paterinorum, tam diu castra propinquorum archiepiscopi obsedit, donec corpus venerabilis Arialdi[c] ei reddiderunt.
Quod, Mediolani delatum, in ecclesia sancti Celsi summo cum
honore humatum est[5]; ubi per eius meritum usque hodie variae Mai. 27
infirmitates curantur.

Interea Cremone verbum Dei mirabiliter crescebat. Qualiter vero 12 viri, zelo Dei ducti, consilio domni Christofori abbatis iuravere; et quomodo universus Cremonensis populus hos
imitatus est; et quomodo universos sacerdotes et levitas concubinatos eiecere; et qualiter ipsum episcopum[6], in[d] ipso die passionis Domini sacerdotem Paterinorum comprehendere nitentem,
verberavere; et quomodo post sanctum pascha honestos viros
nuncios ad papam misere, dicere non curabo. Scutum vero,
quod Cremonensibus per eosdem nuncios venerabilis papa mandavit, huic opusculo inserere deliberavi:

„Alexander episcopus[e] servus servorum Dei Cremonensis
ecclesiae religiosis clericis et fidelibus laicis salutem et apostolicam benedictionem. Inspiratori omnium bonorum Deo et
bonae voluntatis auctori uberes referimus gratias, qui vos adversus hostem humani generis virtutum suarum telis armavit
et ad destruendam symoniacam heresim ac fornicatorum[f] spur-
cicias clericorum ferventer accendit. Erexistis vos[g] enim, sicut
in literis vestris cognovimus, contra versutias serpentis antiqui;

---

a. mittentes *addidi.*   b. necaverunt *in litura manu eadem.*   c. Airaldi *cod.*
d. qui in *cod.*   e. episcopus *om. c.*   f. fornicationum *c.*   g. vos *om. c.*

    1. „quidam presbyter". Andreae Vita Arialdi VII 66, Acta SS. Iunii
T. V 297.   2. Lacum maiorem (Lago maggiore). V. Andreae Vitam Arialdi
l. l. et VIII 72 p. 299, et Landulfi Hist. Med. III 30, Mon. Germ. SS. VIII 95.
3. die 27 Iunii 1066. V. Andreae Vitam Arialdi VIII 80 l. l. p. 300.   4. „in
die inventionis sanctae Crucis" (3 Maii 1067), Andreae Vita Arialdi VIII 73
l. l. p. 299.   5. „in die sancto pentecostes", Andreae Vita Arialdi VIII 79
l. l. p. 300.   6. Arnulfum.

1067? et qui velut biceps coluber per fistulas geminarum faucium nequiciae suae super vos venena nequiter evomebat, sancti zeli
vestri telo[a] perfossum, atque precisum se virtutis vestrae pu-
gione suspirat. Plane, qui serpenti dudum in paradiso damnationis eternae iudicium intulit, ipse vos adversus modernam oc-
culti draconis astutiam unanimiter incitavit.   Quam ob rem,
ut[b] sanctis conatibus vestris etiam huius sancte sedis apostolicae
accedat vigor, hoc ipsum apud vos per omnia decernimus observandum, quod a sanctis predecessoribus nostris et a cunctis
pene sanctorum canonum conditoribus non ambigimus institutum:
videlicet ut tam subdiaconi quam diaconi, set et permaxime
sacerdotes, qui mulieribus carnali commercio admiscentur vel
symoniaca sorde polluti sunt, et ecclesiasticis careant beneficiis
et perceptae priventur officio dignitatis. Indignum est enim,
ut, qui vel per incontinentiam carnis vel per commercium sacrilegae venalitatis suscepti ordinis privatur honore, ecclesiastica
pociatur ulterius facultate.   Ceteros autem clericos, qui videlicet inferioribus pociuntur officiis, si legalibus coniugiis sunt
obligati, in suis gradibus manere precipimus, et eis[c] competentia
ecclesiastici sumptus beneficia non negamus.   Set quia nonnulla preter hec, que vobis sunt admodum necessaria, ut a nostra
respondeatur auctoritate, consulitis, hortamur: ut ad[d] sinodale
concilium, quod auctore Deo post proximum pascha celebraturi
sumus, prudentes ex vobis viros venire non pigeat; qui nobis,
quicquid exigendum est vestrisque utilitatibus conferendum, non
per indicia[e] litterarum set per vivae vocis officium patenter ex-
ponant. Huic enim bello, quod zelo divini fervoris estis ag-
gressi, non segniter set omni virtutis instantia Romana sedes
accurrit, brachium porrigit, clipeum defensionis obponit; et vos,
ut magis ac magis contra menbra diaboli non enerviter insurgere debeatis, accendit. Igitur unusquisque vestrum, divinae virtutis mucrone precinctus, dicat: *Si quis est Domini, iungatur
mecum*[1]; sicque cum Moyse quasi de porta in portam castrorum[2]

a. zelo *cod.*   b. ut *addidit Watterich.*   c. eis *addidi.*   d. ad *addidit
Watterich.*   e. iudicia *c.*

1. Exod. 32, 26.   2. Exod. 32, 27.

tanquam fervidus bellator in sacrilegos irruat, ut symoniacae vena- 1067?
litatis et clericalis adulterii ianuas, per quas diabolus in vestram
fuerat ingressus ecclesiam, cesis cadaveribus claudat. Omnipotens, dilectissimi filii, sua vos dextera benedicat, et per officium
beati apostoli sui Petri ianuam vobis celestis regni aperiat".

His salutiferis ammonicionibus accensi, Cremonenses placitum Dei mox incipiunt, symoniacos et fornicatores ab ecclesia
sua expellunt. Quos imitantes, Placentini Romanae se continuo
subiciunt obedientiae; et Dionisium eorum episcopum, a beato
papa excommunicatum, abiciunt; et omnes Pataream per sacramenta confirmant.

Eodem tempore Hugo Candidus, de quo superius mentionem
fecimus, post multas et varias miserias, quas sub Cadolo passus
est, tandem ad venerabilem papam veniens, veniam peciit et
impetravit. Cunque ad Hyspaniam, legati fungens officio, mitte- 1068
retur¹, quicquid edificabat, iterum dissipabat. Nam symoniacos
primum quidem validissime persequebatur, postea vero accepta
pecunia reconciliabat. Quod dum compertum Romae fuisset, eum
ab Hyspanis statim revocant et Romae habitare precipiunt; hanc
in eum humanitatem ostendentes precipue reverentia ordinatoris
eius, beati scilicet papae Leonis.

Interea prefatus Guido archiepiscopus, Mediolanum veniens,
penitentia ductus, depositis pontificalibus insigniis, privato vi-
vebat scemate. Quod videntes ecclesiarum venditores, de quibus
supra mentionem fecimus, animum eius levem ad deteriorem
partem citissime inflectunt, mortale ei dantes consilium: ut episcopatum cuidam Gotefrido clerico², nobili quidem progenie orto
et satis facundissimo set* ad omne nefas prono, venderet; et
sese ad arces transferret. Quod et sine mora factum est.

Prefatus vero Gotefridus consilio symoniacorum, et Mediolanensium capitaneorum et Longobardorum episcoporum, Alpes

---

a. et c.

1. anno 1068. V. narrationem de instaurato Lactorensi episcopatu, in
Recueil des historiens XIV 28. Cf. ibid. 567 n. 6. 2. subdiacono. V.
Arnulfi Gesta archiepp. Mediol. III 22, Mon. Germ. SS. VIII 24.

transiit, regem adiit animumque regis utpote adolescentis facillime venatus est. Nam et Pateream promittebat se destructurum et Erlimbardum vivum capturum et ultra montes missurum, si ei per investituram Mediolanensem traderet episcopatum. Huius rei gratia et aliquantula pecunia data, investituram, quam petebat, accepit; set episcopatum non obtinuit.

Nam a Deo protectus Erlimbardus, ut audivit eius conatum, congregans multitudinem Dei exercitus, omnia castra ad ius episcopi pertinentia ab eius subtraxit dicione. Dehinc apud Castellionem[1], suum hereditarium castrum, per multos dies eum obsedit.

1071

Quod cum obsideretur et pene capi posse videretur, symoniaci et concubinati clerici noctu ignem in media Mediolanensi civitate iniecere[2]; auctore quodam clerico, cuius nomen investigandum sollerti lectori relinquo, pro certo sciens et indubitanter affirmans, auctorem tanti flagicii dignum non esse sacerdotio. Quid plura? Ignis, edes corripiens gloriosasque basilicas beatorum devastans martirum, ad ultimum medietatem civitatis victor consumpsit.

Mart.

Quod ubi Mediolanensibus, qui forte ad obsidionem aberant[a], nunciatum fuisset, terror maximus eos[b] invasit; relictoque Herlimbardo cum paucis Deum timentibus, statim domum rediere. Set miles Dei fortissimus velut Iudas Machabeus stetit inperterritus; obsidioneque firmata, ibi sanctum pascha celebravit. Transacta vero paschali festivitate[3], prefatus Gotefridus, habens secum multitudinem equitum et peditum, cum Herlimbardo pugnavit et terga vertit. Sicque per Dei misericordiam miles Dei incruentam possidens victoriam, Mediolanum remeavit.

Apr. 24

1066   Eodem quoque tempore Normanni Campaniam invadunt[4]. Quod cernens Deo amabilis Hildebrandus, continuo magnificum

---

a. aderant c.   b. eos addidi.

1. Castiglione, a Varisio ad meridiem.   2. incendium hoc ab Arnulfo (in Gest. archiepp. Med. III 24, Mon. Germ. SS. VIII 24) ad d. 12 Mart., in Notis S. Mariae Med. (quas edidi in Mon. Germ. SS. XVIII 385) ad d. 3 Mart. 1071 refertur.   3. „Cumque paschales instarent feriae" Arnulfi Gesta archiepp. Med. III 24, l. l. p. 25.   4. V. Lupi Protospatarii annales ad 1066, Mon. Germ. SS. V 59.

ducem Gotefridum in auxilium sancti Petri evocat. Forte enim
his diebus prefatus dux venerat Italiam, ducens secum excellen-   1067
tissimam cometissam Mathildam, incliti ducis Bonifacii filiam.
Is, congregans universam exercitus sui multitudinem, cum uxore
et nobilissima Mathilda Romam veniens, Normannos a Campania
absque bello expulit, et eam Romanae reddidit dicioni[1]. Et hoc
primum servicium excellentissima Bonifacii filia beato apostolorum principi obtulit; que non multo post per multa et Deo
amabilia servicia beati Petri meruit dici filia.

   Cum hec ita se haberent, a Deo protectus Herlimbaldus,   1072
volens Mediolanensem ecclesiam a symoniaca liberare servitute,
consilio papae et Deo amabilis Hildebrandi in die sancto epi-   Ian. 6
phaniae[2], adiuvantibus religiosis clericis non solum Mediolanensibus set et Cremonensibus et Placentinis, secundum decreta
sanctorum patrum per electionem cleri habere deliberavit episcopum Ottonem[3], eiusdem ecclesiae clericum, nobilem[a] quidem
genere set nobiliorem moribus, a religioso clero electum et a
catholico populo laudatum. Quod veternosus serpens non equis
aspexit oculis. Nam quosdam suae artis viros invenit et per eos
sedicionem movens in populo, ipsum a Deo protectum Erlimbardum, cum electo iam in palacio residentem, armis circum-
dant, palacium invadunt, cuncta diripiunt, ipsum electum pla-
gatum usque ad altare sanctae Mariae tractum iurare compel-
lunt: nunquam se amplius de eodem episcopatu intromissurum.
Dehinc eum cuidam clerico eiusdem ecclesiae usque mane custodiendum tradidere. Mane vero facto, a Deo protectus Erlimbaldus   Ian. 7
ad ecclesiam imperterritus venit. Quem ut viderunt ecclesiarum
venditores et fornicatorum sacerdotum propinqui, clamare ceperunt. Belloque commisso, per Dei misericordiam Dei miles palmam citissime obtinuit. Nam omnes Dei inimicos procul a
civitate fugavit, omnibusque per Dei inimicos rebus ecclesiae

---

a. nobili *cod.*

1. V. Leonis Chron. Casin. III 23, Mon. Germ. SS. VII 714, et Annales
Altahenses ed. Giesebrecht ad 1067 p. 108. 109. Cf. etiam Annales Augu-
stanos ad 1067, Mon. Germ. SS. III 128.   2. Cf. Arnulfi Gesta archiepp.
Mediol. III 25, l. l. p. 25.   3. Attonem.

1072
Ian. 7
ablatis in duplum restitutis, ecclesiam et palatium obtinuit. Potuitque eodem die electus Domini sine ulla contradictione intronizari, nisi sacramenti vinculum obstitisset. Huius rei[a] gratia mittuntur religiosi viri Romam, qui haec papae intimarent. Quod ut audivit venerabilis Alexander, et sacramentum contra ius ecclesiasticum factum dixit non tenendum, et communi decreto tam episcoporum cardinalium quam sacerdotum et levitarum eum iure Mediolanensem electum iudicavit.

Moxque litteras suas ad regem misit, in quibus ammonuit eum ut filium: ut odium servorum Dei, quod animo conceperat, a se proiceret; et ecclesiam Mediolanensium secundum Deum habere permitteret episcopum. Quod ut rex audivit, mox ex latere suo suos misit asecretes[b][1]. Qui, venientes Longobardiam, Novarie sibi curiam constituunt, et multitudini episcoporum collectae ibi dato sacramento confirmant: hoc esse regiae voluntatis, ut Gotefridus consecraretur. Quod audientes Longobardi episcopi, licet ab ecclesia essent excommunicati, eum libenter non sacraverunt set execraverunt. Forte huic execrationi ex Mediolanensi ecclesia quidam clerici interfuere, ex quorum numero fuit Tedaldus, qui eo vivente eundem invasit episcopatum. Quod ut audivit venerabilis Otto Mediolanensis electus, ad Romanam se contulit sedem[2], ubi omnes ecclesiasticae causae terminantur.

Hugo vero Candidus, de quo supra retulimus, Gallicanam a domno papa impetravit legationem; ubi multa contra ius et fas operatus est, quod suo ordine postea narrabitur.

Eodem tempore Cadolus Parmensis episcopus corpore et anima defunctus est. Et non multo post Ravennas episcopus[3] mortuus est[4].

Interea Parmensis Guibertus, de quo supra memoriam fecimus, Parmensem mirabiliter ambiebat episcopatum. Nam adiens

a. regi c.   b. asectes c.

1. i. e. consiliarios; in his Rapotum, v. L. VII infra.   2. post d. 22 Apr. 1073 secundum Arnulfi Gesta archiepp. Mediol. IV 4, l. l. p. 26. 3. Heinricus.   4. anno 1072, ut docent Annales Altahenses ed. Giesebrecht ad 1072, p. 117.

regem, multis precibus muneribusque satagebat, ut sibi daretur 1072
episcopatus. Quod cum impetrare non valuisset, omnibus tam
propinquis suis quam extraneis, tam maioribus quam minoribus,
tam clericis quam laicis omnino contradicentibus, ad imperatricem se contulit — forte ea ibi aderat his diebus[1] — eaque
interveniente, Ravennatem accepit episcopatum. Parmensis
vero cuidam Everardo, Coloniensi clerico, traditur.

Prefatus vero Guibertus, veniens Longobardiam, Ravennam
intravit in multitudine gravi et in magno, ut sui moris est, potentatu. Et non post multos dies, in quadragesimae diebus Ro- 1073
mam venit causa consecrationis; synodo iam celebrata. In qua Febr. 13
et Hugo Candidus a Cluniacensibus monachis et a quibusdam |
religiosis episcopis publice de symonia arguitur; et in qua or- Mart. 24
tatu[a] imperatricis quosdam regis consiliarios, volentes eum ab
unitate ecclesiae separare, publice domnus papa excommunicavit.
Set iam ad narrationem redeamus. Prefatus vero Guibertus,
veniens Romam — habens secum Dionisium Placentinum episcopum, ante multos annos ab eodem papa depositum — ovina
simulate[b] indutus simplicitate, multos decepit, et precipue Deo
amabilem Hildebrandum. Is cum sepenumero papam rogasset,
ut ei manum imponeret, et ille nollet acquiescere, spiritu prophetiae plenus fertur dixisse[2]: *Ego quidem iam delibor et tem-*
pus resolutionis meae instat[3], tu vero eius senties acerbitatem.
Quod rei[c] eventus postea declaravit. Quid plura? Consecratione
vero rite celebrata, sacramento se obligavit: se fidelem esse
papae Alexandro eiusque successoribus, qui per meliores essent
electi cardinales; nullomodo imperatorem nec regem nominans
vel patricium. Quod sacramentum[d] bene conservavit. Nam,
venerabili Alexandro defuncto et venerabili Hildebrando per Apr. 21
meliores cardinales electo, religiosus archiepiscopus debitam sub- Apr. 22

---

a. ortatu *in litura.*   b. simulata *c.*   c. ei *cod.*   d. *sive* primo *sive* aliquamdiu *excidisse videtur.*

1. Agnes imperatrix ex Italia die 25 Iulii 1072 Wormatiam venit,
teste Lamberto in Annal. 1072, Mon. Germ. SS. V 190.   2. Alexander II
papa.   3. 2 Timoth. 4, 6: „Ego enim iam delibor et tempus resolutionis
meae instat".

1074
Mart.
iectionem in tantum ei contulit, ut, vocatus ad synodum, veniret; et in eadem synodo secundum privilegium suae ecclesiae dextra ei sederet; et, non extorta confessione, set spontanea eum modis omnibus papam profiteretur. Set iam rei ordinem prosequamur.

1073
Mart. 31
Paschali igitur celebrata festivitate, cum a beato papa et venerabili[a] archidiacono licentiam remeandi Ravennam accepisset, antequam eandem urbem intrasset, ei mors papae nunciata est.

Apr. 21 Nam in natale sancti Georgii[1] beatus Alexander spiritum celo reddidit.

EXPLICIT LIBER SEXTUS

INCIPIT SEPTIMUS.

Apr. 22 Eodem itaque die[2], prefati pontificis corpore in ecclesia sancti Salvatoris humato, cum circa sepulturam eius venerabilis Hildebrandus esset occupatus, factus est derepente concursus clericorum, virorum ac mulierum, clamantium: *Hildebrandus episcopus.* Quo audito, venerabilis archidiaconus expavit, et velociter, volens populum placare, cucurrit ad pulpitum[3]. Set eum Hugo Candidus prevenit et populum sic allocutus est: *Viri fratres, vos scitis, quia a diebus domni Leonis pape hic est Hildebrandus, qui sanctam Romanam ecclesiam exaltavit et civitatem istam liberavit. Quapropter, quia ad pontificatum Romanum neque meliorem neque talem, qui eligatur, habere possumus, eligimus hunc, in nostra ecclesia ordinatum virum, vobis nobisque notum et per omnia probatum.* Cunque cardinales episcopi sacerdotesque et levitae et sequentis ordinis clerici conclamassent, ut mos est: *Gregorium papam sanctus Petrus elegit,* continuo a populo trahitur rapiturque; et ad Vincula beati Petri — non ad Brixianorium[4] — invitus intronizatur.

Apr. 23 Qui sequenti die, secum mente pertractans, ad quantum pe-

a. *sequuntur in cod. iterum haec:* papa et venerabili.

1. i. e. die 23 Aprilis. At Alexandrum II constat die 21 Aprilis obiisse.   2. Beno quoque „Alexandro defuncto, eadem hora" Gregorium VII electum esse refert. Sed cf. Reg. I 1 et 6 supra p. 9 et 14.   3. ambonem s. tribunal.   4. Brixinae, ubi Wibertus antipapa a. 1080 electus est. Cf. infra.

riculum devenisset, cepit estuare et mestus esse. Tamen collectis   1073
fidei et spei viribus, quid potissimum faceret, non aliud invenit: Apr. 23
quam ut regi suam notificaret electionem, et per eum, si posset,
sibi papale impositum onus devitaret. Nam missis ad eum continuo literis et mortem papae notificavit et suam ei electionem
denunciavit, interminatusque: si eius electioni assensum pre-
buisset, nunquam eius nequiciam pacienter portaturum. Set
longe aliter evenit, quam speravit.

    Nam rex ilico misit Gregorium Vercellensem episcopum,
Italici regni cancellarium, qui eius electionem firmaret, et eius
interesset consecrationi. Quod et factum est. Nam in ieiunio Mai. 22
pentecostes sacerdos ordinatur, et in natale apostolorum[1] ad al- Iun. 30
tare eorundem a cardinalibus secundum antiquum morem episcopus consecratur. Cuius consecrationi interfuit imperatrix una
cum excellentissima Beatrice duce, tunc vidua; nam ante paucos
dies[2] magnificus dux Gotefridus obierat.

    Venerabilis vero pontifex, mox ut curam sanctae Romanae
ecclesiae suscepit, nil melius esse deliberavit, quam in primordio regem ammonere: ut episcopatus non venderet, seseque subiectum esse sancte Romane ecclesiae recognosceret. Nam continuo[3] huius sancte legationis ministram fecit esse gloriosam 1074
imperatricem, eiusdem regis matrem, habentem secum in comi- Mart.
tatu venerabiles episcopos Girardum Ostiensem et Ubertum Pre-
nestinum et Rainaldum Cumanum. Que, Alpes transiens, filium
in partibus Baioariae invenit. Quid plura? Legatis Romanis a c. Maio
rege honorifice susceptis, cum per multos dies sermonem correctionis ab eis cotidie audiret, ad ultimum quinque suos familiares, quos ante beatus excommunicaverat Alexander, a suo
prohibuit colloquio.

    1. i. e. die 29 Iunii. Gregorium vero „2 Kal. Iulii die dominico" con-
secratum esse, docet Chronica S. Benedicti, Mon. Germ. SS. III 203.
2. immo annos. Godefridum enim Barbatum, ducem Lotharingiae, die 24
Dec. 1069 obiisse, docent Bertholdi annales 1069 et Bernoldi chronicon
1069, Mon. Germ. SS. V 274, 429. Cf. Kalendarium necrolog. Mogunt. ap.
Boehmer Font. III 143.   3. demum a. 1074 post synodum m. Martio
celebratam. V. Lamberti annal. 1074 et Mariani Scotti chron. 1074, Mon.
Germ. SS. V 215 et 561.

1074   Dehinc rogatus, ut sinodum mediaret, episcopos[a] facietenus congregavit; mente detrectans[b], ullo[c] modo concilium in suo regno celebrari. Quod rei subsequens probavit eventus. Nam per Lemarum Bremensem archiepiscopum, virum eloquentissimum et liberalibus studiis adprime eruditum, concilium interruptum est. Is enim dicebat: ex antiquis privilegiis Maguntino concessum esse episcopo, in Germaniae partibus vicem habere Romani pontificis, ideoque non licere Romanis legatis, sinodum in eius legatione celebrare; non bene[d] recogitans illud primi Leonis capitulum Thessalonico episcopo missum, in quo ita legitur: *Sic enim committit papa omnibus archiepiscopis vices suas, ut in partem sint vocati sollicitudinis, non in plenitudinem potestatis*[1]. Quid plura? Huius rei gratia Lemarius archiepiscopus a legatis Romanis a sacerdotali officio suspensus est[2].

Dehinc, concilio hac sagacitate interrupto, cum rex omnia, que Romani legati postularunt, se libenter facere promisisset, magnis muneribus donati, Romam cum honore remearunt; portantes secum prefati regis literas, quibus venerabili papae Gregorio omnibus modis debitam subiectionem spondebat.

1075   Post paucos vero dies quidam Hermannus[3] Pabenbargensis episcopus Romam causa suscipiendi pallii veniebat[4]. Quem litterae regis anticipaverunt, quibus papae significatum est, se, quorundam malignantium fraude deceptum, illi per pecuniam episcopatum tradidisse. Quod ut quesitum est et ita inventum, prefatus Hermannus ab episcopatu depositus est, aliusque[5] in loco eius precepto domni papae intronizatus est; qui postea ab eodem papa pallii dignitate donatus est. Quod et itidem de 1080 Constantiensi[e] episcopo[6] factum est.

a. epc *c*.   b. detctans (i. e. detractans) *c*.   c. nullo *c*.   d. bñe *c*.   e. Constantiniensi *c*.

1. in epistola ad Anastasium episcopum Thessalonicensem. S. Leonis Opp. ed. Ballerinii T. I 686: „Vices enim nostras ita tuae credidimus caritati, ut in partem sis vocatus solicitudinis, non in plenitudinem potestatis". Cf. Gratiani Decr. P. II C. III qu. 6 c. 8.   2. Cf. Greg. VII Reg. II 28 supra p. 140.   3. I.   4. At cf. Reg. III 1. 2. 3 supra p. 203. 204. 205.   5. Rupertus.   6. Ottoni I anno 1080. V. Regesta pont. Rom. p. 434 ad d. 7 Mart.

Dum haec ita gererentur, Mediolanenses capitanei, ecclesiarum venditores, de quibus supra retulimus, colloquium cum rege faciunt animumque eius ad deteriorem partem flectunt; nam ei promittunt, et Pataream destructuros et Herlimbaldum occisuros. Quod rex libenter audivit; et voluntarie, quicquid petierunt, promisit.

Interea venerabilis Gregorius, nihil mali de rege suspicans, **1074** **Mart.** sinodum congregavit. In qua Guibertus Ravennas episcopus sedit, et innumerabilis multitudo episcoporum ex diversis provinciis congregata. In qua dum negocium Placentinorum et Cremonensium tractaretur, prefatus Guibertus Cremonenses mirabiliter infamavit; quem per Dodonem egregiae indolis iuvenem, eiusdem Cremone civem, liquido claruit esse mentitum. Nam is in media synodo et Cremonenses absolvit ab infamia et ipsum notavit infamia. Quid plura? His et aliis negociis sedatis, Robertus cum Normannis excommunicatur in eadem[a] synodo. Cui synodo interfuit excellentissima cometissa M(athilda), et Azo marchio, et Gisulfus Salernetanus princeps.

Concilio igitur rite celebrato, cum episcopi ad propria remearent, Guibertus cum papa Romae remansit. Hic papae promittebat, se contra Normannos magnam expeditionem facturum, et contra Balneoregis[1] comites[b] se post pascha[2] cum eodem papa castra metaturum. His et talibus subdolis machinationibus animum papae, nihil mali suspicantem, decipiebat. Animus vero eius, velut fere beluae iram gerens, nihil aliud, quam quod post rei demonstravit eventus, cogitabat. Nam per omnes fere qua- **Mart. Apr.** dragesimales dies, quibus inibi moratus est, Romam orationis occasione circuiens, quoscunque[c] pestiferos invenire poterat vel papam propter iusticiam odientes, sibi[d] faciebat amicos dataque pecunia sacramento vinciebat; inter quos et Cencium, prefecti Stephani filium, quem supra[3], temporibus papae Alexandri cum Cadolo fuisse, memoravimus.

a. eodem *cod.*   b. comitis *cod. Cf. infra p.* 661.   c. q̊sq; *c.*   d. sibi
addidi. Cf. infra p. 661.

1. Bagnorea, ab Urbe vetere ad meridiem.   2. post Apr. 20.   3. p. 646.

Is, defuncto patre[1], temporibus papae Alexandri cum prefecturam vellet adipisci, ab omnibus Romanis propter ferocitatem animi repudiatus est; communique consilio traditur prefectura alteri Cencio, cuiusdam Iohannis prefecti filio. Qui quamvis nomine equivoci, tamen longe erant diversi moribus. In hoc omnium malorum spes, in altero bonorum. Hic compatrem suum absque ulla causa interfecit et domum eius funditus destruxit. Idem, et latronum particeps et predonum adiutor, post multa et varia adulteria, que perpetravit vel perpetrantes tutatus est, Romam ex libera fecit ancillam. Nam in Sancti Petri ponte turrim mirae magnitudinis edificans, omnes transeuntes reddidit tributarios. Hunc talem et tam pestiferum coniunxit sibi prefatus Guibertus, et per eum se armavit contra sanctam ecclesiam[a].

Erant preterea Romae multi pestilentes, iusticiam odientes, ut concubinatorum sacerdotum filii et propinqui. Set et venerabilis pontifex in principio ordinationis suae omnibus Romanis clericis dedit optionem: ut aut canonicę, nihil proprium possidentes, secundum regulam sanctorum viverent, aut, relictis bonis ecclesiae, seorsum domi manerent; quorum multi ante elegere privatim vivere quam suave iugum Domini ferre. Qui mirabiliter papae erant infensi; et non solum illi, set et eorum propinqui.

Erat preterea Romae antiqua et pessima consuetudo, quam beatus papa suo tempore funditus ab eadem ecclesia extirpavit. Nam in beati apostolorum principis ecclesia erant sexaginta et eo amplius mansionarii[2], laici coniugati et plerique concubinati; qui eandem ecclesiam per vices suas die noctuque custodiebant. In[b] quorum potestate omnia, preter maius, erant altaria, que orationibus cotidie vendebant. Hii omnes, barba rasati et mitras in capite portantes, sacerdotes et cardinales se esse dicebant; sicque oratores decipiebant, et precipue Longobardorum rusticam multitudinem, qui, eos credentes sacerdotes, se eorum commendabant orationibus. Hii intempestae[c] noctis silentio, custodiae occasione, varia latrocinia et turpia stupra exercebant. Quos

---

a. s(anctam) e(cclesiam) *scripsi pro* se *c.*   b. In *addidi.*   c. intempesta *c.*
1. Stephano.   2. aeditui.

beatus papa cum magna difficultate ab ecclesia apostolorum 1074
principis expulit; et eam religiosis sacerdotibus commisit custo- Mart. Apr.
diendam. Hos tales prefatus Guibertus sibi fecit amicos. Venerabilis autem Gregorius ecclesiam sancti Petri iussit oratoribus
claudi usque ad tempus matutinale; nam ante pervigiliarum ex-
cubias multa ibi fiebant homicidia et hac occasione multa furta
et adulteria.

Erat preterea in eadem ecclesia alia pessima consuetudo,
quam idem venerabilis papa funditus exstirpavit. Cottidie, antequam dies illucesceret et plerumque antequam aurora cursum
suum inciperet, cardinales avariciae questu missas super altare
principis apostolorum celebrabant. Quibus ex auctoritate beati
Petri et sua omnibus interdixit: ut non liceret eis deinceps ante
horam diei terciam ad altare beati Petri missam celebrare. Que
res magnam sibi concitavit invidiam. Quid plura? Prefatus Guibertus veluti* Catilina omnes sceleratos, quos potuit, sibi fecit
amicos.

Dehinc propinquante paschali festivitate[1] licentiam remeandi Apr.
Ravennam a venerabili[b] papa petiit et impetravit; promittens, se
post pascha supra Balneóregis comites exercitum ducturum.

Interea venerabilis Gregorius expeditionem contra Normannos preparabat. Veniensque obviam duci Beatrici usque ad ca- c. Iun. 15
strum Sancti Flabiani[c2], eam simul cum filia ad expeditionem
invitabat. Quas, volentes pura mente papae obedire precepto,
Longobardicus varvassorum tumultus impedivit; nam, sedicione
subita exorti[d], expedicionem dissipavere. Sicque infecto negocio,
papa Romam remeavit; Beatrix vero cum filia ad propria rediere.

Non longo post tempore papa languore corporis in suburbio Iun. — Sept.
Romae subito corripitur. Cencius vero, de quo supra memoravimus, credens eum iam morti destinatum, odium, quod mente
conceperat, subito evomuit. Nam fidei commissor illis diebus
fuerat cuiusdam Cencii, scilicet Gerardi comitis filii, qui beatis
apostolorum principibus curtem unam testamento legaverat; Deo

a. uluti *c.*   b. venerabi *c.*   c. Fabiani *c.*   d. exorta *c.*

1. Apr. 20.   2. Fiano, v. supra p. 108 n. 1.

1074
Iun. — Sept.
vero odibilis ille, credens papam iam mortuum vel iam morti
proximum, sacrilegii simul et periurii crimen incurrens, testa-
mentum falsavit curtemque suis applicavit usibus, ducentis libris
datis tantum apostolorum principibus. Interea convalescente papa,
super hoc cepit exagitari negocium. Quid plura? Pessime egisse
convincitur; datisque obsidibus, curtem secundum defuncti voluntatem apostolorum reddidit principibus. Set eius furor non quievit.

Nam eiusdem pestiferi consilio Hugo Candidus, de quo supra
memoravimus, secundo ad apostasiam conversus est. Hic, Apuliam tendens, Robertum et Normannos, dudum a papa excommunicatos, contra sanctam Romanam ecclesiam mirabiliter excitavit.
Nam dicebat: eos falso excommunicatos; et papam non secundum decreta sanctorum patrum pontificem, set sancte Romanae
ecclesiae invasorem; adiciens: se cum suis fautoribus Roberto
coronam imperialem daturum, si eum militari manu ab ecclesia
pelleret. Quod cum cottidie palam et clanculo in curte prefati
ducis musitaret, hanc a prudentissimo duce accepit responsionem:
*Quia tibi necesse est, si placet, in auro vel argento vel in aliqua
alia pecunia vel in equorum vel mulorum adiumento a me suscipe
munificentiam. Mihi vero suadere non poteris, contra Romanum
me armari pontificem. Nefas enim est credere, per tuas inimi-
cicias vel alicuius posse papam deponi, qui, electione cleri et
laude populi Romani cum kathedra pontificalis vacaret intronizatus, ad altare sancti Petri ab episcopis cardinalibus consecratus
est.* Sicque cum magno dedecore repudiatus, ad Guibertum, suae
nequiciae fautorem, se contulit.

Cum haec ita gererentur, Mediolanenses capitanei et varvassores, ecclesiarum venditores, a colloquio regis[1] remeantes
Mediolanum[a], magnas excitant sediciones, machinamenta quedam
fingentes. Nam simplices quosque[b] sedicionis ignaros hoc modo
alliciebant, dicentes: se integritatem beati Ambrosii velle iurare.
A Deo vero protectus de quo supra retulimus Erlimbaldus, vi-

a. *scripsi* a colloquio — Mediolanum *pro* ad colloquium — Mediolanio *cod.*
b. quoque *c.*

1. V. supra p. 659.

dens machinamenta diaboli paulatim crescere, estuabat; neque potissimum quid faceret aliud inveniebat, nisi ut se et Dei populum, volentem pro iusticia dimicare, velut fortissimus Iudas armis defensaret. Quid plura? Crescebat cotidie numerus infidelium et de die in diem numerus minuebatur Paterinorum. Eodem quoque tempore Mediolanensis civitas tota incendio concrematur[1], in qua multae mirabiles ecclesiae, et precipue mater ecclesia solotenus destruitur. Que res inimico humani generis ad decertandum contulit arma; nam omnes sive amici sive inimici quasi una voce clamabant, hoc esse peccatum Paterinorum. Post pascha vero, derepente congregato exercitu et multitudine coniuratorum[a], Herlimbaldum nihil mali suspicantem invadunt; eumque, bellare temptantem, in media platea interficiunt; aliosque persecuntur et depredantur. Eumque, ignominiose nudatum, obliti generis eius et dignitatis, ad ignominiam totius christianitatis per totum diem relinquunt inhumatum. Nocte vero a religiosis viris apud Sanctum Dionisium cum honore sepultus est; ad cuius sepulchrum magna mirabilia usque hodie operatur Deus. Sequenti vero die quendam sacerdotem nomine Liprandum auribus mutilaverunt et nasu. Quique vero coniurationi non consenserunt, aut occidebantur aut facultatibus nudabantur; quorum multi, Cremonam venientes, honorificentissime a fratribus sunt suscepti. Ut autem auditum est de morte Erlimbaldi, non solum Romae set usque ad Brittannicum mare omnes catholici contristati sunt, flentesque dicebant: *Quomodo cecidit potens*[2], *qui pugnabat bellum Domini.*

Interea Gregorius papa quadragesimali tempore synodum congregavit. In qua Guibertus vocatus, dum venire noluisset, ob periurii crimen ab episcopali officio suspensus est; et Hugo Candidus secundum apostoli preceptum dicentis: *Hereticum hominem post primam et secundam correptionem devita*[3], ab ecclesia perpetuo sequestratus est.

1075
Mart. 30

post Apr. 5

Febr. 24-28

a. coniunctorum *c. Cf. infra:* Quique vero coniurationi non consenserunt.

1. die 30 Mart. 1075. V. Arnulfi gesta archiepp. Med. IV c. 8, Mon. Germ. SS. VIII 27.   2. 1 Macc. 9, 21.   3. Tit. 3, 10.

1075   Forte his diebus Deo odibilis ille Cencius, de quo supra retulimus, a prefecto urbis Romae captus tenebatur. Qui secundum Romanas leges capitalem suscepit sententiam. Set precibus gloriosae Matilde, que ibi aderat illis diebus, et multorum Romanorum civium vix emeruit, ut vivus dimitteretur, datis obsidibus in manu papae et turri^a, per quam ad celum ascendere nitebatur[1]. Que funditus destructa est.

    Interea Guibertus Ravenne contra dominum suum papam callide armabatur. Nam suis literis conveniens cervicosos Longobardos episcopos, et precipue Tetaldum Mediolanensem archiepiscopum, mirabiliter contra papam instigabat. Set quoniam istius Tetaldi mentio facta est, qualiter ad Mediolanensem venerit episcopatum, breviter, si potero, intimabo.

    Glorioso Erlimbaldo pro nomine Iesu martirizato, cum mors eius regi fuisset nunciata, memor promissionis suae, quam ante Mediolanensibus promiserat capitaneis, mox ad Italicam partem destinavit comitem Everardum[2] suum consiliarium; quem ante papa Alexander excommunicaverat. Qui, veniens Longobardiam, mox in Roncalia curiam congregavit, ibique Mediolanensibus pro morte Erlimbaldi gratias agens, eos trans montes invitavit; promittens eis, dominum suum episcopum, quem vellent, daturum. Dehinc omnes Paterinos publicos regis clamavit inimicos. Moxque Placentinos, ibi in vicino positos, cum propter pusillanimitatem animi invenisset inparatos, plerosque ab urbe fugavit, quosdam vero in dedicionem cepit; qui consilio beatissimae Beatricis liberati sunt. Cremonenses vero, quos fidei plenos et virtutibus munitos audivit, non pro Dei timore, set quia non potuit, inmunes dereliquit. Quid plura? Eligunt sibi Mediolanenses capitanei, ecclesiarum venditores, ex precepto regis, communicato pessimo consilio, Tedaldum Mediolanensis ecclesiae clericum, qui ante Gotefrido fidelitatem iuraverat, virum nobili quidem genere ortum et satis corpore pinguem, set virtutibus tenuem. Hunc talem secum ad regem ducunt. Quem rex, ob-

a. turrim c.

1. Cf. Genes. 11, 4.   2. IV comitem de Nellenburg.

litus investiturae, quam ante Gotefrido dederat — parvi pen- 1075
densque iusiurandum, quod Rapot ex sua parte iuraverat[1] Nŏ-
variae dudum episcopis: „hoc esse regiae voluntatis, ut Gotefridus consecraretur" — non solum contra leges divinas et christianorum regum morem, set etiam contra tyrannorum consuetudinem, vivente altero, investivit.   Hic talis Mediolanensem
vastabat ecclesiam. Huic Guibertus Hugonem Candidum misit,
cuius consilio regem adiret et eius animum ad deteriorem partem
inflecteret. Quod et factum est.

In illo tempore grave et inauditum flagicium Romae patra- Dec. 24
tum est. Nam Deo odibilis Cencius, coniuratione facta, in ipsa
nocte nativitatis Christi papam, sacramenta celebrantem, ab altare sanctae Dei genitricis Mariae, quod dicitur ad Presepe[2],
rapuit; et vulneratum ad turrim, quam Romae habebat mirae
fortitudinis, violenter usque perduxit. Quid plura? Romani mox
turrim obsident, maneque facto vi capiunt; ipsumque scelestum Dec. 25
interfecissent, nisi eum beatissimus Gregorius, boni magistri
discipulus, precibus et suplicationibus a morte liberasset.   Dehinc cum Lateranis papa remeasset, sequenti die Romani aucto- Dec. 26
rem tanti flagicii cum omnibus sibi complicibus a civitate expellunt turresque eorum solo tenus destruunt.

Cum hec ita gererentur, Saxones rebellavere. Cuius rebellionis causam propter prolixitatem scribere devitavimus; unum
scientes: quia propter grave et insolitum onus servitutis, quod
eis quidam inponere satagebant, ad tam graves devenere inimi-
cicias. Set iam rei ordinem sequamur. Saxonibus rebellantibus,
intravit rex Saxoniam in manu valida et multitudine gravi, habens secum eximium ducem[3] Rodulfum et ducem Guelfonem[4] et
preclarum ducem[5] Gotefridum[6], nobilissimae Matilde coniugem,
et ducem[7] Theodericum et innumerabilem marchionum et comitum multitudinem. Qui derepente Saxones inparatos invadunt Iun. 9
et, quamvis cruentissimam, tamen habuere victoriam; nam in

1. anno 1072; v. supra p. 654.   2. ecclesiae S. Mariae maioris.
3. Sueviae.   4. (IV) I ducem Bavariae.   5. Lotharingiae inferioris.
6. Gibbosum.   7. Lotharingiae superioris.

1075
Iun. 9 illa pugna ex parte regis 15 milia homines cecidisse referuntur. Taliterque victor infecto negocio Franciam remeavit.

1076
Ian. 24 Moxque convocans multitudinem episcoporum, non quesivit Deum auctorem fidei[a][1] nec ei gratias retulit pro collata victoria; set exaltatum est cor eius, et elati sunt oculi eius[2]. Ponensque in celum os suum[3], Hugonisque Candidi, de quo supra retulimus, acquiescens consilio, domnum papam, qui per tres annos universalem ecclesiam in pace gubernaverat — secundum exemplum pestiferi Lotharii, de quo supra[4] retulimus — literis abdicavit, suosque episcopos subscribere coegit; pro dolor, non recogitans illud venerabile tercii Leonis capitulum, in quo sic legitur: *Si quis se a Romanae ecclesiae segregaverit societate, nec ianuas coeli ingredi nec vinculis peccatorum potest solvi.*

Interea litere, unitatem ecclesiae scindentes, per legatos Romam deferebantur; nam iussio regis urguebat. Qui, venientes **Febr.** Placentiam, omnes episcopos Longobardos congregaverunt; quibus ex parte regis preceptum est, ut factum regis confirmarent. Set longe aliter factum est, quam speravere. Nam[b] omnes proprio ore[c], Dionisio Placentino episcopo previo, publice iuravere, nunquam se amplius obedientiam prestituros papae.

Dehinc huius legationis ministrum ex officina iniquitatis, scilicet Parmensi civitate, faciunt quendam Rolandum clericum[5]. **c. Febr. 21** Qui, veniens Romam, forte illis diebus papam in sinodo residentem invenit. Is, diaboli repletus spiritu, in media sinodo ex parte regis, laici scilicet hominis, pontificale ei interdixit officium, eique precepit: ut de sede descenderet; quod secundi[d] ordinis presbytero[6] sine iudicio ab ipsis etiam episcopis si diceretur, esset culpabile. Dehinc cardinalibus precepit: ut ultra montes tenderent et inde sibi pontificem assumerent.

Venerabilis vero Gregorius secundum boni magistri exem-

---

a. fidei *scripsi pro* sibi (ŝ) *cod.*　　b. *sic cod.*　　c. *sequitur* suo, *sed* inductum. d. scĩ *c.*

1. Cf. Hebr. 12, 2: „aspicientes in auctorem fidei — Iesum". 　　2. Ps. 130, 1.　　3. Ps. 72, 9.　　4. p. 617.　　5. paullo postea episcopum Tarvisiensem; de quo cf. Greg. VII Reg. V 14a supra p. 306.　　6. an: „quod sacerdoti secundi ordinis, presbytero"?

plum conviciatorem suum prius a morte liberavit; dehinc, vix
sedato tumultu, synodum cum alacritate celebravit. Sequenti vero
die litere ab ultramontanis episcopis papae delate sunt, quibus se
peccasse et errasse confitebantur veniamque implorabant[a]; pro-
mittentes, se deinceps utpote patri obedientiam prebituros. Set
cum tempus instaret, quo sinodus solvi debuisset, venerabilis
Gregorius, qui pro ovibus suis mori paratus erat, dedecus sanctae Romanae ecclesiae illatum non est passus inultum; set consilio omnium episcoporum numero 110 regem, qui se ex ovibus
Christi non cognovit, principemque huius inauditae rebellionis,
excommunicavit et a regno Dei iudicavit alienum.

Quod nec novum quidem fuit nec reprehensibile.

Reprehensibile non fuit[b], quia regulis sanctorum patrum pre-
cipientibus factum. In Calcedonensi enim concilio[1], in quo sex-
centi interfuere episcopi, ita legitur de Dioscoro Alexandrino:
.... *quoniam[2] secundis excessibus[c] priorem iniquitatem valde
transcendit; presumpsit enim excommunicationem dictare adversus
sanctissimum papam Leonem[3]* .... *Anatholius episcopus Constantinopolitanus dixit: „Propter fidem non est damnatus Dioscorus,
set quia excommunicationem fecit domno archiepiscopo Leoni".*
Nunquid ibi legitur, inquisitionem factam fuisse: utrum iuste an
iniuste Dioscorus ipsam excommunicationem dictasset? Non plane;
set absque omni controversia hoc in eo multati sunt: quia, cum
esset inferior, potiorem quibuslibet conatus est lacessere iniuriis.
Quid vero in octava synodo[3] sancti patres super hoc negocio
diffinivere[4], advertite: *Dominicum sermonem, quem Christus sanctis apostolis et discipulis suis dixit, quia: „Qui vos recipit,
me recipit, et qui vos spernit, me spernit", ad omnes etiam qui
post eos secundum ipsos facti sunt summi pontifices et pastorum
principes in aecclesia catholica, dictum esse credentes, definivi-
mus: neminem prorsus mundi potentum quemquam eorum, qui*

a. impetrabant c.   b. fuit *addidi.*   c. secundum excessus c.

1. anni 451.   2. „quoniam — Leonem" ex actis concilii ap. Mansi
VI p. 1047.   3. anni 869.   4. in Regulis octavae synodi, cap. 21,
ap. Mansi Conc. XVI p. 174.

1076 *patriarchalibus sedibus presunt, inhonorare aut movere a proprio trono temptare, set omni honore et reverentia dignos iudicare; precipue quidem sanctissimum papam senioris Romae; dehinc vero Alexandriae ac Antiochie seu Ierosolomorum, deinceps Constantinopoleos patriarcham; set nec alium quemcunque conscriptiones[a] contra sanctissimum papam senioris Romae ac verba complicare vel componere sub occasione quasi diffamatorum quorundam criminum; quod et nuper Focius et multo ante Dioscorus fecit. Quisquis autem tanta iactantia et audacia usus fuerit, ut secundum Focium et Dioscorum in scriptis vel sine scriptis iniurias quasdam contra sedem Petri principis apostolorum moveat, equalem et eandem quam illi condemnationem accipiat. Si vero quis, aliqua seculi[b] potestate fruens vel potens, pellere temptaverit prefatum apostolicae cathedrae papam aut aliorum patriarcharum quemquam, anathema sit. Porro si synodus universalis fuerit congregata, et facta fuerit etiam de sancta Romanorum aecclesia quaevis ambiguitas et controversia, oportet venerabiliter et cum convenienti reverentia de proposita questione sciscitari et solutionem accipere et aut provectum facere aut proficere; non tamen audacter sententiam dicere contra summum senioris Romae pontificem.* Ecce qualiter imitatores Foci et Dioscori pro sola infamia Romani pontificis audistis damnandos, et potentes quosque, temptantes pellere senioris Romae papam a sede, audistis anathemizatos. Non est ergo reprehensibile, regem, temptantem papam a sede sine iudicio pellere, excommunicare, quod sanctorum patrum regulis est roboratum.

Inusitatum vero non est; quia multos[c] legimus Romanos pontifices pro minoribus causis non solum excommunicasse, set etiam a regno deposuisse. Quod melius patebit exemplo. Innocentius papa Archadium imperatorem, Theodosii Magni filium, pro eo, quod Iohannis Crisostomi depositioni interfuit, quam Theophilus Alexandrinus una cum aliis orientalibus patriarchis cum consensu aliorum episcoporum, sine assensu tamen Romani

---

a. **sed nec quicunque circumscriptiones** *cod.*　　b. **dei** *c.*　　c. **imperatores et reges** *excidisse videtur.*

pontificis, dictaverat, excommunicavit[1], eorumque depositionem 1076 cassavit. Reverentissimus vero imperator, mox ut factum cognovit, non rebellis extitit, set veniam humiliter peciit et impetravit. Constantinus[2] papa Iustinum imperatorem[3], Iustiniani filium, propter non decentem legatorum suorum susceptionem excommunicavit; qui postea in Constantinopolitane urbis platea pedibus eius cum regno prostratus tam diu veniam peciit, donec impetravit[4]. Set Anastasius[5] papa Anastasium[a][6] imperatorem excommunicavit[7]; qui, proterve loquens de papa, in ipso palatio fulmine percussus interiit[8]. Tercius vero Gregorius papa non solum Leonem imperatorem excommunicavit, set etiam regno privavit[9]. Stephanus[10] vero papa Karolum Pippini regis fratrem a regno deposuit[11], et Pippinum in loco eius constituit. Set et Gregorius[12] doctor, Romanus papa, omni dignitate privavit, quicunque privilegii sui paginam violaverit. Sic enim in quodam suo privilegio[13] subscripsisse invenitur: *Gregorius Senatori presbytero et abbati xenodochii Francorum*; inter cetera: *Haec igitur omnia, que huius precepti decretique nostri pagina continet, tam tibi quam cunctis, qui in eo quo es ordine locoque successerint, vel eis, quorum interesse potuerit[b], in perpetuum servanda decernimus. Si quis vero regum, sacerdotum, iudicum atque secularium personarum, hanc constitutionis nostre paginam cognoscens, contra eam venire temptaverit, potestatis honorisque sui dignitate careat, reumque se[c] divino iudicio existere de perpetrata iniquitate cognoscat.* Et quid dicam de Nicolao[14], qui duos imperatores uno eodemque tempore excommunicavit: orientalem scilicet

a. Athanasium *c.*   b. potuerint *c.*   c. se *om. c.*

1. V. supra p. 458 n. 1.   2. I.   3. Tum non Iustinus sed Iustinianus II imperabat.   4. Neque vero constat quidquam, nisi Constantinum I papam iubente Iustiniano II imperatore anno 709 Constantinopolim iter fecisse. V. Constantini I papae vitam ap. Muratori SS. III 152. 5. II.   6. I.   7. ficta res.   8. Cf. Hist. miscellam ap. Muratori SS. I 102.   9. Leo III imperator (717—741) a Gregorio III papa (731—741) neque excommunicatus nec deiectus est.   10. III (752—757).   11. Karolomanno autem iam anno 747 Zachariam papam constat „clericatus iugum" imposuisse. V. Regesta pont. Rom. p. 187.   12. I.   13. S. Gregorii Registri L. XIII ep. 8, Opp. ed. Benedictini T. II 1221. 1223.   14. I.

1076 Michaelem[1] propter Ignatium Constantinopolitanum episcopum, sine iudicio pape a sede pulsum; occidentalem vero nomine Lotharium propter Gualdrade[a] suae pelicis societatem[2]. Quid dicam de Romanis pontificibus, cum Ambrosius Mediolanensis episcopus, lilium ecclesiae, Maximum tirannum excommunicaverit, Theodosiumque imperatorem, ab ecclesia expulsum, excommunicaverit.

Et quis nisi mente captus ignorat, regiam potestatem subiectam esse pontificibus. Quis enim credat, se a Romani pontificis subiectione esse alienum, nisi qui, peccatis suis exigentibus, in ovium Iesu[3] numero non meruit numerari. Set iam rei ordinem prosequamur.

EXPLICIT SEPTIMUS

INCIPIT OCTAVUS.

1076 Interea, postquam de banno regis ad aures personuit vulgi, universus noster Romanus orbis contremuit. Et diverse Itali atque ultramontani super hoc decrevere.

post Mart. 27   Nam Itali post pascha apud Papiam concilium evocant[4] malignantium, in quo omnes pariter Longobardi episcopi et abbates auctore Guiberto, imitantes Focium et Dioscorum, excommunicaverunt domnum papam senioris Romae. Quod a seculo non est auditum, ut tot uno tempore inimicus humani generis mente captos contra sanctam Romanam ecclesiam armasset episcopos.

Oct.   Dum haec in Italia gererentur diabolo suadente, ultramontani principes in simul conveniunt[5], et salubri concilio partes alterutras quasi in iudicio constituunt: ut[b] vel perspicue eis innotesceret, utrumne papa regem posset excommunicare nec ne, vel, utrum iuste excommunicatus esset vel non. Legem enim suam nolebant destruere, qua[c] perscriptum est: ut, si quis ante annum et diem ab excommunicatione non fuerit solutus, omni

---

a. Gualrade *c.*   b. ut *addidi.*   c. ɋa *c.*

1. de Michaelis III imperatoris excommunicatione nihil traditum est. 2. V. supra p. 617 n. 1.   3. Ioh. 21, 17.   4. Cf. Arnulfi gesta archiepp. Mediol. V 7, Mon. Germ. SS. VIII 30.   5. Triburiam.

careat dignitatis honore¹. Prudentissimi igitur illius regni episcopi abbates et clerici, communicato concilio, secundum sanctorum decreta patrum et maiorum exempla decrevere: regem
a papa posse excommunicari, et secundum Foci et Dioscori imitationem iuste esse ᵃ excommunicatum. Quid plura? Nil melius
secundum tempus invenientes, dato sacramento firmavere —
ducibus sequacibus Ruodolfo² et Guelfone³ atque Theoderico⁴,
nam Gotefridus excellentissimae M(atilde) coniux ante paucos
dies obierat⁵, aliisque illius regni pontificibus — firmavere: ut,
si rex eorum vellet acquiescere consilio, papam ultra montes
ante anni circulum ducerent, qui eum absque malo ingenio a
vinculo excommunicationis absolveret. Regisque agentesᵇ⁶, dato
sacramento proprio⁷ ore iuravere: pape privatum⁸ se⁹ expectare
iudicium¹⁰. Quod cum factum fuisset, omnes iterum unanimiter
iuravere: seᶜ, si rex sacramentum datum observare voluisset,
expeditionem cum eo facturosᵈ in Italia et, eoᵉ imperiali dignitate sublimato, Normannos aggressuros, et Apuliam et Calabriam
ab illorum dominatu liberaturos; quodsi peccatis suis exigentibus
sacramentum datum irritum fecisset, nunquam eum amplius pro
domino neque pro rege suscepturos.

Interea mittunt Romam Trevirensemᶠ episcopum¹¹, ut papam
ultra montes apud Augustam duceretᵍ. Set quomodo apud Placentiam eius calliditate captus fuerit, et non ante liberatus, quam
eius littere a Spira Placentino episcopo¹², ut dimitteretur, delatae fuissent, propter longitudinem hystoriae dicere intermitto.

a. esse *addidi.*   b. regisque agentes *scripsi pro* regemque cogentes *c.*   c. ut *o.*
d. factur' *c.*   e. eo *addidi.*   f. Treuerensem *c.*   g. ducerent *c.*

1. „quodsi ante diem anniversarium excommunicationis suae — excommunicatione non absolvatur, absque retractatione in perpetuum causa
ceciderit; nec legibus deinceps regnum repetere possit, quod legibus ultra
administrare, annuam passus excommunicationem, non possit". Lamberti
annales 1076, Mon. Germ. SS. V 254.   2. Sueviae.   3. I Bavariae.
4. Lotharingiae superioris.   5. die 26 Febr. 1076. Lamberti annales l. l.
p. 243.   6. officiales.   7. cf. infra: „amborum regum nuncii — proprio ore iuravere".   8. privata vita utentem.   9. regem.   10. Iureiurando haec promissa esse, alii non tradiderunt.   11. Udonem. De
cuius legatione cf. Bertholdi annales 1076, Mon. Germ. SS. V 287.
12. Dionysio.

1076
Dec.

1077
Ian.

Ian. 25-27

Ian. 28

Interea venerabilis Gregorius pacis gratia summa cum difficultate itineris Augustam tendebat; hiemps enim gravissima tunc ingruebat. Rex vero derepente, parvi pendens sacramentum, Italiam intravit. Et sunt, qui dicunt, eum pontificem incautum voluisse capere. Quod satis videtur veri simile. Nam Gregorius Vercellensis episcopus, eius vero cancellarius — cui, ut papam duceret ultra montes, a principibus fuerat imperatum — postquam Apennini transierat iugum, audivit: eum in Vercellensi occulte devenisse civitate. Quod dum papae nunciasset, mox Canusium, tutissimum excellentissimae Matilde castrum, intravit.

Interea rex, videns sua machinamenta propalata, omni prout videbatur deposita feritate, columbina indutus simplicitate, Canusium adiit. Et per aliquot dies super nives et glacies discalciatus pedibus perdurans, omnes minus sapientes decepit; et a venerabili Gregorio, quamvis non eius ignorante versutias, absolutionem quam petebat invenit, sacramento dominico mediatore[a][1] in ipsa missarum celebritate hoc modo. Nam[b] divinae mensae, astantibus episcopis abbatibus religiosis clericis ac laicis, hoc modo fecit esse participem: ut, si se mente ut corpore fecisset humiliatum, et si se iure crederet pontificem, seque vero excommunicatum secundum imitationem Phoci et Dioscori, et per hoc crederet posse absolvi sacramentum, ut epulum[c] illi fieret in salutem; sin vero aliter, ut inde[d] post buccellam[2] intraret in illum satanas. Quid plura? Celebrata missarum celebritate, convivium commune habuerunt. Dehinc ei omnibusque ab excommunicatione solutis preceptum est, ut ab excommunicatorum se caverent consortio. Sunt vero non nulli, qui dicunt: eum „vitam et membrum et suum honorem" papae iurasse[3]. Ego vero, quod ignoro, omnino non affirmo.

Interea rex, postquam a banno absolutus fuit, satis in facie

---

a. meditatore c.　　b. venerabilis Gregorius regem *excidisse videtur*.　　c. amplius c. (*archetypi* eplum *describenti sine dubio videbatur* aplius *esse*).　　d. iude c.

1. Cf. Bonithonis Decret. L. IX c. 146 (Mai Novae Patrum bibl. T. VII III p. 69): „omnia peccata, mediatore sacramento, post paenitudinem, si digne paenituerint, merentur veniam".　　2. hostiam.　　3. V. Gregorii VII Reg. IV 12a, supra p. 258.

devotus atque obediens papae apparebat. Nam diebus* ab omnium 1077
Longobardorum[b] episcoporum se consortio sequestrabat, repudians[c] eos utpote[d] excommunicatos. Noctibus eorum nefariis acquiescens consiliis, illud mente tractabat, quod postea rei monstravit eventus. Sicque faciebat per omne tempus, quo Placentiae demoratus est; maxime metuens presentiam matris suae religiosissimae imperatricis, que forte ibi aderat.

Per idem tempus Deo odibilis Cencius[1], de quo supra memoravimus, ad eum venit; quem diebus utpote excommunicatum recusabat, noctibus vero totum se eius pestiferis donabat consiliis. Cunque videret, se[e] papam nullo modo a Canusio castro posse divellere, Papiam tendit. Ibi Deo odibilis Cencius amara morte mortuus est[2]; cuius funus Guibertus cum aliis excommunicatis mirabili pompa celebravit.

Cum haec in Italia gererentur, ultramontani principes apud Mart. 13
Forken[3] conveniunt, et sibi ducem Rudolfum regem constituunt, Mart. 15
virum magni consilii et armis strennuissimum. Quod factum magnam cladem intulit Romano orbi.

Interea rex, Papiae degens, ubi audivit de electione Rudolfi, mirabiliter commotus est. Set quia homo magni consilii et mirabiliter sagax est, simulata humilitate, per nuncios papam rogavit: ut Rudolfum excommunicaret. Quod papa se facturum ilico promisit, si vocatus racionem huius facti reddere non posset; non enim canonicum videbatur, si ante excommunicaretur, quam conveniretur[f].

Set rex, mente effrenatus, velociter montes transiit et im- Apr.
pigre Baioariam Franciamque recepit. Set quid plura? Haut segnior R(udolfus) Franciam invadit; bellumque committitur gra- 1078
vissimum et multa milia hominum ex utraque parte cecidere[4]. Aug. 7
Sunt qui dicunt, huius prelii Henricum fuisse victorem; quam

---

a. diebus *addidi.* b. Longobardorum *addidi.* c. reputans c. (*Cf. infra:* quem diebus utpote excommunicatum recusabat). d. utpote *addidi.* e. se *addidi.* f. vinceretur c.; conveniretur *recepi ex vita Gregorii, in Bonithonis libro nitente, ap. Watterich Pont. Rom. vit. I* 332.

1. filius Stephani praefecti Romani. 2. Cf. Bertholdi annal. l. l. p. 291. 3. Forcheim. 4. ap. Streu fl.

1078
Aug. 7
plures autem palmam huius R(udolfo)[a] ascribunt certaminis. Set, quisquis viĉtor[b], cruentissimam tamen possedit victoriam.

1077
     Interea Rome grave malum et inrecuperabile damnum derepente exortum est. Nam Cencius prefectus, vir christianissimus, per insidias Stephani, fratris Cencii Deo odibilis de quo supra memoravimus, occisus est[1]. Cuius corpus dum Romae apud Sanctum Petrum delatum fuisset, Deus per eum multa fecit mirabilia. Romani vero communicato consilio castrum, in quo se nefandus ille receperat, vi capiunt; eiusque, capite et manibus truncatum, cadaver ignibus tradunt; caput vero eius et manus in cortina[2] beati Petri suspendunt. Reliquos vero tanti sceleris fautores quosdam interfecere, quosdam vero a patria eliminavere.

     Post paucos vero dies, postquam haec gesta sunt, Gregorius

Sept. venerabilis pontifex Romam cum honore remeavit.   Moxque

1078 sinodum congregavit, in qua amborum regum nuncii interfuere.
Febr.
Mart. Quibus et beati Petri auctoritate preceptum est: ut non pugnarent; set locum eligerent, in quo ambarum partium episcopi possent secure convenire, reddituri racionem ante sanctae Romanae ecclesiae legatos.

     Quod salubre concilium[c][3], diabolo instigante, interruptum

Aug. 7 est. Et iterum acriter pugnatum est; in quo multa milia hominum ex utraque parte cecidere, et maxime Boemiorum.

     Quod ut papae nunciatum est, in proxima quadragesima[4] — nam in festivitate sanctae Agathae[5] hoc bellum gravissimum com-

Nov. 19 missum est — sinodum congregavit, in qua amborum regum nuncii[d] interfuere, qui proprio ore iuravere, concilium non culpa dominorum suorum interruptum[6]. Set quis eorum fuerit periurus, quia non satis apparet, dicere omitto.

1079   Set quid plura? Venerabilis pontifex religiosos episcopos ultra montes mittere destinavit, qui regibus interdicerent ut non

---

a. R. *super qua littera manus eadem scripsit* egi.   b. victoriam *c.*   c. consilium *c.*   d. nunci *c.*

   1. anno 1077 „aestivo tempore". V. Bertholdi annales l. l. p. 304. 2. atrio.   3. sive colloquium in Germania agendum; de quo v. Bertholdi annales 1078 p. 310. 311.   4. immo iam d. 19 Nov. 1078.   5. immo sancti Donati (7 Aug.).   6. V. Gregorii Reg. VI 5 b, supra p. 330.

pugnarent, et episcopos ad concilium vocarent: Petrum scilicet 1079
episcopum Albanensem, virum religiosissimum — qui ante episcopatum temporibus papae Alexandri[1] ex precepto abbatis sui[2]
contra symoniacam haeresim[a] per medios ignes transivit illesus
— et Uodalricum Paduanum episcopum, virum valde eloquentissimum et Heinrico regi satis fidelissimum, et Aquileiensem
patriarcham[3]. Qui, Alpes transeuntes, regem in Baioaria in- Mai.
veniunt; set neque suplicationibus neque precibus neque aliqua
quavis calliditate potuerunt efficere, ut synodum pateretur rex
Heinricus in suo regno eos celebrare, nisi Ruodolfum absque
vocatione vellent excommunicare. Quod dum illi facere noluis-
sent interdicentibus canonibus, infecto negocio Romam rediere.

Iterum acriter pugnatum est[4] et multa milia hominum ex 1080
utraque parte cecidere.   Ian. 27

INCIPIT LIBER NONUS.

Interea rex Heinricus deliberato consilio misit Romae legatos, Lemarum scilicet Bremensem archiepiscopum, de quo supra
retulimus, et Pabenbariensem episcopum[5] et alios quam plures,
superbiam et inauditam portantes legationem: ut, si vellet papa Mart.
R(udolfum) absque iudicio excommunicare, debitam ei preberet
obedientiam; sin aliter, acquireret sibi papam, qui faceret secundum eius voluntatem. Venerabilis vero pontifex, qui pro Mart. 7
veritate mori paratus erat, non solum Rudolfum[b] racionem pretendentem non condemnavit, set etiam ipsum regem superbe
loquentem excommunicavit. Quod factum populo Romano[c]
magnam dedit fluctuationem.

Interea prefati regis legati, Tusciam venientes, a subiectione
excellentissimae cometisse M(atildae) eam[d] omnino temptabant
avertere. Et quia plebs semper cupida novarum rerum, infida

a. haeresim *addidi*.   b. Rudolfum *addidi*.   c. .R. c.   d. eam *addidi*.
   1. a. 1067. V. Bertholdi annales p. 273, Florentinorum epistolam ad
Alexandrum II ap. Baronium annal. eccles. ad a. 1063, Mabillon Ann. ord.
Ben. V 1.   2. Iohannis Gualberti abbatis Vallumbrosani.   3. Heinricum.   4. ap. Flarcheim.   5. Rupertum.

1080 prioribus dominis, tum quia eadem plebs naturaliter infida est, quod voluere, facillime facere potuere[1]. Dehinc venientes Longobardiam — relicto marchione Alberto et comite Bosone[2] in partibus Tusciae — omnes principes Longobardorum ad colloquium invitantes apud Brixianorium[a], diviso régno et sacerdotio, ad regem remearunt.

Iun. 29   Interea venerabilis pontifex post pentecosten[3] cum Ruberto Normannorum[b] duce colloquium[c] citra Aquinum[4] habuit eumque ab excommunicatione absolvit. Qui, eius proprius factus miles, omnem Apuliae et Calabriae ab eo suscepit principatum.

Cum haec gererentur, Longobardorum episcopi et principes apud Brixianorium[5] conveniunt. Haut segnis ibi rex occurrit cum suis episcopis ac ultramontanis principibus. Ubi communi-
Iun. 25 cato pessimo consilio eligitur Guibertus in Romanum pontificem a consimilibus, nullo ibi Romano astante clerico vel laico, presidente Romanae cathedrae venerabili papa Gregorio, qui iam per quinquennium[6] in pace universalem rexerat ecclesiam. Quod factum diabolicum non est auditum a die, qua gentes esse ceperunt, usque ad diem hanc. Et quia peccatum plerumque est pena peccati, ex radice superbiae processit[d] ad periurium, ex periurio pervenit ad inobedientiam, per inobedientiam Guibertus cecidit in excommunicationem, per excommunicationem pervenit ad idolatriam.   Hunc talem, ut superius retúlimus, nullo Romanorum clericorum vel laicorum ibi presente vel consentiente, excepto Hugone Candido, qui peccatis suis exigentibus ab ecclesia iam diu fuerat sequestratus, elegit sibi rex Heinricus in pontificem. Et huic, suadente Dionisio Placentino episcopo, ore proprio iuravit: ab eo coronam imperialem suscepturum. Quid plura? Ita omnes mente cecati sunt, ut non respicerent faciem

a. Brixianorum c. Cf. infra.   b. Marmannorum c.   c. colloquium om. cod.
d. processit ad periurium recepi ex Vita Gregorii, Bonithonis librum sequente, ap. Watterich Pont. Rom. Vit. I 337.

1. De Mathildis militibus Heinrico regi „resistere recusantibus“ v. Greg. VII Reg. VIII 26 supra p. 474.   2. Horum utrumque in „capitibus schismaticorum“ numerat Bernoldus in Chronico ad 1085, Mon. Germ. SS. V 443.   3. post Mai. 31.   4. Ceperani, die 29 Iunii.   5. Brixinam. 6. immo septennium.

terrae et quam procul a Romana urbe castra metati erant. Proh 1080
dolor omnes, qui ibi aderant, pseudoprophetam adoravere proni. Inn. 25
Set quicunque[a] adoravere, a matris ecclesiae sinu longe cecidere.

Celebrata igitur taliter apostolorum principum festivitate, Iun. 29
rex, tanti pontificis auctus benedictione, remeavit ad propria;
Guibertus vero cum suis complicibus, papalia secum deferens
indumenta, intravit Italiam. Iul.

Set quia consilia Domini abyssus multa[1], ineffabili Dei providentia non flagella Domini, secundum quod meritus erat, suscepit Heinricus, set successum, qui mirabiliter adderet nequiciae
suae superbiam. Nam non longo post tempore intravit Saxoniam Oct.
in potentatu magno et manu robusta. Cui ex adverso occurrit
R(udolfus). Et acerrimo bello commisso, Heinricus turpiter terga Oct. 15
vertit. In quo prelio victor R(udolfus) occubuit. Non sicut solent mori ignavi, mortuus est Rudolfus, non fugiens vel latibula
querens occisus, set super strages inimicorum et super cadavera
mortuorum plagatus a suis inventus est. Cuius mors Heinrico
post 8 dies, in quodam castro latitanti et de fuga cogitanti,
nunciata est. Qui, mox extollens in altum cornu suum et loquens
adversus Deum iniquitatem[2], non recognoscens sathanae calliditates, credidit, Deo suum placuisse peccatum.

Post paucos vero dies[3], postquam haec gesta sunt, eius Oct. 15
filius cum exercitu excellentissimae M(atildae) pugnavit et victoriam obtinuit[4]. 1081
His elatus successibus, derepente Italiam intravit. Et post Mart.
pasca, ducens secum bestiam, Romam tendit. Et in vigilia pen- post Apr. 4
tecostes in prato Neronis castra metatus est. Set o Deus, Mai. 22
quis non tantorum prudentum virorum potest mirari amentiam!
Nam etsi mentis oculos perdiderant, corporeos tamen non ami-
serant. An non videbant, qui ab eis ducebatur? Quam a Romanis honorifice suscipiebatur! Nam cernere erat pro cereis lan-
ceas, et pro clericorum choris armatos, pro laudibus convicia,
pro plausibus ululatus. Set quid plura? Post agrorum vasta-

a. quique c.
1. Ps. 35, 7. 2. Ps. 74, 6. 3. Eodem die, ut tradidit Bernoldus
ad 1080 l. l. p. 436. 4. „apud Vultam prope Mantuam". Bernoldus l. l.

1081 tionem et multa et varia homicidia, post varias clades et miserias, quas Romani, nolentes pseudopapam suscipere, perpessi
sunt, cum eodem rex Longobardiam infecto negocio rediit.

Dec.   Sequenti vero hieme, ducens secum pestiferum, iterum Ro-
1082   maniam intravit. Et depopulans urbes, et castra evertens, ad
Mart. Apr. ultimum per omne quadragesimale tempus Romam obsedit. Et
post Apr. 24 post pascha, exercitu per civitates et vicina castra undique cir-
cumfuso, dimittens apud Tyburim* Guibertum, ipse Longobar-
diam remeavit.

Guibertus vero ut Alcimus satis agebat pro sacerdotio suo[1].
Nam per omne estivum[b] tempus magnas depredationes et varias
Romanorum civium truncationes faciebat; dehinc segetes et agros
flamma depopulans, de penuria vel fame filiorum male cogitabat.

Sequenti vero hieme iterum rex Romae reversus est. Et
1083 postquam sacramentis datis firmatum est: omnes religiosos ex
quocunque regno, volentes Romam visere, venire securos[2], post[c]
c. Nov. 11 captionem Hostiensis episcopi[3] aliorumque religiosorum[d] monachorum et clericorum videns se a Cluniacensi abbate[4] et ab omnibus episcopis, tam clericis quam monachis[e], haberi excommunicatum, ad callida mox se contulit argumenta. Nam, ut popu-
larem captaret favorem, dixit: se a venerabili Gregorio coronam
velle accipere imperialem[5]. Quod ut populus audivit Romanus,

----

a. Tyberim c.   b. festivum c.   c. an propter?   d. sequitur episcoporum
sed inductum.   e. sic cod.

1. 1 Macc. 7, 21: „Et satis agebat Alcimus pro principatu sacerdotii
sui". 2. Bernoldi chron. 1083 p. 438: „Heinricus quoque ituris ad illam
synodum et redituris securitatem iureiurando fecit". Cf. Gregorii Reg.
VIII 58 supra p. 516. 3. Ottonis; quem „circa festivitatem sancti Martini" (c. Nov. 11) captum esse, tradidit Bernoldus in Chron. ad 1083 l. l.
p. 438. 4. Hugone. 5. „Romani, nesciente papa, Heinrico se effectu-
ros iuraverant, ut aut Gregorius papa eum incoronaret, aut alius, quem
ipsi illo expulso eligerent", Bernoldi chron. 1083 p. 438. Romanorum autem
sacramentum, e codice musei Britannici (Arundel. n. 390, fol. 132) a Pertzio
descriptum in Mon. Germ. SS. VIII 461 hoc fuit: „Tibi dicimus, rex H(ein-
rice), quia nos infra terminum illum, quem tecum ponemus, ad 15 dies postquam Romam veneris, faciemus te coronare papam Gregorium, si vivus
est vel si forte de Roma non fugerit. Si autem mortuus fuerit vel si fugerit et reverti noluerit ad nostrum consilium, ut te coronet infra consti-

non solum laici set etiam religiosi qui videbantur, tam episcopi 1083
quam clerici, abbates, monachi, ceperunt supliciter lacrimis fusis
orare, ut patriae fere perditae misereretur. Venerabilis vero pontifex, qui pro veritate mori paratus erat, negavit se omnino
facturum, nisi prius de excommunicatione publice satisfaceret.
Quod cum rex, conscientia accusante, facere renuisset; et per
multos dies a Romanis venerabilis pontifex rogaretur, ut regem
susciperet, et ille ad omnes preces maneret immobilis; paulatim
cepit prefatus rex vulgi sibi favorem acquirere. Cunque pecunia
et terrore et vi omnes fere sibi acquisisset Romanos, de fortitudine venerabilis Gregorii desperans, ad dedecus et infamiam
totius ecclesiae Guibertum in sede sancti Petri ordinare constituit. 1084
Et cum non haberet episcopos cardinales sacerdotes sanctae Romanae ecclesiae, nec levitas, nec comprovinciales episcopos, quibus mos est papam intronizare — nemo enim ex tanto numero,
nisi qui a fide exulaverat, cum eo fuerat; antea enim maluerant
propriis sedibus carere et, si oporteret, omnibus membris debi-
litari, quam participes fieri coinquinationis — a Mutinensi[a] epi- Mart. 24
scopo[1] et a Bononiensi[2] et a Cerviensi[b] in sede beati Petri intronizatus est. Quod fantasma a seculo non est auditum.   Dehinc in pascha a tali benedictionem accepit imperialem; sicque Mart. 31
civitatem intravit, ducens secum triformem Chimeram[3], et ad
Lateranense usque pervenit palacium.

     Venerabilis vero Gregorius, ut cognovit populi trepidationem,
iam dudum in arce sancti Angeli se locaverat. Ad cuius obsidionem rex omnes Romanos armavit. Ipse vero — dissimulans,
fortissimi ducis Roberti se scire[c] adventum, Capitolina domo de- Mai.
structa, ad ecclesiam sancti Petri cum Guiberto veniens, civitatem sancti Petri, quam Leo quartus papa edificaverat, funditus

---

     a. Mutiensi c.   b. Cerveniensi c.   c. se scire scripsi pro nescire cod.
tutum terminum, nos papam eligemus cum tuo consilio secundum canones,
et ipsum papam studebimus per bonam fidem ut te coronet, et nos studebimus per bonam fidem ut Romani faciant tibi fidelitatem. Haec omnia
observabimus tibi absque fraude et malo ingenio, nisi quantum communi
consilio nostro et tuo addatur vel minuatur".
     1. Heriberto.   2. Sigifredo.   3. V. Horatii carm. I 27, 23. 24.

1084 destruxit. Sicque valefaciens Romanis, una cum Guiberto recessit.

Mai. 28   Set antequam ad Senam venisset, fortissimus dux Ruodbertus, Romam aggressus, non per triennium ut Heinricus, set
Mai. 29 sequenti die, qua venit, perfidam civitatem armis cepit, et papam ab obsidione liberavit, et fere omnes Romane civitatis regiones, victor ferro flammaque, possedit. Dehinc apud Lateranense palacium permultos dies degens, multa milia Romanorum vendidit ut Iudeos; quosdam vero captivos duxit usque Calabriam. Et tali pena digni erant multari, qui ad similitudinem Iudeorum pastorem suum tradiderunt.

Quid plura? Venerabilis papa una cum Ruoberto Salernum usque pervenit, ibique per aliquod dies degens, saluberrima monita populis impendebat. Set non longo post tempore, infirmi-
1085 tate corporis correptus, spiritum coelo reddidit. Ad cuius sepul-
Mai. 25 chrum Deus multa milia miracula usque hodie operatur. Vere terque quaterque beatus, qui meruit pro nomine Iesu contumelias pati[1].

Et ille quidem cum Petro regnat in celestibus; hic vero, omnibus odiosus, a nemine viventium, quamvis a quibusdam gratia regis dicatur ..... et apostolicus habetur. Tamen sunt, qui gratia regis quedam confingunt machinamenta, volentes domnum Gregorium infamare, set non valentes.

Sunt enim, qui dicunt: eum non iure fuisse apostolicum propter quedam decreta Nicolai iunioris. Quibus sub anathemate interdictum ferunt: ut nemo aspirare audeat ad pontificatum Romanum, nisi ex consensu regis[2] eiusque filii[3]. Quod falsissimum esse omnibus modis, declarabitur; quamvis, etsi verum esset, tamen nullius momenti esset. Nam, etsi licet Romanis pontificibus, rigorem canonum temperare pro necessitate temporum, tamen non licet omnino destruere. Quid enim aliud esset, nisi omnino christianam legem destruere, decreta sanctorum Romanorum pontificum qui sanguine suo ecclesiam fundavere infringere, et sacrosancta quatuor concilia, que ab hominibus velut

1. Act. 5, 41.   2. Heinrici III.   3. Heinrici IV.

euangelia sunt veneranda, irrita facere. Set bonae memoriae domnum Nicolaum ab hac liberemus infamia; et testibus idoneis, eum talia non dictasse, demonstremus.

Veniat Guibertus, testis idoneus, a quo cesar imperialem accepit coronam, et falsa locutos eos convincat. Si enim verum est, secundum decreta Nicolai[a] ut non apostolicus habeatur, qui non ex consensu regis . . . . Romanum electum esse pontificem, et Alexandrum absque eius voluntate Romanae sedi intronizatum, restat: eundem non apostolicum set excommunicatum. Quodsi excommunicatus et ab ecclesia Dei sequestratus[b], Guiberto quid contulit, dum eum sacraret episcopum? Benedictionem, quam non habuit, dare non potuit; ergo maledictionem, quam habebat, donavit. Igitur, si maledictus, quomodo papa? Set hoc falsum est. Guibertus enim iure episcopalem accepit benedictionem; et Alexander papa, qui contra voluntatem regis Romanum adeptus est pontificatum, teste Guiberto apostolicus legaliter ordinatus est.

Quod itidem de cesare sentiendum est. Si enim hoc verum esset, quomodo homo magni consilii et sollertis ingenii papae Alexandro per tot annos dedisset obedientiam; et quomodo a Guiberto eius episcopo imperialem suscepisset coronam?

Accedat et tercius testis, Hugo Candidus cardinalis Romanus, et probet, eos esse mentitos. Quomodo enim in ipso die sepulture prefati papae Gregorium elegisset? Si enim decreta vera sunt, ergo excommunicatus est; quodsi excommunicatus, et infamis; si vero infamis, quomodo apud Brixianorium, civibus Romanis nolentibus, solus Hugo Guibertum papam potuit eligere?

Falsa sunt autem haec et puerorum ludo similia. Quamvis, venerabilem Gregorium in ordinatione sua consensum regis habuisse, nulli dubium est. Nam Vercellensis episcopus Gregorius, a rege missus, eius interfuit consecrationi.

Quodsi aliquid adversus eum habuit, decuit in primordio dixisse, antequam legatos eius honorifice suscepisset, priusquam ab eis absolutionem excommunicationis publice suscepisset, ante-

a. Nocolai *c*.   b. *sequitur in cod.* et si excommunicatus.

quam Herimannum Pabenbariensem episcopum ei deponendum
Romae misisset, priusquam alterum in eius sede ex precepto
eius posuisset.

Quodsi dixerit, se iuvenem suorum deceptum fuisse astucia
consiliariorum, quid de Lemaro Bremensi archiepiscopo dicemus,
viro sapientissimo et omnium artium peritissimo? Nonne, postquam ab eiusdem papae legatis officio suspensus est[1], tam diu
1077? sacerdotio se abstinuit, quamdiu a Saxonia Romam veniret; ducens secum illius regni philosophos Giticlinum[2] Coloniensem et
Guezolonem prepositum[3], qui postea Maguntinam vastavit ecclesiam[4], et Mainardum Pabebargensem[5]. Et cum his papae pedibus
advolutus, tam diu[a] lacrimabiliter veniam peciit, donec impetravit et officium sacerdotale recepit.

Dicerem quidem: si papa non erat, cur apud Canusium ab
eo rex[b] excommunicationis absolutionem suscepit? nisi essent, qui
dicerent: extortam confessionem non esse confessionem. Quod
qui dicunt, male decreta beati Alexandri[6], quinti post beatum
Petrum Romani pontificis, intelligunt. Non enim aliam dicunt
esse extortam confessionem, nisi quando vel suppliciis vel minis
veritatem cogitur negare, vel in idolatriam peccare. Veritatem profiteri[c] vel invitum, hoc reorum est. Et haec non
est extorta confessio set invita, quando quis cogitur hoc profiteri, veritate prodente, quod prava mente negare deliberaverat.

Sunt et alii qui dicunt, venerabilem Gregorium legaliter papam fuisse, set contra se ipsum sententiam damnationis dictasse.
1076 Nam in secunda feria post pasca apud Sanctum Petrum, cum
Febr. 22

a. diu *addidi.*   b. rex *addidi.*   c. proferri *c.*

1. Cf. Gregorii VII Reg. II 28 et II 52a supra p. 140 et 170.   2. an
Sigiwinum archiepiscopum Coloniensem (1079—1089)?   3. eum fuisse
„clericum Halverstadensis episcopi fugitivum", tradit Bernoldus in chron.
1084, Mon. Germ. SS. V 441.   4. archiepiscopus Moguntinus, 1084—1088.
5. is Meginhardus II ep. Wirzburgensis (1085—1088) fuisse videtur. Cf.
Bernoldi chron. 1088, l. l. p. 448: „Wecilo Mogontiensis et Meginhardus
Wirciburgensis pseudoepiscopi, inter scismaticos eruditione et errore
praecipui".   6. I, in epistola Pseudoisidoriana (Decretales Ps. Is. ed.
Hinschius p. 98): „Omnis enim confessio, quae fit ex necessitate, fides non
est"; et: „Confessio vero non extorqueri debet —".

regem excommunicasset, adiecit: *Omnibus vobis notum sit, quod,* 1076 *si usque ad festivitatem sancti Petri*[1] *Heinricus non resipuerit,* Febr. 22 *mortuus erit aut depositus. Quodsi hoc non fuerit, mihi credi amplius non oportet*[2]. Quod verbum male intelligentes avide rapuere et quique secundum suam voluntatem ad malam partem declinavere. Set hoc non fuit in semet ipsum dictasse sententiam. Aliud enim est dicere: *Mihi credi non oportet,* et aliud: *Me*[a] *iudico deponendum.* Nec[b] sententia dici potest, que ante ventilatam questionem profertur; set nec ullam possidebit firmitatem sententia, que sine consideratione pronunciatur. Et quamvis popularis rusticitas aliter intellexisset quam debuit, tamen omnis qui sanum sapit, eum vera dixisse, non dubitat. Nam cum in lege scriptum sit: *Si quis in nomine Domini prophetaverit, et non evenerit, quod predixerit, lapidibus obruatur, quia nomen Domini irritum fecit*[3], quid est, quod Ionas, de subver-

---

a. Me *addidi.*   b. Hęc *c.*

1. Aug. 1.   2. Bonitho quidem hanc Gregorii VII vaticinationem ad annum 1080 referri vult, cum doceat infra, Heinricum adorato (25 Iunii 1080) Wiberto reapse Brixinae poenalem mortem passum esse. Sigebertus quoque in chronica (Mon. Germ. SS. VI 364) ad annum 1080 narrat haec: „Hildibrandus papa quasi divinitus revelatum sibi praedixit, hoc anno falsum regem esse moriturum; et verum quidem predixit; sed fefellit eum de falso rege coniectura, secundum suum velle super Heinrico rege interpretata". Nihilo secius Gregorii praedictionem illam ad annum 1076 pertinere puto. Anno enim 1076 excommunicatus Heinricus est „secunda feria secundae ebdomadae in quadragesima" i. e. d. 22 Febr. (teste Lamberto in annal., Mon. Germ. SS. V 241), anno autem 1080 die 7 m. Martii, i. e. sabbato, diebus 36 ante pascha (v. Gregorii Reg. VII 14a supra p. 401). Itaque cum Bonitho (sicut Beno cardinalis quoque) definite de secundae feriae excommunicatione commemoret, licet perperam „post pasca" addiderit, de priore anni 1076 excommunicatione agi patet; praesertim cum episcopos quoque, „qui non sponte consenserint", se tantummodo „usque ad festivitatem sancti Petri sufferre, in eadem anni 1076 synodo dixisse Gregorium legamus in eius Reg. III 10a supra p. 222. De eadem igitur priore excommunicatione ipse Gregorius Heinrico I episcopo Tridentino (supra p. 535) scripsit haec: „promittimus: festum b. Petri non prius transeundum, quam in cunctorum notitia certissime clareat, illum iustissime esse excommunicatum".   3. Cf. Ierem. 14, 15: „qui prophetant in nomine meo, quos ego non misi, dicentes: „„Gladius et fames non erit in terra hac"", in gladio et fame consumentur prophetae illi".

sione Ninive prophetizans, cum Ninive non sit subversa, nec mortuus legitur nec reprobatus, nisi quia spiritalis[a] ibi est intellecta subversio, de qua dictum est: *Verte impios et non erunt*[1]. Sic protoplasto dominica voce dictum est: *In quacunque die manducaveris, morte morieris*[2], cum post vetitum gustum nongentos et eo amplius annos vixisse comprobatur, nisi quod ei mortem interminatus est penalem, non naturalem qua anima nexu corporis liberatur. Tres enim mortes scriptura referente didicimus: unam spiritalem, qua anima viciis moritur et Deo vivit, de qua[b] scriptum est: *Beati mortui, qui in Domino moriuntur*[3]; alteram naturalem, qua anima nexu corporis liberatur; terciam vero penalem, de qua scriptum est: *Anima, que peccaverit, ipsa morietur*[4]. Qua morte mortuum eum, qui apud Brixianorium pronus adoravit bestiam[5], nulli dubium est. Set dicunt, eo die eum a regno depositum non fuisse; non intelligentes, aut disiunctivam esse coniunctionem, non affirmativam; quamvis, etsi non ante humanos oculos, tamen forsan ante divinos oculos depositus est. Quis enim Saulem neget post Samuelis verba dicentis ad eum: *Scindet Deus regnum tuum hodie a te, et dabit meliori te*[6], et post David unctionem, diabolico spiritu plenum, usque ad durissimum Gelboe prelium[7] ad perniciem suam ante humanos oculos regnasse. O quanto melius sibi esset, si eo die, quo a Domino reprobatus est[c], regia esset potestate privatus, quam post, cupidine regni inflatum, per Doech Idumeum sacerdotes[d] Domini interficere et[e] octoginta viros, ephot accinctos lineo, iussisset necare[8]. Et si eodem die, ut superius dixi, esset regia potestate privatus[f], non diabolum in Samuele adorasset[9], nec eius verba audisset dicentis: *Tu et[g] filii tui cras mecum eritis*[10]. Quid plura? Satis liquido patet, eum[11] mortuum fuisse et depositum eo die, quo Guibertum pronus adoravit.

a. spãl̃[r] c.　　b. q̊ c.　　c. est *addidi*.　　d. sacerdotē c.　　e. *an* cum?
f. regia potestate privatus *scripsi pro* repudiatus c.　　g. *sequitur iterum* tu *in cod.*

1. Prov. 12, 7.　　2. Cf. Gen. 2, 17.　　3. Apocal. 14, 13.　　4. Ezech. 18, 4.　　5. Wibertum, 1080 Iun. 25.　　6. 1 Reg. 28, 17.　　7. 1 Reg. 31, 1 sq.　　8. 1 Reg. 22, 18.·　　9. 1 Reg. 28, 14.　　10. 1 Reg. 28, 19. 11. Heinricum IV.

Item sunt quidam qui dicunt, venerabilem Gregorium vere Romanum fuisse pontificem, set regem absque racione excommunicasse secundum decreta Felicis [1] papae et martyris, in quibus sic legitur: *Nemo, suis rebus exspoliatus aut a sede pulsus, potest excommunicari vel iudicari, priusquam omnia ei redintegrentur* et cetera. Set quamvis hoc capitulum specialiter ad episcopos pertinere videatur, tamen evidentissime demonstrabitur, nihil eis prodesse, quominus ostendatur, regem iuste fuisse excommunicatum. Si enim de regno aliqua fuisset controversia, utrumnam iuste vel iniuste regni teneret gubernacula, cedo; deberet prius suo restitui loco quam excommunicari vel iudicari. Set inter papam et regem non aliunde orta est controversia, nisi quia, secundum Phocium et Dioscorum ponens in celum os suum, sine iudicio temptavit pellere a sede domnum papam senioris Romae [2]. Secunda vero excommunicatio propterea facta est: ut, cum semel et bis et ter ammonitus fuisset a domno papa, ut non pugnaret et locum daret in suo regno celebrandi concilii, et renuisset — imitatus magistrum gentium, promptum se dicentem ad omnem ulciscendam inobedientiam [3] — rebellionem superbi filii excommunicando compescere curavit; non volens eum mortificare, set ad penitentiam vocare.

Sed cum superius a me quesisses, amice dulcissime: Si licet christiano armis pro veritate certare, hystoriam petebas. Quam non[a] invitus[b] contexui, licet multis notissimam, tamen posteris profuturam: ut cognoscas, quia, si licuit unquam christiano pro aliqua re militare, licet contra Guibertistas omnibus modis bellare. Si enim beatus Gregorius pugnandum contra symoniacam et neophitorum heresim pro officii sui consideratione omnibus precepit [4], quanto magis, contra hanc, que mater est omnium

---

a. n̄ c.   b. invitus *addidi.*

1. Cf. Felicis II epist., in Decretal. Ps. Isidor. ed. Hinschius p. 485: „Si quis episcoporum suis fuerit rebus expoliatus" cet.   2. V. supra p. 668.   3. 2 Corinth. 10, 6.   4. Etiam in Gratiani decr. P. II C. I qu. 1 c. 5 Gregorio I attribuuntur verba haec: „Quisquis ergo contra simoniacam et neophytorum haeresim pro officii sui loco vehementer non exarserit, cum eo se non dubitet habiturum portionem, qui prius commisit hoc

heresium, pugnandum esse, nulli dubium est.　　Nec milites a regno Dei alienos esse iudicabimus, quos baptista Domini non solum non[a] abhorruit, set pocius, ut militarent contenti suis stipendiis[1], precepit.　　Dominus vero noster Iesus Christus nonne centurionis fidem anteposuit fidei[b] Israel? set et eius servulum curare non dedignatus est[2]. Post gloriosam vero eius ad celos ascensionem, primiciae gentium, que[c] credidere, ex militibus fuere; et in tantum eorum elemosinae et orationes acceptae fuere[3], ut, Symone Petro in domum Cornelii intrante, antequam ei vel eis[d], qui cum eo erant, manus imponeret vel eos[e] baptismi aqua mundaret, sancti Spiritus susciperent[f] carismata[4].　　Et cum sint quedam officia, ad que redire post baptisma . . . . sub gentilibus ducibus militasse. Que si licuit pro terreno rege, non licebit pro celesti? si licuit pro re publica[g], non licebit pro iusticia? si licuit contra Barbaros, non licebit contra hereticos? Nonne sanctus Hylarius, ut in hystoria legitur Francorum, Clodoveum[h] regem contra hereticos Arrianos armavit? Set et beatus Augustinus insignis doctor Bonifacium hortatur, ut Circumcelliones et Donatistas depredetur atque persequatur, eique sic scribit inter cetera: *Bonefacio spectabili viro A. salutem. Gravi de pugna conquereris, dubites nolo; utile tibi tuisque daboque consilium. Arripe manibus arma, oratio aures pulset Auctoris. Quia quando pugnatur, Deus apertis oculis prospicit, et partem quam aspicit, iustam illi donat palmam et victoriam. Noli existimare, in armis bellicis non posse Deo placere. In his fuit sanctus David, cui Dominus tantum perhibuit testimonium: „De fructu ventris tui[i] ponam super sedem tuam". In his fuit et*

---

a. non *om. c.*　　b. fidei *scripsi pro* filiis; *cf. Matth.* 8, 10: non inveni tantam fidem in Israel.　c. qui *c.*　　d. eis *addidi.*　　e. eos *addidi.*　　f. suscepere *cod.* g. re P. *c.*　　h. Clodoneum *c.*　　i. t. p. s. s. t. *cod.*

piaculare flagitium". Neque vero inveniri haec in Gregorii I operibus, iam correctores Romani adnotaverunt.

　　1. Luc. 3, 14.　　2. Matth. 8, 5 — 13.　　3. Act. apost. 10, 4: „orationes tuae et eleemosynae tuae ascenderunt".　　4. Act. apost. 10, 47: „Numquid aquam quis prohibere potest, ut non baptizentur hi, qui Spiritum sanctum acceperunt".

centurio, de quo dicit Dominus: „*Amen dico vobis, non inveni tantam fidem in Israel*". *In his fuit et Cornelius, cuius elemosinae fuere acceptae apud Deum. Quid dicam? Hostem pugnantem necessitas perimat non voluntas.*   Idem de sermone Dei habito in monte, cum de beatitudinibus loqueretur et venisset ad *Beati qui persecutionem patiuntur*[a] *propter iustitiam*, equaliter dixit beatos eos, qui persecutionem inferunt propter iusticiam, ac si qui persecutionem paciuntur propter iusticiam. Ieronimus vero in tractatu pentateuci sic meminit, dicens: *Si Hebreo preceptum est, patri vel matri vel uxori, que dormit in sinu suo, non parcere, si se voluerit a veritate avertere, quanto magis tibi, ó christiane, heretico scindenti domini Iesu vestem non esse parcendum tibi cognoscas.* Idem ad Rusticum Nerbonensem: *Non est impietas pro Deo crudelitas.* Prefatus sanctus Ieronimus in tractatu Ieremiae[1] ad Eusebium Cremonensem sic scribit inter cetera: *Homicidas et adulteros et reos mortis scelestos perdere, non est homicidium, set legum observatio.* Venerabilis vero Ambrosius, gemma sacerdotum, in quadam sua epistola[2], se armis populorum defensatum a Iustinae imperatricis rabie, gloriatur. Sanctissimus vero Gregorius, sydus aureum, a Mauricio imperatore arguitur, eo quod in[b] milites Romanae urbis muros tuentes larga ciborum et armorum honorificentia plus, quam ab imperatore soliti erant accipere, inpendebat. Quid vero Veloci magistro militum scribat[3], audiamus: *Nunc utile visum est, ut aliquanti illuc milites transmittantur, quos gloria tua ammonere et hortari, ut parati sint ad laborem, studeat. Et occasione inventa, cum gloriosissimis filiis nostris Marcio*[c] *et Vitalio*[d] *loquere, et quecunque vobis adiutore Deo pro utilitate rei publicae statuerint, facite*[e]. *Et si huc vel*[f] *ad Ravennates partes*

---

a. p. p. i. *cod.*   b. in *addidi.*   c. *sic cod. pro* Maurilio.   d. *sic cod. pro* Vitaliano.   e. facite *om. cod.*   f. adhuc *cod. pro* huc vel.

1. Explanatio Ieremiae, Hieronymi Opp. ed. Vallarsius T. IV 987: „Homicidas enim et sacrilegos et venenarios punire, non est effusio sanguinis, sed legum ministerium". Cf. Gratiani decr. P. II C. 23 qu. 5 c. 31. 2. Cf. Ambrosii epist. class. I ep. 22, Opp. ed. Benedictini II 876.   3. S. Gregorii Registri L. II 3, Opp. ed. Benedict. T. II 570.

Ariulfum[a] *cognoveritis excurrere, vos a dorso eius sicut fortes viros condecet, laborate.* Item Marcio et Vitalio[1] inter cetera: *Gloriosi filii, estote solliciti; quia, quantum comperi, hostis collectam habet multitudinem et in armis*[b] *dicitur residere. Si huc*[c] *cursum Deo sibi irato mittere voluerit, vos loca illius, quantum Dominus adiuverit, depredate.* Idem in moralibus: *Crudelem interficere non est crudelitas.*

Audistis sanctorum patrum documenta, advertite et pro veritate pugnantium exempla. Hermogenem prefectum, Paulo[d] Constantinopolitano episcopo zelo Arrianae hereseos persecutionem inferentem, legimus cum omni domo sua ab orthodoxis igne crematum[2]; nec hoc vituperatum, set ab omnibus scimus esse laudatum[3]. Quid vero de Alexandrinis dicam? Nonne propter varias pugnas et diversa certamina, que contra Arrianos exercuere, in toto mundo laudantur[4]? An non Mediolanenses a catholicis condigna gloria extolluntur, qui orthodoxos episcopos in ecclesiam fugientes de manu Constantii liberavere? Nonne Cirillus episcopus Alexandrinus, cuius laus in Ephesino concilio[5] est, Amonium monachum, qui Orestem prefectum saxo percussit, zelo Dei ductus, quamvis non secundum perfectam scientiam, qui ab officio eiusdem Orestis ob hoc fuerat lapidatus, inter martyres collocavit[6]?

Veniamus nunc ad nostra tempora, et videamus, quid pugnantibus contra Normannos sub papa Leone omnipotens contulit. Gloria enim et honore coronavit eos, et signis et prodigiis sibi complacuisse comprobavit[7]. Quid vero de Herlimbaldo viro religioso[8] et de Centio Romano prefecto viro christianissimo dixerim[9], ad quorum sepulchra multa mirabilia Deus operatur.

Igitur pugnent gloriosissimi Dei milites pro veritate, certent pro iusticia, pugnent vero animo adversus heresim, extollentem

---

a. Aiulfum *e.*   b. in armis *cod. pro* Narina.   c. hic *c.*   d. Paulū *c.*

1. Maurilio et Vitaliano. Registri L. II 30, Opp. ed. Benedict. II 591. 2. V. supra p. 608.   3. V. supra p. 608 n. 2.   4. V. supra p. 608. 5. anni 431; ap. Mansi IV 567 sq.   6. Hist. Trip. XI 11, Cassiodori Opp. ed. Garetius I p. 369.   7. V. supra p. 635. 636.   8. V. supra p. 663. 9. V. supra p. 674.

se adversus omne, quod dicitur vel quod colitur deus^a[1]. Emulentur in bonum excellentissimam comitissam Matildam, filiam beati Petri; que virili animo, omnibus mundanis rebus posthabitis, mori parata est potius, quam legem Dei infringere, et contra heresim, que nunc sevit in ecclesia, prout vires suppetunt, omnibus modis impugnare. In manu cuius[2] credimus quia tradetur Sisara[3] et, sicut Iabin in torrente Cison, disperiet^b[4] — quia exterminavit vineam Dei et depascitur eam ut singularis ferus^c[5] — factus ut stercus terrae[6]. Nos autem secundum officii nostri tenorem oremus[7]: ut, incensa igni et suffossa^d ab increpatione vultus tui, citissime pereat[8].

EXPLICIT.

a. dr̄ *cod.*   b. disperget *c.*   c. ferus *om. c.*   d. suffosa *c.*

1. 2 Thess. 2, 4. V. supra p. 607 n. 2.   2. Matildae.   3. Iudic. 4, 9: „quia in manu mulieris tradetur Sisara". 4. Ps. 82, 10. 11: „Sicut Iabin in torrente Cison. Disperierunt —". 5. Ps. 79, 14: „Exterminavit eam (vineam) aper de silva, et singularis ferus depastus est eam". 6. Ps. 82, 11: „facti sunt ut stercus terrae". 7. secundum Ps. 79, 17: „Incensa igni et suffossa ab increpatione vultus tui peribunt". 8. Sisara (Heinricus IV).

INITIA EPISTOLARUM

HUIUS TOMI.

44*

INDEX
RERUM MEMORABILIUM.

CORRIGENDA.

p. 317 *dele not.* c.
p. 368 *in not.* 3 *pro* VI duci *scribe* VIII duci.
p. 385 v. 20 *lege* Cuperemus nimium certe: de, *et dele not.* a.
p. 430 v. 80 *pro* fragrantia *scribe* flagrantia, *et dele not.* a.

BEROLINI APUD WEIDMANNOS (J. REIMER).

TYPIS GUSTAVI SCHADE, BEROLINENSIS.